Reiner Manstetten

Die dunkle Seite der Wirtschaft

VERLAG KARL ALBER

Reiner Manstetten

Die dunkle Seite der Wirtschaft

Philosophische Perspektiven: Irrwege, Auswege

Verlag Karl Alber Freiburg / München

Reiner Manstetten

The dark side of the economy

Philosophical perspectives: misconceptions and resorts

There are misconceptions, dreams and illusions that come from the depths of the human mind itself. Therefore, they can resurface at all times. Plato's dream of a modest economy in a just state, Adam Smith's vision of the general prosperity of a society of free people, Karl Marx's utopia of a communist state of freedom – the movements of thought that manifest themselves in all of these concepts influence our ideas with almost physical force. But like we are not helplessly at the mercy of gravity, we also do not remain captives of particular conceptions in the storeroom of our minds when we have seen through them and at the same time acknowledge how powerful they are up until this day.

The Author:

Reiner Manstetten, born in 1953, Lecturer at the Department of Philosophy at Heidelberg, received his PhD from the University of Heidelberg in 1992. His thesis dealt with Meister Eckhart: *Esse est Deus.* In 1998, he habilitated in economics at the University of Heidelberg with a thesis on the human image of the economy. In addition to the ecological economy and economic philosophy, philosophical mysticism is a special focus of his research and teaching. As a teacher of Zen and Christian contemplation, he has been teaching courses in various monasteries and educational institutions since 1998. In 2003 he was presented with the Ernst Bloch award by the city of Ludwigshafen.

Reiner Manstetten

Die dunkle Seite der Wirtschaft

Philosophische Perspektiven: Irrwege, Auswege

Es gibt Irrtümer, Träume und Illusionen, die aus den Tiefen des menschlichen Geistes selbst hervorgehen. Daher können sie zu allen Zeiten wiederkehren. Der Traum Platons von einer maßvollen Wirtschaft in einem gerechten Staat, Adam Smiths Vision vom allgemeinen Wohlstand in einer Gesellschaft freier Menschen, Karl Marx' Utopie von einem kommunistischen Reich der Freiheit – in allen diesen Ideen manifestieren sich Denkbewegungen, die mit fast naturgesetzlicher Kraft auf unsere Vorstellungen einwirken. Doch wie wir der Schwerkraft nicht wehrlos ausgeliefert sind, so bleiben wir auch nicht Gefangene von bestimmten Konzeptionen in der Vorratskammer unseres Geistes, wenn wir sie durchschaut haben und zugleich anerkennen, wie wirkmächtig sie bis heute sind.

Der Autor:

Reiner Manstetten, geboren 1953, Dozent am Philosophischen Seminar der Universität Heidelberg, promovierte 1992 in Philosophie an der Universität Heidelberg über Meister Eckhart: *Esse est Deus*. 1998 habilitierte er sich in den Wirtschaftswissenschaften an der Universität Heidelberg mit einer Arbeit über *das Menschenbild der Ökonomie*. Neben der ökologischen Ökonomie und der Wirtschaftsphilosophie bildet die philosophische Mystik einen besonderen Schwerpunkt seiner Forschung und Lehre. Als Lehrer für Zen und christliche Kontemplation gibt er seit 1998 Kurse in verschiedenen Klöstern und Bildungshäusern. 2003 erhielt er den Ernst-Bloch-Förderpreis der Stadt Ludwigshafen.

MIX
Papier aus verantwortungsvollen Quellen
FSC® C083411
www.fsc.org

Originalausgabe

www.verlag-alber.de

Umschlagmotiv: Édouard Manet, Bar in den Folies-Bergère, 1882 (Ausschnitt); Schaufelradbagger 288 im Braunkohletagebau Garzweiler, © Martinroell, 2006
Satz: SatzWeise GmbH, Trier
Herstellung: CPI books GmbH, Leck

Printed in Germany

ISBN 978-3-495-48951-2

Dieses Buch ist
Malte Faber
gewidmet.

Danksagung

Ohne die Bemühungen von Wolfgang Müller, der mir die Möglichkeit gab, im Rahmen des *Zentrums für Religion, Wirtschaft und Politik* vier Semester lang an der Universität Luzern Veranstaltungen über *Die Wirtschaft und das Böse* abzuhalten, wäre dieses Buch nicht entstanden. Dankbar erinnere ich mich insbesondere an ein Seminar, das wir gemeinsam zu dieser Thematik durchgeführt haben. Erste Anstöße zu dem, was hier ausgearbeitet wurde, erhielt ich schon vor mehreren Jahrzehnten – von Menschen, mit denen ich über alles andere, aber nie über die Wirtschaft gesprochen habe. Daher habe ich auch Personen aufgeführt, die sich fragen werden, welcher Beitrag ihrerseits mich veranlasst haben könnte, sie hier zu nennen. Aber, um stellvertretend für viele nur ein Beispiel zu geben, ohne einen vor mehr als fünfunddreißig Jahren von Rainer Eckertz initiierten Gesprächskreis zum *Leviathan* hätten die Gedanken zu Hobbes nicht die Gestalt angenommen, in der sie hier vorliegen. Der Dank, den ich den folgenden Personen schulde, müsste so für jede von ihnen anders akzentuiert werden. Da mir das nicht möglich ist, nenne ich sie in alphabetischer Reihenfolge: Jana Bartz, Stefan Baumgärtner, Christian Becker, Hans Christoph Binswanger, Günther Bonheim, Rainer Eckertz, Malte Faber, Beate Fischer, Horst Folkers, Marc Frick, Cornelie Hensel, Klaus Jacobi, Frank Jöst, Bernd Klauer, Mi-Yong Lee, Harry Liebersohn, Wolfgang Müller, Wolfgang Neuser, Hans Georg Nutzinger, Hans-Bernhard Petermann, Thomas Petersen, Horst Pfeiffle, John Proops, Hermann-Josef Röllicke, Martin Sattler, Johannes Schiller, Donata Schoeller, Michael Theunissen, Wolfgang Wieland sowie die Studierenden vom Zentrum für Religion, Wissenschaft und Politik, die in den Jahren 2009 bis 2011 an meinen Lehrveranstaltungen an der Universität Luzern teilnahmen. Lukas Trabert vom Alber Verlag danke ich für die Bereitschaft, das Buch in das Programm des Alber Verlags aufzunehmen, sowie für die Unterstützung bei der Edition bis zur Gestaltung des Layouts. Meiner Frau, Monika Kloth-Manstetten und meinen Töchtern Paula und Ruth danke ich für Korrekturen und kritische Einwände, die mir höflichere Leser sicherlich vorenthalten hätten.

Malte Faber hat mich vor über dreißig Jahren auf das Gebiet der Wirtschaftswissenschaften gelockt, indem er mir, dem stellungslosen Geisteswissenschaftler, Forschungs- und Arbeitsmöglichkeiten an seinem Lehrstuhl für Wirtschaftstheorie bot. In den Büchern und Aufsätzen, die wir seither gemeinsam veröffentlichten, wurde der Grund für die folgenden Gedanken gelegt. Der über dreißigjährigen Freundschaft und dem bis heute unabgeschlossenen Gespräch mit Malte verdanke ich nicht nur zahllose Anregungen, sondern vor allem den Mut, mich immer wieder aus der Vogelperspektive der Philosophie in das Dickicht der ökonomischen Forschung zu wagen. Die Widmung an ihn ist Ausdruck meiner Dankbarkeit.

Inhalt

I. Das Malum oeconomicum

1. Einführung

»*Indignez-vous* – empört Euch!« forderte Stéphane Hessel 2010:[1] Die Kritik an der globalen Ökonomie hat seit dem Ausbruch der Finanzkrise 2008 eine Schärfe gewonnen, die man sich im ausgehenden 20. Jahrhundert kaum hätte vorstellen können. Wenn eine Gruppierung wie *Attac* sich »für eine ökologische, solidarische und friedliche Weltwirtschaftsordnung« einsetzt und dafür kämpft, dass »der gigantische Reichtum dieser Welt [...] gerecht verteilt« wird,[2] unterstellt sie, dass die gegenwärtige Ordnung der Weltwirtschaft im Großen und Ganzen weder *ökologisch* noch *solidarisch* noch *friedlich* ist und dass der *gigantische Reichtum* dieser Welt ungerecht verteilt wird. Die Empörung, die *Attac* oder *Occupy* ausdrücken, erhält geistige Nahrung von Wissenschaftlern und Intellektuellen, die zum gegenwärtigen Zustand der Weltwirtschaft Stellung nehmen. Während Josef Stiglitz trotz aller *Schatten der Globalisierung* auch deren *Chancen* sieht,[3] will David Graeber, dass wir uns endlich von den *ersten fünftausend Jahren* einer Wirtschaftsentwicklung im Zeichen der *Schulden* verabschieden.[4] Thomas Piketty stellt die Verteilung von Einkommen und Vermögen mit einer imponierenden Datenbasis und einer einfachen Formel infrage,[5] während Wolfgang Streeck vermutet, dass die vom Kapitalismus *Gekaufte Zeit* jetzt abgelaufen sei.[6] Auf Einstellungen hinter der Wirtschaft, deren Spuren bereits im altmesopotamischen Gilgamesch-Epos auffindbar seien, zielt Tomas Sedlaçek, der *Die Ökonomie von Gut und Böse* untersucht,[7] Julian Nida-Rümelin kritisiert in *Die Optimierungsfalle* Menschenbild und

---

1 Hessel (2011).
2 So Attac auf seiner Homepage (Attac 2016).
3 Stiglitz (2002) u. Stiglitz (2006).
4 Graeber (2012).
5 Piketty (2014).
6 Streeck (2013).
7 Sedlaçek (2012).

Weltzugang der gegenwärtigen Wirtschaftswissenschaften,[8] Lisa Herzog und Axel Honneth machen in *Der Wert des Marktes* anhand von Texten aus der politischen Philosophie, der politischen Ökonomie und Gesellschaftsphilosophie ab 1700 deutlich, wie gespannt das Verhältnis von Markt und Moral war und ist.[9]

Die meisten dieser Bücher existierten nicht, als Wolfgang Müller, Inhaber des Lehrstuhls für theologische Dogmatik an der Universität Luzern, mir 2008 vorschlug, im Rahmen des *interfakultären Zentrums für Religion, Wirtschaft und Politik (ZRWP)* vier Semester lang Lehrveranstaltungen über *Die Wirtschaft und das Böse* abzuhalten und daraus eine Publikation zu machen. Das hier endlich vorliegende Werk setzt, auch wenn es mit allen genannten Büchern Berührungspunkte aufweist, einen eigenen Akzent. Seine Thematik hat allerdings seit der Finanzkrise eine Aktualität gewonnen, die das Verständnis eher erschweren könnte. Denn es werden hier weder Akteure angeprangert, die sich auf Kosten anderer bereichern oder gar die Weltwirtschaft manipulieren, noch werden Organisationen und Strukturen wie global agierende Konzerne, die Finanzwirtschaft oder gar der Kapitalismus insgesamt verurteilt. Erst recht fehlen Verheißungen einer gerechten Welt, Programme zur Neuordnung der Wirtschaft und Aufrufe zu eingreifendem Handeln.

Worum aber geht es in diesem Buch? Um diese Frage zu beantworten, scheinen mir einige Bemerkungen zu seiner Entstehungsgeschichte angebracht. Als ich mit der Konzeption der Reihe *Die Wirtschaft und das Böse* begann, gebrauchte ich den Ausdruck *das Böse* bewusst in einem eher vagen Sinn. Das Kunstwort *Malum oeconomicum* (Übel im Bereich der Wirtschaft)[10] wurde als Sammelbegriff eingeführt, um den Studierenden wie auch dem Dozenten die Möglichkeit zu bieten, das eigene Unbehagen an der Wirtschaft zu artikulieren und zu reflektieren. Der Anspruch war genuin philosophisch: Pauschale Vormeinungen über die Wirtschaft sollten in Argumente überführt, einzelne Phänomene in allgemeine Strukturzusammenhänge gestellt, Stimmungen und Meinungen in begründete Positionen transformiert und mit Gegenpositionen konfrontiert werden.

---

[8] Nida-Rümelin (2011).

[9] Herzog/Honneth (2014).

[10] Die Bedeutung des Ausdrucks Malum oeconomicum ist Gegenstand der Ausführungen in Teil I, Kapitel 2.

Der dazu gewählte Ausgangspunkt sollte von vorneherein Abstand zur Tagesdiskussion signalisieren: In unserer Zeit, da alles, was als das Neue auftritt, schneller als je veraltet, weil bald etwas noch Neueres und angeblich Besseres an seine Stelle tritt, erschien es mir sinnvoll, sich dem Alten zuzuwenden, das nicht mehr veralten kann, genauer gesagt, demjenigen Alten, das Anspruch erheben darf, über seine Entstehungszeit hinaus gültig zu sein, so dass es um seiner fortwährenden Aktualität willen tradiert wird. Manchen, denen das Mithalten-Müssen mit dem Neuen wenig Gelegenheit für den Blick zurück bietet, kann dieses Alte, wenn sie ihm doch einmal mit offenen Augen begegnen, vollkommen neu erscheinen. Wenn sie lernen, aus der Ferne dieses Alten auf ihre Welt und ihr Leben zu blicken, so kann darauf ein Licht fallen, wie es alles, was als Neues vom Tage im Angebot ist, schwerlich gewähren wird.

Von diesem Ausgangspunkt aus lässt sich das Vorgehen der Lehrveranstaltung, das für das vorliegende Buch bestimmend wurde, folgendermaßen charakterisieren: *Nachdenken* und *Distanznehmen* durch das Medium großer Texte aus der Überlieferung von der Antike bis zum Beginn des 21. Jahrhunderts. In der Regel handelt es sich dabei um philosophische oder wirtschaftswissenschaftliche, gelegentlich auch um dichterische Texte. *Nachdenken* ist wörtlich zu verstehen: Überlieferten Gedanken, Theorien, die in der näheren und ferneren Vergangenheit von bedeutenden Denkern im Bereich der Thematik *Die Wirtschaft und das Böse* gleichsam *vorgedacht* wurden, *denkend nachgehen,* mit ihnen und durch sie hindurch auf die gegenwärtige Welt und das eigene Leben schauen.

Das Studium der Texte von Denkern wie Platon, Aristoteles, Thomas Hobbes, Adam Smith, Robert Malthus, Karl Marx, John Maynard Keynes, Martin Heidegger, Amartya Sen u.a. war kein Selbstzweck. Immer wieder wurden Beziehungen zum aktuellen Wirtschaftsgeschehen hergestellt – insbesondere zu Fragen der Wirtschaftsethik und Wirtschaftsgerechtigkeit, aber auch zum Umgang der Wirtschaft mit der Natur. Noch wichtiger jedoch war die Frage nach der Bedeutung der Wirtschaft für das je eigene Leben. Es zeigte sich, dass durch das Medium dieser Texte Themen und Gesichtspunkte ansprechbar wurden, die in der Tagesdiskussion kaum Gehör finden. Das wurde möglich durch eine Übung, die als *Distanznahme* bezeichnet werden kann: Das Sich-Einlassen auf Gedanken, die durch ihre Anlage wie durch die Kultur ihrer Entstehungszeit Ferne bezeugen von allem, was uns heute unmittelbar beschäftigt, bewirkte fast von selbst einen gewissen Abstand vom täglichen Zustrom der Meinungen, ebenso wie von persönlichen Stimmungen, Denkgewohnheiten und Vorurteilen.

Dieses Vorgehen wurde im Buch beibehalten. Theorien der Vergangenheit (von den Vorsokratikern bis heute), ihre Darstellung, Interpretation und Kritik sind Angelpunkte des hier eingeschlagenen Gedankenweges. Wie seinerzeit in der Lehrveranstaltung an der Universität Luzern geht es auch hier weniger darum, diese Theorien so darzustellen, wie sie zur Zeit und in der Kultur ihrer Entstehung gemeint sein mochten. Ohne kurzschlüssige Aktualisierungen werden sie vielmehr auf ihre Potenziale an wirklicher Aktualität hin befragt – auf ihre *Jetztzeit*, wie es Walter Benjamin in seinen *Thesen zum Begriff der Geschichte* nennt.[11] Es soll deutlich werden, dass sie uns helfen, aus der Distanz heraus die Wirtschaft und unsere Stellung in ihr umfassender und tiefer zu verstehen. Wir wollen also primär nicht Erkenntnis gewinnen *über* Lehren derer, die uns vorausgedacht haben, sondern wir wollen *mit* ihnen denken, um uns selbst und unsere Gegenwart neu zu sehen.

Gegen dieses Vorgehen könnte man einwenden: Wenn hier Gedanken von gestern, vorgestern und vorvorgestern über die Wirtschaft und das Böse vorgestellt werden, was bedeutet das für Gesellschaften unserer Zeit, denen nie dagewesene Technologien der Güterproduktion, des Verkehrs und der Kommunikation zur Verfügung stehen, während sie gleichzeitig mit Problemen wie globaler Wasserverknappung, Klimawandel und weltweit zunehmender Flucht aus unerträglichen Lebensverhältnissen konfrontiert sind? Was nützt der Blick zurück den Menschen von heute, deren Wirtschaft für die einen den größten Möglichkeitsraum eröffnet, den es je gegeben hat, während sie die anderen von nahezu allen Lebensmöglichkeiten abschneidet und langfristig den Untergang der Menschheit herbeizuführen droht? Welcher denkende Mensch früherer Epochen hätte sich solche Umstände vorstellen und darauf eine Antwort geben können?

In der Tat können Antworten und Lösungen schnell veralten – seien es die der heutigen Wissenschaft und Technik, seien es die hier betrachteten von Philosophen der Antike oder der Aufklärung des 18. und 19. Jahrhunderts. Wenn Denker jedoch an den Kern der Fragen ihrer Zeit gelangen, treffen sie damit etwas über ihre eigene Epoche

---

[11] Benjamin (1980: 701–703).

hinaus Fortdauerndes. In hier betrachteten Texten finden sich allerdings auch Irrtümer, Träume und Illusionen. Aber selbst diese haben ihre, wenn man so sagen darf, überzeitliche Gültigkeit. Denn es gibt Irrtümer, Träume und Illusionen, die aus den Tiefen des menschlichen Geistes selbst hervorgehen. Daher können sie zu allen Zeiten wiederkehren. Der Traum Platons von einer maßvollen Wirtschaft in einem gerechten Staat, Adam Smiths Vision vom allgemeinen Wohlstand in einer Wirtschaft freier Menschen, Karl Marx' Utopie von einem kommunistischen Reich der Freiheit – in allen diesen Ideen manifestieren sich menschliche Denkbewegungen, die mit fast naturgesetzlicher Kraft bis heute auf unsere Vorstellungen einwirken. Doch wie wir der Schwerkraft nicht wehrlos ausgeliefert sind, sondern sie nutzen können, wenn wir ihre Wirksamkeit anerkennen, so bleiben wir auch nicht Gefangene von bestimmten Konzeptionen in der Vorratskammer unseres Geistes, wenn wir sie durchschaut haben und zugleich anerkennen, wie wirkmächtig sie bis heute sind.

Zwei Gesichtspunkte sind für das Verständnis des Buches besonders hervorzuheben. Erstens geht es immer wieder um die *Wirtschaft im Ganzen von Natur und Gesellschaft*, zweitens um die *Wechselwirkung zwischen Wirtschaft und Seele*. Was damit gemeint ist, möchte ich kurz erläutern.

Die Wirtschaft im Ganzen: Überforderung für das Denken?

Was Wirtschaftswissenschaftler mit ihrem Instrumentarium erschließen können, sind Veränderungen von Gütermengen und Preisen in Marktzusammenhängen und Entwicklungstendenzen in den Verhaltensmustern von Personen und Organisationen innerhalb abgegrenzter Bereiche.[12] Die Wirtschaft ist jedoch weitaus mehr als der eingegrenzte Untersuchungsgegenstand der Wirtschaftswissenschaften. Wirtschaft umfassend zu verstehen hieße nicht nur, die komplexen Bewegungen von Gütern und Zahlungen auf der Welt insgesamt zu erfassen, sondern darüber hinaus, sämtliche diese Bewegungen begleitende Mengen von Abfällen, Abwässern und Abgasen zu registrieren, ebenso wie alle Veränderungen an fossilen Ressourcenvorräten und globaler Artenvielfalt. Diese Bewegungen haben also Auswirkungen auf die Umwelt, auf Politik, Gesellschaft, Kultur, während

[12] Vgl. Faber (1999).

sie andererseits durch Abläufe in diesen Bereichen beeinflusst werden. All dies wäre für ein umfassendes Verständnis der Wirtschaft zu berücksichtigen, und zwar über lange Zeiträume hinweg.

Wenn man so nach der Wirtschaft fragt, so erscheint sie als Teil eines Ganzen: Die Folie für ihr Verständnis ist das Gesamt der natürlichen und sozialen Lebensvollzüge auf dieser Erde. Es wäre also gleichsam der heutige Entwicklungsstand des Projektes Menschheit im Rahmen der Evolution des Lebendigen in Betracht zu ziehen, wenn es um die Erfassung und Beurteilung der heutigen Wirtschaft geht. Das aber ist eine Aufgabe, die das menschliche Urteilsvermögen überfordert. Dennoch ist bei allem, was von Wissenschaftlern oder Nicht-Wissenschaftlern über Phänomene, Entwicklungstendenzen und Folgen der Wirtschaft gesagt wird, intuitiv eine Art Vormeinung oder Vorstellung von demjenigen Ganzen präsent, dessen Teil sie ist. Vor allem aber erfordert jedes eingreifende Handeln, soll es gelingen, ein Bild dieses Ganzen: Denn man kann ein besonderes Übel an der Wirtschaft kaum korrigieren, wenn man nicht beachtet, dass jede Maßnahme Folgen in den unterschiedlichsten Bereichen von Natur und Gesellschaft nach sich zieht – oft über lange Zeit hinweg. Insbesondere kommen diejenigen, die im Namen einer *Nachhaltigen Entwicklung* fundamentale Änderungen der Wirtschaftsweise fordern, nicht ohne eine Vorstellung des Ganzen aus, worin diese Änderungen geschehen sollen.[13]

Menschen sind zwar überfordert, wenn sie über Wirtschaft im Horizont des Ganzen urteilen sollen, lassen aber doch unvermeidlich in ihr Denken und Handeln gegenüber der Wirtschaft, ob sie wollen oder nicht, Vorstellungen von diesem Ganzen einfließen – dieser Paradoxie lässt sich nicht entkommen. Daraus ergibt sich die Aufgabe, ihr sehenden Auges standzuhalten und sich mit dem Ganzen in seiner Unfassbarkeit bewusst auseinanderzusetzen. Dies muss in einer Weise geschehen, die nicht von vorneherein allem Handeln den Boden entzieht. Für diese Auseinandersetzung aber sind die großen Versuche, das Ganze denkend zu erfassen, in ihrem Gelingen wie in ihrem Scheitern unabdingbar. Was in den Theorien von Platon bis Sen über die Wirtschaft gesagt wird, stellt, trotz mancher Vereinfachungen und Irrtümer, immer auch einen Versuch dar, die Auseinandersetzung mit dem Ganzen als Aufgabe gegenwärtig zu halten – und wäre es nur in der Art einer Wunde, die sich nicht heilen lässt,

---

[13] Vgl. Klauer/Manstetten/Petersen/Schiller (2013: 253–284).

aber auch nicht übergangen werden darf. Sie muss immer wieder angesehen und gelegentlich behandelt werden, damit sie sich nicht unbemerkt verschlimmert.

Die Wirtschaft und die Seele

Durch die gesamte hier vorgelegte Argumentation zieht sich folgender Gedanke: Was in der Wirtschaft geschieht, wirkt sich auf das Innenleben des Menschen aus. Was aber im Innern stattfindet, da, wo sich Bedürfnisse, Sorgen, Wünsche, Ängste, Motivationen, Einstellungen und Überzeugungen bilden, manifestiert sich in den Erscheinungen der Wirtschaft. Marx hat in seinen *Pariser Manuskripten* diesen Gedanken so ausgedrückt: »Man sieht, wie die Geschichte der *Industrie* und das gewordne *gegenständliche* Dasein der Industrie das *aufgeschlagne* Buch der *menschlichen Wesenskräfte*, die sinnlich vorliegende menschliche *Psychologie* ist [...].«[14] Wenn wir unter *Seele* den Wesenskern des Menschen, den Ursprung seiner Fähigkeiten und den Ort seiner Stimmungen verstehen, dann verweist, so Marx, alles, was in der Wirtschaft in Erscheinung tritt, auf den Zustand des menschlichen Innenlebens: Ökonomie wäre nach außen gewendete Psychologie – Lehre von der Seele. »Kapitalismus ist ein Zustand der Welt und der Seele,« äußerte Franz Kafka im Gespräch mit Gustav Janouch.[15] Derartige Formulierungen erinnern daran, dass Menschen nie bloße Betrachter, sondern stets auch aktiv Beteiligte der Wirtschaft sind, eingewoben in ein Geflecht ökonomischer Beziehungen, das sie in ihrem Inneren durch ihr Wollen und Handeln stets neu erzeugen. Wirtschaft ist daher nie ein rein objektives Geschehen. Denn die Bestrebungen, die sie in Gang halten, entspringen im Innern menschlicher Personen. Zugleich sind es Bilder und Erfahrungen aus dem Wirtschaftsgeschehen selbst, die derartige Bestrebungen auslösen, verstärken und modifizieren. In diesem Sinn geht es in der Auseinandersetzung über das Malum oeconomicum immer auch um die menschliche Seele.

Der Ausdruck *Seele* scheint allerdings mehrdeutig: So ist im heutigen Sprachgebrauch die Seele fast ausschließlich den Menschen vorbehalten, während Aristoteles und die ihm folgenden Aristoteli-

---

[14] Marx (1968: 542).
[15] Janouch (1981: 170).

ker auch Pflanzen und Tieren eine Seele zuschreiben. Man kann unter der Seele, wie manche antiken Philosophen, das Prinzip aller Gefühle, Willensregungen sowie aller sinnlichen und intellektuellen Vorstellungen verstehen, oder man kann in ihr, wie nicht wenige christliche Denker, eine Substanz sehen, die als personale Quelle aller Moralität ewiges Heil oder ewige Verdammnis erlangen kann. In Theorien des beginnenden 20. Jahrhunderts erscheint die Seele als eine Instanz unbewusster Regungen und lose assoziierter Bilder, der *Ratio* entgegengesetzt, die auf Klarheit, Berechenbarkeit und Kohärenz zielt.[16] Schließlich kann man Seele nicht nur, wie es im Alltagssprachgebrach meist angenommen wird, als eine jeweils personale, im Individuum verortete Instanz verstehen, sondern auch als etwas Kollektives, so wie es etwa C. G. Jungs Rede vom *kollektiven Unbewussten* nahelegt. Platon, Giordano Bruno, Goethe oder der junge Schelling sprechen sogar von einer *Weltseele*.

Dass der Begriff *Seele* im heutigen philosophischen Diskurs keine eigenständige Rolle spielt,[17] mag an dieser Mehrdeutigkeit liegen, die isolierte Versuche wie etwa Gehlens Abhandlung über *Die Seele im technischen Zeitalter* nicht überwinden konnten.[18] Die Unbestimmtheit des Begriffs liegt wohl in der Sache selbst, dem menschlichen Innenleben, das sich der eindeutigen begrifflichen Erfassung zu entziehen scheint. Wenn im Folgenden von der Seele die Rede ist, dann ist damit ein Feld bezeichnet, das sowohl individuelle Bewusstseinszustände als auch eine kollektive Mentalität oder eine Art gemeinschaftlichen Bewusstseinszustand umfasst, wie er sich den Menschen einer bestimmten Epoche, Gesellschaft oder einer Kultur zuschreiben lässt.[19] Auf diesem Feld erscheinen Bewusstes und Unbe-

[16] Für ein solches Verständnis von Seele ist vor allem die Psychoanalyse in ihren Ausprägungen durch Freud und Jung maßgeblich geworden. Damit verwandt erscheinen antiaufklärerische Positionen, wie sie etwa das zwischen 1929 und 1932 veröffentlichte Werk *Der Geist als Widersacher der Seele* von Ludwig Klages (Klages 1972) vertritt.

[17] »[I]n der Tat ist ›Seele‹ der einzige Begriff aus dem gesamten Begriffsfeld des Mentalen, der [in der heutigen Philosophie, d. V.] praktisch nicht mehr verwendet wird, während ›Geist‹, ›Bewusstsein‹, ›Subjektivität‹ von solcher Abstinenz nicht betroffen sind.« (Scherer 1995: 83).

[18] Gehlen (1957).

[19] Wenn in der soziologischen und historischen Mentalitätsforschung den Menschen einer bestimmten Epoche, Gesellschaft, Klasse oder Schicht eine kollektive Mentalität oder eine Art gemeinschaftlicher Bewusstseinszustand zugeschrieben wird, so kommt dies der Annahme einer *Kollektivseele* sehr nahe. Für Dinzelbacher ist eine solche

wusstes ineinander verschränkt; dort kreuzen sich Fragen nach der emotionalen und geistigen Verfassung des menschlichen Innern mit der Frage nach Heil und Unheil für die Persönlichkeit und die ganze Menschheit.

Zu Gestalt und Aufbau des Buches

Die folgenden Überlegungen lassen sich streckenweise wie ein Lehrbuch lesen: als Teil einer Einführung in die Wirtschaftsphilosophie. Als Bausteine einer Abhandlung über *die dunkle Seite der Wirtschaft* sind lehrbuchartige Passagen hier jedoch nicht Selbstzweck. Im Lichte der Frage nach dem Malum oeconomicum zeigt sich in den Gedanken der hier behandelten Philosophen und Ökonomen ein häufig übergangener Rest an Unauflöslichem, der, einmal wahrgenommen, das Denken auf Spuren setzt, die ins Ungewohnte und Unbekannte führen. Diese Denker hatten ein Bewusstsein dafür, dass der Mensch sich in der Wirtschaft wie ein Fremder verhält, auch wenn er es nicht weiß. Unbemerkt gerät er dort in Handlungszusammenhänge und vollzieht Handlungen, die dem Bild, das er von sich und seinesgleichen haben möchte, nicht entsprechen. So unterschiedlich die Theorien von Platon, Smith, Marx oder Keynes angelegt sind: Ihnen allen ist bewusst, dass die Welt der Wirtschaft als das zu charakterisieren ist, was die antiken Griechen *to deinon* nannten: als etwas Ungeheures, Ungeheuerliches, zuweilen Bewundernswürdiges, zuweilen Monströses, das die Fassungskraft des menschlichen Denkens und Vorstellens zu sprengen droht. Und zugleich wussten sie alle, dass es der Mensch selbst ist – das Wesen, über das hinaus, wie Sophokles erkannte, es nichts Ungeheureres gibt,[20] – das diese Welt schafft und das von ihr wie von einem Medium immerfort umgeben zu sein scheint.

Mentalität das »Ensemble der Weisen und Inhalte des Denkens und Empfindens, das für ein bestimmtes Kollektiv in einer bestimmten Zeit prägend ist. Mentalität manifestiert sich in Handlungen« (Dinzelbacher 2008: XXI). Ob es Strukturen nach Art einer Kollektivseele überhaupt gibt, mag man zwar in Frage stellen. Jedoch legen gerade Verhaltensmuster im Bereich der Wirtschaft vielfach nahe, im Sinne einer Heuristik kollektive Motivationen und Dispositionen zu unterstellen.

[20] »Viel Ungeheures ist, doch nichts/So Ungeheures wie der Mensch« (Sophokles 1974: 23; *Antigone*, Vers 322).

Aus der Fremdheit, in der der Mensch sich in der Wirtschaft erfährt, ziehen die genannten Denker indes ganz unterschiedliche Schlüsse.[21] Die Darstellung dieser Unterschiede und das Bemühen, aus ihnen vielfältige Ansichten von ein- und demselben herauszuarbeiten, bestimmt den Aufbau des Buches.

Die folgenden Kapitel von Teil I dienen der Einführung: Vor der eigentlichen Gedankenentwicklung geht es darum, Ordnung zu bringen in die chaotisch erscheinende Menge von heterogenen Beispielen, die in gegenwärtigen Diskursen als Übel der Wirtschaft angeführt werden. Einzelfälle lassen sich in beliebiger Fülle angeben: Sofern nicht geklärt wird, inwieweit sie typisch sind, ob und in welchem Sinn sie eine strukturelle Bedeutung haben, führt ihre bloße Aneinanderreihung die Diskussion über das Malum oeconomicum zu einem toten Punkt, es bleibt bei unverbindlicher Empörung und pauschalen Vorwürfen. So geht es zunächst darum, auf dem unübersichtlichen Feld dessen, was in der heutigen Welt als Malum oeconomicum bezeichnet werden kann, Orientierungsmarken zu setzen. Die in Kapitel 3, dem Versuch einer Phänomenologie des Malum oeconomicum, angeführten Beispiele sind Illustrationen, die auf Typisches verweisen, während die konkret herangezogenen Daten nur Momentaufnahmen darstellen, die sich von Jahr zu Jahr ändern können.

Das eigentliche Nachdenken über Wesen und Bedeutung des Malum oeconomicum beginnt mit Teil II. Platon und Aristoteles entdecken in bestimmten Bereichen menschlicher Interaktionen Motivationen und Muster, die ihnen befremdlich, ja widernatürlich erscheinen. Es sind aus dem Bedürfnis und seiner Befriedigung hervorgehende Gewalt- und Herrschaftsverhältnisse, in denen Menschen ihr Potenzial an Menschlichkeit nicht verwirklichen, in denen sie die Fähigkeiten, die sie erst wahrhaft zu Menschen machen, nicht zeigen können: Die Seele des Menschen leidet in diesen Beziehungsmustern Schaden. Solche Formen der Interaktion, die sich in jeder Gemein-

---

[21] In diesem Buch finden keineswegs alle bedeutenden Denker Berücksichtigung, die etwas zum Malum oeconomicum beigetragen haben. Locke, Rousseau oder Hegel werden nur gestreift, von Simmels einschlägigen Überlegungen wird nur ein Ausschnitt kommentiert, Marcel Mauss, Georges Bataille, Michel Foucault oder Jean Baudrillard finden kaum oder gar nicht Erwähnung. Der Grund dafür ist, dass es hier keineswegs um ein vollständiges Referat von Theorien zum Thema geht, sondern um die Entwicklung gedanklicher Linien, die sich zu einer Art Gesamtbild des Malum oeconomicum fügen sollen. Die herangezogenen Autoren interessieren nur insoweit, als sie dazu beitragen, solche Linien zu verdeutlichen.

schaft mit einer gewissen Notwendigkeit herausbilden, rechnet Aristoteles einem Bereich zu, dem er als Erster den Namen *Ökonomie* gibt. Platon und vor allem Aristoteles entdecken die Fragwürdigkeit dieser Sphäre – sowohl im Hinblick auf die Seele des Individuums als auch im Hinblick auf die Verfassung jeder Gemeinschaft. Sie liefern begriffliche und gedankliche Grundlagen für die gesamte Diskussion des Malum oeconomicum. Allerdings waren sie sich der Tragweite ihrer Entdeckungen kaum ganz bewusst – erst das Christentum hat die Fixierung auf private Interessen und die Unersättlichkeit, die sich in der Wirtschaftssphäre herausbildet, wie sie die antiken Denker beschrieben, mit dem Etikett *böse* versehen (Teil III), erst die Neuzeit erkannte die Verwerflichkeit der von Aristoteles gerechtfertigten Sklaverei. Schließlich finden sich vor allem bei Platon Gedankenfiguren, die bis heute in allen simplifizierenden und kurzschlüssigen Lösungsversuchen für das Malum oeconomicum wiederkehren (vgl. Teil V, Kap 13).

Das Wirtschafts- und Rechtsdenken der europäischen Neuzeit kann aus heutiger Sicht als der Versuch angesehen werden, die Anfragen an die Wirtschaft, die aus der antiken und christlichen Sichtweise hervorgehen, zum Verstummen zu bringen (Teil IV). Indem Motivationen und Verhaltensweisen, die den antiken Denkern widernatürlich und den christlichen böse erscheinen, als normal gelten, werden die Theorien von Politik und Ökonomie auf eine völlig neue Grundlage gestellt: Das Interesse aller Individuen an Selbsterhaltung und Steigerung der eigenen Bedürfnisbefriedigung wird zum Ausgangspunkt für Entwürfe von Staat und Wirtschaft. Im Zuge dieses *methodologischen Individualismus*, für den das Individuum eine letzte, unhintergehbare Instanz ist, gelangt die Aufklärung der Neuzeit zu der Überzeugung, dass auf Gewaltsamkeit beruhende Beziehungen wie das Verhältnis Herr/Sklave der Würde des als singuläre Person gefassten Menschen widersprechen: Alle Herrschaftsverhältnisse sind abzuschaffen – oder aber, und das wird für das Verständnis der Wirtschaft entscheidend, sie sind umzudeuten in *freiwillige Vertrags- und Tauschbeziehungen* zwischen freien Individuen, wie sie auf *Märkten* in Erscheinung treten. Daraus geht ein Entwurf einer Welt hervor, die, in Schranken gehalten von einem starken Rechtsstaat, von einem Malum nichts weiß. Was an Unheimlichkeit an dieser Welt den Denkern der Aufklärung durchaus noch bewusst ist, wird in der Theorie der Wirtschaft seit Smith durch Denkfiguren wie *System der natürlichen Freiheit* oder *Unsichtbare Hand* dahingehend umgedeutet, dass es als Quelle nützlicher Energien interpretiert werden kann.

Das Bewusstsein für die dunklen Aspekte der Wirtschaft geht den tonangebenden Lehren des 20. Jahrhunderts fast völlig verloren. In einer zunehmenden Verengung des Blickfeldes und der Fragestellung scheint alles Nachdenken über die Wirtschaft auf den *Homo oeconomicus* hinauszulaufen, dem sich die Wirtschaft als Raum größtmöglicher Freiheit und größtmöglichen Wohlstands eröffnet. Der Homo oeconomicus, der egoistische, rationale Nutzenmaximierer, ist in den Standardtheorien bis zum Ausgang des 20. Jahrhunderts die Basis für die Lösung aller Probleme, die mit dem Malum oeconomicum zusammenhängen. In einer Welt, in der freie Akteure im freien Wettbewerb auf freien Märkten stets dasjenige suchen, was sie für ihr Bestes halten, scheint es nicht notwendig, Platz für ein Malum zu lassen. Am Beispiel des Umgangs moderner Wirtschaften mit ihren Lebensgrundlagen (Teil V) wird jedoch deutlich, dass die Welt des Homo oeconomicus schon in der reinen Theorie zum Untergang verurteilt ist. In ihr ist es nahezu unmöglich, langfristige Probleme von Wirtschaft, Gesellschaft und Politik mit langem Atem anzugehen. An Problemen wie Bevölkerungswachstum, Klimawandel, Wasserverknappung, Verschmutzung der Meere, Desertifikation von Böden, Artenschwund und Verbrauch fossiler Ressourcen ebenso wie an den ungelösten Fragen sozialer und intergenerationaler Gerechtigkeit bricht sich der Optimismus dieser Homo-oeconomicus-Welt, der einst selbst wache Geister wie John Maynard Keynes dazu verleitete, der Menschheit für das Jahr 2030 die endgültige Lösung des ökonomischen Problems in Aussicht zu stellen. Einer der ersten, der die Struktur dieser Probleme gesehen hat, war Robert Malthus. Die Warnungen hinsichtlich der Zukunftsfähigkeit moderner Wirtschaften werden bis heute in Malthusianischen Linien formuliert – dafür steht der Bericht des Club of Rome. Zwar haben sich die empirischen Vorhersagen dieses Berichtes keineswegs bestätigt, aber die strukturellen Anfragen, die er bietet, behalten bis heute Gültigkeit. Eine wirkliche Antwort steht aus. Eine Analyse der neuerdings erhobenen Forderung nach einer Großen Transformation, die die Zukunftsfähigkeit wiederherstellen soll, macht intellektuelle Defizite deutlich. Die bisherigen Konzepte erinnern stellenweise an die Kurzschlüsse im Gesellschaftsentwurf Platons.

Ist das, was den Menschen an Bedrohungen aus seiner Umwelt entgegenkommt, ein Betriebsunfall in einer an sich guten marktwirtschaftlichen Welt, oder drückt sich darin etwas Verkehrtes an dieser Welt aus? Dass es, wie immer man diese Frage entscheiden mag, Gründe gibt, die Welt der Wirtschaft als eine von Grund auf verkehrte anzusehen, ist Gegenstand der Teile VI und VII. Untersucht wird dort eine Frage, die in den Theorien von Smith bis zur heutigen Standardökonomik verloren ging – die Frage nach der Verfassung des menschlichen Innenlebens unter den Bedingungen der Wirtschaft, die Frage nach der Seele im Zeitalter des Kapitalismus. In der Welt des Homo oeconomicus hat diese Frage keinen Ort: Als ein fertiges, für sich vollkommen durchsichtiges Wesen stellt die Theorie den Homo oeconomicus in die Wirtschaft, als ein von der Wirtschaft völlig unberührtes Wesen verlässt er ihre Sphäre und findet seinen maximalen Nutzen in seinem privaten Konsum. Was die reale Wirtschaft aus dem Menschen macht, ist das große Thema von Marx. Unter den Ökonomen seit Adam Smith ist es alleine er, der, die Theorien von Platon und Aristoteles ebenso wie die von Smith und der ihm folgenden ökonomischen Klassik vor Augen und geschult durch die Methode Hegels, die Trost- und Heillosigkeit der in liberalen Theorien verklärten Wirklichkeit des Kapitalismus mit klarem Blick erkennt. In Teil VI wird die Theorie von Marx als eine Art Dekonstruktion aller derjenigen Annahmen und Resultate interpretiert, die für liberale Wirtschaftstheorien vom 18. Jahrhundert bis heute kennzeichnend sind. So verstanden, besagt Marx' These, das gesellschaftliche Sein bestimme das Bewusstsein, dass sich die kapitalistische Ordnung tief in das Innenleben eingräbt und Motivationen und Verhaltensmuster entscheidend prägt.

Marx wird hier allerdings gewissermaßen reduktiv gelesen. Bewusst wird seine Arbeitswertlehre ausgeblendet und seine Revolutionstheorie zurückgewiesen. Gerade dadurch treten jedoch Züge seines Denkens zutage, die für die hier leitende Fragestellung fruchtbar sind: Es sind insbesondere der utopische Gehalt und die religiöse Färbung seines Denkens, die Marx in einmaliger Weise sensibel für das Malum oeconomicum machen. Jedoch ist sein Denken gerade dieser Züge wegen ungeeignet, Auswege aus den Problemen des Malum oeconomicum zu weisen, im Gegenteil: Indem Marx das Malum ausschließlich der Wirtschaft in ihrer kapitalistischen Gestalt zuweist, übergeht er die Frage, ob es nicht ein Malum gebe, das im menschlichen Innern wurzelt. So kann er in einer säkularen Wendung von ursprünglich religiösen Heilserwartungen annehmen, die Menschen könnten im Kommunismus die Verhältnisse der Wirtschaft so gestalten, dass es nur noch gute Menschen geben würde, die alle ein gutes Leben führen könnten.

Die Ausführungen zu Heidegger, Marcuse, Rosa, Sen und den Kommunitaristen in Teil VII führen mitten in die Debatten der Gegenwart. Die heutigen Kritiker des globalen Kapitalismus erweitern den Horizont der Marx'schen Kritik, indem sie die Art und Weise thematisieren, wie Menschen sich selbst und ihre Beziehungen unter den Vorzeichen der Dynamik der Märkte reflektieren: Nicht selten tendieren sie dazu, sich und ihre Welt als berechenbare Größen wahrzunehmen, als Bestände, die sich und andere nur als Objekte von Forderungen und technischen Transformationen erleben. Die Grenzen dieser oft pauschal gehaltenen Fundamentalkritik werden in den Überlegungen zu Rawls und Sen herausgearbeitet. Diese liberalen Denker setzen der antiliberalen Klage über die Ausweglosigkeit der Verhältnisse den Versuch entgegen, auch und gerade unter den Bedingungen der Gegenwart Perspektiven und Potenziale für ein gutes Leben herauszuarbeiten, das allen Menschen zugänglich sein könnte. Für die Realisierung dieser Potenziale wäre es jedoch erforderlich, dass die Menschheit sich als Gemeinschaft formieren würde, die für die Grundlagen des guten Lebens zuständig ist. Einige Probleme dieser Gemeinschaftsbildung werden in der kritischen Betrachtung aktueller kommunitaristischer Theorien deutlich. Die Frage, ob angesichts der Dynamik und Entwicklungstendenzen der gegenwärtigen Wirtschaft ein gutes Leben, wie es etwa Amartya Sen anvisiert, möglich ist, bleibt am Ende von Teil VII offen.

Dass Menschen in der Wirtschaft etwas suchen, was seinem Wesen nach gänzlich außerhalb der Wirtschaftssphäre liegt, ist Thema von Teil VIII. In der Moderne scheint die Wirtschaft zu dem Feld geworden zu sein, auf dem verhandelt wird, worum es Menschen überhaupt in diesem Leben zwischen Geburt und Tod geht: Erfüllung und Heil. Damit wird dieses Feld jedoch überfordert. Die begrenzten Genüsse, die es bietet, das abgemessene Glück, das es ermöglicht, erscheinen von geringem Wert angesichts eines unausrottbaren Strebens ins Grenzenlose. Wenn Denker wie Sen der Wirtschaft das Ziel zuschreiben, Grundlagen für ein gutes Leben aller Menschen bereitzustellen, dann steht dem entgegen, dass die Erwartungen der Menschen, die die Wirtschaft in Gang halten, sich oft nicht mit diesem Ziel bescheiden. Dass die Unfähigkeit zur Selbstbeschränkung schon im Ursprung der modernen Welt aufzufinden ist, wird ausgehend vom sogenannten *Bacon-Projekt* deutlich. Denn Bacons Versuch, durch unendlichen technischen und gesellschaftlichen Fortschritt einer Lösung der Probleme des materiellen Daseins stets näherzukommen, ist angetrieben von einem Verlangen, das mit den Gütern, die die Wirtschaft bereitstellt, nie erfüllt werden kann: Es geht um die Rückkehr ins Paradies. In säkularisierter Form ergreift dieses Heilsverlangen die Wirtschaft als diejenige Sphäre, in der es Verwirklichung zu finden vermeint. Anknüpfend an Karl Löwith wird damit ein neuer Aspekt des Malum oeconomicum untersucht: Das Missverhältnis zwischen der Unendlichkeit des Strebens nach Heil und der Endlichkeit der Sphäre, in der es Erfüllung sucht. Themen wie *imaginäre Bedürfnisse* (J. G. Schlosser) und die *Illusionen des Verlangens nach Geld* (G. Simmel) stehen im Zentrum der Betrachtung. Während bei Marx das Innenleben der Menschen ein Abbild der Verkehrtheit der Welt der Wirtschaft ist, erscheint nun die Wirtschaft als Abbild einer sich selbst missverstehenden Verfassung dieses Inneren. In Kommentaren zum *Prometheus* des Aischylos und zum Satz des Anaximander werden diese Überlegungen über die Wirtschaft der Gegenwart hinaus in die Frage nach der *Conditio humana* überführt. Aus dem tragischen Zeitalter der Griechen ergeht an die Menschen aller Zeiten die Frage, ob nicht schon das Hoffen der Menschen als solches, dem wie ein Schatten stets die Verschuldung folgt, ein vergebliches Suchen und Sich-Abmühen in Gang setzt, dessen Resultate die in nahezu jeder Zivilisation anzutreffenden illusionären Züge des Wirtschaftens sind. Träfe dies zu, so wäre es sinnlos, gegenüber irgendeiner Wirtschaftsform Gerechtigkeit einzuklagen, und von der Idee eines guten Lebens bliebe nichts übrig als die Jagd nach einem kurzlebigen Glück.

Das Malum oeconomicum könnte sich, gemäß der hier gebotenen Auslegung der griechischen Tragik, als *Malum cosmologicum* darstellen. Gegen diese pessimistische Sicht wendet sich der abschließende Teil IX, dessen Anliegen es ist, Mensch und Wirtschaft außerhalb des Bannkreises des Malum zu betrachten. Beginnend mit einer Kritik des Glaubens an die Machbarkeit von Revolutionen wird nach einem *archimedischen Punkt* zur Beurteilung und Veränderung einer Gesellschaft gefragt. Rawls folgend wird als Basis eines Wirtschaftens, das wesenhaft anders ist als die Ordnungen, die im Zeichen des Malum stehen, das *reine Herz* thematisiert. Es stellt ein radikales Anderssein gegenüber jeder Lebensweise dar, die in den Vorgaben einer Wirtschaft wie der heutigen befangen ist. Bilder einer dem reinen Herzen gemäßen Wirtschaftsweise, die auf gelebte Praxis verweisen, finden sich u. a. in bestimmten Überlieferungen des Buddhismus, des Judentums und des Christentums. – In einer Welt, die, in den Worten von Max Weber, nie frei von *dämonischen Mächten* vorgestellt werden kann, ist es indes kaum denkbar, dass eine Wirtschaft des reinen Herzens im Großen und Ganzen Wirklichkeit werden könnte. Daher erscheint im Rückblick das wie immer unzulängliche Bemühen derer gerechtfertigt, die – wie die großen Ökonomen von Adam Smith bis Amartya Sen – konkrete Verbesserungsvorschläge an Politik und Gesellschaft ihrer Zeit adressieren und dabei das *krumme Holz* in Rechnung stellen, aus dem der Mensch geschnitzt ist und das gerade zu richten jenseits der Möglichkeiten menschlichen Tuns liegt.

Man muss bei der Lektüre der vorliegenden Abhandlung nicht notwendig die Reihenfolge der Kapitel einhalten. Einzelne Teile, wie etwa die Überlegungen zu Keynes und Malthus, die Interpretationen der Marx'schen Lehre oder die Ausführungen zu Amartya Sen und den Kommunitaristen, können durchaus auch für sich gelesen werden. Das Gleiche gilt für die Auseinandersetzungen mit aktuellen Diskursen in Kapitel 12 und 13. Indes ist die hier gebotene Anordnung der Gedanken nicht beliebig. Nach den vorbereitenden Teilen I bis III wird in den Teilen IV und V die Welt der liberalen Marktwirtschaft vorgestellt, einerseits, wie sie sich selbst sehen möchte, und andererseits, wie sie aus der Sicht einer ökologischen Ökonomie erscheint. In den Teilen VI und VII geht es um die Grundlagen und einzelnen Ausprägungen der Fundamentalkritik am globalen Kapitalismus – einschließlich einer liberalen Entgegnung. Teil VIII verlässt die Sphäre der Wirtschaft, um dahinterliegende Kräfte – Heilsverlangen und Schuldbefangenheit – anzusprechen, deren eigenes Feld das Gebiet der Religion wäre. Teil IX schließlich stellt die Frage nach der Möglichkeit einer Synthesis von Heilssuche und wirtschaftlichem Handeln, die beide Aspekte analytisch trennt und doch in der Vision einer Gemeinschaft der Menschen reinen Herzens zusammenführt. Dieser punktuell real möglichen Gemeinschaft muss indes bis heute, aufs Große und Ganze der Menschheit gesehen, utopischer Charakter zugesprochen werden.

2. Die Wirtschaft und das Malum oeconomicum

Die moderne Marktwirtschaft hat einen Pro-Kopf-Wohlstand hervorgebracht, wie sich das vormoderne Utopisten nicht vorstellen konnten – auf der Grundlage einer Verfolgung der Eigeninteressen des Einzelnen unter einer klug geschnittenen Rahmenordnung mit forciertem Wettbewerb.
Karl Homann, 2002

Die Politik ungehinderten Wachstums unter den Industrieländern und das Streben nach Gewinn multinationaler Konzerne haben die Erde ausgeplündert und die Umwelt schwer geschädigt.
Reformierter Weltbund, 2004

Was *Wirtschaft* ist[22], davon haben alle eine ungefähre Vorstellung: Sie ist der Bereich, in dem wir uns befinden, wenn wir auf der Suche nach dem Lebensunterhalt mit dem Erwerb von Einkommen und Vermögen beschäftigt sind, wenn wir uns darum sorgen, Wohlstand und Reichtum zu erlangen und zu sichern, Armut und Elend dagegen abzuwehren. In der Wirtschaft entscheidet sich, inwieweit solche Bestrebungen gelingen oder scheitern. Unter diesen Gesichtspunkten erleben Menschen die Wirtschaft aus einer Perspektive, die vom Individuum oder von einer kleinen Gruppe – Familie, Sippe etc. – ausgeht. Als Wirtschaft wird aber auch die Entstehung und Bewegung von Gütern und Dienstleistungen bezeichnet – sei es im Rahmen einer Region, eines Landes oder gar der ganzen Welt: Betrachtet wird deren Produktion und Bereitstellung – dazu gibt es *Unternehmen* –, ihr Austausch – dazu gibt es *Märkte* –, ihre Verteilung auf die Akteure – dazu sind bestimmte *Anspruchsrechte* nach gewissen *Regeln* festgelegt – und ihr Konsum, ihr Gebrauch und Verbrauch – das ge-

---

[22] Eine ausführliche Untersuchung dieser Frage, die vor allem Grenzen und Leistungen der modernen Wirtschaftswissenschaften kritisch einschätzt, findet sich in Faber (1999).

schieht in den *Haushalten*. Die Medien, die Güter und Dienstleistungen durch Austausch auf den Märkten unablässig in Bewegung halten, sind Zahlungsmittel wie das *Geld*. Die Basis der Wirtschaft aber ist der Bereich, aus dem alle ihre Rohstoffe zur Güterherstellung gezogen werden und in den die materiellen Überreste der gebrauchten und verbrauchten Güter zurückkehren, als Müll, Abwässer, Luftschadstoffe etc. Dieser Bereich wird als *Natur* bezeichnet.

In diesen Vorstellungen wird die Wirtschaft in drei Hinsichten angesprochen: i) als das Gebiet der Sorge um den Lebensunterhalt, ii) als das koordinierte Zusammenspiel unzähliger Abläufe in Unternehmen und Märkten, bezogen auf die Bedürfnisse der Haushalte und iii) als »Stoffwechsel zwischen Mensch und Natur«[23]. In allen drei Hinsichten bezeichnet Wirtschaft etwas, woran wir beteiligt und worin wir verstrickt sind. Vielleicht ist diese Beteiligung und Verstrickung der Grund dafür, dass der Wirtschaft für die meisten ein *Zug des Unverständlichen* anhaftet, der zuweilen etwas Bedrohliches annimmt. Wie steht der Erfolg oder Misserfolg der Suche nach Erwerb in Verbindung mit der Bewegung von Preisen oder Börsenkursen, mit dem Wachstum oder dem Rückgang des Sozialproduktes, mit Arbeitslosigkeit, Inflation, Staatsverschuldung und Naturzerstörung in einem bestimmten Wirtschaftsraum und in der Weltwirtschaft? Warum haben die einen viel, die anderen wenig oder gar nichts? Wie hat unsere Lebensweise Anteil an der Erschöpfung fossiler Rohstoffe, der weltweiten Verknappung von sauberem Wasser oder der Erwärmung der Erde? Über diese und ähnliche Fragen bildet der gesunde Menschenverstand zwar Mutmaßungen, gelegentlich versteigt er sich auch zu starken Hypothesen, aber wer ehrlich ist, muss, sei es selbst als Wissenschaftlerin vom Fach, eingestehen, oft nur Fragmente, nicht aber die Zusammenhänge selbst zu verstehen. Wissen, Unwissen und Halbwissen, vielfach durchsetzt von Unsicherheit oder gar Angst, zu anderen Zeiten überdeckt von Wünschen und Erwartungen – aus diesem Gemisch ergibt sich das gewöhnliche Bild der Wirtschaft.

Da, was in der Wirtschaft geschieht, die Menschen oft persönlich angeht, sind Halbwissen und irrige Ansichten über die Wirtschaft nicht so harmlos wie die unvermeidlichen Wissenslücken in so vielen anderen Wissensbereichen. Denn was die Menschen von der Wirtschaft halten und über sie denken, kann auf ihr alltägliches Verhalten

---

[23] So Marx in seinem *Kapital* (Marx 1867/1972: 57).

ebenso wie auf ihre Entscheidungen als Staatsbürger bedeutenden Einfluss gewinnen.

Das Malum oeconomicum

Was bedeutet für die alltäglichen Vorstellungen von Wirtschaft die Frage nach dem Bösen? Ganz allgemein steht der Begriff des Bösen quer zu jeder Wissenschaft: Denn gleichviel, ob man die Welt als Gesamtheit der Dinge oder, wie Wittgenstein in seinem *Tractatus logico-philosophicus*, als *Gesamtheit der Tatsachen* fasst, das Böse ist, da weder Ding noch Tatsache, *nicht von dieser Welt*. Es ist kein empirisches Datum, das von einem Sinnesorgan oder Messinstrument aufgenommen werden könnte. Daher ist es für diejenigen Wissenschaften, die sich mit der Welt in Raum und Zeit beschäftigen, ja, selbst für die Philosophie, sofern sie es mit keiner anderen Welt als dieser zu tun haben will, schwer zu greifen. So wurde im 1971 erschienenen ersten Band des *Historischen Wörterbuches der Philosophie* bei der Konzeption der unter dem Buchstaben B abzuhandelnden Begriffe der Artikel *Böse*, wie Odo Marquard später maliziös feststellte, »›vergessen‹«.[24] Ein derartiges Vergessen wird dem Problem des Bösen erst recht in den Wirtschaftswissenschaften zuteil. So finden sich in Gablers *Wirtschaftslexikon*, einem Standardwerk der Gegenwart, zu den Themen *Böses*, *Übel* oder *Schlecht* keine Einträge.

Aber die Thematik des Bösen in der Wirtschaft ist gleichwohl präsent. Sie äußert sich vor allem in der *Klage* derer, die in wirtschaftliche Misere geraten oder sich vor ihr fürchten, und in der *Anklage* gegen die wirklichen oder angeblichen ökonomischen Mächte dieser Welt. Nimmt man diese Wahrnehmung ernst, so findet man, dass der Ausdruck *böse* in Bezug auf die Wirtschaft in unterschiedlicher Weise verstanden werden kann.

i) In der Wirtschaft können *Einstellungen* und *Verhaltensweisen* auftreten, die offensichtlich verwerflich sind. Dazu gehören u.a.

---

[24] Auf dieses *Vergessen* – seltsam genug in einer Epoche, in der die Auschwitz-Prozesse nur wenige Jahre zurücklagen – machte Odo Marquard neun Jahre später in eben diesem Werk im Rahmen des Artikels *Malum* aufmerksam (Marquard 1980: 654). Heute wäre ein solches Vergessen allerdings kaum noch möglich. Denn seit dem Ende des zwanzigsten Jahrhunderts, verstärkt nach dem 11. September 2001, hat das Thema »Böses« intensive intellektuelle Aufmerksamkeit gefunden (vgl. u.a. Safranski 1997, Neiman 2004, Dalferth 2008, Eagleton 2011).

hemmungslose Gier nach Geld und Macht, bewusste Schädigung anderer, etwa durch Ausnutzung von Notlagen, dazu gehören Betrug, Übervorteilung, Korruption und Gewaltandrohungen aller Art. Das ist Böses, wie es in den *Bereich der Motivationen, Dispositionen und Orientierungen* gehört.

ii) Ein anderes »Böses« ist im Bereich der *Folgen* der Wirtschaft zu finden: Zerstörungen in der Natur, Aussterben von Pflanzen- und Tierarten, vor allem aber das Leid, das Einzelnen oder Gemeinschaften im Zusammenhang mit der Wirtschaft widerfährt, etwa aufgrund unmenschlicher Arbeitsbedingungen, Arbeitslosigkeit, Hunger, Armut, Elend.

Wir sprechen also vom *Bösen* im Zusammenhang mit der Wirtschaft in zwei Bedeutungen:

i) Böses auf der Ebene des Wollens und
ii) Böses auf der Ebene leidstiftender Widerfahrnisse.

Das deutsche Wort *böse* trifft diesen zweiten Sinn nicht recht, weil es vorzugsweise auf eine bestimmte Disposition eines menschlichen Willens verweist. Ein leidstiftendes Geschehen hingegen, soweit darin keine Absicht erkennbar ist, etwa eine Naturkatastrophe, gilt nicht als in eigentlichen Sinn *böse*, es mag eher *schlecht*, *schlimm* oder *übel* genannt werden, auch wenn man gelegentlich von einem *bösen Wetter* spricht oder feststellt, dass es *böse Zeiten* sind, in denen man lebt. Besser als das deutsche *böse* deckt das lateinische *malum* beide Seiten ab. Wir haben dafür in unserer Sprache den Ausdruck *übel*, der aber für die Phänomene des Wollens weniger gebräuchlich ist als *böse*. Im Folgenden werden wir in Bezug auf die Wirtschaft statt vom *Bösen* meist vom *Malum oeconomicum* sprechen, womit alle Übel gemeint sind, die dem Bereich der Wirtschaft zugeordnet werden können.

Das Leiden an den Folgen der Wirtschaft (ii) steht im Zentrum des anschließenden Kapitels 3, wird aber auch in den weiteren Ausführungen immer wieder thematisiert. Die Dispositionen, Motivationen und Orientierungen, die das Malum oeconomicum auf der Ebene des Wollens darstellen (i), sind ab Kapitel 4 das Hauptthema des Buches. Dabei zeigt sich allerdings, dass das Leid, das aus der Wirtschaft hervorgeht, oft nur sehr vermittelt, wenn überhaupt, auf Akte bewusster Böswilligkeit zurückzuführen ist. Nur selten geht es in der Wirtschaft um das, wenn man so sagen darf, »große« Böse, das es mit dem manifest *bösen Willen* zu tun hat. Zwar mag es zu den Klischeevorstellungen des brutalen Sklavenhalters, des unmenschlichen Ausbeuters, des großen Betrügers, des raffgierigen Spekulanten, des schäbigen Geschäftemachers oder des hartherzigen Wucherers Entsprechungen in der Realität geben, aber typisch für die Wirtschaft ist eher das *normale Böse*, die *alltägliche Schlechtigkeit:* kleinliche Gier und Missgunst, verstecktes oder offenes Konkurrieren, Nachlässigkeit und vor allem Gleichgültigkeit gegenüber der Not anderer, das Nicht-Hinsehen-Können oder Nicht-Hinsehen-Wollen. Diese Verhaltensmuster würden auch auftreten, wenn es das große Böse nicht gäbe, und sie sind für die Entwicklung, die die Wirtschaft nimmt, nicht weniger wichtig als die Vergehen der Großen. Dieses kleine Böse – *everybody's evil* wäre eine gute Bezeichnung dafür, für die sich im Deutschen keine adäquate Entsprechung findet – ist keineswegs harmlos. Abgesehen davon, dass sich aus Kleinem in der Wirtschaft langfristig Folgen ungeheuren Ausmaßes akkumulieren können, ist es denkbar, dass die Gewöhnung an das kleine Böse die Menschen indifferent macht für den Zustand ihres Gemeinwesens, so dass sie unter Umständen das Feld der Politik widerstandslos von autoritären, fanatischen oder totalitären Bewegungen besetzen lassen.

Aber ist es überhaupt angemessen, leidstiftende Erscheinungen des Wirtschaftslebens auf das große oder kleine Böse zurückzuführen, wie es seinen Ursprung im menschlichen Herzen hat, dessen »Dichten böse ist von Jugend auf«?[25] Ist es nicht eher der Bereich der Wirtschaft, dessen Spielregeln den Beteiligten, die im Spiel bleiben wollen, fast zwangsläufig gewisse *Motivationen, Dispositionen und Orientierungen* auferlegen?[26] Mit anderen Worten: Sind es unter gewissen Umständen nicht die Strukturen einer jeweiligen Wirtschaft, die den Akteuren ein Verhalten aufzwingen, das böse genannt zu werden verdient? Ist es nicht sogar denkbar, dass diese Strukturen selbständig üble Folgen generieren, ganz ohne den Willen der Wirtschaftssubjekte? Diese Frage wird uns vor allem in Kapiteln 14–16 beschäftigen; die beiden hier folgenden Abschnitte geben dazu einige allgemeine Hinweise.

---

[25] 1. *Mose* 8,21.

[26] Arnold Gehlen hat darauf aufmerksam gemacht, dass das häufig als verwerflich angesehene Gewinnstreben »kein selbständiger psychologischer Antrieb« sei, sondern »eine den Verantwortlichen aufgenötigte Einstellung, wenn sie für das Überleben eines Betriebes unter Konkurrenzbedingungen zu sorgen haben« (Gehlen 2004: 38; vgl. Klauer/Manstetten/Petersen/Schiller 2013: 128).

Opfer ohne Täter?

Diejenigen, die sich als Opfer wirtschaftlicher Abläufe erleben (oder auch die, die sich zu den Fürsprechern der Opfer machen), sehen in der Regel keine Täter. Eine wirtschaftliche Krise beispielsweise überkommt die Betroffenen als ein Geschehen, das wie eine Naturkatastrophe scheinbar grundlos hervorbricht und trifft, *wen es will*. Dieses *es* hat keinen Namen und im eigentlichen Sinne keinen Willen. Dennoch kann man ein *Malum oeconomicum* nicht als ein Naturereignis hinnehmen wie die Kapriolen des Wetters. Denn wirtschaftliche Abläufe sind Folge willentlicher Handlungen. Die oft chaotisch erscheinenden Entwicklungen der Börsenkurse resultieren aus den Entscheidungen von Bankern, Investoren, Groß- und Kleinaktionären, die Wertpapiere kaufen oder verkaufen. Nichts in der Wirtschaft geschieht ohne den Willen bzw. die Einwilligung von Menschen: Zwar wird der große Gang der Gesamtwirtschaft, so wie er ist, von niemandem geplant oder gewollt, aber er ergibt sich aus einer Verkettung unabsehbar vieler »kleiner« Handlungen, die allesamt aus freien Entschlüssen hervorgegangen sind. Daher ist jedes *Malum oeconomicum*, das jemandem widerfährt, in gewisser Weise etwas Menschengemachtes. So ist die Empörung über dieses Malum zu Recht anders geartet als das Entsetzen über die Auswirkungen von Erdbeben oder Flutkatastrophen. Denn was immer an Naturzerstörung und Menschenfeindlichem aus der Wirtschaft heraus geschieht, es ist Folge menschlichen Tuns.

Aufgrund des Leidens, das Menschen von der Wirtschaft her widerfährt, drängt sich ein grundsätzlicher Verdacht auf: Das Malum oeconomicum, so wird gemutmaßt, habe seinen direkten Ursprung im Bösen in der Bedeutung i) des vorigen Abschnitts, d.h. im bösen Willen handelnder Menschen. Da aber diejenigen, die sich in der Wirtschaft als Opfer erfahren, nicht das Gesicht eines Täters sehen, sondern allenfalls das eines Funktionärs, der ausführt, was ihm von höheren, ungreifbaren Instanzen vorgegeben wurde, zielt der Verdacht auf Figuren, Gruppen, Verbände, Organisationen im Hintergrund, denen unterstellt wird, dass sie die großen Bewegungen der Wirtschaft beeinflussen oder bestimmen – stets zu ihrem Vorteil, ohne Rücksicht auf andere, oft sogar in der Absicht, anderen zu schaden. Dass hinter der Dynamik der Weltwirtschaft eine Verschwörung dunkler Kräfte steckt – das ist ein immer wieder neu aufgefrischter

Mythos. Bereits der Nationalsozialismus bediente sich seiner, um antisemitische Stimmungen zu nähren.

Wenn wir im Folgenden die Frage nach der Wirtschaft und dem Bösen genauer untersuchen, ist es unabdingbar, von Verdächtigungen solcher Art Abstand zu nehmen. Denn so viele Fälle es geben mag, in denen Individuen oder Organisationen die Leiden anderer bewusst in Kauf nehmen: Die mittel- und langfristigen Abläufe der Weltwirtschaft in ihrer gegenwärtigen Verfasstheit können nicht entscheidend von dem planenden Willen einzelner Menschen oder Organisationen gelenkt werden. Dies schließt zwar weder *Manipulationsversuche* noch *bewusste politische Eingriffe* aus – wie sie ja, im wirklichen oder vorgeblichen Interesse des Ganzen, etwa durch wirtschaftspolitische Maßnahmen von Staaten und überstaatlichen Organisationen wie dem IWF oder der Weltbank vorgenommen werden. Wohl aber schließt es aus, dass sich irgendeine Organisation – sei es selbst ein Mammutkonzern wie Royal Dutch Shell, Monsanto oder Nestlé, sei es eine Branche wie die Pharmaindustrie, sei es ein Staat von der Größe der USA oder Chinas – der Weltwirtschaft bemächtigen und sie dorthin führen könnte, wo sie sie gerne hätte.

Nicht nur mit vorschnellen Schuldzuweisungen verfehlt man die Problematik des Malum oeconomicum, sondern auch, indem man die eigene Beteiligung und Verstrickung nicht wahrnimmt. Als wirtschaftlich Handelnde, zumindest als Konsumenten, haben die allermeisten von uns, wenn auch in unterschiedlichem Maße, einiges mit denen gemeinsam, die sie um keinen Preis sein wollen.

Positionen zum Kapitalismus: Neoliberale Apologie oder Fundamentalkritik

Seit dem Zusammenbruch der Planwirtschaften des ehemaligen Ostblocks in Europa hat es den Anschein, als gebe es nur *eine* Ordnung wirtschaftlicher Abläufe: Sie trägt die Namen *freie* bzw. *liberale Marktwirtschaft* oder *System des Kapitalismus*. Die Bewertungen dieser Ordnung lassen sich auf einer Skala zwischen zwei Extrempositionen verorten: der liberalen bzw. neoliberalen Position einerseits, der fundamentalkritischen andererseits. Für die erstere ist die Marktwirtschaft, alles in allem, eine Quelle des Guten, für die letztere gehen vom Kapitalismus die meisten der großen Übel aus, unter denen die Menschheit leidet.

Liberalismus und Neoliberalismus

Die heutigen marktliberalen Überzeugungen beruhen durchweg auf Ideen und Konzepten, die zwischen dem Ende des 17. bis zur Mitte des 19. Jahrhunderts entwickelt wurden. Namhafte Denker schlugen den staatlichen Instanzen ihrer Zeit vor, Privilegien und Sondervorteile für bestimmte Gruppen zu beseitigen und auf staatliche Eingriffe in Märkte zu verzichten. Als die beste aller möglichen Wirtschaftsformen erschien Adam Smith, David Ricardo oder Jean-Baptiste Say die *Marktwirtschaft*. Sie galt ihnen als ein *System der natürlichen Freiheit*.[27] In der Nachfolge dieser Denker ist die Wirtschaft zu einem Feld stilisiert worden, auf dem jeder in Freiheit seinen Interessen nachgehen und im Rahmen seiner Möglichkeiten seine Ziele optimal verwirklichen kann. Damit fördert er zugleich das Wachstum der Gesamtwirtschaft. In der idealen Welt des heutigen liberalen Wirtschaftsdenkens wird angenommen, dass *eigene Interessen zu haben und sie zu verfolgen* stets *gut* sei, solange man sich nur an die geltenden Gesetze hält. Damit ist zugleich etwas über den Menschen ausgesagt: Er ist *von Natur aus*, gerade mit seiner Fixierung auf seinen Privatvorteil, *gut*, denn er wirkt mit an einem großen Mechanismus, in dem idealerweise alles zum Besten aller ausgeht. In einer solchen Wirtschaft ist ein Malum oeconomicum nicht vorgesehen.

Vom klassischen Liberalismus des 18. und 19. Jahrhunderts unterscheiden sich Nachfolgeideologien, wie sie heute unter dem Sammelbegriff *Neoliberalismus*[28] zusammengefasst werden, durch einen fast bedingungslosen Glauben an den Markt. Ihre Devise lautet: möglichst viel Privateigentum und Tauschmöglichkeiten, möglichst wenig Regulierung, möglichst wenig Staat (abgesehen vom Schutz des

---

[27] Smith (1978: 582).

[28] Der Begriff *Neoliberalismus* hatte vor dem II. Weltkrieg in der deutschsprachigen Diskussion eine andere Bedeutung als heute. »Ursprünglich entstand der Begriff in den 1930er Jahren, als sich eine Reihe von Wissenschaftlern (Eucken, Böhm., Müller-Armack, Röpke, Rüstow u. a.) selbst als ›Neoliberale‹ bezeichneten, um damit darauf hinzuweisen, dass sie einen neuen wirtschaftlichen Liberalismus vertraten, der im Unterschied zum klassischen Laissez-Faire-Liberalismus gerade nicht den Markt sich selbst überlassen wollte, sondern der durch marktkonforme Eingriffe die sozialen Missstände eines reinen Kapitalismus beheben wollte. Unter dem aktuellen, im Zuge der Globalisierungsdiskussion entstandenen Begriff ›Neoliberalismus‹ versteht man im Gegensatz dazu gerade die Ansichten einer sogenannten ›neoliberalen Angebotspolitik‹, die durch die Befürwortung eines völlig freien Marktes ohne staatliche Eingriffe gekennzeichnet ist« (Hotze 2008: 11, Anmerkung).

Privateigentums und der Marktwirtschaft). Die wirklichen Übel sind für den Neoliberalismus die Beschneidung der freien Initiative der Tüchtigen durch überflüssige Regulierung sowie der Raub, den der Staat am Einkommen der Wirtschaftssubjekte durch unnötig hohe Steuern vornimmt. Vor diesem Hintergrund muss wirtschaftliche Ungleichheit prinzipiell hingenommen werden, denn die Beseitigung der Unterschiede zwischen Arm und Reich wäre nur durch »verstärkte staatliche Eingriffe in die persönliche Freiheit des einzelnen« möglich.[29] Wenn gilt: »Das Leben ist nicht gerecht«, sollte man nicht erwarten, »daß der Staat in Ordnung bringen kann, was die Natur vernachlässigt hat.«[30] Gleichwohl bietet die Vision des freien Marktes aus dieser Perspektive die beste Lösung für die globale Ungleichheit: »Eine Gesellschaft, die die Freiheit auf ihre Fahnen heftet, [wird] als glückliches Nebenprodukt mehr Freiheit und mehr Gleichheit erreichen.«[31] Diese Behauptung lässt sich allerdings kaum aufrecht erhalten. Thomas Piketty bringt überzeugende Belege für die These, »dass es keinen natürlichen und von selbst ablaufenden Prozess gibt, der verhindert, dass die destabilisierenden und inegalitären Tendenzen sich dauerhaft durchsetzen.«[32] »Wichtig ist vor allem, dass die fundamentale Ungleichheit [...] nichts mit einem unvollkommenen Markt zu tun hat, im Gegenteil: Je ›perfekter‹ der Kapitalmarkt im Sinne der Ökonomen funktioniert, desto stärker setzt sie sich durch.«[33]

Fundamentalkritik an der heutigen Wirtschaft

Der Name, den man einer Sache gibt, sagt etwas aus über ihre Beurteilung. Spricht man von *freier Marktwirtschaft*, so denkt man an freie Akteure, die sich in sogenannten *Win-Win-Situationen* begegnen, d.h. menschlichen Interaktionen, aus denen alle Beteiligten mit einem Gewinn herauskommen. Spricht man dagegen vom *System des Kapitalismus*, so denkt man an den Gewinn von wenigen, dem ein Verlust auf der Seite von vielen gegenübersteht. Vor dem inneren

29 Friedman/Friedman (1980: 155).
30 Friedman/Friedman (1980: 154).
31 Friedman/Friedman (1980: 166).
32 Piketty (2016: 39, 40).
33 Piketty (2016: 47).

Auge erscheinen riesige Vermögen aus Sachwerten und Finanzkapital, man sieht Geld- und Güterströme auf dem ganzen Globus in unaufhörlicher Bewegung, um diese Vermögen zu vermehren, und man sieht Menschen, die keinen anderen Zweck zu kennen scheinen als den, stets aus dem, was sie haben, mehr zu machen, um noch mehr zu haben, während zugleich diejenigen, die nichts haben, ihrem Schicksal überlassen werden, wobei die Arbeitskraft der Einkommensschwachen ausgebeutet wird, ein Artenschwund unvorstellbaren Ausmaßes stattfindet und zukünftiges menschliches Leben offenkundig in seiner natürlichen Basis bedroht ist. Die Überzeugung, dass diese Übel auf den *globalen Kapitalismus* als Ursache zurückzuführen seien, ist die Grundlage aller Fundamentalkritiken an der gegenwärtigen Ordnung der Weltwirtschaft. Ähnlich undifferenziert und einseitig wie die neoliberale Apologie freier Märkte fällt dabei oft die pauschale Verwerfung aus. Als Beispiel dafür seien Stefan Lessenich und Zygmunt Baumann angeführt. In Lessenichs Sicht drückt sich die »kapitalistische Expansionslogik« in der sogenannten *Externalisierung* aus, wie sie seit Beginn des Kolonialzeitalters stattgefunden habe. Den Wohlstand der reichen Länder müsse man auf »den Übelstand anderer Nationen«[34] zurückführen. »Der Kapitalismus kann sich eben *nicht* aus sich selbst erhalten. Er lebt von der Existenz eines ›Außen‹, das er sich einverleiben kann […].«[35] Davon ausgehend, dass »die Lebens- und Entwicklungs-, Arbeits- und Produktions-, Mobilitäts- und Konsumbedingungen an einem ›Ort‹ der Weltsozialstruktur mit dem gesamten Bündel von Lebens-, Entwicklungs- und so weiter –bedingungen andernorts zusammen[hängen]«[36], weist Lessenich auf fundamentale *Machtasymmetrien* zwischen reichen und ärmeren Weltregionen hin. »Wir leben auf Kosten anderer – und zwar in letzter Instanz auf Kosten ihres Lebens. […] Die erstaunliche und erstaunlicherweise immer weiter wachsende Produktivität der hiesigen Wirtschaft beruht maßgeblich auf der systematischen Ausbeutung der stofflichen Ressourcen und des physischen Arbeitseinsatzes – von Mensch und Natur – in anderen Teilen der Welt. […] Der Fortschritt vollzieht sich somit auf dem Rücken derer, die unser Fortschreiten ermöglichen, dabei selbst aber zurück-

---

[34] Lessenich (2016: 43).

[35] Lessenich (2016: 41).

[36] Lessenich (2016: 54).

bleiben.«[37] Lessenichs ausschließlich negative Konnotierung der Externalisierung ist allerdings, trotz zutreffender Detailbeobachtungen, insgesamt zu einseitig.[38] Ähnlich simplifizierend urteilt Zygmunt Bauman, wenn er behauptet: »Für einige wenige bedeutet ›Wirtschaftswachstum‹ Reichtum und Überfluss, doch für die unüberschaubare Masse der anderen Menschen bedeutet es einen enormen Verlust an Sozialprestige und Selbstachtung.«[39] Der moralisierende Unterton solcher angeblich auf Analysen beruhender Urteile tritt offen zutage in folgender Verlautbarung des *Reformierten Weltbundes:* »Die tieferen Wurzeln der massiven Bedrohung des Lebens sind vor allem das Produkt eines ungerechten Wirtschaftssystems, das mit politischer und militärischer Macht verteidigt und geschützt wird. Wirtschaftssysteme sind eine Sache von Leben und Tod. [...] Die Politik ungehinderten Wachstums unter den Industrieländern und das Streben nach Gewinn multinationaler Konzerne haben die Erde ausgeplündert und die Umwelt schwer geschädigt. [...] Darum sagen wir Nein zur gegenwärtigen Weltwirtschaftsordnung, wie sie uns vom globalen neoliberalen Kapitalismus aufgezwungen wird.«[40] Hier wird Entscheidendes nicht gesagt: Die Ursachen dafür, dass so viele Menschen in Elend, Unterdrückung und Krieg leben, sind mannigfaltig, und der globale Kapitalismus, der *auch* eine der Ursachen dafür ist, enthält andererseits sogar Potenziale, die die Lebensverhältnisse von Menschen zum Besseren wenden könnten.

Es ist allerdings kaum Zufall, dass bei der Beurteilung der heutigen Wirtschaft untergründig Vorstellungen von Paradies und Hölle mit aller Last des Existenziellen ins Spiel kommen. Bei der Auseinandersetzung über das Malum oeconomicum geht es zwischen Neolibe-

---

[37] Lessenich (2016: 179).

[38] Der Wirtschaftshistoriker Werner Plumpe formuliert eine Gegenposition: Es ist »nicht zu bestreiten, dass sich im historischen Trend die überregionale Arbeitsteilung vertieft hat und der Handels-, Güter- und Wissenschaftsaustausch intensiver geworden ist. Und zwar aus dem einfachen Grund, dass in der Summe die Nützlichkeit einer weitgehenden globalen Arbeitsteilung ihre wirklichen oder vermeintlichen Nachteile bei weitem überwiegt.« (Plumpe 2017) Wenn ein Unternehmen beispielsweise Arbeitsplätze aus den USA in ein Billiglohnland verlagert, wird dies zwar durchaus im Sinne der Kapitaleigner sein. Aber es wäre den Arbeitern des Billiglohnlandes kaum zuträglich, wenn die entsprechenden Arbeitsplätze dort einfach abgebaut und durch solche in den USA ersetzt würden.

[39] Bauman (2013: 58f.).

[40] Reformierter Weltbund (2004: 1).

ralen und Kapitalismuskritikern vor allem um etwas, das sich nicht innerhalb der Grenzen der Wirtschaft begreifen lässt: um den Menschen, um sein Selbstverständnis als Individuum, als Gesellschaftswesen und als an die Natur gebundenes Lebewesen, um seine Suche nach einem guten Leben und sogar um seine Suche nach dem Heil.[41]

[41] Diese für das gesamte Buch besonders wichtige Thematik wird ausführlich in Kapitel 20 behandelt.

3. Das Malum oeconomicum als Leiden in der Wirtschaft: Ansätze zu einer Phänomenologie

Es ist nicht leicht, Leiden zu identifizieren, die man spezifisch der Ökonomie zuordnen könnte. Denn derartige Leiden entstehen nicht losgelöst von den gesellschaftlichen und politischen Rahmenbedingungen einer Wirtschaft. Das Malum oeconomicum zeigt sich nur in Verbindung mit den allgemeinen Lebensumständen und der Lebensführung der Menschen. Daraus folgt, dass es kaum ein Übel gibt, das in einer ausschließlich ökonomischen Bedeutung bestimmt werden könnte; eine scharfe Abgrenzung des Malum oeconomicum gegenüber dem *Malum sociale* oder dem *Malum politicum* ist also nicht möglich. In diesem Kapitel sprechen wir vom Malum oeconomicum überall da, wo wirtschaftliche Umstände dazu beitragen, dass Menschen leiden, insofern sie keinen Zugang zu den Grundlagen für ein menschenwürdiges Leben erhalten, ungerechte Behandlung erfahren oder entscheidende Orientierungsmarken für eine ihnen gemäße Lebensführung verlieren.[42] Auch das Leiden nicht-menschlicher Lebewesen, sofern es im Zusammenhang mit der Wirtschaft steht, gilt uns als ein Malum oeconomicum. Im Folgenden soll etwas von der Art und dem Ausmaß des Leidens deutlich werden, das mit der gegenwärtigen globalen Wirtschaft in Zusammenhang steht. Wir geben Gesichtspunkte an, unter denen es beschrieben werden kann, und bieten zur Illustration gelegentlich konkrete Beispiele.[43]

Ausgehend von diesem Verständnis betrachten wir das Malum oeconomicum unter vier Aspekten.

1) Der erste Aspekt bezieht das Malum oeconomicum auf materielles Elend und fehlende Lebensperspektiven, die mit *wirtschaft-*

---

[42] Es geht dabei um das Malum, das im voraufgehenden Kapitel als »Böses« in der zweiten Bedeutung bestimmt wurde, nämlich um »Böses auf der Ebene leidstiftender Widerfahrnisse«.

[43] Die hier gebotenen Beispiele, deren Auswahl angesichts der Fülle von Übelständen in wirtschaftlichen Zusammenhängen immer etwas Zufälliges an sich hat, werden vielen Lesern nicht neu sein. Sie sollen daran erinnern, dass hinter den allgemeinen Überlegungen durchaus konkrete Probleme stehen.

lichen Verhältnissen zusammenhängen. Diesen Aspekt thematisieren wir unter der Überschrift »Materielles Elend und fehlende Lebensperspektiven«.

2) Unter dem zweiten Aspekt wird das Malum oeconomicum im Bereich der *Elemente des heutigen Wirtschaftsprozesses* verortet. Es handelt sich um Güter und Leistungen, aus deren Kauf und Verkauf Schaden, Leid und Unheil hervorgehen. Diesen Aspekt thematisieren wir unter der Überschrift »Üble Güter«.

3) Unter dem dritten Aspekt erscheint das Malum oeconomicum als *Ungerechtigkeit in der Verteilung* von Einkommen, Vermögen und Lebenschancen. Ungerechtigkeit kann es auch gegenüber zukünftigen Menschen und gegenüber dem nichtmenschlichen Dasein geben.

4) Viertens gelangen wir zu einer Grundsatzfrage, die für die Überlegungen vor allem der Kapitel 14–18 wesentlich ist: Ist nicht die Wirtschaft und insbesondere die Wirtschaft unserer Zeit im Ganzen eine verkehrte Welt, die Menschen der Orientierungen beraubt, die für die Führung eines guten Lebens notwendig sind? Dann wäre das eigentliche Malum oeconomicum die Wirtschaft selbst.

Materielles Elend und fehlende Lebensperspektiven

»Verbesserung der Lebensbedingungen« war für Adam Smith das überragende Ziel aller wirtschaftlichen Bemühungen.[44] Was aber bedeutet dieses Ziel für Menschen, die unter unerträglichen Lebensumständen leben, ohne Aussicht, sie zu verbessern? In den ärmeren Regionen der Erde begeben sich Menschen unter solchen Bedingungen oft auf die Flucht. Neben Krieg, Bürgerkrieg, ethnischer, religiöser und politischer Verfolgung sind es vor allem ökonomische und, oft damit zusammenhängend, ökologische Faktoren, die weltweit Migrationsbewegungen auslösen.

Wirtschaftsflucht ist nichts Neues. Diejenigen, die heute den Versprechungen vom besseren Leben in Deutschland oder den USA Glauben schenken und sich aus Ländern in Afrika oder Lateinamerika auf den lebensgefährlichen Weg ins Ungewisse machen, werden von ähnlichen Hoffnungen getrieben wie einst die Menschen aus dem Schwarzwald, die seit der Hungersnot von 1817 im 19. Jahrhundert

[44] Smith (1978: 282).

zu Zehntausenden ihr Heil in den Vereinigten Staaten von Amerika, dem »Land der unbegrenzten Möglichkeiten« suchten. In der heutigen Rede von *Wirtschaftsflüchtlingen* schwingt oft die Vorstellung mit, Migration aus »nur« wirtschaftlichen Motiven sei Privatsache der Betroffenen. Was aber die meisten dieser Menschen treibt, ist das wirkliche oder drohende Elend, dem sie entkommen wollen, und die Hoffnung auf bessere Lebensmöglichkeiten anderswo. Der etymologische Ursprung des Wortes *Elend*[45] – eigentlich *Ausland, Verbannung*, d.h. Umstände, in denen man nicht heimisch werden kann – erinnert daran, dass die Menschen, die man Wirtschaftsflüchtlinge nennt, für sich und ihre Angehörigen Auswege aus einer Lage suchen, in der sie nur schwerlich zuhause sein können, auch wenn sie sich in dem Land ihrer Vorfahren aufhalten. Elend im ökonomischen Sinn bezeichnet Verhältnisse, die die meisten Menschen mit normalen Bedürfnissen, wenn sie die Möglichkeit dazu hätten, sofort verlassen würden. Zwei Ausprägungen von Elend wollen wir betrachten. Zum einen sind es materielle Verhältnisse, die das Überleben gefährden oder ein menschenwürdiges Leben unmöglich machen, zum anderen sind es fehlende Perspektiven, jemals angemessen an den Grundlagen für ein gutes Leben partizipieren zu können.

Hunger und Armut, Mangel an elementaren Lebensgrundlagen

Mangel am Lebensnotwendigen begleitet als Wirklichkeit oder Drohung das menschliche Wirtschaften seit Urzeiten bis auf den heutigen Tag. Man könnte darin eine anthropologische Konstante sehen,[46] aber Ökonomen von Smith bis Keynes und Amartya Sen haben elementaren Mangel immer als Skandalon und Herausforderung für Politik und Gesellschaft angesehen. Die sinnfälligste Ausprägung solchen Mangels ist der Hunger. Obwohl die Produktion von Nahrungsmitteln in den letzten Jahrzehnten weltweit stark zugenommen hat und weiter wächst, ist Hunger für viele Menschen Alltag, und als Drohung betrifft er noch eine weitaus größere Anzahl. Nach Angaben der *FAO*, der Ernährungs- und Landwirtschaftsorganisation der Vereinten Nationen, ist für den Zeitraum von 2014 bis 2016 davon

---

[45] *Elend* stammt von mittelhochdeutsch »ellende, ahd. elilenti = anderes Land, Verbannung; Not, Trübsal« (Duden 1999: s.v. Elend).

[46] Das war die Überzeugung von Robert Malthus, s.u. Kap. 12.

auszugehen, dass etwa 795 Millionen Menschen auf der Erde an Unterernährung leiden.[47] Hunger ist indes nur eines der Übel, in denen sich materielles Elend zeigt. Andere Ausprägungen sind Mangel an sauberem Trinkwasser und sauberer Luft, katastrophale Wohnverhältnisse, fehlende Hygiene, unzureichender Zugang zu medizinischer Versorgung, Ausschluss von den in einer Gesellschaft verfügbaren Möglichkeiten zu Bildung und politisch-kultureller Partizipation.

Beschäftigungslosigkeit, Mangel an Lebensperspektiven

Arbeit ist nicht nur eine Basis allen Wirtschaftens, sondern hat auch elementare Bedeutung für die arbeitende Person, ihr Lebensgefühl, ihre Selbstachtung und ihren Status in der Gesellschaft: Durch die Arbeit nimmt ein Mensch am Lebensstrom der Gesellschaft teil, und das erzielte Einkommen symbolisiert Anerkennung in der sozialen Ordnung. Überdies ist Erwerbsarbeit, sofern sie sich unter menschenwürdigen Bedingungen vollzieht, das Angebot eines geordneten Lebens: Sie bietet einen strukturierten Tagesablauf, eine in Arbeitstage und arbeitsfreie Tage gegliederte Woche und einen in Arbeitszeit und Urlaubszeit aufgeteilten Jahresablauf. Damit entlastet ein auf Dauer gestelltes Arbeitsverhältnis den Menschen von der ständigen Wahl, seine Zeit so oder anders gestalten zu müssen.

Für den Zustand der Beschäftigungslosigkeit ist dagegen die leere und anscheinend sinnlos verlaufende Folge von Tagen, Wochen, Monaten oder gar Jahren typisch. Wenn sie sich zu einem chronischen Zustand entwickelt, signalisiert sie den Betroffenen: Du wirst nicht gebraucht, dein Dasein ist für die Gesellschaft, in der du lebst, überflüssig, und dein Einkommen (falls es eines gibt) ist gleichsam parasitär. Wer keine Aussicht auf Beschäftigung hat, obwohl er körperlich und geistig in der Lage ist, sich nützlich zu machen, wer den Lebensunterhalt als Almosen hinnehmen muss, obwohl er ihn sich verdienen möchte und könnte, verliert oft das Vertrauen in die eige-

[47] Obwohl laut FAO die Zahl der Hungernden seit 1990 in absoluten Zahlen um 216 Millionen zurückgegangen ist – bei gleichzeitigem Wachstum der Weltbevölkerung von 5,3 auf 7,5 Milliarden Menschen – »muss einer von neun Menschen weltweit hungrig schlafen gehen. Mehr als 160 Millionen Kinder unter fünf Jahren sind für ihr Alter zu klein, weil sie nicht genug zu essen haben. Die Hälfte von ihnen lebt in Asien, ein Drittel in Afrika. Jedes siebte Kleinkind ist untergewichtig.« (WFP 2016).

nen Fähigkeiten, lässt seine Kreativität verkümmern und wird tendenziell unfähig, ein selbstbestimmtes Leben zu führen.[48] Wenn es in vielen Ländern der Welt zum Dauerzustand wird, dass insbesondere Jugendliche keine Aussicht auf Beschäftigung, Arbeit und Einkommen haben, so werden damit Wohlstand und Frieden, ja sogar die Existenz ganzer Gemeinwesen infrage gestellt.

Unzumutbare Arbeitsbedingungen

Der biblische Fluch über den Stammvater Adam nach dem Sündenfall »Im Schweiße deines Angesichtes sollst du dein Brot verdienen« erinnert daran, dass der Mensch die für den Lebensunterhalt notwendige Arbeit oft nur mit Mühe und Widerwillen ableistet. Obwohl Denker wie Marx darauf bestanden, Arbeit müsse und könne so organisiert werden, dass Menschen darin Sinn, Erfüllung und Freude fänden, ist ein gewisses Leid bei der Arbeit nicht *per se* Anzeige eines Übels. Wenn die Arbeit jedoch das Leben der Arbeitenden aufzehrt oder zerstört und sie tendenziell der Fähigkeit beraubt, sich ein anderes als dieses verkümmerte Leben auch nur vorzustellen, ist sie als Elend im elementarsten Sinn anzusehen. Das zeigt etwa das folgende Beispiel aus dem Jahr 2008: »An den Stränden von Chittagong in Bangladesch zerlegen Tausende von Saisonarbeitern riesige Tanker und Containerschiffe, die Wracks der globalen Seefahrt. Mit Schneidbrennern zerschneiden sie die Stahlrümpfe, barfuß schleppen sie die Metallplatten an Land und tragen sie ohne Handschuhe auf bloßen Schultern zu den wartenden Lastwagen. Ein gefährlicher Knochenjob, für den sie auch noch schlecht bezahlt werden – wenn überhaupt.«[49] Bei Menschen, die solche Arbeiten auf Dauer ausführen, besteht, wie schon Adam Smith erkannte, die Gefahr, dass sie mehr und mehr diejenigen Fähigkeiten verlieren, die ihre Menschlichkeit ausmachen.

---

[48] Lesenswert zu diesem Thema ist die in der Soziologie bereits als klassisch geltende Studie von Jahoda/Lazarsfeld/Zeisel (1933/1975), die sich mit den Folgen von Langzeitarbeitslosigkeit in der Kleinstadt Marienthal in der Nähe von Wien beschäftigt. Einen Beitrag aufgrund der Erfahrungen unserer Zeit bieten Faber/Petersen (2008).

[49] Kleber (2008). Jedoch hat der High Court von Bangladesch zu Beginn des Jahres 2011 die Verschrottung der Tanker mit Auflagen versehen: Verzicht auf Kinderarbeit, elementare Schutzmaßnahmen und eine gewisse Ausbildung der Arbeiter sind zur Pflicht gemacht worden (Berger 2011).

Stress und Selbstausbeutung

Stress ist eine natürliche Reaktion auf außergewöhnliche Belastungen. Unnatürlich ist es, wenn der Ausnahmezustand zum Normal- und Dauerzustand wird. Das geschah in der Maschinenwelt des Industriezeitalters, als jeder für Normalmenschen natürliche Lebensrhythmus systematisch außer Kraft gesetzt wurde: Das Streben nach größtmöglicher Produktivität forderte den unausgesetzten Lauf der Maschinen. Dafür mussten stets arbeitende Menschen zur Verfügung stehen, und die Maschinen sollten sich so schnell bewegen, wie es möglich schien, ohne dass die Produkte Schaden nehmen würden. Diese Welt ist keineswegs Vergangenheit, wie folgendes Beispiel zeigt: »Ein Drittel der nach Deutschland importierten Computer und des importierten Computer-Zubehörs kam im Jahr 2006 aus China, bei steigender Tendenz. [...] Dafür werden die Arbeits- und Sozialstandards für die Arbeiter häufig auf ein unwürdiges Niveau gedrückt. Etwa 80 % der Beschäftigten in den chinesischen Computer-Fertigungsunternehmen sind junge Frauen. [...] Nicht Schmutz, Staub und Abfall machen ihnen in den oft laborartig reinen Fabriken zu schaffen, sondern extreme Arbeitszeiten, Überanstrengung, Erschöpfung und Monotonie. Zwar schreibt das chinesische Arbeitsrecht eine Wochenarbeitszeit von höchstens 40 Stunden und maximal 36 Überstunden pro Monat vor – in den Export- und Sonderwirtschaftszonen gelten aber das Umwelt- und Arbeitsrecht des Landes nicht. Die Folgen sind Arbeitszeiten von bis zu 12 Stunden pro Tag, in Stoßzeiten wie etwa in Vorbereitung des Weihnachtsgeschäftes wird an sieben Tagen in der Woche produziert.«[50] Unter solchen Umständen werden Lebensgefühl, Lebensrhythmus und Erfahrung der Zeit bestimmt von einem Apparat, der Unterschiede wie Tag und Nacht, Bewegung und Ruhe, Anspannung und Lösung von Spannung nicht anerkennt.[51]

In den reicheren Wirtschaften der Erde erleben sich Menschen aus allen sozialen Schichten auch ohne den vom Maschinentakt aus-

---

[50] Vgl. Oeko-fair (2016).

[51] Diese Problematik wird unter dem Begriff »Taylorismus« diskutiert. Dabei ist allerdings zu bedenken, dass Frederick Winslow Taylor, als er in seiner Arbeit von 1903 Produktionsabläufe wissenschaftlich zu analysieren suchte, Verbesserungen vorschlug, die seiner Überzeugung nach nicht nur Ineffizienzen in der Produktion beseitigen, sondern auch den Arbeitenden zugutekommen sollten. Vgl. Taylor/Wallichs (2007).

gehenden sinnlich fasslichen Druck als gestresst. Davon berichten Lehrer, Ärzte, Richter, Manager, aber auch Mitarbeiter in Behörden, Produktionsbetrieben, Krankenhäusern und Pflegeheimen sowie Studierende und Schüler. Nicht immer ist klar, ob dabei Ausbeutung durch andere oder Selbstausbeutung stattfindet, ob die Belastung aus von außen gesetzten Anforderungen oder aus der bloßen Vorstellung der sich überfordert fühlenden Person entsprungen ist. Das Gefühl des Hinterher-Seins, schnell bereit umzuschlagen in ein Gefühl des Nicht-erreicht-Habens und Nicht-erreichen-Könnens, kann als Stress bestehen bleiben, auch wenn die äußeren Anforderungen nicht mehr da sind: Es wird dann zum *Lebensgefühl.*[52] Die andere Seite des Stresses ist das sogenannten *Burn-Out-Syndrom:* Es manifestiert sich in geistig-seelischer Erschöpfung, Antriebslosigkeit und innerer Distanz zum Tätigkeitsfeld. Aus dem Stress einen Ausweg zu finden, fällt den Gestressten in der Regel schwer, schon deswegen, weil das Lebensgefühl des Stresses oft von der Vorstellung begleitet wird, ein solcher Zustand sei alternativlos. Häufige Reaktionen sind Resignation und Zynismus oder, wie es heißt, die »Flucht« in die Droge, die Krankheit, die Neurose oder Depression.

Stress, der sich verselbständigt, ist im Vergleich zu Hunger, Beschäftigungslosigkeit oder unzumutbaren Arbeitsbedingungen eine subtilere Form des Elends, denn äußerlich leiden viele der Betroffenen keinen Mangel. Aber dadurch, dass Menschen blind werden für Möglichkeiten eines guten und erfüllten Lebens, stellt Stress, so wie die anderen Formen des Elends, für die gesamte Lebensführung der Einzelnen wie auch für ganze Gesellschaften eine potenzielle Bedrohung dar. Überdies gehört zu seinen Folgen in der Regel eine gewisse Isolation und Abkapselung, die die Betroffenen unfähig macht, sich in Gemeinschaft mit anderen für Interessen, die ihren privaten Horizont überschreiten, aktiv zu engagieren.

---

[52] Zum Stress trägt vielfach auch die sogenannte *Ökonomisierung der Lebenswelt* bei: Vorgegebene Zahlen, sogenannte Zielgrößen, bestimmen über Resultate, Tempo und Intensität von Arbeitsabläufen: Wenn Kranken- und Altenpfleger darauf achten, dem bedürftigen Menschen nur ja keine Minute über die vorgeschriebene Spanne hinaus zu widmen, wenn Richterinnen jeden Tag eine vorgegebene Anzahl von Fällen abwickeln müssen – dann liegt alledem das Prinzip zugrunde, Handlungsabläufe, wie man es nennt, *ökonomisch* zu organisieren.

Üble Güter

Beim Tausch erscheinen den Beteiligten Dinge und Leistungen, die sie erwerben, als etwas für sie Gutes. Daher ist ein grundlegendes Element jeder Wirtschaft das *Gut*, das *Bonum;* der Reichtum einer Gesamtwirtschaft kann durch die Fülle der Güter, der *Bona*, repräsentiert werden, die sie zur Verfügung stellt. Allerdings kennt die Wirtschaft kein schlechthin Gutes. Vielmehr wohnt vielen Gütern eine prinzipielle Zweideutigkeit inne: Zwar scheinen sie ihren Käufern gut und bringen ihren Verkäufern Einkünfte, aber durch bestimmte Eigenschaften, durch Umstände und Folgen ihrer Herstellung, ihres Vertriebs oder Konsums bewirken sie Übles, sei es für Andere, sei es für die Tauschpartner selbst.[53] Gelegentlich wird solche Zweideutigkeit Gegenstand öffentlicher Debatten. Gänsestopfleber gilt denjenigen, die sie verspeisen, als ein Genuss, während Kritiker an die Qualen der Mastgänse erinnern. Computerspiele, in denen virtuelle Akteure Menschen jagen und töten, dienen, wie die einen meinen, einer harmlosen und zu tolerierenden Triebabfuhr ihrer Nutzer, während sie, wie andere vermuten, deren Gewaltbereitschaft stimulieren. Und es gibt viele Billigprodukte und manche weniger billige, die die einen gern benutzen, während andere empört sind über unerträgliche Arbeitsbedingungen und Umweltschäden im Rahmen ihrer Produktion. Wenn man den ganzen »Lebensprozess« der in einer Wirtschaft hergestellten Güter von der Entnahme der Rohstoffe über die Produktion und den Konsum bis zur Abfallbeseitigung betrachtet, so wird man kaum Güter nennen können, die in jeder Hinsicht »unschuldig« sind. Im Folgenden geht es um einige Güter, bei denen sich der Aspekt des Malums konkret benennen lässt.

Waffen

Für das Wirtschaftsleben großer Länder und damit für die globale Wirtschaft insgesamt spielen Herstellung und Verkauf von Waffen eine bedeutende Rolle. »Die Militärausgaben weltweit für das Jahr 2015 werden auf 1 Billion 676 Milliarden Dollar geschätzt, das sind

---

[53] Dieses Problem wird in der Wirtschaftstheorie unter dem Begriff der *negativen externen Effekte* untersucht. Systematisch angemessener wird es mit dem Ausdruck *Kuppelproduktion* erfasst (vgl. Baumgärtner/Faber/Schiller 2006).

2,3 Prozent des globalen Bruttosozialproduktes oder 2 Dollar 28 Cent für jeden Menschen auf der Erde. Die Gesamtausgaben für Waffen stiegen real um etwa 1 %.«[54] Waffen werden international gehandelt – teils legal, teils gegen die Gesetze der Staaten, in denen sie hergestellt wurden.

Obwohl der direkte und ins Auge springende Zweck von Waffen darin besteht, Menschen zu schädigen und zu töten und/oder Sachen zu zerstören, sind sie nicht zwangsläufig als Malum anzusehen: Ihr Nutzen könnte darin bestehen, übelgesinnte Menschen von Gewaltanwendung abzuhalten. Aber als Handelsgüter treten Waffen offensichtlich in den Bereich des Malum ein: Abgesehen davon, dass auch die Armee des befreundeten Landes, die mit Waffen zur Friedessicherung ausgerüstet wurde, sich dieser bedienen kann, um gegen Nachbarländer oder Teile der eigenen Bevölkerung ihres Landes vorzugehen, bleiben Waffen, wie viele andere Wirtschaftsgüter auch, oft nicht in der Obhut derer, die sie als Erste erworben haben. Diejenigen, die Waffen in ihre Verfügungsmacht bringen wollen, finden, sofern sie zahlungskräftig sind, stets legale oder illegale Märkte, auf denen sie erhalten, was sie suchen. Das sogenannte freie Spiel der Marktkräfte, die Eigendynamik von Angebot und Nachfrage sorgt immer wieder dafür, dass Waffen, wenn sie einmal im Handel sind, in die Hände solcher Menschen geraten, die man vernünftigerweise von ihrer Benutzung streng ausschließen müsste.

Drogen

Ob Drogen als normale Marktgüter anzusehen sind oder nicht, war in früheren Zeiten umstritten, beispielsweise zwischen Großbritannien und China nach 1830. Als die chinesische Regierung 1839 den Opiumhandel verbot und 1400 Tonnen Opium, die von dem damals weltweit größten Drogenhändler, der britischen East India Company, in China verkauft werden sollten, beschlagnahmte und vernichtete, war das der Anlass für einen Krieg im Namen des Freihandels: Das Ergebnis dieses für Großbritannien siegreichen ersten Opiumkrieges war, das China seine Märkte für ausländische Produkte öffnen musste und dabei auch den Import von Opium unkontrolliert hinzunehmen

[54] Stockholm International Peace Research Institute (SIPRI 2016: 16, eigene Übersetzung).

hatte. Wenn heute Menschen Heroin, Kokain, Cannabis, Ecstasy, LSD, Alkoholika u. a. oft zu hohen Preisen verkaufen oder erwerben, müssen sie davon ausgehen, dass viele dieser Drogen verboten sind. Zugleich aber gibt es für derartige Drogen Märkte mit gewaltigen Handelsvolumen. Die Kräfte von Angebot und Nachfrage durchbrechen die (oft schwachen) Dämme, die das Recht errichtet. Auf den Umfang der Nachfrage verweisen folgende Daten: »Geschätzt 246 Millionen Menschen oder eine von 20 Personen zwischen 15 und 64 Jahren konsumierten verbotene Drogen im Jahre 2013.«[55] Allein in Europa werden für solche Drogen etwa 24 Milliarden Euro pro Jahr ausgegeben.[56]

Gemäß der Sicht, die die britische Regierung 1839 vertrat, als sie sich für offene Märkte in China einsetzte, könnte man argumentieren, dass Drogen keineswegs ein Malum *per se* darstellen: Der Handel mit ihnen wird angetrieben vom Bedürfnis der Konsumenten und fördert die Einkommen der Produzenten, insbesondere aber die Gewinne der Zwischenhändler. Dafür, dass Drogen ein Malum sind, sprechen jedoch die Fakten: »Etwa 12,2 Millionen Menschen injizieren Drogen, über 180.000 Menschen sterben weltweit am Drogenkonsum, 1,65 Millionen injizierende Drogenkonsumenten sind mit HIV infiziert.«[57] 1226 Menschen starben in Deutschland im Jahre 2015 an Drogen, vor allem an einer Überdosierung von Opioiden/Opiaten.[58] Selbst wenn man unterstellen würde, dass zur Selbstbestimmung einer Person auch das Recht gehören kann, Dinge zu konsumieren, die ihre physische und psychische Existenz zerstören, ist Drogenkonsum nicht Privatsache der Konsumenten. Denn indem Drogenabhängige an den Folgen früher oder später so sehr leiden, dass sie ihr Verhalten nicht mehr kontrollieren können und ihnen ein selbstbestimmtes Leben erschwert oder unmöglich wird, werden sie eine Last oder, sofern sie andere zur Nachahmung reizen, eine Gefahr für die Gesellschaft, in der sie leben.

---

[55] United Nations Office on Drugs and Crime (UNODC 2015: IX).
[56] Euronews (2016).
[57] Die Drogenbeauftragte der Bundesregierung (2016: 174). Die Angaben beziehen sich auf das Jahr 2015.
[58] Vgl. BKA (2016).

Sklavinnen und Sklaven

Von Gütern, die aufgrund bestimmter Eigenschaften Übel mit sich bringen, müssen solche »Güter« unterschieden werden, die zum Malum werden, insofern sie überhaupt als Eigentum erscheinen, das man erwerben und veräußern kann. Nicht die Sache selbst ist das Übel, sondern die Tatsache, dass sie ein Wirtschaftsgut ist. Das, worum es dabei geht, entstammt dem Bereich dessen, dem gemäß Immanuel Kant *Würde* zugesprochen werden muss. Solches muss, da *über allen Preis erhaben*, aus der Welt der Märkte, wo alles *einen Preis hat*, ausgeschlossen sein.[59] Wenn also, was Würde besitzt, in einem ökonomischen Kalkül auftaucht, so ist das ein Malum. Es findet sich in erster Linie da, wo *Menschen zu Objekten von Kauf und Verkauf* gemacht werden. Denn sie werden damit zu Mitteln für die Zwecke derer, die sie verkaufen und erwerben: Sie befördern den Gewinn der Verkäufer und den Nutzen der Erwerbenden. Wer sich am Kauf und Verkauf von Menschen beteiligt, handelt entgegen einer ethischen Einsicht, die Kant formulierte: »Der Mensch aber ist keine Sache, mithin nicht etwas, das bloß als Mittel gebraucht werden kann, sondern muß bei allen seinen Handlungen jederzeit als Zweck an sich selbst betrachtet werden«[60], oder in den Worten Ernst Tugendhats: »Instrumentalisiere niemanden«[61].

Wirkungsvoll unterbunden wurde der Kauf und Verkauf von Menschen erst durch das Verbot der Sklaverei, das sich seit dem späten 18. Jahrhundert, ausgehend von Ländern wie Frankreich, eher zögerlich in den westlichen Gesellschaften und z. T. in ihren Kolonien durchsetzte. Im 20. Jahrhundert wurde Sklaverei durch den Völkerbund (1926) und die UNO (1948) weltweit geächtet; als letzter Staat schaffte Mauretanien sie im Jahre 1980 ab. Dennoch werden immer noch Menschen als Sex- und Arbeitssklaven gesucht. Wie viele es sind, darüber gehen die Schätzungen weit auseinander – 12 Millionen laut Terre des hommes (2006), andere Quellen geben bis zu 27 Millionen Menschen an.[62]

---

[59] Kant (1974 a: 68; *GMS*, II. Abschnitt, BA 77).

[60] Kant (1974 a: 61; *GMS*, II. Abschnitt, BA 67).

[61] Tugendhat (1993: 144).

[62] Als Länder mit bis heute weit verbreiteter Sklaverei werden u. a. Indien, Thailand, Brasilien sowie Mauretanien und Sudan genannt. Bezüglich der Sexsklaverei heißt es in der Studie von Kristof/WuDunn (2010: 33): »Unserer eigenen Schätzung nach können 3 Millionen Frauen und Mädchen (sowie eine sehr geringe Zahl an Jungen)

Organe

Ebenso wie der Sklavenhandel widerspricht der Handel mit dem menschlichen Körper oder seinen Teilen der Würde des Menschen. Das gilt selbst dann, wenn Menschen freiwillig einen Teil ihres Körpers abgeben, um damit ein Geschäft zu machen. Kant sagt dazu: »Also kann ich über den Menschen in meiner Person nichts disponieren, ihn zu verstümmeln, zu verderben, oder zu töten.«[63] Gleichwohl gibt es Märkte für Organe, und was auf diesen Märkten gehandelt wird, gelangt dorthin nicht immer mit Einwilligung des ursprünglichen Besitzers.

Die folgenden, Wikipedia entnommenen Informationen lassen das Ausmaß der Problematik erahnen. »Im Gegensatz zu der erlaubten Organspende an Verwandte oder andere nahestehende Personen ist es in den Ländern der Europäischen Union und in den USA illegal, Lebendspenden gegen Belohnung anzubieten, zu organisieren oder durchzuführen. Auch viele Entwicklungs- und Schwellenländer (z. B. Indien) haben ähnliche gesetzliche Regelungen. Grundlage der dennoch seit etwa 1980 aufgetretenen mafiösen Strukturen ist der weltweite erhebliche Mangel an Organspendern, insbesondere für Nieren. Vorwiegend aus Schwellenländern sowie Ländern der sogenannten ›Dritten Welt‹ wird […] immer wieder berichtet, dass Organe gegen Geld oder gegen andere Formen der Belohnung gekauft und zahlungskräftigen Kranken transplantiert werden. Dies soll im großen Stil geschehen. Sichere Hinweise für solche Praktiken liegen aus Indien, Brasilien, Afrika und China vor. China verwertet die Organe von hingerichteten oder verstorbenen Strafgefangenen offen kommerziell.«[64]

Recht, Gemeinwohl und Wahrheit

In den Bereich der Würde fallen auch immaterielle »Güter«, die im wirtschaftlichen Sinne keine Güter sein dürften: Dass Menschen in

---

auf der Welt zu Recht als im Sexgeschäft versklavt bezeichnet werden. Dies ist eine vorsichtige Schätzung […]. Wir sprechen von 3 Millionen Menschen, die effektiv im Besitz von Leuten sind und von denen viele straflos von ihren Besitzern getötet werden können.«

[63] Kant (1974 a: 61; *GMS*, II. Abschnitt, BA 67).

[64] Informationen aus Wikipedia: *Organhandel*.

staatlichen Institutionen sich an Recht, Amtspflicht, Gemeinwohlorientierung halten, dass Menschen, die etwa als Journalisten im Bereich der Meinungsbildung tätig sind, bei der Wahrheit bleiben, auch wenn die Treue zu derartigen Prinzipien ihnen persönliche Nachteile bringt, macht die Basis einer freiheitlichen, rechtsstaatlich organisierten Gesellschaft aus. Wo Recht, Gesetzestreue oder Wahrheit um eines Vorteils willen, etwa gegen eine Geldsumme oder im Interesse der Steigerung von Macht, zu einem Tauschobjekt gemacht werden, gibt es keine Rechtssicherheit, keine Verlässlichkeit in den politischen Entscheidungen, können Staatsbürger wahr und falsch nicht auseinanderhalten. Aber es kommt, je nach Land in unterschiedlichem Ausmaß, immer wieder vor, dass sich Justizangehörige die Treue zu Recht und Gesetz, Beamte die Amtspflicht, Politiker die Gemeinwohlorientierung, Angestellte die Treuepflicht zu ihrem Unternehmen und Journalisten die Pflicht zur objektiven Berichterstattung ganz oder zum Teil abkaufen lassen. In der Käuflichkeit dessen, was um keinen Preis käuflich sein dürfte, besteht das Phänomen der *Korruption*. Korruption ist überall dort gegeben, wo rechtliche und ethische Prinzipien zum Gegenstand eines wirtschaftlichen Kalküls werden, indem sie persönlichen Vorteilserwägungen unterworfen werden. Eine solche Preisgabe von Prinzipien bewirkt Leiden, die weit über die Benachteiligung und Schädigung von einzelnen Personen, Unternehmen und staatlichen Einrichtungen hinausgehen. Durch Korruption werden weltweit Staaten und Gesellschaften von innen her gefährdet, und nicht zuletzt werden auch die wirtschaftlichen Potenzen eines Landes oder eines Unternehmens geschwächt oder zerstört.

Obwohl bewusste Desinformation in der Regel nicht als Korruption bezeichnet wird, sind die Auswirkungen der Manipulation, des Verschweigens, Verfälschens oder Erfindens von Tatsachen ähnlich zu bewerten. Ein Mensch ist, außer im Nahbereich, den er aus eigener Erfahrung kennt, für sein Wissen und seine Informiertheit, ja sogar für die Bildung eines Urteils auf die Unterstützung anderer angewiesen. Informationen und Meinungen sind allgemein als Wirtschaftsgüter anerkannt, insofern ihre Beschaffung, Darstellung, Verbreitung und Kommentierung durch Medien der Kommunikation, die untereinander in Konkurrenz stehen, zum Gegenstand eines gewinnorientierten Kalküls werden darf. Wenn aber Informations- und Meinungsfreiheit in liberalen Gesellschaften Spielräume bei der Auswahl und Wiedergabe von Informationen und der Äußerung von

Meinungen garantieren, so gelten dafür auch Grenzen: Die Medien stehen, ethisch gesehen, unter der unveräußerlichen Pflicht zu *Wahrheit* und *Sachgemäßheit* im Umgang mit Informationen und Meinungen. Wenn Medien sich das Interesse an der Wahrheit abkaufen lassen oder es von vornherein preisgegeben haben, wenn sie Fakten um partikulärer Interessen willen verkürzen und verfälschen, haltlose Meinungen vertreten, Ressentiments und Vorurteile fördern, um Menschen zu beeinflussen oder zu manipulieren, gefährden sie den öffentlichen Diskurs, eine der ideellen Lebensgrundlagen freier Gesellschaften.[65]

Materielle Lebensgrundlagen und der Handel mit ihnen

Die letzte Gruppe von Gütern zeigt exemplarisch die Schwierigkeiten, das Malum oeconomicum auf der Ebene der Gegenstände von Kauf und Verkauf festzumachen. Güter wie Nahrung, Kleidung, Schuhe etc., die die elementaren Bedürfnisse der Menschen befriedigen, sind schon lange vor der Entstehung moderner Marktwirtschaften auf Märkten getauscht worden. Auch Grund und Boden sowie Häuser und Wohnungen sind in vielen Kulturen Gegenstände, die veräußert und erworben werden können. Dagegen wird jedoch immer wieder geltend gemacht, dass der Umgang mit den Lebensgrundlagen letztlich nicht von Gewinninteressen bestimmt sein dürfe. Boden, Wasser und Nahrung sollten nicht wie normale Güter frei auf Märkten gehandelt werden, sondern, wenn überhaupt, nur unter strengsten Einschränkungen. Hinsichtlich des Bodens glaubte etwa Jean-Jacques Rousseau, dass die Menschheit ohne die Erfindung des Privateigentums am Boden »Verbrechen, Kriege, Morde, Leiden und Schrecken« kaum hätte kennenlernen müssen.[66] Heute werden Wasserressourcen und Leitungssysteme vielfach als Gemeinschaftsgüter angesehen, deren Einbeziehung in die Marktsphäre durch Privatisie-

---

[65] Die berechtigte Kritik an Medien sollte nicht vergessen machen, dass Menschen in Staaten wie der Bundesrepublik Deutschland immerhin ihre Informationen und Meinungen relativ frei verbreiten dürfen. Eine Öffentlichkeit, in der keine Zensur denjenigen, die Mut und Ausdauer haben, das Wort verbieten kann, ist scharf zu unterscheiden von Verhältnissen, in denen die Verbreitung von Fakten und Überzeugungen, die von der offiziell verkündeten Sicht abweichen, mit oft strengen Strafen geahndet wird.

[66] Vgl. Rousseau, *Diskurs über die Ungleichheit*, II. Abschnitt (Rousseau 1971: 191 f.).

rung *per se* ein Malum sei: Wasser müsse prinzipiell für alle in ausreichendem Maße bereitgestellt werden, was nicht möglich wäre, wenn die Wasserversorgung ganzer Städte und Regionen Sache gewinnorientierter Privatunternehmen wäre. Dass Nahrungsmittel Wirtschaftsgüter sind, ist zwar allgemein anerkannt, allerdings zeigen sich auch hier von alters her Vorbehalte: Die Festlegung von Höchstpreisen für Brot sowie Ausfuhrverbote für Getreide waren Methoden, mit denen Herrscher früherer Epochen – meist vergeblich – Hungersnöte eindämmen wollten. Gegenwärtig treffen die Versuche großer Konzerne wie Monsanto, Saatgut, das indigene Völker Jahrhunderte verwendet haben, zu patentieren, ebenso wie die Spekulation mit Nahrungsmitteln durch große Investoren auf Empörung. Darin äußert sich die Intuition, dass, was zum Überleben aller Menschen notwendig ist, nicht Gegenstand eines Marktgeschehens werden dürfe, das ausschließlich vom Gewinnkalkül einzelner Akteure beherrscht wird.

Am Beispiel des Bodens wollen wir die Frage, ob der Handel mit solchen Gütern ein Malum sein kann, genauer betrachten. Die Aneignung von Grund und Boden, sei es durch gewaltsame Vertreibung der dort Lebenden, sei es durch Kaufverträge, deren Bedeutung den ursprünglichen Besitzern nicht klar wurde, ist eine Praxis, die in der Geschichte der Kolonialisierung von angeblich zivilisierten Mächten gegenüber angeblich weniger zivilisierten Gesellschaften immer wieder angewandt wurde. Gegenwärtig gerät der Erwerb von Ländereien in armen Ländern durch potente Unternehmen und Staaten unter dem Stichwort *Landgrabbing* ins Zwielicht. »Nach Schätzungen von Global Witness fielen seit dem Jahr 2000 mehr als 200 Millionen Hektar Ackerland in die Hände von Finanzinvestoren, das entspricht etwa der achtfachen Fläche Großbritanniens. [...]. Das funktioniert vor allem dort gut, wo Ländereien billig und Machthaber willig sind. Korruption spielt dabei eine große Rolle.«[67]

Um diese Aussagen angemessen einzuschätzen, sollte man allerdings bedenken, dass die Realisierung der Gegenidee – der Boden müsse ausschließlich unveräußerlicher Besitz der Gesellschaft sein –

[67] Liebrich (2013). Welche Ausmaße diese Art des Landerwerbs annimmt, mag der Wikipedia-Artikel *Landgrabbing* illustrieren: »Nach Medienberichten im Januar 2010 soll China in der Demokratischen Republik Kongo 2,8 Millionen Hektar Land erworben haben, um die größte Ölpalmenplantage der Welt aufzubauen, während Äthiopien bis Ende 2009 bereits 600.000 Hektar Land an ausländische Investoren verpachtet hatte.«

in ihrer Ausprägung durch den Sowjetkommunismus nicht nur zu dem ungeheuren Leid der sogenannten *Kulaken* in der Stalinära geführt hat, sondern dass dort auch die landwirtschaftliche Produktion vielerorts, etwa in der Ukraine, weitgehend zusammenbrach, so dass in der Folge gewaltige Hungersnöte ausbrachen. Ähnliches geschah in Simbabwe, als das Mugabe-Regime die weißen Farmer enteignete und deren Land nach wenig transparenten Kriterien an Menschen aus der indigenen Bevölkerung verteilte: Statt, wie früher, Nahrung zu exportieren, muss Simbabwe jetzt lebenswichtige Nahrungsmittel einführen.[68] Schließlich ist daran zu erinnern, dass die sogenannten Physiokraten im vorrevolutionären Frankreich des 18. Jahrhunderts die Vereinfachung des privaten Erwerbs von Ländereien und die Liberalisierung des Getreidehandels auch aus humanitären Motiven forderten: Ihr Ziel war, dadurch Investitionen in Ackerbau und Viehzucht zu stimulieren, die Produktivität der Landwirtschaft zu steigern und die Gefahr von Hungersnöten zu vermindern.

Lässt sich das Malum oeconomicum im Bereich der Güter verorten?

Die bisher betrachteten »Güter« sind nur teilweise als *Mala oeconomica* im eigentlichen Sinne einzuschätzen, denn es gibt bei den meisten von ihnen einen wesentlich nicht-ökonomischen Aspekt. Was Waffen angeht, sind es letztlich oft Staaten, die die entscheidenden Impulse für Angebot und Nachfrage setzen; was Drogen betrifft, geht die Nachfrage von Lebenswelten und kulturellen Milieus in bestimmten Gesellschaften aus; ein Übel wie die Sklaverei kann im allgemeinen nur auftreten, wo Staat und Gesellschaft wegsehen; Korruption und Verzerrung der Wahrheit existieren nie ohne Beteiligung von Politik und Gesellschaft und sind in allen Epochen und allen Wirtschaftsordnungen möglich; *Landgrabbing* schließlich liegt quer

[68] So berichtet der Tagesspiegel (Drechsler 2010) von der »gewaltsamen Enteignung von fast 95 Prozent aller weißen Farmen durch das Mugabe-Regime – ein Prozess, der vor zehn Jahren im Februar 2000 begann und bis heute anhält. Inzwischen befinden sich nur noch knapp 300 der einst 4500 Farmen in den Händen weißer Besitzer. Der von Mugabe als ›Landreform‹ beschönigte Landraub hat sich als katastrophaler Fehlschlag erwiesen, zumal fast alle der enteigneten Farmen heute brachliegen – und Simbabwe darüber zu einem Nahrungsmittelimporteur geworden ist. Seit Beginn des Landraubs im Januar 2000 ist Simbabwes Sozialprodukt um mehr als 50 Prozent geschrumpft. Rund 170 000 Weiße haben das Land verlassen, geblieben sind 30 000.«

zu jedem liberalen Wirtschaftsmodell, weil es vor allem da stattfindet, wo notwendige Voraussetzungen einer Marktwirtschaft fehlen, nämlich klar definierte, allseits respektierte und rechtlich abgesicherte *Eigentumsrechte*. Dieser Mangel aber betrifft in erster Linie nicht die Investoren, auch wenn diese ihn skrupellos ausnutzen können, sondern Kultur und Organisationsgrad von Staat und Gesellschaft derjenigen Länder, in denen *Landgrabbing* praktiziert wird.

Derartige Güter verweisen also in erster Linie auf politische, gesellschaftliche und kulturelle Missstände, also auf *Staatsversagen* oder *Gesellschaftsversagen*. Allerdings kann die Schwäche von Staat und Gesellschaft auch als – von keinem Gesetz und keiner Polizei zu hemmende – *Durchsetzungsmacht wirtschaftlicher Interessen* gedeutet werden: Dass etwa ein mächtiger Konzern die Entscheidungen einer korruptionsanfälligen Regierung und Verwaltung beeinflussen kann, ist insofern nicht nur ein politisches und soziales, sondern auch ein ökonomisches Phänomen.

Wirtschaft und Ungerechtigkeit

Den Übeln, die im Folgenden betrachtet werden, ist gemeinsam, dass sie als Folgen oder Begleiterscheinung des gesamten Wirtschaftsgeschehens anzusehen sind. Wir sprechen sie unter dem übergeordneten Gesichtspunkt der *Gerechtigkeit* an.[69]

Benachteiligung

Die einzelne Person erfährt Ungerechtigkeit oft in der Weise, dass sie sich *unfair* behandelt fühlt. Wie kommt es zu einem solchen Gefühl? Unfairness wird empfunden, wenn man sich mit anderen *vergleicht*. Man klagt etwa, weil andere mehr haben oder besser dran sind. Eine solche Klage entspringt häufig dem *Neid*. Soll die Klage über Unfairness mehr sein als ein Ausdruck von Neid, so muss der Vergleich nach *Kriterien* durchgeführt werden, die auch für einen unbeteiligten Beobachter nachvollziehbar sind. Die Beurteilung orientiert sich an

[69] *Gerechtigkeit* wird innerhalb dieses Abschnittes als *Verteilungsgerechtigkeit* verstanden. Dass der Begriff Gerechtigkeit auch anders aufgefasst werden kann, wird vor allem im folgenden Kapitel in den Ausführungen zu Platon gezeigt.

Prinzipien, die für eine ganze Gesellschaft oder sogar für die ganze Menschheit Geltung beanspruchen.

Damit begibt man sich auf das Feld der Debatten über *gerechte Verteilung (iustitia distributiva)*. Was in Bezug auf die Verteilung von Einkommen, Vermögen, Positionen, Bildungschancen, Teilhabe an Kultur, Gesellschaft und Politik fair und gerecht ist, darüber wird wohl immer gestritten, und in der Philosophie wird darüber gestritten, nach welchen *Kriterien* Urteile über *gerecht* und *ungerecht* zu fällen sind.[70] Umstritten ist in diesem Zusammenhang auch, ob sich Unterschiede in der Einkommens- und Vermögensverteilung einer Gesellschaft überhaupt ethisch rechtfertigen lassen.[71]

Unbestreitbar ist jedoch, dass die Abläufe einer ohne Staatseingriffe sich selbst überlassenen Marktwirtschaft in der Regel keinem inhaltlich bestimmten Gerechtigkeitskriterium entsprechen.[72] Als System freiwilliger Tauschhandlungen bringt eine Marktwirtschaft als solche keine spezifisch gewollte oder wünschbare, sondern *irgendeine* Verteilung hervor, eine Verteilung, die oft diejenigen begünstigt, die bereits anfänglich am meisten haben, andere aber benachteiligt. Wenn, wie Aristoteles sagt, Gerechtigkeit bedeutet, zu verhindern, *dass Gleiche Ungleiches oder Ungleiche Gleiches haben,*[73] und wenn der Maßstab der Menschenwürde zumindest Minimalstandards für die Verteilung erforderlich macht, dann enthüllt jeder unbefangene Blick auf die Wirtschaft – sei er auf die ganze Erde oder aber auf ein Land oder eine Region bezogen – zuweilen geringere, zuweilen krasse *Ungleichheiten* und unwürdige Lebensbedingungen für die am meisten Benachteiligten.

---

[70] Entscheidende Anstöße für die gegenwärtige Diskussion über Gerechtigkeit gab in den Siebzigerjahren John Rawls (1979), zu dessen Ansatz allerdings schon Nozick (2011) einen entschiedenen Gegenentwurf lieferte. Vgl. ferner MacIntyre (1988), Walzer (1992), Höffe (2003), Sen (2010).

[71] Der Egalitarismus hält im Prinzip Gleichheit für den »ethischen Normalzustand«, woraus folgt, dass faktische Ungleichheiten in jedem Fall einer kritischen Prüfung und, sollen sie als legitim gelten, einer besonderen Begründung bedürfen (vgl. Gosepath 2004, Dworkin 2011). Zur Kritik an diesem Ansatz vgl. die Aufsätze in Krebs (2002).

[72] Eine sich selbst überlassene Marktwirtschaft kann gleichwohl unter formalen Gesichtspunkten als gerecht angesehen werden, dann nämlich, wenn man, wie Robert Nozick (2011), das einzige Kriterium für die Gerechtigkeit einer Verteilung darin sieht, dass sie ausschließlich aufgrund freiwillig eingegangener Verträge entstanden ist.

[73] Aristoteles, *Nikomachische Ethik*, 1131 a 23 (1972: 159).

Ungleich ist vielerorts die *Verteilung von Einkommen und Vermögen*. Das zeigt zum einen ein Ländervergleich: Die Menschen in den USA oder der Schweiz sind im Durchschnitt mit Gütern und Lebensmöglichkeiten in einer Weise ausgestattet, die das, was Menschen in Bangladesch durchschnittlich zur Verfügung steht, um ein Vielfaches übertrifft. Zum anderen kann man auch innerhalb der Wirtschaft eines Landes Vergleiche anstellen. In der USA oder der Volksrepublik China beispielweise sind, anders als in der Schweiz, extreme Spreizungen der Verteilung zwischen Arm und Reich zu konstatieren. In den USA verfügen »die Superreichen, ein Prozent der Bevölkerung, [...] über ein Drittel des privaten Vermögens oder den Gegenwert von 22 Prozent des Sozialproduktes, während 48 Millionen Menschen, 15 Prozent aller Amerikaner, der offiziellen Statistik zufolge in Armut leben«[74]. Die USA und China gehören zu den Ländern mit einem hohen *Gini-Koeffizienten*[75], was zugleich ein hohes Potenzial an sozialen Spannungen und Konflikten anzeigt.

Verfeinern lassen sich solche Vergleiche, wenn man, wie der Ökonom Amartya Sen[76] und die Philosophin Martha Nussbaum[77], nicht nur wirtschaftliche Größen wie das Sozialprodukt oder das Pro-Kopf-Einkommen in einem Land berücksichtigt, sondern auch die Zugangschancen der Menschen zu allgemein geschätzten Lebensmöglichkeiten, zu Gesundheit, Bildung, Kultur, Gleichberechtigung und politischer Partizipation. Diese Chancen sind zuweilen sehr ungleich verteilt.

Wenn Klagen der Benachteiligten seitens der Bessergestellten oft als Äußerung von Neid abgetan werden, wird übersehen, dass der Mensch als soziales Wesen im Ringen um Anerkennung immer auf seine Mitmenschen blickt und blicken muss. Im Übrigen aber heißt Benachteiligung für viele, dass sie in elementarem Elend leben. Zwar bliebe auch ohne jeden Vergleich das Leid dieser Menschen wirkliches Leid. Als Benachteiligung aber manifestiert es sich, wenn klar ist: Solches Leiden bleibt anderen Menschen erspart, die den Leidenden nichts voraus haben außer dem Zufall, der ihnen zu Wohl-

[74] So der Amerikanist und Historiker Greiner in der SZ (Greiner 2012).

[75] Mit dem Gini-Koeffizienten, einem von dem italienischen Statistiker Corrado Gini entwickelten Maß, lässt sich die Ungleichverteilung von Einkommen oder Vermögen in einer Volkswirtschaft messen (vgl. Gini 1912 u. 1921; Dorfman 1979, Firebaugh 1999, 2003).

[76] Sen (1992, 1997, 2002, 2010). S. u. Kap. 18.

[77] Nussbaum (1998).

stand verhalf, der Ellbogenmentalität, mit der sie sich den Weg freimachten, oder den guten Beziehungen zu Bessergestellten, denen sie sich andienten. Besonders ungerecht ist Benachteiligung, wenn Mittel, mit denen elementares Elend verringert oder beseitigt werden könnte, für existenziell weitaus weniger wichtige Bedürfnisse und Interessen eingesetzt werden.

Zerstörung der Lebensgrundlagen gegenwärtiger und zukünftiger Menschen

Die Nutzung der Natur, die Transformation dessen, was in ihr vorgefunden wird, ist unverzichtbare Grundlage aller Wirtschaft. Aber damit ist nicht alles gerechtfertigt, was Menschen mit der Natur machen. Auf der ganzen Erde findet ein Artenschwund nie dagewesenen Ausmaßes statt, statt natürlicher Lebensräume und alter Kulturlandschaften trifft man auf Industrie- und Wohngebiete, die sich in formlosen Agglomerationen der Megacities wie Los Angeles, Mexiko City, Kairo, Mumbay oder Manila zu ungeheurer Größe auswachsen. An vielen Stellen der Welt ist die Bodenfruchtbarkeit gefährdet, wird sauberes Wasser knapp, verbreiten sich Abfälle in der Landschaft, die Erdatmosphäre erwärmt sich aufgrund des Eintrags von Spurengasen wie CO_2 oder Methan, so dass der Meeresspiegel ansteigt. Meere werden leergefischt, riesige Wälder u.a. in Brasilien, Indonesien und Kanada abgeholzt, die Förderung fossiler Rohstoffe bewirkt stellenweise weiträumige Landschaftszerstörung und schwerste Gesundheitsschäden, Plastikmüll in gewaltigen Mengen findet sich sowohl in abgelegenen Wüstenstrichen als auch in den Weiten der Ozeane. Während Katastrophen wie Seveso (1976), Bophal (1984), Tschernobil (1986) oder jüngst Fukushima (2011) wenigstens kurzzeitig die Leichtfertigkeit im Umgang mit den Grundlagen menschlichen Lebens ins öffentliche Bewusstsein getragen haben, wird die Gefährdung, die von langsam fortschreitenden Veränderungen der natürlichen Umwelt ausgeht, oft übersehen. Stellvertretend für vieles sei hier das Schwinden des Aralsees in Zentralasien genannt. Noch 1960 bedeckte er eine Fläche von 68000 km^2. 1992 waren es 33500 km^2, für 2003 wurden weniger als 20000 km^2 angenommen. »Die fortwährende Wasserentnahme führte zu einem generellen Absinken des Grundwasserspiegels in der Region mit der Folge, dass zahlreiche Brunnen in den usbekischen Dörfern versiegten. In den sechziger

Jahren ging der Bestand an Weideflächen um 80 Prozent zurück. [...] Durch Einsatz großer Mengen an Düngemitteln und Pestiziden auf den Baumwollfeldern, die eine Ertragssteigerung bewirken sollte, wurde der Aralsee zu einer giftigen Chemie-Kloake ... Zeugnis von der Katastrophe gibt die Stadt Kasacharia, die einmal als eine der reichsten Städte der Region galt. (...) Das Ufer des Aralsees liegt heute 130 Kilometer von der einstigen Küstenstadt entfernt.«[78] Was gegenwärtig an Naturzerstörung geschieht, ist nicht nur Raubbau an den Lebensgrundlagen gegenwärtiger und zukünftiger Menschen, sondern auch ein Unrecht gegenüber dem Leben der Tiere und Pflanzen.

Ungerechtigkeit gegenüber Tieren

Nutz-, Schlacht- und Wildtiere sind bis heute Teil der Lebensgrundlagen entwickelter Zivilisationen. So gehörte zum Alltag der Kulturen rings um das Mittelmeer jahrtausendelang neben Fischfang und Jagd der Konsum des Fleisches, der Milch und der Häute von Rindern, Schafe lieferten Wolle, Milch und Fleisch, Ochsen wurden bei der Feldarbeit und beim Dreschen eingesetzt, Esel in Mühlen, wo sie Treträder antrieben, Pferde dienten als Zug- oder Reittiere, Hühner als Produzenten von Eiern oder Schlachtvieh, und wo keine rituellen Verbote bestanden, wurden Schweine zur Fleischgewinnung gehalten. Die Überzeugung, Tiere seien ausschließlich dazu da, menschlichen Bedürfnissen nutz- und dienstbar zu sein, manifestiert sich heute drastisch in der maschinenmäßig automatisierten Massentierhaltung und der ebenfalls maschinenmäßig organisierten Schlachtung von Geflügel, Schweinen und Rindern etc. Ein Beispiel bietet die moderne Geflügelzucht. »Das moderne Masthuhn ist ›ein Wunder der Tierzucht‹, schreibt der amerikanische Zooanthropologe Hal Herzog sarkastisch. Etwa die Rasse ›Cobb 500‹, die das Unternehmen Cobb-Vantress weltweit anbietet: Eine Zuchthenne dieser Rasse produziert in ihrem 15 Monate kurzen Leben im Durchschnitt 132 Küken. Dann ist das Muttertier verbraucht und wird aussortiert. Der Nachwuchs der Zuchthenne lebt noch kürzer. Binnen fünf bis sechs

---

[78] Stolberg (2016). Die Lage im nördlichen Aralssee soll sich dank eines 2005 fertiggestellten Staudamms spürbar verbessert haben, aber für den größeren Teil im Süden bedeutet das zusätzlichen Wasserentzug.

Wochen erreichen die Tiere ein Gewicht von mehr als zwei Kilogramm und werden geschlachtet. Das sogenannte Wunder der Tierzucht besteht darin, dass die Masthähnchen Futter extrem effizient verwerten, sodass sie fünfmal schneller wachsen als Hühner vor einigen Jahrzehnten. Dieser rasante Zuwachs von Muskelfleisch belastet die Vögel enorm. [...] Oft halten die Beine der Tiere den Belastungen nicht stand: Die Knochen brechen, Sehnen reißen und die Beine des laut Website der Firma ›effizientesten Masthähnchens der Welt‹ deformieren sich.«[79] Über einen großen Geflügelbetrieb wird berichtet: »34.000 Hühner drängen sich in einer Halle, die knapp halb so groß ist wie ein Fußballfeld. Bis zu 39 Kilogramm Lebendgewicht dürfen deutsche Mäster pro Quadratmeter halten. Das bedeutet 15 ausgewachsene Hühner auf einer Fläche, die so groß ist wie ein Badehandtuch.«[80]

Manche Vertreter der noch jungen Disziplin der Tierethik sehen bereits in der Tatsache, dass Tiere überhaupt für menschliche Zwecke gebraucht werden, ein Malum.[81] Wenn man aber prinzipiell die wirtschaftliche Nutzung von Tieren für zulässig hält, bleibt die Frage, ob man deswegen mit Tieren alles machen kann, was man will. Die Gesetzgebung etwa in der BRD verneint dies.[82] Prinzipiell sind Tierhalter verpflichtet, der Eigenart und dem Lebensbedürfnis ihrer Tiere durch die Umstände der Haltung nach Möglichkeit gerecht zu werden, wie es der Ausdruck der *artgerechten Haltung* anzeigt.[83] Ein Malum besteht demgemäß darin, wenn die wirtschaftliche Nutzung von Tieren diesen Tieren eine Lebensweise aufzwingt, die ihre Natur und ihre Bedürfnisse völlig negiert. In *concreto* fällt es jedoch nicht immer leicht, genau zu bestimmen, in welchen Fällen der Umgang mit Tieren ein eindeutiges Malum darstellt. Denn sofern man die Nutzung von Tieren nicht gänzlich verwerfen will, kommt man um Abwägungen nicht herum. Allerdings behalten in der Abwägung

---

[79] Herrmann (2012).

[80] Liebrich (2012).

[81] So etwa der Rechtswissenschaftler Francione, »einer der zurzeit öffentlich sichtbarsten Theoretiker zum Thema Tierrechte.« Dieser »vertritt eine abolitionistische Position, fordert also die Abschaffung aller Praktiken der Tiernutzung.« (Schmitz 2014: 57; vgl. Francione 2014).

[82] Seit 2002 gilt der Tierschutz als Staatsziel, das im Grundgesetz formuliert ist.

[83] Solche Fragen werden heute wissenschaftlich erforscht, etwa an der ETH Zürich in der *Abteilung für Verhalten, Gesundheit und Tierwohl* beim Institut für Agrarwissenschaften.

zwischen den Ansprüchen einer artgerechten Tierhaltung einerseits und den Interessen von Produzenten an Ausweitung der Produktion und den Interessen von Konsumenten an niedrigen Preisen für tierische Produkte wie Fleisch andererseits die wirtschaftlichen Interessen bis heute sehr häufig die Oberhand. Trotz aller Diskussionen über den Tierschutz werden Tiere als eigenständige, leidensfähige Wesen kaum berücksichtigt, sobald ökonomische Gesichtspunkte handlungsleitend werden. Die Macht der Gesetze des Marktes, die eine unter Bedingungen des Wettbewerbs effiziente Tierhaltung fordern, hat zur Folge, dass die Gesetze des Staates, die zum artgerechten Umgang mit Tieren verpflichten, oft nur in gleichsam aufgeweichter Interpretation Eingang in die Massentierhaltung finden können.

Der Umverteilungsstaat

Die Forderung, wirtschaftliche Gerechtigkeit herzustellen, betrifft prinzipiell nicht die Systematik einer Marktwirtschaft, sondern richtet sich an die Institutionen von Gesellschaft und Politik. Diese sollen Verhältnisse und Verteilungen, die sich auf Märkten »von selbst« einstellen, korrigieren. Jeder Versuch, eine gerechtere Ordnung einzurichten und Ungleichheiten auszugleichen, bewirkt allerdings, ökonomisch gesprochen, dass Einkommen und Vermögen *umverteilt* werden. Umverteilung ist immer wieder Anlass zu Streit, denn dabei werden Benachteiligte dadurch besser gestellt, dass denen, die bisher mehr hatten, etwas genommen wird. Letztere sehen darin oft eine elementare Ungerechtigkeit und machen zwei Einwände geltend.

1) Personen, deren Einkommen und Vermögen bei Umverteilungen herangezogen wird, wird etwas von dem weggenommen, worauf sie, wie sie meinen, ein Recht haben. Diese Ansicht, in Einzelfällen zutreffend, lässt sich jedoch nicht verallgemeinern. Wird etwa mit einer Steuererhöhung eine Unterstützung Notleidender durch diejenigen erzwungen, die die Mittel dazu besitzen, so ist das nicht *per se* ungerecht.

2) Ein anderer Einwand wiegt schwerer. Oft fließt bei einer Umverteilung ein nicht geringer Teil der Mittel nicht etwa den Bedürftigen zu, sondern den für die Bedürftigen zuständigen Behörden, die Bedürftigkeit prüfen, Verteilung organisieren, Missbrauch von Fürsorge verhindern etc. Somit ernähren die angeblich Reichen mit dem, was man ihnen nimmt, nicht nur die Armen, sondern auch einen

Umverteilungsapparat. Sofern in diesem Apparat Korruption mit im Spiel ist, verschlingt er oft den Löwenanteil dessen, was ihm zugeführt wurde.

Ist die Wirtschaft selbst das Übel?

Was ist mit den Tätern, den eigentlich »Bösen«? Wir haben sie in unseren Beispielen bisher ausgespart, da es uns um das Leiden, nicht um seine Verursachung ging. Soweit die Verursacher solcher Leiden teilhaben an der unausrottbaren menschlichen Schlechtigkeit und Bosheit und statt anderer Gebiete die Wirtschaft zum Ort ihrer Taten wählen, sind sie irrelevant im Rahmen unserer Untersuchungen. Was uns aber hier und vor allem in späteren Kapiteln beschäftigt, ist die Frage, ob nicht die Wirtschaft selbst bei ihren Akteuren den Boden für verwerfliche Handlungen legt oder bestimmte Dispositionen dazu zumindest verstärkt. Das würde, pointiert gesagt, bedeuten: Es sind in erster Linie nicht böse Menschen, die die Übel in der Wirtschaft bewirken, sondern eine der Wirtschaft eigentümliche Schlechtigkeit bewirkt das böse Tun der Menschen.

Die Wirtschaft, der man ein solches Wesen oder Unwesen zuschreibt, wird hier nicht primär als der Bereich der Suche nach Lebensunterhalt und gutem Leben gesehen, sondern erscheint als ein System von Interaktionen, das die Dispositionen derer, die an ihm teilhaben, bis in die Tiefen ihrer Seele prägt. Auf unterschiedliche Weise haben Denker wie Adam Smith, Karl Marx, Torsten Veblen oder Arnold Gehlen darauf aufmerksam gemacht, dass die Wirtschaft eigene Ordnungen, Motivationen und Zielvorstellungen hervorbringt. Als ein sich selbst reproduzierender, schöpferischer Prozess schafft sie sich selbst als eine Welt mit eigenen Gesetzmäßigkeiten, Regeln, Verhaltensmustern und Tabus, denen sich jede Person, die sich darin behaupten will, unterwerfen muss. Indem Wirtschaft sich selbst als eine eigene Ordnung konstituiert, formt sie jedoch die Menschen, die in ihr funktionieren und ihr Funktionieren in Gang halten müssen, auch über das Funktionieren dieser Ordnung hinaus in ihrem übrigen Leben. Dabei geht es nicht nur um eine Minderheit von Unternehmern, Investoren, Bankern, Managern und anderen Wirtschaftsakteuren. Darauf machte Franz Kafka aufmerksam, als er gegenüber Gustav Janouch bemerkte: »Der Kapitalismus ist ein System von Abhängigkeiten, die von innen nach außen, von außen nach innen, von oben nach unten, von unten nach oben gehen. Alles ist abhängig, alles ist gefesselt. Kapitalismus ist ein Zustand der Welt und der Seele.«[84]

Die Anfrage, die sich aus diesen Überlegungen ergibt, lautet: Ist nicht, was heute Wirtschaft heißt, insgesamt eine Welt deformierter menschlicher Interaktionen, die als solche unmenschlich ist? Wird nicht der Mensch, insofern er in dieser Welt aktiv wird, selbst unmenschlich? Wäre es so, dann müsste man einräumen: Es ist, angesichts der Verfasstheit des Gesamtsystems, nicht verwunderlich, wenn es einige seiner Exponenten schlimmer treiben als der Durchschnitt. Als Welt betrachtet, könnte somit die Wirtschaft selbst als das Malum oeconomicum angesehen werden. Weiter oben wurde gefragt, ob man ein angebliches Malum oeconomicum nicht eher als Politik- oder Gesellschaftsversagen deuten müsste. Von hier aus drängt sich jedoch eine andere Deutung auf: Wenn Politik und Gesellschaft, ja, wenn sogar die Menschen selbst bis in ihr Persönlichstes durchdrungen sind von Motiven und Verhaltensweisen, die aus der Welt der Wirtschaft kommen, dann kann von ihnen keine Heilung des von der Wirtschaft her rührenden Malum erwartet werden.

Bevor wir in der Linie derartiger Argumentationen fortfahren, tut jedoch ein Innehalten not. Wer behauptet, dass die Wirtschaft selbst schlechterdings das Malum sei, verschweigt, dass die Leistungen der gegenwärtigen Wirtschaft Voraussetzungen des Überlebens der Menschheit sind; erst recht erhalten Menschen die Mittel eines angenehmen und kultivierten Lebens nicht ohne sie. Man sollte sich selbstkritisch fragen, ob nicht der Blick auf das Böse in der Wirtschaft zum »bösen Blick« geworden ist, zur Blindheit gegenüber dem aus ihr entspringenden Guten. Demgemäß ist auf der Basis der bisherigen Argumentation eine Deutung des Malum oeconomicum, die es geradezu mit »der Wirtschaft« gleichsetzt, allenfalls als Denkexperiment, nicht aber als abschließendes Urteil haltbar. Wir werden diese Deutung in den folgenden Teilen des Buches als eine Leitfrage nehmen, mit der wir verschiedene Theorien von der Wirtschaft untersuchen. Was macht die Wirtschaft mit der Welt, in der die Menschen leben, und mit der menschlichen Seele selbst? Diese Frage wird indes von

[84] Janouch (1981: 170). Dieser Zustand der Seele würde sich keineswegs automatisch ändern, wenn man ein kapitalistisches System durch eine sozialistische Planwirtschaft ersetzen würde. Vgl. hierzu die1891 veröffentlichten Gedanken über *Die Seele des Menschen unter dem Sozialismus* von Oscar Wilde (Wilde 2000).

einer gleichsam gegenläufigen begleitet: Wie steht es mit der menschlichen Seele, wie steht es mit dem Menschen, der doch immer auch der Urheber dieser Wirtschaft bleibt? Ist das Problem vielleicht nicht so sehr die Wirtschaft, wie unmenschlich immer sie sein mag, sondern ein unmenschlicher Zug am Menschen selbst?

II. Maß und Maßlosigkeit: Die Wirtschaft in der antiken Philosophie

4. Platon

Die Seele, der Staat und die Dynamik der Bedürfnisse

Denn es ist ja nicht von etwas Beliebigem die Rede, sondern davon, auf welche Weise man leben soll.
Platon, Politeia 352d

Dagegen, dass die liberale Marktwirtschaft sich als die einzig mögliche Ordnung der ökonomischen Verhältnisse präsentiert, dass der Kapitalismus alternativlos erscheint, richtet sich die aktuelle Fundamentalkritik an Wirtschaft und Gesellschaft. Wenn sie indes selbst keine klaren Alternativen anzubieten hat, könnte man ihr entgegenhalten, dass sie das Vorhandene, so problematisch es immer sein mag, entwertet zugunsten von etwas, was nicht nur nicht vorhanden *ist*, sondern möglicherweise nie vorhanden sein *kann* und vorhanden sein *wird*.[85] Immerhin könnte die Fundamentalkritik geltend machen, dass sie in einer großen Tradition des abendländischen politischen Denkens steht, die auf Platon zurückgeht. Platon, der schärfste Kritiker der Verhältnisse seiner Stadt Athen, erkannte, dass jede Vorstellung vom Malum, die nicht nur dieses und jenes Störende und Schädliche vermerkt, sondern eine Welt im Ganzen infrage stellt, sich einem Blick verdankt, dessen Herkunft nicht von dieser Welt ist. Auch wenn die auf Sklaverei beruhende Wirtschaft zur Zeit Platons kaum etwas mit wirtschaftlichen Verhältnissen unsrer Zeit gemein hat[86], ist Platons politische Philosophie geeignet, Bedingungen der Möglichkeit jeder Fundamentalkritik an gesellschaftlichen Verhältnissen zu reflektieren. Für das Malum oeconomicum bietet Platon mit seinen Bildern einer guten und einer schlechten Wirtschaft darüber hinaus Anlass zu Fragen, die man an jede Wirtschaftsordnung richten muss.

In den folgenden Überlegungen zu Platon werden wir einen Umweg gehen: Es geht im nächsten Abschnitt um Platons Sicht auf Ethik

---

[85] S. u. Kap. 15.
[86] Vgl. Finley (1977).

und Politik. Wirtschaftliches ist dabei präsent in Gestalt der folgenden Frage: Wie wird sich ein Gemeinwesen entwickeln, wenn es die kollektive Entscheidungsfindung einem Markt konkurrierender Meinungen überlässt, auf dem oft nicht diejenigen, denen es um Sachgemäßheit und Gerechtigkeit geht, sondern diejenigen, die zwar eigennützige Ziele verfolgen, ihre Ansichten aber am besten verkaufen können, den Diskurs bestimmen? Kann man ein solches Gemeinwesen davor retten, sich selbst zu zerstören?

Seele und Politik

Gerechtigkeit

Platon ist der Begründer einer Politischen Philosophie, die die in seiner Zeit weitgehend ungeschiedenen Bereiche Politik, Gesellschaft und Wirtschaft umfasste. Ihr überragendes Thema ist *Gerechtigkeit*. Gerechtigkeit bezieht sich auf den Zustand des Menschseins in allen Dimensionen. Sie betrifft gleichermaßen die Verfassung der Seele des Einzelnen *und* die Verfassung, in der sich ein Gemeinwesen befindet. Das Gemeinwesen manifestiert, wie es um die Seele steht, und die Seele jedes Einzelnen ist ein Spiegel des Gemeinwesens.[87] Gerechtigkeit bezeichnet die gute Ordnung von Seele und Staat, Ungerechtigkeit ihre Zerrüttung und ihren Verfall. Fragen der Verteilung von Einkommen, Vermögen und Chancen sind für Platon demgegenüber nachgeordnet.

Aus dem griechischen Ausdruck für eine selbstständige Gemeinschaft von Menschen – *Polis*, die *Stadt* oder der *Staat* – ist unser Begriff *Politik* abgeleitet[88]. Wo Gerechtigkeit ist, ist die Polis gut ge-

[87] Zur Interpretation und Kritik der Seele-Staat-Analogie bei Platon vgl. u.a. Kersting (1999), Baumanns (2007), Höffe (2011).

[88] Die griechische *Polis* hat nur wenig mit den organisierten Macht-, Verwaltungs- und Rechtsstrukturen moderner Flächenstaaten zu tun, und Vorstellungen wie Menschenrechte und Gewaltenteilung, auf denen die Verfassungen moderner Rechtsstaaten beruhen, waren im antiken Denken unbekannt. Somit meint *Politik* bei Platon und Aristoteles etwas ganz anderes als bei Max Weber in seinem berühmten Vortrag: *Politik als Beruf*. Gleichwohl scheint es gelegentlich notwendig, bei der Wiedergabe der Überlegungen von Platon und Aristoteles die Begriffe *Staat* und *Politik* zu verwenden. Denn im Denken des *Politischen* gibt es nicht nur Brüche, sondern auch bedeutsame Kontinuitäten.

ordnet. Zugleich stehen alle Teile der Seele eines jeden Bürgers in Harmonie: Die verschiedenen Neigungen und die Willenskraft werden von der Vernunft geleitet. Gerechtigkeit besteht darin, dass ein jeglicher Teil der Seele im einzelnen Menschen und jeder Mensch im Ganzen der Polis so wirkt, wie es ihm wesensgemäß ist. Demgemäß ist Gerechtigkeit *das Tun des Eigenen.*[89] In einem gerechten Zustand haben die *fremden Dinge,* also alles, was Mensch und Staat aus der eigenen Wesensmitte reißen könnte, keinen Zugang: Kein Vermögen der Seele und kein Bürger einer Polis lässt sich zu einer Handlung oder gar einem Leben verleiten, das ihm *wesensfremd* ist.[90]

Idee, Begriff und Begründung

Man merkt diesen einfach scheinenden Bestimmungen kaum an, welchen politischen Erfahrungen sie abgerungen, welche gedanklichen Abgründe mit ihnen überwunden wurden. Zwar sah Platon in der Gerechtigkeit eine entscheidende Orientierungsmarke für ein gelingendes menschliches Leben, und er war überzeugt, jeder Mensch solle für sich selbst und als Mitglied des Gemeinwesens wissen, was Gerechtigkeit ist. Aber Platon selbst wurde inne, dass er gerade dasjenige Wissen, das ihm das wichtigste schien, nicht adäquat in Begriffen fassen und sprachlich artikulieren konnte. Dieses Problem spricht Platon mit dem Wort *Idee* an, das eigentlich *Bild, Gestalt* oder *Form* bedeutet; in der Alltagssprache bezeichnet es die »Ansicht, die ein sichtbares Ding unserem sinnlichen Auge darbietet«[91]. Bei Platon aber meint *Idee* die unbestimmte Gewissheit und Klarheit bezüglich einer unsichtbaren Sache, die nur geistig vorgestellt werden kann, wie die Wahrheit oder die Schönheit. Ideen sind es, die uns Erkenntnis der Sinnenwelt ermöglichen, aber ihr Dasein gehört dieser Welt nicht an, sie sind *transzendent.* Ohne Ideen könnten wir, Platon zu-

[89] *Politeia* 433a (Platon 1971a: 321).

[90] Gerechtigkeit zeigt sich »an der wahrhaft inneren Tätigkeit in Absicht auf sich selbst und das Seinige, indem einer nämlich jegliches in ihm nicht Fremdes verrichten läßt noch die verschiedenen Kräfte seiner Seele sich gegenseitig in ihre Geschäfte einmischen, sondern jeglichem sein wahrhaft Angehöriges beilegt und sich selbst beherrscht und ordnet und Freund seiner selbst ist […].« (*Politeia* 443d; Platon 1971a: 357).

[91] Heidegger (1962: 19).

folge, nichts erkennen, aber dass an unserer Erkenntnis Ideen beteiligt sind, bleibt uns meist unbewusst.[92]

In den alltäglichen Urteilen über *recht* und *unrecht* oder *gerecht* und *ungerecht* ist, wie Platon lehrt, verborgen stets die *Idee des Guten* am Werk. Denn jede gerechte Ordnung entspringt aus der Einsicht in das, was wahrhaft gut ist. Das wahrhaft Gute selbst ist allerdings für unsere Sinne und unser Alltagsbewusstsein schlechthin unanschaulich. Platon glaubt jedoch, dass jeder Mensch durch sein Menschsein die Anlage zu einer klaren Anschauung des Guten in sich hat. Eine solche Anschauung gehört nicht zu dem Unwesentlichen, was man wissen kann oder auch nicht. Sich darum zu bemühen, das Gute einzusehen, ist jeder Mensch verpflichtet, denn nur dadurch wird er wahrhaft Mensch und kann zu einem menschenwürdigen Miteinander in einer Gemeinschaft beitragen. Jedoch lässt sich diese Einsicht nicht adäquat in Worten formulieren, ihre unmittelbare Evidenz und Klarheit (wie sie der Ausdruck *Idee* anspricht) lässt sich im Medium des Begriffs nicht einholen. Wenn aber den Menschen der Zugang zu dieser Erkenntnis verschlossen ist, wenn sie blind sind für das, was ihrem Leben Orientierung gibt, dann werden sie auf Verführer und Manipulatoren hören, dann werden sie die *fremden Dinge* tun, das ihnen Wesensfremde wird ihnen als Normalität erscheinen.

Ideen lassen sich zwar nicht adäquat ausdrücken, aber was wäre der Rede wert, wenn nicht Ideen? Das gilt besonders dann, wenn die in einem Gemeinwesen vorherrschende Redeweise dazu beiträgt, falsche Ansichten von Gerechtigkeit, Wahrheit, Gut-Sein etc. aufkeimen zu lassen. *Ideenblindheit* ist für Platon eine Krankheit der Seele und des Geistes, ja, sie ist das Malum schlechthin: Als Einzelne betrachtet, verfehlen die Menschen ihr persönliches Leben, als Mitglieder einer Polis ziehen sie ihr Gemeinwesen in den Ruin. Diese Blindheit aber hat nichts mit einem Mangel an Intelligenz oder Artikulationsvermögen zu tun, denn sie findet sich auch und gerade bei solchen, die für die Weisesten gehalten werden. Dort ist sie besonders gefährlich, denn die angeblich Weisen werden alles tun, um mit ihren Reden die Krankheit ihrer Seele zu verbreiten und sie zu einer Krank-

[92] Eine der klarsten und für mich immer noch überzeugendsten Darstellungen der Intentionen Platons bietet das Platonbuch von Wolfgang Wieland (Wieland 1982). Insbesondere ermöglicht es dieses Werk, einen Zugang zu derjenigen Art des menschlichen Wissens zu finden, die Platon als erster bewusst machte und die er mit seinen Gedanken zum Thema Idee zu erfassen suchte.

heit des Gemeinwesens auswachsen zu lassen. Jeder, der wirkliche Einsicht hat, ist aufgerufen, dagegen zu reden und zu wirken. Denn wenn sich die Ideen auch nicht in der Klarheit artikulieren lassen, die ihnen gemäß ist: Worüber sich begrifflich durchaus Rechenschaft ablegen lässt, ist alles, was sie *nicht* sind. *Ist die wahre Ansicht der Gerechtigkeit nicht vollends erweisbar, so ist doch die falsche Ansicht widerlegbar.* Von seinem Lehrer Sokrates lernte Platon, dass verkehrte Ansichten in sich widersprüchlich sind und dass es möglich ist, ihre Vertreter des Irrtums oder der Unwahrhaftigkeit zu überführen. Wer sich auf begründende Rede einlässt, dem wird deswegen zwar nicht die Idee selbst klar, wohl aber wird ihm die Unhaltbarkeit all dessen, was ihr entgegen ist, zwingend erwiesen. Somit ist politisches Philosophieren weitaus mehr als ein rein theoretisches Vorgehen: Für Platon, wie schon für seinen Lehrer Sokrates, ging es darum, *Gesellschaft und Staat von verkehrten Ansichten über das Gute und die Gerechtigkeit zu reinigen.*

Es waren nicht zuletzt persönliche Erfahrungen, die Platon zu seinen politischen Überzeugungen brachten. Platon sah im Verfall Athens[93] ein Muster für die Fehlentwicklungen, wie sie in jedem großen und mächtigen Staat auftreten können. Für Platon sind sie die Folge einer Art Krankheit, die man, wenn man es kann, therapieren muss: Die Polis geht zugrunde, wenn diejenigen, die es wissen müssten, nicht angemessen über *gerecht* und *ungerecht* denken. Aus dem falschen Denken der Handelnden und ihrer Gefolgschaft aber folgt verkehrtes Tun. Umgekehrt: Könnte man die falschen Vorstellungen aus der Seele der Bürger entfernen, so ließen sich alle Gemeinwesen Griechenlands oder sogar alle Staaten heilen.

Wahrheit und Gerechtigkeit auf dem Markt

Was Platon zufolge in besonderer Weise Gift für die Seele und Zersetzungsstoff für jedes Gemeinwesen bietet, sind drei Ansichten, die sich so zusammenfassen lassen.

---

[93] In Platons Geburtsjahr befand sich Athen im Krieg mit Sparta und seinen Bundesgenossen. Dieser Krieg, der Peloponnesische Krieg (431–404), endete nach fast dreißig Jahren mit dem unwiederbringlichen Verlust der Macht und Herrlichkeit Athens. »Das große Ereignis des von Athen verlorenen Krieges […] ist sein [Platons, d. V.] politisches Schlüsselerlebnis« (Colli-Staude 2006: 112).

i) Da es keine Wahrheit gibt, ist es für jeden das Beste, diejenige Ansicht, die ihm den meisten Nutzen und Gewinn zu erbringen scheint, als Wahrheit zu verkaufen.
ii) Das Recht der Natur besteht darin, dem eigenen Mehrhabenwollen zu folgen.
iii) Gerechtigkeit ist dem Menschen wesensfremd.

Als Vertreter derartiger Ansichten zeigt uns Platon die sogenannten Sophisten[94]. Sie sind gleichsam Unternehmer oder Händler in Sachen Weisheit. Denn ihre Weisheit *(sophia)* ist für sie ihr persönliches Humankapital, die Quelle des Lebensunterhaltes. Bezahlt werden sie für ihre Lehren von Schülern, die sie dazu ausbilden, Politiker und Gerichtsredner zu werden. In seinem Dialog *Gorgias* stellt Platon diese drei Ansichten vor und deutet zugleich an, was für ein Leben ihnen entspricht. Es ist ein Leben, das der *Schlechtigkeit der Seele* Raum gibt. Gegen diese Ansichten argumentiert Sokrates, der zeigen möchte, dass es unmöglich ist, solche Ansichten durchzuhalten, ohne sich in Widersprüche zu verstricken.

Es gibt keine Wahrheit – Verlust der Sachlichkeit (zu i)

Die Weisheit eines Sophisten bewährt sich im Erfolg des Schülers bei der Volksversammlung und vor Gericht. Wahrheit um ihrer selbst willen ist in der Lehre nicht gefragt, das Ziel ist vielmehr, Macht über andere zu gewinnen. Dies spricht einer der größten Sophisten, Gorgias von Leontinoi (480–380 v. Chr.), in der Darstellung, die Platon von ihm im gleichnamigen Dialog gibt, direkt aus.[95] Seine Weisheit zielt darauf, die Redekunst, die Rhetorik, zu vermitteln. Rhetorik umfasst alles, was nötig ist, um Einfluss auf andere zu gewinnen. Dazu gehört mehr als der geschickte Umgang mit Worten: Es geht um das Auftreten, die Präsentation, den geschickten Umgang mit den verfügbaren Kommunikationsmedien, letztlich um alles, was dazu dient, andere dazu zu bringen, die Dinge so zu sehen, wie der Redner es für passend hält. Gorgias sagt offen, wohin diese Kunst führen kann: zum Verlust jeder Sachlichkeit und Sachgemäßheit: »Ja,

---

[94] Obwohl die erste dieser Ansichten von den Sophisten nicht *expressis verbis* gelehrt wird, ergibt sie sich doch als zwingende Folgerung aus ihren Anschauungen und ihrer Praxis.

[95] Vgl. Manstetten (2006).

ich behaupte, es möge in eine Stadt, wohin du willst, ein Redekünstler kommen und ein Arzt, und wenn sie vor der Gemeinde oder sonst einer Versammlung redend durchfechten müssten, welcher von beiden zum Arzt gewählt werden sollte: So würde nirgends an den Arzt gedacht werden, sondern der zu reden versteht, würde gewählt werden, wenn er wollte. Ebenso im Streit gegen jeden anderen Sachverständigen würde der Redner eher als irgendeiner überreden, ihn selbst zu wählen; denn es gibt nichts, worüber nicht ein Redner überzeugender spräche als ein Sachverständiger.«[96] Daraus folgt, wie Sokrates, der Gesprächspartner des Gorgias, schließt, dass der geschickte Redner, der keine Ahnung von der Sache hat, mehr Glauben findet als der Sachkundige, der seine Fähigkeiten nur schlecht vermarkten kann: »Die Sachen selbst braucht sie [die Redekunst, d. V.] nicht zu wissen, wie sie sich verhalten, sondern nur einen Kunstgriff der Überredung ausgefunden zu haben, so dass sie das Ansehen bei den Nichtwissenden gewinnt, mehr zu wissen als die Wissenden.«[97] Wer in die Politik geht, muss nicht zum Regieren begabt sein, wohl aber bei anderen den Anschein erwecken, er sei es. Dazu dient die Rhetorik.

Eine Rede, der die Beziehung auf eine letzte Verbindlichkeit, auf Wahrheit, fehlt, ist verantwortungslos. Sie dient dazu, andere zu manipulieren, d. h. sie zu dem Verhalten zu bringen, das man von ihnen wünscht. Wo aber das Maß verloren geht, das sich aus der Sache selbst ergibt, ist überhaupt kein Maß. Woran aber orientiert sich ein Leben, dem jede Verbindlichkeit abgeht?

Sokrates glaubt, dass Menschen, die ein solches Leben führen, intellektuell und existenziell im Widerspruch zu sich selbst stehen, zu dem besseren Wissen, das in ihnen ist. Solche Menschen leiden an einer »Schlechtigkeit der Seele«, deren stärkste Ausprägung Ungerechtigkeit und Zügellosigkeit sind.[98] Dass sie nicht einmal merken, wie unfrei und unglücklich sie sind, macht es noch schlimmer. Man kann ihnen nur wünschen, dass sie für ihr Unrecht gestraft werden, damit sie vielleicht doch noch zur Einsicht kommen.

---

[96] *Gorgias* 456b f. (Platon 1971b: 299).
[97] *Gorgias* 459b f. (Platon 1971b: 307).
[98] Vgl. etwa *Gorgias* 477c (Platon 1971b: 361).

Das Recht der Natur und das Mehrhabenwollen (zu ii)

Wenn Sokrates recht hätte, sagt Kallikles, ein Schüler des Gorgias, »so wäre ja wohl das menschliche Leben unter uns ganz verkehrt und wir täten in allen Dingen das gerade Gegenteil von dem, was wir sollten«[99]. Aber Sokrates hat, so Kallikles, nicht recht: Natürlich ist für den Menschen das Streben, *mehr zu haben* als die meisten. Das »Recht der Natur«[100] besteht darin, dass die, die fähig sind, sich mehr zu nehmen als die anderen, das auch tun, es sind die Stärkeren, und die Stärkeren sind eben darum auch die Besseren.

Für jeden Menschen ist natürlich, nach Möglichkeit dem Trieb, mehr zu haben *(pleôn echein)*, Genüge zu tun. Den großen Menschen aber macht es aus, dass er, ganz auf sich gestellt, diesen Trieb zum Grundmotiv seines Handelns macht und alles erlangt, was er sich vorgenommen hat, während die Schwachen, um nicht ihr Weniges auch noch zu verlieren, sich zusammentun und Gesetze machen, die dem Trieb der Starken Zügel anlegen. Dieser Trieb wird mit dem Wort *Pleonexia*, Mehrhabenwollen, benannt.

Modern gesprochen sieht Kallikles den Menschen als ein Wesen an, das, regiert vom Streben nach Maximierung der Lust und Minimierung der Unlust, nichts Höheres kennt als den eigenen Privatvorteil. Die Polis wäre demzufolge der Raum, worin alle so beschaffenen Menschen aufeinander treffen, und wo, wenn alles natürlich zugeht, die Stärkeren sich durchsetzen.

Die historisch fassbare Folie, vor der Gorgias und Kallikles wie auch ihr Gegner Sokrates sprechen, ist eine Polis wie Athen, in der an *einer* Stätte, der *Agora*, Kauf und Verkauf von Gütern, politische Beschlüsse und Gerichtsurteile stattfinden. Angebot und Nachfrage richten sich dort nicht nur auf materielle Güter, sondern auch auf Meinungen und Überzeugungen. Der Raum, worin politische Beschlüsse und Gerichtsurteile zustande kommen, erscheint als Konkurrenzmarkt der politischen Redner, modern gesprochen: als *Markt der Meinungen*.

---

[99] *Gorgias*, 481c (Platon 1971b: 373).
[100] *Gorgias*, 484b (Platon 1971b: 381).

Gerechtigkeit ist dem Menschen wesensfremd (zu iii)

Anders als Kallikles annimmt, könnte dieser Markt jedoch nicht bestehen bleiben, wenn alle, die dort auftreten, ungehemmt ihr Streben nach Macht ausleben: Statt freier Rede und Gegenrede gäbe es Mord und Totschlag. Ohne Verzicht auf Gewalt, ohne die Einhaltung bestimmter Verfahrensregeln würden manche der konkurrierenden Meinungen gar nicht erst zu Wort kommen. Selbst wenn man ein Menschenbild wie das des Kallikles vertritt, braucht man also Vorstellungen von Recht und Gerechtigkeit, die über das »Recht« des Stärkeren hinausgehen. Wie eine solche Vorstellung aussehen könnte, zeigt Glaukon, Platons Bruder, im Dialog *Politeia*.

Die Gerechtigkeit sei, so Glaukon, nichts Ursprüngliches, sondern Resultat eines, wie wir heute sagen würden, Gesellschaftsvertrages: Die meisten Leute, sagt er, begehen gerne Unrecht, möchten aber ungerne Unrecht erleiden. Sie müssten aber damit rechnen, dass die (für sie) positiven Folgen ihres Unrechttuns nicht die (für sie) negativen Folgen aufwiegen, die aus dem Unrecht entspringen, das andere ihnen antun. Daher würden sie miteinander einen Vertrag abschließen, worin sie sich wechselseitig zusichern, auf Unrechttun zu verzichten. »Und daher haben sie denn angefangen, Gesetze zu errichten und Verträge untereinander und das von dem Gesetz Aufgelegte das Gesetzliche und Gerechte zu nennen. Und dies sei also die Entstehung sowohl als auch das Wesen der Gerechtigkeit, welche in der Mitte liege zwischen dem Vortrefflichen, wenn einer unrechttun kann, ohne Strafe zu leiden, und dem Übelsten, wenn man unrecht leiden muss, ohne sich rächen zu können. Das Gerechte aber, mitten inne liegend zwischen diesen beiden, werde nicht als gut geliebt, sondern durch das Unvermögen, unrecht zu tun, sei es zu Ehren gekommen.«[101] Nach Glaukons Ansicht bedeutet Gerechtigkeit einen *Verzicht auf das Eigene*, einen Verzicht darauf, das Mehrhabenwollen so gewalttätig auszuleben, wie es die eigene Natur nahelegt. Gerechtigkeit, aufgefasst als der vertraglich geregelte Verzicht auf Gewalt und die Bereitschaft, sich in Streitfällen auf Verfahrensregeln zu einigen, beruht für Glaukon auf einer *Selbstentfremdung*, die die Menschen bewusst vornehmen müssen, um überhaupt erträglich leben zu können. Diese Ansicht ist Fundament des *Kontraktualismus*, der bis heu-

[101] *Politeia* 359a, b (Platon 1971a: 99).

te weit verbreiteten Vertragstheorien in der Ethik und der Politischen Theorie.

Es ist der Sophist Thrasymachos, der im ersten Buch der *Politeia* Platons unbewusst das Problem einer derartigen Vorstellung von Gerechtigkeit ausspricht: Gerechtigkeit, sagt er, sei *ein fremdes Gut.*[102] Gerechtigkeit kann in einem Gemeinwesen nur eine Art Fremdherrschaft ausüben. Wer dagegen das Eigene verwirklichen will, muss die Maße sprengen, die ihm im Namen der Gerechtigkeit auferlegt werden.

Gesunde Stadt und üppige Stadt – Zwei Bilder der Wirtschaft

Die Frage nach der Gerechtigkeit

Glaukon, der das soeben dargestellte Konzept von Gerechtigkeit im 2. Buch der *Politeia* präsentiert, bittet Sokrates darum, ihn zu widerlegen. Sokrates solle dabei nicht, wie sonst, falsche Vorstellungen von Gerechtigkeit widerlegen, sondern zeigen, was die richtige sei. Der von Sokrates daraufhin dargestellte Argumentationsweg führt zu der oben angeführten Bestimmung, Gerechtigkeit sei *Tun des Eigenen:* »Und gewiss, dass das Seinige zu tun und sich nicht in vielerlei einzumischen, Gerechtigkeit ist, auch das haben wir von vielen anderen gehört [...] Dieses also [...] scheint die Gerechtigkeit zu sein, dass jeder das Seinige verrichtet.«[103] Diese Bestimmung aber ist nicht eigentlich Resultat der sehr ausgedehnten Argumentation. Eher spricht sie eine Annahme aus, die schon in den Anfängen enthalten ist: Dass Gerechtigkeit einen Zustand einer Seele und einer Polis bezeichnet, wo jegliches da ist, wo es hingehört. Die Implikationen dieser bereits am Anfang vorausgesetzten, aber nicht ausgesprochenen Annahme zu entfalten ist die eigentliche Intention des Sokrates.

Sokrates legt seine Gedankenführung zugleich basal und hoch abstrakt an. Für unser Thema *Malum oeconomicum* sind ihre An-

---

[102] *Politeia* 343c (Platon 1971a: 55). Darauf läuft auch Glaukons folgendes Argument hinaus: »Das Gerechte [...] werde nicht als gut geliebt, sondern durch das Unvermögen, unrecht zu tun, sei es zu Ehren gekommen. Denn wer es nur ausführen könnte und der wahrhafte Mann wäre, würde auch nicht mit einem den Vertrag eingehen, weder unrecht zu tun noch sich tun zu lassen; er wäre ja wohl wahnsinnig.« *Politeia* 359a, b (Platon 1971a: 99).

[103] *Politeia* 433a, b (Platon 1971a: 321).

fangspassagen von besonderem Interesse, da das Tun des Eigenen ebenso wie der Verlust des Eigenen jeweils anhand eines Bildes der Wirtschaft dargestellt wird. Ausgangspunkt ist die Parallelität von Seele und Polis: »Gerechtigkeit, sagen wir doch, findet sich an einem einzelnen Manne, findet sich aber auch an einer ganzen Stadt.«[104] Suchen wir Gerechtigkeit beim *einzelnen Mann*, so betrachten wir die Ordnung seiner Seele, suchen wir sie in der Stadt bzw. im Staat, so betrachten wir die Ordnung des Gemeinwesens. Sokrates will die Untersuchung der Gerechtigkeit im Folgenden vom *Größeren*, von der Polis, ausgehen lassen, um dann später »an der Gestalt des Kleineren die Ähnlichkeit mit dem Größeren« aufzusuchen.[105]

Die gesunde Stadt

Sokrates legt das Gemeinwesen, das er in Gedanken Zug um Zug erstehen lässt, bewusst als eine »Kopfgeburt« an, indem er eine Polis aus dem bloßen Verstand entspringen lässt, ohne Bezug auf die wirklichen Staaten seiner Zeit. Dazu beginnt er mit Gedanken, die die Antwort auf folgende Frage darstellen: Was führt Menschen dazu, in Gemeinschaft mit anderen zu leben? Seine Antwort lautet: Es ist das Bemühen um das Überleben, das Menschen zusammenführt, also die Wirtschaft im elementarsten Sinn. Was bewirkt, dass eine Polis entsteht, ist der *Bedarf* oder das *Bedürfnis*.[106] Die Anthropologie, auf der dieser Gedanken beruht, ist ganz anders angelegt als die auf Mehrhabenwollen und Macht fixierte, die wir bisher kennenlernten. Denn wenn der Mensch sich unverstellt betrachtet, erkennt er sich, so Sokrates, als *ein von anderen abhängiges Wesen*. Auf sich gestellt würde er zugrunde gehen. So hätte er auch keine Chance, Machtgier und Mehrhabenwollen in irgendeiner Form auszuleben, denn auch dazu bedarf er der Gemeinschaft. Im Unterschied zu vielen Tieren genügt ein einzelner Mensch nicht sich selbst, sondern er ermangelt vieler Dinge, die er nur durch andere erhalten kann. Diese anderen aber müssen in ihrem Tun und Leben unterschiedlich geartet sein, denn die Strukturen, die menschliche Bedürfnisbefriedigung ermöglichen, sind, so Sokrates, prinzipiell *arbeitsteilig:* Der eine ist zu dieser Tätig-

---

[104] *Politeia* 368e (Platon 1971a: 125).
[105] *Politeia* 368e ff. (Platon 1971a: 127).
[106] *Politeia* 369c (Platon 1971a: 129).

keit begabt, der andere zu jener. Arbeitsteilung aber lässt Tätigkeiten von ungeheurer Vielfalt aufkommen: Schon die Befriedigung elementarer Bedürfnisse wie Nahrung, Wohnung und Kleidung erfordert nicht nur Bauern, Maurer und Schneider, sondern Bäcker, Metzger, Schmiede, Zimmerleute, Weber, Schuster, Schäfer, Hirten, Töpfer etc. mit ihren Helfern. Dazu kommt die Notwendigkeit, den Austausch der Produkte zu regeln, womit vom Lastträger bis zum Kaufmann alles, was zum Handel gehört, in die arbeitsteilige Welt eintritt. Auch Geld kann in dieser Polis zum Einsatz kommen, allerdings nur als reines Mittel, das den Tausch erleichtert. Der Tausch untersteht dabei dem Prinzip der *Kooperation*, nicht dem der *Konkurrenz*.

Wenn jeder das tut, was er am besten kann, und sich auf *eine*, nämlich *seine* Tätigkeit beschränkt, wird die Befriedigung der Bedürfnisse am reichlichsten ausfallen. Die spezifischen Bedingungen menschlicher *Bedürfnisbefriedigung* – Angewiesenheit auf andere, wechselseitige Abhängigkeit – und die *Arbeitsteilung* sind die Grundlagen der Polis. Ein solches Gemeinwesen kann sein, was ein Einzelner nicht sein kann: *selbstgenügsam* (griechisch: *autarkēs*, daher das Fremdwort *autark*). Die Polis, intern ein Netz von Abhängigkeiten, ist nach außen unabhängig.

Die menschliche Bedürftigkeit, die unterschiedlichen Veranlagungen verschiedener Menschen und, daraus folgend, die unterschiedlichen Tätigkeiten und Berufe erscheinen Platon *natürlich*[107]: Jeder tut, wozu seine angeborene Begabung ihn bestimmt. Daher kann Sokrates annehmen, dass sich diese Stadt, die er in Gedanken gründet, auch in Wirklichkeit gleichsam von selber ergeben würde, allerdings nur dann, wenn die Menschen gleichsam von vorne anfangen könnten. Im Gespräch zwischen Sokrates und Glaukon zeigt sich nun, dass in diesem natürlichen Gemeinwesen die Frage der Gerechtigkeit anscheinend nicht aufkommt – zumindest sieht man nicht, wo sie hingehört.[108] Im Blick auf die weitere Gedankenentwicklung lässt sich sagen: Wo jede Person an der Stelle wirkt, an die sie gehört, das tun kann, wozu sie sich begabt findet, und herstellt, was die Gemeinschaft benötigt, fragt niemand nach Gerechtigkeit, weil das, was *natürlich* ist, identisch ist mit dem, was man *gerecht* nennen müsste. In

---

[107] Für Adam Smith sind dagegen alle Menschen ursprünglich gleich veranlagt, unterschiedliche Fähigkeiten und Betätigungen lassen sich auf die Einflüsse von Erziehung und Umwelt zurückführen (Vgl. *Wealth* I.ii.4; Smith 1978: 18).

[108] *Politeia* 371e f.

der *gesunden Stadt*, wie sie hier erscheint, gibt es das Problem der Gerechtigkeit nicht, weil jeder das Seine tut. Sie ist gerecht, ohne dass jemand davon wissen müsste. Wo aber kommt das Problem der Gerechtigkeit her?

Sokrates selbst lenkt die Überlegung auf diejenige Seite der Stadt, in der die Möglichkeit der Ungerechtigkeit liegt, indem er fragt, auf welche Weise die Menschen in ihr *leben*. Was ist für sie ein gutes Leben? Lebt tatsächlich jeder *sein* Leben? In seiner Antwort stellt er der Komplexität der Arbeitsteilung in dieser gedachten Stadt eine auffällig einfache, nahezu primitive Lebensweise gegenüber. Die Menschen, behauptet er, begnügen sich mit Pflanzennahrung und Milchprodukten, einfacher Kleidung und Wohnung, und sie praktizieren Beschränkung bei der Zeugung von Nachkommen, also Geburtenkontrolle, »aus Furcht vor Armut und Krieg«[109]. Eine Polis, in der es immerhin Markt und Münze gibt, bescheidet sich, Sokrates zufolge, mit der Befriedigung *elementarer Bedürfnisse*[110]. Mit dieser Darstellung einer in seinen Augen *gesunden Stadt* provoziert Sokrates die Gegenfrage Glaukons: Soll das alles sein? Wäre sie nicht eine »Stadt von Schweinen«, wenn sie sich so »abfüttern« ließe?[111] Fehlt dieser Art von Bedürfnisbefriedigung nicht alles, was für einen Athener der Zeit Sokrates' und Platons das Leben lebenswert erscheinen lässt? Wie steht es mit der Differenziertheit und Vielfalt menschlicher Bedürfnisse?

Die üppige Stadt

Sokrates behauptet, mit einer auf Kooperation beruhenden Gemeinschaft, in der Konsens darüber besteht, »nur das Notwendige auszubedingen«[112], eine *gesunde* Polis dargestellt zu haben. Aus heutiger Sicht kann man sagen: Eine Gemeinschaft, die ihre Bedürfnisbefriedigung auf das Notwendige beschränkt und ihre Bevölkerungszahl innerhalb bestimmter Grenzen zu halten vermag, ist *nachhaltig*. Das bedeutet, dass sie von ihren Lebensgrundlagen so Gebrauch macht,

---

109 *Politeia* 372c.
110 Vgl. Faber/Manstetten (2003: 170–189).
111 *Politeia* 372d,
112 *Politeia* 373a.

dass kommende Generationen im Prinzip dieselben Chancen auf ein gutes Leben haben wie die gegenwärtig Lebenden.

Auf den Einwand hin, eine solche Gemeinschaft lebe nach Art einer *Stadt von Schweinen*, entwirft Sokrates in Gedanken eine andere Polis. In dieser organisieren die Menschen ihr Leben zwar ebenfalls im Hinblick auf die Befriedigung ihrer Bedürfnisse, aber es sind nicht mehr die begrenzten Bedürfnisse der gesunden Stadt. Diese nämlich »wird wohl einigen, wie es scheint, nicht Genüge leisten, auch nicht die Lebensart selbst; sondern es sollen Polster da sein und Tische und anderes Hausgerät und Zukost und Salben und Räucherwerk und Freudenmädchen und Backwerk; dies alles aufs mannigfaltigste. [...] Also müssen wir die Stadt wiederum größer machen. Denn jene gesunde ist nun nicht mehr hinreichend, sondern muss sich anfüllen mit einem Haufen Volks, das nicht mehr des Notwendigen wegen in der Stadt ist, wie zum Beispiel alle Jäger und Schaukünstler, viele, die es mit Gestalten und Farben zu tun haben, viele auch mit der Tonkunst; Dichter und deren Diener, Rhapsoden, Schauspieler, Tänzer, Unternehmer und Handwerker zu allerlei Gerätschaften, unter anderem auch für den weiblichen Putz. [...] Und auch Ärzte werden wir gewiss nun weit häufiger nötig haben bei dieser Lebensweise als bei der vorigen.«[113]

In der gesunden Stadt scheinen Phantasie und Vorstellungskraft der Menschen, ja vielleicht sogar ihr Intellekt weitgehend brachzuliegen. Zwar kennt sie nicht den Gegensatz von *Reich* und *Arm*, aber sie kennt auch keine feinere Lebensart, keine Kunst, keine Wissenschaft. Nicht nur den Luxus, sondern alles, was urbane Kultur ausmacht, wird man in der gesunden Stadt vergeblich suchen. Die andere Stadt, die Sokrates dank der Fülle von Gütern und Dienstleistungen, die in ihr anzutreffen sind, abschätzig als die *üppige* oder die *aufgeschwemmte* bezeichnet, gleicht dem Bild menschlicher Lebensführung, das uns heute geläufig ist, weit mehr als die sogenannte gesunde. Zum menschlichen Leben gehören eben nicht nur elementare, sondern auch die von Goethes Schwager Schlosser so genannten *imaginären Bedürfnisse*[114], wie sie die menschliche Phantasie (Imagination) ersinnt: Kreativität und Technik bringen daraus wirkliche Gestalten – Dinge, Geräte, Kunstwerke etc. – sowie eine komplexere Organisation des Gemeinwesens hervor.

---

[113] *Politeia* 373a–d (Platon 1971a; 139–141).
[114] S. u. Kap 20.

In der üppigen Stadt, in der jedes Bedürfnis weitere Bedürfnisse nach sich zieht, wird eine tendenziell grenzenlose Wachstumsdynamik sichtbar: Immer Neues entsteht, und es muss immer noch mehr sein. Ist nun *unnatürlich*, was in der üppigen Stadt geschieht? Darüber schweigt Sokrates. Aber die Expansion der Bedürfnisse, für die es keine Grenzen zu geben scheint, führt, in den Worten des Sokrates, zu einem *Streben nach ungemessenem Besitz*[115]. Aus dieser Maßlosigkeit geht ein von Sokrates ausdrücklich als Malum bezeichnetes Ergebnis hervor. Den gegebenen Ressourcen wird bei immer neuen und sich steigernden Bedürfnissen mehr und mehr abgefordert, bis man buchstäblich an die *Grenzen des Wachstums* gelangt, Grenzen, die mit den Grenzen des eigenen Territoriums übereinstimmen: »Und auch der Grund und Boden, welcher damals [in der gesunden Stadt, d. V.] hinreichte, die Damaligen zu ernähren, wird nun zu klein sein und nicht mehr groß genug. […] Also werden wir von den Nachbarn Land abschneiden müssen, wenn wir genug haben wollen zur Viehweide und zum Ackerbau? Und auch sie wieder von unserem, wenn sie sich auch gehen lassen und, die Grenzen des Notwendigen überschreitend, nach ungemessenem Besitz streben. Ganz unumgänglich, o Sokrates, sagte er [Glaukon, d. V.]. Von nun an werden wir also *Krieg* zu führen haben, o Glaukon? Oder wie wird es gehen? Allerdings so, sagte er. Und laß noch gar nicht die Rede davon sein, sprach ich [Sokrates, d. V.], ob der Krieg Übles oder Gutes bewirkt, sondern nur so viel, daß wir den Ursprung des Krieges gefunden haben in demjenigen, woraus vorzüglich den Staaten sowohl insgemein als auch den Einzelnen darin viel Übles entsteht, wenn es vorhanden ist.«[116]

An einer späteren Stelle in der *Politeia* weist Sokrates darauf hin, dass eine derartige Entwicklung nicht nur an äußere Grenzen stößt, sondern Staaten auch von innen gefährdet: Mit der grenzenlosen Expansion der Bedürfnisse entstehe der Gegensatz zwischen Arm und Reich, der bewirkt, dass »ein jeder von ihnen [sc. den Staaten, d. V.] gar viele Staaten [ist], aber nicht *ein* Staat. Denn zwei [Staaten, d. V.] sind nun schon auf jeden Fall einander fremd, einer der Armen und einer der Reichen, und in jedem von diesen wiederum gar viele […]«[117] Nochmals wird die üppige Stadt aufgegriffen in der Dar-

---

[115] *Politeia* 373e (Platon 1971a: 143).
[116] Ibd.
[117] *Politeia* 422e (Platon 1971a: 289).

stellung, die Sokrates von der Demokratie gibt[118]. Hier erscheint sie als Raum schrankenloser Freiheit, einer Lebensform, in der jeder tut, was er will. Jedes Bedürfnis ist prinzipiell erlaubt. In ihr bringen es Redner wie Gorgias zu höchstem Ansehen, in ihr können Lebensideale wie die des Kallikles maßgeblich werden. Schließlich aber schlägt eine solche Demokratie in Tyrannis um.[119]

Pleonexia polit-ökonomisch

Die rein gedankliche Entfaltung der *üppigen Stadt* scheint eine reale Bewegung nachzuzeichnen: die wirtschaftliche Dynamik eines expandierenden, städtischen Gemeinwesens, wie Platon sie von Athen oder Syrakus her kannte. Diese Dynamik nimmt, wie Sokrates ausführt, eine bestimmte Richtung an: Aus den wachsenden Ansprüchen auf Bedürfnisbefriedigung entspringt notwendigerweise ein wachsender Hunger nach Ländereien und ihren Erträgen. Dieser Hunger ist schließlich nicht mehr mit den verfügbaren Mitteln zu stillen. Die Begrenztheit der verfügbaren Ressourcen steht im Missverhältnis zu dem, wie Sokrates es nennt, *Streben nach ungemessenem* Besitz. Dieses aber ist es, woraus für die Stadt und ihre Bewohner »viel Übles« entspringt, nicht zuletzt auch die Notwendigkeit, Krieg zu führen.

Das maßlose, tendenziell jede Grenze überschreitende Streben nach Besitz und mehr Besitz haben wir in einer anderen Gestalt bereits kennengelernt: Kallikles hat es im *Gorgias* gefeiert: Das *Mehrhabenwollen,* die *Pleonexia,* sei die Urkraft für die Entfaltung alles Großen und Schönen bei den Menschen. Auch Glaukon hat *Pleonexia* als einen Grundzug der menschlichen Natur behauptet.[120] Auf einem ganz anderen Weg gelangt Sokrates im zweiten Buch der Politeia zur *Pleonexia.* Zu ihr hat die gedankliche Entwicklung der Polis aus dem Bedürfnis geführt: *Pleonexia* ist bei der Darstellung der üppigen Stadt nicht *psycho-logisch* aufgefasst, als natürliche oder un-

---

118 Vgl. *Politeia* 555b–562a (Platon 1971a: 675–695). Diese Art Demokratie hat indes mit der modernen repräsentativen Demokratie kaum etwas gemeinsam.

119 Vgl. *Politeia* 562a–566d (Platon 1971a: 695–711).

120 Ähnlich argumentiert Sokrates selbst in Buch IV der *Politeia,* wenn er von demjenigen Teil der Seele, aus dem die Begierden entspringen, sagt, dass er »wohl das meiste ist in der Seele eines jeden und seiner Natur nach das Unersättlichste […]« (*Politeia* 442a; Platon 1971a: 351).

natürliche Disposition der Seele eines einzelnen Menschen, sondern, modern gesprochen, *polit-ökonomisch*, als Resultat der ungebremsten Wachstumsdynamik der Bedürfnisse einer Gemeinschaft. Bei der Entfaltung des Bildes der üppigen Stadt erscheint die Entwicklung der unkontrolliert sich ausbreitenden Bedürfnisse als Wurzel des Übels, denn sie ruft notwendig *Pleonexia* hervor. Dass man auf das Mehrhabenwollen aber sowohl auf psychologischem als auch auf politökonomischem Wege stößt, liegt an der Strukturidentität von Polis und Seele: Die Seele, die ihren Begierden keine Schranken auferlegt, ist Abbild eines Staates, in dem Bedürfnisse grenzenlos expandieren.

Die üppige Stadt bildet die Folie für das im weiteren Verlauf der Argumentation entwickelte Staatsideal. Es geht darum, eine Neuordnung von Seele und Gemeinwesen so vorzunehmen, dass Begierden kontrolliert und Bedürfnisse so begrenzt werden, dass am Ende allgemeine Gerechtigkeit verwirklicht wird, d. h. dass jeder und jedes das ihm Eigene wirkt. Die maßlose Expansion der Bedürfnisse in der Welt der üppigen Städte macht allerdings eine solche Neuordnung unwahrscheinlich: Dort sind die Vorstellungen der Menschen und die öffentlich gehaltenen Reden kontaminiert von einer Sprach- und Begriffsverwirrung, die eine verkehrte Lebensführung anzeigt: Allgemeine Entfremdung ist der Zustand der Seele und des Staates. Gerechtigkeit aber, wenn sie in diese verkehrte Welt hineingezogen wird, ist unter deren Bedingungen das ganz unnatürlich Erscheinende.

Es ist die Welt der Höhlenbewohner – wie sie uns im *Höhlengleichnis* der *Politeia* gezeigt wird –, die in der Lebenswelt der üppigen Stadt als die einzig natürliche erscheint[121]. Die, die nichts kennen als ihre Höhlenbehausung, leben in einem Dämmerlicht, das sie für das einzige Licht halten, und kennen Wirkliches nur in der Gestalt von Schattenbildern. Mit illusionären Vorstellungen von sich selbst, den menschlichen Beziehungen und den Orientierungsmarken des Lebens gehen sie um, sie sind gefesselt an ihre eigene Wahrnehmungs- und Lebensweise, ohne zu wissen, dass ihnen das Wesentliche fehlt und dass sie in der Höhle gar nicht heimisch sein können. Dass *Pleonexia* das Leben der Höhlenbewohner bestimmt, ist eine Folge dieses Unwissens.

Das Unbehagen an den Maßstäben einer solchen Welt, das Sokrates' Gesprächspartner Glaukon äußert, zeigt: Man muss nicht ein-

---

[121] *Politeia* 514a–521b (Platon 1971a: 555–575).

mal, wie die wahren Philosophen, die Höhle verlassen und das helle Licht der Ideen in Wahrheit geschaut haben, um zu ahnen: Was im Halbdunkel und trüben Schein gezeigt wird, mag zwar alles sein, was Menschen in dieser Höhlenwelt wahrnehmen können, aber es kann nicht schlechthin alles sein. Dass auch die Höhlenbewohner Ausdrücke wie *gut, schön, wahr* und *gerecht* gebrauchen, offenbart, auch wenn sie die Bedeutung dieser Ausdrücke auf die Dimensionen des Höhlenraums reduzieren, dass sie doch in irgendeiner Beziehung zu dem stehen, was die Höhle ganz und gar überschreitet. Wer von dieser *Transzendenz* erfasst ist, der erfährt sie als drängenden Anspruch. Denn nicht nur, dass sich von ihrem Licht her die Wirklichkeit in der Höhle, wenn sie als die ganze Wirklichkeit gelten will, als scheinhaft und verkehrt offenbart, sondern von ihm her wird auch deutlich, dass es ganz anders sein könnte. Einfach gesprochen: In der üppigen Polis ebenso wie in der von ihren Begierden getriebenen Seele ist nichts an seinem rechten Ort. Dass so viele Menschen das nicht einsehen, liegt nicht daran, dass, wie die Sophisten annehmen, alles relativ ist, so dass man eine verkehrte nicht von einer gerechten Welt unterscheiden könnte. Es kommt vielmehr daher, dass die Menschen sich sperren gegen jeglichen Strahl, der ihnen Licht gäbe aus einer Dimension, in der klar ist, was Gerechtigkeit ist.

Die fragwürdige Aktualität platonischer Staatsmodelle

Was Platon als Anfrage an das Leben seiner Zeit formuliert, wäre ihm ohne seine Auffassung von dem, was er *Idee* nennt, unmöglich gewesen. Seine Gewissheit, dass es Gerechtigkeit wahrhaft gibt, jenseits der rhetorischen Spiele derer, die sie für ihre Zwecke bald so, bald anders definieren, ermöglicht es ihm, diagnostisch in die Tiefen und Untiefen der gegebenen Verhältnisse hineinzuleuchten und sie als eine verkehrte Welt darzustellen. Ein solcher Blick kehrt seit Platon in der Geschichte des menschlichen Geistes von Zeit zu Zeit wieder – wir werden ihn noch in den Gedanken von Karl Marx finden. Es ist eine bestimmte Art des Hinsehens auf die Gesellschaft – und später auf einzelne Teilsysteme wie die Wirtschaft – die an ihr das Schlechte und Böse in besonderer Deutlichkeit hervortreten lässt.

Dabei ist allerdings immer auch kritisch zu fragen, ob hier nicht auch die Quelle eines jeden *bösen Blicks* auf das Leben zu suchen ist. Wenn man das Schlechte erkannt zu haben glaubt, steht man vor der

Frage, was aus einer solchen Erkenntnis folgt. Oft gleitet die Betroffenheit von der Schlechtigkeit der Welt ins *Sentimentalische* ab. Sentimentalisch, im Sinne Schillers, ist Betroffenheit dann, »wenn wir, uneinig mit uns selbst und unglücklich in unsern Erfahrungen von Menschheit, kein dringenderes Interesse haben, als aus derselben herauszufliehen«[122]. Weltflucht war indes nicht Platons Sache. Wenn er seine Gewissheit über das Wesen der Gerechtigkeit kritisch gegen die Verhältnisse seiner Zeit geltend machte, so wünschte er Veränderung und forderte Engagement. Demgemäß hat er sich berufen gesehen, in seiner *Politeia* und später in den *Gesetzen* Therapievorschläge zu unterbreiten. Wir werden uns im Folgenden ausschließlich auf die *Politeia* beschränken.

Über den Stellenwert, den Platon den extremen und radikalen Maßnahmen, wie er sie in der *Politeia* Sokrates in den Mund legte, zugewiesen hat, ist viel gestritten worden. Vermutlich kommt eine Deutung, die die Therapievorschläge der *Politeia* nicht für bare Münze nimmt, sondern ironisch gebrochen liest, seiner Intention am nächsten: Aus der Drastik des vorgeschlagenen Heilungsweges soll der Leser Rückschlüsse ziehen auf die Heftigkeit und Hartnäckigkeit der Krankheit der Polis. Eine solche Deutung unterstellt, dass Platon mit Lesern rechnen durfte, denen klar war, dass von den revolutionären Methoden des Sokrates der *Politeia* unter den damaligen Bedingungen kaum etwas praktikabel gewesen wäre. Schwieriger zu beantworten ist allerdings die Frage, wie Platon zu den Therapievorschlägen des Sokrates Stellung bezogen hätte, wenn ihm ein Zufall wider alle Wahrscheinlichkeit doch die Chance geboten hätte, sie in der Wirklichkeit umzusetzen.

Unabhängig davon, was Platon selbst dachte, drücken die in der *Politeia* dargebotenen Maßnahmen eine Vorstellung aus, die in der Neuzeit in der Französischen Revolution und in den kommunistischen Bewegungen nach Marx wieder auftaucht: Wo das Übel tief wurzelt und weit ausgreift, können auch extreme und gewaltsame Vorgehensweisen gerechtfertigt sein – so hat man es immer wieder von radikalen Revolutionären gehört. Es scheint sich darin eine Art Gravitationskraft des Denkens auszudrücken. Mit Nietzsche dürfte man hier wohl von einer *ungeheuren Logik von Schrecken*[123] sprechen. Bei Platon äußert sie sich allerdings geradezu naiv, weil er sich

[122] *Über naive und sentimentalische Dichtung* (Schiller 1966: 553).
[123] Vgl. *Die Fröhliche Wissenschaft*, 343 (Nietzsche 1954: 205).

die Realisierung des damit verbundenen Terrors nicht vorstellen konnte. Da zu seiner Zeit eine *offene Gesellschaft* ebenso sehr außerhalb des Möglichen lag wie eine totalitäre Diktatur, hat Karl Popper also unrecht, wenn er in Platon den ersten Feind einer solchen Gesellschaft sah.[124] Aber insofern Popper nicht den Platon des vierten vorchristlichen Jahrhunderts treffen wollte, sondern eine immer noch gegenwärtige Denkweise, wie sie eine aktualisierende Sicht sehr wohl aus seinen Texten herauslesen kann, hat er etwas für unser Thema Zentrales getroffen. Es liegt ein starkes Verführungspotenzial in der Überzeugung, die Welt sei im Ganzen verkehrt. Wenn dazu der Gedanke tritt, diese Welt werde durch die Wirtschaft bewegt, liegt es nahe, durch radikale Änderungen der Wirtschaft eine neue, bessere Welt stiften zu wollen.

Ein solches Denken ist zwei Versuchungen ausgesetzt, deren Problematik der Sokrates der *Politeia* anscheinend nicht bemerkt hat.

(i) Die Heilung des kranken Gemeinwesens wird als eine *medizinisch-technische Veranstaltung* präsentiert. Mit anderen Worten: Gerechtigkeit, deren Ursprung als transzendente Idee außerhalb der Verfügungsgewalt menschlichen Tuns zu liegen scheint, wirkt hier, als sei sie *machbar*.

(ii) Das, was zu machen wäre, erscheint als etwas gänzlich Neues und Anderes im Vergleich zu allem Bisherigen: ein *neuer Staat*, ohne Wurzeln im alten, ein *neuer Mensch* in einem *neuen Leben*, ohne Erinnerung an das Menschsein im vorausgegangenen Leben.

Wenige Hinweise mögen einen Geschmack von den revolutionären Vorstellungen der *Politeia* vermitteln. Zu ihnen gehört, dass die Staatslenker, die Philosophen, und die Krieger, die ihre Beschlüsse exekutieren, keinen Privatbesitz haben, dass Ehe und Familienstrukturen aufgelöst werden, Frauen und Männer die gleiche streng durchorganisierte Erziehung erhalten und gleiche Funktionen einnehmen, dass die Verbreitung von Informationen massiv eingeschränkt sowie Dichtung, Musik und bildende Kunst strikt reguliert werden – alles das gesteuert von Philosophenkönigen, die die Einsicht in das Wahre und für den Staat Gerechte und Nützliche zu besitzen meinen. Revolutionär ist der Staat auch darin, dass alles, was *vor* seiner Einrichtung bestand und nicht zu seiner Anlage passt, aus dem Gedächtnis der Bürger ausgelöscht werden soll, ja, die in ihm Heranwachsenden sollen in dem Glauben aufwachsen, es habe bei ihnen nie eine andere

124 Vgl. Popper (1957).

menschliche Gemeinschaft bestanden als die ihres idealen Staates.[125] *Neue Gesellschaft* und *neuer Mensch*, mit einer zerstörten Erinnerung abgeschnitten von aller Vergangenheit, hergestellt durch eine technische Veranstaltung, das ist die folgenreiche Utopie, die der Platon der *Politeia* der Nachwelt hinterlassen hat. Aus heutiger Sicht wirkt sie totalitär.

Gerade in ihren fragwürdigen Zügen erscheint die *Politeia* als eine nach wie vor wirksame Verführung des Denkens und der Denkenden, an Wirkmächtigkeit im Verlauf der Geistesgeschichte durchaus jener vergleichbar, die von Sophisten wie Gorgias ausging. In seiner Aktualität tritt Platon somit in einer ungeheuren Zweideutigkeit hervor. Seine Fähigkeit, in wechselnden Perspektiven *eine* Sache in unterschiedlichsten Ansichten erscheinen zu lassen, wurde von niemandem, der nach ihm kam, überboten, seine Bilder, Begriffe und Gedanken sind in besonderer Weise dazu geeignet, bis auf den heutigen Tag Übelstände in Gesellschaft, Politik und Wirtschaft ansprechbar zu machen, und zugleich ist Platon auch der geistige Vorfahre all derer, die aus dem Malum, das sie vor Augen hatten, das Recht auf Taten ableiteten, die ein Malum von unendlich größerem Ausmaß mit sich brachten.

---

125 Vgl. *Politeia* 414d – 415d (Platon 1971a: 269, 271).

5. Aristoteles

Gewalt als Grundierung der Wirtschaft: Krieg gegen Tiere, Sklaverei und Besitzgier

> *Der Sklave ist ein beseeltes Besitzstück; jeder Diener ist gewissermaßen ein Werkzeug, das viele Werkzeuge vertritt.*
> Aristoteles

Anders als sein Lehrer Platon hat sich Aristoteles aus Stagira (384–322) dem Gang der Dinge, wie sie sich ihm in seiner Zeit darstellten, kaum entgegengestellt. Aristoteles' Beitrag zum Verständnis des *Malum oeconomicum* besteht in seinem genauen Blick auf die Wirtschaft und in der nüchternen Analyse der ihm erkennbaren Strukturen. Zu seinen Bewertungen muss man allerdings oft Abstand nehmen. Zwar stellt er problematische Züge an der Wirtschaft mit großer Klarheit dar, aber etwas für uns Anstößiges wie z.B. die Einrichtung der Sklaverei kann bei Aristoteles als völlig natürlich erscheinen.

Wirtschaft und Politik

Die bis heute grundlegende Unterscheidung der Sphären von Wirtschaft und Politik geht auf Aristoteles zurück.[126] Er konstruiert sie längs von Unterscheidungslinien, die er im Menschsein selbst angelegt sieht: Die Grenze verläuft zwischen den Ansprüchen des biologischen Überlebens, die dem *bloßem Leben* angehören, und den Ansprüchen des eigentlich menschengemäßen oder guten Lebens, die in ihrer Erfüllung das *vollendete Leben* ausmachen. Das bloße Leben orientiert sich an der Befriedigung von alltäglichen Bedürfnissen,

---

[126] Vorgezeichnet ist diese Unterscheidung bereits bei Platon. In der *Politeia* setzt Platon der Dynamik des Mehrhabenwollens *(Pleonexia)*, die aus maßlosen Bedürfnissen entspringt, Kräfte entgegen, die sie in Schranken verweisen. Diese Kräfte – Philosophenkönige und ihre Berater sowie eine äußerst disziplinierte Kriegerkaste – gehören der Sphäre an, die später als Politik von der Sphäre der Bedürfnisse, der Wirtschaft, abgegrenzt wird.

das vollendete Leben an der Verwirklichung von Gerechtigkeit. Diese Scheidung ist, wie Aristoteles sieht, Resultat einer geschichtlichen Entwicklung, die beim Bedürfnis und den Bedingungen seiner Befriedigung begonnen, aber in der vollendeten Polis, dem voll ausgebildeten Staat, weit darüber hinaus geführt hat: »[D]ie vollendete Gemeinschaft nun aber ist bereits der Staat (Polis), welcher, wie man wohl sagen darf, das Endziel völliger Selbstgenügsamkeit erreicht hat, indem er zwar *entsteht* um des Lebens, aber *da ist* um des guten Lebens willen.«[127]

Der Anlass für die Entstehung der Polis ist zwar das Leben als bloßes Leben, die Befriedigung elementarer Bedürfnisse. Aber die Entwicklung hat dazu geführt, dass sich zwei Bereiche geschieden haben: die eigentliche Polis, der wahrhafte Staat, der *das Endziel völliger Selbstgenügsamkeit erreicht hat* und *da ist um des guten Lebens willen,* formiert sich zur Sphäre der *Politik* und trennt sich von derjenigen Sphäre, in der es nach wie vor um das bloße Leben gehen muss. Diese Sphäre trägt bei Aristoteles den Namen *Oikonomia,* Kunst der Hausverwaltung oder Hauswirtschaft.

Mit der Scheidung dieser Sphären sind Wertungen verbunden. Ganz Mensch sein kann ein Mensch nicht in der Wirtschaft, wo ihn die Mühe des bloßen Lebens gefangen hält, sondern nur in der Politik. Dort ist er Mitgestalter der Belange der Gemeinschaft, dort geht es um Kunst und Kultur, Religion, Krieg und Frieden, Bildung und gerechte Ordnung. Die Politik insgesamt ist Selbstzweck: Oberster Zweck des Staates ist das *gute Leben* im Sinne der vollen Entfaltung des Menschseins seiner Bürger.

Was immer zu einem guten Leben beiträgt, ist gerecht. Um Gerechtigkeit drehen sich daher die öffentlichen Auseinandersetzungen, die das Leben des Staates ausmachen. Sie müssen unter freien und urteilsfähigen Menschen stattfinden, die aufgefordert sind zu sagen, was sie denken, und die verantwortungsbereit sind, um für das Gesagte, die daraus entstehenden Taten und ihre Folgen einzustehen. Gerechtigkeit ist daher für Aristoteles unabdingbar an *Freiheit* geknüpft. Unter Freiheit versteht er die Entfaltung der besten individuellen menschlichen Fähigkeiten im Rahmen des Gemeinwesens. Nur im Zusammenwirken aller menschlichen Fähigkeiten innerhalb einer Gemeinschaft offenbart die Freiheit der Bürger, was sie Gutes bewirken kann. Als Personen, auf deren Urteil und Partizipation Wert

[127] Aristoteles, *Politik* 1252b 25–30 (Aristoteles 1994: 46).

gelegt wird, sind in der Polis alle Bürger *gleich*. Zwar muss es sowohl Regierende als auch Regierte geben, aber prinzipiell könnten die Seiten wechseln. Zum Wesen guter Politik gehört, dass ihre Vollzüge aus dem *Zusammenwirken von Gleichen* hervorgehen.[128]

Zur Freiheit der Bürger, die die Politik gestalten, gehört allerdings ein weiterer Aspekt: Wer an der Politik mitwirkt, sollte, so Aristoteles, unbelastet sein von allen Problemen der Sphäre, die für das bloße Leben zuständig ist, der Ökonomie. Das politische Urteil darf nicht von Gesichtspunkten dieser Sphäre getrübt sein. Zur Mitwirkung an der Politik ist daher nur legitimiert, wer ein Leben der Muße führen kann, das heißt frei von der Notwendigkeit ist, für die Befriedigung seiner Bedürfnisse arbeiten zu müssen. Daher hat Politik bei Aristoteles einen elitären Zug. Dieser ist Folge der Notwendigkeit, alle Gesichtspunkte, die mit der Sorge für das bloße Leben zusammenhängen, aus der Arena politischer Auseinandersetzungen herauszuhalten. Diese Gesichtspunkte haben die ihnen gemäße Sphäre in der Wirtschaft.

Der entscheidende Unterschied zwischen Politik und Ökonomie lässt sich so benennen: Die *Politik ist das Reich der Zwecke*, worin Menschsein als Selbstzweck zu seiner höchsten Entfaltung gelangt, die *Ökonomie ist der Bereich der Mittel*, des *Instrumentellen*, worin sogar der Mensch als ein Mittel erscheinen kann. In der Ökonomie erfährt sich der Mensch als ein von der Natur und von seinen Mitmenschen abhängiges Wesen, das gemäß den Notwendigkeiten des Lebens zu funktionieren hat, in der Politik aber erscheint er als Handelnder, der selbst die Zwecke des Handelns bestimmt und damit allem, was zu funktionieren hat, die Richtung vorgibt.

Der Prototyp von Gemeinschaft, der der Wirtschaft den (griechischen) Namen gibt, ist das Haus *(Oikos)*. Es ist ein umgrenzter Bereich, dem der *Oikonomos*, der Hausverwalter, vorsteht: Haus und Hof, dazugehörige Ländereien, Nutztiere, insbesondere aber die dazugehörigen Menschen, darunter Sklavinnen und Sklaven sowie die Mitglieder der (Groß-)Familie. Ökonomie erstreckt sich also auf den Bereich, *in dem es um die Beschaffung und den Einsatz der Mittel zum Leben geht*. Der ihr gemäße Rahmen ist die *Familie*. In der

[128] Die Gleichheit der Bürger einer Polis wie Athen betraf allerdings nur männliche Personen, soweit diese das Bürgerrecht besaßen: Frauen, Sklaven und zugezogene Fremde (zu dieser Gruppe, den *Metöken*, zählte Aristoteles selbst), waren von der Teilnahme an der Politik ausgeschlossen.

Idee des landwirtschaftlichen oder handwerklichen Familienbetriebs ist noch heute die Nachwirkung dieser Auffassung von Wirtschaft zu erkennen. Notwendig für die Ökonomie ist jedoch über die häusliche Produktion hinaus der Erwerb von Gütern, die nicht im Rahmen des Hauses gegeben sind oder hergestellt werden können. Das ist Sache der *Erwerbskunst*, der notwendigen Ergänzung der Hausverwaltung. Die Erwerbskunst[129] erstreckt sich zum einen auf die Rohstoffgewinnung aus der Natur und das Einholen von Kriegsbeute, zum anderen auf Prozesse, die zum Markt gehören: Warentausch von Waren, Gelderwerb etc.

Das Haus ist insgesamt der Bereich einer patriarchalischen Herrschaftsform. Ihr Zentrum stellt *Pater familias* dar. Dieser muss die verschiedenen Beziehungen innerhalb des Hauses wohl unterscheiden und je nach Eigenart der Beherrschten seine Herrschaft in jeweils verschiedener Weise ausüben. Dass die *Oikonomia* des Aristoteles bis ins 18. Jahrhundert das Verständnis der Wirtschaft entscheidend prägte, liegt wohl an seiner Sensibilität für das Haus als Lebensform und Produktionseinheit, wie es für agrarische Gesellschaften mit stationärer Wirtschaftsweise typisch ist.[130]

Im Gegensatz zu den Beziehungen von Freien und Gleichen in der Politik hat es die Wirtschaft mit Beziehungen der Unfreiheit und Ungleichheit zu tun, mit Über- und Unterordnung, Befehl und Gehorsam, Herrschaft und Knechtschaft. Es sind dies Beziehungen, in denen die dienende Seite oft rein instrumentell gesehen wird, als bloßes Mittel für die Zwecke der anderen Seite. Ausdrücklich weist Aristoteles auf das *Gewaltpotenzial* hin (s. u.) das allen derartigen Beziehungen strukturell innewohnt: Gewalt gehört konstitutiv zur Unfreiheit, die den Charakter der wirtschaftlichen Beziehungen prägt.

Worin aber besteht innerhalb der Ökonomie des Aristoteles die Möglichkeit des Malum? Es ist jeweils in der Art und Ausgestaltung der Beziehungen aufzusuchen: Mag jede zwischenmenschliche Beziehung in den Kreis des Malum geraten, wenn einer der Bezie-

---

129 *Politik* 1256 a ff. (Aristoteles 1994: 58 ff.).

130 Fast zweitausend Jahre nach Aristoteles gibt Wolf Helmhard von Hohberg (1612–1688, zitiert bei Brunner 1949: 241) auf die Frage, was Wirtschaft sei, eine Antwort, die den Vorgaben des antiken Denkers folgt: »Oeconomia [ist] nichts anderes als eine weise Vorsichtigkeit, eine Hauswirtschaft beglückt anzustellen, zu führen und zu erhalten«. Noch die Wirtschaftslehre Hutchesons, des Lehrers von Adam Smith, ist in ihren Grundzügen Aristoteles verpflichtet. (Vgl. Finley 1977: 7 f.)

hungspartner übel handelt, so zeigt sich, wenn man Aristoteles folgt, ein fragwürdiger, tendenziell Übel bewirkender Wesenszug bereits in der Anlage wirtschaftlicher Beziehungen selbst, unabhängig vom Willen der Beteiligten. Aristoteles gibt eine Strukturbeschreibung solcher Beziehungen, allerdings bietet er da, wo wir als Menschen des 21. Jahrhunderts ein Malum sehen würden, oft keine Wertung.

Wir nehmen im Folgenden Beobachtungen und analytische Erkenntnisse des Aristoteles zum Anlass, auf eigene, nicht immer aristotelische Weise grundsätzlich Fragwürdiges bezüglich der von ihm konzipierten Wirtschaft anzusprechen. Dabei gelangen wir zu vier Problemfeldern: (i) Mensch und Natur, (ii) Herrschaft und Sklaverei, (iii) Markt und Gelderwerbskunst und (iv) Leistungen und Mängel des Hauses als einer Lebensform.

Krieg gegen die Tiere: Mensch und Natur in der Ökonomie

Es ist für Aristoteles natürlich, dass Lebewesen, also auch Menschen, von dem leben, wessen sie von ihrer (biologischen) Natur her bedürfen und was die äußere Natur ihnen gibt. Beziehungen in der sichtbaren Natur sind jedoch meist *asymmetrisch:* Pflanzen werden von Tieren verzehrt, die schwächeren Tiere von den stärkeren, und der Mensch kann sich die meisten Pflanzen und Tiere nutzbar kann, ohne ein anderes Wesen über sich fürchten zu müssen. Diese Beziehungsstruktur deutet Aristoteles folgendermaßen. Man muss annehmen, »dass die Pflanzen um der Tiere und die Tiere um der Menschen willen da sind, die zahmen sowohl zum Gebrauch als auch zur Nahrung und von den wilden, wo nicht alle, so doch die meisten zur Nahrung und zum sonstigen Lebensbedarf, um Kleider und Gerätschaften von ihnen zu gewinnen. Denn wenn die Natur nichts zwecklos tut, so ist hiernach notwendig anzunehmen, dass sie selber dies alles um der Menschen willen gemacht hat«[131].

Was Aristoteles hier sagt, klingt für viele heutige Ohren anstößig, und das keineswegs nur wegen der für das heutige naturwissenschaftliche Denken abwegigen Behauptung, die Natur habe *dies alles,* also die Pflanzen und Tiere, *um der Menschen willen gemacht.* Anstößiger als seine wissenschaftstheoretische Naivität kann

[131] *Politik* 1256 b 15 ff. (Aristoteles 1994: 60).

die praktisch wirksame Unverfrorenheit erscheinen, mit der Mensch bei Aristoteles sich als von der Natur selbst eingesetzter Herr über alle Naturdinge aufspielt.

Allerdings beschreibt Aristoteles hier in gewisser Weise nur, was er sieht und was wir heute noch sehen können. Er sieht, dass der Mensch das einzige Wesen in der sichtbaren Natur ist, das selbst nicht Mittel für andere ist, aber andere in der Natur, jeden Stoff, jede Landschaft, jede Pflanze und jedes Tier, im Hinblick auf die Dienlichkeit für sein Leben zum Mittel machen kann. Tendenziell kann der Mensch fast allem Natürlichen die Funktion auferlegen, ihm als Mittel zum Leben, als *Lebensmittel* zu dienen. Das ist die Basis der menschlichen Wirtschaft. Da die Lebensmittel nicht von selbst zum Menschen kommen, ist unter Umständen Gewaltanwendung vonnöten.

Unmittelbar an die Aussage, *die Natur habe alles um der Menschen willen gemacht,* schließt der Satz an »Hiernach gehört denn auch die Kriegskunst von Natur in gewisser Weise mit zur Erwerbskunst.«[132] Die Kriegskunst muss von den Menschen gegen die »wilden Tiere«, die sich nicht von selbst so verhalten, wie es die Menschen wünschen, zum Einsatz gebracht werden. Aristoteles lenkt mit dem Ausdruck *Krieg* den Blick auf die Gewalt, die seit den urzeitlichen Jägerkulturen den Tieren angetan wird. Solche Gewalt erscheint ihm im Rahmen der basalen Beziehung Mensch/Natur innerhalb der Wirtschaft unvermeidlich.

Diese Gewalt wird von Aristoteles allerdings nicht nur benannt, sondern ausdrücklich als *gerecht* bezeichnet.[133] Wer sich in unseren Tagen für Tierrechte einsetzt, mag sich über diese Wertung empören. In jedem Fall macht Aristoteles mit der ausdrücklichen Benennung von Gewalt im Verhältnis Mensch/Natur etwas Fragwürdiges an der Wirtschaft offenkundig. Dass diese Gewalt ihm nicht als selbstverständlich gilt, geht daraus hervor, dass er mit dem Prädikat *gerecht* eigens eine Legitimation für ihre Ausübung hinzufügt. Denn dass etwas *gerecht* ist, wird nur dann gesagt, wenn es zumindest denkmöglich erscheint, dass man es auch als *ungerecht* ansehen könnte. Diese Denkmöglichkeit ist innerhalb der Philosophie des Aristoteles nicht abwegig, denn Gewaltbeziehungen sind weit entfernt von seinem Ideal einer gerechten Beziehung. Eine solche kann im Vollsinn

---

132 *Politik* 1256b 23 (ibd.).

133 *Politik* 1256b 27 (ibd.).

nur als eine symmetrische zwischen Freien und Gleichen statt haben. Aus einer aristotelischen Sicht muss gerade der menschlichen Natur in ihrer Vollendung Gewalt fremd sein.

Wenn Aristoteles die Aufmerksamkeit auf Gewalt und Krieg in den Beziehungen der Menschen zu Pflanzen und Tieren lenkt, macht er deutlich, dass *Gewalt und Krieg gegen nicht-menschliche Wesen zu den Ursprüngen des Wirtschaftens gehören.* Wirtschaften aber *muss* der Mensch. Gewiss könnte man einwenden: Auch wenn der Mensch meint, wirtschaften zu *müssen: Ist es ihm deswegen erlaubt,* in dieser Weise mit der Natur umzugehen? Wer darauf mit »Nein« antwortet, müsste sich allerdings der Gegenfrage stellen: Was wäre für die Wirtschaft in einer zivilisierten Gesellschaft die Alternative zu dieser Art von Gewalt?[134]

Aristoteles entschließt sich, den gewaltsamen Anfang des Wirtschaftens von vorneherein für natürlich und gerecht zu erklären, damit er nicht genötigt ist, normales Menschsein von seinen Anfängen an – und damit die *Conditio humana* selbst – mit dem Makel des Ungerechten zu behaften.[135] Denn das würde bedeuten, dass er die Art und Weise, wie der Mensch sein Überleben gestaltet, und zugleich einen großen Teil der bisherigen Entwicklung der Menschheit fundamental in Frage stellen müsste. Vor diesem Hintergrund erscheint es keineswegs unsinnig, wenn Aristoteles der Natur unterstellt, sie habe alles dies – die Pflanzen und die Tiere – *um der Menschen willen gemacht.* Denn in den Hochkulturen Eurasiens, Afrikas und Altamerikas wurden die außermenschlichen Wesen fast immer so behandelt, *als ob* es ihre Bestimmung wäre, nur Mittel zu sein, um den Menschen zu dienen. Überall, wo natürliche Lebensräume zerstört, Tiere eingesperrt und eingespannt, wo Wolle, Felle und Leder gebraucht, Fisch und Fleisch gegessen werden, ist jener *Krieg* am Werk, von dem Aristoteles spricht. Überall zieht er seine unausgesprochene Rechtfertigung daraus, dass der Mensch in ihm nur deswegen Sieger bleibt, weil die Dinge doch ohnehin nur für ihn da sind. Auch unsere Wirtschaft heute behandelt, gleichgültig gegen allen

---

[134] Anknüpfend an Pythagoras und an Empedokles gab es im griechischen Denken eine Tradition, die das Verzehren von Fleisch ablehnte. Insofern scheint Vegetarismus auch damals eine mögliche Alternative gewesen zu sein. Hätte Aristoteles allerdings diesen Denkweg gewählt, so wäre seine Wirtschaftslehre für ein normales Gemeinwesen im antiken Griechenland unverständlich geworden.

[135] Diesen Weg hat eineinhalb Jahrhunderte vor ihm Anaximander eingeschlagen (s. u. Kap. 21).

Physiozentrismus und alle *deep ecology* der Seminare und Konferenzen, die Natur so, als sei alles in ihr *um des Menschen willen* da und als habe sie selbst alles *um des Menschen willen* gemacht.

Das Nachdenken über die Wirtschaft führt also bereits bei Aristoteles zu einem *Grund von Gewalt,* ohne den Wirtschaft nicht denkbar erscheint. Aristoteles lenkt die Aufmerksamkeit auf ihn, um dann allerdings mit dem Attribut *gerecht* das Abgründige daran zu verbergen. Im Rahmen seiner Ökonomie lässt sich nicht sagen, dass der Krieg des Menschen gegen die Tiere ein Malum wäre. Es bleibt gleichwohl eine gültige Erkenntnis: Wenn wir über Wirtschaft sprechen, so dürfen wir von Krieg und Gewalt gegen die Natur nicht schweigen.

Sklaverei als Grundverhältnis: Mensch und Mensch in der Ökonomie

Was ist Sklaverei?

Weitaus komplexer wird die Argumentation, wenn Aristoteles einen anderen *Krieg* rechtfertigt, der ebenfalls grundlegend für die Ökonomie ist, wie er sie sieht. Es ist dies der Krieg gegen Menschen, die »durch die Natur zum Beherrschtwerden bestimmt sind und dies doch nicht wollen«.[136] Den wilden Tieren gleich, die sich dagegen wehren, gefangen, getötet und verzehrt zu werden, wollen auch solche Menschen das nicht, was nach Aristoteles ihre Bestimmung ist: Sie ziehen es vor, nicht beherrscht zu werden und ein ungebundenes Leben zu führen. Aber damit befinden sie sich, wie Aristoteles zu wissen meint, im Irrtum: Da sie zur Freiheit nicht fähig sind, da ihre Natur darin besteht, auf den Befehl anderer hin sinnvoll tätig zu werden, ist ein Krieg, der sie dazu zwingt, zu sein, was sie eigentlich sind, ein gerechter Krieg.

Sklaverei gehört für Aristoteles zum Wesen der Wirtschaft, ja, als eigentlich ökonomische Beziehung ist für ihn nur die zwischen der Herrschaft und den in Sklaverei gehaltenen Knechten und Mägden anzusehen. Denn unter allen Menschen sind nur die Sklaven schlechtweg *Besitz* des Hausverwalters. »Für den Hausverwalter [ist] jedes Besitzstück ein Werkzeug zum Leben und der gesamte Besitz

---

[136] *Politik* 1256b 25 f. (Aristoteles 1994: 60).

eine Masse solcher Werkzeuge und der Sklave ein lebendiges [wörtlich: beseeltes] Besitzstück; jeder Diener ist gewissermaßen ein Werkzeug, das viele Werkzeuge vertritt«.[137] *Werkzeuge* – griechisch: *organa,* lateinisch: *instrumenta* – sind es, mit deren Einsatz sich die Ökonomie abzugeben hat. Unter diesen Werkzeugen gibt es unbelebte Dinge, es gibt solche, die leben, und es gibt solche, die eine menschliche Seele haben. Wie alle Werkzeuge sind auch die Sklaven ausschließlich dazu da, dienlich zu sein für Zwecke der Herrschaft. Diese Zwecke müssen sie ebenso wenig verstehen wie der Pflug oder der Zugochse die ihnen auferlegten Zwecke. Sklaven sind nur »ausführende Organe«, und ihre Tauglichkeit (in der Sprache des Aristoteles: *Tugend*) ist keine andere als die eines Arbeitsmittels, allerdings eines solchen, dessen Besonderheit es ist, dass es eine Seele hat und *auf Befehl gehorchen kann.*

Der Umgang mit Sklaven ist ein Kernstück der Hausverwaltung, wie Aristoteles sie sieht. Das bedeutet aber: Der typische Mensch in der Hauswirtschaft ist entweder Sklave oder aber jemand, der Sklaven einsetzt. Als Basis der Ökonomie ist es vor allem die Sklaverei, die die ganze Sphäre als etwas Unedles und gewissermaßen Unschönes erscheinen lässt. Dieses Unschöne färbt auch auf diejenigen ab, die die Sklaven zur Arbeit anhalten: »Nicht darin zeigt sich der Herr, dass er Sklaven erwirbt, sondern darin, dass er sie richtig gebraucht. Indessen hat es mit dieser Wissenschaft [nämlich Sklaven zu gebrauchen] nichts Großes oder Edles auf sich, sondern nur was der Sklave auszurichten verstehen muss, das muss der Herr verstehen ihm aufzutragen; und diejenigen Herren daher, die es nicht nötig haben, sich selbst damit zu placken, überlassen ihren Haushofmeistern dieses Amt, während sie sich selber mit der Politik oder der Philosophie beschäftigen«.[138]

Sklaven richtig zu gebrauchen ist eine Kunst, eine solche allerdings, die, so Aristoteles, eines freien Menschen nicht würdig ist. Denn ein Mensch, dessen Kenntnisse im Bereich der Verwendung von Mitteln aufgehen und dessen bevorzugte Ausdrucksform das Befehlen ist, kann die Fähigkeit verlieren, über die Sphäre der Ökonomie hinaus zu schauen und da zu wirken, wo der Mensch wahrhaft Mensch ist: in der Politik.

---

[137] *Politik* 1253b 30 (Aristoteles 1994: 50).
[138] *Politik* 1255b 33 ff. (Aristoteles 1994: 57).

Warum ist Sklaverei natürlich?

Sklaverei ist für Aristoteles *natürlich* und somit auch *gerecht*. Sie ist so natürlich wie die Notwendigkeit zu wirtschaften. Dieser Gedanke lässt sich unter den Bedingungen seiner Zeit nachvollziehen: Wirtschaften war damals ohne Sklaven nicht vorstellbar, die Institution Sklaverei wurde kaum in Zweifel gezogen, nicht einmal von Sklaven selbst. Kamen freigelassene Sklaven zu Wohlstand, so erwarben sie neben anderem Besitz selbstverständlich auch Sklaven.

Inwiefern Sklaverei allerdings gerecht ist, scheint für Aristoteles einer Begründung zu bedürfen. Denn er weiß, dass es Menschen gibt, die unverdientermaßen in der Sklaverei leben, während viele Freie eigentlich ihres schlechten Charakters wegen als sklavische Wesen anzusehen sind. Dennoch ist er überzeugt: Es gibt Menschen, die von *Natur aus Sklaven sind,* und nur deswegen ist Sklaverei gerecht, auch wenn daraus im Einzelfall manches Ungerechte folgen mag. »Alle diejenigen, welche so weit von anderen abstehen wie der Leib von der Seele und das Tier vom Menschen – in diesem Fall befinden sich aber alle, welche ihre Aufgabe im Gebrauch ihrer Körperkräfte finden und bei denen dies die höchste Leistung ist –, diese, sage ich, sind Sklaven von Natur, für die es besser ist, wenn sie auch tatsächlich als solche regiert werden […]. Von Natur Sklave ist mithin derjenige, welcher einem anderen anzugehören vermag – und deshalb eben gehört er auch wirklich einem anderen an – und der an der Vernunft nur so weit teilhat, um ihre Gebote zu verstehen, ohne sie zu besitzen […]. [D]er Nutzen der Sklaven [ist] von dem der Haustiere nur wenig verschieden, denn beide gewähren uns mit ihrem Leib die erforderliche Hilfeleistung zur Herbeischaffung des zum Leben Notwendigen«.[139]

Sklaven von Natur sind alle Menschen von unselbständiger Wesensart. Zu körperlicher Arbeit geeignet, nicht aber zum Denken, sind sie angewiesen auf die Umsicht und Voraussicht anderer, ihrer Herrschaft, um angemessen zu leben. Denn da sie nicht fähig sind, *sich selbst zu gehören,* ihr Leben als das ihrige selbständig zu führen, besteht das beste Leben für sie darin, einem anderen zu gehören. Angeleitet werden sollten sie von jemandem, der selbst fähig ist, sich zu gehören und selbständig und frei am Leben der Gemeinschaft mitzuwirken. Wenn ein solcher Mensch im Rahmen dessen, was er als

[139] *Politik* 1254b 15 ff. (Aristoteles 1994: 53).

ein gutes Leben erkannt hat, Sklaven einsetzt, ist das nicht nur für ihn, sondern auch für die Sklaven gut, denn so erhält ihr Leben einen Sinn im Hinblick auf das Leben der Gemeinschaft. Wenn Platon Gerechtigkeit als Tun des Eigenen verstand, dann vergaß er, aus der Sicht der hier vorgestellten Argumentation, hinzuzufügen, dass für viele Menschen, nämlich für alle Sklaven von Natur, das Tun des Eigenen darin besteht, ganz und gar zu Werkzeugen eines fremden Willens zu werden.

Dass es Sklaven von Natur gibt, erweist sich für Aristoteles gleichsam als eine Weisheit der Natur. Denn was im Bereich der Ökonomie anfällt, sind in nicht geringem Ausmaß Tätigkeiten, insbesondere körperliche Arbeiten, die eines freien Menschen nicht würdig sind. Von einem freien Menschen gilt nämlich, dass er »unbrauchbar ist für derartige Arbeiten, aber geeignet für die politische Tätigkeit«.[140] Zu »derartigen Arbeiten« gehört nicht nur Arbeit in der Landwirtschaft und in den Handwerksbetrieben, sondern insbesondere auch die Arbeit der Grubenarbeiter in den Gold-, Silber- und Erzminen.[141] Derartige Arbeiten schienen in der damaligen Wirtschaft unverzichtbar »zur Herbeischaffung des zum Leben Notwendigen«. In der Sicht des Aristoteles gilt für diejenigen, die solche Tätigkeiten aushalten, dass es sich bei ihnen um Menschen handelt, die, würde man sie sich selbst überlassen, nie etwas Nützliches zustande brächten. Zudem stehen sie auf einer so niedrigen Stufe, dass sich von ihnen sagen lässt, sie würden *so weit von anderen abstehen wie der Leib von der Seele und das Tier vom Menschen*. Solche Menschen leben, meint Aristoteles, nur dann ihrer Natur gemäß, wenn sie von jemandem, der Vernunft besitzt, als Werkzeuge eingesetzt werden, um Mittel des Lebens bereitzustellen. Zwar betont Aristoteles, dass Sklaven gut zu behandeln seien, denn ihr Status sollte idealerweise auch zu ihrem eigenen Nutzen sein. Dennoch ist seine Argumenta-

---

140 *Politik* 1254b 30 (Ibd.)

141 Dazu bietet Marx (1876/1972: 250, Fn. 43) ein Zitat aus dem 1. Jahrhundert v. Chr.: »Entsetzlich zeigt sich […] im Altertum die Überarbeit […] in der Produktion von Gold und Silber. Gewaltsames zu Tod arbeiten ist hier die offizielle Form der Überarbeit. Man lese nur den Diodorus Siculus: ›Man kann diese Unglücklichen‹ (in den Goldbergwerken zwischen Ägypten, Äthiopien und Arabien), ›die nicht einmal ihren Körper reinlich halten noch ihre Blöße decken können, nicht ansehn, ohne ihr jammervolles Schicksal zu beklagen. Denn da findet keine Nachsicht und keine Schonung statt für Kranke, für Gebrechliche, für Greise, für die weibliche Schwachheit. Alle müssen, durch Schläge gezwungen, fortarbeiten, bis der Tod ihren Qualen und ihrer Not ein Ende macht.‹«

tion zynisch. Wer über lange Zeit abstumpfende und entwürdigende Tätigkeiten verrichtet hat, mag irgendwann, wie Adam Smith zweitausend Jahre nach Aristoteles bemerkte, zu Besserem nicht mehr in der Lage sein. Würdelosigkeit eines Menschen kann, wenn er lange genug unterdrückt wurde, durchaus als etwas Natürliches erscheinen; »natürlich« in dem Sinne, dass sie ihm selbst und allen, die ihm begegnen, ganz selbstverständlich vorkommt. Vielleicht wird eine solche Person durch die Umstände tatsächlich zu dem, wozu sie Aristoteles von Natur aus bestimmt sieht.

Man muss, denkt man in den Linien des Aristoteles und im Rahmen seiner Epoche, einräumen, dass man sich damals das Dasein der Gesellschaft nicht ohne eine solche Sphäre der Abwesenheit von Würde vorstellen konnte. Hätte man sich gegen sie auflehnen wollen, so hätte man die damals normalen Lebensweisen von Grund auf infrage stellen müssen. Da lag es näher, mit Aristoteles zu folgern: Eine *Sphäre der Un-Menschlichkeit* muss sein, damit Menschen überhaupt menschlich leben können, und diese Sphäre ist im Ganzen zu rechtfertigen, wenn man sagen kann: Die Menschen, die in ihr wirken, sind selbst von Natur aus so un-menschlich geartet, dass sie genau in diese Sphäre passen. Ihre höchste Menschlichkeit entfalten derartige Un-Menschen, wenn sie anderen Menschen die Basis für ein menschenwürdiges Leben liefern.

Um an den auch heute noch bedeutsamen Kern dieser anstößigen Argumentation[142] zu gelangen, muss man die Schale beseitigen: den elitären und mitleidlosen Dünkel der freien Athener des 4. Jahrhunderts, an dem Aristoteles durchaus teilhatte. Unter dieser Schale aber hat er etwas gesehen, was Ökonomen der Neuzeit oft entgangen ist: Er sah die Wirtschaft als eine Sphäre menschlichen Lebens, die Züge des Un-Menschlichen annehmen muss, aber als solche dennoch zwingend notwendig besteht. Damit hat er ein Problem allen Wirtschaftens bis auf den heutigen Tag angesprochen – allerdings in einer Weise, die es nicht als Problem, sondern als Selbstverständlichkeit erscheinen lassen soll.[143]

---

[142] Unstrittig hat sie zur Rechtfertigung von Herrschaftsverhältnissen beigetragen. Als Juan Ginés de Sepúlveda und Bartolomé de Las Casas 1530 in Valladolid über die Frage stritten, ob die Herrschaft der Spanier über die Eingeborenen in Amerika gerecht sei, untermauerte Sepúlveda seine Position zugunsten der spanischen Krone vor allem mit dem Argument, die Indianer seien »Sklaven von Natur« (vgl. Manstetten 2005: 111).

[143] Was Hannah Arendt allgemein über »griechische Philosophen« sagt, gilt gewiss

Sklaverei und instrumentelles Denken als Wesenszüge der Ökonomie

Das für Menschen des 21. Jahrhunderts Bedeutsame an der Argumentation des Aristoteles ist nicht die Rechtfertigung der Institution Sklaverei als solche, sondern die darin enthaltenen Hinweise auf ein menschliches Beziehungsverhältnis von *Herrschaft und Unterwerfung*, das den Anschein erweckt, *funktional notwendig* zu sein zur *Herstellung der Grundlagen des materiellen Lebens*. Zu diesem Beziehungsverhältnis gehören

i) Tätigkeiten, von denen man wünschen muss, dass sie überflüssig wären, und ii) Menschen, die diese Tätigkeiten verrichten, ohne deren Sinn und Zweck recht zu verstehen.

Ob solche Verhältnisse sein *müssen*, darf bezweifelt werden, aber fraglos waren sie in vielen Kulturen keineswegs die Ausnahme und fraglos gibt es sie selbst in unserem Zeitalter, obwohl die Möglichkeit besteht, dass Maschinen und Roboter weitgehend die menschenunwürdigen Tätigkeiten übernehmen. Je weniger die Menschen ein selbstbestimmtes Leben außerhalb dieser Verhältnisse führen können, desto mehr sind sie, oder besser gesagt *werden* sie im Sinne des Aristoteles Sklaven, denn sie gehören nicht sich selber. Was sie tun und sind, entspricht der Anlage der Verhältnisse. Der junge Marx sprach in diesem Zusammenhang von *Entfremdung*.

Damit wird die Brisanz der Wirtschaftslehre des Aristoteles deutlich. Für das politische Denken war er es, der den *Bereich der Mittel des Lebens*, die Ökonomie als ein von der Politik, dem *Bereich der Zwecke*, geschiedenes Feld entdeckte. Und er sah etwas an ihm, das bereits in seinen Augen der Rechtfertigung bedürftig schien: Was immer in diesen Bereich gerät, Dinge, aber auch Tiere und sogar Menschen, wird tendenziell bloße Funktion, reduziert auf das Instrumentale. Wessen Blick durch die Eigenart dieses Bereiches gelenkt wird, der erfährt sein Leben und das Leben der anderen nur noch in den Kategorien von Instrumentalisierung.

---

für Aristoteles: Es blieb für ihn »selbstverständlich, dass der Sitz der Freiheit ausschließlich im politischen Bereich lokalisiert ist, daß Notwendigkeit ein präpolitisches Phänomen ist, das den privaten Haushaltsbereich charakterisiert, und daß Zwang und Gewalt nur in dieser Sphäre zu rechtfertigen sind, weil sie die einzigen Mittel bereitstellen, um der Notwendigkeit Herr zu werden – z. B. durch die Herrschaft über Sklaven – und frei zu sein.« (Arendt 1981: 33).

Von der Hauswirtschaft zur Marktwirtschaft

Tausch und Gerechtigkeit

»Die alte Ökonomik ist keine Lehre vom Markt, sondern eine Lehre vom Hause.«[144] Erst mit Adam Smith wechselt das von Aristoteles formulierte, bis tief ins 18. Jahrhundert verbindliche Paradigma, dass die Lehre von der Wirtschaft sich mit dem Hauswesen als Lebensform und Produktionseinheit zu beschäftigen habe. Aber bereits Aristoteles hatte einen klaren Blick für einige der strukturellen Probleme, die sich daraus ergeben, dass Menschen auf Märkten Güter gegen Güter oder gegen Geld tauschen.

Marktbeziehungen lassen sich unter zwei Aspekten betrachten. Als Beziehungen zwischen Menschen, die sich in Freiheit auf ein Austauschverhältnis zwischen zwei Gütern einigen, dem gemäß der tatsächliche Tausch abläuft, zählt Aristoteles sie unter die Themen, die im Zusammenhang mit *Gerechtigkeitsfragen* abzuhandeln sind. Der ideale Austausch achtet auf den Wert der zu tauschenden Dinge, aber mehr noch auf die jeweilige *Würdigkeit* der Tauschpartner. Unter diesen Vorzeichen gehört die philosophische Untersuchung des Tausches in die Ethik.[145] Die Gerechtigkeit, die beim Tausch eine Rolle spielt, ist nicht die Gerechtigkeit als Inbegriff aller Tugenden, sondern eine besondere Art, die es mit dem *Ausgleich* zu tun hat: mit Belohnen und Strafen, mit der Verteilung von Gütern und mit Austauschverhältnissen zwischen ihnen. Nur die letztere bezieht sich auf den Markt: Im Tausch geht es dann gerecht zu, wenn für das Gut, das seinen Besitzer wechselt, ein gerechter Preis gezahlt wird.[146] Wichtiger als die bei Aristoteles nur angedeutete Lehre vom *gerechten Preis* sind seine Aussagen über eine spezifische Ungerechtigkeit, die man jeder Art von Gerechtigkeit, soweit sie in irgendeiner Weise auf Quantitäten bezogen ist, gegenüberstellen muss. Diese Ungerechtig-

---

144 Brunner (1949: 245).

145 So findet sich die Lehre vom Tausch in Buch V der *Nikomachischen Ethik* (*Eth. Nik.* 1132b 35–1133b 28; Aristoteles 1972: 162–164).

146 Aristoteles behandelt die Frage, wie Gabe und Gegengabe angemessen bestimmt werden, unter dem generellen Aspekt der *Freundschaft*. Die Tauschpartner sind also einander nicht als Personen gleichgültig, wie heutige Modelle annehmen, sondern drücken mit der Wert*setzung* für das, was sie geben und nehmen, zugleich persönliche Wert*schätzung* aus. Vgl. *Eth.Nik.* 1162b 22 – 1163a 20 (Aristoteles 1972: 253–255).

keit trägt den Namen *Pleonexia*. Während die meisten Untugenden aus nicht-beherrschten Begierden und Affekten hervorgehen, ist das Mehrhabenwollen die eigentliche Untugend des Verstandes. Ihre Äußerungsformen sind das Berechnen und das Vergleichen, und ihr Ziel ist nicht ein Mehr an Lust und ein Weniger an Unlust, sondern schlechthin der Gewinn, *das Mehr als Solches.*[147] Sie tritt nicht spontan auf, wie die sonstigen Gefühlszustände, sondern kann das Lebensgefühl in seinen unterschiedlichsten Formen begleiten: Mag sie auch einen affektiven Kern der Gier enthalten – und vielfach bedarf sie nicht einmal dieses Kerns –, so ist ihre Erscheinungsweise doch rational. Der Mehrhabenwollende steht diametral der gerechten Person entgegen, der es stets um Ausgleich unter Berücksichtigung aller Beteiligten geht. Überall da, wo Menschen in Beziehungen treten, in denen Quantitäten eine Rolle spielen, kann *Pleonexia* auftreten. Sie ist die für die Marktsphäre typische Untugend.

Gebrauchswert und Tauschwert.

Tausch ist für Aristoteles nicht nur ein Thema der Ethik, sondern ebenso sehr eines der Ökonomie. Denn ein guter Hausverwalter muss auf Märkten Güter verkaufen und kaufen. Was man zur Zeit des Aristoteles Reichtum nennt, ist nicht ohne ausgedehnte und vielfältige Gütermärkte denkbar, die es gerade in Athen durchaus gab. Es gibt bei Aristoteles eine Lehre vom Markt – freilich eine, die aus der Lehre vom Hause entwickelt wird. Tausch ist notwendig, weil die Menschen sich dadurch in ihren Fähigkeiten ergänzen und Überfluss und Mangel an Gütern ausgleichen können. Ein Tauschmedium wie das Geld erleichtert den Tausch, außerdem kann es als Vorrat angelegt werden, damit man für zukünftige Tauschprozesse, auch wenn man sonst keinen Überfluss hat, etwas anzubieten hat. Tausch hat also einen »durchaus natürlichen Ursprung, indem die Menschen von einem Gegenstand mehr und von einem anderen weniger haben, als sie bedürfen […]. Nur so weit nämlich, als es für den Lebensunterhalt notwendig war, musste sich der Tausch erstrecken […], denn er entstand nur, um die Mängel auszufüllen, die der natürlichen Selbstgenügsamkeit des Lebens im Wege stehen.«[148]

[147] Vgl. *Eth. Nik.* 1130a 15–1130b 4 (Aristoteles 1972: 156 f.)

[148] *Politik* 1257a 15–30 (Aristoteles 1994: 62 f.).

Wer sich auf diesen natürlichen Tausch einlässt, muss ein *Maß* besitzen für das, was er bzw. sein Haus wirklich braucht. Aber Aristoteles findet im Tausch einen strukturellen Sog hin zum *Maßlosen*, der ihm unnatürlich erscheint. Was bei einem Tauch vor sich geht, beschreibt er mit einem distanziert-kritischen Staunen, dessen Aktualität unter den neuzeitlichen Ökonomen allein Karl Marx wahrnahm (s. u. Kap. 14). Denn indem ein Gebrauchsgegenstand als Tauschobjekt auf dem Markt angeboten wird, ändert sich die Beziehung des Besitzers zu ihm fundamental: Er sieht den Gegenstand nicht mehr als Teil seiner Lebenswelt, wo er im Gebrauch seine Stelle und seinen Sinn hat, sondern in einer neuen Weise: »Die Benutzung jedes Besitztums ist eine doppelte, und beide Male wird das Besitztum als solches, aber nicht als solches in der gleichen Weise benutzt, sondern die eine Art von Benutzung ist die dem Gegenstand eigentümliche, die andere nicht, z. B. den Schuh kann man benutzen zum Anziehen, aber auch als Tauschmittel. Denn beides sind wirklich Benutzungsweisen des Schuhs, insofern auch der, welcher einem anderen, der eines Schuhs bedarf, einen solchen für Geld oder Lebensmittel gibt, damit den Schuh als Schuh benutzt, aber nicht in der demselben eigentümlichen Benutzungsweise, denn nicht zu dem Zweck ist der Schuh gemacht, als Tauschmittel zu dienen. Und ebenso verhält es sich mit allen anderen Besitzstücken: sie alle können als Tauschmittel verwandt werden.«[149]

Besitzstücke sind ihrer *eigentümlichen Verwendung* nach unterschiedlich. Es handelt sich um Mittel, die dem *unmittelbaren Bedürfnis* dienen. Aber diese *natürlichen* Unterschiede verschwinden gleichsam, wenn sie als Tauschmittel verwandt werden. Als solche werden sie von ihrem unterschiedlichen Gebrauch im Alltag distanziert und dem einzigen Zweck unterworfen, Tauschmittel zu sein. Damit werden sie *gleich gemacht*. Indem sie darauf reduziert werden, Gegenwert zu sein für einen Gegenstand der Bedürfnisbefriedigung, den man erwerben möchte, sind sie selbst nur noch mittelbar auf Bedürfnisse, unmittelbar aber auf den Tauschakt selbst bezogen.

In der Verwendung als Tauschmittel liegt eine Gleichgültigkeit gegen die konkreten Eigenschaften des jeweils verwendeten Dings. Diese Gleichgültigkeit betrifft nicht so sehr den Gegenstand selbst als vielmehr seine Einbettung in einen Lebenszusammenhang: Schuhe zum Anziehen, Brot zum Essen, Pflüge zum Ackern, Kühe zur

---

149 *Politik*, 1257a 5 ff.

Gabe von Milch etc. haben im Hauswesen ihren selbstverständlichen Sinn, ihren, wie Marx es nennt, *Gebrauchswert*. Dazu gehört auch, dass sie nur in überschaubarer Menge vorhanden sind und nur dort, wo sie hingehören, denn zuviel von ihnen bedeutet oft Verschwendung von Platz, der für anderes fehlen würde. Sie sind Mittel zum Leben und zugleich Teile des Lebens.

Anders ist es, wenn man sie als Tauschmittel betrachtet. Dann erscheinen sie dem Leben des Hauses wie entrissen. Sie interessieren nicht mehr als Schuhe, Brote, Pflüge und Kühe, sondern werden einer quantitativen Abschätzung unterworfen, indem man fragt, wieviel von anderen Gütern für den Gebrauch man gegen sie eintauschen könnte. Als Tauschmittel aufgefasst, verlieren die Dinge unter dem abschätzenden und rechnenden Blick ihre Konkretheit, ihre Besonderheit wird gleichgültig, stattdessen drängt sich eine abstrakte Quantität auf: Wieviel sind die Tauschmittel wert, die ich besitze?

Die Gleichgültigkeit gegenüber der Besonderheit der zu tauschenden Güter kann nun sozusagen selbst eine konkrete Form annehmen, die die Unterschiede zwischen den Tauschmitteln auch äußerlich verschwinden lässt. Diese Form materialisiert sich im Geld. Indem nämlich ein besonderes Tauschmittel, etwa Silber oder Gold, als allgemeines Tauschmittel anerkannt und mit einem Siegel versehen wird, indem also Geld eingeführt wird, findet eine Erleichterung des Tauschaktes selber statt. Zugleich aber wird damit eine neue Fertigkeit, Kunst oder Technik ins Leben gerufen. Aus der Erwerbskunst destilliert sich die *Kunst des Gelderwerbs*. Diese Kunst ist für Aristoteles etwas zutiefst Unnatürliches, denn obwohl sie mit sozusagen logischer Notwendigkeit aus der Ökonomie entspringt, löst sie tendenziell den vernünftigen Sinn des Wirtschaftens auf. Warum das nach Aristoteles so ist, zeigt eine Betrachtung dessen, was Reichtum ist.

Reichtum und Gelderwerb

Dass Wirtschaft *per se* der Bereich der Mittel ist, bezogen auf das *bloße Leben*, gibt ihr, wie wir sahen, in den Augen des Aristoteles einen von Grund auf problematischen Zug. Gerade deshalb aber erfordert eine gute Hauswirtschaft einen achtsamen und vernünftigen Umgang mit den Mitteln. Ein solcher führt, wenn die Umstände günstig sind, zu einem gewissen *Reichtum*. Es gibt nun für Aristoteles einen natürlichen und menschengemäßen Reichtum, aber auch einen widernatürlichen, der das menschliche Maß überschreitet.

Erstrebenswert ist es, sagt Aristoteles, »einen Vorrat zu sammeln von Gegenständen, die notwendig zum Leben und nützlich für die staatliche und häusliche Gemeinschaft sind und die daher entweder schon vorhanden oder durch die Hausverwaltungskunst herbeigeschafft werden müssen. In diesen Dingen scheint auch der wahre Reichtum zu bestehen. Denn das zu einem zweckentsprechenden Leben genügende Maß eines solchen Besitzes geht nicht ins Unendliche […].«[150] Wahrer Reichtum ist nur da, wo die Hausverwaltung für die Befriedigung der Bedürfnisse einen *Vorrat von Gegenständen* anlegt, dessen Maß durch die Notwendigkeiten des Lebens sowie den Nutzen für Haus und Gemeinwesen gegeben ist.[151] Man muss dafür nicht genau angeben, wo die Grenze des »Genug« und der Beginn des »Zuviel« ist, solange die Menschen sich an einem Maß orientieren und bestimmte Grenzen nicht überschreiten.

Aber es gibt noch eine andere Auffassung von Reichtum, die Aristoteles trotz ihrer Popularität für widernatürlich hält. Wenn Solon dichtete »Reichtum hat keine Grenze, die greifbar den Menschen gesetzt ist,«[152] so bezieht sich das nicht auf »die Menge von Mitteln und Werkzeugen für die Haus- und Staatsverwaltung«, sondern auf eine »Masse von möglichst viel Geld«.[153] Es gibt Menschen, die nach Möglichkeit versuchen, »ihr Geld bis ins Grenzenlose zu vermehren.«[154] Diese Menschen wenden diejenige Fertigkeit an, von der im vorigen Abschnitt die Rede war: die Gelderwerbskunst *(Chrematistik)*.

Es ist die Tauschsphäre selbst, die den »Schein« hervorbringt, »als wäre die Erwerbskunst vorzugsweise auf das Geld gerichtet.«[155] Denn während der Sinn des Tausches von Gütern ist, Mängel im jeweiligen Hause zu beheben und durch wechselseitige Ergänzung die

---

[150] *Politik* 1256b 30 (Aristoteles 1994: 61).

[151] Maßvoller Reichtum ist für Aristoteles eine der Voraussetzung dafür, Gerechtigkeit praktizieren zu können (vgl. *Eth. Nik.* 1178a 24–1179a 10); Aristoteles 1972: 296–298).

[152] *Politik* 1256b 3 (Aristoteles 1994: 61)

[153] *Politik* 1257b 9 (Aristoteles 1994: 64).

[154] *Politik* 1257b 35 (Aristoteles 1994: 65).

[155] *Politik* 1257b 5 (Aristoteles 1994: 63).

Fähigkeiten verschiedener Häuser zu koordinieren, wird für diejenigen, die das Feld ihrer Tätigkeit auf den Markt verlegen, der Tausch zum Selbstzweck. Gesichtspunkte des Marktes, ohne Beziehung zu alltäglichen Bedürfnissen, bestimmen also die Ausübung der Gelderwerbskunst. Die sie ausüben, »werden mit Recht getadelt, weil sie nicht auf die Natur gegründet ist«.[156]

Wer sich der Kunst verschreibt, »wie und mit welchen Mitteln man beim Umsatz möglichst viel Gewinn machen könne«,[157] verliert nicht nur das Maß für seine eigenen Bedürfnisse, sondern verkehrt die für das Handeln grundlegende Hinordnung von Mitteln auf nachvollziehbare Zwecke in ihr Gegenteil. Diese Verkehrung ist für Aristoteles das eigentlich Widernatürliche: Etwas, das für sich selbst nichts ist, sondern nur als Mittel zum Erwerb anderer Mittel etwas darstellen kann, wird zum überragenden Zweck, dem alle anderen Mittel und Zwecke untergeordnet werden: das Geld. So werden alle Fähigkeiten der Menschen ihren natürlichen Bestimmungen entgegen zur Geldvermehrung eingesetzt.

Aristoteles gibt Beispiele; »Die Tapferkeit ist nicht dazu da, Geld zu erzeugen, sondern Mut, und die Kriegs- und Heilkunst hat gleichfalls nicht jene Bestimmung, sondern die erstere die, den Sieg, und die letztere, Gesundheit zu verschaffen: jene Art von Leuten macht dies alles zu Mitteln des Gelderwerbs, als wäre dies der Zweck und als gälte es hier, dass doch auf seinen Zweck alles bezogen werden müsste.«[158] Wo die menschengemäßen Zwecke – etwa das Ziel der Heilung in der Medizin – nur verfolgt werden, weil daraus Geld entspringt, ist die Welt verkehrt. Das meint Aristoteles, wenn er die Gelderwerbskunst widernatürlich nennt. Es handelt sich um eine Verkehrung in den entscheidenden Orientierungen der Lebensführung.

Besonders *gegen die Natur* ist für Aristoteles der Zinswucher, die Idee, aus Geld mehr Geld zu machen. Während der geldgierige Arzt oder Feldherr seine Gier doch nur stillen kann, indem er etwas Nützliches leistet (denn sonst würde man ihn kaum bezahlen), sind die Wucherer, die ihr Geld für Zinsen verleihen, gänzlich gefangen in der Welt des Geldes. »Denn nur zur Erleichterung des Tausches kam es auf, der Zins aber vermehrt es an sich selber. […] Und diese Art

156 *Politik* 1258b 1 ff. (Aristoteles 1994: 67).
157 *Politik* 1257b 4 (Aristoteles 1994: 63).
158 *Politik* 1258a 10–15 (Aristoteles 1994: 65).

von Erwerbskunst ist denn hernach auch die widernatürlichste von allen.«[159]

Man muss diese Aussagen aus heutiger Sicht relativieren. Anders als es der antike Denker sich im Rahmen seines stationären Wirtschaftsdenkens vorstellte, werden in einer Wirtschaft, deren Dynamik durch Wachstum gekennzeichnet ist, notwendig Menschen gebraucht, die sich auf den Gelderwerb verstehen.[160] Die heutige Finanzwirtschaft wäre aus aristotelischer Sicht nichts anderes als eine Sphäre, die von der widernatürlichen Kunst des Gelderwerbs bestimmt ist. Aber ohne diesen Sektor sind auch die lebensnotwendigen Abläufe der heutigen globalen Wirtschaft nicht vorstellbar.

Aristoteles, der keinerlei Vorstellung von einem modernen Wirtschaftssystem und seiner Eigengesetzlichkeit hatte, erkennt, dass die Phänomene, die er widernatürlich nennt, zu einer *Lebenseinstellung* führen können, in der Menschen sich selbst und ihre Aufgaben in der Gemeinschaft verfehlen. Als Lebenseinstellung manifestiert sich das Mehrhabenwollen, die *Pleonexia,* darin, dass die Menschen nichts Höheres kennen als den Gelderwerb. Ihr Leben bleibt gefangen im Horizont der Mittel des Lebens, so dass sie von der Freiheit und Gerechtigkeit, die das Leben der Polis ausmacht, nicht berührt werden. Durch den Verlust der wahren Ziele sind sie den Mitteln verhaftet. Die *Pleonexia* macht sich darin bemerkbar, »daß sich die meisten Menschen nur um das Leben und nicht um das vollkommene Leben sorgen, und da nun die Lust zum Leben ins Endlose geht, so trachten sie auch, die Mittel zum Leben bis ins Endlose anzuhäufen«.[161] Wenn Wirtschaft wesenhaft Ordnung von Beziehungen ist, mit Vorrangstellung des Zwischenmenschlichen, dann deformiert eine einzige Beziehung, nämlich die zum Universalmittel des Tausches, zum Geld, alle anderen Beziehungen. Das ist eine Verkehrung ihrer natürlichen Ordnung, die dem Wirtschaften jeglichen Sinn nimmt.

Die *Pleonexia,* die die Geldvermehrung zum höchsten Ziel hat, ist, wie Aristoteles erkennt, nicht einfach eine verfehlte individuelle Charaktereinstellung. In ihrer Wurzel steckt ein Kategorienfehler,

---

159 *Politik* 1258 b 5 ff. (Aristoteles 1994: 67).

160 Bereits Martin Luther erkannte, wie vor ihm schon etliche Prälaten und Potentaten, dass als Folge eines Zinsverbotes manches in einer Gesellschaft unterbleibt, was doch offensichtlich wünschenswert wäre. Vgl. Prien (1998).

161 *Politik,* 1257b 40 ff. (Aristoteles 1994: 65).

nämlich eine Verwechslung von Mittel und Zweck aufgrund der Unfähigkeit, Zweck und Bestimmung des Menschseins für sich zu realisieren. Dieser Fehler kann sich allerdings zum seelischen Defekt im ethischen Sinne auswachsen und ein Gemeinwesen untergraben. Wenn der Staat dazu da ist, der Suche nach dem guten Leben in Gerechtigkeit und Freiheit ihre angemessene Gestalt zu geben, dann muss es Anlass zu größter Sorge sein, wenn freie Menschen, die zu dieser Suche in der Lage wären, stattdessen ihr Leben dem Gelderwerb unterwerfen. Ein sinnloseres Leben kann sich Aristoteles kaum vorstellen, und er weiß, dass es neben denen, die es in der Tat führen, so viele gibt, die es gerne führen würden, wenn sie nur könnten.

Am Ende dieser Gedankenentwicklung sind wir auf andere Weise damit wieder bei Problemen angelangt, wie sie Platon mit dem Bild der üppigen Stadt ansprach. Ähnlich wie Platon erkennt auch Aristoteles, dass diese Probleme nicht innerhalb der Sphäre, in der sie auftreten, behoben werden können. So bleibt auch bei Aristoteles am Ende der Betrachtung der Wirtschaft gleichsam ein großes Fragezeichen an die Politik: Ist die Sphäre der Politik stark genug, der Dynamik der *Pleonexia* nicht zu unterliegen oder ihr gar ein Gegengewicht entgegenzusetzen? Anders als Platon verzichtet Aristoteles auf große Utopien. Er setzt auf Erziehung und Bildung. In seinen Überlegungen zur Politik drückt sich die Hoffnung aus, dass die Bürger in gut geordneten Staaten durch die aktive Mitgestaltung an der Politik genügend Abstand gewinnen zu den Versuchungen der Wirtschaftssphäre.

Das Malum oeconomicum bei Platon und Aristoteles: Einsichten und Defizite

In seinem Standardwerk zur antiken Wirtschaft bemerkt Moses Finley,[162] dass im Werk von Platon und Aristoteles, wie im griechischen und römischen Denken überhaupt, »der Begriff einer ›Wirtschaft‹ fehlte und darüber hinaus die begrifflichen Voraussetzungen für das, was wir ›die Wirtschaft‹ nennen.« Fragestellung und Thema der *Principles of Economics* von Marshall von 1890, eines Klassikers der modernen Wirtschaftswissenschaften, wären für die griechischen Philosophen unverständlich gewesen: »Marshalls Titel könnte man

[162] Finley (1977: 11 f.).

weder ins Griechische noch ins Lateinische übersetzen. Ebenso wenig kann man das mit den Grundbegriffen wie Arbeit, Produktion, Kapital, Investition, Einkommen, Kreislauf, Nachfrage, Unternehmen, Nutzen, zumindest nicht in der abstrakten Form, die die ökonomische Analyse erfordert.«[163] Darüber hinaus gab es für alles, was mit wirtschaftlichem Wachstum zusammenhängt, im antiken Denken keine Sprache. Mit *der abstrakten Form, die die ökonomische Analyse erfordert,* hängt allerdings auch zusammen, dass die Frage nach dem Malum in der heutigen Wirtschaftswissenschaft kaum mehr Platz hat. Sie kann allenfalls unter dem Gesichtspunkt von *Störungen in einem Systemablauf* angesprochen werden. Für Platon und Aristoteles dagegen ist der Referenzpunkt für alle Bewertungen der Wirtschaft das gute Leben: als Gesamtverfassung der Seele des Individuums und/oder als Zustand des ganzen Gemeinwesens.

Platon und Aristoteles zufolge ist die Wirtschaft zwar nur im Hinblick auf das Gemeinwesen zu verstehen, die Wirtschaft aber ist darin eigenständig. Als Bereich der *Organisation der Bedürfnisbefriedigung* innerhalb der Gemeinschaft des Hauses und innerhalb der Tauschbeziehungen der Märkte lässt sie eine besondere Problematik des Menschseins selbst hervortreten. Menschliche Bedürfnisbefriedigung wird zugleich von der Notdurft des Leibes und den grenzenlosen Vorstellungen der Phantasie angetrieben. In beiden Motiven bleibt sie verwiesen auf die äußere Natur und die arbeitsteilige Organisation einer Gemeinschaft. So manifestiert das Wirtschaften das Menschsein in seiner Abhängigkeit von der Natur und von den Mitmenschen in einer Gemeinschaft. In der Wirtschaft erfährt sich der Mensch nicht als autark, sondern vielmehr als ein *Mängelwesen*[164], das sich nicht selbst genug sein kann. Aus diesen Bedingungen des Menschseins ergeben sich bestimmte Ausprägungen des Malum oeconomicum.

(i) Die Instrumentalisierung von Pflanzen, Tieren und sogar von Menschen ist anscheinend von der Sphäre der Wirtschaft untrennbar. Der Wirtschaft wohnt daher eine Tendenz inne, Strukturen von Zwang und Ausbeutung zu produzieren und zu perpetuieren.

(ii) Der Markt ist ein Nährboden für das Mehrhabenwollen, die *Pleonexia,* die für Platon und Aristoteles das *Malum oeconomicum*

---

[163] Ibd.

[164] Dieser Ausdruck wurde von Arnold Gehlen geprägt (ausführlich zu Gehlens Anthropologie vgl. Klauer/Manstetten/Petersen/Schiller 2013: 119 ff.).

schlechthin ist. *Pleonexia* zerstört die Harmonie in der Seele der Individuen und gefährdet die Stabilität eines Gemeinwesens.

(iii) Die ungebremste Expansion von Bedürfnissen führt zu einem Bedarf an Ressourcen, der die Leistungsfähigkeit begrenzter natürlicher, ökonomischer und sozialer Gegebenheiten überfordert. Bedürfnisbefriedigung kann unter diesen Umständen nur durch aggressive Kriegsführung gesichert werden. In der Dynamik der Wirtschaft liegt also ein Potenzial für die Entstehung von Kriegen.

Allerdings zeigen sich in der Art, wie Platon und Aristoteles die Thematik des Malum oeconomicum angehen, aus heutiger Sicht fundamentale Defizite. Abgesehen von tendenziell totalitären Zügen der Therapievorschläge Platons und der Gleichgültigkeit des Aristoteles gegenüber der Sklaverei sind vor allem folgende Gesichtspunkte bedeutsam:

(i) Die *Frage* des guten Lebens ist zwar von Platon und Aristoteles in einer Weise formuliert, die bis heute nachwirkt – etwa in den Theorien von Amartya Sen und Martha Nussbaum.[165] Die *Antworten* der antiken Denker sind jedoch, wenn man daraus Einsichten für unsere Zeit gewinnen will unbefriedigend. Wo sie konkrete Hinweise geben[166], macht sich oft ein elitärer Dünkel bemerkbar, der unterstellt, dass das Gros der Menschheit sowieso nicht für ein gutes Leben infrage kommt. Wer nach einem prinzipiell allen Menschen möglichen guten Leben sucht, muss weit über die antiken Denker hinausgehen.

(ii) Dass *Arbeit* – auch und gerade körperliche Arbeit – eine gültige Ausdrucksform des Menschseins sein kann, wäre Platon und Aristoteles nicht in den Sinn gekommen. Schon dadurch, dass er arbeitet, gerät der Mensch für sie in den Dunstkreis des Sklavischen. Wahres Menschsein geschieht in der Muße, der Freiheit von allem Zwang der Natur und der Gesellschaft. Diese Idee, in sich anregend bis heute, hat als Schattenseite die latente oder manifeste Verachtung all derer, die – sei es aus eigener Schwäche oder aufgrund äußerer Umstände – nicht zur Muße gelangen können.

(iii) Beide Denker beziehen sich auf eine *stationäre Wirtschaft* als Referenzpunkt. In einer solchen Wirtschaft gibt es keinen technischen Fortschritt und kein Wachstum. Infolgedessen ist es auch

---

165 S. u. Kap. 18.

166 Vgl. insbesondere die Überlegungen über die Freundschaft in Buch VIII und IX sowie die Ausführungen zum Ideal des Weisen in Buch X der *Nikomachischen Ethik*.

nicht denkbar, dass einer mehr bekommt, ohne dass an anderer Stelle ein Verlust entstehen würde. Daher kann die *üppige Stadt* Platons nur bestehen, wenn sie anderen Staaten etwas wegnimmt. Aus dieser Logik folgt auch, dass die für das wirtschaftstheoretische Denken der Neuzeit entscheidende Idee einer *Verbesserung der Lebensbedingungen für alle* bei Platon und Aristoteles nicht vorkommen kann.

(iv) Von dem, was heute *soziale Gerechtigkeit* genannt wird – Angleichung von Lebenschancen, Unterstützung der Schwachen, Förderung der Benachteiligten – findet sich bei Platon und Aristoteles nichts. Die Spannung zwischen Arm und Reich wird ausschließlich unter dem Aspekt der Stabilität von Gemeinwesen thematisiert. Generell fehlt beiden Philosophen ein Sensorium für das, was wir *Barmherzigkeit* nennen: Als eine Tugend oder Haltung, die sich auf die Seele und die Gemeinschaft auswirken könnte, taucht sie in ihren Lehren nirgendwo auf. Man braucht als Kontrastprogramm nur im Buch des Propheten Jesaja zu lesen, um zu dem Eindruck zu gelangen, dass sich durch alles Bedenkenswerte, was Platon und Aristoteles zur Wirtschaft und zur Politik zu sagen haben, eine Art Mitleidslosigkeit und Herzenskälte zieht.

(v) Die für moderne Gesellschaften zentrale Vorstellung, dass *die individuelle Person ein Recht auf ihr je besonderes eigenes Leben hat* – jenseits aller Ansprüche von Familie, Gesellschaft und Staat –, ist den antiken Denkern gänzlich fremd. Wert und Würde besitzt das Leben eines Menschen nur, insofern es auf das Gemeinwesen hingeordnet ist.

Diese Einwände mindern nicht die Bedeutung der Überlegungen Platons und Aristoteles'. Ihre Einsicht, dass die Seele des Menschen und die Gesellschaft, der er angehört, nie völlig verschiedene Dinge sind, sondern sich ineinander spiegeln und wechselseitig beeinflussen, ist gültig bis auf den heutigen Tag. Mit *der Dreiheit von Ethik, Politik und Ökonomie* haben sie überdies das Feld absteckte, auf dem das Malum oeconomicum bis in die jüngste Zeit angemessen diskutiert werden konnte, heute indes wäre als vierter Aspekt die *Ökologie* hinzuzufügen.

III. Das Böse

6. Christentum

Sünde, Eigenwillen und Sehnsucht nach Heil

> *Ist das Erste zerstört, so kann unmöglich etwas von dem Andern bleiben. Und das ist der Stand des Menschen unter der Sünde.*
> Meister Eckhart

Was *böse* genannt wird, im Unterschied zu *übel, schlecht* oder *schlimm*, bezieht sich auf den *Willen* des Menschen. Die Ursprünge der Vorstellung vom Bösen als *einer Disposition des menschlichen Willens* liegen im jüdischen und christlichen Denken. Aus der religiösen Herkunft wird eine Besonderheit dieser Vorstellung verständlich: *Das Böse* lässt sich nicht ablösen von Konzepten wie *Schuld, Sünde* und *Erbsünde, Vergebung, Gnade, Erlösung* und *Heil*. Damit aber wird das Böse in einen geschichtlichen, genauer gesagt: heilsgeschichtlichen Zusammenhang gestellt – in eine Abfolge von Zuständen, in denen sich Menschsein gemeinsam mit dem Leben der Geschöpfe je unterschiedlich entfaltet: Auf einen paradiesischen Zustand, in dem es kein Böses gibt, folgt die Herrschaft der Sünde, diese wird beendet durch Erlösung und Heil. In dieser Sicht nimmt das Böse seinen Anfang in einem *Akt des freien Willens*. Der Mensch, der *sein will wie Gott*, isst die verbotene Frucht vom Baum der Erkenntnis. Das führt dazu, dass er *gut* und *böse* unterscheiden kann und sich schämt, da er sich in seiner Vereinzelung und Ausgesetztheit erfährt. Auch das Sich-Abmühen in der Arbeit und die Schmerzen des Gebärens sind Folgen des Sündenfalls, vor allem aber die hinfort das ganze Leben begleitende Einsicht in das Sterbenmüssen der Menschen. »Denn der Sünde Sold ist der Tod«,[167] und Erlösung vollendet sich folgerichtig darin, dass als *letzter Feind der Tod überwunden wird.*[168]

---

[167] *Römer* 6, 23.
[168] Vgl. 1 *Korinther* 15, 26.

Große christliche Philosophen haben die Geschichte vom Sündenfall schon früh nicht als Wiedergabe von Fakten, die vor mehr als fünftausend Jahren stattgefunden haben sollen, sondern als *Parabel* verstanden: Es ist die innere Geschichte der Seele, die sich in den äußeren Fakten einer Erzählung gleichnishaft spiegelt. Diese innere Geschichte zeigt uns Ursprung und Bedeutung des Bösen. So jedenfalls liest sie der Philosoph und Theologe Meister Eckhart von Hochheim (1260–1328). Folgt man seiner Deutung, so findet man in den Texten der Bibel über die Schöpfung und das Paradies Hinweise auf den Urstand des Menschen. Im Paradies war er so geartet, wie Gott ihn vorgesehen hat, Erkennen und Handeln waren eins, und in allem, was er dachte und tat, erwies er sich als Ebenbild Gottes. Für die Seele des Menschen (die bei Meister Eckhart, aristotelisch verstanden, alle Fähigkeiten der Erkenntnis und des Strebens umfasst) gilt: Im Paradies waren ihre obersten Erkenntniskräfte unmittelbar an Gott gebunden, während ihre niederen Kräfte bis hinab zu den Sinnen in kontinuierlicher Verbindung mit den oberen standen. Der Geist Gottes hielt die höchste Vernunft des Menschen bei sich, gleichwie ein starker Magnet von oben her eine Nadel hält, an deren unteren Ende weitere Nadeln haften bleiben. Solange die Kraft des Magneten ungehindert in die oberste Nadel einströmt, sie durchströmt und durch sie auch zu allen weiteren Nadeln bis zur untersten gelangt, bleibt dieses ganze Gebilde in sich gehalten. So bleibt auch die Seele mit allen ihren Kräften einschließlich des Leibes eine integrale Einheit, wenn sie sich dem Wirken des Geistes Gottes überlässt.[169]

In dieser Weise reformuliert Meister Eckhart die Harmonie der Seelenvermögen, wie sie Platon und Aristoteles zu denken versuchten. Diese Harmonie ist nicht eigene Leistung der Seele oder notwendige Folge ihrer gutgearteten Natur. Sie wird gewährleistet nur durch die Beziehung auf einen der Seele transzendenten und unverfügbaren Bezugspunkt: Gott. In dieser Beziehung und nur in ihr sind die unterschiedlichen Seelenvermögen am rechten Platz und wirken, wie Platon es für die Gerechtigkeit sagt, jeweils ihr Eigenes. Alles wesensgemäße Denken, Trachten und Handeln des Menschen stammt also aus einem Grund jenseits allen eigenen Denkens, Wollens und Machens. Anders als bei Platon und Aristoteles ist die Seele nur dann in Harmonie, wenn sie gehorsam gegenüber Gott ist. *Gehorsam* im Sin-

[169] Meister Eckhart, *Zweiter Kommentar zum Buch Genesis*, in: *Meister Eckhart* (1964: 612 ff.).

ne der beständigen Achtsamkeit und Offenheit für alles, was aus Gott hervorgeht, ist die Grundeinstellung eines gelingenden menschlichen Lebens.

Das Malum tritt hervor, wenn die höchste Vernunft des Menschen sich aus der Verbindung mit Gott herauslöst, weil der Mensch meint, ein Leben *für sich führen* zu können. Das ist möglich aufgrund der *Freiheit* des Menschen. Diese, die höchste Gabe, die Gott einem Geschöpf verleihen konnte, ist etwas Göttliches im Menschen, das ihm aber paradoxerweise die Macht gibt, sich von Gott zu lösen. Tut er dies, wird der Mensch nicht nur von Gott getrennt, sondern er zerfällt auch gewissermaßen in sich selber: »Solange nämlich die Verbindung der ersten Nadel (zum Magneten) bestehen bleibt, bleiben die folgenden unter ihr hängen; ist aber der Zusammenhang und die Verbindung der ersten Nadel mit dem Magneten gelöst, hängen die zweite und die dritte weder an der ersten noch aneinander, gemäß der Regel: Ist das Erste zerstört, so kann unmöglich etwas von dem Andern bleiben. Und das ist der Stand des Menschen unter der Sünde.«[170]

Die Grundlage der christlichen Auffassung vom Bösen besteht darin, dass die Vorstellung, der Mensch sei nicht wahrhaft Mensch ohne die Beziehung zu einem persönlichen Gott, verbunden wird mit der anderen Vorstellung, dass der Mensch fähig sei, sich frei handelnd aus dieser Beziehung zu lösen. *Erbsünde* bedeutet, dass die Auflösung der Beziehung zu Gott von jedem Menschen gleichsam *vor* seinem konkreten Dasein vollzogen worden ist, auch wenn er nichts davon weiß. Modern gesprochen, könnte man eine Erbsündenlehre wie die Meister Eckharts etwa so reformulieren: Der Mensch, der zum Bewusstsein erwacht, erfährt sich fern von seinem Ursprung und erkennt, dass seine verschiedenen Bestrebungen und Vorstellungen untereinander nicht harmonieren, ja, sich oft bekämpfen. Für diesen Zustand fühlt er sich in gewisser Weise selbst verantwortlich, auch wenn er diese Verantwortung immer wieder von sich zu weisen versucht. Die Erbsünde wird dabei vorgestellt als eine Tat, die von keinem Menschen *gegenwärtig getan wird*, sondern die jeder Mensch als dunkle Erinnerung in sich vorfindet, eine Erinnerung an etwas, das von allen Menschen, auch von ihm, *immer schon getan ist*. In jedem gegenwärtig wahrgenommenen Moment kann diese Erbsünde sich bemerkbar machen: als Neigung zur Sünde, als Neigung, durch Tat oder Unterlassung das ursprüngliche Geschehen der Trennung

[170] Ibd. 613. Vgl. Manstetten (1993: 407–426).

und der Auffaltung der Eigenmächtigkeit zu bekräftigen und zu bejahen. Sünde trägt hier den Sinn der Absonderung oder Trennung von Gott. Diese Absonderung kommt immer wieder neu zum Ausdruck in dem Bestreben, ein Leben nach eigenen Vorstellungen zu führen. Das aber macht den *Eigenwillen* aus.

Für Meister Eckhart ist der eigene Wille, der auf seinem abgesonderten Wollen beharrt, die Quelle des Malum. Er spitzt damit eine christliche Tradition zu, deren Anfänge sich bei Augustinus finden. Dieser sieht den Zusammenhang von Malum und Sünde wie folgt: »Das eigentliche Malum liegt daher in der Sünde, die [...] in der unrechten Zuwendung des Willens zu einem endlichen Gut besteht«. Aber in diese Zuwendung zum Vergänglichen, in »bedingungsloser Selbstsucht wurzelnd« ist die äußerlich manifeste Folge der »Abkehr des Willens von den ewigen Gütern, darin vom absolut Guten«.[171] Ist aber die Absonderung vom Ursprung, die ursprüngliche Sünde oder Erbsünde *(peccatum originale)*, auf eine geheimnisvolle Weise freies Tun, so tritt gleichwohl ihre Folge, der Zerfall der Seele in ihre einzelnen Vermögen, zwangsläufig und unfreiwillig ein. Wer sich von Gott löst und mit ihm uneins wird, der kann nicht eins mit sich selbst bleiben: Was immer er tut, es wird das Tun eines in sich desintegrierten Wesens sein.

Dieses Malum hat einerseits den Sinn des *Bösen* entsprechend dem heutigen Sprachgebrauch, denn es wird in derjenigen Bedeutung gebraucht, die wir noch heute mit *böse* verbinden: Wer aus freiem Wollen und intentional Schlechtes tut, das er selbst als schlecht erkennt oder erkennen könnte, gilt als böse. So gesehen denken viele Menschen, ohne es zu wissen, auch heute noch in christlichen Denkformen: Das eigentlich Böse, unterschieden von üblen Stimmungen und Anwandlungen oder von Handlungen mit schlechten Folgen, ist etwas, das im Inneren *wurzelt*, es ist insofern *per se radikal*.[172] Ande-

---

[171] Riesenhuber (1980: 671) zu Augustinus, Malum V, in: *Hist. Wörterbuch der Philosophie.* Bd. 5. 670–682.

[172] Der Rede vom radikal Bösen, dem Bösen in der Wurzel *(radix)* des Menschseins, das durch Kants Religionsschrift berühmt geworden ist, hat Hannah Arendt nach dem Eichmann-Prozess widersprochen. »Ich bin in der Tat heute der Meinung, daß das Böse immer nur extrem ist, aber niemals radikal, es hat keine Tiefe, auch keine Dämonie. [...] [T]ief aber und radikal ist immer nur das Gute.« (Arendt 1989: 72). Hannah Arendt hat indes eingeräumt, dass das Böse durchaus als wurzelhaft angesehen werden kann, sofern man erkennt, dass es sich nicht um etwas Tiefwurzelndes handelt. Es gibt Flachwurzler auch im Bereich des Geistigen. An der Person Eichmann, sieht man ihn mit den Augen Hannah Arendts, ist gerade die Abwesenheit jeglicher

rerseits aber ist die Verbindung des Malum mit der Erbsündenlehre spezifisch für das Christentum. Diese Lehre, die mit ihrem Entwurf der Heilsgeschichte auf ganz anderen Voraussetzungen beruht als die Philosophie der Griechen und Römer, ist gleichwohl mit den Lehren von der Seele bei Platon und Aristoteles nicht völlig unvereinbar. Denn was das Böse angeht, bleibt auch für Christen die *Pleonexia* ein Laster, und jemand, der ein erfülltes Leben darin sieht, andere zu manipulieren, wie die Anhänger des Gorgias bei Platon, ist auch für Christen ein Mensch, der Schlechtes oder Böses tut, und auch für Christen ist ein solcher Mensch – wie für Platon – jemand, der im Letzten mit sich nicht übereinstimmt. Anders aber als Platon und Aristoteles kann man im christlichen Rahmen durchaus denken, dass der Böse die Nicht-Übereinstimmung mit sich und der Welt *will*, denn – und das ist ganz ungriechisch – man kann oder muss sogar dem Bösen durchaus unterstellen, dass er in allem, was er tut, *sich selbst will*. Ganz unplatonisch und unaristotelisch ist dann schließlich die Rede von der Heilsbedürftigkeit und Heilssehnsucht der Menschen. Sie setzt voraus, dass der Mensch nicht einfach Übles tut, sondern, wie Kierkegaard sagt, als Sünder *vor Gott* sündigt.

Mit den letzten Formulierungen haben wir die christliche Auffassung von der Sünde und vom Bösen in einer Weise akzentuiert, wie sie insbesondere Friedrich Wilhelm Schelling in seinen Untersuchungen *Über das Wesen der menschlichen Freiheit* ausgearbeitet hat: »Der Wille des Menschen ist anzusehen als ein Band von lebendigen Kräften; solange nun er selbst in seiner Einheit mit dem Universalwillen bleibt, so bestehen auch jene Kräfte in göttlichem Maß und Gleichgewicht. Kaum aber ist der Eigenwille selbst aus dem Centro als seiner Stelle gewichen, so ist auch das Band der Kräfte gewichen; statt desselben herrscht ein bloßer Particularwille, der die Kräfte nicht mehr unter sich, wie der ursprüngliche, vereinigen kann, und der daher streben muß, aus den voneinander gewichenen Kräften, dem empörten Heer der Begierden und Lüste (indem jede einzelne Kraft auch eine Sucht und Lust ist) ein eignes und absonderliches Leben zu formiren oder zusammenzusetzen, […] so entsteht zwar

Tiefe das Verstörende. Aber darin könnte eine der Wirkung des Bösen bestehen, dass es als ein Geschehen im Inneren des Menschen tendenziell alle Tiefendimensionen menschlicher Innerlichkeit zerstört, so dass von dem bösen Menschen als Person, wenn diese ihrer monströsen Wirkmacht beraubt ist, vielleicht wirklich nur der *Hanswurst* übrig bleibt, den Hannah Arendt in der Figur Eichmanns entdeckte.

ein eignes, aber ein falsches Leben, ein Leben der Lüge, ein Gewächs der Unruhe und der Verderbniß. Das treffendste Gleichniß bietet hier die Krankheit dar, welche als die durch den Mißbrauch der Freiheit in die Natur gekommene Unordnung das wahre Gegenbild des Bösen oder der Sünde ist.«[173]

Der Mensch, der sich verschließt gegen das allgemeine Leben und seinen Ursprung, ist, wie Schelling über Eckhart hinausgehend sieht, sehr wohl imstande, eine *eignes Leben* zu führen, aber es ist notwendig *ein falsches Leben, ein Leben der Lüge, ein Gewächs der Unruhe und der Verderbniß*. Das *empörte Heer der Begierden und Lüste* zieht gleichsam plündernd durch Gottes Schöpfung, so dass ein Leben, das von seinem Ursprung abgesondert und in seiner Verfasstheit verkehrt ist, sich auch in der Außenwelt verheerend auswirken kann.

Sören Kierkegaard hat sich in seiner Studie *Der Begriff der Angst*[174] mit der Genese eines solchen Lebens auseinandergesetzt. Die Sünde fängt an, wo sich dem Menschen Lebensmöglichkeiten anbieten, von denen er zuvor nichts wusste, die er im Tiefsten nicht versteht, während sie ihn doch zugleich anlocken und in Angst versetzen – er entdeckt in dieser Zweideutigkeit auch ein zuvor unbekanntes eigenes Verlangen, das ihn wie fremd anmutet. Die Sünde, das konkrete Leben in Absonderung, erscheint in der Folge als eine Wirklichkeit, die dem Menschen gleichsam von außen zustößt, und doch ist es ein Leben, das er selbst immer wieder neu ergreift; es ist in ihm eine Sehnsucht nach Befreiung, während er sich so tief in die Faszination des Zweideutigen einlässt, dass er an der Möglichkeit des Heils verzweifeln kann.

Diese Sicht lässt sich in besonderer Weise auf die moderne Wirtschaft beziehen, von der bei Kierkegaard nicht die Rede ist: Im Verbund mit der Technik ist sie das Feld, wo sich dem Menschen Lebensmöglichkeiten aller Art eröffnen, Möglichkeiten, die ihn zur Verwirklichung verleiten, obwohl er oft schon im Vorhinein ahnt, dass sie ihm nicht förderlich sind. Die Wirtschaft stößt dem Menschen zu – sie zeigt, was alles möglich ist – und sie ist doch letztlich immer Werk seiner Wahl, insofern sie menschliches Vermögen und Können ausdrückt. Im Eingehen auf die Angebote dieser Welt aber kann sich der Mensch verlieren, ohne dessen recht gewahr zu werden. Denn

173 Schelling (1809/1997: 38).
174 Kierkegaard (1976).

obwohl er spürt, dass ihm die Dinge zunehmend fremd werden und er sich selbst verliert, bleibt er in der Bewegung gefangen, die in ihm zugleich durch die Angebote der Welt und das eigene Verlangen, dem er nachgibt, erzeugt wird. Auf seltsame Weise sucht er Halt in wechselnden Gegenständen, die seine Begierde erregen, obwohl er weiß, dass sie keinen Halt bieten. Dabei wird der Mensch, wenn er sich schuldig findet, vom eigenen Tun überrascht. Das, wozu er, von außen angestoßen und von innen her erregt war, befremdet ihn, wenn es ihm als vollzogene Wirklichkeit vor das innere Auge tritt. Auf die Frage »Wie konnte ich das tun?« findet er keine Antwort. Dennoch wird er fortfahren, das zu tun, von dem er nie gedacht hätte, er könnte es tun. Kierkegaard erkennt darin den Grund der Angst: »Angst [...] ist die Wirklichkeit der Freiheit als Möglichkeit für die Möglichkeit. [...] Angst kann man vergleichen mit Schwindel. Wessen Auge in eine gähnende Tiefe hinunterschaut, der wird schwindlig. Der Grund seines Schwindels aber ist ebensosehr sein Auge wie der Abgrund; denn gesetzt, er hätte nicht hinuntergestarrt! So ist die Angst der Schwindel der Freiheit, der aufsteigt, wenn [...] die Freiheit nun hinunterschaut in ihre eigene Möglichkeit und dabei die Endlichkeit ergreift, um sich daran zu halten. In diesem Schwindel sinkt die Freiheit um. [...] Im gleichen Augenblick ist alles verändert, und indem die Freiheit sich wieder erhebt, sieht sie, dass sie schuldig ist. [...] Angst ist eine weibliche Ohnmacht, in der die Freiheit hinsinkt, psychologisch gesprochen geschieht der Sündenfall immer in Ohnmacht; aber zugleich ist die Angst das Selbstischste von allem. [...] In der Angst ist die selbstische Unendlichkeit der Möglichkeit, die nicht lockt wie eine Wahl, sondern die bestrickend beängstigt mit ihrer süßen Beängstigung.«[175]

Obwohl all dies dem Menschen zu widerfahren scheint, ohne dass er es selbst will, macht Kierkegaard auf das kaum bewusste *willentliche Moment der Selbstbehauptung* in der Sünde, des Verharrens im eigenen Trotz, aufmerksam, wie es vor allem in der Verschlossenheit des Dämonischen hervortritt.[176] Aber ganz allgemein kann alles Malum, das vom Menschen ausgeht und nicht ohne seinen Willen sein könnte, darauf zurückgeführt werden, dass der Mensch sich in seinem eigenen Bild vom Leben, seinen wechselnden Sorgen und Wünschen verschließt und dabei taub wird für alles Heilende, das

175 Kierkegaard (1976: 488, 512).
176 Kierkegaard (1976: 590 ff.).

ihn daraus befreien und für Anderes öffnen könnte. Ein solches Leben führt ins Nichtige.

Bereits in den Psalmen werden die Bedrängnisse, die dem Volk Israel widerfahren, in diesem Sinne als Ausdruck eines falschen Lebens gesehen. So legt der Psalmist Gott folgende Worte in den Mund: »Aber mein Volk gehorcht nicht meiner Stimme, und Israel will mich nicht. So hab ich sie dahingegeben in die Verstocktheit ihres Herzens, dass sie wandeln nach eigenem Rat.«[177] Wer *nach eigenem Rat wandelt,* geht den *Weg der Gottlosen,* von dem es im Psalm 1 heißt, dass er keinen Bestand hat. In einem guten Staat und einer guten Gesellschaft können diejenigen nimmermehr wohnen, die sich auf ihre Leistungsfähigkeit und ihr Glück verlassen, denn: »Wo der HERR nicht das Haus baut, so arbeiten umsonst, die daran bauen. Wo der HERR nicht die Stadt behütet, so wacht der Wächter umsonst. Es ist umsonst, dass ihr früh aufstehet und hernach lange sitzet und esset euer Brot mit Sorgen; denn seinen Freunden gibt er's schlafend.«[178]

Die christliche Auffassung vom Bösen hatte mehr als tausend Jahre lang keine wesentliche Bedeutung für das Verständnis der Wirtschaft. Im Mittelalter war das Heil der Seele der Sünder Eines, die Organisation der alltäglichen Bedürfnisbefriedigung ein Anderes. Demgemäß sollten in dieser Erdenzeit die Kirche, die Ordnung der Angelegenheiten des Heils, und die politischen Ordnungen der Welt einander ergänzen. Die weltlichen Gewalten sollten für ein aristotelisch gedeutetes gutes Leben auf der Erde sorgen, während die Kirche die Zuständigkeit für alles, was nach diesem Leben erhofft und befürchtet wurde, beanspruchte. Das Heil der Seele des Einzelnen im Jenseits und die Ordnung des gemeinschaftlichen Lebens im Diesseits standen zwar in zuweilen extremer und konfliktreicher Spannung, blieben aber bis ins Spätmittelalter zugleich voneinander getrennt und aufeinander bezogen.

Anders wird es dann, wie die folgenden Kapitel zeigen, ab dem Beginn des 16. Jahrhunderts. Das christliche Verständnis des Bösen lässt sich kaum mit einem Begriff von Wirtschaft vermitteln, wie er für die Neuzeit bis auf den heutigen Tag maßgeblich geworden ist: *Ein* Zug dieses Bösen, die egozentrische Selbstbezogenheit, wird zum Wesenszug der Wirtschaft. Denn zum neuzeitlichen Denken von Politik, Wirtschaft und Gesellschaft gehört die *Idee der Selbst-*

---

177 *Psalm* 81, 12 f.
178 *Psalm* 127, 1 f.

erhaltung. Sie schließt das individuelle Streben nach Erhaltung der partikularen und privaten Existenz ein, oft begleitet von der Suche nach privatem Vorteil. Diese Idee, die bereits bei Thomas Hobbes und in vielen späteren Theorien von Staat, Gesellschaft und Wirtschaft die feste Grundlage der Theoriebildung darstellen soll, erscheint unter christlichen Vorstellungen als ein Ursprungsort des Bösen.

Müsste man als christlicher Denker also sagen: Im Fundament der noch in unseren Tagen gelehrten Standardökonomie liegt die menschliche Bosheit – ohne dass dies ihren Vertretern bewusst wäre? So einfach ist es nicht. In der Tat haben diejenigen Denker, die die entscheidenden Impulse für die modernen Theorien der Marktwirtschaft gaben, durchaus etwas vom Problem des Bösen wahrgenommen. Zugleich aber ahnten sie auch die gefährlichen Folgen von Ideologien, die die Wirtschaft unter den Vorzeichen von gut und böse thematisieren. Daher ist es verständlich, dass Adam Smith und seine Nachfolger, die diese Ideologien fernhalten wollten, der Diskussion über das Böse keinen Einlass in die Theoriebildung gewähren wollten. Allerdings hatte das zur Folge, dass zugleich die von der Frage nach dem Bösen durchaus verschiedene Auseinandersetzung mit dem Malum oeconomicum ebenfalls von der Agenda der Ökonomie verschwand. Als diese Auseinandersetzung von Denkern wie Marx offensiv geführt wurde, kehrte auch das Problem des Bösen zurück.

IV. Die Entfernung des Bösen aus der Wirtschaft: Elemente einer kapitalistischen Ordnung der Welt

7. Hobbes

Freisetzung des Individuums und Niederhaltung des Rechtes auf alles als Basis der Wirtschaft

Die Begierden und anderen menschlichen Leidenschaften sind an sich keine Sünde. Die aus diesen Leidenschaften entspringenden Handlungen sind es ebenfalls so lange nicht, bis die Menschen ein Gesetz kennen, das sie verbietet.
Thomas Hobbes

»Die moderne Gesellschaft unterscheidet sich grundsätzlich von der antiken Polis, sie kann weder von dieser her begriffen werden – was z. B. Montesquieu schon sehr deutlich gesehen hat – noch ist das Pathos der Polis vereinbar mit dem Funktionieren der bürgerlichen Gesellschaft. Die modernen Gesellschaften sind keine politischen Gesellschaften, wie es die griechischen und italienischen Stadtstaaten waren. Der Versuch, in der Politik das einigende Band zu finden, das die modernen Staaten zusammenhält, muss, wie es die Französische Revolution gezeigt hat, zu terroristischen Konsequenzen führen. […] Weder ein gemeinsamer politischer Wille noch ein gemeinsamer Glaube hält unsere Staaten zusammen, sondern ein tertium, das zuerst bei den englischen Ökonomen des 18. Jahrhunderts in den Blick kommt.«[179]

Das *tertium*, der dritte Bereich, der jenseits der beiden Bereiche Kirche und Staat als selbständige Ordnung moderne Gesellschaften zusammenhalten soll, ist die Wirtschaft.[180] Genauer gesagt: die Wirt-

---

179 F. Jonas (1966: 30); hier zitiert nach Meier (1983: 42 Fn. 6).

180 *It's the economy, stupid!* »Die Wirtschaft, Dummkopf!« soll ein prominenter Berater Präsident Clinton 1996 vorgehalten haben, als dieser überlegte, auf welchem Gebiet der Wahlkampf wohl entschieden würde. Zur Paradoxie moderner Politik gehört es, dass ihre Leistungen nicht an kriegerischem Ruhm, kulturellem Glanz, Bildungsgrad der Bevölkerung, Bewahrung der Natur etc. gemessen werden, sondern vor allem an der Entwicklung der Wirtschaft (Wachstum, Vollbeschäftigung, Geldwertstabilität etc.). Eben diese Entwicklung jedoch ist in marktwirtschaftlich organisierten Gesellschaften in hohem Maße der Politik einer parlamentarischen Demokratie entzogen – trotz gewisser Eingriffsmöglichkeiten seitens des Staates, wie sie vor allem Keynesianer und Neo-Keynesianer hervorheben.

schaft, wie sie seit dem 18. Jahrhundert theoretisch konzipiert und durch politische Maßnahmen institutionalisiert wurde. Streben nach privatem Vorteil, Neid und Rivalität werden durch diese Wirtschaft, so die Überzeugung ihrer Befürworter, verwandelt, um als Antriebskräfte in einer Welt des Austauschs von Gütern und guten Diensten wirksam zu werden. Diese Welt ist eine Welt, in der die Menschen in Frieden und Sicherheit leben, während Wohlstand und Reichtum sich zum Nutzen aller ständig vermehren. Diese Welt ohne Malum ist die bis heute wirkmächtige Utopie der freien Marktwirtschaft. Der Weg zu dieser Utopie war weit – in der Wirklichkeit und in ihrer denkenden Erfassung. Wir werden in den folgenden Kapiteln einige seiner Stationen darstellen.

Vom Krieg aller gegen alle zum friedensstiftenden Monster: der Leviathan

Heilssuche und Staat – die Folgen der Glaubensspaltung

Während Platon und Aristoteles die Frage nach dem Malum immer im Hinblick auf das gute Leben einer politischen Gemeinschaft stellen, führt die Frage nach dem christlich verstandenen Bösen über alle Politik, ja, über alles Innerweltliche hinaus. Verdammnis und Vergebung, Höllenstrafe und ewiges Heil betreffen die Seele auch und vor allem nach dem Tod, wenn alle Bindungen an eine konkrete Gemeinschaft gelöst sind. Wer zum ewigen Heil gelangen will, muss sich nicht notwendig um Politik kümmern. Der gute Zustand des Gemeinwesens kann als *eine* Sache, das Heil der jeweils eigenen Seele als *eine andere* erscheinen. Was das Individuum im Letzten sucht, das Heil, kann sich von den Bürgertugenden ablösen, deren die politische Gemeinschaft bedarf.

Der endgültige Bruch mit den antiken Vorstellungen geschieht jedoch erst in der Neuzeit: Das entscheidende Ereignis ist die Reformation ab 1517. Mit der Glaubensspaltung entstehen einander ausschließende Vorstellungen vom Heil der Menschen, deren Gegensätze von keiner übergeordneten Instanz geschlichtet werden können. Heilssuche des Einzelnen (i) und Wohl der Bürger im Staat (ii) treten auseinander.

Zu (i): Seit der Reformation schafft sich die Überzeugung Raum, dass das Heil und der Weg zu ihm Sache der *Gewissensentscheidung* des Einzelnen sein sollte.[181] Die Entscheidung des Individuums, sein Heil zu suchen, wird damit *absolut* im buchstäblichen Sinne, *losgelöst* von allen Bindungen und Vorgaben einer Gemeinschaft: eine für Aristoteles undenkbare Vorstellung. Als Rahmen für das Zusammenleben mit den anderen Menschen braucht das Individuum deswegen zwar immer noch einen Staat, aber dieser Staat darf nicht, wie die Polis der antiken Denker, beanspruchen, für seine Bürger die Erfüllung ihres Lebens darzustellen.

Zu (ii): Umgekehrt muss jede weltliche Herrschaft, die um das Wohl der Menschen in ihrem Bereich besorgt ist, alle Konflikte, die aus der Heilssuche der Menschen entstehen können, schon im Keim ersticken. Andernfalls schlagen die angeblich Frommen einander tot, schänden die Symbole und plündern und zerstören Wohnstätten und Kirchen der jeweils konfessionell Anderen, und als Katholiken, Lutheraner und Reformierte sind in den auf die Reformation folgenden Religionskriegen alle Seiten überzeugt, damit ein Gott wohlgefälliges Werk zu tun. Das Malum des Religionskrieges erfordert ein gänzlich neues Verständnis von weltlicher Macht und geistlicher Autorität. Zwischen den Kontrahenten ist Verständigung und Versöhnung auf der Basis einer von allen geteilten Überzeugung nicht mehr denkbar, es wäre schon viel gewonnen, wenn sie untereinander Frieden halten könnten.

Hobbes' Vorgehen

Die philosophische Grundlegung einer politischen Verfassung, die auf die Probleme der Glaubensspaltung antwortet, findet sich im Denken des Thomas Hobbes. Seine Lehre vom *Naturzustand* und seiner Überwindung durch die Schaffung einer künstlichen Autorität, des Leviathan, ist bis auf den heutigen Tag ein Stachel im poli-

[181] Daraus sind schon wenige Jahrzehnte nach der Reformation Konsequenzen für das Recht hervorgegangen: Der anscheinend fürstenfreundliche Grundsatz: *Cuius regio, eius religio* (wer die Herrschaft über das Land ausübt, dessen Religion soll gelten), wird im § 24 des Augsburger Religionsfriedens von 1555 flankiert von dem ihn begrenzenden *ius emigrandi,* d.h. vom Recht des andersgläubigen Untertanen, seinem Staat den Rücken zu kehren. Zur Bedeutung dieses Rechtes für das Rechtsdenken vgl. Folkers (1985: 42 ff.).

tischen Denken geblieben, sie hat eine entscheidende Wende im Denken des Malum herbeigeführt. Das gilt für das Malum in Politik und Gesellschaft generell, besonders aber, wie wir in den folgenden Kapiteln zeigen, für das Malum oeconomicum.

Hobbes gehört zu den im 17. Jahrhundert nicht ungewöhnlichen Denkern, die die großen Menschheitsfragen gleichsam vom Nullpunkt aus klären wollen. Für die philosophische Klärung der Grundlagen eines friedlichen Zusammenlebens will er den überlieferten Lehren – von Platon, Aristoteles, Thomas von Aquin bis zur Spätscholastik – ebenso wenig besondere Autorität zubilligen wie der Heiligen Schrift. Für Hobbes gelten nur die für jedermann nachvollziehbare Erfahrung, unbezweifelbare Prinzipien des Denkens sowie Kohärenz der Argumentation. Der Nullpunkt seiner Untersuchungen ist, was er für *das reine Menschsein ohne alle Zutat* hält. Es zeigt sich, Hobbes zufolge, in Umständen, die er mit dem Ausdruck Naturzustand *(condition of Nature)* belegt.[182]

Der Naturzustand

Was Hobbes den *natürlichen Zustand des Menschen* nennt, ist Resultat eines Denkexperimentes oder einer Denkaufgabe, die, wie Hobbes meint, jeder Vernünftige so lösen würde, dass er zu denselben

---

[182] Hobbes steht mit seinem Vorgehen in einer Linie, die sich zurückverfolgen lässt bis zur Renaissance in Florenz (vgl. Hirschman 1987: 21, mit Hinweis auf Machiavelli). Was Hobbes von seinen Vorläufern unterscheidet, ist der systematische Anspruch. Sein Denkexperiment ist nicht fern von dem gleichzeitigen Experiment der aufkommenden Naturwissenschaften. Forscher wie Galilei suchen nach Gesetzen der Natur, indem sie die Bewegungen der Körper in künstlich hergestellten Umständen, nämlich innerhalb der technischen Apparatur des Experimentes, untersuchen, um von Phänomenen wie Reibung etc. abstrahieren zu können. Was Hobbes *natürlich* nennt, ist ebenfalls Resultat eines künstlich zu nennenden Vorgehens: Man muss mit seiner Phantasie alle in Geltung stehenden Institutionen entfernen und dann künstlich in Gedanken fixieren, was vom Menschsein übrig bleibt. Man gelangt dabei allerdings, anders als Hobbes annahm, keineswegs zu einer über alle Zeiten bestehenden Natur des Menschen. Vielmehr stellt Macpherson zu Recht fest: »Sein Naturzustand ist eine Feststellung über das Betragen, das Menschen, wie sie jetzt sind, Menschen, die in zivilisierten Gesellschaften leben und die Bedürfnisse zivilisierter Wesen haben, an den Tag legen würden, wenn niemand mehr die Einhaltung von Gesetz und Vertrag [...] erzwingen würde. Um zum Naturzustand zu gelangen, schob Hobbes das Gesetz beiseite, nicht jedoch die gesellschaftlich erworbenen Verhaltensweisen und Begierden der Menschen« (Macpherson 1973: 35).

Ergebnissen käme wie er selber: Wie werden sich die Verhältnisse zwischen einer größeren Anzahl von Menschen gestalten, wenn wir uns eine Situation vorstellen, in der kein Gesetz gilt, keine staatliche Autorität existiert, keine Polizei Leben und Eigentum schützt? Diese Situation ist für Hobbes die *natural condition of man,* was in den Übersetzungen meist mit *Naturzustand des Menschen* wiedergegeben ist, es ist für Hobbes aber eher die *natürliche conditio humana, die natürliche Bedingung des Menschseins.*

Das Vorgehen bei diesem Experiment kann sich nicht auf alltägliche Erfahrung berufen, denn wir leben in der Regel innerhalb eines Staates in einem gesetzlichen Zustand. Die *natural condition of man* ist vielmehr als das Resultat einer nur gedanklich nachvollziehbaren Abstraktion anzusehen. Denn wenn wir Hobbes folgen, müssen wir, um den Menschen, wie er von Natur aus ist, rein erkennen zu können, in Gedanken alle Zutaten, die durch Gesellschaft, Staat, Recht und Erziehung entstanden sind, abstreifen. Erst dann lässt sich untersuchen, was übrig bleibt. Was übrig bleibt, sind die Menschen in ihren natürlichen Bedingungen. Sie sind, wie Hobbes annimmt, Wesen, deren Verhalten immer und überall von *dauerhaftem Streben nach Selbsterhaltung* und temporär von *aufsteigendem und verschwindendem Lustverlangen* bestimmt ist.[183] Da es kein Gesetz gibt, gehen diese Wesen davon aus, ein *Recht auf alles* zu besitzen: Was immer sie haben möchten, dürfen sie ergreifen und werden sie ergreifen, sofern sie nicht gewaltsam daran gehindert werden. Das genügt, um vorherzusagen, was geschieht, wenn mehrere Menschen einander begegnen: Sie werden alsbald in Konkurrenz oder Rivalität untereinander geraten. Das geschieht immer dann, wenn mehrere Menschen »nach demselben Gegenstand streben, den sie jedoch nicht zusammen genießen können.«[184] Statt sich auf gewaltsame Auseinandersetzungen einzulassen, könnten die Menschen zwar theoretisch auch Verträge untereinander schließen, um miteinander auszukommen, aber da es keine Macht gibt, die die Einhaltung solcher Verträge garantiert, würden die Verträge sofort gebrochen von der Seite, die sich davon einen Vorteil verspricht: Misstrauen ist daher in allen Kontakten zwischen Menschen gegenwärtig. Aus den in allen Interaktionen virulenten drei Dispositionen Rivalität, Misstrauen und Ruhmsucht gehen strukturell Übergriffe hervor: »Die erste führt

[183] *Leviathan,* I, Kap. 13 (Hobbes 1976: 95).
[184] Ibd.

zu Übergriffen des Menschen des Gewinnes, die zweite der Sicherheit und die dritte des Ansehens wegen.«[185] Diese Übergriffe vollziehen sich in der Regel durch »List oder Gewalt.«[186] Generell gilt: »Und wenn daher zwei Menschen nach demselben Gegenstand streben, den sie jedoch nicht zusammen genießen können, so werden sie Feinde und sind in Verfolgung ihrer Absicht, die grundsätzlich Selbsterhaltung und bisweilen Genuss ist, bestrebt, sich gegenseitig zu vernichten oder zu unterwerfen.«[187] Kurz: Der Naturzustand ist *ein Krieg aller gegen alle*. Selbst wenn die Kampfhandlungen einmal ruhen sollten, ist es kein Friede, da Übergriffe von irgendeiner Seite stets zu befürchten sind.

Wenn man sich vorstellt, wie die Menschen in der natürlichen *conditio humana* leben, erkennt man, Hobbes zufolge, wie die menschliche Natur beschaffen ist. Mit dieser Natur sind in erster Linie nicht die jeweiligen individuellen Charaktereigenschaften gemeint (über die wir im Gedankenexperiment ja nichts aussagen können), sondern gewisse, allen Menschen eigene Dispositionen, die zur Realisierung des überragenden Strebens nach Selbsterhaltung im Naturzustand unabdingbar sind. An erster Stelle ist hier das Mehrhabenwollen zu nennen. Der Mensch ist für Hobbes das Wesen, das seiner Natur nach stets mehr und mehr haben will. Die *Pleonexia* ist jedoch nicht angeborene Ausstattung, sondern eine funktional notwendige Eigenschaft. Benötigt wird sie, um in der allgemeinen Unsicherheit des Naturzustandes die Selbsterhaltung aufrechtzuerhalten. Denn für jeden Menschen ist ein Mehr an Ressourcen, Angriffswaffen oder Verteidigungsmitteln sowie eine Zunahme des Ansehens bei anderen eine Erhöhung seiner Sicherheit. Selbst wer von seiner charakterlichen Disposition her nicht zur *Pleonexia* geneigt wäre, wird, um den Folgen der *Pleonexia* der anderen erfolgreich begegnen zu können, sein Verhalten so gestalten müssen, dass es von dem eines unersättlichen Menschen nicht zu unterscheiden ist.

Zum Naturzustand gehört, dass die Menschen in ihm prinzipiell *gleich* erscheinen: Gleich sind sie einerseits, insofern ihnen allen das Streben nach Selbsterhaltung und die damit zusammenhängenden weiteren Bestrebungen gemeinsam sind. Gleich sind sie aber vor allem auch in ihrer wichtigsten *Fähigkeit*, die der Naturzustand ihnen

---

185 *Leviathan* I, Kap. 13 (Hobbes 1976: 96).

186 *Leviathan* I, Kap. 13 (Hobbes 1976: 95).

187 Ibd.

abfordert, nämlich darin, *Macht über andere zu gewinnen.* Hobbes betont, dass in der natürlichen *conditio humana* keiner die anderen an Macht so sehr überragen kann, dass sie ihm nicht gleichziehen oder ihn überbieten könnten. Falls ein Einzelner allen anderen Einzelnen tatsächlich an Körper- und Geisteskräften überlegen sein sollte, könnten sich seine Gegner zu Verbänden zusammentun, die diesem Einzelnen an Macht überlegen wären. Mehrere Schwächere zusammen können leicht einen Stärkeren und Klügeren besiegen, während die Sieger später wiederum einer neuen Koalition unterliegen könnten. Hobbes zieht das Fazit: Im Zustand des *Krieges aller gegen alle* sind alle Menschen auch darin gleich, dass die alles überragende Macht die Todesfurcht ist: Über das Leben aller herrscht die »beständige Furcht und Gefahr eines gewaltsamen Todes – das menschliche Leben ist einsam, armselig, tierisch und kurz.«[188]

Der gesetzliche Zustand und der Leviathan

Aus der Tatsache, dass wir in der Regel nicht in einem solchen Naturzustand leben, lässt sich schließen, dass es möglich ist, aus diesem Zustand herauszukommen. Nicht eine Macht von außen, sondern die Menschen des Naturzustandes selbst sind imstande, ihn zu beenden, indem sie an seine Stelle einen Zustand setzen, der statt des Krieges aller Frieden und Sicherheit garantiert. Hobbes begründet die Realisierung dieser Möglichkeit einerseits mit bestimmten prärationalen Dispositionen, zu denen insbesondere die Todesfurcht gehört, andererseits aber mit der Rationalität der Menschen: Beides motiviert jeden Menschen schon im Naturzustand, nach Frieden und Sicherheit zu streben, und dieses Streben resultiert schließlich in der Betätigung der *Kunst der Menschen,* deren höchste Leistung in der Konstruktion eines *künstlichen Menschen* besteht, der später den Namen *Staat* tragen wird. Dieser bietet den Menschen, was sie im Naturzustand zwar erstreben, aber nie erreichen können: Frieden und Sicherheit. »Denn durch Kunst wird jener große Leviathan geschaffen, genannt Gemeinwesen oder Staat, […] der nichts anderes ist als ein künstlicher Mensch, wenn auch von größerer Gestalt und Stärke als der natürliche, zu dessen Schutz und Verteidigung er er-

188 *Leviathan* I, Kap. 13 (Hobbes 1976: 96).

sonnen wurde. Die Souveränität stellt darin eine künstliche Seele dar, die dem ganzen Körper Leben und Bewegung gibt […].«[189]

Der erste Akt der Schaffung dieses künstlichen Gebildes, sein »›Fiat‹ oder ›Lasst uns den Menschen machen‹, das Gott bei der Schöpfung aussprach«[190], ist die Einrichtung von Verträgen, worin die Menschen sich verpflichten, auf ihr Recht auf alles zu verzichten, während sie zugleich dieses Recht auf einen Souverän übertragen, an den sie alle ihre Gewalt abtreten: Der Souverän besitzt das Gewaltmonopol. Damit geben sie das Recht auf die Ausführung von gewaltsamen Handlungen auf, das zuvor bestand, um mit der Garantie von »Frieden und Sicherheit«[191] seitens des Souveräns die Möglichkeit zu all denjenigen Handlungen zu gewinnen, die typisch sind für eine zivilisierte Gesellschaft und Wirtschaft.

Das entscheidende Werkzeug, das die Menschen aus dem Naturzustand herausführt, ist der *Vertrag*. Schon aus dem Begriff des Vertrages folgt, dass die Partner, unter Verzicht auf ihr Recht auf alles, wechselseitig die jeweils begrenzten Rechte des anderen anerkennen. Aus aller Erfahrung aber folgt, dass Verträge nur dann wirksam sind, wenn es eine Instanz gibt, die sie, notfalls mit Gewalt, durchsetzt. Denn unter Wesen, die wie die Menschen geartet sind, gilt ein Vertrag nur, wenn eine Macht außerhalb der Partner seine Geltung erzwingen und seinen Bruch bestrafen kann. Gibt es eine solche Macht nicht, befinden wir uns im Naturzustand, besteht sie aber und hat Bestand, sind wir in einer zivilisierten Gesellschaft. Der *Vertrag* ist für die Konstitution und Erhaltung einer solchen Gesellschaft nicht irgendein, sondern *das* Beziehungsmuster schlechthin.

Die Gründung der Macht jenseits der Vertragspartner, die die Einhaltung von Verträgen sichert, die Erschaffung des Leviathan, besteht in der Einsetzung eines Souveräns, die zugleich Einrichtung eines Staates ist. Dies geschieht gleichsam in einem Urvertrag aller, der die Grundlage und den Ermöglichungsgrund sämtlicher weiterer Verträge darstellt.

Nur aufgrund des Urvertrages und seiner Folgen gibt es Gerechtigkeit, im Naturzustand war dieser Begriff sinnlos. Denn »[d]ie Definition der *Ungerechtigkeit* lautet nicht anders als ›Nichterfüllung

---

[189] *Leviathan,* Einleitung (Hobbes 1976: 5).
[190] Ibd.
[191] *Leviathan* II, Kap. 18 (Hobbes 1976: 139).

eines Vertrages‹. Und alles, was nicht ungerecht ist, ist gerecht.«[192] Der Urvertrag gibt dem Souverän die Möglichkeit, Gerechtigkeit zu präzisieren durch bürgerliche Gesetze: Sie sind »die Regeln, die der Staat jedem Untertanen durch Wort, Schrift oder andere ausreichende Willenszeichen befahl, um danach Recht und Unrecht, das heißt das Regelwidrige und das der Regel Entsprechende, zu unterscheiden.«[193]

Alle komplexen Konzeptionen zum Thema Gerechtigkeit, von Platon und Aristoteles über die christlichen Denker des Mittelalters bis zur Spätscholastik, werden aufgrund dieser Theorie als irrig entlarvt, soweit sie Gerechtigkeit inhaltlich zu bestimmen suchen. Aber auch moderne Konzepte wie die gerechte Verteilung von Einkommen und Vermögen oder die soziale Gerechtigkeit werden von Hobbes im ersten Zugriff verworfen. Nur was in einem Rechtzustand vertraglich vereinbart oder auf vertragliche Vereinbarung zurückführbar ist, kann als gerecht gelten. Der sogenannte *Kontraktualismus*, zu dessen Pionieren Hobbes gehört, schließt zwar keineswegs aus, dass man sich über die Probleme der Einkommensverteilung Gedanken macht, aber es gibt keine Verteilung, die *per se* ungerecht ist. Vollends werden Vorstellungen wie der *gerechte Preis* obsolet: Wenn scholastische Theorien für den Markttausch *Wertgleichheit* der zu tauschenden Gegenstände fordern, hält Hobbes dagegen: »Als wäre es ungerecht, teurer zu verkaufen als einzukaufen, oder jemandem mehr zu geben als er verdient«. Was gerecht ist, werde allein von »dem Verlangen der Vertragspartner« festgelegt, »und deshalb ist der gerechte Wert der, den sie zahlen bereit sind.«[194] Selbst ein Arbeitsvertrag zwischen einem Arbeiter und einem Kapitalisten, der dem letzteren seinen Profit bietet, dem ersteren aber nur die *Gerberei* verspricht, in der er während zwölf und mehr Stunden Arbeitszeit *seine Haut zu Markte* tragen darf, ist nach dieser Ansicht gerecht.[195]

In jedem normalen Vertrag des Alltagslebens, sofern man ihn in der Hobbes' Linie versteht, lässt sich noch etwas von der Geste des *Verzichts auf die gewaltsame Durchsetzung des Rechtes auf alles* wahrnehmen, die für den Urvertrag die entscheidende ist. Wo dieses Muster funktioniert, ist gemäß Hobbes der Naturzustand zwar nicht

---

192 *Leviathan* I, Kap. 15 (Hobbes 1976: 110).
193 *Leviathan* II, Kap. 26 (Hobbes 1976: 203).
194 *Leviathan* I, Kap. 15 (Hobbes 1976: 115).
195 Vgl. Marx (1867/1972: 120), vgl. in diesem Buch Kapitel 14.

beseitigt, wohl aber niedergehalten oder latent geworden. Würde jedoch der Leviathan seine Macht verlieren, ohne dass eine andere Machtinstanz an seine Stelle träte, wie das etwa in einem Bürgerkrieg geschehen kann, dann droht den Menschen wieder das Elend des *Krieges aller gegen alle*. Umgekehrt: Was immer aus der Einhaltung von geltenden Verträgen im Rahmen der Gesetze folgen mag, darf für Hobbes unter dem Stempel der Gerechtigkeit passieren. So kann man dem Staat des Thomas Hobbes durchaus absolutistische Züge zusprechen. Es ist jedoch zu beachten, dass dieser Staat *von unten* kommt. Er hat weder eine natürliche Autorität, wie er sie bei Aristoteles als die der Menschennatur gemäße Gemeinschaft besitzt, noch ist er wie das mittelalterliche Königtum von oben durch das Gottesgnadentum legitimiert. *Alle seine Autorität hat er empfangen von den Individuen, die ihn konstituieren.*

Das Malum im Leviathan

Es fällt auf, dass bei Hobbes ein Malum auf der Ebene der charakterlichen Dispositionen nicht vorkommt. Die Rede von *Lastern* und ihnen gegenüberstehenden *Tugenden* ist zwar zulässig, gilt aber nicht an sich, sondern nur in Bezug auf geltende Gesetze. Wie ungewöhnlich diese Sicht ist, wird aus der Gegenüberstellung mit einem traditionellen Ansatz deutlich: »Zu Beginn der christlichen Ära hatte St. Augustin dem mittelalterlichen Denken die prinzipiellen Richtlinien vorgegeben, indem er die Begierde nach Geld und Besitz als eine der drei Hauptsünden des gefallenen Menschen anprangerte; die beiden anderen waren Machtgier (libido dominandi) und sexuelle Begierde. Insgesamt verurteilt Augustinus diese drei Triebe oder Leidenschaften völlig unterschiedslos.«[196] Nicht anders als Platon und Aristoteles kennt auch Augustinus Antriebe und Handlungen, die *per se* schlecht sind. Für Hobbes dagegen gibt es keinen Anlass, irgendwelche Triebe oder Leidenschaften *per se* zu verurteilen. Vielmehr gilt: »Die Begierden und anderen menschlichen Leidenschaften sind an sich keine Sünde. Die aus diesen Leidenschaften entspringenden Handlungen sind es ebenfalls so lange nicht, bis die Menschen ein Gesetz kennen, das sie verbietet […].«[197]

---

[196] Hirschman (1987: 17).
[197] *Leviathan* I, Kap. 13 (Hobbes 1976: 97).

Hobbes will den Menschen jenseits der Kategorien *gut* und *schlecht/böse* so verstehen, wie er ist. Dass der Mensch nicht von Natur aus *gut* ist, darüber belehrt, so Hobbes, bereits ein offener und nüchterner Blick in die eigene Seele mit den ihr innewohnenden Leidenschaften.[198] Aber weil es sich um *die Natur des Menschen* handelt, mag man zwar vor ihr schaudern, aber man darf sie nicht *böse* nennen, denn sie ist, wie sie ist, und bietet keinen Maßstab für gut und böse. Das hat Konsequenzen sowohl für den Naturzustand als auch für die zivilisierte Gesellschaft. Für den Naturzustand gilt, dass Begriffe wie *gut* und *böse, gerecht* und *ungerecht* etc. keinerlei objektiven Gehalt haben, so dass Hobbes sogar »Gewalt und Betrug« als »die beiden Kardinaltugenden« im Naturzustand preisen kann.[199] Das eigentliche Malum des Naturzustandes ist nicht etwas *in* ihm, sondern es ist dieser Zustand insgesamt, insofern darin »das menschliche Leben [...] einsam, armselig, ekelhaft, tierisch und kurz«[200] ist. Dieses Malum ist keineswegs Ausdruck einer angeborenen oder erworbenen Schlechtigkeit einzelner Menschen. Vielmehr könnte man sagen, dass es das Resultat einer *Unsichtbaren Hand* im Naturzustand ist, allerdings einer, die in allem als das Gegenteil der von Adam Smith konzipierten erscheint. Denn was immer an unterschiedlichen Motiven, Intentionen und Interessen die Menschen im Naturzustand haben, was immer sie im einzelnen an friedlichen und wohlwollenden Handlungen vollbringen wollen, es genügen ein paar Missverständnisse oder das Auftreten weniger Nicht-Friedfertiger und Nicht-Wohlwollender, damit das Gesamtresultat der *Krieg aller gegen alle* sein wird. Nicht die Menschen sind im Naturzustand schlecht, wohl aber ihre Verhältnisse, die ihnen unmenschlichen Umgangsformen aufnötigen.

Nach der Einrichtung eines Staates aber gibt es Recht und Unrecht. Diese Kategorien stehen nicht notwendig in Verbindung mit dem, was die Tradition *Tugend* oder *Laster* genannt hat. Wenn die Gesetze bestimmte Handlungen, die einer traditionell als *böse* qualifizierten Leidenschaft entspringen, nicht verbieten, gibt es für Hobbes keinen Anlass, hier ein Malum zu sehen. Würden die Gesetze beispielsweise den Ehebruch erlauben, wäre er kein Malum. Das hat Folgen für die Bewertung der *Pleonexia:* Weder als die *ruhige Leiden-*

---

198 Vgl. *Leviathan* I, Einleitung (Hobbes 1976: 6).

199 *Leviathan* I, Kap. 13 (Hobbes 1976: 98).

200 *Leviathan* I, Kap. 13 (Hobbes 1976: 98).

schaft des Gelderwerbs und der Kapitalakkumulation noch als schlichte Habsucht ist sie verwerflich – sofern die aus ihr entspringenden Handlungen im Rahmen der Gesetze bleiben.

Die Konstruktion des Gemeinwesens auf der Basis von Verträgen führt dazu, dass marktwirtschaftliche Beziehungen zum Paradigma aller menschlichen Beziehungen werden. Das liegt daran, dass der Tausch als Prinzip der Marktwirtschaft explizit oder implizit einen Vertrag zwischen freien Menschen darstellt: Menschen tauschen, wie Ronald Coase[201] in einem berühmten Aufsatz gezeigt hat, primär nicht Dinge, sondern Verfügungsrechte. Die geeignete Form dieser Art von Tausch ist der Vertrag. In dieser Sicht überschreiten selbst die Prinzipien der Ethik nicht den Horizont eines funktionierenden Marktes: »Hobbes [reduzierte] die ganze Gesellschaft auf den Markt […] und [fand] keinen Raum für moralische Prinzipien, die nicht von Marktbeziehungen ableitbar waren«.[202] Konsequent hat Hobbes auch keinen Begriff von Menschenwürde: »Die *Geltung* oder der *Wert* eines Menschen ist wie der aller anderen Dinge sein Preis. Das heißt, er richtet sich danach, wieviel man für die Benutzung seiner Macht bezahlen würde, und ist deshalb nicht absolut, sondern von dem Bedarf und der Einschätzung eines anderen abhängig […]. Der öffentliche Wert eines Menschen, nämlich der Wert, der ihm vom Staat beigemessen wird, wird gewöhnlich *Würde* genannt.«[203]

Die Fokussierung auf den Vertrag als Dreh- und Angelpunkt aller ethischen Erwägungen hat Folgen für das Verständnis von Politik und Wirtschaft. Verträge können nur zwischen freien Partnern abgeschlossen werden. Sklaverei wie bei Aristoteles ist damit ausgeschlossen, während mit dieser Freiheit zugleich weitere Implikationen (Besitz und Verfügungsgewalt hinsichtlich der eigenen Person, Eigentum an Sachen, Akkumulation von Geld und Sachkapital, Anerkennung der Freiheit und des Eigentums anderer) verbunden sind, die erst nach Hobbes durch Denker wie Locke voll entfaltet wurden.

Dennoch geht Hobbes' Theorie keineswegs in der Logik des Marktes auf. Vielmehr erkennt man aus einer Hobbesianischen Perspektive im Leviathan, mathematisch gesprochen, gleichsam das Vorzeichen *vor der Klammer,* innerhalb derer der Markt abläuft. Alles, was *in der Klammer* steht, d. h. die gesamte Marktwirtschaft, ist nicht

---

[201] Coase (1960).
[202] Macpherson (1973: 267).
[203] *Leviathan* I, Kap. 10 (Hobbes 1976: 67).

vorstellbar, ohne dass die Beteiligten auf Gewalt verzichten und die Bindewirkung von Verträgen anerkennen. *Gewaltverzicht ist Conditio sine qua non der Marktwirtschaft.* Dazu bedarf es eines Staates, der die Macht hat, Gesetze zu beschließen und ihnen Geltung zu verschaffen, Eigentum zu schützen, Vertragsbrüche zu sanktionieren, Betrug, Diebstahl und Raub zu ahnden, Verkehrswege von Übergriffen freizuhalten etc. Die Marktwirtschaft ist auf einen Staat angewiesen, der stark genug ist, die Einhaltung von Rechtsprinzipien zu garantieren. Hinter dem Gewaltverzicht aller seiner Bürger, der Wirtschaft möglich macht, steht der gewaltbereite Staat, der im Einsatz seiner Mittel keineswegs den Bürgern zur Rechenschaft verpflichtet ist. *Im Rücken aller Marktbeziehungen ist also die potenzielle, gelegentlich auch aktuell manifeste Gewalt des Staates am Werk.* Die Ordnung des anscheinend so friedlichen Marktes besteht nur aufgrund der latenten Drohung, dass der Souverän eingreift und in einer Weise Ordnung schafft, die der Logik des Marktes gänzlich fremd ist.

Mit Hobbes lernt man einerseits, die Leistung eines modernen Rechtsstaates und seiner Apparate zu *schätzen,* denen es gelingt, trotz möglicher Missstände im Einzelnen, überhaupt einen gesetzlichen Zustand aufrechtzuerhalten. Nicht wenigen Revolutionären fehlt dafür jegliches Gespür. Wann immer Menschen im Namen der Gerechtigkeit bereit waren, den jeweiligen Staatsapparat zu zerschlagen, der eine in ihren Augen höchst ungerechte Ordnung schützte, haben sie die Existenz eines Institutionengefüges auf das Spiel gesetzt, das, selbst wenn es oft nur als »bürokratisch-militärische Maschinerie«[204] in der Hand der jeweils Herrschenden erschien, innerhalb der »gebrechlichen Einrichtung dieser Welt«[205] wenigstens einigermaßen den Rechtsfrieden wahren mochte.

Mit Hobbes lernt man andererseits auch, den modernen Staat zu *fürchten.* Wird in heutigen Staatstheorien und den ihnen folgenden Staatsverfassungen, anders als Hobbes es dachte, die Ausübung der Souveränität des Staates an den Willen seiner Bürger zurückgebunden, so zeigt sich doch faktisch immer wieder, dass selbst in demokratischen Rechtsstaaten staatliche Instanzen sich Handlungsoptionen und Eingriffsmöglichkeiten vorbehalten, deren Rechtfertigung einzig

204 Marx, *Brief an Kugelmann,* 12.04.1871.
205 Vgl. Kleist, *Michael Kohlhaas* (Kleist 1970: 15).

darin zu bestehen scheint, dass sie von niemandem an ihrer Ausübung gehindert werden können.

Gerechtigkeit wird ausgelagert: Hobbes und die Folgen

Das gute Leben im Staat und *die Harmonie der Seele in der Person* sind Themen, die von Hobbes gleichsam aus der politischen Philosophie ausgelagert werden. Dasselbe gilt für das *Heil der Seele des Einzelnen*. Dahinter steht eine politische Intention: Die anscheinend unlösbaren Probleme der antiken Philosophen und die Fragestellungen des Christentums sollten öffentliche Debatten nicht belasten. Fast scheint es, als wolle Hobbes den Menschen die Sprache nehmen, in der sie über diese Dinge streiten könnten.

Malum und Seelenheil

Aus christlicher Sicht ist das Bemühen um Selbsterhaltung zwar nicht *per se* schlecht, es kann sich aber als Wurzel des bösen Wollens erweisen, sofern der Eigenwille sich verabsolutiert. Ein solcher Gedanke lässt sich im Rahmen der Hobbes'schen Lehre nicht mehr denken. Denn was ein Philosoph wie Augustinus verwirft, erscheint Hobbes *natürlich:* dass jeder sich selbst der Nächste sei. Unter den natürlichen Bedingungen des Menschseins kann man ohne eine solche Haltung nicht überleben. Bei Hobbes sind die Bevorzugung der eigenen Person und das Streben nach privatem Vorteil ausdrücklich gerechtfertigt.

Obwohl damit der traditionelle Begriff der Sünde verworfen wird, nimmt Hobbes dennoch die Frage nach dem Heil ernst und bezieht ausdrücklich Position, wenn für ihn »der ganze zur Errettung notwendige Glaube« in dem einen Satz zusammengefasst ist: »Jesus ist der Christus«.[206] Jedoch ist ihm alles daran gelegen, Auseinandersetzungen über derartige Positionen aus dem Feld der Politik und der öffentlichen Debatte herauszuhalten. In dem Wissen, dass der unversöhnliche Streit derer, die vermeintlich im Besitz des wahren Heilsweges sind, das Zusammenleben in einem Gemeinwesen zerstören kann, macht er die Frage des Heils zur reinen Privatsache. Das hat

[206] *Leviathan* III, Kap 43 (Hobbes 1976: 450).

für ihn einen zweifachen Sinn: Zum einen geht das Heil, als Problem im Innern der Seele, den Staat nichts an. Zum anderen aber darf es in der Öffentlichkeit nicht Gegenstand des Streites werden. Hier entscheidet allein der Souverän, welche Religion oder welche Vorstellung vom Heil zelebriert und gelehrt werden darf. Soweit es ein Mensch nur mit sich selbst zu tun hat, darf er laut Hobbes Glaubensüberzeugungen pflegen, über die er niemandem Rechenschaft schuldig ist. Was er im Verborgenen – im Inneren in seinem Gewissen, im Äußeren innerhalb der Grenzen des persönlichen Privatbereichs, in die niemand eindringt – glaubt, das ist seine Entscheidung. Da Glaube »innerlich und unsichtbar ist«[207], muss er als *Privatsache* behandelt werden. Damit ist bei Hobbes eine Idee angesprochen, die Platon und Aristoteles fremd ist: die Vorstellung einer *Privatsphäre*, die nicht, im lateinischen Sinn, *privativ* ist, also Raub am Allgemeinen[208], sondern einen eigenen Wert hat, der sich aus der innersten Überzeugung des Individuums speist. Auf diese Weise macht Hobbes etwas denkbar, was für die Griechen ein Ärgernis gewesen wäre: dass das höchste Ziel eines Menschen etwas sein könnte, das völlig unverbunden ist mit den Sphären von Wirtschaft, Gesellschaft und Staat. Zugleich aber gilt für Hobbes: Wenn die Privatsphäre der Bereich der Suche nach dem Heil sein *kann*, *muss* sie es nicht sein: Ehre und Ruhm, Reichtum oder einfach Verlangen nach Genuss kann ebenfalls das Höchste sein, wonach ein Mensch strebt, aber auch das ist innerhalb der Privatsphäre seine Privatsache.

Jenseits der Privatsphäre aber sind Auseinandersetzungen über die Seele und ihr Heil vom Staat sorgfältig zu kontrollieren. Was immer die höchsten Ziele eines Menschen sein mögen, der Staat muss ein Interesse haben, dass ihre Verfolgung nicht seinen gesetzlichen Rahmen überschreitet. Da die Frage nach dem Heil immer mit Absolutheitsansprüchen verbunden ist, die die Autorität des Staates gefährden können, sind Konflikte, die sich darüber entzünden könnten, völlig zu unterbinden. Daher räumt Hobbes selbst einem (am christlichen Maßstab gemessen) ungläubigen Souverän das Recht ein, von seinen Untertanen ein Bekenntnis zu der von ihm favorisierten Religion abzufordern.[209] Jeder Staatsbürger ist – was immer seine privaten Glaubensüberzeugungen sein mögen – verpflichtet, sich der

[207] *Leviathan* III, Kap. 43 (Hobbes 1976: 458).
[208] Das lateinische Verb *privare* bedeutet *berauben*.
[209] Vgl. *Leviathan* III, Kap. 42 u. 43 (Hobbes 1976: 382 u. 452).

öffentlich anerkannten Religion zu unterwerfen. Nur so lässt sich, wie Hobbes annimmt, verhindern, dass es zu religiös motivierten Konflikten kommt, die den Menschen geradewegs in den Naturzustand zurückwerfen könnten. Wenn die Auseinandersetzung über das Böse sich in Debatten über den Erwerb oder Verlust des Heils zu verstricken droht, ist sie daher für Hobbes ein unter allen Umständen aus der Öffentlichkeit herauszuhaltendes Thema. Hobbes hat damit eine Spur gelegt, der viele Denker der Epoche der Aufklärung gefolgt sind, bis schließlich das Böse als Thema insgesamt erledigt schien.

Malum und Gerechtigkeit

Lässt man sich einmal auf Hobbes' Denken ein, so hat man, was Platon und Aristoteles angeht, Mühe zu verstehen, worauf sie mit ihrer politischen Philosophie hinauswollten. Denn Hobbes löst zwar nicht die Probleme, mit denen sie sich abmühten, aber er bringt sie zum Verschwinden, weil für sie innerhalb seiner Sprachregelungen die Begriffe fehlen. So ist die Frage Platons, ob ein Zustand denkbar ist, worin alle Menschen auf je unterschiedliche Weise gemäß ihrer Begabung *das wahrhaft Eigene tun,* in der Hobbes' Welt, worin alle ohne Ausnahme mit ihrer Selbsterhaltung beschäftigt sind, kaum sprachlich zu artikulieren, geschweige denn begrifflich zu fassen. Der Gedanke des Aristoteles, dass der Mensch als ein *politisches Lebewesen* von Natur aus auf Gemeinschaft angelegt sei, erscheint wiederum, von Hobbes aus gesehen, geradezu absurd. Wie er die Überlegungen der Griechen destruiert, lässt sich besonders deutlich am seiner Verwendung der Begriffe *Natur* und *natürlich* zeigen.

Für Platon und Aristoteles waren *natürlich* und *Natur* wertende und positiv konnotierte Ausdrücke: Was natürlich ist, ist gut, was *widernatürlich* ist, schlecht; es ist die Signatur des Malum, dass es sich gegen die Natur richtet. Die Natur als ganze zielt auf das Gute ab.[210] Auch in der Philosophie des Mittelalters blieben diese Vorstellungen, obgleich überblendet von der Schöpfungstheologie, im Prin-

[210] Eine Parallele zu den Hobbes' Vorstellungen findet man erstaunlicherweise bei Platon, allerdings in Positionen, die er zwar präzise formuliert, um sie dann aber als verkehrt zu erweisen. So nimmt Kallikles im *Gorgias,* wenn er das Natürliche und das Gesetzliche unterscheidet, ein Moment der Lehre vom Naturzustand vorweg, und Selbsterhaltung und Selbststeigerung im Sinne des Mehrhabenwollens versteht er, ganz wie Hobbes, als die natürlichen Antriebe jedes Menschen.

zip erhalten. Thomas Hobbes stellt uns dagegen in seinem *Leviathan* eine Natur vor, die nichts mit derartigen Wertungen zu tun hat. Natur bedeutet: Abwesenheit von Gesetzen und von staatlicher Ordnung, der Gegenbegriff zu *natürlich* ist *künstlich*. *Natur* und *Kunst*, *Natur* und *Technik* oder *Natur* und *Staat* (der ja ein Produkt der Kunst ist) sind die begrifflichen Konstellationen, in denen Hobbes seine Gedanken entwirft. Was den Menschen angeht, so ist seine Natur Ausdruck eines Mangels, sie bezeichnet den Zustand, der vor aller Bildung und Erziehung liegt.

Da die Natur des Menschen nicht mehr, wie bei Aristoteles, mit der Entfaltung seiner besten Möglichkeiten zusammengedacht wird, verschwindet aus ihrer Betrachtung auch diejenige Frage, die für Aristoteles leitend war: *Wozu?* Das Leben, auch das Leben der Menschen, hat bei Hobbes kein Wozu, es ist eine ziellose Bewegung. Alles, was diese Bewegung transzendieren könnte, bleibt eine Leerstelle: »Ständigen Erfolg im Erlangen der Dinge, die man von Zeit zu Zeit begehrt, das heißt ständiges Wohlergehen, nennt man Glückseligkeit. Ich meine die Glückseligkeit in diesem Leben. Denn solange wir hienieden leben, gibt es so etwas wie beständigen Seelenfrieden nicht, da das Leben selbst nichts anderes als Bewegung ist und deshalb nie ohne Verlangen und Furcht sein kann, ebensowenig wie ohne Empfindung.«[211]

Ausdrücke wie *eine natürliche* oder *naturgemäße Lebenseinstellung* sind daher für Hobbes sinnlos, ebenso wie Platons Vorstellung, es komme darauf an, dass jeder das Eigene tue. Was das Eigene ist, mag jeder selbst entscheiden, während der Staat dafür sorgt, dass diese Entscheidung den öffentlichen Frieden nicht stört. Dagegen wäre es absurd, wenn der Staat sich in der Pflicht sähe, seine Bürger zum Tun des Eigenen anzuhalten. Der Einzelne wiederum *kann* die Leerstelle eines sein Leben transzendierenden Sinns und Ziels mit der Hoffnung füllen, die ihm eine Religion wie die von Hobbes favorisierte christliche Religion anbietet, er kann auch etwas anderes dorthin setzen, aber er kann ebenso auch sein Leben, wie jede Kreatur, als Teilhaber an der reinen Bewegung des Lebens selbst, sinn- und ziellos, von Furcht und Erwartung hin- und hergeworfen, bis zum unvermeidlichen Tod dahin leben. Die Fragen, die für die antiken Denker die wesentlichen waren, bleiben nicht nur unbeantwortet, sondern entschwinden aus dem Gesichtskreis der Philosophen, sie werden ab-

[211] *Leviathan* I, Kap. 6 (Hobbes 1976: 48).

gegeben an das Individuum, das sie nach Belieben in seinem inneren Bewusstseinsraum stellen oder nicht stellen kann. Es kann diesen Zustand als ungeheure Befreiung oder aber als ungeheure Last auf sich nehmen: Niemand nimmt ihm ab, über seine Lebensführung – innerhalb des Rahmens, den der Leviathan ihm einräumt – selbst zu entscheiden. Seine – nach Hobbes' Beschreibung oft im Innersten verborgenen – Entscheidungen über die Orientierung seines Lebens sind der letzte und oberste Maßstab für den Sinn und Wert seines Lebens.

Hobbes wirkt mit an einem Grundzug des neuzeitlichen Denkens, der nach ihm am deutlichsten bei Nietzsche zutage tritt: Alle angeblich obersten und letzten Gesichtspunkte des menschlichen Lebens aufzudecken als abgeleitet und künstlich, als Resultat von Kräften wie Selbsterhaltung und Machtstreben.[212] Selbsterhaltung für den Einzelnen, je nach Belieben erweitert um das Ausleben von diesen und jenen Leidenschaften, sowie Friede und Sicherheit im Ganzen, das ist es, wovon man reden muss, will man im Hobbes'schen Sinn Staat, Gesellschaft und Wirtschaft verstehen. Ansonsten sollte man seine Anforderungen an das Gemeinwesen nicht überspannen, indem man sich auf Debatten einlässt, die nur Unfrieden stiften können. Der Gedanke, dass es objektiv ein für alle verbindliches letztes Ziel geben könnte, ist im Kategoriengerüst, mit dem Thomas Hobbes den Natur- und den Vertragszustand konzipiert, nicht vorgesehen. Von dem, was die Selbsterhaltung transzendiert, muss man in den Ordnungen des Leviathan schweigen.[213]

Ob allerdings ein öffentliches Leben gut oder auch nur erträglich sein kann, aus dem jede Auseinandersetzung verbannt ist, in der es um eine Idee von Gerechtigkeit jenseits des faktisch geltenden Rechtes geht, in dem alle Positionen, die sich auf eine wahrhaft gute Ordnung des gemeinschaftlichen Lebens in Staat, Gesellschaft und Wirtschaft beziehen, ohne wirksame Stimme bleiben müssen – das kann mit gutem Grund bezweifelt werden.

In jedem Fall ist der *sterbliche Gott*, als welchen Hobbes den modernen Staat ansieht, eben seiner Vergänglichkeit wegen nicht geeignet, Zuständigkeit für letzte Fragen zu übernehmen. Dem genauen

---

212 Vgl. hierzu insbesondere MacIntyre (1987: 149 ff.).

213 Zwar kann der Staat bei Hobbes eine bestimmte Konzeption von Transzendenz als religiöses Bekenntnis vorschreiben. Dann aber gilt, dass dieses Bekenntnis nicht den Anspruch erheben kann, letzte Wahrheit zu sein. Es wird anerkannt einzig deswegen, weil der Staat es verordnet hat.

Bibelleser Hobbes ist nicht entgangen, dass die von ihm konzipierte Staatsgründung vorläufigen Charakter hat. Sie wird nach Auskunft des Neuen Testamentes beendet werden durch »das zweite Kommen Christi nach dem Brand der gegenwärtigen Welt«.[214] Beim Apostel Paulus konnte Hobbes lesen: »Denn ihr selbst wisst genau, dass der Tag des Herrn so kommt wie ein Dieb in der Nacht. Wenn sie sagen: Friede und Sicherheit! – dann kommt ein plötzliches Verderben über sie, wie die Geburtswehen über die Schwangere; und sie werden nicht entfliehen.«[215] Dass es aber dennoch die Mühe lohnt, für die »Zwischenzeit«[216], für die Dauer der Epoche *vor* dem Kommen Christi am Ende der Zeit die menschlichen Verhältnisse nüchtern anzuschauen und in ihnen gerade so viel Frieden und Sicherheit herzustellen, wie es ihr vorläufiger Charakter und die beschränkten Handlungsmöglichkeiten der Menschen gestatten, diese Botschaft des Thomas Hobbes ist unverändert aktuell.

Exkurs: Die künstliche Person, der Leviathan und das moderne Wirtschaftsunternehmen

Hobbes definiert den Staat als eine *künstliche Person.*[217] Im Gegensatz zu einer natürlichen Person wird eine künstliche oder fingierte Person als eine solche angesehen, deren Worte und Handlungen die Worte und Handlungen anderer *vertreten*. Durch Vertrag kann die künstliche Person von natürlichen Personen dazu autorisiert werden, an ihrer Stelle und in ihrem Namen zu reden und zu handeln. Die Herstellung einer künstlichen Person kann von einer Menge ausgehen, »sofern dies mit der besonderen Zustimmung jedes einzelnen dieser Menge geschieht«[218].

Auf die realen Staaten der Welt des Thomas Hobbes bezogen ist diese Argumentation hypothetisch. Es gab aber *nicht-staatliche Verbände,* die die Kriterien der künstlichen Person eher erfüllten, z. B. selbständige kirchliche Gemeinschaften, die sich nach der Reformation gebildet hatten. Ja, selbst die damaligen Räuberbanden hätte man

[214] *Leviathan* III, Kap. 43 (Hobbes 1976: 458).
[215] 1. *Thessalonicher* 5, 3.
[216] *Leviathan* III, Kap. 43 (Hobbes 1976: 458).
[217] Vgl. *Leviathan* I, Kap. 16 u. II, Kap 17 (Hobbes 1976: 123, 134).
[218] *Leviathan* I, Kap. 16 (Hobbes 1976: 125).

als künstliche Personen beschreiben können. Alle künstlichen Personen können als eine Art Leviathan *en miniature* aufgefasst werden: Die jeweilige Leitungsinstanz muss nach innen gegenüber denen, die sie vertritt, ihre Souveränität durch ihre Leistungen legitimieren und aufrechterhalten, während sie nach außen entsprechend der Möglichkeiten agieren wird, die der jeweils gegebene Zustand bietet, sei es der natürliche, sei es der gesetzliche.

Hobbes waren derartige Phänomene bekannt. Der von ihm konzipierte Staat bewährt seine Souveränität, indem er in seinem Herrschaftsbereich derartige Verbände entweder zur freiwilligen Unterwerfung unter seine Gesetze bewegt oder aber, soweit sie sich ihm entgegenstellen, besiegt oder zerstört. Der Staat nämlich ist diejenige künstliche Person, die neben allen natürlichen auch alle künstlichen Personen innerhalb seines Herrschaftsbereiches in sich einschließen kann und bewirkt, dass sie im Rahmen der Gesetze agieren.[219]

Für diese Struktur können jedoch bestimmte künstliche Personen, die nicht an das Territorium eines Staates gebunden sind, eine Bedrohung darstellen. Das wird deutlich anlässlich der Verbände, aus denen sich *das moderne Wirtschaftsunternehmen* herausbildete. Den Wirtschaftsunternehmen in modernen Staaten kommt rechtlich der Status einer künstlichen Person zu. Das besagt eine klassische Definition: Stewart Kyd, der 1793 als einer der ersten über Unternehmensgesetzgebung publizierte, definiert ein Unternehmen (englisch: *corporation*) als »eine Sammlung vieler Individuen, die unter einer besonderen Benennung in einem Körper vereint sind. Diese besitzt unter einer künstlichen Form eine dauerhafte Sukzession. Kraft gesetzlicher Regelung ist [eine solche Körperschaft] in verschiedenen Hinsichten wie ein Individuum ausgestattet mit der Fähigkeit zu handeln. Das bedeutet insbesondere: Eigentum in Besitz zu nehmen und zu veräußern, vertragliche Verbindlichkeiten einzugehen, Anklage erheben und angeklagt werden zu können, Privilegien und Schutz zu genießen sowie mehr oder weniger umfassende politische Rechte auszuüben […].«[220]

---

[219] In diesem Sinn versteht Ronald Coase in einem berühmten Artikel den Staat als Sonderfall eines Wirtschaftsunternehmens: Der Staat »is, in a sense, a super-firm« (Coase 1937: 17). Diese Super-Firma kann, anders als normale Firmen, die auf einen rechtlichen Rahmen angewiesen sind, aufgrund ihrer Souveränität Eigentumsrechte festlegen und Märkte institutionalisieren (vgl. Manstetten 2000: 180).

[220] Kyd (1978: 13; eigene Übersetzung).

Zwischen dem 16. und 18. Jahrhundert waren erhebliche Anstrengungen seitens der Territorialstaaten nötig, bis es gelungen war, mit der Einführung der Rechtsform des Unternehmens Kräfte und Tendenzen, deren Äußerungen potenziell destruktiv erschienen, entweder zu neutralisieren oder aber zu kanalisieren, zu transformieren und zu integrieren, so dass sie zum Gesamtwohl der Gesellschaft beitragen konnten. An diesen Anstrengungen zeigt sich exemplarisch die Aufgabe, die sich der *Leviathan* in Bezug auf eine moderne Wirtschaft stellen muss: einen institutionellen Rahmen zu schaffen, um die Aktivitäten von Gemeinschaften, die aus der Selbstorganisation einer Anzahl von Menschen hervorgegangen sind, mit der allgemein geltenden Gesetzgebung kompatibel zu machen.

In wirtschaftsgeschichtlichen Darstellungen wird die Entstehung der Rechtsform des modernen Wirtschaftsunternehmens oft mit der Entwicklung der großen Manufakturen und dem Aufkommen des sogenannten Verlagswesens in Verbindung gebracht.[221] Für die Frage nach dem Malum oeconomicum ist jedoch ein anderer Typus von Vorläufern des modernen Unternehmens bedeutsamer, auf den die Herkunft der Ausdrücke *Unternehmen* und *Unternehmer* verweist. Der Ausdruck *Unternehmen* bezeichnet *etwas, das man unternimmt:* ein Projekt, ein Vorhaben, eine einmalige oder wiederholbare Aktion. Neben diese Verwendung tritt eine andere, die für die Wirtschaft maßgeblich wird: *Unternehmen* bezeichnet die *organisatorische Struktur,* die die Wiederholung oder Verstetigung solcher Vorhaben und Projekte im Laufe der Zeit ermöglicht. Beide Verwendungen ergänzen sich oft: Ein typisches Unternehmen im Sinne des Vorhabens ist zu allen Zeiten der Raub- oder Eroberungszug. Zugrunde liegt ihm in der Regel eine dauerhaftere Struktur, etwa in Form einer Räuberbande oder eines Verbandes von Familien oder Sippen, der sich auf derartige Unternehmungen spezialisiert hat. *Kapital* in Form von Waffen und Transportmitteln, *Organisationstrukturen* für Versorgung und Ortswechsel sowie eine festgelegte *Ordnung* von

---

[221] Das Verlagswesen besteht darin, dass Heimarbeiter im ländlichen Raum oder kleine Handwerksbetriebe in den Städten von Kaufleuten (den Verlegern) mit Kapital, Rohstoffen und Werkzeugen versehen werden. Nach der Produktion einer bestimmten Menge, etwa von Tüchern, übergeben sie den Kapitalgebern die fertigen Produkte und erhalten dafür einen vereinbarten Preis. Um die Vermarktung der Fertigware kümmern sich die Verleger. Aus den Heimwerkern werden später abhängige Lohnarbeiter und Lohnarbeiterinnen, während die Verleger sich von Anfang an als gewinnmaximierende Unternehmer verhalten.

Beziehungen innerhalb des Verbandes sind Elemente, die dabei unerlässlich sind.

Vor allem seit dem späteren Mittelalter erhalten derartige Zusammenschlüsse oft einen rechtlichen Status. So werden Gruppierungen, die aus bewaffneten Männern bestehen, vertraglich zu militärischen Einsätzen im Auftrag eines regierenden Fürsten verpflichtet. Im spätmittelalterlichen Italien beispielsweise treten Söldnertruppen in Erscheinung, die sich einem Herrscherhaus für militärische Aktionen innerhalb oder außerhalb seines Territoriums zur Verfügung stellen. Eine solche Truppe, *compagnia di ventura* genannt, wird geleitet von einem »Unternehmer«, dem sogenannten *Condottiere.* »Das Besondere des Söldnertums war, dass es ›sich nicht durch das lehnsrechtliche Treueverhältnis oder gar ethische oder patriotische Gefühle einem Fürsten oder einem Lande verbunden fühlte, sondern um Geld kämpfte‹. Sein Aufkommen und seine Expansion im 16. Jahrhundert erklären sich einerseits aus der politischen Konfliktsituation der europäischen Staatenwelt [...], andererseits aus der Umwandlung des Heerwesens in ein geschäftliches Großunternehmen, das für Söldner und Söldnerführer große Gewinne abwarf.«[222] Ebenfalls im Auftrag oder mit Erlaubnis von Herrschern werden nach der Entdeckung Amerikas durch Kolumbus spanische Verbände tätig: Die Zerstörung der Reiche der Azteken und Inka durch die Truppen von Hernando Cortes und Francisco Pizzaro ist, einschließlich der millionenfachen Opfer, im Prinzip *rechtens* – jedenfalls nach Ansicht der Konquistadoren und ihrer Auftraggeber. Auch die englischen Admiräle, die nach Piratenart spanische Schiffe kapern, fühlen sich im Recht, da sie im Dienst der Krone mit einem Kaperbrief ausgestattet sind. Im Laufe des 16. und 17. Jahrhunderts drängen die Territorialstaaten allerdings mehr und mehr darauf, dass derartige Unternehmungen *verstaatlicht* werden: Stehende Heere ersetzen die Söldner, eine reguläre Kriegsflotte sichert die Handelsflotte oder greift im direkten Auftrag der Regierung gegnerische Schiffe an. Neue Formen von Unternehmen treten auch an die Stelle der staatlich abgesegneten Beutezüge von Söldnern und Piraten auf den Weltmeeren und in fernen Ländern: Handelsgesellschaften wie die 1602 gegründet Niederländische Ostindienkompanie, die Britische Ostindienkompanie oder

---

[222] Van Dülmen (1982: 357), mit Hinweis auf: Wohlfeil (1966). Eines der größten und seinerzeit bestorganisierten Unternehmen dieser Art war die Armee des Albrecht von Wallenstein im Dreißigjährigen Krieg.

die Hudson's Bay Company haben mit den Söldner- und Kaperverbänden allerdings nicht nur gemeinsam, dass sie zur Absicherung ihres Kerngeschäftes an den Küsten Indiens und Nordamerikas militärische Aktivitäten ausüben, sondern sie zeichnen sich auch durch hohe Risikobereitschaft aus, ebenso wie durch zuweilen äußerst brutale Methoden, die zur Erzielung von Gewinnen eingesetzt werden. Für sie gilt, was Mephisto gegenüber Faust bemerkt: »Krieg, Handel und Piraterie, dreieinig sind sie, nicht zu trennen«.[223] Denn wenn sich die Kolonialgesellschaften auch im Heimatland an das Gesetz halten, erstreckt sich ihr Handeln auf Territorien, in denen sie sich keiner souveränen Macht unterordnen müssen, sondern selbst als Souverän auftreten können. So besaß die Niederländische Ostindienkompanie (VOC) außerhalb der Niederlande »dezidierte Souveränitätsrechte. Dazu gehörte das Recht, Gouverneure zu ernennen, Armeen und Flotten aufzustellen, Festungen zu errichten und völkerrechtlich bindende Verträge abzuschließen. In Asien konnte die VOC daher wie ein souveräner Staat agieren, auch wenn sie formal im Namen der Vereinigten Niederlande agierte.«[224] Gegenüber den indigenen Gemeinschaften, die sie in Asien, Afrika oder Amerika vorfanden, sahen sich solche Kompanien in einem rechtsfreien Raum. Diese Sicht machte es ihnen möglich, in einer Art Hobbes'schen Naturzustand ihr »Recht auf alles« in Anspruch zu nehmen, so dass sie aufgrund der Überlegenheit ihrer Machtmittel mit den Menschen, auf die sie trafen, und deren Besitz buchstäblich machen konnten, was sie wollten.

In ihrem Mutterland vermeiden derartige Handelsgesellschaften auffällige Rechtsbrüche; im Großen und Ganzen halten sie sich an die Gesetze. Anders als Söldnertruppen, die als Leviathane eigenen Rechtes das Land, zu dessen Schutz sie bestellt sind, oft ungestraft ausplündern oder sogar zu seinen Feinden überwechseln, investieren die Kolonialgesellschaften ihren erbeuteten, geraubten oder erpressten Reichtum, abgesehen von der Bestechung von Amtsträgern, in friedliche und wohlstandsfördernde Aktivitäten im Mutterland. Was immer sie in der Ferne an Leid anrichten mögen, es geschieht außerhalb dessen, was das Auge des Gesetzes ihrer Heimat wahrnehmen will.

---

[223] Goethe, *Faust II*, 11187 f.
[224] Wikipedia: *Niederländische Ostindien-Kompanie.*

Im 17. und 18. Jahrhundert ist der sich herausbildende moderne Staat bestrebt, alle Unternehmungen, die auf seinem Territorium stattfinden oder von ihm ausgehen, seinen Gesetzen unterzuordnen. Erst in dieser Zeit werden die Grundlagen für die modernen Wirtschaftsunternehmen gelegt. Etliche unter ihnen setzen, anders als die Kolonialgesellschaften, Wagemut und Risikobereitschaft vor allem für die Produktion und Verbreitung von Gütern innerhalb der Landesgrenzen ein. Wagemut und Risikobereitschaft ebenso wie eine gewisse Rücksichtslosigkeit werden damit zu Tugenden einer im staatlichen Rahmen sich selbst organisierenden Wirtschaftswelt. Diese ist in West- und Mitteleuropa seit dem Spätmittelalter nicht mehr stationär: Der technische Fortschritt und das Wachsen der Wirtschaftsräume erfordern institutionellen Wandel und neue Formen der Organisation sowie nicht zuletzt auch Persönlichkeiten, die in den neuen Verhältnissen erfolgreich bestehen können. Die eigentlichen Produktionsunternehmen der kapitalistischen Ära, wie wir sie heute kennen, müssen auf der einen Seite Risiken eingehen und Neues wagen, während sie auf der anderen Seite ihre Existenz verstetigen sollen, d. h. sie sollen sich unter sich ändernden Verhältnissen als dauerhaft erweisen, sichere Arbeitsplätze schaffen und Steuern zahlen. Dieses Postulat der Verstetigung glauben sie am besten zu erfüllen, indem sie sich einem beständigen Drang zur Expansion überlassen. Während die Zunftbetriebe des Mittelalters möglichst immer dasselbe in immer gleicher Qualität und mehr oder weniger gleichbleibenden Mengen liefern sollen, muss das moderne Unternehmen, wie man meint, auf Wachstum ausgerichtet sein, um sich erhalten zu können, es muss ständig bereits sein, »Neues zu unternehmen«, um nicht unterzugehen.

Das Unternehmertum unserer Zeit ist keineswegs frei von der Aggressivität und Rücksichtslosigkeit derer, die bei seiner Entstehung mit Pate gestanden haben, der Eroberer, Seehelden, Abenteurer, Sklavenhalter, Räuber und Betrüger. Mag es innerhalb der Landesgrenzen durch den *Leviathan* gezähmt und auf dem Markt durch Konkurrenten in Schach gehalten werden, so erweist es sich bis heute oft als wenig skrupulös, wenn es in Räumen agiert, wo die Bereitschaft oder Fähigkeit der Staatsmacht, Gesetzen Geltung zu verschaffen, schwach ausgeprägt ist. Transnationale Konzerne, die beispielsweise in den Regenwäldern Afrikas, Südamerikas oder Südasiens Rohstoffe ausbeuten oder riesige Flächen für den Anbau von Soja und Palmöl präparieren, können durchaus in einer Weise handeln, die an die Eroberer oder Kolonialgesellschaften früherer Zeiten erinnern.

Denkt man mit Hobbes, so zeigt sich, dass viele Abläufe in Politik und Wirtschaft, global gesehen, immer noch in einer Art Naturzustand stattfinden. Dieser, so Hobbes, bestehe auch nach der Einrichtung eines Leviathans im zwischenstaatlichen Verkehr, wofür die Rüstungsanstrengungen der Staaten der beste Beleg seien.[225] Aus heutiger Sicht ist hinzuzufügen: Zum globalen Naturzustand der Gegenwart tragen nicht nur Staaten bei, die sich keinem überstaatlichen Recht beugen, sondern alle Akteure, die für ihr Handeln kein Recht anerkennen, das ihre Interessen begrenzen könnte. International organisierte mafiöse Verbände, weltweit agierende Konzerne oder individuelle Akteure schaffen oder entdecken immer wieder Räume, in denen sie, vor jeder staatlichen Verfolgung geschützt, tun und lassen, was sie wollen. Dass allerdings gerade in derartigen Räumen tendenziell niemand, der sich dort aufhält, seines Lebens sicher ist, wie etwa die Kämpfe verschiedener Drogenmafias in Mexiko zeigen, ist eine Dialektik, die Thomas Hobbes früh durchschaut hat. Oft allerdings fallen solchen Kämpfen weniger die Mitglieder der sich bekriegenden Banden zum Opfer als vielmehr diejenigen, deren ganzes Verlangen darauf ausgeht, dem *ersten und grundlegenden Gesetz der Natur* Geltung zu verschaffen: »Suche Frieden und halte ihn ein.«[226].

Vor diesem Hintergrund fällt ein anderes Licht auf den anscheinenden Reduktionismus des Hobbes'schen Bildes vom Menschen. Innerhalb der Denkformen von Hobbes verschwindet zwar die Seele aus der Konzeption von Wirtschaft und Politik und mit ihr auch ihre Tugend, ihre Harmonie und ihr Heil. Zugleich aber geht mit seinem Werk die Vision eines *menschenmöglichen Friedens* auf. Ist dieser Frieden auch kaum mehr als das Schweigen der Waffen angesichts eines waffenstarrenden Leviathan, so ist er eben darum ein Frieden nicht bloß für die Heiligen, Tugendhaften und Wohlgesinnten, sondern auch für die Rohen, Übermütigen und Trotzigen ebenso wie für die Kleingläubigen, Ängstlichen, Besorgten. Für alle, die mit der normalen Ausstattung an menschlichen Lastern in diese Welt gekommen sind, ist Hobbes der Anwalt ihrer größten Hoffnung, der Hoffnung auf *Stabilität*. Das heißt für sie: In Frieden und Sicherheit ein nicht allzu unerträgliches Leben führen zu können. Von dieser Hoffnung aus gesehen ist das größte Malum in Wirtschaft und Politik dasjenige, was Gesellschaften destabilisiert, insofern es dem Frieden

---

[225] Vgl. *Leviathan* I, Kap. 13 (Hobbes 1976: 97).
[226] *Leviathan* I, Kap. 14 (Hobbes 1976: 100).

die Basis entzieht. Dieses Malum umfasst alles, was zu Gesetzlosigkeit, Gewaltsamkeit und Krieg beiträgt. Kaum jemand hat so wie Hobbes die überragende Bedeutung des Faktors Stabilität für die menschliche Entwicklung in dieser Welt gewürdigt.

8. Protestantische Ethik

Würdigung der Arbeit und Segnung des Gewinnstrebens

Wer ein Fünfschillingstück umbringt, mordet alles, was damit hätte produziert werden können: ganze Kolonnen von Pfunden Sterling.
Benjamin Franklin

Eigentum, Arbeit und individuelle Freiheit bei Locke

Für das moderne Wirtschaftsdenken ist eine bestimmte Auffassung von der Bedeutung und dem Wert der Arbeit, die sich im 17. Jahrhundert herausbildet, eine entscheidende Voraussetzung. Aristoteles und seine Zeitgenossen sahen in der Arbeit ein *Malum* in Sinne des notwendigen Übels. Sie ist eines freien Menschen nicht würdig. Dabei meint Arbeit nicht Tätigkeiten wie das philosophische Nachdenken oder die wissenschaftliche Forschung, denn Derartiges wird als Muße, als freie Zeit für freie Geister angesehen. Unwürdige Arbeit ist für Aristoteles alles Sich-Abmühen, das den Geist einengt, die Seele drückt und Menschen unfähig macht, Hohes und Edles zu leisten. Tätigkeiten, die Anstrengung und Schweiß erfordern, werden daher als Sklavensache angesehen. Wer ein von Mühe und Arbeit geprägtes Leben führen muss, ist für das Menschsein im eigentlichen Sinn verloren.

Ansätze zu einer Neubewertung der Arbeit, angelegt bereits in der Hebräischen Bibel, finden sich im frühen Christentum: »Wer nicht arbeiten will, soll auch nicht essen«, schreibt der Apostel Paulus[227], der selbst seinen Lebensunterhalt als Zeltmacher bestreitet. Dass Arbeit nicht aus dem guten Leben ausgeschlossen werden soll, sondern zu seiner Essenz gehört, spricht der Grundsatz des abendländischen Mönchslebens aus, den Benedikt von Nursia im 6. Jahrhundert programmatisch formulierte: *Ora et labora,* Bete und arbeite!

---

[227] 2. *Thess.* 3, 10.

Gleichwohl bleibt im ganzen Mittelalter ein aristokratisches Gesellschaftsideal vorherrschend, das dem des Aristoteles ähnelt. Wer es sich leisten kann, hält sich von körperlicher Arbeit fern. Der Reichtum des Adels wird idealerweise *ererbt* oder *erbeutet*. Oft wird er mit vollen Händen wieder ausgegeben, sofern er nicht durch kluge Dienstleute gewahrt wird. Unvorstellbar erscheint, dass er mit eigener Mühe und klugem Geschäftssinn *erarbeitet* oder *erwirtschaftet* wird.

Mit dem Aufkommen des Bürgertums findet eine entscheidende Veränderung in der Auffassung der Arbeit statt. Für den Bürger, vor allem in den protestantischen Ländern, gehören eigene Arbeit, Verfügung über Eigentum sowie Erwerb und Vermehrung von Vermögen zusammen. Im Gegensatz zum Aristokraten, der, was er ist, seiner Herkunft und der Erfüllung der daraus entspringenden Verpflichtungen verdankt, sieht der Bürger sein soziales Sein als Resultat seiner persönlichen Leistung. Theoretisch wird diese Vorstellung im 17. Jahrhundert von John Locke zu Ende gedacht, der alles legitime Eigentum auf Arbeit gründet: »Jeder Mensch hat ein Eigentum an seiner eigenen Person. Auf diese hat kein anderer irgendein Recht als er selbst. Die Arbeit seines Körpers und das Werk seiner Hände, so können wir sagen, sind im eigentlichen Sinne sein eigen.«[228] Damit ist dem Anschein nach alles Sklavenartige aus der Arbeit entfernt. Denn frei zu sein verdienen die Menschen nur, indem sie arbeiten, menschliche Freiheit bewährt sich in der Arbeit. Eine so verstandene Freiheit setzt voraus, dass die Menschen über ihren Leib und ihre Habe als Eigentum verfügen, dass sie als Personen also nicht, wie die Sklaven bei Aristoteles, einem anderen gehören. Nur freie Eigentümer können ihre Arbeit, wenn sie wollen, verkaufen – etwa an Unternehmer, die sie gegen einen Lohn einstellen. Die Figur des freien Lohnarbeiters, im aristotelischen Denken unvorstellbar, findet bei Locke ihre theoretische Legitimation.[229] Für Locke sind alle Menschen, sofern sie menschengemäß leben, Arbeiter, vom Lastträger

---

[228] Locke, *Second Treatise*, 17, zitiert nach Macpherson (1973: 226).

[229] Dass gleichzeitig mit Lockes Lobpreis des freien Arbeiters der globale Sklavenhandel florierte, von den europäischen Seemächten ausgehend, gehört zu den furchtbaren Paradoxien des Kapitalismus. »Während im 16. Jahrhundert bereits 900000 Neger nach Amerika verschifft wurden, stieg ihre Zahl im 17. Jahrhundert auf 2,75 Millionen an, wobei anzunehmen ist, dass die gleiche Zahl beim Transport erbärmlich an Hunger, Krankheit und Heimweh zugrundeging. Wie lukrativ der Handel war, zeigt eine Zahl: Die holländische Westindische Kompanie verkaufte 1636/45 23000 Neger

über den Handwerksmeister bis zum Philosophen, niemand sollte müßiggehen, niemand unproduktiv tätig sein. Diese Verschränkung von Eigentum, Arbeit und persönlicher Freiheit ist die Hinterlassenschaft, die Denker wie Locke der Theorie der modernen Wirtschaft übergeben haben. Für die Dynamik der modernen Wirtschaft ist darüber hinaus entscheidend, dass das Mehrhabenwollen, die *Pleonexia*, zu einer Basistugend der Akteure wurde. Wie es dazu kommen konnte, ist eine der Leitfragen des epochalen Werkes *Die protestantische Ethik und der Geist des Kapitalismus* von Max Weber.

Die protestantische Ethik in der Darstellung Max Webers

Weber konstatiert einen nach der Reformation einsetzenden Wertewandel, der wirtschaftliches Handeln in einem gänzlich neuen Licht erscheinen lässt. Die Akkumulation von materiellen Gütern und das Gewinnstreben werden, so Weber, ab der Mitte des 16. Jahrhunderts von Vertretern der Schule Calvins, d.h. in der Reformierten Kirche, als etwas grundsätzlich Positives angesehen. Das Gewinnstreben wird gleichsam emanzipiert von den moralischen Fesseln, die es im Mittelalter umgaben, und es kann sogar als ein *Bonum* erscheinen.

Darin zeigt sich laut Weber eine bestimmte Auffassung vom menschlichen Leben und vom Heil der Seele: Durch Gottes unergründlichen Willen sind die Menschen vom Uranfang her *prädestiniert*, vorherbestimmt oder erwählt für ihren letzten und ewigen Aufenthalt, sei es für den Ort der Seligen, sei es für den Ort der Verdammten. Der Einzelne selbst kann diese Vorherbestimmung nicht erkennen und nicht ändern. Wohl aber kann jeder, der darüber besorgt ist, wo ihm sein ewiger Aufenthalt beschieden sein mag, auf Anzeichen für das Kommende achten. Dass eines Menschen letzte Bestimmung nicht die Verdammnis ist, zeigt sich insbesondere beim redlichen Erwerb von materiellem Reichtum. Wer mit geringen persönlichen Ansprüchen lebt und erfährt, dass sein Tun auf dieser Erde gesegnet ist, mit anderen Worten, dass seine Geschäfte gut oder sehr gut laufen, der darf sich Hoffnung machen, des ewigen Heils teilhaftig zu sein.

---

für 6,7 Millionen holländische Gulden, das sind rund 300 Gulden pro Person.« (Dülmen 1982: 74).

Der calvinistische Unternehmer Weber'scher Prägung vermehrt sein Geld ausschließlich durch den Aufbau und die Auswertung von Strukturen, aus denen nützliche Dinge hervorgehen: Zu diesem Zweck akkumuliert er Sachkapital für die materielle Güterproduktion; seinen Reichtum erwirtschaftet er aus der Produktion und dem Verkauf qualitativ hochwertiger Waren. Die wesentliche Funktion seiner Gewinne besteht darin, dass sie in die Produktion investiert werden, damit mehr und Höherwertiges produziert wird, das neuen Gewinn erbringt. Produktion und Gewinn wachsen also beständig, der Reichtum nimmt zu. Insgesamt wird das ganze persönliche Leben durchrationalisiert im Hinblick darauf, dass das Kapital des Unternehmens wächst. Gleichzeitig schränkt der Unternehmer seinen privaten Konsum streng ein, damit sich nicht einmal Keime von Verschwendung einschleichen. Seine Lebensführung trägt Züge des Asketischen.

Diese Vorstellungen geben dem Streben nach Gewinn eine Wendung, die sich Aristoteles nicht hätte ausdenken können. Der Calvinist, der Kapital akkumuliert, will nicht, wie Aristoteles annahm, *die Lust ins Grenzenlose steigern*, sondern sich vergewissern, dass sein Leben Gott wohlgefällig ist: Reichtum ist Zeichen der persönlichen Erwählung durch Gott. Was einen solchen Menschen bei seinem Erwerb umtreibt, ist nicht das Streben nach Selbsterhaltung und Lustgewinn, sondern die bange Frage: »Liebst du mich, Gott, hast du mich zur Seligkeit bestimmt?« Das Anwachsen des Reichtums wird so zu einem *Bonum per se.* »Vor allem ist das ›summum bonum‹ dieser ›Ethik‹ der Erwerb von Geld und immer mehr Geld, unter strengster Vermeidung alles unbefangenen Genießens, so gänzlich aller eudämonistischen oder gar hedonistischen Gesichtspunkte entkleidet, so rein als Selbstzweck gedacht, dass es als etwas gegenüber dem ›Glück‹ oder dem ›Nutzen‹ des einzelnen Individuums jedenfalls gänzlich Transzendentes und schlechthin Irrationales erscheint. Der Mensch ist auf das Erwerben als Zweck seines Lebens, nicht mehr das Erwerben auf den Menschen als Mittel zum Zweck der Befriedigung seiner materiellen Lebensbedürfnisse bezogen.«[230]

Der Weber'sche Idealtypus des calvinistischen Unternehmers ist ein religiöser Sucher, dem eine merkwürdige Umwendung seiner Suche widerfahren ist: Sein eigentliches Ziel, die Rettung der Seele im Jenseits, wird überlagert von dem näherliegenden Ziel der Kapital-

---

[230] Weber (2004: 78).

akkumulation im Diesseits. Dabei mutiert die *Pleonexia* als Antriebskraft der Vermehrung des Kapitals zu einer Quelle des Guten.

Weber sieht in dieser »Ethik« einen Faktor, der wesentlich dazu beigetragen hat, dass an *einer* Stelle der Welt – und nur an dieser einen, nämlich in West- und Mitteleuropa – der moderne Kapitalismus entstehen konnte: Er kann, so Weber, nur im Zusammenhang mit einer bestimmten Lebenseinstellung und Lebensführung auftreten: »Moderne Wirtschaft setzt nicht nur den rationalen, d. h. in seinen Funktionen berechenbaren kalkulierbaren Staat, sondern rationale Technik (Wissenschaft) und eine bestimmte Art rationaler Lebensführung voraus. Warum wäre sonst der moderne Kapitalismus nicht in China entstanden? Er hatte viele Jahrtausende Zeit dazu!«[231]

Gegen Webers Überlegungen sind ernsthafte Bedenken geltend gemacht worden.[232] Im Rahmen unserer Fragestellung hat Weber jedoch ein Verdienst, das unabhängig von der empirischen Richtigkeit seiner Thesen ist. Er lenkt die Aufmerksamkeit darauf, dass das Bemühen um wirtschaftlichen Erfolg bis heute oft als Selbstzweck betrachtet und mit einem Eifer gepriesen wird, der Züge einer geradezu religiösen Inbrunst aufweist. Dafür mag folgende von Weber wiedergegebene Äußerung Benjamin Franklins von 1748 stehen: »Bedenke, dass Geld von einer zeugungskräftigen und fruchtbaren Natur ist. Geld kann Geld erzeugen und die Sprösslinge können noch mehr erzeugen und so fort. Fünf Schillinge umgeschlagen sind sechs, wieder umgetrieben sieben Schilling drei Pence und so fort, bis es hundert Pfund Sterling sind. Je mehr davon vorhanden ist, desto mehr erzeugt das Geld beim Umschlag, so dass der Nutzen schneller und immer schneller steigt. Wer ein Mutterschwein tötet, vernichtet dessen ganze Nachkommenschaft bis ins tausendste Glied. Wer ein Fünfschillingstück umbringt, mordet (!) alles, was damit hätte produziert werden können: ganze Kolonnen von Pfunden Sterling.«[233]

Als Fazit lässt sich festhalten: Im Bewusstsein einer Klasse von Unternehmern und Kaufleuten, ideologisch gestützt durch Theo-

---

[231] Max Weber, *Brief an Robert Liefmann vom 9.3.1920*, zitiert bei Hennis (2003: 126 f.).

[232] Cantoni (2009) gelangt zu dem Schluss, dass eine Untersuchung der Verhältnisse in Deutschland Webers Thesen insgesamt nicht bestätigt. In den Niederlanden des 17. Jahrhunderts scheint die von Weber gezeichnete Mentalität dagegen durchaus eine Rolle gespielt zu haben – aber kaum eine so bedeutende, wie er unterstellte (vgl. Schama 1988).

[233] Weber (2004: 75).

logen und Kleriker, hat sich die *Pleonexia*, soweit sie sich auf wirtschaftliche Ziele erstreckt, zwischen dem ausgehenden Mittelalter und dem 18. Jahrhundert aus einem Laster in eine Tugend verwandelt, die gewissermaßen zum höchsten Gut führen soll. Der unablässigen Bewährung im Wettbewerb um den größten Zuwachs wird alles andere untergeordnet: Je mehr man einnimmt, desto mehr zeigt man sich als jemand, der im Leben den rechten Platz gefunden hat und Grund hat, sich selbst gut zu finden und sich von anderen gut finden zu lassen. Dieser Wertewandel wirkt bis heute nach. Da der Verweischarakter aufs Jenseits weggefallen ist, gilt Reichtum zwar nicht mehr, wie für den Weber'schen Protestanten, als Indiz für die Eintrittsberechtigung ins Himmelreich. Stattdessen ist die Teilhabe an seiner Vermehrung in gewisser Weise schon das Drüben selbst.[234] Dass Menschen ihr Leben dem Gelderwerb so widmen können, als ob darin ihr Seelenheil läge, wäre, so gesehen, eine Bestätigung der Thesen Webers.

Allerdings gibt es zwischen dem calvinistischen Kaufherrn Webers und den Akteuren der heutigen Wirtschaftswelt, die an der Börse oder in ihren Unternehmen das große Rad zu drehen meinen, trotz des ihnen gemeinsamen Ziels der Geldvermehrung einen fundamentalen Unterschied. Die ersteren folgen dem Grundsatz des alten Johann Buddenbrook: »Mein Sohn, sey mit Lust bey den Geschäften am Tage, aber mache nur solche, daß wir bey Nacht ruhig schlafen können«.[235] Den letzteren aber ist die Trennlinie zwischen solchen Geschäften, die guten Nachtschlaf erlauben, und solchen, die ihres unkalkulierbaren Risikos, ihres schieren Umfangs oder gar ihres kriminellen Charakters wegen die nächtliche Phantasie peinigen, oft abhanden gekommen.

---

[234] S. u. Kapitel 20.

[235] Thomas Mann, *Buddenbrooks*, II, 1 und IV, 1 (Mann 1967: 42, 131).

9. Mandeville und seine Welt

Lob des Lasters und Unwesen der Spekulation

Der Allerschlechteste sogar/ Fürs Allgemeinwohl tätig war./ So herrscht im Ganzen Einigkeit,/ Wenn auch im Einzelnen oft Streit,/ Wie der Musik harmonische Schöne/ Entsprießet aus dem Streit der Töne.
Bernard de Mandeville

Private Laster, öffentliche Vorteile

Fragmente aristotelischer Vorstellungen, durchmischt mit Residuen christlicher Moral, prägen bis heute den gesunden Menschenverstand der Nicht-Philosophen und Nicht-Wissenschaftler, die sich über Wirtschaft und Gesellschaft ihre Meinung bilden. Das war nicht anders im London des beginnenden 18. Jahrhunderts, als ein Buch Furore machte, dessen Botschaft noch Jahrzehnte nach seinem Erscheinen Denker wie Jean-Jacques Rousseau und Adam Smith gegen sich aufbrachte. Sein Erfolg liegt in der Widersprüchlichkeit seiner Anlage: Es setzt die Geltung der überkommenen Vorstellungen von *gut* und *schlecht, gottgefällig* und *böse* voraus, um sie zugleich als wirkungslos und geradezu absurd darzustellen.

Der Untertitel, den Bernard de Mandeville seiner *Bienenfabel* gab, nannte die provozierende Botschaft beim Namen: *Private Laster, öffentliche Vorteile!*[236] Das Buch handelt vom Leben eines Bienenstaates, der an Platons *üppige Stadt* erinnert. Eine kleine Schicht von Reichen kann dort die unterschiedlichsten und verstiegensten Bedürfnisse befriedigen, während gleichzeitig viele Bienen in Abhängigkeit leben und kaum mehr als das Nötigste besitzen. Alle Bürger

[236] Die erste Auflage der *Bienenfabel* erschien 1705 unter dem Titel *Der unzufriedene Bienenstock,* der heute geläufige Titel sowie der Untertitel stammen von 1714. Wir zitieren hier nach Mandeville (1986), im Folgenden abgekürzt als: Bienenfabel plus Seitenzahl.

aber haben gemeinsam, dass sie durch und durch *lasterhaft* sind: Jeder Einzelne sucht rücksichtslos seinen Privatvorteil; List, Betrug und unentdeckte Gewalt, die sich nicht vor Verbrechen scheut, gehören im Bienenstaat zum Arsenal jedes Bürgers. Anders als Platons üppige Stadt gedeiht, im Ganzen gesehen, dieser Staat aufs Beste. Das Gesamtergebnis des lasterhaften Trachtens und Tuns der Bürger ist nationaler Wohlstand, der selbst den Ärmsten zugutekommt. Denn aus der Betätigung der Laster geht laut Mandeville nur Gutes hervor. Das bewirkt, dass schließlich die Tugend, die ja um des Guten willen da ist, nicht anders kann, als »des Lasters Freund« zu werden.[237] Mandeville gibt dafür Illustrationen: Das Laster der Eitelkeit fördert die Industrie, denn was für Dinge benötigt man nicht, um anderen gefallen und ihre Gunst erwerben zu können! Ebenso setzt das Laster des Luxuslebens die Arbeitskraft von Millionen armer Bienen in Bewegung. Zwar gibt es einige, die aus diesem Zustand deutlich mehr als andere Profit ziehen, aber alle, selbst die Ärmsten, sind daran beteiligt, dass dieses »sündliche Gewimmel« unablässig weiterwimmelt. Die Bewegungsenergie des Bienenstaates ist das Mehrhabenwollen, das man allerdings sorgfältig vor den anderen verbirgt, obwohl man weiß, dass sie nicht anders sind als man selbst: »Es gab keine Biene, die nicht wollte,/ Mehr kriegen – nicht grad, als sie sollte,/ Doch als sie wünschte, dem zu zeigen,/ Der's zahlte […]«.[238]

Was den Reichtum dieses Staates mehrt, ist die Kreativität seiner Bürger. Denn wenn »das Laster die Findigkeit«[239] nährt, bedeutet dies, dass sich alle etwas einfallen lassen, um ihre mannigfachen Begierden zu stillen. *Technischer Fortschritt* und *wirtschaftliche Prosperität* sind die Folge, so dass man sagen kann: Die Kreativität aller »[…] im Bund mit Fleiß und Zeit,/ Hatte das Leben so angenehm,/ So wahrhaft lustvoll und bequem/ Gemacht, dass jetzt der Arme sogar/ Noch besser dran als einst der Reiche war/ Vollendung herrschte offenbar.«[240] Insgesamt lässt sich also sagen: »Der Allerschlechteste sogar/ Fürs Allgemeinwohl tätig war./ So herrscht im Ganzen Einigkeit,/ Wenn auch im Einzelnen oft Streit,/ Wie der Musik harmonische Schöne/ Entsprießet aus dem Streit der Töne.«[241]

---

237 *Bienenfabel* 84.
238 *Bienenfabel* 83.
239 *Bienenfabel* 85.
240 *Bienenfabel* 85.
241 *Bienenfabel* 84 f.

Mandeville begnügt sich nicht damit zu zeigen, dass sich sein Bienenstaat, anders als Platons *üppige Stadt*, bestens entwickelt, er stellt den Lesern seiner Fabel auch vor Augen, was geschähe, wenn an die Stelle der *üppigen Stadt* die *gesunde Stadt* treten würde: Jupiter greift ein. Er sorgt dafür, dass die überlieferte Moral wieder Einzug hält. List, Betrug und Gewalt verschwinden aus dem Bienenstaat, an die Stelle von Eitelkeit und Luxus treten einfache Bedürfnisse, die maßvoll befriedigt werden. Was ist die Folge? Da nur getan wird, was redlich getan werden kann, entfallen die allermeisten der zuvor üblichen Aktivitäten in Produktion und Handel, Das führt allerdings zu allgemeiner Arbeitslosigkeit, es werden »Tausende entbehrlich«[242]. Das Land steht bald öde da, die Bautätigkeit wird weitgehend eingestellt, für Kunst und Literatur besteht keine Nachfrage, die teure Kleidung verschwindet ebenso aus dem Angebot wie Delikatessen und Champagner, ein Wirtschaftsbetrieb nach dem anderen gibt auf, bis schließlich der Handel »ganz vernichtet wird«.[243] Die verbliebenen redlichen Bienen leben zwar, wie die Bürger in Platons *gesunder Stadt*, in völliger »Zufriedenheit«, aber nur so lange, bis der schwach gewordene Bienenstamm die Nachbarn zum Krieg reizt. Nach Kriegsende gibt es nur noch wenige Überlebende. Dem Reststaat der Bienen ist gerade noch »ein hohler Baum beschieden./ Dort haust er nun in Seelenfrieden.«[244] Wie eine direkte Replik auf die Lebensweise in Platons gesunder Stadt mutet der Schluss der Bienenfabel an: »Mit Tugend bloß kommt man nicht weit;/ Wer wünscht, dass eine goldene Zeit/ Zurückkehrt, sollte nicht vergessen:/ Man musste damals Eicheln essen.«[245]

Die Botschaft der Bienenfabel lässt an Deutlichkeit kaum zu wünschen übrig: Was man *übel, böse* und *schlecht* nennt, ist die Quelle all dessen, was für Menschen nützlich, förderlich und gut ist. Mandeville schreibt: »›Nationale Glückseligkeit besteht in Reichtum und Macht, Ruhm und weltlicher Größe; darin, dass man im Innern in Bequemlichkeit, Überfluss und Glanz lebt und von außen gefürchtet, umschmeichelt und geachtet wird.‹ Dies allerdings, so fährt er fort, ›ist nicht ohne Habgier, Verschwendung, Stolz, Neid, Ehrgeiz

---

242 *Bienenfabel* 89.
243 *Bienenfabel* 91.
244 *Bienenfabel* 92.
245 *Bienenfabel* 92.

und andere Laster zu erreichen.‹«[246] Zu ergänzen ist allerdings, dass keineswegs alle Bewohner eines Landes in *Bequemlichkeit, Überfluss und Glanz* leben, denn Mandeville versteht unter der *Gesellschaft* nahezu ausschließlich die *vermögenden Nichtarbeitenden*.[247] Nicht nur Begierden, die allgemein *schlecht* genannt werden, stimulieren laut Mandeville Kreativität und Produktivität einer Gesellschaft, sondern auch Ereignisse, die allgemein als *Übel* bezeichnet werden, etwa Naturkatastrophen und Kriege oder wirtschaftliche Krisen, können sich positiv auswirken: »So hat der große Brand von London unzählige Handwerker wieder ins Brot gesetzt, Schiffsuntergänge kurbeln die Schiffsindustrie an, und letztlich war auch der Krieg von unendlichem Nutzen für die Menschheit – er hat eine unerträgliche Überbevölkerung der Welt verhindert und überhaupt erst die Bedingungen für das Entstehen moderner prosperierender Staaten geschaffen.«[248] Es wird kaum überraschen, dass Mandeville selbst dem Gegensatz Arm/Reich, der so oft als Übel gilt, vor allem positive Seiten abgewinnt: »Aus dem Gesagten erhellt, dass in einem freien Volke, wo die Sklaverei verboten ist, der sicherste Reichtum in einer großen Menge schwer arbeitender Armer besteht. Denn abgesehen davon, dass sie die nie versagende Quelle für Heer und Flotte sind, würde es ohne sie keinen Lebensgenuss geben, und kein Erzeugnis irgendeines Landes hätte mehr einen Wert. Um die Gesellschaft glücklich und die Leute selbst unter den niedrigsten Verhältnissen zufrieden zu machen, ist es notwendig, dass ein beträchtlicher Teil davon sowohl unwissend wie auch arm sei.«[249]

Mandeville denkt weniger konsequent als Thomas Hobbes oder Adam Smith. Was die traditionellen Tugendlehren *Laster* nennen, behält auch bei ihm diesen Namen, während die Pointe seiner Überlegungen doch darin besteht, dass dieser Name nicht mehr angemessen ist: Welchen Grund gibt es, Bestrebungen und Betätigungen Laster zu nennen, die im Großen und Ganzen nur Gutes bewirken? Hobbes dagegen hatte schon lange vor Mandeville gezeigt, dass es an sich kein Laster gibt, da menschengemachte Konzepte wie *ungerecht* oder *böse* sich nur in Bezug auf Handlungen definieren lassen, die ein

---

246 So Mandeville, zitiert bzw. referiert von Euchner (Mandeville 1968: 41).

247 Das hat Karl Marx, der in Mandeville einen *ehrlichen Mann und hellen Kopf* (*Kapital* 643) sah, scharfsichtig erkannt.

248 Euchner (Mandeville 1968: 42).

249 *Bienenfabel* 319 f.

jeweils vorgegebener Rechtszustand verbietet. Adam Smith dagegen »nahm Mandevilles schockierendem Paradoxon die Schärfe, indem er *Leidenschaft* und *Laster* durch so milde Termini wie *Vorteil* oder *Interesse* ersetzte.«[250] Was systematisch eine Quelle von Gutem sein kann, darf für Smith kein Laster sein.

Aber gerade der Mangel an Konsequenz lässt die Wende, die sich seit der Reformation im Denken des Malum oeconomicum vollzogen hat, im Werk Mandevilles drastisch hervortreten. Denn Mandeville versetzt seine Leser in eine Welt, in der überlieferte – aristotelische und christliche – Vorstellungen zwar noch in den Köpfen herumgeistern, in der Wirklichkeit aber ins Leere greifen. Man könnte aber auch umgekehrt sagen: Zwar greifen in dieser Welt die alten Vorstellungen ins Leere, aber aus den Köpfen lassen sie sich gleichwohl nicht entfernen.[251] »Diese Welt«, so hält Mandeville seinen Lesern vor, »ist eure Welt«.

Mag Mandeville sich selbst auch als eine Art Sozialreformer verstanden haben, so wird man ihm doch eher gerecht, wenn man ihn in der Tradition der französischen Moralisten wie La Bruyère liest, denen es darum ging, den Zeitgenossen einen Spiegel vorzuhalten. Denn die Beschreibung, die Mandeville von seinem Bienenstaat gibt, bietet zu Überlegungen Anlass, die über die offiziell vertretene Ideologie des Autors weit hinausgehen. Man kann nämlich fragen: Was ist die angebliche Glückseligkeit einer Gesellschaft wert, in der der Mensch grundsätzlich schlecht vom Menschen denkt und in der die Individuen weder den anderen noch sich selbst die geringste Achtung

---

250 Hirschman (1987: 27).

251 »Die offiziellen Lehren sowohl des Calvinismus als auch des Humanismus stimmten darin überein, dass Gewinnsucht etwas Niedriges und die Unterwerfung unter das Geld eine entwürdigende Abgötterei sei. [...] Diese strenge Auffassung von der verwerflichen Natur des Geldverdienens bestand fort, selbst als die Holländer großen persönlichen und kollektiven Reichtum erwarben.« (Schama 1988: 360 f.) Vergleichbare Vorstellungen treten überall da auf, wo eine wachsende Geldwirtschaft traditionale Denkstrukturen irritiert: So heißt es vom Japan der Tokugawa-Zeit (17. bis Mitte des 19. Jahrhunderts): »Von jeher hatte die feudalistische Aristokratie Geldangelegenheiten als schmutzig und unter der Würde eines Samurai erachtet, so wie in Europa im Mittelalter Wuchergewinne diskreditiert wurden. Die Tätigkeit der Chonin [der Kaufmannsklasse], Gewinnsicherung und Anhäufung von Kapital, wurde daher nicht verstanden und war verdächtig.« (Hall 1968. 202) Für Korea ist Ähnliches überliefert: Nach der Einführung des Münzgeldes Mitte des 17. Jahrhunderts behaupteten konfuzianische Gelehrte, »dass von der Abschaffung der Geldwirtschaft die Reinstallation der alten Ordnung abhänge.« (Lee-Peuker 2004: 111)

entgegenbringen? Ist nicht die von Mandeville konstatierte Vorherrschaft der Eitelkeit Anzeichen einer entsetzlichen inneren Leere?

Die Rede von Lastern und Tugenden, die Mandeville noch verwendet, hatte ihren legitimen Ort seit je – in der antiken Tugendlehre ebenso wie im Christentum – in der Beziehung auf die menschliche Seele. Wenn diese Rede bei Mandeville ihren Sinn verloren hat, dann kann das bedeuten, dass die Voraussetzung des angeblichen Glücks in dieser Welt darin besteht, dass man seine Seele verkauft hat, d. h. dass man auf sein Menschsein im Wesentlichen Verzicht geleistet hat: Außer ihrer Eitelkeit, ihrer Gier und ihrer emsigen Mühe, jedem nichtigen Verlangen Genüge zu leisten, ist den Bürgern der Mandeville'schen Welt alles Menschliche unbekannt geworden. Die Gesellschaft (zu der nur die kleine Minderheit der Nichtarbeiter zählt) zahlt also für ihre Kultiviertheit, ihren Luxus und ihren Reichtum mit der inneren Verarmung all derer, die dort ihr Leben führen: Wer es zu etwas gebracht hat, kümmert sich weder um die Harmonie seiner Seele, wenn wir es platonisch oder aristotelisch, noch um das Heil seiner Seele, wenn wir es christlich formulieren. Demgemäß aber ist das Leben der Gesellschaftsmitglieder, bei allem Luxus, ein dürftiges Leben. Zwar legt Mandeville seinen Lesern nahe, diesen Preis, die eigene Seele, angesichts der Mannigfaltigkeit der Genüsse und des angenehmen Lebens, das sein *Bienenstaat* anbietet, für eher gering zu erachten, insbesondere, da es in seiner Zeit durchaus die Vorstellung gibt, dass das Ideal der Seelenharmonie nur leeres Gerede sei und der Gott der Christen nicht existiere, aber die Zweideutigkeit der Darstellung ist nicht zu übersehen: Für das flüchtige Wohlleben gibt die Menschheit, wie Mandeville sie sieht, buchstäblich alles, selbst ihre Seele, so sie eine haben sollte; für den Versuch einer Wiedergewinnung der Seele aber müsste sie auf ihre Weise des Wohllebens gänzlich Verzicht leisten, ohne sich sicher zu sein, ob es etwas zu erlangen gibt, das diesen Preis wert wäre.

Ein Echo der Inkonsequenz Mandevilles hören wir in den Worten, mit denen sich Mephisto, ein Geist höllischer Abkunft, dem Gelehrten Faust in Goethes Drama vorstellt: Er sei »[e]in Teil von jener Kraft/ Die stets das Böse will und stets das Gute schafft«[252]. Die moderne Wirtschaftstheorie ist den gegenüber Mephisto logisch stimmiger scheinenden Weg gegangen, alles, was »das Gute schafft«, auch die Selbstsucht, das Mehrhabenwollen, das Streben nach Luxus u. a.,

[252] *Faust I*, 1336.

vom Stigma des Bösen zu befreien. Mandeville aber erinnert daran, dass das angeblich Gute der modernen Wirtschaft aus einem Abgrund entspringt, der sich dort auftut, wo man in älteren Lehren nach der Seele der Menschen suchte.

Die Tulpenkrise: Börse und Spekulation in den Niederlanden des 17. Jahrhunderts

Wendet man sich, ausgehend von Mandevilles Fabel, der wirtschaftlichen Realität seiner Zeit zu, wird die Zweideutigkeit seiner Botschaft offensichtlich. Mochten Produktion und Handel private Laster unter Umständen in gesellschaftlichen Nutzen verwandeln, so hatten aufmerksame Beobachter doch oft den Eindruck, dass auf den hektischen Bewegungen der Wirtschaft ihrer Zeit kein Segen lag. Diejenige Welt, die in der *Bienenfabel* anscheinend positiv gezeichnet wird, war für manche Zeitgenossen zutiefst fragwürdig. Wollte man diese Fragwürdigkeit unmittelbar erleben, so war dafür die Amsterdamer Börse, von der im Folgenden die Rede ist, ein geeigneter Ort. Ihre Entstehung datiert vom Beginn des 17. Jahrhunderts, als Anteile an Unternehmen zu verkäuflichen Gütern geworden waren und Aktiengesellschaften aufkamen.

Auch wenn die Menschen im *Goldenen Zeitalter der Niederlande* wohl kaum darüber nachdachten, dass etwa der Erwerb von Anteilen der Niederländischen Ostindien Kompanie mit dazu beitragen würde, Bevölkerungen in fernen Weltteilen größtes Leid zuzufügen, hatte das Börsenwesen für viele von ihnen etwas Unheimliches. In zeitgenössischen Quellen wird vor der Börse direkt gewarnt: »Unsicherere Orte für das Geld waren nur noch die Spielhöllen in den Absteigen und Bordellen, mit denen sie unaufhörlich verglichen wurde«.[253] Denn was der gesunde Menschenverstand für Zügellosigkeit hielt, erschien als die eigentliche Triebkraft, nämlich die »Spielleidenschaft […]. Die Grenze zwischen gelegentlichem Wetten und organisiertem Aktienhandel verlief häufig unscharf […].«[254] Zugleich mit der Börse tauchen die zugehörigen Profis auf, die Börsenmakler. Diese »bestritten ihren Lebensunterhalt zur Gänze durch ihr Wissen, nicht nur über die durch Aktien repräsentierten Sachwerte,

---

[253] Schama (1988: 375).
[254] Ibd.

sondern auch über die besonderen Methoden des Börsengeschäftes selbst.«[255]

Zum Börsenhandel gehört von Anfang an die *Spekulation:* Das Interesse gilt nicht den realen Unternehmen, deren Anteile man kauft oder verkauft, ihren Handlungen, Betriebsabläufen und Leistungen, sondern den Wertschwankungen der Anteilsscheine, von denen man profitieren möchte. »Jedenfalls war der Erwerb von Aktien mit dem vorsätzlichen Ziel, Kurse zu manipulieren und den Wettbewerb auszuschalten, ein wesentlicher Bestandteil des Handelsgeschehens. […] Ob es um das Vernichten von Gewürznelkenbäumen in Ostindien zur Stützung der Preise in Amsterdam ging oder um die Erlegung eines Bar-Vorschusses für die exklusiven Nutzungsrechte an einem norwegischen Wald, das Ziel war immer, den Wettbewerb einzuschränken, die Beschaffung zu monopolisieren und alle Handelsbedingungen zu kontrollieren, von der Gewinnung des Rohmaterials bis zu den Konditionen des inländischen und internationalen Verkaufs.«[256] Häufig »spekulierten die Wertpapierhändler weniger auf das tatsächliche Ergebnis einer Fracht und den Gewinn aus Waren als auf kurzfristige Preisschwankungen an der Börse.«[257] Für Spekulanten war es »üblich geworden, Anteile anzubieten, die entweder noch nicht in ihrem Besitz waren oder für die sie noch nicht bezahlt hatten, in der Annahme, sie könnten zu der Zeit, wenn ihre Zahlungsverpflichtung fällig wurde, mit Gewinn verkauft sein. Das bedeutete, sehr hart am Wind zu segeln – tatsächlich wurde es als *windhandel* oder Handel in *blanco* bekannt […].« Es war »in Wirklichkeit nur eine extremere Form von Praktiken, die in einem Wirtschaftssystem mit unsicheren und dehnbaren Lieferterminen zwangsläufig entstehen.«[258]

Dabei machte man schon damals negative Erfahrungen mit Spekulationsblasen. Die berühmteste ist der sogenannte *Tulpenwahn* von 1636/37 in den Niederlanden.[259] Tulpen, zu Beginn des 17. Jahrhunderts eine extrem hoch geschätzte, extrem schwer aufzutreibende Rarität, waren bereits wenige Jahrzehnte später zu einer Ware gewor-

---

[255] Ibd. 377.

[256] Ibd. 369 f.

[257] Ibd. 376.

[258] Ibd. 378.

[259] Die folgende Darstellung der Tulpenmanie orientiert sich an Schama (1988. 379–390). Vorsichtiger in der Einschätzung des Ausmaßes und der Folgen des Tulpenwahns ist Goldgar (2007).

den, die wie andere Waren auf gewöhnlichen Märkten gehandelt wurde. Dazwischen aber fällt die Phase einer ungeheuren Nachfrageexplosion. Es »drang die Möglichkeit einer sich ins Unermessliche steigernden Nachfrage ins Bewusstsein der Holländer.«[260] Entscheidend für die Entstehung der Tulpenmanie war eine »plötzliche Nachfragewelle« in den Jahren 1634/35. Binnen Jahresfrist stiegen die Preise für die begehrten Zwiebeln zum Teil auf das Zehnfache. Diese Dynamik rief Käufer auf den Plan, die im Vorab zukünftige Lieferungen erwarben und verkauften, so dass ein schwunghafter Zwischenhandel entstand, dessen Beteiligte nie eine Zwiebel oder gar eine Blume zu Gesicht bekamen: »Auf dem Höhepunkt der Spekulation zu Beginn des Jahres 1637 hatte der eigentliche Gegenstand der Käufe und Verkäufe schon längst aufgehört, eine Tulpenzwiebel zu sein, und war stattdessen zu einem übertragbaren Stück Papier mit einem imaginären Lieferdatum geworden. Je näher am Lieferdatum der Verkauf abgeschlossen wurde, desto größer war das Risiko für den Käufer, das Konto mit dem Züchter begleichen zu müssen, umso blendender aber auch die Aussicht, einen Gewinn aus den Preisen, die mit jedem Tag und jeder Stunde stiegen, zu erzielen.«[261] »Da die Inflationszeit der Tulpenzwiebeln sich beständig verkürzte (die Preise verdoppelten oder verdreifachten sich mit jeder Woche oder jedem Tag), wurde es zum Zweck der Übung, papierne Lieferobligationen zu kaufen und mit beachtlichem Gewinn wieder zu veräußern. Wie viel Zeit zwischen Kauf und Verkauf verging, hing davon ab, ob der Spekulant mit einem weitersteigenden Kurs seines Objekts rechnete oder ob er es vorzog, seine Gewinne rasch zu realisieren. Das letztere war nicht immer einfach, da viele Käufer ihre Angebote von späteren Zahlungsterminen abhängig machten, so dass die Verkäufer faktisch mit einem Warenbestand handelten, den sie noch nicht besaßen, zu Preisen, die sie nicht einkassieren konnten.«[262] »Zu diesem Zeitpunkt hatte sich der Spekulationswahn aus eigener Kraft auf eine Umlaufbahn ins All katapultiert, und das tätige Eingreifen der öffentlichen Autoritäten war vonnöten, um ihn schnell wieder auf die Erde zu bringen – mit einer schrecklichen Bruchlandung.«[263]

An dieser Krise fällt auf, dass ab einem bestimmten Zeitpunkt

260 Ibd. 379.
261 Ibd. 381.
262 Ibd. 387.
263 Ibd. 381.

ihr Verlauf nicht allein vom Verhalten einiger weniger professioneller Spekulanten abhängt. Die »heiße Luft« in der Spekulationsblase entsteht aus den Erwartungen und Begehrlichkeiten sehr vieler Menschen, die mitmachen oder meinen, mitmachen zu können und mitmachen zu müssen. Sie setzen ihr ganzes Kapital ein, um dabei sein zu können, und oft weit mehr als ihr ganzes Kapital bzw., wenn man so will, weit weniger – nämlich geliehenes Geld oder Geld, das sie zu erwerben hoffen, aber nicht haben. Von einem bedeutenden Landschaftsmaler hören wir: »So zahlte Jan van Goyen – gerade am Vorabend des Zusammenbruchs – einem Haager Bürgermeister 1900 Gulden für zehn Zwiebeln und versprach, ein Bild von Salomon von Ruysdael und ein Judas-Gemälde von eigener Hand nachzuliefern. 1641, vier Jahre später, hatte er weder ein Bild geliefert noch seine Schulden beglichen und starb völlig zahlungsunfähig.«[264]

Reales Wachstum von Produktion und Konsum geht also schon in den Frühphasen der Epoche, die wir heute Kapitalismus nennen, Hand in Hand mit dem Traum unbegrenzter Vermehrung von Geld und Reichtum. Damit entsteht neben der Welt der realen Dinge, die als Waren getauscht und als Kapital zur Grundlage von Produktion gemacht werden, eine zweite Welt, die Welt des Geldes, der Wechsel und der Anteilscheine, eine Welt, die sich nur aus Zahlen und Papieren, aus registrierten Beständen und ihren Bilanzierungen bildet. Es ist eine Welt der Erwartungen, die ständig in Bewegung gehalten wird von einem Gemisch aus Gier, Spielleidenschaft, vernünftiger Risikoabschätzung, Bauchgefühl, aufkommenden und verschwindenden Stimmungen sowie leeren Illusionen. Was Platon und Aristoteles *Pleonexia* nennen, das Mehrhabenwollen, kommt in dieser Welt besonders rein zum Ausdruck. Diese zweite Welt bildet die erste nicht einfach ab, ebenso wenig wie die reale Welt sich einfach nach der Weise bewegt, die die Erwartungen der zweiten ihr vorgeben. Jedoch sind beide Welten auch nicht unabhängig, sondern sie greifen ineinander, empfangen wechselseitige Hemmungen und Stöße, und eine Erschütterung in der einen löst unweigerlich Verschiebungen und Einbrüche in der anderen aus, wenn auch oft mit zeitlicher Verzögerung.

Man darf diese zweite Welt nicht *per se* als ein Malum ansehen – unter heutigen Bedingungen ist keine Wirtschaft ohne die Finanz-

---

[264] Ibd. 386. Anders Goldgar (2007: 248): Gemäß ihrer Darstellung hat sich van Goyen vor allem mit Grundstückgeschäften verspekuliert.

wirtschaft denkbar. Aber da, wo die zweite Welt den Kontakt zur ersten verliert, wo ihre Teilhaber vergessen haben, dass ihr Spiel mit Zahlen irgendwann irgendwo auf der Welt wirkliche Bewegungen von Menschen und Dingen auslösen kann, wo die Frage, wer unter diesen Bewegungen leidet und ob sie gut sind oder nicht, erst gar nicht gestellt wird, da nimmt das, was wir heute die Finanzwelt nennen, deutliche Züge des Malum an. Dies wird umso mehr deutlich, wenn man bedenkt, dass eines seit je völlig außerhalb ihres Gesichtskreises geblieben ist: ihr Anteil an dem Leid, das aus der wirtschaftlichen Not der Menschen entspringt. So wird das 17. Jahrhundert, die Epoche des europäischen *Aufbruchs zur Weltwirtschaft*[265], grundiert von unvorstellbarem Elend, worin damals in weiten Teilen Europas und der außereuropäischen Kolonien die allermeisten Menschen lebten. Das Elend umfasst gleichermaßen die unmenschliche Sklavenarbeit in den Bergwerken und Haciendas Mittel- und Südamerikas, den Hunger der Landbevölkerung während der häufig auftretenden Nahrungskrisen überall auf der Welt, die mühsame, karg entlohnte Arbeit von Männern und Frauen im Dienste hartherziger Verleger in Mittel- und Westeuropa und nicht zuletzt die ausweglose Notlage von zehntausenden von Armen in Städten wie London und Paris. Dass der Mensch nicht weiß, wie und wovon er leben soll, ist zwar nie allein ein ökonomisches Malum, sondern betrifft auch Politik und Gesellschaft, aber solange Wenigen die Früchte der Erde im Übermaß zuteilwerden, während die Meisten im Mangel oder in beständiger Drohung, Mangel zu leiden, leben müssen, bleibt die Wirtschaft mit der Frage konfrontiert, ob ihre Abläufe nicht wesentlich zur Aufrechterhaltung und Steigerung des Übels beitragen.

[265] So der Titel des 3. Bandes des klassischen Werkes von Braudel.

10. Smith

Das Wirtschaftssystem, die Selbstsucht und die Verharmlosung des Bösen

Mag man den Menschen für noch so egoistisch halten, so liegen doch offenbar gewisse Prinzipien in seiner Natur, die ihn dazu bestimmen, an dem Schicksal anderer Anteil zu nehmen, und die ihm selbst die Glückseligkeit dieser andern zum Bedürfnis machen, obgleich er keinen anderen Vorteil daraus zieht als das Vergnügen, Zeuge davon zu sein.
Adam Smith, Theory of Moral Sentiments.

Unsere Kaufleute und Unternehmer klagen zwar über die schlimmen Folgen höherer Löhne, doch verlieren sie kein Wort über die schädlichen Auswirkungen ihrer hohen Gewinne. Sie schweigen einfach über die verwerflichen Folgen der eigenen Vorteile und klagen immer nur über die anderen Leute.
Adam Smith, Wealth of Nations

Adam Smith gilt zu Recht als der Vater der modernen Wirtschaftstheorie. Mit ihr verschwindet die Kunst der Hausverwaltung, d. h. die Sorge für die Bedürfnisse des Alltags und die Ordnung der Verhältnisse im Bereich des Haushalts, endgültig aus dem Blickfeld der Ökonomie. Seitdem versteht man unter der Wirtschaft, dem Gegenstand der Wirtschaftstheorie, das Gesamt aller auf dem Markt stattfindenden sowie aller auf den Markt bezogenen menschlichen Interaktionen. Dieses Gesamt wird als ein *System* angesehen. Seine Dynamik kann idealerweise mit Hilfe von Gesetzen nach Art der Naturgesetze der Klassischen Physik erklärt werden. Die Abläufe eines idealen marktwirtschaftlichen Systems lassen sich in mathematischer Form darstellen – was allerdings noch außerhalb der Lehre Smiths lag.

Die moderne Wirtschaftstheorie ist nicht nur ein gegenüber allem, was zuvor über Wirtschaft gelehrt wurde, radikal neues wissenschaftliches Paradigma, sondern sie stellt auch eine neue Sicht auf den Menschen und die Welt seiner Beziehungen dar. Mit der Grundlegung dieser neuen Sicht durch Smiths *Wealth of Nations* von 1776 vollzieht sich *die* entscheidende Wende in der Geschichte des Denkens über das Malum oeconomicum. Denn wo diese Sicht sich durchsetzt, verschwinden *gut* und *böse* aus der Begrifflichkeit, mit der Wirtschaft beschrieben wird. Das bedeutet, dass die Sphären des Marktes und der Produktion sozusagen *entmoralisiert* werden. Zudem wird es von nun an systembedingt möglich, Phänomene, die einzelnen Wirtschaftsakteuren als ein Malum begegnen, als ein Bonum zu beschreiben (s. u.). Damit gibt es in der maßgeblichen Rede über die Wirtschaft, wie sie von der neuen Lehre vorgegeben wird, kein eindeutiges Malum mehr, was dazu führt, dass die Rede vom Malum im Sprachgebrauch der Wirtschaftswissenschaften keinen Platz hat.

Als Systemelemente des Wirtschaftssystems werden die Menschen anders aufgefasst als in älteren Theorien. Formen menschlichen Verhaltens, die zuvor moralisch anfechtbar erschienen, werden nun ohne Wertung betrachtet, wenn nicht sogar ausdrücklich belobigt: Das Streben nach maximalem Profit gilt als systemnotwendig und wird, statt widernatürlich zu erscheinen, als Teil der menschlichen Grundausstattung angesehen. Für das neue System der Wirtschaft ist mit dem Menschen, der nichts Höheres kennt als seinen Privatvorteil, als dem Normalfall zu rechnen. Dieser Normalfall aber ist zugleich das Natürliche und das Gute. Denn im Gefolge von Smith entwickelt der Liberalismus die Überzeugung, dass das System der Wirtschaft am besten funktioniert, wenn man die Menschen darin wirken lässt, wie es jedem Einzelnen von ihnen am besten scheint. Radikale Marktliberale behaupten bis heute, dass das System der Wirtschaft als Ganzes, wenigstens in der Regel, stets in dem Zustand belassen werden sollte, in den es durch seinen eigenen Lauf gerät. Von Übel sei es, wenn der Staat daran und darin herumpfusche und – sei es selbst aus wohlmeinender Absicht – Knüppel zwischen die Räder werfe bzw. das Getriebe zur Überhitzung oder zum Stocken bringe.

Wirtschaft als System aufgefasst ist diejenige Betrachtungsweise, mit der die moderne Wissenschaft von der Wirtschaft möglich wurde. Das Verschwinden der Moral kann dabei nicht verwundern: Systeme eignen sich grundsätzlich nicht als Adressaten moralischer Betrachtungen. Denn ein System als solches ist taub für jegliche Ansprache, die nicht seiner Logik entspricht: Das Wirtschaftssystem »versteht« nur die »Sprache« der Preise, nicht aber die moralischer Regeln. Dennoch hat die Theorie von der Wirtschaft Züge, die sie von

Biologie und Physik, die sich mit Systemen in der außermenschlichen Natur beschäftigen, deutlich abgrenzen. Es sind Züge, die eher an eine Vision oder ein Wunschbild als an eine nüchterne Analyse eines Ausschnittes der Welt gemahnen. Denn anders als irgendein System, das ein Naturwissenschaftler betrachtet, wird das Wirtschaftssystem vielfach mit einem Bonum, ja, mit einem überragenden Guten konnotiert: Überlässt man es sich selbst, so die Überzeugung des Marktliberalismus, generiert es einen ständig zunehmenden Wohlstand, dessen Früchte letztlich allen zugutekommen, auch wenn sich niemand ausdrücklich um das Wohl des Ganzen kümmert. Dieses System sich selbst zu überlassen, heißt aber, jedes seiner Elemente, d. h. jeden wirtschaftenden Menschen in Freiheit das Seine suchen zu lassen. Zwischen der Freiheit der individuellen Person als erster Voraussetzung und der Gesamtwohlfahrt aller als letztem Resultat spannt sich der Bogen der mathematischen Wirtschaftstheorie: Erste Voraussetzung und letztes Resultat aber werden ausdrücklich als ein Bonum angesehen.

Der Traum von der liberalen Marktwirtschaft, in der jeder tut, was er für das Seine hält, indem er in Freiheit privaten Nutzen und Gewinn maximiert und damit das Ganzes auf das Beste bestellt, ohne dass einer für dieses Ganze Verantwortung zu übernehmen bräuchte, hat beim ökonomischen Werk des Adam Smith seinen Ausgang genommen. Jedoch ist diese Sicht nicht Angelegenheit weniger Wissenschaftler geblieben: Mit dem *Wealth of Nations* und mit dem, was von liberaler Seite an ökonomischer Literatur folgte, fanden wirtschaftliche Akteure eine Legitimation für ihr Tun vor, wie sie zuvor unvorstellbar war: Wer seinen Lebenszweck darin sah, Kapital anzuhäufen, konnte dies von nun an mit einem theoretisch fundierten guten Gewissen tun. Fortgesponnen haben den Traum des Adam Smith also die Vielen, die einen *gesunden Egoismus* kombinieren wollten mit dem *beruhigenden Gefühl, gute Menschen zu sein.* Stellenweise hat sich diese Haltung zu einer Art neuen Moral ausgewachsen, die besagt: ›Wenn du Gutes tun willst, sorge für deinen eigenen Vorteil. Bist du dazu nicht in der Lage, so wirst du der Gesellschaft zur Last fallen. Das alleine wäre ein wirkliches Übel.‹ Dieser Traum wird noch heute geträumt, und seine Folgen werden die Menschheit noch lange beschäftigen.

Der Weg zur Wirtschaft als System

Erst seit Adam Smith wird allgemein anerkannt, dass es eine Wissenschaft von der Wirtschaft gibt, die *Nationalökonomie* oder *Politische Ökonomie*, im Deutschen auch *Staatswissenschaft* genannt. Wenn man von Aristoteles her denkt, ist Ökonomie keine Wissenschaft, sondern eine *Kunst*, das Können des guten Hausverwalters. Auch in den Werken von Montchrétien zu Anfang des 17. Jahrhunderts, in denen der Ausdruck *Économie Politique* zum ersten Mal nachweisbar ist, ist Politische Ökonomie *un art*, ein Können.[266] Im Gegensatz zur Lehre des Aristoteles ist jedoch nicht der Haushalt der Großfamilie, sondern der Haushalt des Territorialstaates, als dessen Vertreter, Verwalter oder auch Personifikation der Souverän sich versteht, Referenzpunkt der auf Montchrétien folgenden Politischen Ökonomie. Herrscher wie Ludwig XIII. und Ludwig XIV. in Frankreich sehen sich vor große Herausforderungen gestellt: Kriege, repräsentative Großbauten wie Versailles und ein aufwändiges Leben am königlichen Hofe nebst dem Aufbau einer Verwaltung und der Förderung von Wissenschaft und Kunst erfordern beträchtliche Einnahmen. Diese muss man der Bevölkerung einer Weise entziehen, die zukünftige Einnahmen nicht erschwert: Die Kuh, die man melken will, darf man nicht schlachten, ja, man darf sie nicht einmal darben lassen. Will man die Staatsfinanzen nachhaltig sichern, ist es notwendig, die Wirtschaftskraft im Lande zu erhalten und zu steigern.

Für eine gedeihliche wirtschaftliche Entwicklung im Sinne dieser Politischen Ökonomie gibt es im 17. und 18. Jahrhundert jedoch selbst in hoch entwickelten Ländern wie Frankreich und England gravierende institutionelle Hindernisse: Binnenzölle innerhalb der Territorialstaaten beschränken den Handel, Zunft- und Gildenstatuten die Produktion in Handwerk und Industrie, Höchstpreise und Ausfuhrverbote für landwirtschaftliche Güter verhindern Investitionen im Agrarsektor. Unterschiedliche Rechenmaße für Größen und Gewichte sowie unterschiedliche Währungen erschweren den Austausch der Güter, und schließlich dient auch die Organisation der Staatseinnahmen – etwa über die Vermittlung von Steuerpächtern, deren Rechnungsführung systematisch undurchsichtig und deren Einnahmeverwaltung systematisch korrupt ist – oft weder dem Interesse des Souveräns noch dem seiner Bürger. Zugleich treffen Unter-

[266] Vgl. Bürgin (1993).

nehmer und Kaufleute immer wieder, offen oder insgeheim, Absprachen, in denen es stets um dasselbe ging: »Das Ziel war immer, den Wettbewerb einzuschränken, die Beschaffung zu monopolisieren und alle Handelsbedingungen zu kontrollieren.«[267] Die Organisation von Produktion und Handel in den Territorialstaaten West- und Mitteleuropas stellt sich insgesamt als ein Durcheinander dar, das kaum jemand überschaut.[268] Die Wirtschaft ist unter solchen Bedingungen zwar durchaus »frei« – aber sie ist frei im Sinne des *Wildwuchses* oder des *Chaos*.

Für einen Souverän stellt sich unter derartigen Umständen das Problem, dass sich zwar Kaufleute, Unternehmer und Börsenmakler in diesem Dschungel zu ihrem Vorteil gut zurechtfinden mögen, dass aber andere Menschen und nicht zuletzt der Staat davon keineswegs profitieren. Bevor der Staat hier Ordnung schaffen oder gar zusätzliche Einnahmen erzielen kann, muss man zunächst einmal verstehen, was abläuft und wo man eingreifen kann bzw. eingreifen sollte. Zu einem angemessenen Verständnis solcher Abläufe tragen aristotelisierende Ansätze so gut wie nichts bei. Die Frage lautet nicht mehr: Ist Zins widernatürlich, deutet das Interesse an Gelderwerb auf seelische Schlechtigkeit hin? Sondern: Was sind die Quellen des Reichtums einer Nation? Wie funktioniert eine Geldwirtschaft, welche Rolle spielt der Zins in ihr, wie sind die langfristigen Folgen von Börsenspekulation einzuschätzen, wie wirken sich Beschränkungen des Zugangs zu Märkten oder Festsetzungen von Höchstpreisen auf Güterproduktion, Güterangebot und Preisentwicklung aus? Was tragen Binnenzölle oder Zölle an den Außengrenzen zum Schutz des Gewerbes einerseits, zur Güterversorgung andererseits bei?

Bei der Erörterung solcher Fragen liegt es nahe, dass jegliches

---

[267] So Schama (1988: 369) über die Verhältnisse in den Niederlanden. Adam Smith (*Wealth* 112) bemerkt: »Geschäftsleute des gleichen Gewerbes kommen selten, selbst zu Festen und zur Zerstreuung, zusammen, ohne daß das Gespräch in einer Verschwörung gegen die Allgemeinheit endet oder irgendein Plan ausgeheckt wird, wie man die Preise erhöhen kann.«

[268] Für die Niederlande verweist Schama (1988: 363 f.) auf die »Zersplittertheit der holländischen Republik in unzählige lokale Gerichtsbarkeiten, jede mit ihren eigenen Steuertarifen und der immensen Vielfalt an Maßen und Gewichten« sowie auf das »Festhalten am Gildenwesen und das Nichtzulassen von auswärtigen Arbeitern.« In England, Frankreich und Norditalien sah es kaum besser, in Spanien, Süditalien sowie Mittel- und Osteuropa vielfach schlimmer aus. Die Vielfalt der Regelungen ermöglichte Händlern, die die richtigen Tricks kannten, ungeheure Gewinne – hier tat sich besonders die Handelsnation Holland hervor.

Malum mit moralischem Beigeschmack aus der Theorie herausgedrängt wird. Statt über Tugenden und Laster einzelner Menschen zu räsonieren, versucht man zu einer Bilanz über die gesamte Wirtschaft eines Landes zu gelangen, in die alle für den Staatsreichtum wichtigen Größen eingehen, und man kann dann überlegen, welche Parameter man beeinflussen kann, um diese Bilanz gemäß dem Vorteil des Staates zu ändern.[269] In dieser Epoche, der Zeit zwischen Montchrétien und Adam Smith, wird das wissenschaftliche Ideal des Systems an die Wirtschaft herangetragen. Das große Vorbild ist das Newton'sche System der Physik, aber vielleicht noch wichtiger ist die Entdeckung des Blutkreislaufes, die François Quesnay (1694–1774) veranlasst, in seinem *Tableau économique* ein Kreislaufsystem der Wirtschaft zu entwickeln. Andere Ideen stellen die Wirtschaft als eine Art Uhrwerk dar, das nach mechanischen Gesetzen abläuft, aber des Staates bedarf, der es zu Zeiten aufzieht und in besonderen Situationen mit Reparaturmaßnahmen eingreift.

Anders als beim Studium der Planetenbewegung dominiert beim Studium der Wirtschaftsbewegungen ein praktisches Interesse. Aber schnell stößt man auf das Grundsätzliche: Was macht den Reichtum eines Landes aus, was sind seine Quellen, woran misst man sein Wachstum, wer ist *der Staat*, der besonderen Anspruch auf die Früchte dieses Reichtums macht, was kann dieser Staat aktiv unternehmen, um den Reichtum des Landes zu erhöhen? Die Interessen der politischen Ökonomen bei ihren jeweiligen Antworten sind unterschiedlich, aber die meisten nehmen durchaus Anteil am Wohl der Bevölkerung ihres Landes. Manche meinen, sie könnten am meisten bewirken, wenn sie ihre moralischen Anliegen in die Sprache ökonomischer Interessen kleiden würden, wie Quesnay, der einmal sagt: »Wenn ich ihnen [seinen Zuhörern am Hof Ludwig des XV., d. V.] Moral predige, so hören sie mich nicht an und erklären, ich sei ein verträumter Philosoph, oder sie denken, ich will über sie verfügen und schicken mich zum Teufel. So beschränke ich mich darauf, ihnen zu sagen: das ist ihr Interesse, das Interesse ihrer Macht, ihres Vergnügens und ihres Reichtums. Dann hören sie zu wie der Rede eines Freundes.«[270]

---

269 Zu den im 18. Jahrhundert auftretenden Schwierigkeiten, eine solche Bilanz aufzustellen und, mehr noch, ihre ökonomische Bedeutung angemessen zu interpretieren, vgl. Braudel 2 (1986: 217 ff. u. 230 ff.).

270 Quesnay, zitiert nach Anikin (1974: 164).

Der Ausdruck *Laisser faire, laisser passer,* heute bekannt als Credo der radikalen Marktliberalen, bildet sich, wenn auch erst allmählich, in dieser Frühzeit der Politischen Ökonomie. Recht verstanden ist er keine allgemeine Regel, sondern die Antwort auf die spezifische Frage eines Fürsten, der die Wirtschaftsleistung seines Landes und damit sein fürstliches Einkommen erhöhen möchte. *Laisser faire, laisser passer* ist eine Antwort, die dem Fürsten verspricht, was er sich wünscht, aber zugleich allen seinen Untertanen Gutes verheißt: Lässt man diejenigen *machen,* die wirtschaftlich tätig sein wollen, statt sie durch hohe Abgaben oder Zugangsbeschränkungen zu Märkten oder Berufen zu hindern, so tut man etwas Gutes für die Produktivität der gesamten Wirtschaft; lässt man den Handel über die Grenzen hinweg frei *passieren* (durchziehen), statt ihn durch Zollschranken aufzuhalten, so sorgt man dafür, dass die Güter dahin gelangen können, wo sie gebraucht werden; überlässt man die Preisbildung dem Markt, statt Höchstpreise vorzuschreiben, und verhindert man Absprachen zu Lasten der Konsumenten und Wettbewerber, so wird man in der Regel ein Güterangebot vorfinden, wie es der Nachfrage entspricht. Die Forderung nach freiem Güter- und Kapitalverkehr war im 18. Jahrhundert nicht nur die Parole von Kaufleuten und Unternehmern, sondern sie wurde vor allem von politischen Ökonomen erhoben – wie sie glaubten, im Interesse von Bedürftigen, die ungehindert erwerben sollten, was sie benötigten.

Die Politische Ökonomie des 17. und 18. Jahrhunderts hatte für die Stellung der Frage nach dem Malum ungeheure Folgen. Die Dispositionen der Seele des Einzelnen sind längst nicht mehr von Bedeutung, von der Gemeinschaftsfähigkeit der Menschen ist kaum noch die Rede. Stattdessen wird ein abstraktes Ganzes vorgestellt, das in seiner Komplexität und Dynamik dem Zugriff jedes Einzelnen, und wäre es selbst der souveräne Fürst eines Landes, entzogen erscheint. Der Begriff des *Systems,* zu dem die Politische Ökonomie in der Mitte des 18. Jahrhunderts gelangt ist, macht die neue Sichtweise deutlich. Gut ist es, wenn das System ungestört *funktioniert,* von Übel ist es, wenn das System in seiner Funktionsweise beeinträchtigt wird oder gar überhaupt nicht mehr funktioniert. Diese Sichtweise tritt uns auf der Stufe ihrer ersten Vollendung im Werk des Adam Smith entgegen.

Adam Smith als Philosoph der zwischenmenschlichen Beziehungen

Wer Adam Smith betrachtet, muss unterscheiden zwischen dem, was er beabsichtigte, und dem, was aus ihm gemacht wurde: Intention und Folgen seines Werkes fallen auseinander. Der Professor für Moralphilosophie in Glasgow, der in seiner *Theory of Moral Sentiments* ein unverkürztes Bild der Natur des Menschen und eine umfassende Theorie menschlichen Zusammenlebens anvisierte, wäre sicher betroffen gewesen, hätte er erfahren, dass man ihn später als Erfinder des Homo oeconomicus und als Prediger eines Laisser-Faire-Liberalismus feiern würde.

Dass aus seiner ganzheitlichen Sicht eine reduktionistische Doktrin wurde, ist Smith nicht anzulasten. Gleichwohl ist die Berufung auf ihn seitens der Wirtschaftstheorien des 19. und 20. Jahrhunderts kein bloßes Missverständnis. Denn jenseits der Intention des Philosophen Smith entfalten sich in seinem ökonomischen Werk Denklinien, die ein Eigenleben annehmen können. Als im Verlauf des 19. Jahrhunderts ein Widerspruch behauptet wurde zwischen dem Moralphilosophen Adam Smith, der auf der Basis einer differenzierten Anthropologie die Grundprobleme der Ethik lösen wollte, und dem Ökonomen Adam Smith, der, indem er den Egoismus des Einzelnen pries, seine Anthropologie zurückzunehmen schien[271], lag man vielleicht nicht so falsch, wie heute oft behauptet wird. Denn das System der Wirtschaft führt im Denken des *Wealth of Nations* stellenweise ein Eigenleben, das nicht im geringsten von der Intention des Autors der *Theory of Moral Sentiments* berührt scheint. Wer nur die systematischen Passagen des *Wealth of Nations* zur Kenntnis nimmt, kann durchaus den Eindruck gewinnen, dass Smith ein System feiert, das, basierend auf dem Eigennutz eines jeden, wie von selbst das Wohl aller bewirkt.

In den nächsten Abschnitten werden wir die Grundlagen des Wirtschaftsentwurfs vom Adam Smith darstellen, wobei wir auch untersuchen, welche Stellung dieser Entwurf im Smith'schen Gesamtwerkes einnimmt.

Smith hat an der Bewegung der Aufklärung teil, mit deren ent-

---

[271] Vgl. Oncken (1898), der für diesen angeblichen Widerspruch die Prägung »Das Adam Smith-Problem« fand. Eine weithin akzeptierte Lösung bietet Eckstein (1985), ähnlich Nutzinger (1991). Kritisch hierzu jüngst Overhoff (2005).

scheidenden Figuren in den französischen und schottischen Zirkeln er teilweise durch persönliche Bekanntschaft verbunden war. Seine politischen und gesellschaftlichen Ideen orientieren sich an den bürgerlichen Idealen der Freiheit und Gleichheit. Zum Credo des liberalen Republikaners Adam Smith gehört, dass die Lebensführung des Einzelnen, sei er Aristokrat oder Arbeiter, nicht durch Vorgaben von Staat und Kirche gegängelt werden darf: Jeder Mensch kann im Prinzip selbständig beurteilen, was für ihn ein gutes Leben ist. Die Forderung der amerikanischen Unabhängigkeitserklärung, jedem Menschen das Recht zu gewähren, auf persönliche Weise sein Glück zu suchen *(pursuit of happiness)*, passt ganz zu Smiths Vorstellungen. Überdies sind seine Ideen über die Entwicklung der Menschheit durchdrungen vom Fortschrittsoptimismus seiner Epoche. Dazu kommt eine spezifische Begeisterung für die durch Newton initiierte Revolution der Naturwissenschaften, ohne die Smiths Entwurf der Wirtschaft nicht vorstellbar ist.

Das besondere Interesse des Moralphilosophen Adam Smith richtet sich auf *zwischenmenschliche Beziehungen*. Smith sieht den Menschen als ein Wesen an, zu dessen Natur es gehört, in Beziehungen zu leben und aus der Beziehung heraus das Eigene zu entfalten. Wir können, so Smith, nicht sein, was wir sind, ohne die Beziehung zu den anderen, und noch in der intimsten Innenschau eines jeden ist der (vorgestellte) andere Mensch gegenwärtig. Das antike Ideal der Autarkie wird in diesem Ansatz nahezu bedeutungslos.

Beziehung bedeutet zweierlei: Beziehung auf sich selbst und Beziehung auf andere. Während Denker wie Hobbes und Spinoza die Natur des Menschen fast ausschließlich von der Beziehung auf sich selbst her, aus dem Interesse an der Selbsterhaltung verstehen, sieht Smith die Beziehung auf andere als *gleichursprünglich* an. Der Mensch ist dasjenige Wesen, das von Anbeginn her ebenso sehr beim anderen wie bei sich ist. Dieses ursprüngliche Beim-anderen-Sein ist der Angelpunkt der Ethik Smiths, wie er sie in seinem moralphilosophischen Hauptwerk, der *Theory of Moral Sentiments*[272], darstellt.

Indiz dafür ist die Empfindung der Sympathie. Sympathie (von *sym-pathein*, mit-leiden oder mit-fühlen) ist die Fähigkeit, Gefühle und Vorstellungen anderer Menschen nachzuvollziehen. Es handelt

---

272 Smith (1985), im Folgenden zitiert als Theory. Zur Gesamtanlage des Werkes ist insbesondere die Einleitung zur deutschen Übersetzung (Eckstein 1985) heranzuziehen. Vgl. auch Hottinger (1997) und Manstetten (2000).

sich nicht um eine anerzogene oder erworbene Fähigkeit, sondern um eine natürliche Veranlagung des Menschen. Vor allem in seiner Ethik deutet Smith unser moralisches Selbstverständnis aus unserer fundamentalen Bezogenheit auf andere, insbesondere auf ihr Bild von uns und ihre Urteile über uns. Die wirklichen oder vorgestellten Urteile anderer spielen eine entscheidende Rolle für unsere Selbsteinschätzung und die moralische Bewertung unseres eigenen Tuns.

Smith versucht in seiner Grundlegung der Ethik zu zeigen, wie der Mensch mit der Reifung seines moralischen Empfindens aus der Abhängigkeit von den faktisch vorhandenen anderen Menschen heraus sich dazu aufschwingen kann und soll, sich dem Blick eines idealen vorgestellten Anderen zu unterstellen. Das Geltungsbedürfnis, das Streben nach *faktischer Anerkennung* des eigenen Handelns durch die Anderen, wird sublimiert zum Streben danach, dass das eigene Handeln *anerkennenswürdig* werde in den Augen einer Instanz, die uns ohne die Verzerrungen unseres Privaturteils in den Blick nimmt. Der ideale vorgestellte Andere, die oberste ethische Instanz ist *der wohlinformierte und unparteiliche Zuschauer,* der laut Smith in der Brust eines jeden Menschen wohnt; diesem Zuschauer zu genügen ist das höchste Ziel rechten Handelns.[273]

Wer Smiths Ethik studiert, hat oft den Eindruck, einer Theorie der *Geselligkeit* zu begegnen, d.h. einer Lehre vom gesitteten zwischenmenschlichen Verkehr und seiner Grundlagen. Die ethischen Gefühle, wie Smith sie darstellt, entwickeln sich und entfalten ihre Wirksamkeit im *Nahbereich,* nämlich in Sphären, wo Menschen sich in Gesellschaft als Personen, die für einander ein Gesicht haben, begegnen und für die angemessene Art einer Begegnung bestimmte Maßstäbe ausbilden.

Smiths Interesse an der Wirtschaft ist zu seinem Interesse am Nahbereich komplementär. Die Marktwirtschaft umfasst den *Fernbereich,* ja, schon zur Zeit Smiths, die ganze Erde. Denn wo getauscht wird, da können sich von überall her Werke und Leistungen von Menschen zusammenfinden, die persönlich einander nie begegnen oder, wenn sie aufeinander treffen, bloße Rollen füreinander bleiben, nämlich Käufer und Verkäufer. Diese Welt menschlicher Fernbeziehungen als besonderes Feld zu würdigen und zu analysieren ist die ursprüngliche Intention, die das Interesse des Philosophen Adam

[273] Vgl. hierzu ausführlich Manstetten (2000: 237–244).

Smith an der Wirtschaft weckt. Dazu kommen drei weitere Motive, die mit diesem Interesse nicht immer kompatibel sind.

(i) Das Staunen über die *ungeheure Produktivität*, wie sie aus einer arbeitsteiligen Organisation der Güterherstellung und einer marktwirtschaftlichen Struktur der Gesamtwirtschaft hervorgeht,

(i) die Teilhabe am *Systemdenken der Naturwissenschaften* seit Newton und der Versuch, dieses auf die Marktwirtschaft anzuwenden und

(iii) der *Glaube an die gute Natur des Menschen*, die im Prinzip jeden befähigt, für sich zu sorgen, und an die harmonische Ordnung des Universums, die dafür sorgt, dass auch Fehler im Einzelnen die Entwicklung der Menschheit zum Höheren nicht aufhalten können. Es ist vor allem dieses Motiv, das bewirkt, dass Smith ein gewisses Desinteresse an der Problematik des Malum zeigt.

Während sich das letztgenannte Motiv durch alle Werke Smiths zieht, werden die beiden ersteren vor allem in seiner Wirtschaftslehre entfaltet. Mit dieser wollen wir uns in den folgenden Abschnitten beschäftigen.

Das gemeinsame Gut in der Hand von Privateigentümern

Für die Grundlegung seiner Wirtschaftslehre »entdeckt« oder postuliert Smith einen Wesenszug menschlichen Verhaltens, dessen Bedeutung den antiken und scholastischen Denkern, die zuvor für das Wirtschaftsdenken maßgeblich waren, entgangen ist: *die Neigung zu tauschen*.[274] Diese Neigung, als menschliche Naturanalage aufgefasst, bedeutet, dass in jedem Menschen eine ursprüngliche Hinwendung zum anderen Menschen angelegt ist, die sich im Wechselspiel von Geben und Empfangen manifestiert. Dank ihrer kann in gewisser Weise jeder Mensch am Geist, am Können und an der Leistungsfähigkeit aller anderen teilhaben. Jeder Mensch gibt einen Teil der Früchte seines Tuns an andere und erhält Entsprechendes von ihnen. »Ohne die Neigung oder Anlage zum Tauschen müsste … jeder selbst für alle Dinge sorgen, die er zum Leben und zu seiner Annehmlichkeit haben möchte.«[275] Lebte jeder Mensch nur für sich, so würden alle äußerst ärmlich und elend dahinleben.

---

[274] *Der Wohlstand der Nationen*, Smith (1978:16 ff.), im Folgenden zitiert als *Wealth*.
[275] *Wealth* 19.

Die Neigung zu tauschen ist, so Smith, etwas spezifisch Menschliches, sie geht den Tieren ab. »Im Gegensatz [zu den Tieren, d. V.] nützen unter Menschen die unterschiedlichen Begabungen einander«, nämlich vermittels des Tauschs.[276] Freundschaft alleine könnte nicht hinreichen, um alle Möglichkeiten der Menschen, einander nützlich zu sein, auszuschöpfen: »In einer zivilisierten Gesellschaft ist der Mensch ständig und in hohem Maße auf die Mitarbeit und Hilfe anderer angewiesen, doch reicht sein ganzes Leben gerade aus, um die Freundschaft des einen oder anderen zu gewinnen.«[277] Was an wechselseitiger Hilfe nicht durch persönliche Zuwendung geleistet werden kann, wie sie aus einer Verbundenheit in Verwandtschaft, Freundschaft oder allgemeiner Menschenliebe entspringt, wird durch den Tausch möglich.

Während die antiken Denker, am Ideal der Autarkie orientiert, dem Tausch eine eher marginale Bedeutung zuweisen, erkennt Smith darin ein Geschehen, worin sich der Mensch in seinem Menschsein offenbart. Denn durch den Tausch entsteht eine Art Vergemeinschaftung oder Vergesellschaftung dessen, was jeder für sich hergestellt hat: »Die weithin verbreitete Neigung zum Handeln und Tauschen erlaubt es ihnen [den Menschen, d. V.], die Erträge jeglicher Begabung in einem gemeinsamen Fonds zu vereinen, von dem jeder nach seinem Bedarf das kaufen kann, was wiederum andere aufgrund ihres Talentes hergestellt haben.«[278]

Alle *Begabungen* innerhalb der Reichweite eines Marktes, auf dem getauscht wird, wirken an der Herstellung eines *gemeinsamen Fonds* mit. Sie erzeugen ein gemeinsames Gut, einen Schatz nützlicher Dinge und Leistungen, aus dem alle nach Bedarf versorgt werden könnten. In einer Marktwirtschaft haben die Menschen jedoch keinen direkten Zugriff auf ihr gemeinschaftliches Produkt. Seine einzelnen Elemente befinden sich überwiegend in den Händen privater Eigentümer, die alle anderen von der Nutzung des Ihrigen ausschließen können. Als Summe aus dem Privateigentum der Gesellschaftsmitglieder ist die Gemeinsamkeit der Reichtümer, die der gemeinsame Fonds enthält, eine bloße Abstraktion, denn niemand unter den Eigentümern muss sich als Teil einer Gemeinschaft, der er mit seinem Eigentum verpflichtet wäre, wahrnehmen.

---

276 Ibd.
277 *Wealth* 16.
278 *Wealth* 19.

Dass der Mechanismus, der die Ausschüttungen aus diesem Fonds regelt, der Tausch ist, bedeutet für den Liberalen Smith: Alle Vorgänge, die zu Eingaben in und Entnahmen aus dem gemeinschaftlichen Fonds führen, insbesondere die Art und Weise, wie Produkte und Leistungen zu ihren Besitzern gelangen und ihre Besitzer wechseln, sind freiwillig. Niemandem wird vorgeschrieben, in welcher Weise er sich an diesem Fonds beteiligt. Dass man sich aber daran beteiligt, dazu wird einen jeden sein eigenes Bedürfnis drängen. Denn der Einzelne »lebt weitgehend von den Gütern, die andere erzeugen und die er im Tausch gegen die überschüssigen Produkte seiner Arbeit erhält. So lebt eigentlich jeder vom Tausch oder er wird in gewissem Sinne ein Kaufmann, und das Gemeinwesen entwickelt sich letztlich zu einer kommerziellen Gesellschaft.«[279]

Diese *kommerzielle Gesellschaft* ist als der *wirtschaftliche Naturzustand* bei Adam Smith anzusehen.[280] Ganz anders als Hobbes konzipiert Smith den natürlichen Zustand des Menschen als einen solchen, worin freie Individuen einander in ihren Begabungen ergänzen – und dabei frei bleiben. Die Folge dieser Freiheit ist allerdings, dass jeder Mensch, dass den Menschen tendenziell der Sinn für alles Gemeinschaftliche verloren geht. Jeder ist Privateigentümer, und jeder begegnet jedem anderen in einer gewissermaßen berechnenden Weise: Wie ein Kaufmann wird man beim Tausch darauf achten, keinesfalls zu kurz kommen.

Unschwer erkennen wir in dieser Darstellung Motive wieder, die an Platons *gesunde Stadt* erinnern. Wie Platon sieht Smith einen engen Zusammenhang zwischen der spezifisch menschlichen Bedürfnisstruktur und der Teilung der Arbeit. Der Mensch ist das Wesen, das zu dem Seinen nur in Gemeinschaft mit anderen kommt. Das gemeinschaftliche Produkt der Bewohner der *gesunden Stadt* könnte man als einen *gemeinsamen Fonds* bezeichnen, aus dem nach Bedarf jeder erhält, was andere aufgrund ihrer spezifischen Begabung hergestellt haben.

Allerdings hätte Platon die Gemeinschaftlichkeit in der *gesunden Stadt* nicht als eine *kommerzielle Gesellschaft* bezeichnen. Obwohl er Kauf und Verkauf thematisiert, liegt es ihm fern, aus dem

---

[279] *Wealth* 22 f.

[280] Diese Aussage gilt uneingeschränkt nur für die Position des *Wealth of Nations*. Aus der Sicht der *Theory* muss sie modifiziert werden (vgl. in diesem Kapitel den Abschnitt 9).

Tausch von Arbeitsprodukten unter Privateigentümern den Grundtyp der Beziehungen in seiner Welt zu entwickeln. Die Beziehungen in der gesunden Stadt finden alle im Nahbereich statt, wo jeder jeden persönlich kennt. Den seinen Vorteil berechnenden Menschen in einer abstrakten Welt von Tauschbeziehungen, den Smith voraussetzt, kennt Platon nicht. Es versteht sich überdies von selbst, dass das Politische bei Platon – wie auch bei Aristoteles – etwas gänzlich Unkommerzielles ist.

Smith hingegen lässt im ersten Buch des *Wealth of Nations* vor unseren Augen ein Bild einer Wirtschaftswelt entstehen, die zwar eine Welt wechselseitiger Abhängigkeiten ist, aber, als Ganze genommen, scheinbar selbstgenügsam ist und keines anderen bedarf – am allerwenigsten einer Instanz, die ihr ein Konzept des guten Lebens aufnötigt. Insofern der sie prägende Beziehungstyp der *Tausch unter freien und gleichen Personen* ist, beansprucht sie, eine Sphäre der Freiheit und der Suche nach dem guten Leben zu sein: Das ist die *Welt der menschlichen Fernbeziehungen,* die globale Marktwirtschaft.[281]

Wer verbessert die Lebensbedingungen?

Die anthropologische Basis der Wirtschaft

Die *Commercial Society* ist in ihrem Ideal eine Welt *gleicher und freier Personen*. Sklaven kann es in ihr nicht geben, denn die Institution der Sklaverei widerspricht ihrem Wesen.[282] Die Gleichheit der Menschen bezieht sich auf ihre Fähigkeiten und Begabungen (i), auf ihre wesentlichen Bestrebungen (ii) und auf die allen gemeinsame Neigung zum Tausch (iii).

(i) Was die Fähigkeiten und Begabungen angeht, sagt Smith: »Der Unterschied in den Begabungen einzelner Menschen ist in Wirklichkeit weit geringer, als uns bewusst ist, und die verschiedenen Talente, welche erwachsene Menschen unterschiedlicher Berufe aus-

[281] Dass diese Welt indes keineswegs die beste aller denkbaren Welten ist, hat Smith ausdrücklich in seiner *Theory of Moral Sentiments* reflektiert.

[282] Smith war ein entschiedener Gegner der Sklaverei, die er nicht nur aus moralischen, sondern auch aus ökonomischen Erwägungen ablehnte: »Die Erfahrung zu allen Zeiten und in allen Völkern beweist, wie ich glaube, dass die Arbeit eines Sklaven am Ende die teuerste ist.« (*Wealth* 319).

zuzeichnen scheinen, sind meist mehr Folge als Ursache der Arbeitsteilung. So scheinen zum Beispiel die Verschiedenheit zwischen zwei auffällig unähnlichen Berufen, einem Philosoph und einem gewöhnlichen Lastenträger, weniger aus Veranlagung als aus Lebensweise, Gewohnheit und Erziehung entstanden.«[283] Wenn Platon lehrte, dass von Natur aus der eine mehr zum Bäcker, der andere mehr zum Tagelöhner oder Lastenträger geeignet sei, wenn Aristoteles behauptete, einige Menschen seien von Natur aus Sklaven, andere nicht, so behauptet Smith dagegen, dass diese anscheinend natürlichen Unterschiede kulturbedingt sind: Sie stammen daher, dass die eine Person von Kindheit an zur Näherin, die andere zum Lastenträger, die dritte zum Philosophen abgerichtet wird.

(ii) Die Bestrebungen der Menschen aber, so vielfältig sie sein mögen, werden, so Smith, unter normalen Verhältnissen von einem einzigen Bemühen überblendet, dem *Wunsch, die Lebensbedingungen zu verbessern.* Dieser ist anzusehen als »ein Verlangen, das uns zwar im allgemeinen ruhig und leidenschaftslos lässt, aber doch ein ganzes Leben lang begleitet, von der Geburt bis zum Tode. In dem Intervall zwischen beiden Ereignissen im menschlichen Leben gibt es wahrscheinlich nicht einen Augenblick, in dem jemand mit seiner Lage so uneingeschränkt und vollkommen zufrieden ist, dass er sich nicht wünscht, sie irgendwie zu ändern oder zu verbessern. Die meisten Menschen sehen in der Vergrößerung ihres Vermögens einen Weg, um ihr Los zu verbessern, einen Weg, weithin beliebt und auch leicht zu beschreiten.«[284] Was in der späteren Wirtschaftslehre als *Selbstinteresse oder Streben nach Privatvorteil* erscheint, ist für Smith verankert in diesem Grundmotiv, die Bedingungen des eigenen Lebens zu verbessern.

(iii) Als drittes Element ist die schon erwähnte Neigung zum Tausch anzuführen. So wie die Fähigkeit, die Gefühle anderer Menschen nachzuvollziehen, die Sympathie, nicht aus der Selbstbezogenheit abzuleiten ist, so ist auch die Neigung zum Tausch nicht aus der Suche nach Privatvorteil abzuleiten. Sie geht hervor aus einer ursprünglichen Offenheit für den anderen und realisiert sich als Fähigkeit, die Bedürfnisse anderer zu antizipieren und die eigenen produktiven Begabungen auf diese Bedürfnisse hin auszurichten.

---

[283] *Wealth* 18.
[284] *Wealth* 282.

Wirtschaftliches Eigeninteresse und Beziehung auf die Bedürfnisse anderer Menschen gehen Hand in Hand. Das spricht Smith in einer berühmten Formulierung des *Wealth of Nations* aus: »Jeder, der einem anderen irgendeinen Tausch anbietet, schlägt vor: Gib mir, was ich wünsche, und du bekommst, was du benötigst. [...] Nicht vom Wohlwollen des Metzgers, Brauers und Bäckers erwarten wir das, was wir zum Essen brauchen, sondern davon, dass sie ihre eigenen Interessen wahrnehmen.«[285] Für das Gelingen des Tausches ist also keineswegs das Wahrnehmen der eigenen Interessen hinreichend, sondern ebenso sehr gehört dazu die Kenntnisnahme der Interessen der anderen. Metzger, Brauer und Bäcker nehmen in der Regel wahr, »was ich wünsche«, und können zugleich von den Kunden erwarten, dass sie ihre legitimen geschäftlichen Interessen respektieren. Darin drückt sich die spezifisch menschliche Fähigkeit aus, motiviert durch die *Neigung zum Tausch* die Bedürfnisse der anderen zu erkennen und auf sie einzugehen.

Eine kritische Anmerkung ist an dieser Stelle angebracht: Smith unterscheidet nicht zwischen verschiedenen Arten des Tausches. Wenn er eine allgemein menschliche Neigung zum Tausch konstatiert, läge es nahe, darunter eine Vielfalt und Fülle von Gestalten zu zählen, z. B. das Bedürfnis nach Mitteilung und sprachlichem Austausch, das Verlangen, Zuspruch und Zuwendung zu geben und zu empfangen, den persönlichen Austausch von Gaben, die Tauschakte auf Märkten, andere, nicht marktmäßige Strukturen des Tausches oder den Opferkult gegenüber den Göttern. Für jede nicht ausschließlich marktwirtschaftlich organisierte Wirtschaftsgesellschaft muss man insbesondere die von Marcel Mauss[286] untersuchten Formen des Gebens und Empfangens beachten, die einer anderen Logik folgen als der Warentausch auf Märkten. Auch die Art, wie die Menschen in nicht-marktwirtschaftlichen Tauschstrukturen einander als Personen wahrnehmen, hat nichts mit einer kaufmännischen Einstellung in einer kommerziellen Gesellschaft zu tun. Im *Wealth of Nations* bleibt davon fast ausschließlich der Markttausch übrig, ohne dass erklärt würde, warum die ursprüngliche Neigung zum Tausch ausgerechnet in diese eine Form einmünden müsste.

---

[285] *Wealth* 17.

[286] Vgl. Mauss (1990), erhellend hierzu insbesondere Liebersohn (2010).

Arbeitsteilung und Kapitalbildung

Wir haben gesehen, dass in Platons *üppiger Stadt,* wo die menschlichen Bedürfnisse gleichsam »die Zügel schießen lassen«, eine expansive Dynamik entsteht, die zwangsläufig zu Ressourcenknappheit und Krieg und damit zu einem *großen Übel* führt. Auch Smith kennt Bedürfnisse, die ziel- und grenzenlos expandieren, und er schätzt sie als Moralphilosoph keineswegs positiv ein.[287] Als Ökonom jedoch entwirft er eine Welt expandierender Bedürfnisse, die die Übel der üppigen Stadt Platons vermeidet: Sogar fragwürdige Luxusbedürfnisse können in ihren Entwicklungspfad integriert werden. Was Platon, wenn man ihn mit den Augen Smiths liest, übersehen hat, ist die Dynamik der produktiven Arbeit: *Arbeitsproduktivität ist prinzipiell steigerbar,* woraus folgt, dass eine Gesellschaft prinzipiell immer mehr an Gütern und Leistungen herstellen kann. Platon dagegen kennt als Produktionsfaktoren nur Arbeit und Boden, nicht aber Kapital, insbesondere aber liegt technischer Fortschritt außerhalb seines Gesichtskreises. Ihm entgeht die Möglichkeit, dass ein und dieselbe Person unter verschiedenen Umständen höchst unterschiedliche Mengen eines Produktes erbringen kann, je nachdem, mit welchen Arbeitsmitteln und unter welchen Arbeitsumständen sie wirkt. Wo aber die Arbeitsproduktivität gesteigert werden kann, müssen expandierende Bedürfnisse innerhalb einer Gesellschaft keineswegs in Kriege mit den Nachbarn einmünden, sondern können zur Erweiterung bestehender und zur Eröffnung neuer Märkte führen.[288]

Smith illustriert die Steigerung der Arbeitsproduktivität mit der Produktion von Stecknadeln. Während ein isoliert arbeitender Nagelschmied höchsten 20 Nadeln pro Tag zuwege bringt, hat sich Smith bei Besuchen in einer kleinen Manufaktur persönlich davon überzeugen können, dass dort 10 Arbeiter täglich etwa 48000 Nadeln herstellen, d.h. auf jeden entfallen 4800 Stecknadeln pro Tag. Die Arbeiter sind an Maschinen beschäftigt, und die Herstellung einer jeden Nadel zerfällt »in eine Reihe von Arbeitsgängen. [...] Um eine Stecknadel anzufertigen, sind [...] etwa 18 verschiedene Arbeitsgänge notwen-

[287] Vgl. *Wealth* 143.

[288] Smith blendet allerdings, wie auch die meisten seiner Nachfolger (wenn man von Ausnahmen wie Malthus und Jevons absieht), die Problematik begrenzter natürlicher Ressourcen völlig aus.

dig, die in einigen Fabriken jeweils verschiedene Arbeiter besorgen, während in anderen ein einzelner zwei oder drei davon ausführt.«[289] Es ist die *technische Arbeitsteilung*, genauer gesagt, die *Zerlegung der Herstellung eines Produktes in verschiedene Prozesse*, verbunden mit dem Einsatz von Maschinen, wodurch diese ungeheure Produktivität möglich wird. Smith sieht deutlich, dass die Zerlegung von Arbeitsprozessen ebenso wie die technische Qualität und quantitative Leistungsfähigkeit von Maschinen im Laufe der Zeit zunimmt. Überdies kommen solche Maschinen in immer neuen Produktionszweigen an immer mehr Orten zum Einsatz. Die Arbeiter aber, die nur noch einen begrenzten Arbeitsgang verrichten, können all ihr Geschick auf diese eine Tätigkeit konzentrieren. Auch die Rohstoffe für die Herstellung von Produkten wie Stecknadeln werden zunehmend mit Hilfe von Maschinen in arbeitsteiligen Produktionsprozessen extrahiert. Insgesamt wird die Produktivität der Arbeit gesteigert durch in Quantität und Qualität zunehmendes Kapital (Maschinen, Anlagen, Gebäude) und durch stets wirkungsvolleren Einsatz der Arbeiter (rationale Zerlegung des Arbeitsprozesses, Konzentration der Fähigkeiten des Arbeiters auf einen Arbeitsgang).

Smith hält Arbeitsteilung für ebenso natürlich wie die Neigung zum Tausch. Allerdings fehlt bei ihm die wichtige Unterscheidung zwischen einer *natürlichen Arbeitsteilung* einerseits und einer *technischer Rationalität entspringenden Arbeitsteilung* andererseits. Platon setzt eine gleichsam natürliche Arbeitsteilung voraus, wie sie in fast allen Zivilisationen vorliegt: Jeder Produzent ist Hersteller und Verkäufer eines ganzen Produktes, wie Bäckerin und Schmied in einer ländlichen Gemeinschaft. Für seine Marktanalyse scheint Smith diese Art der Arbeitsteilung vorauszusetzen. Etwas ganz anderes aber ist die rationale Zerlegung des Arbeitsprozesses in einem Industriebetrieb, wie sie Smith mit seinem Stecknadelbeispiel beschreibt. Diese setzt einen hohen Organisationsgrad der Produktion sowie (in der Regel) den Einsatz von Maschinen voraus. Hier hat der einzelne Arbeiter, anders als Bäcker und Schmied in vormodernen Verhältnissen, keinen Bezug zum Gesamtresultat des Arbeitsprozesses. Davon gestaltet er nur einen kleinen Ausschnitt aktiv mit, ohne an den anderen Abläufen teilzuhaben oder am Verkauf des Endproduktes mitzuwirken.

Weiterhin bleibt im Rahmen der ökonomischen Sicht Smiths

[289] *Wealth* 10.

eine Frage, deren Brisanz er selbst immerhin geahnt hat, unbeantwortet: Wenn eine Gesellschaft ganz und gar arbeitsteilig organisiert ist, wenn also jeder Akteur sozusagen nur das Seine in einem beschränkten Bereich überblickt, wer ist dann für Fragen zuständig, die einen Überblick über das Ganze der Gemeinschaft erfordern? Wie kann eine Gesellschaft gute kollektive Entscheidungen fällen, wenn jeder im Rahmen seines Privatinteresses nur für einen winzigen Ausschnitt ihrer Lebensprozesse zuständig ist?[290]

Das System der natürlichen Freiheit

Die sich ständig weiter differenzierende Arbeitsteilung führt dazu, dass es im Laufe der Zeit von allem, was die Menschen benötigen, stets mehr gibt. Was Smith für alltägliche Gebrauchsdinge wie Stecknadeln gezeigt hat, lässt sich auch für elementare Güter wie Nahrungsmittel und sogar für viele Luxusgüter plausibel machen: Die Produktmenge erhöht sich im Laufe der Zeit, die Herstellung einer bestimmten Einheit des Produktes verbilligt sich. Damit ist, was die Quantität der Güter angeht, eine ständige Verbesserung der Lebensbedingungen der Menschen möglich. »Und dies ungeheure Anwachsen der Produktion in allen Gewerben, als Folge der Arbeitsteilung, führt in einem gut regierten Staat zu allgemeinem Wohlstand, der selbst in den untersten Schichten der Bevölkerung spürbar wird.«[291]

Die Möglichkeit grenzenlosen technischen Fortschritts, von der manche Aufklärer träumten, ist für Smith ansatzweise Wirklichkeit geworden. Neu an der Sicht Smiths ist die Annahme, dass dieser Fortschritt schon *von selbst* stattgefunden hat und weiter von selbst stattfinden kann, *ganz ohne staatliche Planungen, Programme und Maßnahmen.*[292] Seine Triebkraft ist einzig und alleine das Bestreben, die

---

[290] Smiths Buch *On Government*, das dazu gewiss Ideen enthalten hätte, wurde von ihm nicht abgeschlossen, alle vorhandenen Vorstudien ließ er gegen Ende seines Lebens vernichten.

[291] *Wealth* 14.

[292] Diese Überzeugung Smiths ist anfechtbar. Technischer und wirtschaftlicher Fortschritt ist sehr oft durch bewusste Planung zustande gekommen. Man bedenke die Rolle der Klöster für die Fortschritte in der Landwirtschaft des Früh- und Hochmittelalters und die Rolle der Staaten für die technischen Fortschritte im Militärwesen des Spätmittelalters und der frühen Neuzeit, die wiederum massiv auf die Wirtschaft

eigenen Lebensbedingungen zu verbessern: »Das gleichmäßige, fortwährende und ununterbrochene Streben der Menschen nach besseren Lebensbedingungen, Ursache und Quelle des öffentlichen und nationalen und privaten Wohlstands, ist durchweg mächtig genug, trotz Unmäßigkeit der Regierung und größter Fehlentscheidungen in der Verwaltung den natürlichen Fortschritt zum Besseren hin aufrecht zu erhalten. Es wirkt ähnlich wie die Abwehrkräfte im menschlichen Organismus, die den Körper immer wieder gesunden lassen, trotz unsinniger Anweisungen des Arztes.«[293] Es gibt einen natürlichen Fortschritt zum Besseren, den der *Arzt* – d.h. Staat und Verwaltung – paradoxerweise am besten fördert, indem er nichts Besonderes unternimmt, sondern einzig auf *unsinnige Anweisungen* verzichtet: Der *Organismus*, die Ökonomie eines Landes, gesundet am schnellsten, wenn der Arzt sich heraushält.

Smiths gesamte Wirtschaftslehre ist motiviert von dem Bemühen, die Systematik dieses sich selbst organisierenden Fortschrittes zu erklären. Der Fortschritt resultiert aus einem System, nämlich dem *System der natürlichen Freiheit*.[294] Dieses System wirkt, wenn man Smith folgt, schon seit jeher überall da, wo Unternehmer und Kaufleute ihren Fleiß und ihre Findigkeit einsetzen, Gebrauchsdinge zu produzieren und auf Märkten zu veräußern. Leider aber wirkt es, dank verfehlter Staatseingriffe, oft nur eingeschränkt. Aufgrund vieler Erblasten aus der Vergangenheit des Feudalzeitalters hat man dieses System, wie Smith annimmt, nirgendwo in seiner reinen Wirkungsweise beobachten können. Das System der natürlichen Freiheit darf also nicht so aufgefasst werden, als ob es sich irgendwo auf der Welt von selbst einstellen würde. Denn was sich wie von selbst überall einstellt, sind Hemmnisse und Beschränkungen für Handel und Güterproduktion, wie sie in Europa das Feudalzeitalter hervorgebracht hatte. Was laut Smith der natürlicher Freiheit zugrundeliegt, nämlich die in der menschlichen Natur angelegte Triebkraft, den eigenen Vorteil zu suchen, hat es in den Verhältnissen einer vorbür-

---

zurückwirkten. Überdies haben Staaten auch und gerade in der Zeit von Smith aktiv Erfindungen und Innovationen gefördert. So schrieb der französische Staat 1773 einen Preis für die Erfindung eines technischen Verfahrens zur Sodagewinnung aus – wodurch gewaltige Umwälzungen in der Textilproduktion ermöglicht wurden (Vgl. Faber/Manstetten 2003a).

293 *Wealth* 282.

294 *Wealth* 582.

gerlichen Welt, die noch in Smiths Gegenwart präsent sind, schwer zum Zuge zu kommen.

So gibt es für den *Arzt*, von dem im obigen Zitat die Rede ist, also für den Staat, laut Smith sehr wohl eine Aufgabe. Sie besteht darin, für das Streben der Menschen nach besseren Lebensbedingungen einen gesicherten und übersichtlichen *Raum* zu schaffen. Tatsächlich wurden gegen Ende des 18. und zu Beginn des 19. Jahrhunderts an vielen Stellen in West- und Mitteleuropa erstmals Längen-, Gewichts- und Hohlmaße vereinheitlicht, wurden erstmals lokale und regionale Rechtsbräuche durch ein überall im Staat geltendes Recht ersetzt, womit oft erst die Voraussetzungen für überregionale Märkte hergestellt wurden. Vor allem aber soll der Staat »alle Systeme der Begünstigung und Beschränkung«[295] aufheben. Das macht massive Eingriffe in überkommene Eigentumsrechte, Privilegien und Anspruchsstrukturen erforderlich. Erst wenn diese Eingriffe völlig durchgeführt sind, treten Funktionsweise und Leistungen des *Systems der natürlichen Freiheit* völlig zutage. Es ist paradox: Ein starker Staat mit einem einheitlich und allgemein geltenden Regelungs- und Rechtssystem ist als Rahmen notwendig, damit eine freie Marktwirtschaft entstehen kann, in der vom Staat idealerweise nichts mehr zu sehen ist, so dass man glauben könnte, die Mechanismen der Marktwirtschaft würde gänzlich von selbst funktionieren. Dieser Irrglaube kann sich nur halten, wenn der Staat unsichtbar im Hintergrund seine Leistungen für die Wirtschaft erbringt.

Smith setzt diese Folie staatlichen Handelns voraus, wenn er die sich selbst überlassene Marktwirtschaft als den Inbegriff des *Systems der natürlichen Freiheit* darstellt. Betrachtet man es für sich, so kann die individuelle Freiheit (verstanden als Freiheit des wirtschaftlichen Handelns) als seine Bewegungsenergie angesehen werden: »Solange der Einzelne nicht die Gesetze verletzt, lässt man ihm völlige Freiheit, damit er das eigene Interesse auf seine Weise verfolgen kann und seinen Erwerbsfleiß und sein Kapital im Wettbewerb mit jedem anderen oder einem anderen Stand entwickeln oder einsetzen kann.«[296] Die Logik dieses Systems ist einfach: Freie Initiative in einem von Privilegien und Beschränkungen freien Wirtschaftsraum führt zu Wettbewerb. Wettbewerb wiederum führt dazu, dass kein einzelner Unternehmer oder Kaufmann seine eigenen Vorstellungen unver-

---

295 Ibd.
296 Ibd.

mittelt realisieren kann: Sein Eigeninteresse nötigt ihn zum Blick auf die Konkurrenten, mit denen er mithalten muss, wenn er Gewinne machen will. Jeder technische Fortschritt, jede Steigerung der Arbeitsproduktivität bei *einem* Unternehmen wird im Wettbewerb zum Stachel für andere, ebenfalls Verbesserungen in der Produktion einzuführen – zum Vorteil der Verbraucher. Das System der natürlichen Freiheit basiert auf dem persönlichen Eigeninteresse, aber eben dieses Interesse wird durch die Bedingungen des Marktes diszipliniert und in für die Gesamtwirtschaft günstige Richtungen gelenkt.

Wirtschaftsliberale Interessengruppen halten bis zur Schwelle des 21. Jahrhunderts an der Vorstellung fest, dass die Bewegungen der Märkte, könnten sie ohne Fesseln stattfinden, für alle die besten Ergebnisse zeitigen würden. Aber Smith und vielen seiner Nachfolger war durchaus bewusst, dass das System der natürlichen Freiheit nur ein extrem idealisiertes Referenzsystem sein kann, von dem die Realität fast immer abweichen wird. Auf sich selbst überlassenen Märkten stellen sich immer wieder Monopole, Oligopole, Kartelle ein, Marktmacht und Beschränkungen anderer Art behindern immer wieder den fairen Wettbewerb. Dass das System der natürlichen Freiheit überdies die Wahrnehmung der Beschränkungen, die durch die Natur gegeben sind, oft geradezu systematisch verhindert, ist allerdings erst im letzten Viertel des 20. Jahrhunderts deutlich geworden.

Die Unsichtbare Hand

Zu den berühmtesten Hinterlassenschaften Adam Smiths gehört seine Rede von der Unsichtbaren Hand. Da sie für das Problem des Malum bedeutsam ist, müssen wir uns ihr gründlicher zuwenden. Die einschlägige Stelle im *Wealth of Nations* lautet:

»Wenn […] jeder einzelne soviel wie nur möglich danach trachtet, sein Kapital zur Unterstützung der einheimischen Erwerbstätigkeit einzusetzen, und dadurch diese so lenkt, dass ihr Ertrag den höchsten Wertzuwachs erwarten lässt, dann bemüht sich auch jeder einzelne zwangsläufig, dass das Volkseinkommen im Jahr so groß wie möglich werden wird. Tatsächlich fördert er in der Regel nicht bewusst das Allgemeinwohl, noch weiß er, wie hoch der eigene Beitrag ist. […] Gerade dadurch, dass [der Einzelne] das eigene Interesse verfolgt, fördert er häufig das der Gesellschaft nachhaltiger, als wenn er wirklich beabsichtigt, es zu tun.« Zwar »denkt er eigentlich nur an die eigene Sicherheit […] und strebt lediglich nach eigenem Gewinn.« Er wird dabei aber »von einer unsichtbaren Hand geleitet, um einen Zweck zu fördern, den zu erfüllen er in keiner Weise beabsichtigt hat.«[297]

Wie die Unsichtbare Hand wirkt, zeigt folgendes Beispiel: »Verwendet ein Wohlhabender sein Einkommen hauptsächlich, um Gäste reichlich zu bewirten, so teilt er das meiste davon mit seinen Freunden und Gefährten. Kauft er hingegen dauerhafte Dinge, so sind diese oft nur für ihn allein bestimmt, denn er gibt niemandem ohne Gegenleistung etwas ab. Daher können solche Ausgaben, namentlich für Zierrat an Kleidung und Möbeln, für Juwelen, Geschmeide und Tand, nicht nur eine kleinliche, sondern auch ein niedrige und egoistische Haltung ausdrücken. Alles, was ich sagen möchte, ist dies: Die eine Art Ausgabe trägt mehr zum Wachstum des allgemeinen Wohlstandes eines Landes bei als die andere, da sie stets zu einer Ansammlung wertvoller Dinge führt, die private Sparsamkeit günstig beeinflusst, somit das volkswirtschaftliche Kapital erhöht und eher produktive als unproduktive Arbeitskräfte beschäftigt.«[298] Aus einer *kleinlichen, niedrigen oder egoistischen Haltung* kann also ein größerer Beitrag zum *Wachstum des allgemeinen Wohlstandes* hervorgehen als aus einer Einstellung der Generosität und Großzügigkeit, auch wenn das keineswegs im Sinne derer liegt, die ihre Ausgaben auf *Zierrat an Kleidung und Möbeln, Juwelen, Geschmeide und Tand* verwenden.

An anderer Stelle macht Smith deutlich, wie die Unsichtbare Hand in der Geschichte soziale Umwälzungen herbeigeführt hat. Überall dort, wo der Adel seine Ausgaben nicht mehr primär auf die Bewirtung von Freunden, sondern auf die Befriedigung von Luxusbedürfnissen aufwendet, kommt es, so Smith, langfristig zu irreversiblen Umwälzungen. Wenn der reiche Feudalherr, statt mit den Früchten seines Bodens für den Lebensunterhalt vieler Menschen sorgen zu müssen, »seine Einnahmen ganz für eigene Zwecke ausgeben kann, treibt er oft einen schrankenlosen Aufwand, weil auch seine Eitelkeit oder Eigenliebe meist keine Grenzen kennt.«[299] Dieser Aufwand richtet sich auf Luxusgüter. Indem der Landadel kostspielige Produkte aus den Städten erwirbt, verausgabt er in der Regel schnell das von den Ahnen ererbte Vermögen. Das ausgegebene Geld

---

[297] *Wealth* 371.
[298] *Wealth* 288.
[299] *Wealth* 341.

aber gelangt in die Hände derer, die die Luxusgüter herstellen und liefern, der Handwerker und Kaufleute. Diese verwenden ihre zusätzlichen Einnahmen für Investitionen, die ihnen selbst einen Gewinn, der Gesellschaft aber eine bessere Kapital- und Güterausstattung ermöglichen. »Auf diese Weise haben zwei völlig verschiedene Bevölkerungsschichten, die nicht im mindesten die Absicht hatten, dem Allgemeinwohl zu dienen, eine Revolution von größter Bedeutung für die Wohlfahrt aller ausgelöst. Dabei war das einzige Motiv der Grundbesitzer, ihrer äußerst kindischen Eitelkeit zu frönen, während die Kaufleute und Handwerker, weit weniger lächerlich, einfach aus Eigennutz handelten. [...] Keiner von beiden erkannte die große Umwälzung oder sah sie voraus, welche die Torheit des einen und der Gewerbefleiß des anderen allmählich mit sich brachte.«[300]

Dass das *Allgemeinwohl* erreicht wird, ohne dass die Beteiligten danach streben, ist die Pointe vieler Argumentationen Smiths. Darin liegt eine Spitze gegen Politiker, die glauben, man könne ein System wie die Wirtschaft überblicken, kontrollieren, beherrschen und steuern. Der *Man of System* wird bei dem Versuch, die Gesellschaftsmitglieder wie Schachfiguren zu führen, notwendig scheitern.[301] Denn die Komplexität wirtschaftlicher Abläufe überschreitet die Steuerungskapazitäten des menschlichen Verstandes. Dazu kommt nach Smiths Überzeugung die Erfahrung, dass die Dinge der Marktwirtschaft, sich selbst überlassen, langfristig von selbst den besten Verlauf nehmen.[302]

Obwohl Smith für die Lehre von der Unsichtbaren Hand Anzeichen in der Erfahrungswelt sieht, ist es letztlich der *Glaube an die gute und wohltätige Natur*, der ihre wesentliche Stütze darstellt. An diesem Glauben aber liegt es, dass Smith die Tragweite dieser Lehre nur teilweise erkannte. Wenn man sie betrachtet, ohne den metaphysischen Optimismus Smiths zu teilen, besteht der Kern der Lehre von der Unsichtbaren Hand in folgender Aussage: Was in der Wirtschaft geschieht, wird von denen veranlasst, die in ihr wirken, als Anbieter oder Nachfrager, aber dieses Geschehen erweist sich auf lange Sicht als etwas völlig anderes als das, was Anbieter und Nachfrager mit

---

300 Ibd.

301 *Theory* 395–396.

302 Dabei sah er allerdings nicht, dass eine sich selbst überlassene Wirtschaft im Laufe der Zeit ihre Komplexität fortwährend steigern würde. Heute besteht eines der kaum lösbaren Probleme globaler Wirtschaftspolitik darin, einen Überblick über die tatsächlichen Abläufe zu gewinnen.

ihrem Tun beabsichtigen. Die Menschen in der Wirtschaft wissen nicht, was sie tun – über den Horizont des Eigeninteresses hinaus. Jeder Produzent und Konsument, jeder, der Einkommen ausgibt oder Vermögen erspart, trägt durch sein Verhalten zur Entwicklung der Gesamtwirtschaft bei, ohne in der Regel über seinen Beitrag dazu nachzudenken. Das bedeutet aber, dass die langfristigen Wirkungen wirtschaftlicher Handlungen auf der Ebene der Gesellschaft oder sogar der ganzen Menschheit abgelöst sind von den Intentionen der individuellen Akteure, die diese Handlungen in Gang gesetzt haben. Genauer formuliert: Ein und dieselbe Handlung erscheint auf der Mikroebene, auf der Ebene der einzelnen handelnden Personen und innerhalb des für sie überschaubaren Rahmens von Motivationen und Auswirkungen, ganz anders als auf der Makroebene, d.h. auf der Ebene der Gesamtgesellschaft oder gar der Menschheit. Man kann das Argument der Unsichtbaren Hand auch temporal verstehen: Ein- und dieselbe Handlung kann völlig anders gesehen werden, je nachdem ob man sie in einem kurzfristigen oder in einem langfristigen Zeithorizont betrachtet. Innerhalb des letzteren führt die Unsichtbare Hand zu Folgen, die innerhalb des ersteren unmöglich in den Blick geraten können.

Smith unterstellt, dass die Unsichtbare Hand dafür sorgt, dass die nicht beabsichtigten Handlungsfolgen *gut* sind – d.h. wünschenswert für diejenigen, die davon betroffen sind. Nimmt man diese Unterstellung heraus, dann zeigt sich, dass die Frage nach der Bewertung der nicht intendierten Wirkungen der Unsichtbaren Hand eine offene Frage ist: Es ist durchaus denkbar, dass die Unsichtbare Hand des Marktes Zustände herbeiführt, die kein vernünftiger Mensch wollen kann. Dann aber stellt sich eine weitere Frage, die zu stellen Smith durch seinen Optimismus gehindert wurde: Wer ist für die wesentlichen Handlungsfolgen zuständig und verantwortlich, sofern diese nicht innerhalb des Entscheidungshorizontes der wirtschaftlichen Akteure liegen? Smith wollte die Wirtschaftssubjekte von einer Verantwortung entlasten, die er ihnen ohnehin nicht zumuten zu können glaubte, ohne zu bedenken, dass seine optimistische Umhüllung das Argument von der *Unsichtbaren Hand* um entscheidende Dimensionen verkürzt.

Es ist etwas durchaus Unheimliches an dieser *Unsichtbaren Hand*, denn sie zeigt, dass die Abläufe der Wirtschaft zwar ausschließlich von Menschen gemacht werden, dass aber ihre Gestalt und Richtung auf der gesamtwirtschaftlichen und gesellschaftlichen

Ebene nichts mit den Intentionen derer zu tun haben, die sie machen. Smith hebt die wünschenswerten Seiten dieser Struktur hervor. Aber auch beim Ausbruch von Wirtschaftskrisen zeigen sich Wirkungen, die man einer Unsichtbaren Hand zuschreiben kann; auch Probleme wie wirtschaftliche Ungleichheit, Bevölkerungswachstum, Erschöpfung von Ressourcen, Artensterben und Umweltzerstörung lassen sich durchaus mit der Denkfigur der Unsichtbaren Hand darstellen.

Globalisierte Produktion in einer friedlichen Welt

Wir kehren nun zur Darstellung der Lehre Smiths zurück, um einen weiteren, positiv konnotierten Aspekt des Systems der natürlichen Freiheit darzustellen: Es setzt *Frieden* voraus und schafft Frieden.

Die Arbeitsteilung, die zur Zeit Smiths ungeheure Produktivitätssteigerungen ermöglicht, bezieht sich nicht nur auf Manufakturen wie die von Smith beschriebene Stecknadelfactory: Denn die Vorprodukte für die Stecknadeln sind selbst arbeitsteilig erstellt worden, von der Entnahme der Erze über ihre Verhüttung bis zur Herstellung des Drahtes. Die fertigen Stecknadeln müssen wiederum in arbeitsteiligen Prozessen zu Verkaufsstellen gebracht und verkauft werden, bis sie dahin gelangen, wo sie als Gebrauchsgegenstände Verwendung finden. Das ist Smith bewusst: An Beispielen wie der Wolljacke eines Tagelöhners oder der Schere eines Schäfers zeigt er, dass die gewöhnlichen Alltagsgegenstände Produkte der kombinierten Arbeit vieler Menschen sind, die einander nie von Angesicht zu Angesicht begegnen werden. »Wenn wir uns alle diese Gegenstände vor Augen halten und bedenken, welch eine Vielfalt von Arbeit auf jeden einzelnen von ihnen verwandt ist, wird uns bewusst, dass ohne Mithilfe und Zusammenwirken Tausender von Menschen in einem zivilisierten Lande nicht einmal der allereinfachste Mann selbst mit jenen Gütern versorgt werden könnte, die wir fälschlicherweise grob und anspruchslos nennen.«[303]

Wenn wir oben die Gemeinschaft der Menschen, wie sie der Wirtschaft entspricht, als eine kommerzielle Gesellschaft kennenlernten, so erfahren wir hier etwas von ihrer Leistungsfähigkeit. Es genügt, die Jacke eines Tagelöhners aufmerksam zu betrachten. Dass

[303] *Wealth* 15.

ihre Einzelteile so zusammenkommen, dass sie brauchbar ist, wird durch das Zusammenspiel einer kaum überschaubaren Fülle von Tauschbeziehungen bewirkt. Die Kooperation der Menschen für die Dinge unseres Alltagslebens beschränkt sich nicht auf den Bereich eines Staates, sondern umfasst bereits in der Wahrnehmung Smiths tendenziell den ganzen Globus. So ist für die Färbung der Jacke des Tagelöhners zu bedenken: »Wie viel Handel und namentlich wie viel Schifffahrt, wie viele Schiffsbauer, Seeleute, Segelmacher und Seiler mussten eingesetzt werden, damit der Färber seine verschiedenen Rohstoffe bekommt, die oft aus den entlegensten Ländern der Welt stammen! Wievielerlei Arbeiten sind außerdem nötig, um das Werkzeug für das einfachste dieser Handwerke herzustellen, von so komplizierten Maschinen wie einem Schiff, einer Walkmühle oder selbst einem Webstuhl ganz zu schweigen.«[304] Schon zur Zeit Smiths ist es eine *globalisierte Welt*, deren Wirkungen man in fast allen Produkten des alltäglichen Lebens erkennen könnte, würde man nur genau hinschauen.

Für Smith erscheint es keineswegs nötig oder gar sinnvoll, andere Länder auszubeuten, Krieg zu führen oder Menschen zu versklaven, um an die Produkte zu gelangen, deren man bedarf, im Gegenteil: Er gehört zu den frühen und scharfen Kritikern der Ausplünderung Indiens durch die Ostindische Gesellschaft, der er den Hungertod von 300.000 bis 400.000 Menschen anlastet.[305] Freier Handel zwischen unabhängigen Nationen und freien Menschen sorgt, so glaubt er, viel effektiver für bestmögliche Güterversorgung als alle Arten von Plünderung und Unterdrückung.[306] Es ist der Tausch zwischen Menschen, die gewillt sind, einander in Frieden auf Augenhöhe zu begegnen, der die Teilhabe nicht nur der Menschen eines Staates, sondern der ganzen Menschheit an *dem Fonds ihrer Produktivität* ermöglicht.

Freier Tausch ist nicht nur Folge eines friedlichen Verhältnisses zwischen freien Ländern, sondern trägt auch zum Frieden bei. Smith ist überzeugt, durch das Studium der Geschichte zeigen zu können, dass man in früheren Zeiten »fast immer in dauerndem Kriegszustand mit den Nachbarn und in sklavischer Abhängigkeit von Grund- und Dienstherrn lebte«, während mit dem Aufkommen der

---

304 Ibd.

305 *Wealth* 63.

306 Vgl. *Wealth* 365.

Marktwirtschaft »Handel und Gewerbe nach und nach zu Ordnung und guter Verwaltung [führten], wodurch auch Freiheit und Sicherheit der Bürger untereinander im Lande zunahmen.«[307] Auch wenn Smith dieses Argument nur für die Verhältnisse innerhalb eines Territorialstaates geltend macht, liegt seine Verallgemeinerung auf den ganzen Globus auf der Linie seiner Intention. Freihandel ist nur möglich, wo Frieden ist, Frieden aber wird befördert, wo Menschen, statt sich zu bekriegen, in Tauschverhältnisse zum wechselseitigen Nutzen eintreten.

Ein Standort außerhalb der Wirtschaft: die Gerechtigkeit

In seiner *Theory of Moral Sentiments* hat Smith eine Überlegung angestellt, deren Wiederholung im *Wealth of Nations* durchaus angebracht gewesen wäre. Hat es im wirtschaftstheoretischen Werk den Anschein, als sei eine kommerzielle Gesellschaft der sich selbst genügende Idealzustand der menschlichen Gemeinschaft, so hebt Smith in seiner Ethik hervor, dass er diesen Zustand keineswegs für besonders gut hält. Sein ökonomisches Werk hat es gerade nicht mit *der besten aller möglichen gesellschaftlichen Welten* zu tun, sondern es beschreibt, wie sich aus seinem ethischen Werk entnehmen lässt, allenfalls die *zweitbeste*. Denn im Idealzustand der Gesellschaft würden, Smith zufolge, primär nicht-kommerzielle Motivationen den zwischenmenschlichen Verkehr bestimmen.

Zum Menschen gehört wesentlich die Angewiesenheit auf andere: »Alle Mitglieder der menschlichen Gesellschaft bedürfen des gegenseitigen Beistandes.«[308] Idealerweise wird dieser »aus wechselseitiger Liebe, aus Dankbarkeit, Freundschaft und Achtung von einem Mitglied dem anderen gewährt«, dann »blüht die Gesellschaft und da ist sie glücklich. Alle ihre Mitglieder sind da durch die schönen Bande der Liebe und der Zuneigung verbunden und gravitieren gleichsam zu einem gemeinschaftlichen Zentrum gegenseitiger guter Dienste.«[309] Allerdings kann man in der Realität, so Smith, nicht von diesem Idealzustand ausgehen. Aber auch ohne »wechselseitige Liebe und Zuneigung« muss sich eine Gesellschaft nicht notwendig auf-

[307] *Wealth* 335.
[308] *Theory* 127.
[309] Ibd.

lösen, wenngleich das Leben in ihr weitaus weniger glücklich und harmonisch verläuft.[310] Erst im Bild des Lebens ohne *wechselseitige Liebe und Zuneigung* gewinnt die *kommerzielle Gesellschaft* Konturen. »Die Gesellschaft kann zwischen einer Anzahl von Menschen – wie eine Gesellschaft unter mehreren Menschen – auch aus einem Gefühl ihrer Nützlichkeit heraus, ohne gegenseitige Liebe und Zuneigung bestehen bleiben«, sie kann »durch eine Art kaufmännischen Austausches guter Dienste, die gleichsam nach einer vereinbarten Wertbestimmung geschätzt werden, aufrechterhalten werden.«[311]

Es ist die kommerzielle Gesellschaft, wie sie dem System der natürlichen Freiheit zugrundeliegt, deren Züge hier gezeichnet werden. Allerdings muss, so fügt Smith hinzu, das Gefühl wechselseitiger Nützlichkeit auch in einer kommerziellen Gesellschaft auf einer Grundlage aufliegen, die keineswegs dem Bereich der Wirtschaft angehört. Die Interaktionen der Menschen müssen sich nach dem Prinzip der *Gerechtigkeit* richten. Damit ist nicht nur gemeint, dass sie sich »des Raubens und Mordens untereinander enthalten«[312], sondern es bedarf des fairen Umgangs miteinander: »In dem Wettlauf nach Reichtum, Ehre und Avancement, da mag er [der Mensch] rennen, so schnell er kann, und jeden Nerv und jeden Muskel anspannen, um all seine Mitbewerber zu überholen. Sollte er aber einen von ihnen niederrennen oder zu Boden werfen, dann wäre es mit der Nachsicht der Zuschauer ganz und gar zu Ende. Das wäre eine Verletzung der ehrlichen Spielregeln, die sie nicht zulassen könnten.«[313] Dass die Zuschauer auf Einhaltung der Spielregeln achten, liegt nicht daran, dass sie auf ihren Privatvorteil achten, sondern an einem jedem Menschen eigenen ursprünglichen Sinn für Gerechtigkeit.

Gerechtigkeit ist, wie Smith resümiert, »der Hauptpfeiler, der das ganze Gebäude [der Gesellschaft, d. V.] stützt.«[314] Smith hält Gerechtigkeit für unableitbar aus einem Nutzenkalkül rationaler Egoisten. Wenngleich Gerechtigkeit für ihn kaum mehr als Rechtlichkeit und Fairness im Umgang der Menschen untereinander bedeutet – Fragen der Verteilungsgerechtigkeit scheint er bewusst nicht in seine Überlegungen einbeziehen zu wollen –, hat sein Konzept eine für den

---

310 Ibd.
311 *Theory* 128.
312 Ibd.
313 *Theory* 124.
314 *Theory* 129.

Theoretiker des Systems der natürlichen Freiheit entscheidende Pointe: Das Funktionieren dieses Systems kann nicht allein aus den in ihm wirksamen Motivationen, aus Eigeninteressen und Nutzenkalkülen heraus erklärt werden. Seine entscheidende Verankerung, die Gerechtigkeit, ist außerhalb seiner verortet.

In Smiths Überlegungen zur Gerechtigkeit treffen sich ethische, ökonomische und politische Motive. Leider hat Smith nirgendwo die Verbindungslinie zwischen ihnen gezogen. Darüberhinaus aber fehlt derjenige Aspekt, der die Stärke aller Gerechtigkeitstheorien von Platon und Aristoteles bis Hobbes ausmacht: die Einbettung des Problems der Gerechtigkeit in einen politischen Kontext. Die Rolle des Staates für das menschliche Miteinander und insbesondere für die Wirtschaft wird im erhaltenen Werk von Smith nur ungenügend reflektiert.[315] Festzuhalten aber bleibt, dass Smith die Wirtschaft weder sich selbst überlässt noch sie ausschließlich im Rahmen des staatlichen Rechtes und seiner Einhaltung konzipiert. Eine ethische Disposition, wie Smith sie der Natur des Menschen zuweist, der Sinn für Gerechtigkeit, ist gemäß seiner Lehre entscheidend dafür, dass die Wirtschaft als jenes Bonum erscheinen kann, das der *Wealth of Nations* so beredt darstellt.

Die Verharmlosung des Malum

Das Bild der Wirtschaft, das Smith zeichnet, ist so angelegt, dass es sowohl das Malum, das der Hobbes'sche Naturzustand darstellt (i), als auch das Malum, das Platon mit seiner üppigen Stadt zeigt (ii), umgehen soll.

Zu (i): In den Augen von Smith hat der Autor des *Leviathan* übersehen, wie sehr Menschen auf andere bezogen und angewiesen sind. Speziell mit der Annahme einer Neigung zum Tausch glaubt Smith das Hobbes'sche Problem der Rivalität, das im Naturzustand den Kampf Aller gegen Alle veranlasst, lösen zu können. In einer Welt wachsender Produktivität wird der Fall, dass auf *ein* Gut, das

[315] Daraus ist eine Art Erblast für seine Nachfolger geworden – weder Ricardo noch Marx noch die Neoklassiker haben hierzu Wesentliches beigetragen. Wenngleich Keynes hier Impulse gesetzt und die *Neue Politische Ökonomie* sich an grundlegenden Überlegungen dazu versucht hat, so ist dennoch ein Defizit an genuin politischem Denken bis heute eine der Schwachstellen der Wirtschaftswissenschaften.

nur einer konsumieren kann, *mehrere Personen Anspruch erheben*, immer seltener eintreten, weil dort für alle Ansprüche genügend Güter bereitstehen werden. Anders als Hobbes ist Smith überdies sicher, Gerechtigkeit bereits in der Natur des Menschen verankern zu können: Sie muss also nicht erst durch die Schaffung eines Leviathan künstlich hergestellt werden.

Zu (ii): Platon aber hat aus der Perspektive von Smith übersehen, dass man expandierende Bedürfnisse besser als durch Krieg mit den Nachbarn durch den Handel mit ihnen stillen kann. Nicht nur das Wachstum des Kapitalstocks im Inneren, sondern auch der Außenhandel sorgt für Wohlstand und Frieden. Insbesondere aber hat Platon nicht erkannt, dass selbst Luxusbedürfnisse als Triebkräfte für Wohlstand und Frieden in einer Gesellschaft wirksam werden können.

Insgesamt will Smiths Werk die Menschennatur gleichsam in Schutz nehmen gegen den Vorwurf, sie enthalte, wie Smiths Zeitgenosse Kant behauptet, einen natürlichen Hang zum Bösen oder verstricke, in Abwesenheit staatlicher Gesetze, die Menschen in die elenden Verhältnisse des Kriegs Aller gegen Alle. Von Natur aus ist der Mensch, wie Smith annimmt, dazu angelegt und mit allem Notwendigen ausgestattet, ein gutes und glückliches Leben zu führen. In dieser Haltung findet sich eine Parallele zu Aristoteles, der die gute Natur des Menschen zum Zentrum seiner politischen Philosophie macht.

Mit Aristoteles teilt Smith allerdings auch die Tendenz zur Verharmlosung des Malum im Bereich der Wirtschaft.[316] Was aber verharmlost wird, ist bei beiden Denkern nicht dasselbe. Aristoteles verharmlost um der Konsistenz seines ökonomisch-politischen Entwurfs willen die Sklaverei, indem er sie als natürlich etikettiert – das wäre für Smith, der die Gleichheit aller Menschen lehrt, ein Graus. Smith aber verharmlost die Fixierung auf den privaten Vorteil und insbesondere das Mehrhabenwollen – für Aristoteles das Verkehrte schlechthin. Mit der Lehre des *Wealth of Nations* wurde der Geist der *Pleonexia* endgültig »aus der Flasche gelassen«. Bis auf Marx hat unter den bedeutenden Ökonomen kaum einer versucht, ihn wieder dort zu verschließen, und da der Marx'sche Versuch durch die Staats-

---

[316] Dieser Zug macht sich vor allem in den systematischen Passagen des *Wealth of Nations* bemerkbar, während Smith im Empirischen durchaus Gestalten des Malum oeconomicum wahrnimmt.

sozialismen seit 1917 nachhaltig diskreditiert wurde, ist es dabei geblieben: Der Geist der Unersättlichkeit bewegt weiterhin die Welt der Wirtschaft – in der Regel mit ausdrücklicher Billigung derer, die wissenschaftlich von ihr sprechen und zukünftige Wirtschaftsakteure ausbilden.

11. Homo-oeconomicus-Theorien

Egoisten innerhalb und außerhalb des Optimums

> *Es ist wohl wahr, wer sein Bestes bekommen kann, das ist das Beste. Aber das geschieht nicht, solange der Mensch sein Bestes sucht oder meint. Denn soll er sein Bestes finden und bekommen, so muss er sein Bestes verlieren, auf dass er sein Bestes finde.*
> Eine Theologia deutsch (um 1400)

Eine ideale Marktwirtschaft ist ein System freiwilliger Tauschakte. Als solches stellt sie ein Zusammenspiel dreier Momente dar, die bereits für den klassischen Liberalismus entscheidende Anliegen waren: (i) individuelle Freiheit, (ii) wachsender wirtschaftlicher Wohlstand auf der Basis individueller Nutzenmaximierung unter Wettbewerbsbedingungen und (iii) Abwesenheit von Zwang und Gewalt in dauerhaftem sozialem und zwischenstaatlichem Frieden.

Eine solche ideale Marktwirtschaft in mathematischer Form darzustellen war das Ziel der *Theorie des Allgemeinen Gleichgewichts*, die 1954 ihre erste gültige Fassung durch Kenneth Arrow und Gérard Debreu erhielt. Mit ihrer Ausarbeitung schienen die Wirtschaftswissenschaften am Ende eines Weges angekommen, der von den Ansätzen des *Wealth of Nations* über die sogenannte *Neoklassik* zu einer von den Axiomen bis zu den letzten Resultaten ausgearbeiteten *mathematischen Wirtschaftstheorie* führte.[317] Auch wenn sich die Ökonomik »mit Beginn der 80er Jahre […] von der Allgemeinen Gleichgewichtstheorie [emanzipierte]«[318], bleibt diese für alle Versuche, eine Gesamtwirtschaft in mathematischer Form darzustellen, bis heute ein entscheidender Referenzpunkt. In ihr wird mathematisch bewiesen, dass eine Wirtschaft, in der nur private Interessen verfolgt werden, unter bestimmten Voraussetzungen zu einem Zu-

---

317 So schrieb Paul Samuelson (1961: 242): »›[N]eoclassical economics‹ is accepted in its broad outlines by all but a few extreme left-wing and right-wing writers.«
318 Leininger (1996: 3, vgl. 20).

stand gelangt, den alle Wirtschaftssubjekte als für sie optimal ansehen können – wobei der letzte Maßstab für das, was gut oder optimal ist, die Interessen der Individuen sind. In seiner mathematischen Repräsentation nimmt also das sich selbst überlassene System der Wirtschaft die jeweils bestmögliche Entwicklung, wie es bereits Smiths Lehre von der *Unsichtbaren Hand* verheißen hatte.

Allerdings vermitteln Märkte ihren Teilnehmern keine moralische Bildung, stellen keine Rechtsordnung her und berücksichtigen nicht die Auswirkungen auf unbeteiligte Dritte. Außerdem tendieren sie zu Einschränkungen des freien Wettbewerbs – etwa durch Kartelle und Monopole. Schließlich können Märkte nicht von selbst den Lebensunterhalt für sozial Schwache sichern, ein ausreichendes Angebot an öffentlichen Gütern bereithalten und die Interessen zukünftiger Generationen oder den Zustand der natürlichen Umwelt in Rechnung stellen. Probleme dieser Art werden pauschal als *Marktversagen* bezeichnet. Marktversagen erscheint als die Ausnahme von der Regel, dass die sich selbst überlassene Wirtschaft das für alle Gute herbeiführt. Innerhalb der Theorie des Allgemeinen Gleichgewichts stellt *Marktversagen den Platzhalter für das Malum oeconomicum* dar. Zugleich aber wird im Verbund mit den idealen Marktmodellen eine Ideallösung angeboten, die dieses Malum wieder verschwinden lässt: Das Eingreifen eines idealen Staates. Als *Rechtsschutzstaat* (in der Terminologie von James Buchanan[319]) ist er unentbehrlich für den Schutz von Leben und Eigentum, für die Durchsetzung abgeschlossener Verträge und für die Einhaltung bestimmter Spielregeln der Marktwirtschaft. Als *Leistungsstaat* muss er öffentliche Güter wie Verteidigung nach außen, Sicherheit, Bildung, Verkehrssysteme und Sozialleistungen bereitstellen. Überdies obliegt ihm der Schutz der natürlichen Umwelt und die Berücksichtigung der Interessen künftiger Generationen.

Die ideale Homo oeconomicus und seine Welten

Unabhängig von den Anforderungen einer mathematischen Theorie kann man sich fragen, wie die Menschen beschaffen sein müssten, damit sie in einem idealen System freier Märkte unter Wettbewerbsbedingungen ihr gutes Leben suchen und prinzipiell auch finden

[319] Buchanan (1975).

könnten. Kennzeichnend für sie sind vier Dispositionen: (i) Fokussierung auf den eigenen Vorteil und die Wege, auf denen er am besten erreicht wird, (ii) Rechtsgehorsam im Sinne einer sogenannten Minimalmoral,[320] (iii) Leistungsbereitschaft im Sinne des Willens, stets zu den Besten zu gehören sowie (iv) Flexibilität und Mobilität, um auf alle mit der Wachstumsdynamik verbundenen Veränderungen angemessen und rechtzeitig reagieren zu können.

Wenngleich diese vier Disposition die Basis für den Homo oeconomicus der Wirtschaftswissenschaften darstellen, müssen sie für dieses Konzept, wenn es in der Theorie des allgemeinen Gleichgewichts Anwendung finden soll, modifiziert werden. Denn dieses Konzept stattet die Menschen genau mit denjenigen Zügen aus, die die mathematischen Modelle einer idealen Marktwirtschaft benötigen, um Aussagen über das Verhalten der Akteure und die Marktentwicklung liefern können. Einigen dieser Züge wollen wir uns nun zuwenden.[321]

Generell wird der Homo oeconomicus als »egoistischer rationaler Nutzenmaximierer«[322] angesehen. Sein Handeln orientiert sich ausschließlich an seinen privaten Vorlieben und Abneigungen, seinen *Präferenzen.* Vernunft ist für die Person des Homo oeconomicus nichts anderes als instrumentelle Rationalität. Als Instrument der Berechnung, wie jeweils der größtmögliche Nutzen erzielt werden kann, besteht ihre eigentümliche Leistung im Vergleichen und Bewerten von Alternativen, im Kalkulieren von Risiken, im Kontrollieren des möglichst effizienten Einsatzes von Mitteln. Grundlage und letzter Maßstab für diese Art von Vernunft ist das Selbstinteresse. Maßstäbe und Werte von allgemeiner Gültigkeit, etwa ein substantieller, für alle verbindlicher Begriff von Gerechtigkeit, sind in der Rationalität des Homo oeconomicus nicht vorgesehen.

Anders als Smith, der den Menschen prinzipiell vom »Bedürfnis nach Anerkennung«[323] getrieben sieht und sein Verhalten auf Märk-

---

[320] Kirchgässner (1996) hat gezeigt, dass das Funktionieren von Märkten stets eine Minimalmoral (dieser Begriff wurde Hoerster, 1983: 28, in die ethische Debatte eingebracht) voraussetzt, die ihrerseits nicht aus wirtschaftlichen Interessen hergeleitet werden kann.

[321] Wir übergehen hier u. a. die umstrittene Annahme, dass der Homo oeconomicus perfekt informiert ist über alles, was ihn betrifft (Annahme der vollständigen Information), da sie für unser Thema unergiebig ist.

[322] Mueller (1989: 2, Übersetzung R. M.).

[323] Hirschman (1987: 118).

ten nicht ohne Ausrichtung auf andere konzipiert, sehen die Standardmodelle der heutigen Ökonomik den Menschen als ein Wesen an, das sich unmittelbar nur auf sich und auf alles bezieht, was im Gesichtskreis seiner eigenen Interessen liegt. Was er nicht als Beitrag zu seinem privaten Wohlbefinden ansieht, hat keinen Einfluss auf seine Entscheidungen. Das besagt die *Annahme der Unabhängigkeit der Präferenzen*. Mit ihr wird sichergestellt, dass negative oder positive Empfindungen gegenüber Menschen außerhalb seines Gesichtskreises für das wirtschaftliche Verhalten des Homo oeconomicus irrelevant sind.[324] Beziehungen zu anderen Menschen werden ebenso wie Beziehungen zu anderen Lebewesen rein instrumentell angesehen. Die entscheidende Frage auf dem Markt lautet für den Homo oeconomicus: Was nützt diese oder jene Ware, was leistet diese oder jene Person im Hinblick auf Interessen, die ich mir zu eigen gemacht habe, oder Wünsche, Sorgen und Ängste, die mich bewegen?

Weiterhin wird in ökonomischen Standardmodellen unterstellt, dass für den Homo oeconomicus »mehr« stets »besser« bedeutet. Das besagt die *Annahme der Nichtsättigung*.[325] Der Homo oeconomicus hat also nie genug. Sollte ihm sonst nichts fehlen, gibt es immer noch wenigstens *ein* Gut, von dem er mehr haben möchte: Geld. So ist seine Nutzenmaximierung immer von einem Interesse an Gewinnmaximierung begleitet, und oft fallen beide Interessen zusammen. Was Platon und Aristoteles unter dem Namen der *Pleonexia* als widernatürlich verwarfen, ist elementare Disposition des Homo oeconomicus.

Der Homo oeconomicus gilt in der Wirtschaftstheorie als *souveräner Konsument*, der keinen Richter über seine Bedürfnisse und Interessen anerkennen muss. Als mündiges Individuum darf er es sich verbitten, dass die Motive und Ausprägungen seines Verhaltens, solange es nicht geltendes Recht verletzt, von Außenstehenden bewertet werden: »Ökonomen sollten den privaten Geschmack der Menschen wohl zur Kenntnis nehmen, aber keinesfalls antasten. Sie spüren wohl, dass eine Analyse der Geschmäcker und ihrer Motivationen eine Einmischung in das Privatleben darstellen und die Souve-

[324] Ausführlich hierzu Manstetten (2000: 166–170).

[325] In einem seinerzeit sehr bekannten Lehrbuch heißt es dazu: »Diese […] starke Annahme […] besagt, dass auf jedem Konsumniveau ein solches Güterbündel, das auch nur ein wenig mehr von irgendeinem Gut enthält, demjenigen Güterbündel vorgezogen wird, was man bereits hat. Das läuft auf die Aussage hinaus: Individuen sind gierig.« (Hildenbrand/Kirman 1976: 44, eigene Übersetzung).

ränität des Konsumenten aufheben würde. Damit würden sie sich anmaßen, besser als der Konsument selbst zu wissen, was für ihn gut ist. Stattdessen nehmen Ökonomen an, dass der Konsument rational ist, mit anderen Worten, sie nehmen an, dass alles, was er tut, sofern seine Vorlieben, die Marktbedingungen und alle weiteren Umstände gegeben sind, stets das Beste für ihn ist. Wäre es anders, so würde er es nicht tun.«[326] Dabei wird unterstellt, dass *das gute Leben Privatangelegenheit der Individuen ist und dass es ein Gemeinwohl jenseits der Gesamtheit aller Privatinteressen nicht geben kann*. Das Postulat der Konsumentensouveränität ist ein Nachhall des klassischen Liberalismus, der fordert, dass das gute Leben eine Angelegenheit der Individuen, nicht aber Aufgabe der Gemeinschaft oder des Staates sein sollte. Dass unter allen Werten die Freiheit der Individuen die höchste Stelle einnehmen soll, ist das normative Fundament des Homo oeconomicus-Konzeptes.

Wenn wir in die Welt der idealen Marktwirtschaft den Homo oeconomicus einzeichnen, gewinnt sie Konturen als *seine* Welt. Ein Wesen, das so wäre, wie der Homo oeconomicus vorgestellt wird, fände in dieser Welt so viel Wohlstand und Glück, wie ihm unter gegebenen Umständen irgend möglich erscheint. In gewisser Weise muss man sich den Homo oeconomicus stets als im Optimum befindlich vorstellen – im Sinne des gegenwärtig Bestmöglichen, dessen er habhaft werden kann, während er zugleich stets darauf bedacht ist, dass es für ihn in Zukunft noch besser wird.

Der klassische Homo oeconomicus wird als ein menschliches Individuum vorgestellt. Jedoch kann man auch Akteure, die nicht individuelle Personen sind, als egoistische rationale Nutzenmaximierer modellieren. Nicht nur Unternehmen und Verbände, sondern auch Staaten und überstaatliche Organisationen verfolgen Interessen in der Art des Homo oeconomicus – etwa indem sie versuchen, den Absatz einheimischer Produkte auf dem Weltmarkt zu fördern und die Einfuhr ausländischer Produkte zu behindern. So können beispielweise Staaten wie die USA und China oder überstaatliche Organisationen wie die EU Abläufe auf dem Weltmarkt beeinflussen und ihre Marktmacht dazu nutzen, seine Regeln bis zu einem gewissen Grad in ihrem Sinne zu modifizieren.

Für die Entwicklung der globalen Wirtschaft scheinen generell Partikularinteressen individueller und kollektiver Akteure weitaus

326 Scitovsky (1976: XI, Übersetzung R. M.).

bedeutsamer als das Interesse der Menschheit an einer friedlichen, in Gerechtigkeit geordneten Welt. Aber vielleicht ist diese Menschheit nur eine Erfindung, vielleicht sind Parolen, die dazu auffordern, sich jenseits des Strebens nach Privatvorteilen um das Gemeinwohl oder gar um das gute Leben der ganzen Menschheit zu bemühen, nur leere Worthülsen, die niemand ernst nehmen sollte? Das ist die Position mancher Ökonomen, die nicht nur auf Märkten oder in anderen wirtschaftlichen Zusammenhängen, sondern schlechterdings in allen Handlungsfeldern menschliches Verhalten mit dem Modell des Homo oeconomicus analysieren. So sind seit der Mitte des 20. Jahrhunderts in der sogenannten *Public Choice* auch die Bereiche Politik und Recht untersucht worden, indem man die Akteure dort als egoistische rationale Nutzenmaximierer modelliert.[327] Damit wurde die Annahme, der Staat könne als gut informierter, wohlwollender Diktator außerhalb der Märkte konzipiert werden, explizit verworfen. Um Macht zu gewinnen und zu bewahren, richten Politiker in Demokratien, wenn man der *Public Choice* folgt, alles Bemühen letztlich nur darauf, die Anzahl der Wählerstimmen zu maximieren, während Bürokraten den Einfluss ihrer Apparate zu vergrößern suchen, indem sie nach Möglichkeit deren Arbeit maximieren. Mit kritischen Anfragen an Politik, Recht und Verwaltung hat die *Public Choice,* auch als *Neue Politische Ökonomie* bezeichnet, eine reichhaltige Forschung zu Themen wie politische Entscheidungsbildung, Parteiendemokratie oder Bürokratie in Gang gesetzt.

Die *Public Choice* rechnet nicht nur auf dem Markt, sondern auch in Politik und Verwaltung mit Menschen, denen ihr Privatvorteil mehr am Herzen liegt als irgendetwas sonst. Statt jedoch in das *Lamento* darüber einzustimmen, dass niemand an das Gemeinwohl denkt, verfolgt die *Public Choic* neben ihrem deskriptiven auch ein normatives Anliegen. Sie will zeigen, dass auch mit Homines oeconomici, ja gerade mit ihnen, ein guter Staat zu machen ist. Es ist ein Staat, der analog zu den Märkten der Theorie des Allgemeinen Gleichgewichtes konzipiert wird als eine Sphäre, in der Homines oeconomici im Rahmen des Möglichen ihr jeweiliges Optimum finden. Warum sollte nicht eine im Interesse aller Individuen funktionierende Ordnung eines Staates auch dann möglich sein, wenn dessen Bürger ausschließlich egoistische Nutzenmaximierung im Sinn haben? Der Nobelpreisträger James Buchanan, der die aus der Sicht von

[327] Zum Ansatz der *Public Choice* vgl. Mueller (1989), Petersen (1996).

Homines oeconomici idealen Grundlagen für politische Institutionen zu entwerfen sucht, bezieht sich dabei auf Hobbes.[328] Anders jedoch als der Leviathan bleibt der Staat bei Buchanan den Interessen der Individuen auch nach seiner Einrichtung verpflichtet: Was die *Unsichtbare Hand* auf dem Markt leistet, nämlich im Idealfall jedem Menschen sein Optimum zu gewähren, das soll im Bereich der Politik der Staat seinen Bürgern dauerhaft ermöglichen: privaten Nutzen und Gewinn ungestört zu maximieren, ohne mehr Einschränkungen als unbedingt nötig vorzunehmen. Daher stellt Buchanan aus dem Blickwinkel des Homo oeconomicus bestimmte normative Anforderungen an Institutionen des Staates. Gut sind Politik und Staat in seiner Logik dann, wenn sie, wie die Wirtschaft, jedem Akteur dazu verhelfen, mit gegebenen Mitteln seine Interessen zu verfolgen, ohne andere Akteure daran zu hindern, sich um die ihren zu kümmern.[329]

Noch weiter als die *Public Choice* fasst der sogenannte *Ökonomische Imperialismus* den Anwendungsbereich des Konzepts Homo oeconomicus. Es gilt ihm als *Schlüssel für menschliches Handeln* überhaupt. Alles, was Menschen tun und lassen, kann mit dem Ansatz des Nobelpreisträgers Gary S. Becker als Tun und Lassen des Homo oeconomicus erklärt werden. Unter dem Blick des Ökonomen reduziert sich alles Menschsein auf ein einziges Bemühen: die *Produktion von Vergnügen, Lust oder Freuden*[330]. Folgerichtig ergibt sich aus Beckers Ansatz ein schier grenzenloses Betätigungsfeld für Wirtschaftswissenschaftler: »Ich bin tatsächlich zu der Position gelangt, dass der ökonomische Ansatz allumfassend ist in dem Sinne, dass er auf jegliches menschliche Verhalten angewendet werden kann.«[331] Beckers Perspektive stellt ihm in jedem Menschen den Homo oeconomicus vor Augen: »Ob Menschen, wie es im Neuen Testament heißt, all ihr Gut den Armen überlassen, um Christus nachzufolgen, oder ob sie so viel Reichtum wie möglich erwerben, ob sie Selbstmord

---

[328] Buchanan (1975).

[329] Vgl. Buchanan/Tullock (1962), Petersen (1996: 143–150). Buchanan ist allerdings im Laufe seiner Forschungen zu der Überzeugung gelangt, dass ein Staat, der nur aus Homines oeconomici gebildet würde, auf Dauer kein freiheitliches Gemeinwesen bleiben könnte. Der Versuch, für den Homo oeconomicus auch jenseits des Marktes eine optimale Welt zu schaffen, scheitert laut Buchanan schon im Modell – am Homo oeconomicus selbst.

[330] Becker schließt hier an Jeremy Bentham an (vgl. Hottinger 1997), setzt aber mit seinem Begriff von Produktion eigene Akzente.

[331] Becker (1976: 8, eigene Übersetzung).

planen oder ein möglichst langes Leben erstreben, ob sie Bankeinbrüche oder Börsenspekulationen unternehmen, ob sie Bücher über den ökonomischen Ansatz als Universaltheorie schreiben oder solche Bücher verreißen«[332] – es geht ihnen immer um dasselbe. Was immer Menschen tun, sie suchen darin nichts anderes als Vergnügen, und all ihre Vernunft setzen sie zu keinem anderen Zweck ein. Wenn sie das Gegenteil behaupten, wenn es ihnen um angeblich höchste Werte geht, so ist das nur Verschleierung dieser unanfechtbaren Tatsache.[333]

Was immer man vom ökonomischen Imperialismus halten mag, es ist zuzugeben, dass man auch in wirtschaftsfernen Feldern damit rechnen muss, auf Menschen zu treffen, die weitgehend von den Motivationen des Homo oeconomicus geleitet erscheinen. Geht es beispielsweise darum, Entscheidungsabläufe in einer politischen Partei, einem Sportverband, einem karitativen Hilfswerk oder einer Umweltschutzorganisation zu verstehen, wird man gut daran tun, nicht überall reine Sachinteressen und selbstlosen Einsatz für die Gemeinschaft zu erwarten. Vielmehr kann man durchaus fragen, inwieweit es für die Beteiligten, wenn man sie als Homines oeconomici modelliert, Anreize gibt, auf Macht oder Gewinnerzielung gerichtete Partikularinteressen zu verfolgen, selbst wenn diese ihren Aufgaben entgegenstehen sollten.

Der Mensch geformt nach dem Bild des Homo oeconomicus?

Die Wirtschaftswissenschaften sprechen über gedachte Menschen und gedachte Systeme: Die ideale Marktwirtschaft ist, ebenso wie der Staat der Public Choice und die Lebenswelt des Ökonomischen Imperialismus, eine *Denkwelt*. Ein *Gedankending* ist folglich auch der Homo oeconomicus, der sich in diesen Welten bewegt. Gleichwohl existieren diese Welten nicht nur »im Kopf«, sondern es ist möglich, dass Teile der Wirklichkeit sich nach ihrem Bilde formen. Zwar ist es übertrieben zu sagen, »dass das ökonomische Wissen der letzten dreihundert Jahre die wirtschaftlichen Tatsachen geschaffen

---

332 Manstetten (2000: 100).

333 Eine solche Ansicht legt Georg Büchner in seinem Drama *Dantons Tod* (I. 6) dem Revolutionär Danton in den Mund: »Es giebt nur Epicuräer und zwar grobe und feine, Christus war der feinste; das ist der einzige Unterschied, den ich zwischen den Menschen herausbringen kann. Jeder handelt seiner Natur gemäß d.h. er thut, was ihm wohlhtut.« (Büchner 1974: 27).

hat, mit deren Entzifferung es sich selbst beschäftigt,«[334] aber die wissenschaftlichen Modelle, die mit idealisierten Menschen unter Idealbedingungen operieren, diffundieren in öffentliche Diskurse und können sich auf die Lebensführung realer Menschen auswirken. Das Bild, das die Wirtschaftswissenschaften vom Menschen liefern, kann auf die Art und Weise einwirken, wie Menschen sich selbst sehen und wie sie sein wollen. Neben anderen Faktoren könnte auch das Konzept des Homo oeconomicus mit zu einem sozialen Klima beitragen, das denen, die im Kampf um Karriere und Einkommen die Oberhand behalten, ein gutes Gewissen sichert, während der Druck der Rechtfertigung auf den Idealisten und den Erfolglosen liegt.

Wenn wir also den Homo oeconomicus angemessen verstehen wollen, müssen wir auch nach seiner Bedeutung für das Selbstverständnis wirklicher Menschen fragen. Damit kommt die Dimension der *Moral* ins Spiel. Seit seinem Auftreten im 19. Jahrhundert wird der Homo oeconomicus von moralischer Kritik begleitet, seit der Finanzkrise in jüngster Zeit ist die Polemik gegen ihn zuweilen sehr heftig geworden. Abgesehen, dass ihm manchmal jeglicher Realitätsgehalt abgesprochen wird, gilt er vor allem als der Typ Mensch, dem letztlich jegliches Malum oeconomicum entspringt. Derartige Kritiken erscheinen zwar gegenüber bestimmten Erkenntnisinteressen der Wirtschaftswissenschaften ungerechtfertigt. Aber selbst in der reinen Mathematik *allgemeiner Gleichgewichtsmodelle* kann dieses Wesen seine Unschuld nicht völlig behalten. Ein Schatten fällt bereits auf ihn, sobald sich normative Aspekte in die Modellbildung einschleichen. Das aber kommt immer wieder vor. Denn zu den Ideologien, die durch die Wirtschaftswissenschaften transportiert werden (auch wenn reflektierten Ökonomen oft der Glaube fehlt) gehört die Ansicht, *dass die Welt des Homo oeconomicus ganz allgemein als gut einzuschätzen sei und dass sich somit auch sein Verhalten rechtfertigen ließe*.

Derartige Überzeugungen bedürfen einer grundsätzlichen Reflexion. Dazu betrachten wir den Homo oeconomicus nun in einer nicht-wirtschaftswissenschaftlichen Weise. Wir nehmen ihn aus dem Rahmen der Markt*modelle* heraus, indem wir fragen: Wie würden wir ihn in der Wirklichkeit beurteilen? Wie würden wir seine Handlungsweisen bewerten, wenn wir ihnen bei unseren Mitmenschen begegneten, wie würden wir uns selbst einschätzen, wenn wir

[334] Vogl (2010: 8).

uns eingestehen müssten, dass wir unsere Vernunft hauptsächlich für unseren eigenen Vorteil einsetzen?

Der Homo oeconomicus auf dem Markt

Außerhalb der Modellwelten der Ökonomen kann der Homo oeconomicus als eine *Rolle* aufgefasst werden, die jeder Mensch gelegentlich einzunehmen genötigt ist. Seine Selbstbezogenheit erscheint in dieser Sicht keineswegs verwerflich. In modernen Gesellschaften wird ihr sogar eine durch die Verfassung geschützte eigene Sphäre eingeräumt: der private Bereich, worin jeder nach seinen Vorstellungen sein Glück suchen darf. Die Mittel für diese Glückssuche aber werden zu einem nicht geringen Teil auf dem Markt erworben.

Für Platon und Aristoteles wäre ein Mensch, der seine Vernunft nur für private Begierden und Interessen einsetzt, in einer Lebensweise gefangen, die dem Menschsein widerspricht. Es war eine große, gegen antike und mittelalterliche Vorstellungen gerichtete Intention der neuzeitlichen Aufklärung, dem Einzelnen in seiner Individualität ein Recht auf autonome Lebensgestaltung auch außerhalb der Interessen der Gemeinschaft einzuräumen. Erst in der Linie dieser Intention kann ein Konzept wie der Homo oeconomicus Anspruch erheben, Wesentliches am Menschsein selbst zu treffen. Bei der Propagierung autonomer Lebensgestaltung dachten die Liberalen unter den Aufklärern allerdings nicht primär an den egoistischen Nutzenmaximierer. Ihnen ging es um das Große und Glanzvolle, das Menschen in Politik, Wissenschaft oder Kunst, und das weniger groß Erscheinende, aber nicht weniger Wichtige, das Menschen in der Wirtschaft leisten können, wenn man ihnen nur Raum gewährt, ihre Naturanlagen selbständig zu entwickeln, zu pflegen und auszuleben. Dabei wurde die Möglichkeit, keine höheren als private Interessen zu verfolgen, in Kauf genommen. Eine Lebensführung, der es um nichts anderes geht als ein möglichst angenehmes Privatleben, darf, wenn man diesem Argument folgt, in einer freien und rechtsstaatlich verfassten Gesellschaft nicht *per se* delegitimiert werden.

Privatinteressen gelten besonders in der Marktsphäre als legitim. Denn von normalen Menschen auf Märkten wird man kaum erwarten, dass sie beim Kauf oder Verkauf alltäglicher Güter vor allem auf das Wohl ihres Nächsten oder die Rettung der Welt achten. Ihr soziales Gewissen, ihr Wohl- oder Übelwollen für andere Menschen, ihre religiöse Überzeugung oder ihre Weltanschauung müssen sie nicht daran hindern, herauszufinden, wo und wie sie für sich am günstigsten handeln. In diesem Sinne nimmt heute fast jeder Mensch manchmal die Rolle des Homo oeconomicus ein. Das gilt für jeden Kauf oder Verkauf, für jegliches Darbieten oder Empfangen von Dienstleistungen, für die Einstellung eines Mitarbeiters oder das Eingehen eines Arbeitsvertrages. Geradezu verpflichtend ist diese Rolle für alle, die als Käufer oder Verkäufer im Auftrag eines Unternehmens, einer Organisation oder einer Behörde tätig sind: Sie müssen prinzipiell die Möglichkeiten ausschöpfen, für ihre Auftraggeber günstig einzukaufen oder Gewinne zu erzielen. Ein Unternehmen schließlich, das nicht danach strebt, Gewinne zu machen, kann langfristig auf Wettbewerbsmärkten kaum bestehen.[335]

Allerdings treten fragwürdige Züge am Homo oeconomicus bereits im Rahmen des Marktes hervor. So ist es keineswegs harmlos, wenn (vermutlich) hochbegabte, oft mit materiellem Reichtum wohl versehene Menschen als sogenannte Führungskräfte anscheinend des Köders Geld bedürfen, um konstant ihre besten Leistungen abzurufen, wie dies in der Auseinandersetzung über Managergehälter und –boni deutlich geworden ist. Platon hätte solche Menschen für geradezu ungeeignet gehalten, Führungsaufgaben zu übernehmen, denn er lehrte, in einem guten Gemeinwesen seien Führungskräfte von jeglichem Privatbesitz und jeglichem Besitzdenken freizuhalten. Aber auch von normalen Konsumenten auf scheinbar normalen Märkten wird heute oft zu Recht gefordert, dass sie nicht ungebrochen als Homines oeconomici agieren sollten. Sie sollten bedenken, ob ein verlockend günstiges Angebot von Gütern, die man gerne erwerben würde, nicht teuer erkauft wird mit dem Leid von Menschen, die sie unter unmenschlichen Arbeitsbedingungen und mit schlechter Bezahlung herstellen, mit der Qual oder dem abgestumpften Dahinleben von Tieren, deren Haltung einer artgerechten Lebensweise widerspricht, und mit Zerstörungen in der natürlichen Umwelt. Dem Menschen, soweit er Homo oeconomicus ist, erscheint zwar nichts

---

[335] Adam Smith erkannte in einem Verhalten, das vom Selbstinteresse motiviert ist, sogar moralische Qualitäten: »Die Rücksicht auf unser eigenes Glück und auf unseren persönlichen Vorteil erscheint […] in zahlreichen Fällen […] als ein sehr lobenswertes Prinzip des Handelns. Charaktergewohnheiten wie Wirtschaftlichkeit, Fleiß, Umsicht, Aufmerksamkeit, geistige Regsamkeit, werden nach allgemeinem Dafürhalten aus eigennützigen Beweggründen gepflegt, und doch hält man sie zugleich für sehr lobenswürdige Eigenschaften.« (Smith, *Theory* 506).

zu billig, vorausgesetzt, er erlangt den Nutzen, den er sich gewünscht hat. Wenn ein Mensch aber aus der Perspektive der egoistischen rationalen Nutzenmaximierung heraustritt, wird es ihm nicht schwerfallen zu erkennen, dass Fleisch, Gemüse, Textilien oder Computer oft zu weitaus höheren Preisen als heute üblich verkauft werden müssten, um alle, die an der Entstehung dieser Güter beteiligt und von den Folgen ihrer Herstellung und ihres Gebrauchs betroffen sind, angemessen behandeln zu können.

Die Handlungsprinzipien des Homo oeconomicus und die Ethik

Das Recht, in der Wirtschaft private Interessen ohne Rücksicht auf andere und auf das Gemeinwohl zu verfolgen, legitimiert keineswegs generelle Desinteressiertheit an anderen Menschen und Kreaturen. Seine Gewährung ist nur ein Tribut an die menschliche Schwäche und Begrenztheit, die es keinem Menschen ermöglicht, in jeder Situation und zu jedem Zeitpunkt ein ausschließlich allgemeines Leben zu führen. Der Homo oeconomicus kann daher nur als ein Teilaspekt des Menschseins ein gewisses Recht beanspruchen.[336] Versteht sich aber ein Mensch in allen Lebensbereichen und zu allen Zeiten als egoistischer rationaler Nutzenmaximierer, so wird er in der Verfolgung des eigenen Vorteils, auch zu Lasten anderer, kein Maß kennen, er handelt opportunistisch, wird andern gegenüber unzuverlässig und macht sich *korrumpierbar:* Warum sollte er, wann immer unfaires Verhalten und Rechtsbrüche ihm nützlich erscheinen, auf seinen Vorteil verzichten?

Als individuelle Person genommen wäre ein solcher Homo oeconomicus *der* Typus eines Menschen, mit dem auf Dauer niemand zusammenleben möchte.[337] Betrachtet man ihn unbefangen, wird man ihn fast zwangsläufig in den Horizont der christlichen Vorstellung

---

[336] Aus derartigen Erwägungen heraus wurde in Faber/Manstetten/Petersen (1997) das Konzept des *Homo politicus* entwickelt. Die Ansätze, die sich dazu bei Adam Smith finden, werden in Manstetten/Hottinger/Faber (1998) herausgearbeitet.

[337] Dass eine Person, für die ihr Privatvorteil oberster Gesichtspunkt aller Handlungen wäre, keinerlei Achtung von Anderen erwarten und sich selbst unmöglich achten könnte, war die Überzeugung von Immanuel Kant: »So deutlich und scharf sind die Grenzen der Sittlichkeit und der Selbstliebe abgeschnitten, daß selbst das gemeinste Auge den Unterschied, ob etwas zu der einen oder der andern gehöre, gar nicht verfehlen kann.« (KpV, A 63; Kant 1974b: 148).

vom Bösen stellen. Er ist der Mensch, der nur seinem *eigenen Rat* folgen oder, wie Schelling sagt, ein *absonderliches Leben* führen will.[338] Ein Mensch, der ausschließlich den Motivationen des Homo oeconomicus folgt, führt, was immer er selbst von sich denken mag, ein schlechtes Leben. Aus dem *Tun des Eigenen*, das, laut Platon, das Wesen der Gerechtigkeit ausmacht, ist für eine Person, die sich nur an den Maßstäben des Homo oeconomicus orientiert, die *Gefangenschaft im Privaten* geworden.

Hält es eine ganze Gesellschaft für selbstverständlich, dass ihre Mitglieder sich durchweg als Homines oeconomici verhalten, so gehen ihr wesentliche Unterscheidungen verloren: Was in fast allen Kulturen *böse* genannt wird, erscheint in ihr normal, Werte, die sonst als unabdingbar gelten, beliebig und zufällig. Eine solche Gesellschaft wird kaum fähig sein, zu erkennen, was langfristig für ihren Fortbestand und das gemeinschaftliche gute Leben ihrer Mitglieder förderlich ist.

Will man zu einem abschließenden Urteil über den Erkenntniswert des Homo oeconomicus gelangen, muss man bedenken, dass seine Züge, will man sie fixieren, sich oft verunklären. Das liegt daran, dass sich in ihm sehr heterogene Interessen zusammengefunden haben: Die Wirtschaftswissenschaften benötigen ihn für eine kohärente Theorie ihres Gegenstandes, Skeptiker rechnen in allen Situationen damit, dass Menschen, was immer sie behaupten, vor allem an sich selbst denken, Vertreter einer liberalen Weltsicht aber finden im Homo oeconomicus den Menschen, der ein freies Leben gemäß derjenigen Interessen führt, die er sich als reifer Mensch im Erwachsenenstadium zu eigen gemacht hat. Alle drei Auffassungen sind auf Kritik gestoßen: Den Wirtschaftswissenschaftlern wird vorgeworfen, dass sie mit unrealistischen Annahmen arbeiten, den Skeptikern, dass sie das menschliche Leben allzu düster malen, den Liberalen, dass sie mit der Freigabe egoistischer Motive ein Zerrbild der wahrhaft menschlichen Freiheit propagieren.

Jedoch ist der Homo oeconomicus nicht so leicht abzutun. Die Wirtschaftswissenschaften werden auch in Zukunft bei ihrer Modellbildung kaum auf ihn verzichten können. Von den Skeptikern aber kann man sich anregen lassen, auch in menschlichen Verhältnissen, die nicht wirtschaftlicher Art sind, nie auszuschließen, dass Einzelne ihren Privatvorteil über moralische Regeln oder sachliche Erwägun-

---

[338] S. o. Kap. 6.

gen stellen. Die klassischen Liberalen jedoch, deren Ideen stärker als alle späteren wissenschaftlichen Impulse zur Verbreitung des Konzeptes der egoistischen rationalen Nutzenmaximierung beitrugen, hatten ein ganz anderes Ziel. Als Denker wie Lessing oder Smith forderten, allen Individuen Freiheit des Denkens und des Handelns zu gewähren, waren sie geleitet von einem Vertrauen in die gute Natur des Menschen. In vollem Bewusstsein darüber, dass Menschen ihre Möglichkeiten missbrauchen könnten, glaubten sie, die Natur werde dafür sorgen, dass aus der Freiheit aller Einzelnen überwiegend Gutes entstehen würde – sei es, weil sie das Gute bewusst erstreben würden, sei es, dass eine *Unsichtbare Hand* nachhelfen würde, wo dieses Streben nur schwach oder gänzlich abwesend wäre. Wer liberale Wirtschaftsentwürfe pauschal verwirft, sollte bedenken, dass etwas von diesem Glauben auch den Konzeptionen der rechtsstaatlichen Demokratie zugrundeliegt. Das sollte man im Auge behalten, wenn in den folgenden Kapiteln der Homo oeconomicus und seine Welten einer zum Teil radikalen Kritik unterzogen werden.

V. Vergessene Natur: Das Malum kehrt zurück

12. Keynes, Malthus und der Club of Rome

Wirtschaft der Zukunft und widerspenstige Natur

Keine mögliche Form der Gesellschaft könnte verhindern, dass ständiges Elend auf die Menschheit einwirkt: auf einen großen Teil der Menschen, sofern wir uns in einem Zustand der Ungleichheit befinden, auf alle, wenn alle gleich wären.
Robert Malthus

Das Vergessen der Natur in den Wirtschaftswissenschaften

Unsere bisherigen Betrachtungen haben gezeigt, dass das Malum oeconomicum stets vor der Folie eines bestimmten Verständnisses von Natur konzipiert wurde. Platon und Aristoteles fassen Natur im Sinne des *Wesens:* als *Natur von etwas* oder *von jemandem*. Für den Menschen gilt, dass er gut lebt, wenn er *seiner Natur gemäß* oder *natürlich* lebt, während alles menschliche Malum einen Zug des Widernatürlichen hat. Wenn dagegen Hobbes von einem Naturzustand spricht, bezeichnet *Natur* nicht das Wesen, sondern ein *Feld von typischen Ereignissen und Verhaltensmustern*, wie sie in der Abwesenheit von Recht und Gesetz auftreten. Dieses Feld ist bestimmend dafür, wie das Wesen des Menschen dort in Erscheinung tritt. Für Smith schließlich ist Natur Wesen und Feld zugleich: Der Mensch ist seiner Natur nach im Zusammenspiel von Selbstliebe und Sympathie auf das Gute hin angelegt, während die Wirtschaft ein Feld ist, dessen natürliche Gesetzmäßigkeiten nach Art der Physik die Erscheinungsweise dieser Menschennatur bestimmen. Kann nach Newton die Natur als System in der Art eines Mechanismus erklärt werden, so sind die Erscheinungen des Wirtschaftslebens für analoge mechanistische Erklärungsansätze zugänglich.[339] Mit ausdrücklichem Hinweis auf

---

[339] Für Smith bezeichnet *Natur* einen Bereich, der »eine Überfülle von Ereignissen zu bieten scheint, die vereinzelt und unzusammenhängend erscheinen.« (Smith 1982: 45; eigene Übersetzung) Durch die Einordnung der ungeordneten Phänomene in ein ›System‹ kann es gelingen, »Ordnung in dieses Chaos der Erscheinungen zu bringen« (ibid.). Das System wird von Menschen konstruiert. »A system is an imaginary

Smith sieht Hegel in der Marktsphäre, »eine Ähnlichkeit mit dem Planetensystem, das immer dem Auge nur unregelmäßige Bewegungen zeigt, aber dessen Gesetze doch erkannt werden können«.[340] Was in der Wirtschaft als *natürlich* gelten soll, wird seit Smith *normativ* aufgeladen: Es ist harmonisch und somit gut. Mit den Gravitationssystemen der klassischen Physik hat das Wirtschaftssystem, wie es später in den Standardmodellen des 19. und 20. Jahrhunderts konzipiert wird, gemeinsam, dass es in seiner reinen Form, also ohne die lästigen *Reibungsverluste* der Realität, eine harmonische Ordnung zeigt und im Großen und Ganzen nur Gutes bewirkt.

In diesen Vorstellungen von Natur fehlt *ein* Aspekt fast vollständig: Natur als Bereich *des außermenschlichen physikalischen und biologischen Seins*, insofern sie als Lebensgrundlage der Menschen dient, ist in den klassischen und neoklassischen Modellen abwesend. Als Quelle von Rohstoffen und Raum für Schadstoffe ist sie in den Wirtschaftswissenschaften nach Smith kaum je Thema gewesen.[341] Ein anderer Aspekt von Natur kommt in den klassischen und neoklassischen Theorien allenfalls ausnahmsweise vor: die biologische Natur der Gattung Mensch, die sich, anderen Spezies gleich, nach bestimmten Gesetzmäßigkeiten vermehrt. Zwischen Malthus (s. u.) und Ehrlich wurde das Thema Bevölkerungswachstum insgesamt vernachlässigt.

Die biologische Natur im Verhältnis zur Wirtschaft wird uns nun beschäftigen. Unter dem Gesichtspunkt der Natur und ihrer Veränderung durch wirtschaftliches Handeln gerät ein Übel in den Blick, das unerkannt bleibt, solange man das Malum oeconomicum nur im Verhältnis von Mensch zu Mensch aufsucht. Es ist die drohende und zum Teil schon vollzogene Zerstörung der natürlichen Lebensgrundlagen der Menschheit durch die gegenwärtige Wirtschaft.

---

machine invented to connect together in the fancy those different movements and effects which are already in reality performed.« (Smith 1982: 66)

340 Hegel (1970: 347).

341 So konstatiert Bertram Schefold: »Als Herausgeber einer Reihe von hundert Klassikern der Nationalökonomie, deren Ende absehbar ist, bringe ich kein einziges Buch heraus, in welchem der Naturbezug der Nationalökonomie im Mittelpunkt stünde, und doch handelt es sich um einen Versuch, einen Kanon der für die Geschichte unserer Wissenschaft bedeutenden Werke aufzustellen.« (Schefold 2001: 17) Zu den wenigen Ausnahmen gehört die Untersuchung von Jevons (1865) zur Rohstoffbasis der britischen Industrie.

Durch Wachstum zum Ende des Wachstumszwanges: »Fair is foul, and foul is fair« bei Keynes

Noch für John Maynard Keynes war die Zukunft der Wirtschaft kein Problem, im Gegenteil, er glaubte, vieles spreche dafür, dass die Zukunft viel besser sein werde als die Vergangenheit. Blicken wir in die Vergangenheit zurück, um daraus für die Zukunft zu lernen, so erkennen wir, so Keynes in seinem Essay *The Economic Possibilities for our Grandchildren* aus dem Jahre 1931, »dass bis auf den heutigen Tag das ökonomische Problem, der Kampf um die schiere Subsistenz, stets das vorrangige und drückendste Problem des Menschengeschlechtes gewesen ist – ja, nicht nur des Menschengeschlechtes, sondern im ganzen Reich des Biologischen, angefangen beim Beginn des Lebens in seinen primitivsten Formen. So hat die Evolution der Natur uns – mit all unseren Regungen und tiefsten Instinkten – hervorgebracht zu dem Zweck, das ökonomische Problem zu lösen.«[342] Die Lösung des *ökonomischen Problems* wäre, dieser Argumentation gemäß, die Bestimmung des Menschen. Was Keynes das ökonomische Problem nennt[343], ist die *Knappheit.*[344] Knappheit ist in ökonomischer Sicht der Grad der Spannung zwischen derjenigen Menge von Mitteln, die die Menschen für ihre Bedürfnisbefriedigung als wünschenswert erachten, und derjenigen Menge, die sie *tatsächlich in ihre Verfügungsgewalt bringen können.* Das Problem der Knappheit stellt sich für die Wirtschaftswissenschaften immer dann, wenn mit der aktuell verfügbaren Menge eines bestimmten Gutes die Bedürfnisse derer, die danach streben, nicht vollständig befriedigt werden können. Das bedeutet, dass sich die Menschen, wenn sie könnten, noch mehr von diesem Gut aneignen würden. In solchen Situationen können Institutionen wie Eigentum und Märkte entstehen, es bilden sich Preise, deren Veränderungen den jeweiligen Grad der Knappheit des Gutes anzeigen.

---

[342] Keynes (1931: 366), eigene Übersetzung. Auch die folgenden Zitate aus Keynes (1931) wurden von mir übersetzt.

[343] Keynes (1931: 366).

[344] Das Problem der Knappheit gelangte in der *Neoklassik* nach der Mitte des 19. Jahrhunderts ins Zentrum ökonomischer Theorienbildung. Während die ökonomische *Klassik* (Smith, Say, Ricardo, Marx u. a.) die Wirtschaft vor allem von der Seite der Produktion her analysiert und den Akzent auf die Angebotsseite legt, nimmt die Neoklassik (Jevons, Walras, Menger) vor allem die Nachfrageseite in den Fokus, derart dass die Marktanalyse bei den Präferenzen der Marktteilnehmer ansetzt.

Zwei Grenzsituationen sind jedoch denkbar, in denen keinerlei Knappheit auftritt: Die eine ist gegeben, wenn in einer Art Schlaraffenland alle Mittel, worauf menschliche Bedürfnisse sich richten könnten, im Überfluss da sind: Alle Güter wären *freie Güter*, die ohne Einschränkung kostenlos von jeder Person nach dem Maß ihrer Wünsche in Besitz genommen werden könnten. Die andere Grenzsituation liegt vor, wenn Menschen sich so sehr bescheiden würden, dass sie ganz und gar in dem Vorhandenen bzw. dem ohne Schwierigkeiten Herbeizuschaffenden ihr Genügen fänden, so dass es kein Gut gäbe, von dem nicht für alle genug da wäre.

In beiden Situationen würde das ökonomische Problem, wie Keynes es nannte, nicht auftreten. Mit der Knappheit aber scheint zugleich ein weiteres Problem zu verschwinden, nämlich das *Problem der Verteilungsgerecht*igkeit. Die Frage nach der Gerechtigkeit wird gegenstandslos, wenn alle in dem Bewusstsein leben, dass es ihnen an nichts fehlt; Rivalität und Neid können gar nicht erst aufkommen. Das sah schon David Hume, der bemerkte: »Nehmen wir einmal an, daß die Natur dem menschlichen Geschlechte einen so reichlichen Überfluss an allen äußeren Bequemlichkeiten gegeben hätte, daß sich jedes Individuum ohne jede Ungewißheit gegenüber der Zukunft, ohne jede Sorge oder Fleiß von unserer Seite mit allem ausgestattet findet, was sein unersättlichster Appetit oder seine üppigste Phantasie verlangen könnte. [...] Es scheint ganz offensichtlich, daß in einer derartigen Situation jede andere soziale Tugend blühen und sich zehnfach ausbreiten würde, daß man aber von der vorsichtigen und eifersüchtigen Tugend der Gerechtigkeit nicht einmal geträumt hätte.«[345] Gerechtigkeit lässt sich aber auch da nicht blicken, wo, wie in der *gesunden Stadt* Platons, Bescheidenheit und Genügsamkeit die Menschen dazu veranlassen, ihre Bedürfnisse auf das Maß beschränken, das ihnen durch die Gaben der Natur oder durch die natürliche Betätigung ihrer Fähigkeiten gegeben ist.[346] Was wirtschaftliche Angelegenheiten angeht, wäre in beiden Zuständen das Verhalten eines egoistischen Homo oeconomicus nicht vom Verhalten eines wahren Menschenfreundes zu unterscheiden.

Für eine Gesellschaft, wie Platon sie in der *üppigen Stadt* ent-

345 Hume (2003: 13 f.). Ob Hume allerdings recht hatte mit der Annahme, dass der »unersättlichste Appetit« irgendwann einmal von allem genug haben könnte, scheint mir doch zweifelhaft.

346 Vgl. *Politeia* 371 e f.

wirft, könnten Verteilungsprobleme jedoch existenzgefährdend sein. Der antike Denker sah Kriege voraus, die mit Notwendigkeit entstehen, wenn Bedürfnisse beständig wachsen, aber die Mittel zu ihrer Befriedigung sich nicht vermehren lassen.[347] Aus Sicht der modernen Wirtschaftstheorie sind für den Fall zunehmender Knappheit indes bessere Lösungen denkbar. Wenn in der üppigen Stadt beispielsweise der Nahrungsmarkt freigegeben ist, werden bei gleichbleibendem Angebot mit wachsender Nachfrage die Preise steigen. Das aber bietet für alle, die mit der Produktion von Nahrung zu tun haben, *Anreize*, mehr Nahrungsmittel anzubieten. Dazu ließen sich beispielsweise Anbauflächen wirksamer bebauen, etwa durch Mehrarbeit, kluge Fruchtfolge, geeignete Düngung, bessere Bewässerung, Züchtung ergiebigerer Getreidesorten und wirksamere Werkzeuge der Bodenbearbeitung. Möglicherweise könnten auch Böden erschlossen werden, die bisher nicht für den Anbau geeignet erschienen. Denn damit hätten diejenigen, die das Land bearbeiten, Aussicht auf höhere Einkommen, mit denen sie ihrerseits zu einer wachsenden Nachfrage nach allen möglichen Gütern beitragen könnten. Letztlich ergäbe sich ein wachsender Wohlstand, tendenziell für alle.[348]

Wenn also innerhalb einer freien Marktwirtschaft wissenschaftlicher, technischer, wirtschaftlicher und institutioneller Fortschritt möglich ist, kann man sich vorstellen, dass erfinderische, unternehmenslustige und geschäftstüchtige Menschen überall da, wo ihnen zunehmende Knappheit signalisiert wird, aus reinem Eigeninteresse alles tun, um ein verbessertes Angebot der betreffenden Güter bereitzustellen. In einem *System der natürlichen Freiheit* werden sie durch die *Signalgeber* für *Veränderungen an Knappheit* dazu stimuliert: Das sind die *Preise* mit ihren Bewegungen nach oben oder unten. In der idealen Marktwirtschaft gilt: Zunehmende Knappheit bewirkt steigende Preise, steigende Preise aber verheißen den Anbietern steigende Gewinne, daher werden sie sich als Gewinnmaximierer nach Kräften bemühen, das Angebot zu erhöhen, was langfristig wiederum zum Vorteil der Konsumenten ausschlägt. Es ist der *Preismechanismus*, der, indem er die jeweilige Knappheit der Güter anzeigt, die Wirtschaft, vermittelt über die Reaktionen der Homines oeconomici,

[347] Platon scheint der Sache nach eine Form von Knappheit im Blick zu haben, die man in heutiger Terminologie als *absolute Knappheit* bezeichnen müsste (s. u.).
[348] Gerade diese letztere Schlussfolgerung hat allerdings Robert Malthus prinzipiell angezweifelt (s. u.).

reguliert und im Interesse aller ihr Wachstum anregt. In einem idealen marktwirtschaftlichen System kann Knappheit, vermittelt durch Preissignale, ein entscheidendes Stimulans sein für die gedeihliche Entwicklung. Sie ist es, die die Menschen zur ständigen *Verbesserung ihrer Lebensbedingungen* herausfordert, eine Verbesserung, die im *Wirtschaftswachstum* ihren Ausdruck findet.

Eine Marktwirtschaft ist normalerweise weder eine Welt der Genügsamkeit noch eine des Überflusses. Der Wirbel der Begierden, Erwartungen, Sorgen und Anstrengungen gehört ebenso zu ihr wie der zuweilen neidvolle Blick auf die Mitmenschen, die es besser haben. Gleichwohl ist es denkbar, dass die Menschen bei anhaltendem Wirtschaftswachstum auf der Erde einmal über so viele Güter und Dienstleistungen verfügen werden, dass es kein weiteres Wachstum mehr geben und die Wirtschaft nur das erreichte Niveau halten müsste. Das war die Vision von Keynes. Wäre ein solcher Zustand erreicht, würden Gerechtigkeitsfragen an Schärfe verlieren. Bereits für das Jahr 2030 stellt Keynes den meisten Menschen das *wirtschaftliche Heil (economic bliss)* in Aussicht, ein Leben des Überflusses und der Muße.[349] Zu einer Zeit, als Westeuropa und Nordamerika von der Krise von 1929 erfasst wurden, träumte Keynes von einem Zustand, worin die Menschen von allem, dessen sie bedürfen, genug haben würden. Frei von Zukunftssorgen würden sie, so hoffte er, das Glück des gegenwärtigen Augenblickes genießen und sich absichtslos an dem freuen, was da ist, ohne um Überlegenheit oder Benachteiligung bekümmert zu sein, ohne den berechnenden Seitenblick auf privaten Nutzen und Gewinn, ohne die Last der Sorgen für den morgigen Tag.[350]

Allerdings: Die Befreiung von der Sorge um das Zukünftige, die Lösung aus dem Zwang, seine Lebensumstände zu verbessern, das Verschwinden der *Purposiveness* würde, so Keynes, erst von zukünftigen Menschen erlebt werden können. Für seine Zeitgenossen, die Menschen von 1930, gelte etwas anderes, nämlich: »Schön ist hässlich, hässlich schön.[351] Geiz, Wucher und Sorge müssen für eine kleine Weile noch unsere Götter sein. Denn nur sie können uns aus dem Tunnel ökonomischer Zwänge heraus in das Licht des Tages füh-

[349] Keynes (1931: 373).

[350] Vgl. Keynes (1931: 368, 370, 372).

[351] Im Original: »Fair is foul and foul is fair«, eine Anspielung auf die Worte der Hexen im *Macbeth* von Shakespeare.

ren.«[352] Der Homo oeconomicus ist, Keynes zufolge, in der Tat *hässlich*, aber es sieht es so aus, als ob die Menschheit ihn noch eine Zeitlang dringend benötigen würde. Zugleich aber setzt Keynes seine Hoffnung in eine Art *Unsichtbare Hand*, die die Welt des Homo oeconomicus dazu bestimmt hat, sich nach und nach friedlich aufzulösen. In der Zeit vor dem Ende der Knappheit aber müsse alles, was zum Wachstum der Wirtschaft beiträgt, darunter auch die *hässliche* Disposition des Mehrhabenwollens, gefördert werden, damit schon jetzt, wenn schon nicht Überfluss, so doch ausreichende Versorgung für alle Menschen gewährleistet werden könne.[353]

Förderung der Wachstumsdynamik moderner Wirtschaft einschließlich ihrer wissenschaftlich-technischen Grundlagen und einschließlich des Homo oeconomicus ist also für Keynes *das* Heilmittel zur allmählichen Überführung der Menschheit in paradiesähnliche Verhältnisse.[354] Denn diesen Strukturen verdanken wir »das große Zeitalter der Naturwissenschaft und der technischen Erfindungen«, die ungeheure Ausbreitung der Industrie, die Massenproduktion wichtiger Güter und die neuen Kommunikationsmedien. All dies und vieles andere habe, so Keynes, zwischen 1500 und 1931 für viele Menschen, auch und gerade für die Minderbemittelten, eine Fülle des Guten bewirkt: »Trotz eines enormen Wachstums der Bevölkerung weltweit, die man mit Häusern und Maschinen ausstatten musste, wurde der Lebensstandard in Europa und den Vereinigten Staaten angehoben – auf das Vierfache, möchte ich sagen. Das Wachstum des Kapitals in dieser Epoche liegt auf einer Skala weit jenseits des Hundertfachen von allem, was frühere Epochen gesehen haben. […] Offensichtlich werden revolutionäre technische Veränderungen bald auch in der Landwirtschaft Einzug halten. Was die Effizienz der Nahrungsproduktion angeht, stehen wir am Vorabend von Verbesserungen, die allem gleichkommen, was wir im Bergbau, in der Güterproduktion und im Verkehr bereits erreicht haben. In ganz wenigen

---

352 Keynes (1931: 372).

353 Man würde den etwas forcierten Optimismus dieses 1930 abgefassten Essays missverstehen, wenn man ihn abgelöst von seinem Kontext, der Weltwirtschaftskrise von 1929, betrachten würde. Keynes, der wohl wusste, welche Macht Erwartungen für die Entwicklung der Wirtschaft besitzen, bekämpfte einen ökonomischen Pessimismus, der leicht zu einer sich selbst erfüllenden Prophezeiung werden konnte.

354 Dass Keynes ziemlich weit vom Klassischen Liberalismus, noch weiter allerdings von jeder Art Antiliberalismus entfernt ist, bezeugt u. a. sein persönliches Bekenntnis »Am I a Liberal?« (Keynes 1931: 323–338).

Jahren – noch zu unseren Lebzeiten vermutlich – werden wir für die Abläufe in der Landwirtschaft, im Bergbau und in der Güterproduktion an menschlicher Leistung gerade noch ein Viertel von dem benötigen, was gegenwärtig dafür eingesetzt wird.«[355]

Keynes trifft für seine Vision Annahmen über die Welt, die Wirtschaft und die Politik, die aus heutiger Sicht revidiert werden müssen. Nicht existent scheint in seinen Ideen das Problem der *Grenzen des Wachstums* (s. u.), an keiner Stelle berührt er die Frage nach der Naturbasis des Wirtschaftens, während er das Bevölkerungsproblem, dessen Darstellung durch Robert Malthus uns nun beschäftigen wird, wohl allzu schnell für lösbar hielt.

Ressourcenknappheit und universelles Elend. Die Theorie des Robert Malthus

Das malthusianische Gesetz

Wie Smith und Keynes stellt Robert Malthus in seinem Essay von 1798 die *allgemeine Frage nach einer zukünftigen Verbesserung der Gesellschaft.*[356] Seine Antwort deutet sich im Titel seiner Abhandlung an, die sich als ein *Versuch über das Prinzip der Bevölkerung* präsentiert.[357] Dem Optimismus, der Ökonomen von Smith bis Keynes bewegte, stellt Malthus darin ein düsteres Gegenbild der Conditio humana oeconomica zur Seite.

Robert Malthus (1766–1834), seit 1797 Reverend der anglikanischen Kirche und seit 1806 Professor für Geschichte und Politische Ökonomie, fokussiert die Probleme der *üppigen Stadt* Platons auf die Frage der *Bevölkerungszunahme* und ihrer Bedeutung für die Nahrungsressourcen einer Wirtschaft. Platon selbst ist dieser Aspekt nicht entgangen. Wenn er seiner *gesunden Stadt* die Fähigkeit zuschreibt, aus *Furcht vor Armut und Krieg*[358] die Zahl der Nachkommen klug zu beschränken, scheint er anzunehmen, dass die *üppige Stadt* von solcher Beschränkung nichts mehr weiß. Im Verein mit

---

355 Keynes (1931: 363 f.).
356 Malthus (1798/1999: 3).
357 Zu der Bedeutung der Theorie von Malthus für die Forschungsrichtung der Ökologischen Ökonomik vgl. Becker/Faber/Hertel/Manstetten (2005).
358 Platon, *Politeia* 372 c.

der allgemeinen Bedürfnisexpansion in ihr wird die schiere *Zunahme der Bevölkerung* dazu führen, dass ihr Gesamtbedarf nach Gütern ständig wächst. Malthus erkennt nun in allen entwickelten Zivilisationen diesen Wesenszug der üppigen Stadt. Selbst wenn die Bedürfnisse pro Kopf konstant bleiben, wird allein das Wachstum der Bevölkerung eine Bedürfnisexpansion hervorrufen: Mehr Menschen benötigen mehr Nahrung, mehr Kleidung, mehr Wohnraum, mehr Betätigungsmöglichkeiten. Malthus, dessen Akzent auf der Frage der Ernährung liegt, unterstellt nun zwar – anders als Platon –, dass technischer Fortschritt ein zunehmendes Angebot an Nahrungsmitteln bewirkt. Aber dieses kann nicht Schritt halten mit dem weitaus schneller wachsenden Bedarf der zunehmenden Bevölkerung. Diese Botschaft hat Malthus in das später so genannte *Malthusianische Gesetz* gefasst: »Ich behaupte, dass die Vermehrungskraft der Bevölkerung unbegrenzt größer ist als die Kraft der Erde, Unterhaltsmittel für den Menschen hervorzubringen. Die Bevölkerung wächst, wenn keine Hemmnisse auftreten, in geometrischer Reihe an. Die Unterhaltsmittel nehmen nur in arithmetischer Reihe zu.«[359]

Zwei Kräfte bestimmen demnach die Entwicklung der Wirtschaft: Die eine Kraft ist die *Vermehrungskraft der Bevölkerung*, die zu einem ständig wachsenden Bedarf an Nahrung führt, die andere Kraft ist die *Kraft der Erde* (gemeint sind natürliche Ressourcen, vermittelt über den Einsatz von menschlicher Arbeit und Kapital), *Unterhaltsmittel für den Menschen hervorzubringen*, die ein wachsendes Angebot an Nahrung bewirkt. Aber in den Wirkungen beider Kräfte zeigt sich ein Missverhältnis. Es ist, so behauptet Malthus, ein zeitlos überall gültiges Gesetz, dass die beiden Kräfte in ihren Wirkungen nicht aufeinander abgestimmt sind. Denn wenn die Bevölkerungszunahme den Gesetzen der *geometrischen*, die Zunahme an Nahrungsmitteln aber denen der *arithmetischen Reihe* entspricht, wird die natürliche Zunahme der Bevölkerung langfristig auf Grenzen stoßen, wie sie durch Mangel an Nahrung, Armut, Krankheit, Elend, Hunger angezeigt werden. Der schließlich eintretende frühzeitige Tod vieler Individuen kann allerdings dazu führen, dass der Bedarf nach Nahrung massiv zurückgeht, so dass Angebot und Nachfrage tendenziell in ein Gleichgewicht kommen – solange, bis eine erneute Wachstumsdynamik einsetzt.[360] Das ist das Knappheitsproblem bei Malthus.

---

359 Malthus (1798/1999: 13).

360 Aus heutiger Sicht ist anzumerken, dass die Wirtschaftsdaten nur in seltenen Fäl-

Malthus und die Sozialutopien

Malthus sieht in jeder Wirtschaft, jenseits des Rechnens und Abwägens der Individuen und jenseits staatlicher Planung, einen natürlichen Faktor am Werk, ein nicht steuerbares, selbständig sich entwickelndes Moment. Es ist die unbeherrschte und unbeherrschbare Menschennatur selbst, deren Kraft und Gefährlichkeit in der Wirtschaft offenbar wird. Denn zur Natur des Menschen gehört das Streben nach Zeugung von seinesgleichen und Vermehrung seiner Art. Dieses Streben mag von einzelnen Menschen kontrolliert werden, aber auf der Ebene einer ganzen Gesellschaft entzieht es sich der Steuerung. Insgesamt tendieren alle menschlichen Gesellschaften zu maximaler Vermehrung ihrer Individuen. Aber die Menschen könnten sich nur dann ungehindert vermehren, wenn sie stets ein entsprechendes Angebot an Lebensgrundlagen (für die bei Malthus beispielhaft die Nahrung steht) vorfinden würden – das aber kann nicht sein. Die Menschen können zwar durch ihren Erfindungsreichtum die Menge der Unterhaltsmittel erheblich steigern. Alle Produktionssteigerungen jedoch werden eine Gesellschaft, Malthus zufolge, nie aus der grundsätzlichen Misere herausführen, dass irgendwann Situationen auftreten müssen, in denen insgesamt für die lebenden Individuen zu wenig da ist. Die unterschiedlichen Wachstumsraten von Bevölkerung und Nahrung bewirken also, so Malthus, eine Knappheit, die für die jeweilige Gesellschaft existenzbedrohend werden kann. Das aber ist die ökonomische Conditio humana aller Zeiten – die allerdings in einer Zeit wie der von Malthus, da ein globales Bevölkerungswachstum zu konstatieren ist, besondere Brisanz gewinnt.

Aus dieser Sichtweise resultiert Malthus' Absage an allen Egalitarismus: »Keine mögliche Form der Gesellschaft könnte verhindern, dass ständiges Elend auf die Menschheit einwirkt: auf einen großen Teil der Menschen, sofern wir uns in einem Zustand der Ungleichheit befinden, auf alle, wenn alle gleich wären.«[361] Malthus ist daher ein Feind jeder Art von Sozialutopie. Zeiten, in denen das von Keynes erwartete *ökonomische Heil* eintreten würde, wären für ihn

len einen eindeutigen Beleg für die von Malthus behaupteten Gesetzmäßigkeiten bieten. Der Zusammenhang zwischen Bevölkerungsentwicklung, Wirtschaftswachstum, Ressourceneinsatz, Umweltnutzung und Wohlstand bzw. Elend ist weitaus komplexer und vielfältiger, als das malthusianische »Gesetz« es vermuten lässt. Eine fundierte Kritik im Horizont aktueller Diskussionen bietet Jöst (2002).

[361] Malthus (1798/1999: 21).

bestenfalls kurze Phasen, hervorgerufen durch eine ungewöhnliche Schwankung in der wirtschaftlichen Entwicklung, vorübergehende Ausnahmezustände innerhalb eines gesetzmäßigen Ablaufs, der das System immer wieder in den Normalzustand des drohenden oder wirklichen Mangels zurückführen wird. Je stärker der Ausschlag des Pendels, umso heftiger würde der Rückschwung empfunden werden. Daher übt Malthus schärfste Kritik an der Idee einer auf Vernunft gebauten, von Wohlwollen geleiteten Gesellschaft[362]: »Somit ist also klar, dass eine Gesellschaft, die auf der schönsten von der Vorstellungskraft je ersonnenen Verfassung begründet ist, in welcher Nächstenliebe statt Eigenliebe das bewegende Prinzip ist, wo bei sämtlichen Mitgliedern jede schlechte Anlage durch Vernunft und nicht durch Zwang verbessert wird, dass eine solche Gesellschaft infolge der unabdingbaren Gesetze der Natur – nicht jedoch wegen einer angeborenen Verderbtheit des Menschen – in ganz kurzer Zeit zu einer Gesellschaft entarten würde, die nach einem Muster eingerichtet wäre, das sich von dem in jedem bekannten Staat heutzutage herrschenden nicht wesentlich unterscheidet; das bedeutet eine Gesellschaft, die in eine Klasse der Eigentümer und eine Klasse der Arbeiter geteilt ist und in der die Eigenliebe die wichtigste Triebfeder der großen Maschine darstellt.«[363]

Wir erkennen in diesem Bild das *System der natürlichen Freiheit* des Adam Smith wieder: eine gesetzmäßige Ordnung der Gesellschaft, die wie eine große Maschine *(great machine)* funktioniert, mit dem Egoismus *(self-love)* als bestimmendem Antrieb menschlichen Handelns. Aber der Optimismus der *Unsichtbaren Hand* ist bei Malthus verschwunden. An ihre Stelle sind die unvermeidbaren Gesetze der Natur *(the inevitable laws of nature)* getreten, die Gestalt und Dynamik des Systems bestimmen. Diese werden, von welchem Ausgangspunkt wir auch beginnen mögen, unvermeidlich den Klassengegensatz von *Arm* und *Reich* hervorbringen. Die Spaltung der Gesellschaft in *reich* und *arm* und insbesondere das Elend der arbeitenden Klasse seiner Zeit entspringt nicht menschlicher Böswilligkeit oder Unfähigkeit, sie zeigt auch keine gesellschaftliche Fehlentwick-

---

[362] Malthus bezieht sich dabei auf William Godwins Abhandlung *An Enquiry Concerning Political Justice and its Influence on General Virtue and Happiness* (1793/1971). Godwin entwirft hier auf der Basis der natürlichen Gleichheit und der Vernunft der Menschen eine gerechte und ideale Gesellschaft.

[363] Malthus (1798/1999: 86).

lung an, sondern sie ist, so Malthus, die Konsequenz einer natürlichen Gesetzmäßigkeit. Wie alle Gesellschaften vor ihr ist auch die moderne Gesellschaft, ob sie es wahrhaben will oder nicht, Ausdruck der Conditio humana, die sie zur Knappheit und zum elenden Leben und Sterben vieler ihrer Mitglieder verdammt. Die Spannung zwischen der Zahl der Bevölkerung und den verfügbaren Lebensmitteln wird allenfalls temporär aufgehoben: durch Katastrophen, durch Kriege, Seuchen und vor allem Hunger: »Hungersnot scheint das letzte und schreckliche Wirkmittel der Natur zu sein. Die Kraft der Bevölkerungszunahme ist der Kraft der Erde, dem Menschen Lebensunterhalt zu gewähren, so sehr überlegen, dass die menschliche Rasse in der einen oder anderen Weise von einem vorzeitigen Tod heimgesucht werden muss. So sind die Laster der Menschheit aktive und fähige Diener des Bevölkerungsrückgangs. In der großen Heeresmacht der Zerstörung sind sie die Vorhut, und oft vollenden sie gleich selber ihr schreckliches Werk. Aber sollten sie in diesem Krieg der Auslöschung erfolglos bleiben, so treten Missernten, Seuchen, Pest und Plagen in schrecklichem Aufgebot an und schreiten fort, Tausende und Zehntausende mit sich reißend. Sollte das noch nicht genügen, so wird sich im Rücken eine gigantische Hungersnot breit machen, und mit einem mächtigen Schlag wird die Bevölkerungsziffer wieder mit dem Nahrungsangebot der Welt ins Gleichgewicht gebracht werden.«[364]

Eine solche Sicht lässt keinen Platz für eine Wirtschaftsethik. Denn hinter allem anscheinenden Malum oeconomicum sieht Malthus die Wirkung von Naturgesetzen, die sich dem Schema gut/böse entziehen und menschlichen Zielsetzungen unzugänglich sind. Daher sind insbesondere alle Bemühungen, das Los der Armen durch finanzielle Zuwendungen zu verbessern, wie er annimmt, systematisch zum Scheitern verurteilt: Sie machen langfristig alles noch schlimmer, selbst für die Armen, denen man Gutes tun will. Würde die Politik sich von der Illusion, ein Ausgleich zwischen arm und reich sei möglich, leiten lassen, so könnte langfristig aus dem *Elend vieler* das *Elend aller* werden. Der Gegensatz von Arm und Reich würde ersetzt durch allgemeine Armut.

---

[364] Malthus (1798/1999: 61).

Das Bevölkerungsgesetz als Universalgesetz der Natur

In der ersten Fassung seines *Essay* legt Malthus seine Thesen vor der Folie eines theologisch-kosmologischen Entwurfs vom Menschsein dar: Gott selbst, der Urheber des Universums und Schöpfer des Menschen, habe aus weiser Voraussicht die Kluft zwischen Bevölkerungsentwicklung und Nahrungsangebot eingerichtet. Denn besser als andere Mittel würden drohendes oder wirkliches Elend den Menschen starke Anreize bieten, ihren Geist, ihre Erfindungsreichtum und ihre Leibeskräfte in Bewegung zu setzen. Da die Furcht vor dem Elend jeden Einzelnen dazu ansporne, seine natürliche Neigung zu Trägheit und Untätigkeit zu bekämpfen, werde die Menschheit insgesamt gebessert.[365]

In späteren Auflagen hat Malthus derartige theologische Spekulationen weggelassen.[366] Hatte er anfänglich beweisen wollen, dass unsere Welt hier trotz der Notwendigkeit menschlichen Elends die beste aller möglichen Welten ist, so mag es ihm später genügt haben, dass die Welt ist, wie sie ist, um jeden Einspruch verstummen zu lassen. Da es keine andere Welt geben kann, sollte der Mensch sich mit der Einsicht bescheiden, dass er nicht *Krone der Schöpfung*, sondern *Lebewesen unter anderen Lebewesen* ist. Denn das Knappheitsproblem der Wirtschaft spiegelt, so Malthus, die Struktur allen Lebens: Jede Spezies vermehrt sich in dem Ausmaß, wie es ihre Umwelt zulässt, und wenn die Anzahl ihrer Individuen so groß ist, dass die Ressourcen der Umwelt nicht mehr ausreichen, werden natürliche Prozesse zu einer Schrumpfung führen. Zwar können die Menschen durch Dezimierung ihrer natürlichen Feinde und durch Steigerung der Nahrungsmittelproduktion die Ausprägung dieser Gesetzmäßigkeit modifizieren und die Zeit für das Bevölkerungswachstum sozusagen strecken, aber auf Dauer sind die Entwicklungsmuster, denen die Zahl der Menschen unterliegt, dieselben, wie sie für Kaninchen, Heuschrecken oder Raubfische gelten.[367]

---

[365] Vgl. Malthus (1798/1999: 150–158).

[366] Pullen (1981: 44f.) vermutet dahinter das Interesse, Konflikte mit der anglikanischen Kirche zu vermeiden. Vielleicht aber hat Malthus selbst erkannt, dass für die Erklärung des Elends auf der Erde ein Gott wie der von ihm erdachte durchaus entbehrlich ist.

[367] Vgl. Malthus (1798/1999: 14). Es war diese Logik, die Charles Darwin auf das Stärkste beeindruckte und in sein Hauptwerk *On the Origin of Species* Eingang fand.

Exkurs: Der Klassische ›Maya-Kollaps‹ und seine Aktualität in malthusianischer Deutung

Malthus sieht die Welt aus einem so großen Abstand, dass ihn individuelles Leid ebenso wie massenhaftes Elend kaum bedrängen kann, während andererseits ökologische und soziale Krisen und Katastrophen aus seiner Vogelperspektive unvermeidliche Phasen in der Menschheitsentwicklung darstellen. Aber trotz seines universellen Fatalismus hat gerade Malthus für die spezifische Sorge unserer Zeit, die Menschheit könnte sich selbst durch ihr Wirtschaften zugrunde richten, theoretisches Rüstzeug geliefert. Eine Publikation unserer Tage über den Untergang eines großen Teils der Maya-Zivilisationen in Mittelamerika während des 9. Jahrhunderts n. Chr. bedient sich malthusianischer Denkmuster, um aus dem, was damals geschah, Warnungen für heute abzuleiten.[368] Schon zu Beginn des 20. Jahrhunderts hatte man bemerkt, dass sich im Maya-Gebiet des *südlichen Tieflands,* das sich über Territorien in Guatemala, Mexiko, Belize und Honduras erstreckt, bis kurz vor Ende des 8. Jahrhunderts »die Daten in den Inschriften […] häuften, […] dass dann sehr plötzlich die datierbaren Monumente weniger wurden und im 9. Jahrhundert ganz aufhörten.«[369] Dabei hatten die Maya unmittelbar vor dem Verstummen der Inschriften »den Höhepunkt der Machtentfaltung« erreicht: »Die großen Tempel von Tikal stiegen zu Höhen auf, die denen moderner zwanzigstöckiger Gebäude gleichkommen, während Copán die großartigen Innenhöfe seiner Akropolis errichtete und seinen Ruhm in der Gestalt der monumentalen Hieroglyphentreppe verewigte. […] Mit einem Wort: das goldene Zeitalter für die Maya. […] Nur zwei Jahrhunderte später war all das untergegangen. […] Die Könige waren verschwunden und ihr Volk mit ihnen.«[370] Ein Gebiet, dessen Einwohnerzahl auf dem Höhepunkt eine »übergreifende Dichte von 200/km^2 erreichte«, wurde auf 100.000 km^2 »im wesentlichen unbewohnt zurückgelassen«.[371]

Für Culbert ist die Ursache offensichtlich. »Die Maya [hatten] enorme Bevölkerungsdichten erreicht […], wobei sie sich auf aben-

[368] Culbert (1994).

[369] Culbert (1994: 239). »Das ist eine erstaunliche Zahl, die der Bevölkerungsdichte von beispielsweise Java oder den dichter besiedelten Regionen Chinas entspricht« (ibd.).

[370] Ibd.

[371] Culbert (1994: 244).

teuerliche, wahrscheinlich sogar riskante Anbaumethoden einließen, um ihr Volk ernähren zu können. In der Folge veränderten die Maya ihre Umwelt drastisch. Während der Wald fast völlig verschwand, nahmen Unkraut und Nutzpflanzen die Stelle der Bäume ein. Ein Auseinanderklaffen zwischen Bevölkerungsdichte und Unterhaltsmöglichkeiten gilt heute als allgemein akzeptierter Faktor in fast allen Überlegungen zum Zusammenbruch der Maya.«[372] *Auseinanderklaffen zwischen Bevölkerungsdichte und Unterhaltsmöglichkeiten* – das ist eine Analyse in den Kategorien von Malthus.

Die Maya selbst werden sich Hunger, Krankheit, Elend, Bürgerkrieg, militärische Auseinandersetzungen, Zerstörung von Städten und Verödung ganzer Landstriche, wie sie sie tatsächlich erfuhren, in den Formen des Mythos bewusst gemacht haben: als Zeichen einer fundamentalen Störung in der Beziehung zwischen den Menschen und den kosmischen Mächten in der Überwelt und in der Unterwelt.[373] Aber – in dieser Richtung könnte man die Gedanken von Culbert weiterdenken –, so wie der Mythos den Maya die Wahrnehmung dessen, was wirklich geschah, verstellte, so verstellt heute die Homo oeconomicus-Perspektive und die Fixierung auf Wirtschaftswachstum die Sicht auf die Realität: »Im Zusammenbruch der Klassischen Maya steckt, so glaube ich, eine ernüchternde Lehre für die Menschen von heute. […] In unserer heutigen Welt spricht die Kurve des Bevölkerungswachstums ebenfalls für sich. […] Außerdem haben die Industrieländer in den letzten beiden Jahrhunderten beachtliche Produktionserfolge erzielt und den Lebensstandard eines bedeutsamen Teils der Erdbevölkerung wesentlich erhöht. Diese positiven kurzzeitigen Ergebnisse basieren auf dem verschwenderischen Gebrauch fossiler Brennstoffe. […] Das aus den fossilen Brennstoffen freigesetzte Kohlendioxid bewirkt die Bedrohung durch den Treibhauseffekt. […] Mit alarmierender Geschwindigkeit werden die Regenwälder vernichtet – mit möglichen Folgen für Klima und Sauerstoffvorräte. Gleichzeitig zeigen die Strukturen der Industrienationen Risse. Ganze ökonomische Systeme fallen über Nacht in sich zusammen; die Korruption nimmt zu und ist schon fast nicht mehr zu kon-

[372] Culbert (1994: 245). Nach heutigem Forschungsstand stellen sich die von Culbert beschriebenen Ereignisse allerdings deutlich komplexer dar (vgl. Grube 2016).

[373] Wie eine solche religiöse Weltauffassung das Leben einer Gemeinschaft durchdringen kann, hat Todorov (1985) für die Kultur der Azteken überzeugend dargelegt. Trotz der Unterschiede zwischen Mayas und Azteken wird man von fundamentalen Gemeinsamkeiten in Lebensgefühl und Weltzugang ausgehen dürfen.

trollieren; alte ethnische Gegensätze führen zu Mord und Totschlag. Stehen wir vor einer Katastrophe wie dem Zusammenbruch der Maya-Kultur? Zumindest müssen wir uns die Frage stellen, wo wir in unserem Lebensstil für derartige Folgen schon die Voraussetzungen geschaffen haben. Was können wir tun, um sie abzuwenden?«[374]

Der Club of Rome und sein Bild der Zukunft

Absolute Knappheit

Was, aus ökonomischer Sicht, den Maya zustieß und was heute die Existenz moderner Zivilisationen bedroht, ist *absolute Knappheit*. Ökonomische Knappheit wird in typischen Marktsituationen als *relative Knappheit* verstanden. Das bedeutet: Die Mittel zur Bedürfnisbefriedigung sind nicht in beliebiger Menge vorhanden, sondern haben ihren Preis, aber das muss keineswegs heißen, dass jemand Mangel leidet. Prinzipiell sind Güter, die relativ knapp sind, vermehrbar, etwa durch den Einsatz von Arbeit und Kapital. Allenfalls als Ausnahme gerät *absolute Knappheit* in den Blick der Wirtschaftswissenschaften. Diese liegt vor, wenn die Angebotsmenge eines bestimmten Gutes feststeht und in keiner Weise vermehrt oder aufgefüllt werden kann. Das bedeutet, dass das Angebot mit jeder vollzogenen Nachfrage kleiner wird, bis irgendwann einmal nichts mehr von dem Gut angeboten werden kann. Existenzbedrohend wird absolute Knappheit, wenn sie sich auf lebensnotwendige Güter bezieht.[375] So kann beispielsweise in einer belagerten Stadt, die nach außen von jeder Güterzufuhr abgeschnitten ist, die verfügbare Menge an Nahrung absolut knapp sein. Ganz allgemein gilt: Wird Lebensnotwendiges in einer Gesellschaft absolut knapp, so gerät sie in einen *Ausnahmezustand*. Denn alle Bemühungen, die sich auf ein *gutes Leben* richten, werden überschattet von den Problemen des *bloßen Lebens*, des nackten Überlebens. Wenn man mit Aristoteles die Entwicklung eines guten Staates darin sieht, dass dieser von der primitiven Stufe des Bemühens um das bloße Leben zum guten Leben fortschreitet, dann kann man sagen, dass Gesellschaften durch exis-

---

[374] Culbert (255 f.).

[375] Vgl. Faber/Manstetten/Müller (1994) u. Baumgärtner/Becker/Faber/Manstetten (2006).

tenzbedrohende absolute Knappheit tendenziell auf die primitive Stufe zurückgeworfen werden, wenn sie nicht ganz zugrunde gehen.

Ein solcher Rückfall nicht nur einer Gesellschaft, sondern der gesamten Menschheit auf die Stufe des Kampfes Aller gegen Alle wurde im Jahre 1972, als der *Club of Rome* seine Studie *Die Grenzen des Wachstums* vorstellte, in den Bereich des Denkbaren gerückt.[376] Damals forderte der Club of Rome von Politik und Gesellschaft ein völliges Umdenken und ein Umsteuern der wichtigsten Abläufe auf der ganzen Erde. Denn es stehe eine existenzbedrohende absolute Knappheit an Rohstoffen bevor. Die zentrale Aussage lautete: »Wenn die gegenwärtige Zunahme der Weltbevölkerung, der Industrialisierung, der Umweltverschmutzung, der Nahrungsmittelproduktion und der Ausbeutung von natürlichen Rohstoffen unverändert anhält, werden die absoluten Wachstumsgrenzen auf der Erde im Laufe der nächsten hundert Jahre erreicht.«[377] Dann aber wäre, so die Autoren, ein massiver Rückgang des Grades der Industrialisierung mit entsprechenden Folgen für Güterproduktion, Lebensführung, gesellschaftlichen Zusammenhalt, zwischenstaatliche Beziehungen, Moral und Kultur zu befürchten.

Sustainability (Nachhaltige Entwicklung)

Die Leitfrage, die den Club of Rome beschäftigte, lautet: Ist es möglich, die Weltwirtschaft insgesamt mit ihren Leistungen langfristig aufrechtzuerhalten, ist sie überhaupt, wenn man so sagen dürfte, »aufrecht-erhaltbar« *(sustainable)?* Offensichtlich ist es der Menschheit seit ihren Anfängen bis auf den heutigen Tag gelungen, ihr Dasein auf der Erde »aufrechtzuerhalten« und weiterzuentwickeln. Pessimistische Szenarien ihrer zukünftigen Entwicklung waren noch im 20. Jahrhundert lange auf einen Rahmen beschränkt, wie ihn Oswald Spenglers Titel *Der Untergang des Abendlandes* beschreibt: So schlimm auch der Untergang einer großen, geschichtlich und kulturell reichen Region erscheinen mag – die Menschheit ist doch auch ohne das Abendland denkbar. Erst die nach der Mitte des 20. Jahr-

[376] Ein, was die Alarmwirkung anbelangt, wichtiger Vorläufer des Club of Rome war Paul Ehrlich, der 1968 sein Werk *The Population Bomb* veröffentlichte.

[377] Meadows et. al. (1972: 17). In den Jahren 1992 und 2012 wurden die Statistiken und Prognosen des Club of Rome jeweils auf den neuesten Stand gebrachte.

hunderts sich verbreitende Sorge, dass die heutige Wirtschaftsweise menschliches Leben insgesamt unmöglich machen könnte, hat zur Diskussion über die dauerhafte Erhaltung der Grundlagen des menschlichen Lebens geführt, die *Sustainability* oder *nachhaltige Entwicklung von Wirtschaft und Gesellschaft.*[378]

Mit der *Sustainability* wurde zugleich eine bisher kaum wahrgenommene Form des Malum oeconomicum im den Diskurs eingebracht. Studien von der Art des Club of Rome lassen eine Wirtschaftsweise denkbar erscheinen, die, selbst wenn sie sich für die gegenwärtig Lebenden ohne jegliches Malum vollziehen könnte, mit ihren langfristigen Folgen die Lebensmöglichkeiten zukünftiger Menschen massiv einschränken würde. Rein theoretisch könnte eine solche Wirtschaft eine Zeitlang sogar zum *ökonomischen Heil* im Sinne von Keynes führen, nur wäre das Heil von kurzer Dauer und würde im Nachhinein als Präludium großer Katastrophen erscheinen. Denn der mit dieser Wirtschaft verbundene Naturverbrauch würde eine der folgenden Generationen aus dem wiedergewonnenen Paradies vertreiben – wenn nicht gar die ganze Menschheit aus dem Erdenleben überhaupt. Eine gegenwärtig äußerst leistungsfähig scheinende Wirtschaft könnte sich also, insofern sie Ursache des Untergangs der Menschheit wäre, als *das Malum schlechthin* für ihre Nachwelt erweisen: *Die Zerstörung der menschlichen Zukunft* könnte sein Name lauten. Genauer gesagt: Wenn man unter *Sustainability* heute die *Zukunftsfähigkeit* einer Wirtschaft und Gesellschaft versteht, ließe sich das entsprechende Malum als *Zukunftsunfähigkeit* oder *Zerstörung der Aussicht auf eine menschenwürdige Zukunft* charakterisieren.

---

[378] Hervorzuheben ist hier die Aufgabenstellung des sogenannten Brundtland-Reports: wie man weltweit eine Entwicklung ermöglichen könne, »die die Bedürfnisse der Gegenwart befriedigt, ohne zu riskieren, daß künftige Generationen ihre eigenen Bedürfnisse nicht befriedigen können« (Hauff 1987: 51, 54). Die normative Diskussion zum Thema Nachhaltigkeit ist heute stark auf Gerechtigkeitsaspekte des Themas fokussiert (intra- und intergenerationale Gerechtigkeit (vgl. Ott/Döring 2004, Grunwald/Kopfmüller 2012; beachtenswert hierzu der Überblicksartikel von Nutzinger 2007; weitergehende ethische Aspekte analysiert insbesondere Becker 2012). Dass die Gefährdung der natürlichen Lebensgrundlagen nötigt, die Frage der Gerechtigkeit neu zu durchdenken, wird von Becker/Ewringmann/Faber/Petersen/Zahrnt (2012) herausgearbeitet.

Das jüngste Malum oeconomicum – der Treibhauseffekt

Dass Ereignisse und Abläufe der Wirtschaft Untergangsängste heraufbeschwören, ist nichts Neues. Schon in manchen Diskursen des 19. Jahrhunderts machte sich Katastrophenstimmung bemerkbar – ausgelöst vor allem durch Wirtschaftskrisen wie die von 1857 und 1873, unterfüttert durch die epochale Wirkung der Marx'schen Theorie. Die Folgen des Ersten Weltkriegs und insbesondere die Weltwirtschaftskrise von 1929 führten schließlich dazu, dass Ängste gegenüber der Dynamik der Wirtschaft weiteste Kreise der Bevölkerung erfassten. Ohne sie hätten totalitäre Bewegungen wie der Nationalsozialismus kaum zur Herrschaft gelangen können.

Derartige Ängste haben durchaus Realitätsgehalt. Von Anfang an gehören zum Kapitalismus die Krisen: Auf die Expansion von Erwartungen mit ihren Spekulationsblasen folgt nicht selten ein krisenhafter Zusammenbruch – mit dem Resultat wirklicher oder drohender Verelendung für viele Menschen. Die heute drohende Zukunftsunfähigkeit ist jedoch ein völlig anders geartetes Malum. Denn anders als in ökonomischen Krisen geraten nicht interne Entwicklungen von Wirtschaft und Gesellschaft außer Kontrolle, sondern es sind Ordnungen außerhalb, nämlich Abläufe in der Natur, die gleichsam aus dem Ruder laufen und dadurch die Basis des menschlichen Lebens gefährden. Das Unheimliche daran ist allerdings, dass diese Natur wiederum auf die Menschen zurückdeutet. Denn ihre menschenfeindliche Entwicklungstendenz stammt nicht aus ihr selbst, sondern erweist sich als Folge von Eingriffen, Verwüstungen und Zerstörungen, die der menschlichen Lebenswelt, genauer gesagt, der Wirtschaft zuzurechnen sind, ohne dass sie dort zur Kenntnis genommen werden. Dabei handelt es sich um ein Malum, das zwar in der Wirtschaft seinen Ursprung hat, aber, anders als etwa die Finanz- oder Schuldenkrise der Gegenwart, innerhalb ihrer internen Dynamik nicht erkannt werden kann. Dass sich damit neue Fragen für das Verständnis des Malum oeconomicum stellen, wollen wir anhand des sogenannten *Klimawandels* illustrieren.

Zum *Wort des Jahres 2007* wählte die Gesellschaft für deutsche Sprache (GfdS) den Ausdruck *Klimakatastrophe:* Die Mahnungen von Experten, die vor einer dramatischen Erwärmung der Erde warnten, waren in der Gesellschaft angekommen.[379] Schon in den sechzi-

[379] Dazu mag auch der Katastrophenfilm *The Day after Tomorrow* (2004) von Roland

ger und frühen siebziger Jahren des 20. Jahrhunderts hatten Forschungen gezeigt, dass die Temperaturen der Erde in den letzten 200 Jahren angestiegen waren, seit der Mitte des 20. Jahrhunderts mit deutlich zunehmender Tendenz. Würde sich dieser Trend ungebremst fortsetzen, so mahnten die Experten, so wären ein langfristig deutlicher Anstieg des Meeresspiegels, weltweite Gletscherschmelze, Auftauen der Permafrostböden, Verschiebung von Vegetationszonen, Zunahme von Dürren, Extremwetterlagen, Wirbelstürmen, Überflutungen zu erwarten. Dicht besiedelte Küstenstreifen, ganze Inseln und weite Teile von Territorien wie den Niederlanden würden unter den Wassern verschwinden. All das werde das Leben von hunderten Millionen, wenn nicht gar von Milliarden Menschen negativ beeinflussen, gefährden oder sogar unmöglich machen. Verbunden mit den sozialen Verwerfungen, Migrationsbewegungen und Kriegen, die aus den Aktionen der verzweifelten Opfer resultieren würden, wären ungeheures Elend und eine allgemeine, nie dagewesene Barbarei zu befürchten. Diese Botschaft ist weiterhin aktuell. Zwar sind Schwankungen und zuweilen extreme Ausschläge des Klimas auf erdgeschichtlichen Zeitskalen nichts Ungewöhnliches. Ungewöhnlich ist, dass die Experten die gegenwärtige Erwärmungstendenz der Erde nicht auf natürliche Faktoren – Ereignisse auf der Sonne, Meteoriteneinschläge, Vulkanausbrüche oder dergleichen – zurückführen, sondern auf den Konsum und die Produktionsweise der Menschen des Industriezeitalters. Vor allem der Ausstoß von Kohlendioxid bei der Verbrennung von Öl und Kohle gilt als Ursache dafür, dass sich die Erde aufgrund der Akkumulation von CO_2 und weiteren Spurengasen in der Atmosphäre wie ein Treibhaus aufheizt.[380] Dieser Klima-

Emmerich beigetragen haben. – Die öffentliche Wahrnehmung des Klimawandels hatte allerdings bereits im ausgehenden 20. Jahrhundert begonnen. So zeigte das Titelbild der Ausgabe 33 des Nachrichtenmagazins Der SPIEGEL aus dem Jahre 1986 den Kölner Dom, bis zur Höhe der Seitenschiffdächer von Wasser umspült, einsam aufragend in einem grenzenlosen Meer. Die Schlagzeile darunter lautet: *Die Klimakatastrophe.* Im Innern dieser Ausgabe wird man unter dem Titel *Das Weltklima gerät aus den Fugen* über wissenschaftliche Klima-Szenarien informiert, »die mehr und mehr einem apokalyptischen Bilderbogen gleichen. […] ›Bleibt dabei die natürliche Regelfähigkeit noch erhalten‹, fragen die Verfasser der DPG-Denkschrift, ›oder kippt das Klima in einen Zustand um, der die Lebensfähigkeit auf der ganzen Erde bedroht oder gar vernichtet?‹« (DER SPIEGEL 33,1986: 132–134).

[380] Für die Zunahme von Kohlendioxid in der Atmosphäre ist neben der Verbrennung fossiler Rohstoffe auch die weltweit stattfindende Entwaldung bedeutsam. Bei der Erderwärmung ist weiterhin zu beachten, dass dabei auch Methan und Distickstoff-

wandel wird also, anders als alle Klimaereignisse zuvor, als *von Menschen gemacht*, als *anthropogen* angesehen. Als Bereich aber, worin der Mensch zu der unheilvollen Veränderung des Klimas aktiv beiträgt, erscheint die Wirtschaft. Sie bewirkt, dass die Erde für Menschen zunehmend unwirtlicher werden wird.

Der Klimawandel ist ein Beispiel für die grundsätzliche Problematik moderner Wirtschaften im Umgang mit ihren natürlichen Lebensgrundlagen. Andere Beispiele sind die Verknappung von Wasser, insbesondere von Trinkwasser, die Versteppung oder Desertifikation von fruchtbaren Böden und die Überfischung der Meere. Derartige Probleme stellen eine negative Variante der Unsichtbaren Hand des Adam Smith dar. Bei Smith bewirken die wirtschaftenden Menschen, die ohne Interesse am Gemeinwohl nur mit ihrem Privatvorteil beschäftigt sind, den Wohlstand der Nationen. Wenn die Klimaforscher recht behalten, bewirken heutige Konsumenten und Produzenten, insofern sie nach Art des Homo oeconomicus nur ihren Nutzen und Gewinn suchen, das zukünftige Unheil der Menschen. Alle Menschen, die Kohle und Erdöl verbrennen (sowie, des Treibhausgases Methan wegen, auch alle Menschen, die etwa Nassreisanbau und Rinderhaltung betreiben oder die entsprechenden Produkte konsumieren), sind beteiligt an der Aufheizung unserer Erde, einem Effekt, den sie nicht beabsichtigen und von dem sie nichts wahrnehmen, der aber mit zeitlicher Verzögerung sie selbst sowie Menschen aus anderen Teilen der Welt oder aus künftigen Generationen in ihrer Lebensführung massiv beeinträchtigen kann, wenn er nicht gar ihr Überleben unmöglich machen wird. Für solche Probleme sind von einer Wirtschaft, die ihrem eigenen Lauf überlassen bleibt, keine Lösungen zu erwarten.

Konnte Smith die wirtschaftenden Menschen von ihrer Verantwortung für das Gemeinwohl entlasten, indem er die Zuständigkeit dafür weitgehend der *Unsichtbaren Hand* zuwies, so ist diese Konstruktion heute unhaltbar geworden. Die Menschen, die an der heutigen Wirtschaft beteiligt sind, müssen zu einem Handeln finden, dass die Bewahrung der Grundlagen des Lebens ausdrücklich zu seinem Ziel macht.

---

monoxid sowie weitere Spurengase eine Rolle spielen, dazu kommt der Rückkopplungseffekt von Wasserdampf.

13. Moderne Philosophenkönige

Nachhaltigkeitsmanagement, Wissenschaft und Politik

Politische, institutionelle und ökonomische Pfadabhängigkeiten, Interessenstrukturen sowie Vetospieler erschweren den Übergang zur nachhaltigen Gesellschaft.
WBGU 2011

Nachhaltigkeit als Aufgabe für Experten und Manager

Aus der Perspektive des Club of Rome erscheint die globale Wirtschaft als eine Maschine, die mit einem nahezu grenzenlosen Hunger nach Ressourcen permanent zur Umwandlung fossiler, nicht erneuerbarer Energieträger wie Kohle, Erdöl und Erdgas nötigt, Wasservorräte und Fruchtland vernichtet, Tier- und Pflanzenarten ausrottet und dabei die Erdatmosphäre aufheizt.[381] Diejenigen aber, die diese Maschine bedienen und ihren weiteren Betrieb ermöglichen, Unternehmer, Banker, Manager, Angestellte, Arbeiter, Konsumenten etc., werden kaum sehen und spüren, welche Konsequenzen ihr Tun haben wird. Sie müssen Experten aus der Wissenschaft vertrauen, die mit technisch ausgefeilten Messinstrumenten und theoriegestützten Rechenoperationen Veränderungen im Bestand von Tier- und Pflanzenarten konstatieren, Stoffströme beschreiben sowie Energie- und Umweltbilanzen erstellen, um zu verkünden, dass die aktuellen Rechnungen des Wirtschaftsbetriebs Erde *insgesamt nicht mehr aufgehen, wenn die Maschine weiterläuft wie bisher*, dass also die Grundlagen für das Leben kommender Menschen aufgezehrt werden.

Sind Diagnosen über den Zustand und die langfristigen Auswirkungen der globalen Wirtschaft eine Angelegenheit wissenschaft-

---

[381] Diese Sicht liegt dem bedeutenden Werk von Georgescu-Roegen (1971) zugrunde, vgl. hierzu insbesondere Faber/Niemes/Stephan (1985). Ansatzweise wurde diese Problematik bereits um 1865 erkannt, als William Stanley Jevons seine Gedanken zur Rohstoffbasis der Wirtschaft in Großbritannien publizierte (Jevons 1865).

licher Experten, dann liegt es nahe, von diesen auch geeignete Therapien zu erwarten. Die Wissenschaftler sollten im Verbund mit Ingenieuren Betriebsanleitungen für eine neue und andersartige Betriebsführung des Unternehmens *Wirtschaft der Erde* abfassen, solche nämlich, die das Prädikat »nachhaltig« *(sustainable)* verdienen. Da es aber in einem System der natürlichen Freiheit unwahrscheinlich ist, dass die Akteure von sich aus die Therapievorschläge der Experten zu nachhaltigem Wirtschaften befolgen, scheint es notwendig, den Wandel und die Umstrukturierung der globalen Wirtschaft an Manager zu übergeben, denen das Nachhaltigkeitsmanagement (*management of sustainability*, wie es der Titel einer wegweisenden Veröffentlichung zur ökologischen Ökonomie nennt,[382]) als Aufgabe zugewiesen ist.

Die Wirtschaft der ganzen Welt als ein Betrieb, von Managern nach Plan organisiert und verwaltet – das ist eine Vorstellung, die unmittelbar alle Ineffizienzen einer planwirtschaftlichen Ordnung evozieren könnte, wie sie bis 1990 in den Ländern des damaligen Ostblocks bestand. Aber diese Vorstellung kann durchaus auch für eine liberale Marktwirtschaft fruchtbar gemacht werden. Dass nämlich ihre Abläufe nicht sich selbst überlassen werden dürfen, dass Strukturmaßnahmen und steuernde Eingriffe notwendig sein können, ist in den Augen liberaler Ökonomen evident für den Fall des Marktversagens. Selbst wenn Wissenschaftler wie Keynes vom Staat durchgreifende Steuerungsmaßnahmen für Wirtschaft und Gesellschaft fordern, muss das kein Widerspruch zu einer liberalen Einstellung sein.[383]

Keynes' Überlegungen zum Verhältnis von Wirtschaft und Staat sind in diesem Zusammenhang von besonderem Interesse, da sie Anweisungen für den Umgang mit denjenigen Mala oeconomica bieten, die aus der Eigendynamik der Wirtschaft entstehen. Für die Behandlung solcher Mala seien, so Keynes, nicht die Akteure der Wirtschaft selbst, sondern Wissenschaft und Politik in Anspruch zu nehmen. Denn damit eine Wirtschaft die wünschenswerten Leistungen erbringen könnte, zu denen sie, würde sie gut geleitet, imstande wäre, müssten, so Keynes, nicht nur geeignete Rahmenbedingungen hergestellt werden – weltweite Kontrolle der Bevölkerungsentwicklung sowie Sicherung von Frieden und Recht –, sondern es seien insbeson-

---

[382] Costanza (1991).
[383] Keynes (1931: 323–338).

dere alle Angelegenheiten in Wirtschaft und Gesellschaft, die durch wissenschaftliche Expertise geklärt und gelöst werden könnten, in der Tat ganz in die Hände der Wissenschaft zu legen. Die Politik habe dann den Maßgaben der Wissenschaft zu folgen.[384] Die Steuerung der Wirtschaft, die notwendig wird, wenn deren Selbstorganisation versagt, erscheint also bei Keynes als eine Managementaufgabe für Experten und Politiker.

Innerhalb dieser Denkmuster kann man Therapien für die meisten Mala oeconomica konzipieren: Stets scheint es darum zu gehen, ihre Diskussion den wechselnden Stimmungen der Medienwelt zu entziehen und auf den Boden der nüchternen Wissenschaft zu verlagern. Dort müssen Diagnosen und Therapien erstellt werden, damit die Politik dann zu deren Verwirklichung schreiten kann. Das bedeutet: Ein von diesen Experten wohl beratener, idealerweise unparteiischer und wohlwollender Staat soll dann die rechten Maßnahmen ergreifen, um die Wirtschaft die rechte Bahn zu bringen.

Der Ruf nach dem Staat wird allenthalben laut, wenn empörende oder erschreckende Entwicklungen aus dem Bereich der Wirtschaft bekannt werden. Darin drückt sich die Ahnung aus, dass die angeblichen Selbstheilungskräfte des Marktes für viele Übel nicht einmal Linderung, geschweige denn Heilung bieten werden. Aber das zugrundeliegende Bild, dass die Wissenschaft das Übel erkennen und der Staat es richten werde, unterstützt von einer Öffentlichkeit, die mehrheitlich das Wahre wissen und das Gute vollbringen wolle, ist oft naiv und irreführend, vor allem dann, wenn daraus illusionäre Erwartungen an den Staat und die Gesellschaft entstehen. Dafür wird im Folgenden ein Beispiel gegeben.

Ein Bericht an eine Bundesregierung, betreffend eine Große Transformation und einen neuen Gesellschaftsvertrag

Unter dem Titel *Welt im Wandel: Gesellschaftsvertrag für eine Große Transformation* stellt der Wissenschaftliche Beirat der Bundesregierung Globale Umweltveränderungen (WBGU) in einem Bericht von 2011 seine Lösungsvorschläge für das Klimaproblem vor. Der Bericht fordert eine *Große Transformation*.[385] Eine solche »verlangt Techno-

---

[384] Keynes 1931: 373).

[385] Der Ausdruck *Große Transformation* wurde von Karl Polany (Polany 1957) einge-

logiesprünge, neue Wohlfahrtskonzepte, vielfältige soziale Innovationen sowie ein bislang unerreichtes Niveau an internationaler Kooperation«. Ein »gestaltender Staat« soll um der nachhaltigen Entwicklung willen »tiefgreifende Änderungen von Infrastrukturen, Produktionsprozessen, Regulierungssystemen und Lebensstilen sowie ein neues Zusammenspiel von Politik, Gesellschaft, Wissenschaft und Wirtschaft« verwirklichen. Eine derartige Neugestaltung der Gesellschaft, so heißt es, kann »nur gelingen, wenn die Menschen sie wollen.« Diese Zustimmung der Menschen soll ein »neuer Gesellschaftsvertrag« sichern. Dieser wird vorgestellt als ein »Veränderungskontrakt: Die Weltbürgerschaft stimmt Innovationserwartungen zu, die normativ an das Nachhaltigkeitspostulat gebunden sind, und gibt dafür spontane Beharrungswünsche auf.« Mit der Zustimmung »wird eine Kultur der Achtsamkeit (aus ökologischer Verantwortung) mit einer Kultur der Teilhabe (aus demokratischer Verantwortung) sowie mit einer Kultur der Verpflichtung gegenüber zukünftigen Generationen (Zukunftsverantwortung) verbunden«. In jedem Fall müssen »die entscheidenden Weichen [...] innerhalb der nächsten zehn Jahre gestellt werden. [...] Werden nur schwache Anstrengungen unternommen, droht eine globale Klimakrise.«[386]

Dieses WBGU-Programm ist als Antwort auf die drohende Zukunftsunfähigkeit der Wirtschaft gemeint: Denn obwohl manche Gesellschaften dieser Erde sich durchaus als fähig erwiesen haben, wenigstens partiell mit natürlichen Lebensgrundlagen besser umzugehen als bisher – man denke etwa an die Verabschiedung der EU-Wasserrahmenrichtlinie von 2001[387] –, ist alles, was bisher erreicht wurde, angesichts dessen, was noch zu leisten wäre, bei weitem nicht hinreichend.[388] So scheint, ganz im Sinne des WBGU, die Konstituie-

---

führt, um den institutionellen Wandel zu Beginn der industriellen Revolution in der Übergangsphase von der Feudalgesellschaft zur Marktwirtschaft zu charakterisieren.

386 Alle hier wiedergegebenen Zitate aus dem WBGU-Bericht stammen aus der *Zusammenfassung* (WBGU 2011) bzw. den *Factsheets* 1 und 4 (ibd.).

387 Vgl. Petersen/Klauer/Manstetten (2009).

388 Wie wenig bisher von einer globalen Nachhaltigkeitspolitik die Rede sein kann, zeigen die bisherigen Maßnahmen gegen die Erwärmung der Erde. 1986 belief sich der weltweite CO_2-Ausstoß auf 20.504 Millionen Tonnen. Damals forderten Experten »ab sofort eine Verminderung aller Emissionsraten um zwei Prozent pro Jahr, dies weltweit.« Damit wollten sie ›den globalen Temperaturanstieg auf maximal ein Grad Celsius‹ begrenzen.« (DER SPIEGEL 33, 1986: 132–134). Gut zehn Jahre später, 1997, wurde das Kyoto-Protokoll verabschiedet, das völkerrechtlich verbindliche Zielwerte für den Ausstoß von Treibhausgasen in den Industrieländern festlegte. Innerhalb der

rung einer Politik unvermeidlich, deren »Polis« nicht mehr eine Stadt oder ein besonderer Staat, sondern die ganze Erde mit der ganzen Menschheit sein müsste. Das liefe auf ein Management der globalen Wirtschaft durch ein Weltregime hinaus. Führte die von Karl Polany so genannte *Große Transformation* des 19. Jahrhunderts zur Entstehung des modernen Sozialstaates und der Sozialen Marktwirtschaft, so müsste die nächste *Große Transformation* zu einem institutionellen Überbau auf globaler Ebene führen, der weltweit einen verbindlichen Umgang mit den natürlichen Lebensgrundlagen notfalls auch mit den Mitteln staatlicher Gewalt durchsetzen könnte.

Allerdings verkennt der Bericht die Eigenlogik des Wirtschaftlichen und der Verhaltensmuster innerhalb der Wirtschaft: Der Homo oeconomicus scheint in der Welt des WBGU unbekannt. Das zeigt sich bereits an dem Unterschied zwischen einem Hobbes'schen Gesellschaftsvertrag und demjenigen Gesellschaftsvertrag, den der WBGU vorsieht: Dem Gesellschaftsvertrag, den Hobbes im Auge hat, würde sich selbst ein, wie Kant es nennt, »Volk von Teufeln« anschließen, wenn diese Teufel nur rational ihr Eigeninteresse verfolgten. Die Vorteile des neuen Gesellschaftsvertrags jedoch, wie sie etwa aus der Verringerung des Ausstoßes klimawirksamer Gase entspringen, könnten allenfalls mit großer zeitlicher Verzögerung bemerkbar werden, mit hoher Wahrscheinlichkeit würden nicht die Vertragspartner, sondern erst kommende Generationen davon profitieren. Die *Weltbürgerschaft,* die dem neuen Gesellschaftsvertrag zustimmen soll, dürfte somit in ihrer Mehrheit nicht aus Homines oeconomici bestehen, denen ihr privater Nutzen über alles geht, sondern müsste sich aus *Altruisten* zusammensetzen, aus Menschen, die für sich persönlich Nachteile auf sich nehmen, um zukünftigen Erdenbürgern Vorteile zu ermöglichen.[389] Weiterhin ist heute angesichts von Kriegen und Bürgerkriegen und angesichts der Abwesenheit von Bürger- und Menschenrechten in vielen Teilen der Welt kaum zu sehen, wie

sogenannten ersten Verpflichtungsperiode (2008–2012) sollten die Industrieländer ihren CO_2-Ausstoß um durchschnittlich 5,2 Prozent gegenüber dem Stand von 1990 reduzieren, als 22.383 Millionen Tonnen CO_2 emittiert wurden. Statt abgesenkt zu werden, stieg jedoch der CO_2-Ausstoß weiterhin an, um 2012 weltweit ein neues Rekordniveau zu erreichen, nämlich 34.430 Millionen Tonnen.

[389] Als Muster für den neuen Gesellschaftsvertag des WBGU hat vermutlich der *Contrat social* von Rousseau gedient, der von allen Beteiligten eine *aliénation totale,* eine völlige Entäußerung von allen privaten Willensbestrebungen fordert. Die Problematik dieses Modells wird ausführlich analysiert von Petersen (1992).

sich eine *Weltbürgerschaft* organisieren könnte, die einem solchen Vertrag (mehrheitlich) zustimmen würde. Das Hauptproblem der Argumentation des WBGU aber ist die Kombination einer langfristig angelegten Programmatik mit extrem kurzfristig zu erfüllenden Postulaten. Laut WBGU müssen in den nächsten zehn Jahren radikale Veränderungen vorgenommen werden, und die Menschen müssen diese Veränderungen wollen. Was das bedeutet, wollen wir im folgenden Abschnitt genauer betrachten.

Der Zukunftsstaat – Global Governance oder Platons Staatsideal?

Das Management der Lebensgrundlagen kann als Aufgabe eines Weltstaates oder einer global tätigen überstaatlichen Regulierungsinstanz angesehen werden. Eine solche Instanz – nennen wir sie den *Zukunftsstaat* – müsste sich, ohne die klassischen Staatsaufgaben wie die Erhaltung der Rechtsordnung, Sicherheit nach innen und außen sowie soziale Gerechtigkeit zu vernachlässigen, vorrangig um das bloße Leben der Menschen und um die Erhaltung seiner Grundlagen sorgen. Damit wäre dem Zukunftsstaat sowohl die Sorge für die Bedürfnisse gegenwärtig und künftig lebender Menschen als auch die Zuständigkeit für die Bewahrung der natürlichen Lebensgrundlagen der Menschheit zuzuweisen.[390] Dies umfasst Aufgaben wie die langfristige Zugänglichkeit von Trink- und Brauchwasser, die Erhaltung der Bodenfruchtbarkeit und den Schutz des Klimas, aber auch die Sicherung von ausreichender Ernährung, Nutzbarkeit von Energie, medizinischer Versorgung und elementarer Bildung für jeden Menschen. Dabei sollen zugleich Naturräume erhalten, Tier- und Pflanzenarten geschützt, Landschaften in ihrer Schönheit weiterentwickelt werden.

Woher kommen die *Macht* und die *Legitimation*, die der Zukunftsstaat benötigt? Die Autoren des WBGU Berichtes gründen seine Machtausübung auf die Idee der *Partizipation* freier, aufgeklärter und engagierter Bürger. Legitim handeln kann der Zukunftsstaat nur, wenn, wie es im WBGU-Bericht heißt, die Menschen das, was an Veränderungen stattfinden muss, auch *wollen*. Die Frage ist jedoch, ob

[390] Für existenziell wichtige Ressourcen muss einem solchen Staat sogar eine *Garantenverantwortung* zugesprochen werden (vgl. Petersen/Klauer/Manstetten 2009).

Menschen in der Tat immer oder auch nur oft genug das wollen, was sie wollen sollten. Daran schließt sich die weitere Frage an, ob und wie man die Menschen gegebenenfalls dazu stimulieren könnte, das zu wollen, was sie wollen sollten, um das Überleben der Menschheit zu sichern. Derartige Fragen werden heute vor allem in den Diskursen über *global governance* verhandelt.[391]

Die Rede von der Legitimität, die Maßnahmen aller Art *durch Beteiligung der Bürger* gewinnen mögen, darf nicht darüber hinwegtäuschen, dass Bürgerbeteiligung umso riskanter erscheint, je sicherer Wissenschaftler und Experten zu wissen glauben, was zu tun wäre. Denn Bürgerbeteiligung schließt die Möglichkeit ein, dass das nach Expertenmeinung Notwendige von einer Mehrheit der Bürger abgelehnt wird. Partizipation gilt zwar allgemein als wünschenswert, da durch die Zustimmung von Beteiligten und Betroffenen die Akzeptanz notwendiger Eingriffe in überkommene Rechte gefördert wird. Weil aber echte Partizipation auch dem Widerstand gegen das, was von Experten als gerecht, vernünftig und notwendig erkannt wurde, eine Stimme gewährt, weil sie auch den Widerspenstigen Beteiligung an Abstimmungen einräumen muss, erscheint sie tendenziell störend oder gar gefährlich. Wenn die Durchführung eines weitreichenden Nachhaltigkeitsmanagements von der Zustimmung einer Mehrheit der Bürger abhängt, dann können Interessengruppen, die Besitzstände wahren wollen, durchaus tätig werden, um für nichtnachhaltige Wirtschafts- und Lebensweisen zu werben. Echte Partizipation ist nicht zu haben ohne das Risiko, dass die Mehrheit der Bürger – sei es eines Staates, sei es einer Weltbürgerschaft – auch langfristig keineswegs diejenigen Maßnahmen will, von denen wissenschaftliche Experten und Nachhaltigkeitsmanager meinen, dass sie unbedingt zu geschehen hätten. Aber selbst dann, wenn die Bürger nicht starr an fragwürdigen Werten und Verhaltensweisen festhalten, müsste man häufig auf schnelle Maßnahmen verzichten zugunsten der langsamen und geduldigen Arbeit der Überzeugung im komplexen Feld der öffentlichen Meinungsbildung.[392]

---

[391] Zu prinzipiellen Fragen der gegenwärtigen Governance-Forschung, vor allem ihren normativen Aspekten, vgl. Mayntz (2009).

[392] Viele dieser Fragen und Themen werden in der Auseinandersetzung über deliberative Demokratie bzw. deliberative Politik verhandelt (vgl. Habermas 1992). Für den Versuch, dieses Modell für ein Nachhaltigkeitsmanagement fruchtbar zu machen, sei auf die Publikationen von Konrad Ott (vgl. etwa Ott 2010) verwiesen.

Wenn die Zeit für eine Nachhaltigkeitspolitik drängt, wird ein anderes Vorgehen attraktiv, wie es Bruce Hannon bereits 1985 unter dem Titel »World-Shogun« empfohlen hat:[393] Wissenschaftliche Experten müssten mit weitreichenden Vorschlägen den Weg weisen, folgsame Politiker müssten diese Vorschläge in gesetzgeberische und politische Maßnahmen transformieren, begleitet von Verwaltungsfachleuten, Technokraten, Pädagogen sowie dem Heer all derer, die in den Medien tätig sind und auf die öffentliche Meinung einwirken. Alle würden mitwirken, um ein Kraftfeld der Macht aufzubauen, das die Erkenntnisse der Experten in sich aufsaugt und in politische Maßnahmen umsetzt, die in allen Institutionen, Organisationen und Verhaltensmustern der Gesellschaft Wirkungen zeigen, bis schließlich in den Köpfen der Menschen ein Bewusstseinswandel geschieht. Die so gewandelten Menschen könnte man dann unbesorgt zur Partizipation einladen. Zugleich käme man allerdings kaum umhin, die Einflüsse unverbesserlicher Gegner – *Vetospieler* nennt sie der oben zitierte WBGU-Bericht[394] – mit allen Mitteln auszuschalten. Der Homo oeconomicus hätte in diesem Kraftfeld kaum Überlebenschancen. Dafür wäre allerdings das bestehende Institutionengefüge radikal umzuwälzen, d.h. eine Verfassung wie das Grundgesetz der Bundesrepublik müsste weitgehend außer Kraft gesetzt werden. Die Beharrlichkeit und Trägheit der Abläufe innerhalb einer rechtsstaatlichen repräsentativen Demokratie mit klarer Gewaltenteilung, funktionsfähigem Rechtssystem, freier öffentlicher Debatte und umständlich geregelten Entscheidungsverfahren müssten der Effektivität und Effizienz des neuen Zukunftsstaates weichen.

Mit solchen Ideen würde man ein elitäres und autoritäres, wenn nicht gar totalitäres Staatsideal vertreten. Es würden die (angeblich) Wissenden sein, die in diesem Staat die Richtlinien der Politik vorgäben und im Verbund mit den Funktionären der Macht dafür sorgen müssen, etwaige Widerstände zu brechen, mit welchen Mitteln auch immer. Die hier skizzierte *moderne Variante des Idealstaates Platons* entspräche präzise dem Albtraum, der Karl Popper vor Augen stand, als in Platon den ersten Feind der *offenen Gesellschaft* zu erkennen glaubte.[395]

---

[393] Hannon (1985).
[394] WBGU (2011, Factsheet 4).
[395] Popper (1957).

Fassen wir zusammen: Die Wirtschaft kann ein Malum oeconomicum wie den Klimawandel aus sich heraus nicht bewältigen – daher gibt es gute Gründe, diese Aufgabe an Wissenschaft und Politik abzugeben. Ob aber von dorther tragfähige Lösungen zu erwarten sind, muss hier offen bleiben. Eine zuverlässigere Antwort müsste im Rahmen einer Auseinandersetzung über das *Malum politicum* gesucht werden.

VI. Karl Marx: Die moderne Wirtschaft als verkehrte Welt

14. Was ist der Mensch: beseeltes Arbeitsorgan oder Charaktermaske des Kapitals?

Die Bourgeoisie, wo sie zur Herrschaft gekommen, hat […] kein anderes Band zwischen Mensch und Mensch übriggelassen, als das nackte Interesse, als die gefühllose ›bare Zahlung‹.
Karl Marx und Friedrich Engels

Zur Rede vom *Kapital* bei Marx

Der Typ Mensch, den der Homo oeconomicus darstellt, ist, wenn man ihn mit den Augen von Karl Marx sieht, geradezu systematisch darauf angelegt, alles zu verfehlen, was ein gelingendes menschliches Leben ausmacht. Aber schuld daran sind, so Marx, die ökonomischen Verhältnisse, genauer gesagt: eine Struktur, die Marx *Kapital* nennt. Denn diese Struktur tritt in das Leben aller Menschen, der Besitzenden wie der Besitzlosen, als eine blinde und ungerichtete Macht ein, deren Eigendynamik die Führung dieses Lebens an sich reißt.

Während es in der (idealen) Welt des Homo oeconomicus aus liberaler Sicht kein eigentliches Malum gibt, ist eben diese Welt für Marx *das* Malum schlechthin. Dass das *System der natürlichen Freiheit* Strukturen der Realität darstellt, bezweifelt er zwar keineswegs, aber er sieht in diesen Strukturen eine Wirklichkeit, die der Liberalismus oft nicht sehen möchte: die Arbeitswelt der modernen Wirtschaft. Diese Welt ist gleichsam die abgewandte Seite der Welt des Homo oeconomicus, die Seite, die im Dunkeln bleibt, wo das Licht der liberalen Theorien scheint. Sieht man die Wirtschaft von dieser Seite, so erscheint sie, anders als die ideale Wirtschaftswelt, zerrissen von Widersprüchen und getrieben von einer destruktiven Dynamik. Das Malum der Arbeitswelt besteht darin, dass die Menschen in ihr, statt in menschenwürdiger Weise tätig zu sein, als Werkzeuge eines fremden und orientierungslosen Willens funktionieren, als Instrumente einer Macht, die Marx *Kapital* nennt. Diese Macht beruht,

Marx zufolge, auf der Ausbeutung des Menschen durch den Menschen.

Unter *Kapital* versteht man im allgemeinen Sprachgebrauch Sachmittel einerseits und Wertgrößen andererseits. Der Ausdruck *Kapital* umfasst zum einen sogenannte *Kapitalgüter* wie Maschinen, Gebäude, Fahrzeuge etc., die für eine bestimmte Zeitdauer bei der Güterherstellung eingesetzt werden und Träger von Dienstleistungen sind. Diese Güter und Dienstleitungen werden bewertet. Die über die gesamte Zeit hinweg addierten Werte der Dienstleistung spiegeln den *Wert* des Kapitals wider. Zum anderen wird unter *Kapital* das sogenannte Finanzkapital verstanden, das aus verselbstständigten Wertgrößen besteht, aus Geld, Aktien etc. In einer modernen Marktwirtschaft hängen beide Aspekte – konkrete, heterogene Kapitalgüter einerseits und Finanzkapital andererseits – auf eine nicht eindeutig zu fassende Weise zusammen. Daraus ergibt sich eine grundsätzliche Ambiguität im Begriff des Kapitals, eine genaue Definition dieses Begriffs erscheint als eine nahezu unlösbare Aufgabe.[396]

In einer kapitalistischen Marktwirtschaft befindet sich Kapital in unablässiger Unruhe: Einer beständigen Bewegung von Gütern und Dienstleistungen entspricht in entgegengesetzter Richtung eine beständige Bewegung von Wertströmen. Für die Marktteilnehmer bedeutet das ein endloses Inbesitznehmen, Festhalten und Loslassen von bestimmten Mengen an Sachmitteln und Werten. Gleichwohl können Sach- und Wertströme auch voneinander abgelöst eine gewisse Eigendynamik entfalten – was etwa die Erforschung und Analyse des Finanzsektors und seiner Transaktionen heute so schwierig macht.

Bei Marx wird das Verständnis des Begriffs *Kapital* dadurch erschwert, dass er ihn um Bedeutungen erweitert, die keineswegs gängig sind. *Kapital* ist bei Marx nicht nur ein Bestand an Kapitalgütern (Marx spricht von Produktionsmitteln) oder an Geld oder Finanztiteln, sondern es ist zugleich Geflecht aus wirtschaftlichen und rechtlichen Institutionen, deren Gesamtheit eine *Regelungsinstanz* für das Leben der Menschen darstellt. In der modernen Wirtschaft ist diese Instanz *die Macht* schlechthin, überall wirksam, aber kaum irgendwo greifbar. Diese Macht wird, so Marx, durch Arbeit hergestellt und aufrechterhalten, sie ist also wesenhaft eine prozessuale Struktur, deren inneres Leben menschliche Tätigkeit ist. In Erschei-

[396] Diese Schwierigkeiten traten besonders in der sogenannte *Cambridge-Kontroverse* der 1960er Jahre zutage (vgl. Harcourt 1972).

nung aber tritt sie nur in einer zu Sachen geronnenen Form, in der der prozessuale Charakter getilgt ist: in Gestalt von Mitteln der Produktion, Finanztiteln, rechtlichen Institutionen etc. Ständig wachsende Bestände an Produktionsmitteln in unaufhörlicher Bewegung, eingebettet in Produktionsverhältnisse, die auf dem Privateigentum an Produktionsmitteln, dem freien Warentausch, dem Geldwesen und der Möglichkeit der Akkumulation von Kapital beruhen: Das sind wesentliche Momente einer Wirtschafts- und Gesellschaftsform, die man seit Marx als *Kapitalismus* bezeichnet. Die große Masse der Gesellschaftsmitglieder machen die Arbeiter aus, die vom Privateigentum an Produktionsmitteln ausgeschlossen sind, obwohl es ihre Tätigkeit ist, aus der das Kapital hervorgeht. Aber wenn auch die Basis des Kapitals die Arbeit ist, so erscheint allein das Kapital als Träger und Motor wirtschaftlicher und gesellschaftlicher Entwicklung. Davon profitieren, Marx zufolge, nahezu ausschließlich die Kapitalisten, während diejenigen, die diesen Profit durch ihre Tätigkeit ermöglichen, die Arbeiter, nichts als Objekte von Ausbeutung sind.

Man kann sich fragen, ob dem Kapital, wie Marx es versteht, objektive Existenz zukomme: Umfasst dieser Begriff nicht allzu heterogene Aspekte und Faktoren, *gibt* es also überhaupt *das Kapital?* Es gäbe durchaus Argumente dafür, diese Frage mit »Nein« zu beantworten. Denn Marx selbst verwendet den Begriff *Kapital* vielfach nicht als Bezeichnung für einen realen, präzise abzugrenzenden Sachverhalt, der sich unter einem einheitlichen Gesichtspunkt erfassen ließe. Was Marx *Kapital* nennt, ist eine Art Diagnoseinstrument, mit dem er die wirtschaftliche Realität gleichsam abtastet und abklopft, um auf verborgene Kräfte und Machtstrukturen aufmerksam zu machen: Letztlich geht es Marx bei seiner Kapitalanalyse um die Lebensweise der Menschen in modernen Gesellschaften und die Ordnungsmächte, die es bestimmen. Dabei wird der Begriff *Kapital* als ein Mittel eingesetzt, um dieses Leben einer theoretischen Darstellung zugänglich zu machen.

Marx' Thematisierung der modernen Wirtschaft unter dem Gesichtspunkt der Herrschaft des Kapitals ist aufschlussreich, allerdings auch einseitig. Einseitig ist sie, abgesehen von Mängeln in der ökonomischen Analyse,[397] vor allem darin, dass sie geradezu blind macht

[397] Die im engeren Sinne wirtschaftswissenschaftlichen Leistungen und Schwächen der Marx'schen Theorie werden umfassend betrachtet und kritisch gewürdigt in Petersen/Faber (2015: 118–155). »Eines der schwerwiegendsten Defizite ist, dass die

für alles, was die Wirtschaft in einer liberalen Gesellschaft an Humanität in sich birgt. Jedoch sind die Potenzen an systembedingter Inhumanität, auf die Marx mit unvergleichlicher Klarheit aufmerksam macht, in der Tat bis heute wirkmächtige Momente der Wirtschaft und der Dispositionen des wirtschaftlichen Handelns. Lohnt sich schon deswegen die Auseinandersetzung mit Marx, so kommt hinzu, dass auch Marx' Irrtümer weiterhin aktuell sind. Beispielhaft zeigen sie Gefahren, wie sie aus einer fundamentalen, um nicht zu sagen: fundamentalistischen und voreingenommenen Verwerfung der modernen Wirtschafts- und Lebensweise hervorgehen können: Im Namen des Marxismus wurden die Gräueltaten des Stalinismus und des Maoismus gerechtfertigt als unvermeidliche Begleiterscheinungen des Kampfes gegen die Inhumanität der vom Kapitalismus durchsetzten Verhältnisse.

Das Lob des Kapitalismus bei Karl Homann

Bevor wir uns der Sicht von Marx auf den Kapitalismus zuwenden, wollen wir ein Gegenbild vorstellen, das im Kapitalismus, wie das folgende Zitat sagt, die Quelle für »den Wohlstand eines Landes und für jeden Einzelnen« sieht. Im Jahre 2008 veröffentlichte der CDU-Politiker Friedrich Merz ein Buch mit dem Titel »Mehr Kapitalismus wagen«. Es sollte »dazu beitragen, die marktwirtschaftliche Wirtschaftsordnung besser zu verstehen, ihr zu vertrauen und schließlich darauf zu setzen, dass freier Kapital- und Warenverkehr, Wettbewerb, offene Märkte und individuelle Freiheit auch und gerade in den Sozialsystemen für den Wohlstand eines Landes und für jeden Einzelnen weitaus mehr leisten können als jede noch so gut gemeinte, aber unbezahlbare Forderung nach immer mehr ›sozialer Gerechtigkeit‹.«[398]

Grundlagen für seine Argumentation hat Merz unter anderem bei dem Wirtschaftsethiker Karl Homann gefunden. Dieser spricht der Marktwirtschaft überragenden ethischen Rang zu, da sie schon durch ihr bloßes Dasein zu einem guten Leben der Menschen beitrage. Folgerichtig müssten auch diejenigen menschlichen Dispositio-

---

Perspektive auf die Wirtschaft ganz von der Produktion bestimmt ist. […] Dieses Defizit ist auch dafür verantwortlich, dass die Marx'sche Perspektive keinen angemessenen Begriff des Finanzsektors ermöglicht.« (Petersen/Faber 2015: 262 f.)

[398] Merz (2008: 18).

nen, die Menschen für eine Marktwirtschaft tauglich machen, im Wesentlichen als *gut* gelten. Es wäre also zu wenig, ein Leben nach Art des Homo oeconomicus nur für zulässig zu erklären. Vielmehr müssten, Homann zufolge, die Motivationen und Fähigkeiten, die die Lebensführung des Homo oeconomicus bestimmen, geradezu gefördert werden. Begriffe, die wir im Zusammenhang mit Platon und Aristoteles diskutiert haben (und die auch bei Marx wiederkehren): *Pleonexia, Chrematistik, die Frage des Maßes,* seien sinnvolle Problemanzeigen gewesen, als es noch keine moderne Marktwirtschaft gab, heute aber seien sie irreführend oder ohne Belang:

»Die implizite [...] Voraussetzung der vormodernen Ethik war, daß die vormoderne Gesellschaft gesamtgesellschaftlich Nullsummenspiele spielte. Es war eine Gesellschaft ohne nennenswertes Wachstum. Wenn in einer solchen Gesellschaft ein Einzelner zu größerem Reichtum kam, mußte dies auf Kosten anderer erfolgen. Kanonisches Zinsverbot, das moralische Verbot von Kapitalbildung (»*Chrematistik*«) und die Verurteilung des Mehr-Haben-Wollens *(»Pleonexia«)* sowie der ganze paradigmatische Zuschnitt der vormodernen Ethik als *Ethik der Mäßigung, des Maßes,* finden hierin ihre – plausible – Begründung. Die moderne Marktwirtschaft hat demgegenüber bei gleichzeitig exorbitantem Bevölkerungswachstum einen Pro-Kopf-Wohlstand hervorgebracht, wie sich das vormoderne Utopisten nicht vorstellen konnten – auf der Grundlage einer Verfolgung der Eigeninteressen des Einzelnen unter einer klug geschnittenen Rahmenordnung mit forciertem Wettbewerb.«[399] »Keine Ethik (kann) vom Einzelnen verlangen [...], dass er dauerhaft und systematisch gegen seine Interessen handelt [...]. Der Kapitalismus [...] hat den Wettbewerb in den Dienst moralischer Ziele gestellt. Durch eine geeignete Rahmenordnung wird dafür gesorgt, dass der Wettbewerb einen wesentlichen Beitrag zum Ziel der Ethik, der ›allgemeinen Glückseligkeit‹ Kants bzw., wie wir heute sagen würden, zum gelingenden Leben aller Menschen, leistet. Damit erhält der Wettbewerb als Mittel zum ›guten Leben‹ aller eine ethische Rechtfertigung: Er wird unter Bedingungen der Marktwirtschaft zu einem nicht nur ökonomischen, sondern sittlichen Gebot, was vormodern undenkbar ist und was den moralischen Intuitionen der meisten Menschen in unserem Kulturkreis bis heute diametral widerspricht. Dieses Gebot muss als sittlich eingestuft werden trotz der Härten, die der Wett-

[399] Homann (2002: 17).

bewerb für die einzelnen Wettbewerber bereithält, also z. B. Bankrotte von Firmen, Entlassungen, Standortverlagerungen etc. […] Auf der Mikroebene beruht die Marktwirtschaft mit Wettbewerb auf Motivationen, die grundlegend am individuellen Vorteil orientiert sind und sein müssen und die für die moralische Motivation keinen – oder allenfalls einen geringen – Raum lassen. Auf der Makroebene dagegen verdient das System Wettbewerb wegen seines Beitrags zur allgemeinen Glückseligkeit die Qualifikation moralisch.«[400] »Das Streben nach individueller Besserstellung wird damit zum Motor der Solidaritätsmoral des Abendlandes. Marktwirtschaft mit Wettbewerb löst die alte Mildtätigkeit ab, sie wird zur effizientesten Form der Caritas, die die Weltgeschichte bisher gesehen hat. Damit muß sich die moderne Ethik von dem Paradigma der Mäßigung lösen, was natürlich nicht heißt, eine Ethik des Unmaßes zu vertreten. Die Ethik und ihre Kategorien müssen neu zugeschnitten werden.«[401]

Wäre Homanns Position zutreffend, so würde der Frage nach dem Malum oeconomicum der Boden entzogen: Auf der Basis unserer *moralischen Intuitionen* – wie wir sie etwa bei Platon und Aristoteles oder in einer unserer Zeit näheren Form bei Smith und Kant vorfinden – wären wir, Homann zufolge, nicht legitimiert, das Malum oeconomicum zu untersuchen. Denn statt die *moralischen Intuitionen der meisten Menschen* zum Maß der Beurteilung der Wirtschaft zu machen, legt Homann nahe, die Prinzipien der Wirtschaft zur Basis zu machen, auf der moralische Intuitionen kritisch befragt werden sollten. So scheint für Homann aus der Marktwirtschaft das Maß für eine zeitgemäße Ethik ableitbar. Das nämlich ist der Gehalt seiner Forderung, dass *die Ethik und ihre Kategorien neu zugeschnitten werden müssten*. Wäre die Marktwirtschaft in der Tat die *effizienteste Form der Caritas, die die Weltgeschichte bisher gesehen hat*, müsste man die Erziehung des Menschengeschlechtes vor allem darauf ausrichten, jeden Menschen zur Mitwirkung an dieser Form der Caritas gemäß der Logik des Wettbewerbs zu befähigen. Der Homo oeconomicus wäre demgemäß ein Idealtyp gelingenden Menschseins. Schädlich wären, an diesem Maßstab gemessen, auch alle Vorstellungen von Gerechtigkeit, die dem Menschen ein nicht wettbewerbskompatibles Verhalten abfordern.

Homanns Argumentation schließt zwar keineswegs das Auf-

---

400 Homann (2008: 5).

401 Homann (2002: 17).

treten diverser Übel innerhalb der Wirtschaft aus – er nennt selbst die *Härten des Wettbewerbs* mit ihren Nachteilen für einzelne Menschen. Aber auf das Ganze gesehen und langfristig hält er die Resultate einer Marktwirtschaft für *einen Beitrag zur allgemeinen Glückseligkeit*. Als nicht-intendiertes Resultat geht aus dem Wettbewerb aller nicht nur, wie seit Smith gelehrt wird, bezüglich der Menge an Gütern und Dienstleistungen ein Gesamtresultat hervor, das den Interessen aller entspricht, sondern es sind sogar ethisch so aufgeladene Attribute wie Caritas und Solidarität als Systemeigenschaften oder Systemfolgen der Marktwirtschaft anzusehen. Das ist eine Überbietung der ihrerseits schon optimistischen Lehre des Adam Smith von der Unsichtbaren Hand.[402]

Sollte dennoch aus einem marktwirtschaftlichen System über die normalen Härten des Wettbewerbs hinaus Schlechtes hervorgehen, so ist das nie der Marktwirtschaft als solcher anzulasten, sondern es liegt, so Homann, an Mängeln der *Rahmenordnung*, d. h. der die Wirtschaft betreffenden Regelungen und ihrer effektiven Durchsetzung. Wenn versäumt wurde, ethische Anforderungen jenseits dessen, was der Mensch als egoistischer rationaler Nutzenmaximierer im Wettbewerb von sich aus tun würde, *als rechtliche Institutionen in der Rahmenordnung zu verankern*, darf man sich über unerwünschte wirtschaftliche Entwicklungen nicht wundern: Monopole, Preisabsprachen, ruinöser Wettbewerb, Korruption und Ausbeutung u. a. verweisen nicht auf Fehler der Marktwirtschaft, sondern zeigen Regelungsdefizite an. Innerhalb einer, wie Homann sagt, »klug geschnittenen Rahmenordnung mit forciertem Wettbewerb« geschieht im Großen und Ganzen und auf lange Sicht nur Gutes.

Homanns Argumentation entzieht die Marktwirtschaft jeder Möglichkeit einer negativen Bewertung. Denn immer, wenn jemand etwas offensichtlich Schlechtes an der Wirtschaft feststellt, könnte

[402] Homann scheint allerdings anzunehmen, dass die gesellschaftlich-politische Rahmenordnung und die innere Ordnung der Marktwirtschaft sich unabhängig voneinander entwickeln. Die Frage, ob nicht die Dynamik der modernen Marktwirtschaft auf die Rahmenordnung wirkt, ob nicht mächtige Interessen aus dem Feld der Wirtschaft die öffentliche Meinung beeinflussen und die Gestalt der rechtlichen und politischen Regulierungen formen könnten, stellt er nicht. Sind diejenigen, die Rahmenordnung ›klug zuschneiden‹ sollten, wirklich so unparteiisch und so gut informiert, dass man ihnen die Lösung dieser Aufgabe immer zutrauen kann? Muss man nicht auch bei ihnen erwarten, dass sie mit allen verfügbaren Mitteln ihre Privatinteressen durchzusetzen versuchen?

Homann sagen: Nein, an der Wirtschaft liegt es nicht, es ist nur die Rahmenordnung. Marktwirtschaft, so gesehen, ist immun gegen jede Kritik aus ethischer Sicht.

Zu demselben Ergebnis kommt, jedenfalls was die *Ebene der Beschreibung* angeht, auch Karl Marx: Der Kapitalismus ist, in der Sicht von Marx, gegen ethische Kritik immun, denn an seiner schier undurchdringlichen Logik prallen die »moralischen Intuitionen der meisten Menschen« ab. Auch bei Marx hat es den Anschein, als stelle der Kapitalismus den Maßstab für sich selber und alles andere dar. Innerhalb seiner Vorgaben kann extreme Ungleichheit und Ausbeutung der Schwachen *gerecht* genannt werden, denn Ungleichheit und Ausbeutung entstehen im Rahmen von Recht und Gesetz, wie sie eine bürgerliche Gesellschaft festgelegt hat. Auf der Ebene der Bewertung des Kapitalismus aber kommt Marx zum gegenteiligen Ergebnis: Während Homann zu einem vorbehaltlosen »Ja« zu dieser Wirtschaftsordnung gelangt, will Marx plausibel machen, dass sie die Erscheinungsform einer im Ganzen verkehrten, menschenfeindlichen Welt darstellt. Der Homo oeconomicus ist dementsprechend für Marx eine Perversion des Menschseins.

Dabei ist allerdings zu beachten: Der Homo oeconomicus der modernen Theorien ist in erster Linie die Person des *Konsumenten,* der es um die bestmögliche Güterausstattung im Sinne ihres eigenen Nutzens geht, während derjenige Teil der Lebenszeit, den diese Person auf ihre Arbeit verwendet, kaum in Betracht kommt – außer dass er aus ihrer Sicht so gering wie möglich gehalten werden sollte. Der Homo oeconomicus bei Marx ist jedoch komplexer angelegt. Er tritt in zwei fundamental verschiedenen Ausprägungen *(Klassen)* auf, denen nur gemeinsam ist, dass sie beide die Macht des Kapitals manifestieren. Als *Kapitalist* oder Bourgeois ist der Homo oeconomicus ein Wesen, dessen Menschsein ganz oder weitgehend von Profitgier aufgesaugt ist (der Gewinnmaximierer der Standardtheorien), als Arbeiter aber ist er nichts anderes als ein Teilnehmer am arbeitsteiligen Produktionsprozess des Kapitals, ein Wesen also, das unter der Herrschaft des Kapitals Lebenskraft und Lebenszeit verausgabt, um nach schier endlosem, als Quälerei und Schinderei wahrgenommenem Tagwerk mit dem Arbeitslohn gerade nur die eigene Arbeitsfähigkeit wiederherzustellen, damit die Quälerei und Schinderei am folgenden Tag wieder ihren Lauf nehmen kann.[403] Als Konsument hingegen

[403] Im folgenden Kapitel werden wir allerdings zeigen, dass vor allem der junge Marx

wird der Homo oeconomicus bei Marx kaum thematisiert, seine Bedürfnisse scheinen ihm buchstäblich nicht der Rede wert.

Wir werden im Folgenden zeigen, wie Marx die Beziehungen zwischen den Menschen sowie zwischen den Menschen und ihrer Welt unter den Vorzeichen des modernen Wirtschaftsprozesses deutet. In seiner Darstellung der Genese und Bedeutung von *instrumentalistischen Beziehungsmustern* auf unterschiedlichen Ebenen besteht sein wesentlicher Beitrag zur Beschreibung des Malum oeconomicum. In unserer Wiedergabe Marx'scher Überlegungen nehmen wir allerdings Vereinfachungen vor: Die oft beträchtlichen Unterschiede zwischen dem Früh- und Spätwerk oder sein Verhältnis zur Philosophie und Denkmethode Hegels werden wir nur partiell thematisieren, Probleme seiner *Arbeitswertlehre* oder seiner Theorie vom *tendenziellen Fall der Profitrate*[404] werden wir ganz ausklammern.

Das stumpfsinnige Leben des Arbeiters: Folgen der Arbeitsteilung bei Adam Smith

Als Hinführung, die etwas von der Marx'schen Problemstellung vorwegnimmt, geben wir zunächst einige Überlegungen von Smith zur Auswirkung der Arbeitsteilung auf die Lebensführung der Arbeiter wieder.

Von denjenigen Argumenten Smiths, die zu dem »Vertrauen in die Markwirtschaft« beitragen können, das Friedrich Merz (s. o.) fordert, war bereits die Rede: Das marktwirtschaftliche System generiert durch Wettbewerb eine Dynamik, die zu ständig wachsender Arbeitsteilung führt, Arbeitsteilung aber ist ihrerseits, wie im ersten Buch des *Wealth of Nations* gezeigt wird, Antriebskraft technischen Fortschritts und wirtschaftlichen Wachstums. Aber Smith denkt weiter – allerdings nicht im ersten Buch des *Wealth of Nations*, sondern an einer ganz anderen Stelle. Im Rahmen von Überlegungen über die öffentlichen Ausgaben stellt Smith im fünften Buch des *Wealth* unter der Überschrift »Ausgaben der Bildungseinrichtungen für die Ju-

---

versucht, das Proletariat so zu konzipieren, dass es möglichst wenig mit dem Homo oeconomicus gemeinsam hat.

[404] Vgl. zu diesen für die ökonomische Theorie von Marx wesentlichen Theoremen Faber/Petersen (2015: 120–138).

gend« die Frage, ob es Aufgabe des Staates sei, sich »um die Ausbildung der Bürger zu kümmern«, und »wenn ja, um welche Teile der Erziehung für welche Bevölkerungsschichten?«[405] Diese Fragestellung lässt kaum vermuten, dass hier Grundprobleme der Dynamik des Kapitalismus verhandelt werden. Smith zeigt anlässlich dieser Frage strukturelle Missstände auf, die sich in einem *System der natürlichen Freiheit* wie von selbst ergeben.

»Mit fortschreitender Arbeitsteilung wird die Tätigkeit der überwiegenden Mehrheit derjenigen, die von ihrer Arbeit leben, also der Masse des Volkes, nach und nach auf wenige Arbeitsgänge eingeengt, oftmals auf nur einen oder zwei. Nun formt aber die Alltagsbeschäftigung ganz zwangsläufig das Verständnis der meisten Menschen. Jemand der tagtäglich nur wenige einfache Handgriffe ausführt, die zudem immer das gleiche oder ein ähnliches Ergebnis haben, hat keinerlei Gelegenheit, seinen Verstand zu üben [...]. So ist es ganz natürlich, daß er verlernt, seinen Verstand zu gebrauchen, und so stumpfsinnig und einfältig wird, wie ein menschliches Wesen nur eben werden kann. Solch geistige Trägheit [...] stumpft ihn auch gegenüber differenzierteren Empfindungen wie Selbstlosigkeit, Großmut oder Güte ab, so daß er auch vielen Dingen gegenüber, selbst jenen des täglichen Lebens, seine gesunde Urteilsfähigkeit verliert. [...] Dies aber ist die Lage, in welche die Schicht der Arbeiter, also die Masse des Volkes, in jeder entwickelten Gesellschaft gerät, wenn der Staat nichts unternimmt, sie zu verhindern.«[406] Auf der anderen Seite sei in einer Gesellschaft mit hoch entwickelter Spezialisierung, so eingeschränkt auch der Gesichtskreis der meisten ihrer Mitglieder erscheint, das Tätigkeitsfeld der Gemeinschaft im Ganzen »von einer fast unübersehbaren Vielfalt. Diese Auffächerung bietet den wenigen, die nicht an eine regelmäßige Arbeit gebunden sind und Zeit und Interesse an der Untersuchung über die Beschäftigung anderer haben, eine Fülle von Studienobjekten. Das Nachdenken über so vielerlei Dinge, endloses Vergleichen und Kombinieren verleiht ihnen geistige Elastizität, schärft ihren Verstand und weitet ihren Horizont in außergewöhnlichem Maße.«[407]

Aus einer sich selbst überlassenen *commercial society*, deren Mitglieder darin gleich sind, dass sie untereinander »gute Dienste«

---

[405] *Wealth* 662.
[406] *Wealth* 662 f.
[407] Ibd.

austauschen, gehen, wie Smith annimmt, extrem unterschiedlich entwickelte Bildungsschichten hervor, auf deren unterster Stufe eine große Masse von Arbeitenden zu finden ist, bei denen sich vor allem Rohheit und Stumpfsinn bemerkbar machen, während auf der höchsten Stufe eine verfeinerte Elite alle humanen Fähigkeiten entfalten und einen Blick für das Ganze der Gemeinschaft ausbilden kann. Diese extreme Ungleichheit der Lebensmöglichkeiten ist für Smith ein Ärgernis, da seiner Überzeugung nach die Menschen von Natur aus gleich sind; hinsichtlich der ursprünglichen Veranlagung besteht, wie er glaubt, zwischen einem Lastenträger und einem Philosophen kaum ein Unterschied.[408] Aber die Dynamik von Wirtschaft und Gesellschaft produziert bereits aus sich heraus Ungleichheit, die Arbeitsteilung zementiert und vergrößert sie, so dass die Lebensentwürfe von Philosophen und Lastträgern, sind sie einmal erwachsen geworden, kaum noch etwas gemeinsam haben.

Dazu kommt für Smith als weiteres Skandalon, dass in einer arbeitsteiligen Welt die wenigen Angehörigen der intellektuellen Elite, die sich inmitten aller Spezialisierung den Blick für das Ganze bewahrt haben, oft nicht an diejenige Stelle gelangen, an der sie nutzbringend im Sinne des Ganzen wirken könnten: »Werden diese wenigen aber nicht an der richtigen Stelle eingesetzt, kann ihr großes Können, so wertvoll es auch für sie selbst sein mag, wenig zum Wohl der Allgemeinheit oder zu einer guten Regierungsform beitragen.«[409] Als Therapie postulierte Smith eine flächendeckende Schulbildung, die gerade den Ärmeren zugutekommen sollte. Dazu solle der Staat tätig werden.

Was Smith kaum absehen konnte: Die Anzahl der Menschen, bei denen tendenziell *die höheren menschlichen Anlagen weitgehend verkümmern und verschwinden,*[410] nahm im Verlauf der industriellen Revolution ständig zu, und die abstumpfenden und verrohenden Wirkungen eines einförmigen Arbeitstages von zwölf und mehr Stunden waren durch eine bescheidene Schulbildung (deren flächendeckende Einführung auf sich warten ließ) kaum zu kompensieren.[411]

---

408 Vgl. *Wealth* 18.

409 *Wealth* 663 f.

410 *Wealth* 664.

411 Immerhin behält Smith insofern auch für heute recht, als etwa die Studien von Amartya Sen eindrucksvoll zeigen, dass die Chance auf gute Bildung entscheidend für eine freie Lebensgestaltung der Individuen in einer Zivilgesellschaft ist.

Die Welt des Wettbewerbs produziert, gemäß Smith, Folgen, die sich in ihrem Rahmen schwerlich beheben lassen. Eine Gesellschaftsentwicklung, die durch das Eigeninteresse der Wirtschaftsakteure bestimmt wird, bewirkt, dass die Masse des Volkes verkommt und dass die wenigen, deren Ideen für das Gemeinwesen besonders wichtig sein könnten, nicht gehört werden. Anders als Homann setzt Smith für seine Lösungsvorschläge voraus, dass es in der Gesellschaft Dispositionen gibt oder geben sollte, die gerade nicht denen entsprechen, die im wirtschaftlichen Wettbewerb zum Erfolg führen.[412] Das Wohl der Gemeinschaft fordert einen Blick, der nicht durch Privatinteressen getrübt ist. Und es erfordert eine Gesellschaftsordnung (eine *Rahmenordnung*, würde Homann sagen), die der Weisheit der Tieferblickenden einen Ort einräumt und zugleich durch Bildungsangebote für alle darauf hinwirkt, dass diese Weisheit sich bei möglichst vielen Bürgern findet. Wo aber soll eine solche Rahmenordnung herkommen, wer sollte sich für ihre Einrichtung engagieren, wenn der rationale egoistische Nutzenmaximierer der Normalfall menschlichen Verhaltens ist?[413]

Die abgewandte Seite der Marktwirtschaft. Friedrich Engels' Bericht zur Lage der arbeitenden Klasse in England

Was bei Smith kaum mehr als eine vorsichtige Anfrage an ein im Großen und Ganzen gutes System darstellt, verwandelt sich bei Marx in eine fundamentale und radikale Infragestellung dieses Systems. Der Unterschied zwischen Smith und Marx hat auch eine empirische Ursache: In den Lebensbedingungen der Arbeiter zur Zeit Marx' trat ein Elend hervor, dessen Ausmaße für Smith noch nicht absehbar waren. Bereits der junge Marx empfing Wissen darüber aus erster Hand aus den Berichten seines Freundes Friedrich Engels. Was Engels 1844 *Zur Lage der arbeitenden Klasse in England* mitteilte, enthält Anschauungsmaterial, das für Marx bis ins Spätwerk bedeutsam blieb. Wir geben im Folgenden einige markante Stellen aus diesem Text von Engels wieder:

»Die Folgen«, die der »*Sieg der Maschinenarbeit über die Handarbeit* […] in den Hauptzweigen der englischen Industrie (bewirkte),

[412] Vgl. Manstetten/Hottinger/Faber (1999).
[413] Vgl. Faber/Manstetten/Petersen (1997).

waren auf der einen Seite rasches Fallen der Preise aller Manufakturwaren, Aufblühen des Handels und der Industrie, Eroberung fast aller unbeschützten fremden Märkte, rasche Vermehrung der Kapitalien und des Nationalreichtums; auf der andern eine noch viel raschere Vermehrung des Proletariats, Zerstörung alles Besitzes, aller Sicherheit des Erwerbs für die arbeitende Klasse, Demoralisation, politische Aufregung.[414] […] Verfolgen wir indes die Entwicklung der englischen Industrie etwas genauer und fangen wir mit ihrem Hauptzweige, der *Baumwollenindustrie* an. […] Der Hauptsitz dieser Industrie ist *Lancashire*, von wo sie auch ausging; sie hat diese Grafschaft durch und durch revolutioniert, aus einem obskuren, schlecht bebauten Sumpf in eine belebte, arbeitsame Gegend umgeschaffen, ihre Bevölkerung in achtzig Jahren verzehnfacht und Riesenstädte wie *Liverpool* und *Manchester* mit zusammen 700000 Einwohnern […] wie mit einem Zauberschlage aus dem Boden wachsen lassen.[415] […] Fassen wir das Resultat unsrer Wanderung durch diese Gegenden zusammen, so müssen wir sagen, daß dreihundertfünfzigtausend Arbeiter von Manchester und seinen Vorstädten fast alle in schlechten, feuchten und schmutzigen Cottages wohnen […], daß in diesen Wohnungen nur eine entmenschte, degradierte, intellektuell und moralisch zur Bestialität herabgewürdigte, körperlich kränkliche Rasse sich behaglich und heimisch fühlen kann. […] Welche physische und moralische Atmosphäre in diesen Höhlen des Lasters herrscht, brauche ich wohl nicht zu sagen. Jedes dieser Häuser ist ein Fokus des Verbrechens und der Schauplatz von Handlungen, die die Menschlichkeit empören und vielleicht ohne diese gewaltsame Zentralisation der Unsittlichkeit nie zur Ausführung gekommen wären.[416] […] Fast überall ist die Handarbeit durch Maschinenarbeit ersetzt, fast alle Manipulationen werden durch die Kraft des Wassers oder Dampfs getan, und noch jedes Jahr bringt neue Verbesserungen. In einem geordneten sozialen Zustande wären solche Verbesserungen nur erfreulich; im Zustande des Kriegs Aller gegen Alle reißen einzelne den Vorteil an sich und bringen dadurch die meisten um die Mittel der Existenz. Jede Verbesserung der Maschinerie wirft Arbeiter außer Brot, und je bedeutender die Verbesserung, desto zahlreicher die arbeitslos gewordene Klasse; jede bringt demnach auf eine Anzahl Ar-

[414] Engels (1844/1972: 242). Die Hervorhebungen stammen von Engels.
[415] Ibd. 242 f.
[416] Ibd. 294 f.

beiter die Wirkung einer Handelskrisis hervor, erzeugt Not, Elend und Verbrechen[417]. […] Von Anfang der neuen Industrie an wurden Kinder in den Fabriken beschäftigt […]. Das neunjährige Kind eines Fabrikarbeiters, das unter Mangel, Entbehrung und wechselnden Verhältnissen, in Nässe, Kälte und ungenügender Kleidung und Wohnung aufgewachsen ist, hat bei weitem nicht die Arbeitsfähigkeit des in gesunderer Lebenslage erzogenen Kindes. Mit dem neunten Jahre wird es in die Fabrik geschickt, arbeitet täglich 6 1/2 Stunden (früher 8, noch früher 12 bis 14, ja 16 Stunden) bis zum dreizehnten Jahre, von da an bis zum achtzehnten Jahre 12 Stunden.[418] […] Allerdings sagt die Bourgeoisie: Wenn wir die Kinder nicht in den Fabriken beschäftigen, so bleiben sie in Verhältnissen, die ihrer Entwicklung nicht günstig sind – und das ist im ganzen richtig –, aber was heißt das, auf seinen wahren Wert reduziert, als: Erst setzt die Bourgeoisie die Arbeiterkinder in schlechte Verhältnisse und beutet dann diese schlechten Verhältnisse noch zu ihrem Vorteil aus.[419] […] Aber selbst diese lange Arbeitszeit genügte der Habsucht der Kapitalisten nicht. Es galt, das in Gebäuden und Maschinen steckende Kapital mit allen möglichen Mitteln rentbar zu machen, es so stark wie möglich arbeiten zu lassen. Die Fabrikanten führten daher das schändliche System des Nachtarbeitens ein; bei einigen waren zwei stehende Klassen von Arbeitern, jede so stark, um die ganze Fabrik besetzen zu können, und die eine Klasse arbeitete die zwölf Tages-, die andre die zwölf Nachtstunden. Man kann sich leicht denken, welche Folgen eine solche dauernde Beraubung der Nachtruhe, die durch keinen Tagesschlaf zu ersetzen ist, auf die körperliche Lage namentlich kleiner und größerer Kinder und selbst Erwachsener, haben mußte. Aufreizung des ganzen Nervensystems, verbunden mit allgemeiner Schwächung und Erschlaffung des ganzen Körpers, waren die notwendigen Resultate. Dazu die Beförderung und Aufreizung der Trunksucht, des regellosen Geschlechtsverkehrs.[420] […] Weiter. Die Sklaverei, in der die Bourgeoisie das Proletariat gefesselt hält, kommt nirgends deutlicher ans Tageslicht als im Fabriksystem. Hier hört alle Freiheit rechtlich und faktisch auf. Der Arbeiter muß morgens um halb sechs in der Fabrik sein – kommt er ein paar Minuten zu spät, so wird er gestraft. […]

---

[417] Ibd. 360 f.
[418] Ibd. 374.
[419] Ibd. 375.
[420] Ibd. 375 f.

Und wie geht es ihm gar erst in der Fabrik! Hier ist der Fabrikant absoluter Gesetzgeber. Er erläßt Fabrikregulationen, wie er Lust hat; er ändert und macht Zusätze an seinem Kodex, wie es ihm beliebt; und wenn er das tollste Zeug hineinsetzt, so sagen doch die Gerichte dem Arbeiter: ›Ihr wart ja Euer eigner Herr, Ihr brauchtet ja einen solchen Kontrakt nicht einzugehen, wenn Ihr nicht Lust hattet; jetzt aber, da Ihr unter diesen Kontrakt Euch freiwillig begeben habt, jetzt müßt Ihr ihn auch befolgen.‹ Und so hat der Arbeiter noch den Spott des Friedensrichters, der selbst ein Bourgeois ist, und des Gesetzes, das von der Bourgeoisie gegeben wurde, in den Kauf.«[421]

Die von Engels angeführte *rasche Vermehrung der Kapitalien und des Nationalreichtums* hatte Adam Smith für eine Folge der Einführung eines *Systems der natürlichen Freiheit* gehalten. Engels stimmt ihm zu: Diese Folgen haben sich in der Tat eingestellt. Aber es gibt noch andere Folgen, die in der liberalen Ökonomie seiner Zeit weniger thematisiert werden, aber jedem, der nicht wegsehen will, grell ins Auge springen. Ein System, das jedem die Freiheit gewährt, seinen Interessen gemäß zu handeln, führt dazu, dass zwei völlig gegensätzliche Arten von Wirtschaftsakteuren auftreten: die *Bourgeoisie*, die Fabrikantenklasse, die an den Stätten der Produktion, den Fabriken, alles nach ihrem Gutdünken regelt, und die große Masse der Bevölkerung, das *Proletariat*, die Arbeiterklasse, bestehend aus Kindern, Frauen und Männern, die wie Engels formuliert, in *Sklaverei gefesselt* sind.

Welches Elend damit verbunden ist, beschreibt Engels teils aus eigener Anschauung, teils aus regierungsamtlichen Publikationen, teils aus der Perspektive unbefangener Beobachter. Am Ende der von uns wiedergegebenen Ausschnitte weist Engels darauf hin, dass diese »Sklaverei« in einer ganz anderen Form auftritt als die »natürliche« Sklaverei des Aristoteles: nämlich als Resultat eines *Vertrages*, den auch der »Sklave« als *freie Person* unterzeichnet hat. Dem Proletarier, der über seine Sklaverei klagt, halten die Gerichte entgegen, dass er *frei* sei. Wenn jeder Markttausch eine vertragliche Vereinbarung über Leistung und Gegenleistung, in diesem Fall über Arbeit und Lohn ist, dann gilt sowohl für den Fabrikanten wie für den Proletarier: »Ihr wart ja Euer eigner Herr, Ihr brauchtet ja einen solchen Kontrakt nicht einzugehen, wenn Ihr nicht Lust hattet; jetzt aber, da Ihr unter diesen Kontrakt Euch freiwillig begeben habt, jetzt müßt Ihr ihn auch

[421] Ibd. 396 f.

befolgen.« Die Fabriksklaverei steht der Form nach unter dem Vorzeichen der *Freiwilligkeit*. Allerdings ist *innerhalb der vertraglich vereinbarten Arbeitszeit* die Freiheit des einen der beiden Vertragspartner zu Ende. Was die Arbeit aus seinem Leben insgesamt macht – körperliche Erschöpfung und Auslaugung, Krankheitsanfälligkeit, Verletzungen aufgrund von mangelnden Sicherheitsmaßnahmen, geistig-seelische Abstumpfung, etc. – ist nicht Gegenstand des Vertrages. Dass die Welt, in der derartige Verträge abgeschlossen werden, von Engels mit dem *Naturzustand* von Thomas Hobbes gleichgesetzt wird, dem »Krieg Aller gegen Alle«, dessen Bedingung gerade in der Abwesenheit aller Verträge besteht, ist eine ironische Pointe dieser Beschreibung einer fortgeschrittenen Wirtschaft in der modernen Gesellschaft.

Eine Gesamtschau auf den Kapitalismus: Das Manifest der Kommunistischen Partei

Der Klassengegensatz

Die Beschreibung, die Engels von den Verhältnissen in der seinerzeit modernsten Ökonomie gibt, unterscheidet sich bereits im Ausgangspunkt fundamental von derjenigen, die liberale Ökonomen im Gefolge Smiths vornehmen. In der *commercial society* Smiths sind alle Wirtschaftsakteure *gleich*, miteinander verbunden und gegeneinander operierend in der Verfolgung ihres Eigeninteresses, im Austausch von Leistungen und Gütern und im Konkurrenzkampf um Marktpositionen. Engels geht hingegen davon aus, dass sich im Kapitalismus zwei Gruppierungen – *Klassen* genannt – gegenüberstehen, die zwar gemeinsam Gestalt und Dynamik dieses Systems erzeugen, aber in ihren Interessen gegensätzlich sind: Der Klasse der Bourgeoisie, die über die Produktionsmittel verfügt, steht die eine große Mehrheit der Bevölkerung umfassende Arbeiterklasse gegenüber. Marx teilt diese Sicht. Beide sehen darin das eigentliche Problem: dass es Menschen gibt, die nichts besitzen als ihre Arbeitsfähigkeit und nichts zu verlieren haben »als ihre Ketten«.

Die Wunderwerke des Kapitalismus und die ewige Unsicherheit der Menschen

Das von Marx und Engels 1848 gemeinsam verfasste *Kommunistische Manifest* hat einen für liberale Theoretiker unerwarteten Akzent: Es stellt das System der natürlichen Freiheit in seiner *Dynamik* und seinen Einflüssen auf das Leben und das Lebensgefühl der Menschen dar. Eine besondere Dynamik ist es nämlich, was dieses System vor allen anderen Wirtschaftsordnungen auszeichnet, aus ihr entspringen seine ungeheuren Leistungen ebenso wie seine destruktiven Tendenzen. Ihr Motor ist das *Interesse der Bourgeoisie,* d.h. derjenigen Menschen, die *Eigentümer von Produktionsmitteln* sind und als die eigentlichen Akteure der Wirtschaft auf Märkten auftreten. Der Aktivität der Bourgeoisie entspringen jedoch Wirkungen, die sie nicht beabsichtigt: Weder die Umwälzungen, die der Kapitalismus mit sich bringt, noch die Krisen, die ihn unvermeidlich begleiten, sind von seinen maßgeblichen Akteuren vorgesehen. Es wäre nicht verfehlt, die Dynamik des Kapitalismus einer *Unsichtbaren Hand* zuzuschreiben: *Die Menschen machen ihre Verhältnisse, aber sie machen sie nicht mit Willen und Bewusstsein,* das ist die Formulierung, die Marx für diese *Unsichtbare Hand* finden wird.

Die Schilderung, die das *Kommunistische Manifest* vom Wirken der Bourgeoisie gibt, enthält Passagen, denen ein liberaler Ökonom durchaus zustimmen könnte. »Die große Industrie hat den Weltmarkt hergestellt, den die Entdeckung Amerikas vorbereitete. Der Weltmarkt hat dem Handel, der Schifffahrt, den Landkommunikationen eine unermeßliche Entwicklung gegeben. Diese hat wieder auf die Ausdehnung der Industrie zurückgewirkt, und in demselben Maße, worin Industrie, Handel, Schifffahrt, Eisenbahnen sich ausdehnten, in demselben Maße entwickelte sich die Bourgeoisie, vermehrte sie ihre Kapitalien, drängte sie alle vom Mittelalter her überlieferten Klassen in den Hintergrund.«[422]

Die Freisetzung ungeheurer Produktionsmöglichkeiten ist für die Autoren des Kommunistischen Manifests Anlass, die Welt der Bourgeoisie, den Kapitalismus, geradezu hymnisch zu feiern: »Erst sie (sc. die Bourgeoisie) hat bewiesen, was die Tätigkeit der Menschen zustande bringen kann. Sie hat ganz andere *Wunderwerke* vollbracht

[422] Marx, Engels (1848/1972: 463), im folgenden zitiert als: Manifest. Hervorhebungen vom Verfasser.

als ägyptische Pyramiden, römische Wasserleitungen und gotische Kathedralen, sie hat ganz andere Züge ausgeführt als Völkerwanderungen und Kreuzzüge. […] Die Bourgeoisie kann nicht existieren, ohne die Produktionsinstrumente, also die Produktionsverhältnisse, also sämtliche gesellschaftlichen Verhältnisse fortwährend zu revolutionieren. Unveränderte Beibehaltung der alten Produktionsweise war dagegen die erste Existenzbedingung aller früheren industriellen Klassen. Die fortwährende Umwälzung der Produktion, die ununterbrochene Erschütterung aller gesellschaftlichen Zustände, die *ewige Unsicherheit und Bewegung* zeichnet die Bourgeoisepoche vor allen anderen aus. […] Die Bourgeoisie hat durch ihre Exploitation des Weltmarkts die Produktion und Konsumtion aller Länder kosmopolitisch gestaltet. […] Sie hat zum großen Bedauern der Reaktionäre den nationalen Boden der Industrie unter den Füßen weggezogen. Die uralten nationalen Industrien sind vernichtet worden und werden noch täglich vernichtet. Sie werden verdrängt durch neue Industrien, deren Einführung eine Lebensfrage für alle zivilisierten Nationen wird, durch Industrien, die nicht mehr einheimische Rohstoffe, sondern den entlegensten Zonen angehörige Rohstoffe verarbeiten und deren Fabrikate nicht nur im Lande selbst, sondern in allen Weltteilen zugleich verbraucht werden. An die Stelle der alten, durch Landeserzeugnisse befriedigten Bedürfnisse treten neue, welche die Produkte der entferntesten Länder und Klimate zu ihrer Befriedigung erheischen. An die Stelle der alten lokalen und nationalen Selbstgenügsamkeit und Abgeschlossenheit tritt ein allseitiger Verkehr, eine allseitige Abhängigkeit der Nationen voneinander. […] Die Bourgeoisie reißt durch die rasche Verbesserung aller Produktionsinstrumente, durch die unendlich erleichterten Kommunikationen alle, auch die barbarischsten Nationen in die Zivilisation. […] Sie *zwingt* alle Nationen, die Produktionsweise der Bourgeoisie sich anzueignen, wenn sie nicht zugrunde gehen wollen; sie zwingt sie, die sogenannte Zivilisation bei sich selbst einzuführen, d. h. Bourgeois zu werden. Mit einem Wort, *sie schafft sich eine Welt nach ihrem eigenen Bilde*. […] Die Bourgeoisie hat in ihrer kaum hundertjährigen Klassenherrschaft massenhaftere und kolossalere Produktionskräfte geschaffen als alle vergangenen Generationen zusammen. Unterjochung der Naturkräfte, Maschinerie, Anwendung der Chemie auf Industrie und Ackerbau, Dampfschiffahrt, Eisenbahnen, elektrische Telegraphen, Urbarmachung ganzer Weltteile, Schiffbarmachung der Flüsse, ganze aus dem Boden hervorgestampfte Bevölkerungen –

welches frühere Jahrhundert ahnte, daß solche Produktionskräfte im Schoß der gesellschaftlichen Arbeit schlummerten?«[423]

Die Leistungen dieser Wirtschaftsweise springen besonders ins Auge, wenn wir uns an die Überlegungen Platons erinnern. Der Kapitalismus stellt eine faszinierende Antwort auf die Probleme dar, wie sie laut Platon in der üppigen Stadt mit Notwendigkeit entstehen müssen: Qualitatives und quantitatives Wachstum der Bedürfnisse bei begrenzten Ressourcen führte in Platons Welt zu verheerenden Kriegen. In der modernen Welt hingegen werden die Möglichkeiten zur Bedürfnisbefriedigung und zur Verbesserung der Lage der Menschheit unablässig gesteigert, indem sich der technische Fortschritt verstetigt und Produktion, Verkehr und Kommunikation ständig revolutioniert werden: Kapitalismus ist, was das Güterangebot und seine technischen Grundlagen angeht, für Marx und Engels die Verwirklichung einer Utopie, wie sie in Zeiten des Mangels und der Armut die Sehnsucht einer ganzen Gesellschaft ausdrücken mochte. Es sind »Wunderwerke«, die der Kapitalismus hervorbringt, und zwar auf dem ganzen Globus. Erst diese Wirtschaftsweise macht aus vielen Menschen und Kulturen *eine* Menschheit, verbunden durch das Band des *Welthandels*. Damit sind Produktionsweisen und Konsummuster nicht mehr auf bestimmte Räume und Kulturen begrenzt, sondern breiten sich über die ganze Erde aus. So gesehen ist der Kapitalismus das Versprechen, dass alle Menschen in einer Weltgesellschaft zusammenleben und dass die materiellen Probleme der Menschheit gelöst werden könnten.

Jedoch kann der Kapitalismus dieses Versprechen nicht erfüllen, und daher ist der Preis, den die Menschheit für seine Entwicklung zu zahlen hat, für Marx und Engels *zu hoch*. Kapitalismus ist nicht nur temporär, sondern wesenhaft dynamisch, er muss, wie die Autoren annehmen, *die Produktionsverhältnisse, also sämtliche gesellschaftlichen Verhältnisse fortwährend* [...] *revolutionieren*. Kapitalismus ist also *permanente Revolution*. Das bedeutet, wie es in dem eben zitierten Textausschnitt heißt, die *ununterbrochene Erschütterung aller gesellschaftlichen Zustände, die ewige Unsicherheit und Bewegung*. Immer neue und immer mehr Güter, damit auch neue Bedürfnisse und neue Versprechen von Befriedigung, das ist im Kapitalismus nicht zu haben ohne ein Lebensgefühl, das nicht aus der Furchtsamkeit oder Charakterschwäche einzelner Menschen ent-

[423] *Manifest* 465–467.

springt, sondern aus dem Wirtschaftssystem selbst: das Lebensgefühl der Bodenlosigkeit. Wen die *ewige Unsicherheit* umtreibt, der wird, auch in Abwesenheit von Krieg und manifester Gewalt, kaum fähig sein, äußere Stabilität und innere Festigkeit zu gewinnen. Woher aber kommt diese Unsicherheit?

Schöpferische Zerstörung – Exkurs zu Schumpeter

Was Marx und Engels *ewige Unsicherheit* nennen, hat seinen Kern in der Tatsache, dass der Kapitalismus mehr Sicherheit verspricht als jede Epoche zuvor, dass es aber in seinem Wesen liegt, alles, was sicher scheint, zu vernichten. Dazu lassen wir einen Autor zu Wort kommen, der für die Dynamik des Kapitalismus den Begriff *schöpferische Zerstörung* geprägt hat, Josef Schumpeter. Dem Marxismus fernstehend, hat Schumpeter sich doch entscheidend von Marx anregen lassen.

»Der Kapitalismus ist also von Natur aus eine Form oder Methode der ökonomischen Veränderung und *ist* nicht nur nie stationär, sondern *kann* es auch nicht sein. [...] Der fundamentale Antrieb, der die kapitalistische Maschine in Bewegung setzt, kommt von den neuen Konsumgütern, den neuen Produktions- oder Transportmethoden, den neuen Märkten, den neuen Formen der industriellen Organisation, welche die kapitalistische Unternehmung schafft.« Es ist der »Prozess der industriellen Mutation – wenn ich diesen biologischen Ausdruck verwenden darf –, der unaufhörlich die Wirtschaftsstruktur von innen heraus revolutioniert, unaufhörlich die alte Struktur zerstört und unaufhörlich eine neue schafft. Dieser Prozess der ›schöpferischen Zerstörung‹ ist das für den Kapitalismus wesentliche Faktum. [...] Jedes Teilstück der Wirtschaftsstrategie erhält seine wahre Bedeutung nur gegen den Hintergrund dieses Prozesses und innerhalb der durch ihn geschaffenen gesellschaftlichen Situation. Es muss in seiner Rolle im ewigen Sturm der schöpferischen Zerstörung gesehen werden; es kann nicht davon unabhängig verstanden werden. [...] In der kapitalistischen Wirtschaft zählt [...] die Konkurrenz der neuen Ware, der neuen Technik, der neuen Versorgungsquelle, des neuen Organisationstyps – jene Konkurrenz, die über einen entscheidenden Kosten- oder Qualitätsvorteil gebietet und die bestehende Firma nicht an den Profit- und Produktionsgrenzen, sondern in ihren Grundlagen, ihrem eigentlichen Lebensmark trifft. [...] Es ist kaum nötig zu erwähnen, dass die Konkurrenz von der Art, wie wir sie nun im Sinn haben, nicht nur wirkt, wenn sie tatsächlich vorhanden, sondern auch wenn sie nur eine allgegenwärtige Drohung ist. Sie nimmt in Zucht, bevor sie angreift.«[424]

Deutlicher als Marx und Engels arbeitet Schumpeter heraus, dass die Logik des Wettbewerbs für alle, die daran teilhaben, Unsicherheit produziert, denn zu ihr gehört, dass die *allgegenwärtige Drohung* unterzugehen auf jeden Anbieter auf dem Markt einwirkt. Schöpferisch ist der Kapitalismus mit den Produkten, die er in stets neuen Gestalten in die Welt stellt, wie mit den Bedürfnissen, die stets neue Nachfrage stimulieren. Aber die Schöpfung kann nicht ohne Zerstörung abgehen. Der Ruin und die Verwüstung des Alten einschließlich aller der Menschen, die wirtschaftlich, emotional oder geistig an ihm hängen, ist der Preis für den Triumph des angeblich besseren Neuen.[425]

Krisen

Abgesehen von der stets präsenten schöpferischen Zerstörung gibt es immer wieder Phasen, in denen die Entwicklung des Kapitalismus anarchische oder chaotische Züge annimmt: Die Zeiten der Krise. Im Kommunistischen Manifest heißt es dazu:

»Die bürgerlichen Produktions- und Verkehrsverhältnisse, die bürgerlichen Eigentumsverhältnisse, die moderne bürgerliche Gesellschaft, die so gewaltige Produktions- und Verkehrsmittel hervorgezaubert hat, gleicht dem Hexenmeister, der die unterirdischen Gewalten nicht mehr zu beherrschen vermag, die er heraufbeschwor. […] Es genügt, die Handelskrisen zu nennen, welche in ihrer periodischen Wiederkehr immer drohender die Existenz der ganzen bürgerlichen Gesellschaft in Frage stellen. In den Handelskrisen wird ein großer Teil nicht nur der erzeugten Produkte, sondern der bereits geschaffenen Produktivkräfte regelmäßig vernichtet. In den Krisen bricht eine gesellschaftliche Epidemie aus, welche allen früheren Epo-

---

[424] Schumpeter (1950: 134–142).

[425] Schumpeter hielt es letztlich für gut, wenn die Menschheit diesen Preis auf sich nehmen würde: Dem Kapitalismus gelingt es aus dem ewigen Wechsel von Untergang und Neu-Schöpfung, der zur unvermeidlichen Conditio humana gehört, einen permanenten Stimulus für Kreativität zu formen, der zu technischem Fortschritt und ständig verbesserter Güterausstattung führt.

chen als ein Widersinn erschienen wäre – die Epidemie der Überproduktion. Die Gesellschaft findet sich plötzlich in einen Zustand momentaner Barbarei zurückversetzt; eine Hungersnot, ein allgemeiner Vernichtungskrieg scheinen ihr alle Lebensmittel abgeschnitten zu haben; die Industrie, der Handel scheinen vernichtet, und warum? Weil sie zuviel Zivilisation, zuviel Lebensmittel, zuviel Industrie, zuviel Handel besitzt.«[426]

Diese Darstellung der Krise hebt ihre Absurdität hervor: Mittel zur Bedürfnisbefriedigung sind im Übermaß da, doch kaum jemand kann sie zur Befriedigung seiner Bedürfnisse verwenden; der allgemeine Wohlstand bricht zusammen, nicht weil sich allgemeiner Mangel bemerkbar macht, sondern im Gegenteil, weil es Überfluss gibt. Das ist wohl *eine gesellschaftliche Epidemie, welche allen früheren Epochen als ein Widersinn erschienen wäre*.

Die Krise gehört strukturell zum Kapitalismus. Für sich genommen, ist sie ein Malum, das im System durchaus als ein solches wahrgenommen wird: Man möchte es gerne vermeiden. Aber Krisen gehören zur Eigendynamik des Systems, es kann sich, wie Marx und Engels annehmen, nicht ohne ihr periodisches Auftreten entwickeln. Daraus folgt für diese Autoren im Übrigen, dass man denjenigen, die Krisen durch spekulative oder gar betrügerische Transaktionen heraufbeschwören, ebenso wie denjenigen, die Krisen für spekulative Geschäfte nutzen, kaum moralische Vorwürfe machen kann: das System ist so angelegt, dass es in ihm solche Leute geben muss und geben wird. Die Empörung über Anleger, Banker und Manager, die in rücksichtsloser Gier auf Kosten vieler anderer ihre Geschäfte durchziehen und damit Finanzkrisen auslösen, die ganze Staaten in den Abgrund zu reißen drohen, hätten Marx und Engels nicht geteilt: Diese Menschen verhalten sich ganz als normale Exponenten der Bourgeoisie, als Homines oeconomici unter etwas ungewöhnlichen, aber doch periodisch wiederkehrenden Marktbedingungen.

Marx und Engels haben Krisen als sicheres Indiz für das bald zu erwartende Scheitern des gesamten Systems interpretiert. An derartigen *Widersprüchen*, meinen sie, würde der Kapitalismus zugrundegehen und Raum geben für ein neues, besseres System, auf das die Kommunisten bereits hinarbeiten. Die Krisen, aus Sicht liberaler Ökonomen ein wirkliches Malum, sind aus der Sicht des *Kommunistischen Manifests* in einer langfristigen Perspektive gut, weil sie

---

[426] *Manifest* 467 f.

nicht, wie alle sonstigen technischen und organisatorischen Umwälzungen, in das System integriert werden können, sondern zu Revolutionen beitragen, die dieses System selbst als Ganzes auflösen.[427]

Die Grundlagen der menschlichen Beziehungen: Egoistische Berechnung, nacktes Interesse, reines Geldverhältnis

Das Grundübel des kapitalistischen Systems ist für Marx und Engels nicht die Instabilität und Unsicherheit der Verhältnisse, sondern die Gestalt, die es menschlichen Beziehungen aufprägt: Es sind asymmetrische Herrschafts- und Ausbeutungsverhältnisse, in denen die schwächere Seite tendenziell recht- und würdelos erscheint. Dieses Malum bestand, wie die Autoren meinen, zwar auch in anderen Gesellschaftsordnungen, aber nur in verhüllter Form. Es ist für sie sogar positiv einzuschätzen, wenn das zuvor verschleierte Übel im Kapitalismus offen sichtbar und damit ansprechbar und kritisierbar wird. Kapitalismus bedeutet, darin sind sich Marx und Engels mit der heutigen Standardökonomik einig, die Vorherrschaft des Homo oeconomicus.[428] Anders als die Standardökonomik allerdings thematisieren sie vor allem die defekten Beziehungsmuster, die notwendig zu seiner Welt gehören:

»Die Bourgeoisie, wo sie zur Herrschaft gekommen, hat alle feudalen, patriarchalischen, idyllischen Verhältnisse zerstört. Sie hat die buntscheckigen Feudalbande, die den Menschen an seinen natürlichen Vorgesetzten knüpften, unbarmherzig zerrissen und kein anderes Band zwischen Mensch und Mensch übriggelassen, als das nackte Interesse, als die gefühllose ›bare Zahlung‹. Sie hat die heiligen Schauer der frommen Schwärmerei, der ritterlichen Begeisterung, der spießbürgerlichen Wehmut in dem eiskalten Wasser egoistischer Berechnung ertränkt. Sie hat die persönliche Würde in den Tauschwert aufgelöst und an die Stelle der zahllosen verbrieften und wohlerworbenen Freiheiten die *eine* gewissenlose Handelsfreiheit gesetzt.

---

[427] Dass Krisen in marktwirtschaftlichen Systemen aus historischer Sicht unvermeidlich sind, zeigt das Standardwerk von Kindleberger (1978). Zahlreiche theoretische Analysen der Konjunkturtheorie kommen zu ähnlichen Schlussfolgerungen (vgl. Harrod 1939, Samuelson 1939, Hicks 1950).

[428] Der Begriff *Homo oeconomicus* findet sich im Werk von Marx und Engels nicht. Jedoch entwickeln sie präzise Vorstellungen über diejenigen Dispositionen, die die Standardökonomik dem Homo oeconomicus zuschreibt.

Sie hat, mit einem Wort, an die Stelle der mit religiösen und politischen Illusionen verhüllten Ausbeutung die offene, unverschämte, direkte, dürre Ausbeutung gesetzt. Die Bourgeoisie hat alle bisher ehrwürdigen und mit frommer Scheu betrachteten Tätigkeiten ihres Heiligenscheins entkleidet. Sie hat den Arzt, den Juristen, den Pfaffen, den Poeten, den Mann der Wissenschaft in ihre bezahlten Lohnarbeiter verwandelt. Die Bourgeoisie hat dem Familienverhältnis seinen rührend-sentimentalen Schleier abgerissen und es auf ein reines Geldverhältnis zurückgeführt.«[429]

Unschwer lassen sich hier Züge des Homo oeconomicus wiedererkennen, allerdings in einer für liberale Ökonomen befremdlichen Phrasierung. Auch wenn, wie Marx und Engels unterstellen, menschliche Beziehungen zu allen Zeiten asymmetrisch waren, so dass eine Seite die andere immer tendenziell ausgebeutet hat, geschieht in der modernen Marktwirtschaft etwas grundsätzlich Neues. Der Anschein von Menschlichkeit, Natürlichkeit, von Achtung der Würde der Person, den es in *feudalen, patriarchalischen, idyllischen Verhältnissen* gegeben haben mag, ist für die Autoren eine Illusion gewesen, aber er könnte doch auch als ein Verweis auf künftige Beziehungsmuster aufgefasst werden, die von wechselseitiger Achtung, Natürlichkeit und wirklicher Mitmenschlichkeit geprägt sein könnten. Statt diese aus vormodernen Zeiten überkommene Verheißung zu erfüllen, ist es dem Kapitalismus vorbehalten, Beziehungen so zu formen, dass aus ihnen noch der Anschein von Menschlichkeit verschwindet, so dass alle Zuwendung zwischen Menschen einzig durch das nackte Interesse motiviert wird.

Dass ein solches System *Würde* strukturell ausschließt, zeigt sich, wenn man sich Immanuel Kants Begriff der Würde, wie er auch Marx und Engels vor Augen stand, vergegenwärtigt. *Würde* kommt nach Kant nur dem zu, was keinen Tauschwert hat, was nicht in wirtschaftlichen Kategorien verrechnet werden kann: »Im Reich der Zwecke hat alles entweder einen *Preis*, oder eine *Würde*. Was einen Preis hat, an dessen Stelle kann auch etwas anderes, als *Äquivalent*, gesetzt werden; was dagegen über allen Preis erhaben ist, mithin kein Äquivalent verstattet, das hat eine Würde.« Dem, was einen Preis hat, schreiben wir einen »bloß relativen Wert« zu, in dem aber, was eine Würde hat, erkennen wir einen »inneren Wert«[430].

---

[429] *Manifest* 464 f.

[430] Kant (1974 a: S. 68; GMS II. Abschnitt, BA 77).

Im Kapitalismus aber wird laut Marx und Engels *die persönliche Würde in den Tauschwert aufgelöst.* Das bedeutet: Die illusionäre Würde, die das Rollenverständnis vormoderner traditionaler Lebensformen implizierte, wird durch den Tauschwert ersetzt, der allein in der Welt der Wirtschaft Geltung beansprucht. Jeder ist in dieser Welt durch ein *Äquivalent* austauschbar, jeder kann durch einen anderen ersetzt werden, der seine Funktion erfüllt. Menschen sind füreinander Instrumente, nützliche Werkzeuge – oder aber sie sind einander gleichgültig. Die Gleichheit der menschlichen Fähigkeiten, die bei Adam Smith die Hoffnung aufdämmern ließ, der Lastenträger könne, unter geeigneten Umständen, durchaus die Weisheit des Philosophen ausbilden, erscheint hier in einer Karikatur: Selbst der *Mann der Wissenschaft* ist in der Wirtschaftsgesellschaft des Kapitalismus nichts anderes als ein Lastenträger, denn wie dieser ist er, so das *Kommunistische Manifest,* nur *bezahlter Lohnarbeiter.* Die *commercial society,* das System der natürlichen Freiheit, das Smith anpries, erweist sich in dieser Sicht als Ordnung einer Welt, in der alle Beziehungen der Menschen untereinander auf *Berechnung* beruhen. Dabei rechnet jeder für sich; nur das Interesse, den anderen für seine Privatzwecke zu gebrauchen, haben alle gemeinsam.

Dass die Menschen füreinander Personen sind, die sich in ihrer Würde wahrnehmen und achten, das, so die Autoren, war eine Illusion, die die vormodernen *feudalen, patriarchalischen, idyllischen Verhältnisse* zumindest im Rückblick verklärt. Statt dass die Menschen in einer besseren Welt als der vormodernen füreinander in Wirklichkeit Personen werden, löscht der Kapitalismus sogar die Illusion der Personalität aus: »Alles Ständische und Stehende verdampft, alles Heilige wird entweiht, und die Menschen sind endlich gezwungen, ihre Lebensstellung, ihre gegenseitigen Beziehungen mit nüchternen Augen anzusehen.«[431] Tun sie das, bleibt statt der Würde des Menschen nur das *reine Geldverhältnis.*

Man muss die hier zitierten Passagen aus dem *Kommunistischen Manifest* ihrer Rhetorik entkleiden, um auf ihren analytischen Kern zu stoßen. Wie immer es mit der Beschreibung vormoderner Verhältnisse stehen mag (sie lässt wenig Sinn für die Eigenheiten einer ständischen Ordnung mit der Vielfalt ihrer Rollen, der Feinheit ihrer sorgfältig abgestuften Beziehungsmuster, dem Zwang ihrer Konventionen, der Starrheit ihrer Vorurteile und den gelegentlich erstaun-

---

[431] *Manifest* 465.

lichen Möglichkeiten von Freiheit und Offenheit erkennen), die Darstellung der Beziehungen im Kapitalismus stellt gewiss eine der eindringlichsten Anfragen dar, mit denen dieses System konfrontiert wird.

Aus dieser Analyse wird die Stellung verständlich, die Marx und Engels der Klasse der Arbeiter, dem *Proletariat*, zusprechen. *Alle Beziehungen im Kapitalismus sind instrumentell,* denn jeder Homo oeconomicus sieht in jedem anderen nichts als ein Instrument für die eigenen Interessen. Dabei entsteht innerhalb der kapitalistischen Gesellschaft allerdings, gleichsam von selber, eine Scheidung: Die Scheidelinie verläuft zwischen solchen Menschen, die mannigfache Möglichkeiten besitzen, andere *aktiv zu instrumentalisieren* – das sind die Vertreter der Bourgeoisie, die Kapitalisten –, und solchen, die fast vollständig *instrumentalisiert werden* –, das sind die Proletarier. Ihre Besonderheit besteht darin, dass sie auf das Instrument-Sein reduziert sind, während ihnen die Möglichkeit, andere zu instrumentalisieren, genommen ist, soweit sie sich nicht in der Rohheit und Stumpfheit ihres Familien- und Privatlebens Raum schafft. Aber dass menschliche Beziehungen rein instrumenteller Natur sind, diese Vorstellung *eint* Kapitalisten und Arbeiter und durchsetzt alle ihre Beziehungen.

Wir finden also im Kapitalismus, Marx und Engels zufolge, zwei fundamentale Beziehungsmuster, die einander überlagern. Das eine besteht darin, dass jeder jeden instrumentalisiert – das Muster der Marktbeziehungen. Das andere besteht darin, dass die einen, die Kapitalisten, die anderen, die Arbeiter, instrumentalisieren. Das wird manifest in den Stätten der Produktion.

Die Analyse der menschlichen Beziehungen im »Kapital«

Arbeitsprodukt, Lebenswelt und Ware

Was Marx zur Problemstellung des Malum oeconomicum beizutragen hat, ist der Sache nach bereits im *Kommunistischen Manifest* exponiert: entscheidend ist der Aspekt der menschlichen Beziehungsmuster. Was das Spätwerk, das *Kapital*, zum Verständnis dieses Malum hinzufügt, ist eine ökonomische Fundierung, die gegenüber dem *Manifest* neue Akzente setzt. Hieß es dort, die Menschen seien im Kapitalismus »endlich gezwungen, ihre Lebensstellung, ihre gegenseitigen Beziehungen mit nüchternen Augen anzusehen«[432], so hebt das *Kapital* hervor, dass auch diese Nüchternheit ein Moment des »Scheins« enthält.

Ausgangspunkt der Darstellung von Marx ist eine Sichtweise, die bereits durch Adam Smith vorbereitet wurde. Für Smith ist Arbeit ein gesellschaftlicher Prozess, dessen Resultat ein, wie Smith formuliert, *gemeinschaftlicher Fonds* ist, in den die Leistungen aller eingehen. Die Teilhabe an diesem Fonds wird in einer *commercial society* durch den Markt, durch den Kauf und Verkauf von Gütern und Leistungen, geregelt. Smith sieht darin kein Problem, wohl aber Marx. Das System des Wettbewerbs, der vom Privatinteresse individueller Akteure geprägt ist, verhüllt das gemeinschaftliche Wesen ihrer Arbeit: Die Menschen erkennen nicht, dass ihre Produktivität nicht jeweils eigene Leistung des Einzelnen ist, sondern auf der ungeheuren Kooperationsleistung aller beruht. Da diese Kooperation nicht wahrgenommen wird, »[…] nimmt diese Arbeit, die in Wahrheit gesellschaftliche Arbeit ist, den falschen Schein an, individuelle Privatarbeit zu sein. Doch dieser Schein ist nicht einfach eine falsche Ansicht von einer Sache, die wir haben können oder nicht, sondern er erzeugt sich notwendig durch den Austausch von Waren selbst, er ist ein *realer Schein.*«[433]

Der Schein geht aus einer durch den Warentausch verzerrten und reduzierten Wahrnehmung und Selbstwahrnehmung hervor, deren Entstehung Marx in den ersten Kapiteln des *Kapital* nachzeichnet. Die Verzerrung beginnt, wo Arbeitsprodukte als Waren getauscht werden, ihr letztes und auffälligstes Resultat ist, dass produktive menschliche Lebensenergie und Lebenskraft als die *Ware Arbeitskraft* auf Märkten angeboten wird.

Die eigentlichen Elemente des Marktsystems sind für Marx nicht Menschen, wie die Standard-Ökonomie bis heute annimmt, sondern Waren. In den elementaren Marktmodellen der Wirtschaftswissenschaften spricht man in der Tat noch heute zunächst von Gütermengen, Preisen und ihren Veränderungen – Menschen kommen erst später als Triebkräfte für diese Größen in Betracht. Aber bereits darin, dass das Marktsystem sich auf den ersten Blick in dinglichen, nicht aber in menschlichen Bewegungen darstellt, liegt für Marx eine *Wahrnehmungsstörung*. Von der menschlichen Lebendigkeit, die wie

---

[432] *Manifest* 465.
[433] Petersen/Faber (2015: 77).

durch kommunizierende Röhren mit dem *Fonds* der gemeinschaftlichen, allen dienlichen Arbeit aller verbunden ist, wird abstrahiert. Abstrahiert wird ebenso davon, dass es der eigentliche Sinn eines hergestellten Dinges ist, in konkreten Gebrauchszusammenhängen Bedürfnisse zu befriedigen und *menschliches* Leben zu befördern. Wenn ein Ding als Ware getauscht wird, erscheint es für einen individuellen Warenbesitzer nur als reine Potenz, andere Dinge zu erwerben. Die Ware wird »ein Ding, worin Wert erscheint, welches in seiner handgreiflichen Naturalform Wert darstellt.«[434] Was einen Gegenstand zur Ware macht, ist also sein *Wert*[435], wie er im Austausch realisiert wird. Einen Wert aber hat ein solches Ding nie an sich selbst, sondern nur in Beziehung auf einen Gegenwert, genauer gesagt, sein Wert stellt sich immer in Quantitäten anderer Dinge dar. Der Markt ist gleichsam ein selbständiger, von anderen Lebenswelten abgehobener Lebenszusammenhang, dessen Elemente Waren sind, die miteinander in der, wie Marx sagt, *Warensprache* kommunizieren, einer Sprache, in der jedes Ding seinen eigenen Wert dadurch *erfährt*, dass er sich in Mengeneinheiten aller anderen Dinge darstellen lässt. In dieser Sprache ist von der Arbeit und von der Lebensenergie, die dieses Ding hervorbrachte, nicht mehr die Rede. Der Wert ist, wie Marx hervorhebt, nicht etwas Natürliches, sondern »etwas rein Gesellschaftliches«[436]: Nur wo in einer Gesellschaft Märkte aufkommen, können Dinge zu Waren werden. »Wert [ist] eine dialektische Kategorie: er ist der Ausdruck eines spezifischen gesellschaftlichen Verhältnisses, das er zugleich verhüllt, denn der Wert lässt ein reales Abhängigkeitsverhältnis zwischen Menschen als eine gesellschaftliche Beziehung zwischen Sachen erscheinen, worin die Menschen sich als voneinander unabhängige Produzenten gegenüberstehen.«[437] Da, wo Dinge als Waren einen Wert haben und zu bestimmten Preisen veräußert werden, da wird ihre Herkunft, ihre Geschichte, ihr Sinn und ihre Bedeutung ausgeblendet.

---

[434] Marx, *Das Kapital I* (Marx 1867/1972: 66), im Folgenden abgekürzt: *Kapital*.
[435] Im Folgenden übergehen wir die Differenz zwischen *Wert* und *Preis*, obwohl sie für Marx wesentlich ist, insbesondere für die Formulierung seiner Arbeitswertlehre. Im Rahmen der hier gegebenen Darstellung könnte man da, wo wir, Marx gemäß, vom Wert sprechen, auch den Begriff Preis verwenden. Zum sogenannten *Transformationsproblem* bei Marx, der Überführung von Werten in Preise, vgl. Petersen/Faber (2015).
[436] *Kapital* 71.
[437] Petersen/Faber (2015: 69).

Über Marx hinausgehend ist aus heutiger Sicht zu sagen: Waren sind nicht nur, wie Marx hier betont, Resultate der Verausgabung menschlicher Arbeitskraft, sondern in ihnen sind auch Rohstoffe aus der Natur enthalten, denn jedes normale Arbeitsprodukt ist, wie an anderer Stelle im Kapital betont wird, Ergebnis des immerwährenden *Stoffwechsels zwischen Mensch und Natur*[438]. Natur und Arbeit sind die Quellen, aus denen die Dinge entspringen, die als Waren erscheinen, aber im Markttausch werden diese Quellen nicht mehr wahrgenommen. Alle Probleme, die mit dieser Herkunft verbunden sein können, das Leid der Arbeitenden, Ressourcenverschwendung und Naturzerstörung sowie die Gefährdung der Lebensgrundlagen kommender Menschen – all das wird im Markt in Vergessenheit gebracht, und zwar, wie Marx meint, systematisch.

Im Übergang vom Produkt konkreter Arbeit zu einem Wertding in Marktzusammenhängen, das seinen Preis hat, überquert der Gegenstand, der den Titel *Ware* trägt, gleichsam einen Abgrund. Auf dessen einer Seite sind konkrete Lebenswelten, in denen arbeitende Menschen miteinander kooperieren, um nützliche Produkte herzustellen, auf der anderen Seite tut sich der große Raum eines gemeinsamen Tauschmarktes auf, worin die Menschen sich statt in einem überschaubaren Nahbereich »in einer Gesellschaft [begegnen], worin die Warenform die allgemeine Form des Arbeitsproduktes, also auch das Verhältnis der Menschen zueinander als Warenbesitzer das herrschende gesellschaftliche Verhältnis ist«[439]. Auf dem Markt verlieren die Menschen nahezu allen Sinn für ihre Gemeinschaftlichkeit. »Die Personen existieren hier nur füreinander als Repräsentanten von Ware und daher als Warenbesitzer«, derart, »dass die ökonomischen Charaktermasken der Personen nur die Personifikation der ökonomischen Verhältnisse sind, als deren Träger sie sich gegenübertreten«.[440] Zu diesen Verhältnissen gehört insbesondere das *Privateigentum* an den zu tauschenden Waren. Privateigentum aber impliziert, dass das Gesamtprodukt einer Gesellschaft als bloße Ansammlung der unzähligen Produkte jeweils privater Arbeit erscheint, ebenso wie es impliziert, dass die Privateigentümer sich einander auf dem Markt in

[438] Vgl. *Kapital* 192: »Die Arbeit ist zunächst ein Prozeß zwischen Mensch und Natur, ein Prozeß, worin der Mensch seinen Stoffwechsel mit der Natur durch seine eigne Tat vermittelt, regelt und kontrolliert.«

[439] *Kapital* 74.

[440] *Kapital* 99 f.

einem »Verhältnis wechselseitiger Fremdheit« als »voneinander unabhängige Personen« gegenübertreten.[441] Der Markt bewirkt also, dass sich Menschen in ihrer Wahrnehmung auf das reduzieren, was der jeweils andere hat und was sie selbst zu erlangen trachten. Nicht auf dem Sein, sondern auf dem Haben beruht die Bedeutung, die Menschen füreinander annehmen.

Schatzbildung und Kapitalvermehrung

Das Verhältnis der Menschen auf den Märkten offenbart seine Eigendynamik, wenn wir darin die Größen *Geld* und *Kapital* einzeichnen. Um Marx' Gedanken zu verstehen, sollten wir zunächst bedenken, dass er extreme *Idealisierungen* bzw. *Vereinfachungen* vornimmt (darin nicht grundsätzlich anders vorgehend als die moderne Standardökonomie), um zu einer Art Grundmodell einer Marktwirtschaft zu gelangen. Wir hatten bisher eine Elementarversion eines solchen Grundmodells vor uns: den *Naturaltausch* ohne Geld. Dabei finden wir auf Märkten private Warenbesitzer, die eine bestimmte Menge der in ihrem Besitz befindlichen Waren tauschen gegen jeweils bestimmte Mengen anderer Waren. Wird Geld eingeführt, so erleichtert dies den Tausch erheblich. Aber durch den Gebrauch des Geldes ergeben sich Lebensorientierungen, die sich vom konkreten Tauschakt ablösen und verselbständigen. Sie treten auf bei den Phänomen *Schatzbildung* und *Kapitalbildung*.

Sowohl zu den vormodernen als den modernen Wirtschaftsformen gehört der Typus des Schatzbildners, ausschließlich zur kapitalistischen Wirtschaft aber der des Kapitalisten. Betrachten wir zunächst die Schatzbildung: »Ware wird verkauft, nicht um Ware zu kaufen, sondern um die Warenform durch Geldform zu ersetzen.«[442] Damit wird der Erwerb und Besitz von Geld zum »Selbstzweck«[443]. »Der Trieb der Schatzbildung ist von Natur maßlos. Qualitativ oder seiner Form nach ist das Geld schrankenlos […] Aber zugleich ist jede wirkliche Geldsumme quantitativ beschränkt, daher auch nur Kaufmittel von beschränkter Wirkung. Dieser Widerspruch zwischen der quantitativen Schranke und der qualitativen Schrankenlosigkeit treibt

441 *Kapital* 102.
442 *Kapital* 144.
443 Ibd.

den Schatzbildner stets zurück zur Sisyphusarbeit der Akkumulation.«[444] Wer vom Trieb zur Schatzbildung beherrscht wird, führt ein paradoxes Leben: Stets motiviert durch das Ziel, die *Mittel potenzieller Bedürfnisbefriedigung* zu vermehren, verzichtet er nach Möglichkeit auf die *aktuelle Befriedigung*, um diese Mittel ja nicht zu mindern. Er »opfert daher dem Goldfetisch seine Fleischeslust. [...] Arbeitsamkeit, Sparsamkeit und Geiz bilden daher seine Kardinaltugenden, viel zu verkaufen, wenig kaufen die Summe seiner politischen Ökonomie.«[445] Die Schrankenlosigkeit des Schatzbildners ist auch das Lebensprinzip des Kapitalisten. Gleichwohl fängt er es ganz anders an als jener.

Der Schatzbildner repräsentiert eine Lebensform, wie sie prinzipiell in jeder warentauschenden Wirtschaft, sofern sie zugleich Geldwirtschaft ist, auftritt, er ist keineswegs typisch für den Kapitalismus, im Gegenteil: Wenngleich der Kapitalist mit dem Schatzbildner die Gier nach schrankenloser Vermehrung seiner Habe gemeinsam hat, ist, so Marx, sein Vorgehen doch ein völlig anderes: Der Schatzbildner versucht sein Geld durch Festhalten und Raffen zu vermehren, der Kapitalist, indem er es immer wieder aus der Hand gibt. Der Unterschied lässt sich deutlich machen an zwei Grundfiguren des Tausches, die Marx darstellt: (i) Ware – Geld – Ware und (ii) Geld – Ware – Geld.

In einer »normalen« (idealisierten) Marktwirtschaft lässt sich die Struktur aller Tauschakte darstellen in der Formel: Ware – Geld – Ware (W – G – W). Der Tausch dient dem Konsum aller Beteiligten. Die getauschten Dinge kommen aus der Lebenswelt der einen, durchlaufen den Tauschprozess und verschwinden in den Lebenswelten der anderen Menschen. Auch der Schatzbildner lässt sich in diese Figur einzeichnen: als jemand, der zwar gerne die Bewegung von W nach G, die Umwandlung von Ware in Geld, höchst ungerne aber die Bewegung von G nach W, die der Rückverwandlung von Geld in Ware, vollzieht. *Arbeitsamkeit* ermöglicht ihm idealerweise die häufige Durchführung der ersten, *Geiz* und *Sparsamkeit* den Aufschub und die Reduzierung der zweiten Bewegung; er ist das Extrem eines Konsumenten, der um der Steigerung der Konsum*möglichkeiten* willen nach Kräften auf die Realisierung des Konsums verzichtet.

Der Kapitalist handelt ganz anders. Er schickt sein Geld immer

---

[444] *Kapital* 147.
[445] Ibd.

wieder erneut auf die Reise, in einer Weise, der die Formel Geld – Ware – Geld (G – W – G), die *Kapitalformel,* entspricht. In dieser Formel, und nur in dieser, wird Geld zu Kapital. Die Anschubbewegung der Kapitalbildung ist das, was der Schatzbildner ängstlich zu vermeiden sucht, die Rückverwandlung von Geld in Ware. Ihr Ziel aber ist eine Vermehrung – von *Kapital.* Entscheidend ist nun einerseits, dass, was in der Kapitalformel am Eingang steht, qualitativ stets dasselbe ist wie das, was herauskommt: Geld. Andererseits ist Geld nicht gleich Geld, denn die Formel erhält ihren Sinn dadurch, dass am Ende mehr Geld da ist als am Anfang: »Der ursprünglich vorgeschoßne Wert […] verändert seine Wertgröße, setzt einen Mehrwert zu oder verwertet sich. Und diese Bewegung verwandelt ihn in Kapital.«[446] Aus dem ursprünglichen *Wert* geht ein *Mehrwert* hervor, so dass der Sinn von G – W – G durch die Formel G – W – G′ ausgedrückt wird, mit G′ > G.

Kapital, wie Marx es versteht, ist weder einfach Geld noch ist es einfach Ware. Es ist vielmehr beides, eingefasst in eine Bewegung, die Marx als *Verwertung des Wertes* bezeichnet. Genauer gesagt, die *Existenzweise des Kapitals ist diese Bewegung,* andernfalls wäre es *tot.* Diese Bewegung ist deswegen im Prinzip *endlos* und *maßlos.*[447] Insbesondere existiert diese Bewegung um ihrer selbst willen, sie ist, wie bereits gesagt wurde, *Selbstzweck.* Hören wir dazu Marx selbst:

»Fixiert man die besonderen Erscheinungsformen, welche der sich verwertende Wert im Kreislauf seines Lebens abwechselnd annimmt, so erhält man die Erklärungen: Kapital ist Geld, Kapital ist Ware. In der Tat aber wird der Wert hier das Subjekt eines Prozesses, worin er unter dem beständigen Wechsel der Formen von Geld und Ware seine Größe selbst verändert, sich als Mehrwert von sich selbst als ursprünglichem Wert abstößt, sich selbst verwertet. Denn die Bewegung, worin er Mehrwert zusetzt, ist seine eigene Bewegung, seine Verwertung Selbstverwertung.«[448]

Die besondere Rolle des Geldes in diesem Prozess besteht darin, dass es unmittelbar, auch für den Alltagsverstand, als die eigentliche Form des Wertes erkennbar ist. Aber anders als in der Schatzbildung wird bei der Kapitalbildung nicht am Geld, das man hat, festgehalten, sondern es muss immer wieder verflüssigt werden, indem es in die

---

446 *Kapital* 167.

447 Vgl. *Kapital* 166 f.

448 *Kapital* 169.

Form der Ware übergeht. Der Wert »geht beständig aus der einen Form in die andere über, ohne sich in dieser Bewegung zu verlieren, und verwandelt sich so in ein *automatisches Subjekt*.«[449] »Der Wert wird also prozessierender Wert, prozessierendes Geld, und als solches Kapital.«[450]

Das Kapital und die Person des Kapitalbesitzers

Wir sahen bei der Untersuchung der Ware, dass die Bewegungen eines Tauschmarktes von Marx so beschrieben werden, als seien die Waren, d.h. die Dinge, ihre eigentliche Bewegungsenergie. Die Menschen treten in dieser Beschreibung erst in zweiter Linie in Erscheinung, als diejenigen, die ihre Selbstdefinition und ihr Selbstverständnis aus der Warenwelt beziehen: Sie begegnen einander als Waren*besitzer*. Angesichts der Untersuchung des Kapitals geht die Beschreibung Marx' einen ähnlichen Weg. Es ist die Bewegung des sich verwertenden Wertes, die die Dynamik des Kapitals ausmacht. Mit dem Ausdruck *automatisches Subjekt* will Marx sagen, dass als die letzten Urheber der Bewegungen der Wirtschaft im Marktsystem nicht die Menschen erscheinen, sondern der *Wert*, der in der Bewegung der Verwertung Kapital ist. Während sich auf den Warenmärkten die Warenbesitzer gleichsam als *Personifikationen ihrer Waren* begegnen, erscheinen die Menschen überall da, wo sie Kapital einsetzen, als *Personifikationen des Kapitals*. Wenn also die Bewegungen der Wirtschaft ihrem Wesen nach Bewegungen des Kapitals sind, definieren sich die Menschen durch die Teilhabe an dieser Bewegung: »Als bewusster Träger dieser Bewegung wird der Geldbesitzer Kapitalist. Seine Person, oder vielmehr seine Tasche, ist der Ausgangspunkt und der Rückkehrpunkt des Geldes. Der objektive Inhalt jener Zirkulation – die Verwertung des Werts – ist sein subjektiver Zweck, und nur soweit wachsende Aneignung des abstrakten Reichtums das allein treibende Motiv seiner Operationen, funktioniert er als Kapitalist oder personifiziertes, mit Willen und Bewußtsein begabtes Kapital. Der Gebrauchswert ist also nie als unmittelbarer Zweck des Kapitalisten zu behandeln. Auch nicht der einzelne Gewinn, sondern nur die rastlose Bewegung des Gewinnens. Dieser absolute Bereiche-

---

[449] *Kapital* 169. Hervorhebung vom Verfasser.
[450] *Kapital* 170.

rungstrieb, diese leidenschaftliche Jagd auf den Wert ist dem Kapitalisten mit dem Schatzbildner gemein, aber während der Schatzbildner nur der verrückte Kapitalist, ist der Kapitalist der rationale Schatzbildner, [...] indem er [sein Geld] stets von neuem der Zirkulation preisgibt.«[451]

Kapitalisten sind menschliche Personen, aber sie agieren als Träger ökonomischer Verhältnisse. Sie werden von der *Pleonexia*, dem Mehrhabenwollen, getrieben. Diese *Pleonexia* ist für Marx nicht eine charakterliche Disposition der Akteure, sondern eine Folge des Systems, innerhalb dessen sie agieren.

Mit der Einführung der Figur des Kapitalisten präzisiert Marx einen Zug an der Figur des Homo oeconomicus, der in den ökonomischen Standardmodellen als *Nichtsättigung* bezeichnet wird. Dass der Homo oeconomicus kein Genügen kennt, das ist eine Annahme, die man benötigt, um ihn als Nutzen- und Gewinnmaximierer zu konzipieren.[452] Beim Kapitalisten Marx'scher Prägung bekommt jedoch insbesondere das Streben nach Gewinnmaximierung eine eigentümliche Wendung. Es entspringt weder einer menschlichen Naturanlage (wie manche neuzeitlichen Theoretiker meinen) noch einer widernatürlichen charakterlichen Disposition (wie es bei Aristoteles in seiner Verwerfung der *Pleonexia* erscheint). Vielmehr ergibt es sich daraus, dass der Kapitalist der Bewegung des Kapitals folgt, die ihn dazu antreibt, sie sich zu eigen zu machen, sich mit ihr zu identifizieren. Würde er dies unterlassen, so würde er zugleich aufhören, Kapitalist zu sein, und mit seiner Rolle in der der Wirtschaft wäre es zu Ende.

Wenn wir dieser Beschreibung folgen, sind es zwar auch im Kapitalismus die Menschen, die handeln – ohne das Einverständnis, das Bewusstsein und den Willen des Kapitalisten könnte das *automatische Subjekt*, der *sich verwertende Wert*, nichts tun –, aber ihr Handeln ist blind gegen seinen Antrieb, der ihm unbewusst bleibt. Indem die Menschen selbständig zu handeln meinen, gewähren sie dem Kapital die Möglichkeit, seine Dynamik zu entfalten. Und sind sie einmal in diesem Handeln befangen, werden sie kaum aus dem Bannkreis der Orientierungen, die die Wirtschaft vorgibt, heraustreten können. Denn die Dynamik des Kapitals erscheint ihnen als Leben; mit ihr nicht verbunden zu sein, wäre gleichsam ihr Tod.

Hält man hier einen Augenblick inne und blickt auf andere Dar-

---

[451] *Kapital* 168.
[452] S. o. Kap. 11.

stellungen des Wirtschaftsprozesses, wie sie bisher in diesem Buch betrachtet wurden, so sieht man, dass Marx gegenüber Smith und seinen Nachfolgern ganz neue Akzente setzt: Wohl kennt auch er den nur an seinem privaten Nutzen orientierten Menschen, aber dieser Mensch erscheint bei Marx abhängig von bestimmten Vorstellungen, die gleichsam *vor* der Entwicklung einer jeweils individuellen Einstellung liegen. Diese Vorstellungen sind *gesellschaftlicher* Art, sie bestimmen das Bewusstsein des wirtschaftenden Menschen schon dadurch, dass er an der Wirtschaft und Gesellschaft seiner Zeit partizipiert und, um leben zu können, partizipieren muss.

Ware und *Kapital* sind terminologische Verdichtungen solcher Vorstellungen. Es sind also nicht einfach Begriffe, die man nach Belieben so oder anders definieren kann. Sie bezeichnen, wie Marx meint, gesellschaftlich *vorgegebene Wahrnehmungsweisen*, sie wirken wie Filter, die nicht nur den Zugang zu den eigenen Bedürfnissen regulieren, sondern auch fundamental das In-der-Welt- und Mit-den-Menschen-Sein bestimmen. Als Subjekt des Wirtschaftsprozesses wirkt der Wert, der mit der Bewegung seiner Verwertung den Menschen die Orientierungsmarken für ihr Handeln vorgibt. Genauer gesagt: Der Mensch bleibt zwar auch für Marx ein Ursprung seines eigenen Handelns, aber er zeigt durch die Art, wie er handelt, sei es als Warenbesitzer oder als Kapitalist, dass er seine Subjektivität an die Bewegung der Dinge und Werte, wie sie auf dem Markt erscheint, abgegeben hat. In der Darstellung dieser Bewegung durch Marx mag man durchaus einen Reflex der Lehre von der *Unsichtbaren Hand* des Adam Smith sehen: Leitet die *Unsichtbare Hand* Menschen, die nichts von ihr wissen, dazu an, Resultate zu erzeugen, die sie nicht beabsichtigen – nämlich den Wohlstand ihrer Nation zu vergrößern –, so leitet die Teilhabe an der Bewegung des Werts, des *automatischen Subjektes*, die Menschen an, dafür zu sorgen, dass, was immer sonst sie für Interessen haben mögen, Wert ständig Mehrwert hervorruft.

Anders als Smith aber nimmt Marx an, dass es die Wirtschaft in ihrer kapitalistischen Form selbst ist, die die ihr entsprechenden Motivationen und Verhaltensmuster erzeugt. Der Mensch bringt also nicht von anderswo sein Eigeninteresse oder die Tendenz zur Nutzen- und Gewinnmaximierung mit und begibt sich dann in die Wirtschaft, sondern indem der Mensch sich in die Wirtschaft und Gesellschaft seiner Zeit begibt, übernimmt er die Vorgaben und Orientierungen, die sie bietet, und definiert darüber sein Eigeninteresse. *Es ist das System des modernen Kapitalismus, das den Homo oeconomicus er-*

zeugt, den die Standardmodelle als exogen gegebene Voraussetzung dieses Systems betrachten.[453]

Dass die Resultate einer modernen Marktwirtschaft im Interesse aller ihrer Akteure seien, ist eine Grundannahme der liberalen Ökonomie. Selbst wenn sie mit den bisher dargestellten Gedanken Marx' mitgehen könnte, würde sie, wenn wir hier innehalten, fragen: Wenn alle Menschen sich nach Kräften als Kapitalisten betätigen, wenn, wie Smith fordert, jeder Einzelne »völlige Freiheit [besitzt], damit er das eigene Interesse auf seine Weise verfolgen kann und seinen Erwerbsfleiß und sein Kapital im Wettbewerb mit jedem anderen oder einem anderen Stand entwickeln oder einsetzen kann«[454], warum muss darin ein Problem liegen? Dass es Höheres im Leben geben kann als das Interesse an der Verwertung des eigenen Kapitals, mag man einräumen – aber warum sollte man gleich so weit gehen, die Marktwirtschaft als ein System anzusehen, das für seine Teilhaber solche höheren Interessen geradezu systematisch ausschließt, warum sollte man diesem System anlasten, es sauge die menschliche Subjektivität auf und pervertiere sie in die automatische Subjektivität eines anonymen Kapitals? Wäre es nicht denkbar, dass die Menschen gerade das wollen, was das System ihnen nahelegt?

Wenn Marx das letztlich für *nicht* denkbar hält, so ergibt sich dies aus seiner Sicht auf die Marktbeziehungen im Kapitalismus und ihre Folgen für die Lebensführung der Menschen. Denn er ist der Überzeugung, dass Marktbeziehungen ihrem Wesen nach *asymmetrisch* sind: Zwischen denen, die in den Tausch eintreten, ist die *Macht* – nicht zufällig und gelegentlich, sondern systematisch und in den allermeisten Fällen – *ungleich verteilt*, da den Wenigen, die viel haben, die Vielen gegenüberstehen, die nichts oder kaum mehr haben als ihre leiblichen und geistigen Fähigkeiten. Auf diese Asymmetrie deutete allerdings in allem, was wir bisher aus dem »Kapital« wiedergegeben haben, nichts hin. Wenn wir nun diesen Aspekt herausarbeiten, so werden wir allerdings etwas anders argumentieren

---

[453] Ähnlich Gedanken formuliert Arnold Gehlen auf der Basis seiner Theorie der Institution (vgl. Gehlen 2004: 38). Seine Überlegungen laufen auf die folgende These hinaus: »Das Gewinnstreben […] darf nicht als eine egoistische, im Wesen des Menschen wurzelnde Veranlagung verstanden werden, wie es in homo oeconomicus-Modellen oft suggeriert wird. […] Im Gewinnstreben der Wirtschaftsakteure tritt […] die Fähigkeit der Institutionen des Wirtschaftssystems zur Formung und sogar Generierung eigener Motive hervor.« (Klauer/Manstetten/Petersen/Schiller 2013: 128).

[454] *Wealth* 582.

als Marx, der immer auch darauf hinsteuert, seine Arbeitswertlehre zu exponieren, die wir bewusst ausklammern.

Die Ware Arbeitskraft und die Arbeiter

In einer Marktwirtschaft gibt es auf Märkten oft ungleiche *Machtpositionen.* Marx *vereinfacht* (in den nun zu betrachtenden Passagen aus dem Band 1 des Kapitalbuches) dieses Problem, indem er sich auf den Arbeitsmarkt konzentriert. Dort gibt es – in der idealisierenden Sicht Marx' – auf der einen Seite Menschen, die über Kapital – Geld und Produktionsmittel aller Art – verfügen und einen Arbeitslohn anbieten, und es gibt auf der anderen Seite Menschen, die weder über Geld noch über Produktionsmittel verfügen, sondern nur *eine einzige Ware* anbieten können: ihre Fähigkeit zu arbeiten, ihre *Arbeitskraft.* Inhaber des Kapitals einerseits und Inhaber der Arbeitskraft andererseits treten einander zwar als gleiche Personen gegenüber, insofern beide etwas anbieten, das eine Ware ist, aber ihre Begegnung auf dem Markt ist der Tausch zwischen Ungleichen: Auf der einen Seite steht das Kapital, personifiziert im Kapitalisten, auf der anderen Seite die Arbeitskraft, personifiziert im Proletarier. Vom Kapital her ist *Arbeitskraft eine bevorzugte Ware,* die sich als W für die Bewegung G – W – G′ eignet. Rational eingesetzt, produziert sie mehr Wert als die Kosten, die sie in Form von Arbeitslohn verursacht.

Warum aber wird Arbeitskraft auf dem Markt überhaupt angeboten? Marx antwortet: Weil »ihr Besitzer, statt Waren verkaufen zu können, worin sich seine Arbeit vergegenständlicht hat, vielmehr seine Arbeitskraft selbst, die nur in seiner lebendigen Leiblichkeit existiert, als Ware feilbieten muß. […] Zur Verwandlung von Geld in Kapital muß der Geldbesitzer also den freien Arbeiter auf dem Warenmarkt vorfinden, frei in dem Doppelsinn, daß er als freie Person über seine Arbeitskraft als seine Ware verfügt, daß er andrerseits andere Waren nicht zu verkaufen hat, los, ledig und frei ist von allen zur Verwirklichung seiner Arbeitskraft nötigen Sachen.«[455]

Kapitalist und Proletarier sind aufeinander angewiesen: Der eine hat die Arbeitskraft, die dem anderen fehlt, der andere hat die Mittel, damit diese Arbeitskraft produktiv in Tätigkeit gesetzt werden kann (Werkzeuge, Maschinen, Anlagen, Rohstoffe etc.). Beide Seiten sind

---

[455] *Kapital* 183.

freie Tauschpartner, Sklaverei gibt es auf dem Markt nicht. Sie ergänzen einander, beide sind im Rahmen des Kapitalismus notwendig, um den materiellen Reichtum der Gesellschaft zu produzieren. Dennoch sind beide Seiten in ihrer Lebensführung ganz verschieden. Das zeigt sich allerdings nicht auf dem Markt. Dieser manifestiert sich nämlich, wie Marx ironisch behauptet, als »ein wahres Eden der angeborenen Menschenrechte. Was hier allein herrscht, ist Freiheit, Gleichheit, Eigentum und Bentham.[456] Freiheit! Denn Käufer und Verkäufer einer Ware, z. B. der Arbeitskraft, sind nur durch ihren freien Willen bestimmt. Sie kontrahieren als freie, rechtlich ebenbürtige Personen. Der Kontrakt ist das Endresultat, worin sich ihre Willen einen gemeinsamen Rechtsausdruck geben. Gleichheit! Denn sie beziehen sich nur als Warenbesitzer aufeinander und tauschen Äquivalent für Äquivalent. Eigentum! Denn jeder verfügt nur über das Seine. Bentham! Denn jedem von beiden ist es nur um sich zu tun. Die einzige Macht, die sie zusammen und in ein Verhältnis bringt, ist die ihres Eigennutzes, ihres Sondervorteils, ihrer Privatinteressen. Und eben weil so jeder nur für sich und keinen anderen kehrt, vollbringen alle, infolge einer prästabilierten Harmonie der Dinge oder unter den Auspizien einer allpfiffigen Vorsehung, nur das Werk ihres wechselseitigen Vorteils, des Gemeinnutzens, des Gesamtinteresses.«[457] Das, so Marx, ist die »Sphäre [...], woraus der Freihändler vulgaris Anschauungen, Begriffe und Maßstäbe für sein Urteil über die Gesellschaft des Kapitals und der Lohnarbeit entlehnt [...].«[458]

Nichts Weiteres fällt in die Betrachtung der liberalen Ökonomie – und sie ist, soweit sie reicht, nach Marx' Ansicht richtig! Aber wie geht es weiter, was geschieht, wenn der Vertrag zwischen Arbeiter und Kapitalisten erfüllt wird? Dazu schweigt die liberale Wirtschaftswissenschaft. Aber gerade jetzt geschieht das Entscheidende: Denn nachdem beide Seiten sich einmal als freie und gleiche Personen vertraglich verpflichtet haben, treten – in der Darstellung von Marx – wie auf einer Bühne ihre Rollen in ihrer Gegensätzlichkeit hervor: »Der ehemalige Geldbesitzer schreitet voran als Kapitalist, der Arbeitskraftbesitzer folgt ihm nach als sein Arbeiter; der eine bedeu-

[456] Marx spielt hier auf den Begründer des Utilitarismus, Jeremy Bentham (1749–1831) an, dessen Überlegungen zur Nutzenmaximierung für die philosophische Fundierung des Konzeptes Homo oeconomicus eine entscheidende Rolle gespielt haben. Zur Philosophie Benthams vgl. Hottinger (1998).

[457] *Kapital* 189 f.

[458] *Kapital* 190 f.

tungsvoll schmunzelnd und geschäftseifrig, der andere scheu, widerstrebsam, wie jemand, der seine eigene Haut zu Markte getragen und nun nichts anderes zu erwarten hat als die – Gerberei.«[459]

Diese Darstellung ist, trotz ihrer bitteren Ironie, gemessen an der Intention von Marx eher verharmlosend. Wäre sie realistisch, so dürften wir immerhin eine persönliche, geradezu familiäre Beziehung zwischen *schmunzelndem* Kapitalisten und *widerstrebsamem* Arbeitskraftbesitzer annehmen, während in Wahrheit das Herrschaftsverhältnis zwischen beiden unpersönlich ist: Der erstere wird den letzteren kaum zu Gesicht bekommen. Hinter der Darstellung aber stehen analytische Überlegungen. Um ihre Bedeutung richtig einschätzen zu können, sollte man allerdings ihre Begrenztheit beachten. Marx lenkt durch seine Darstellung die Aufmerksamkeit ganz auf die Seite des Arbeiter: Die komplexe Führungsstruktur und Organisation des modernen Wirtschaftsbetriebs inklusive der Instanzen, die ihn finanzieren, worin der Kapitalist, soweit er Kapitalgeber ist, nur eine von vielen Funktionen erfüllt, spielt hier keine Rolle. Der Arbeiter aber ist für Marx deswegen so wichtig, weil dieser mit seinem eigenen Leib und Leben die strukturellen Beziehungsdefizite des Kapitalismus manifestiert.

Denn die *Gerberei*, die der Arbeiter zu erwarten hat, wenn er einmal den Arbeitsvertrag unterschrieben hat, ist die Fabrikarbeit, die sein Leben als das eines *Arbeitskraftbesitzers* an sechs Tagen in der Woche für 10 Stunden (und, trotz des *Factory Act* von 1847, der den 10-Stunden-Tag als Obergrenze verbindlich machte, oft auch zur Entstehungszeit des *Kapital* noch wesentlich länger) ausfüllt. Es ist die Zeit, in der der Arbeiter seine Lebenskraft und Lebenszeit ganz darauf verwendet, dem Interesse des Kapitalisten gemäß tätig zu sein. Was für alle Beziehungen des Homo oeconomicus gilt (nämlich dass sie instrumenteller Art sind), hat für den Arbeiter eine besondere Bedeutung: Während des gesamten Arbeitstages *ist er tendenziell nur Instrument* – Instrument für die Vermehrung des Kapitals des Kapitalisten. Vor allem in Bezug auf dieses Instrument, den Arbeiter, verwendet Marx, um den schier grenzenlosen Charakter der Instrumentalisierung anzusprechen, den Ausdruck *Ausbeutung*. Man darf dabei nicht übersehen, dass auch der Kapitalist, insofern er Kapitalist ist, nichts anderes ist als ein Instrument einer ihm fremden, von ihm nicht durchschauten Instanz. Gleichwohl identifiziert er sich sozu-

459 *Kapital* 190.

sagen *aktiv*, mit »Bewusstsein und Willen«, mit der Bewegung des Kapitals, von der er ja buchstäblich *profitiert*, während der Arbeiter diese Bewegung am eigenen Leibe *erleidet* und als *Entfremdung*, als Raub am eigenen Denken und Wollen, erlebt.[460]

Der Mensch und die Maschine – die Verkehrung von Mittel und Zweck

Um die Besonderheit der Entfremdung des Arbeiters bei Marx deutlich zu machen, sei an dieser Stelle an Aristoteles erinnert, der Sklaverei innerhalb der Wirtschaft seiner Zeit für eine unverzichtbare Institution hielt. Da der griechische Denker die meisten Arbeiten, die doch getan werden mussten, für kaum menschenwürdig hielt, war für ihn der Einsatz von solchen Menschen unverzichtbar, die sich selbst nur als *beseelte Werkzeuge* verstehen können und sich nicht zur Wehr setzen, wenn sie von anderen als solche behandelt werden. Den Sklaven, die derartige *Werkzeuge* sind, spricht Aristoteles die Möglichkeit ab, den Sinn ihres Tuns intellektuell nachzuvollziehen, sie sind zum Gehorchen da, und es ist für sie nicht nötig einzusehen, warum und wozu sie der *Pater Familias* bei diesem oder jenem Werk einsetzt. Das Instrument-Sein einzelner Menschen ist Teil der Wirtschaft und Gesellschaft der Antike.

Immerhin waren zur Zeit des Aristoteles die Arbeitszusammenhänge in Landwirtschaft und Handwerk für die in ihnen Tätigen im Prinzip überschaubar. Anders ist dies bereits für die Arbeiter in der Nähnadelfabrik Smiths, deren Tätigkeit sich auf bestimmte Handgriffe innerhalb des Herstellungsprozesses von Nadeln bezieht, weshalb Smith die Gefahr sieht, dass ein solcher Mensch, der darauf den größten Teil seiner Lebenszeit verwendet, allmählich verlernt, *seinen Verstand zu gebrauchen*. Er wird damit durch die Art seiner Arbeit zu dem, was Aristoteles für das natürliche Wesen des Sklaven hält, zu einem beseelten Werkzeug, reduziert auf eine quasi mechanische Bewegung.

Für Marx aber geht die *Entfremdung* weit über das hinaus, was Smith darstellt. Die Arbeiter in einer Fabrik zur Zeit Marx' unter-

---

[460] Die Kategorie der *Entfremdung* spielt vor allem im Frühwerk von Marx eine Rolle (vgl. Marx 1844/1968, insbesondere 510–522 u. 533–556). Von *entfremdeter Arbeit* ist jedoch auch im *Kapital* (vgl. 595 f.) ausdrücklich die Rede.

scheiden sich von denen, die Smith vor Augen hat, insofern ihr *Instrument-Sein* zum Extrem entwickelt ist. Das betrifft zunächst die Umstände ihrer Arbeit, die stellenweise nicht weniger unmenschlich sind als die der Sklaven in den Erzminen des alten Griechenlands: »Wir deuten nur hin auf die materiellen Bedingungen, unter denen die Fabrikarbeit verrichtet wird. Alle Sinnesorgane werden gleichmäßig verletzt durch die künstlich gesteigerte Temperatur, die mit Abfällen des Rohmaterials geschwängerte Atmosphäre, den betäubenden Lärm usw., abgesehn von der Lebensgefahr unter dicht gehäufter Maschinerie, die mit der Regelmäßigkeit der Jahreszeiten ihre industriellen Schlachtbulletins produziert. Die Ökonomisierung der gesellschaftlichen Produktionsmittel, erst im Fabriksystem treibhausmäßig gereift, wird in der Hand des Kapitals zugleich zum systematischen Raub an den Lebensbedingungen des Arbeiters während der Arbeit, an Raum, Luft, Licht, und an persönlichen Schutzmitteln wider lebensgefährliche oder gesundheitswidrige Umstände des Produktionsprozesses, von Vorrichtungen zur Bequemlichkeit des Arbeiters gar nicht zu sprechen.«[461]

Aber selbst wenn ein menschlich gesonnener Fabrikant auf Gesundheit und Wohlbefinden seiner Arbeiter mehr als gewöhnlich Rücksicht nehmen sollte, hat das Instrument-Sein des Arbeiters im der Sicht Marx' eine systematische Seite, die unabhängig vom guten oder weniger guten Willen des einzelnen Kapitalisten besteht. Die Arbeiter haben es – in der englischen Textilindustrie beispielsweise – mit höchst komplexen Maschinen zu tun, an denen sie jedoch nur wenige und immer gleiche Handgriffe zu verrichten haben. Das Tempo der Arbeit wird nicht vom inneren Rhythmus des arbeitenden Menschen, sondern vom Maschinentakt vorgegeben. Über die Vorgänge in den technisch fortgeschrittensten Produktionsstätten vermerkt Marx: »Als gegliedertes System von Arbeitsmaschinen, die ihre Bewegung nur vermittelst der Transmissionsmaschinerie von einem zentralen Automaten empfangen, besitzt der Maschinenbetrieb seine entwickeltste Gestalt. An die Stelle der einzelnen Maschine tritt hier ein mechanisches Ungeheuer, dessen Leib ganze Fabrikgebäude füllt und dessen dämonische Kraft, erst versteckt durch die fast feierlich gemeßne Bewegung seiner Riesenglieder, im fieberhaft tollen Wirbeltanz seiner zahllosen eigentlichen Arbeitsorgane

[461] *Kapital* 448 f.

ausbricht.«[462] In diesem *Wirbeltanz* wird aber der Arbeiter selbst zu einem – wie man, Aristoteles paraphrasierend, sagen könnte – beseelten Arbeitsorgan, das als Anhängsel der Maschine erscheint.

»In Manufaktur und Handwerk bedient sich der Arbeiter des Werkzeugs, in der Fabrik dient er der Maschine. Dort geht von ihm die Bewegung des Arbeitsmittels aus, dessen Bewegung er hier zu folgen hat. In der Manufaktur bilden die Arbeiter Glieder eines lebendigen Mechanismus. In der Fabrik existiert ein toter Mechanismus unabhängig von ihnen, und sie werden ihm als lebendige Anhängsel einverleibt. [...] Während die Maschinenarbeit das Nervensystem aufs äußerste angreift, unterdrückt sie das vielseitige Spiel der Muskeln und konfisziert alle freie körperliche und geistige Tätigkeit. Selbst die Erleichterung der Arbeit wird zum Mittel der Tortur, indem die Maschine nicht den Arbeiter von der Arbeit befreit, sondern seine Arbeit vom Inhalt. Aller kapitalistischen Produktion, soweit sie nicht nur Arbeitsprozeß, sondern zugleich Verwertungsprozeß des Kapitals, ist es gemeinsam, daß nicht der Arbeiter die Arbeitsbedingung, sondern umgekehrt die Arbeitsbedingung den Arbeiter anwendet, aber erst mit der Maschinerie erhält diese Verkehrung technisch handgreifliche Wirklichkeit. Durch seine Verwandlung in einen Automaten tritt das Arbeitsmittel während des Arbeitsprozesses selbst dem Arbeiter als Kapital gegenüber, als tote Arbeit, welche die lebendige Arbeitskraft beherrscht und aussaugt.«[463]

Im Bild des Arbeiters, der von der Arbeitsbedingung *angewendet wird*, statt dass er sie seinem Willen gemäß anwendet, erscheint der Prozess der Instrumentalisierung und Entfremdung des Menschen in einem Ausmaß, das sich Aristoteles nicht hätte vorstellen können. Dabei ist die Pointe, dass es nicht die Person eines bestimmten Menschen ist, die als Homo oeconomicus (etwa in der Rolle des Fabrikanten) ihre Mitmenschen instrumentalisiert, sondern es ist ein Instrument, die Maschine, die den Arbeiter gänzlich auf sein Instrument-Sein reduziert. Damit legt der Maschinenbetrieb offen, was für den Kapitalismus in der Sicht Marx' insgesamt wesentlich ist: Erscheint für die gesamte Wirtschaft das Kapital als ein *automatisches Subjekt*, so erlebt und erleidet der Fabrikarbeiter die Maschine buchstäblich als das automatische Subjekt aller seiner Handlungen.

---

[462] *Kapital* 402.
[463] *Kapital* 445 f.

Hier zeigt sich die Intention der Kapitalismuskritik von Marx. Er hebt hervor, dass der Grund gesellschaftlicher Beziehungen in modernen Gesellschaften *Herrschaftsverhältnisse sind.* Diese treten aber nicht, wie in allen vorkapitalistischen Gesellschaften, als Verhältnisse der persönlichen Herrschaft von Menschen über Menschen in Erscheinung, sondern als Verhältnisse der Herrschaft von Sachen über Menschen: Als Kapital setzen die Sachen, die in der sich ständig steigernden Bewegung des sich verwertenden Wertes begriffen sind, Maßstäbe für alle Beziehungen der Menschen. *Herrschaft des Kapitals* bedeutet also im Wesentlichen nicht, dass einzelne Personen Herrschaft über andere ausüben (auch wenn solche Herrschaft notwendig zum Industriekapitalismus gehört), sondern dass alle Beteiligten, die Herrschenden und Ausbeutenden ebenso wie die Beherrschten und Ausgebeuteten, ihre Lebensführung der Bewegung des *sich selbst verwertenden Wertes,* des *automatischen Subjektes* überlassen haben, sei es freiwillig und mit Bewusstsein, sei es gezwungenermaßen. So gesehen macht der Kapitalismus letztlich alle Menschen zu Sklaven im Sinne des Aristoteles: innerhalb seiner Dynamik sind sie *beseelte Werkzeuge,* die entweder, als Kapitalisten, ihre Seele an das Kapital abgegeben haben oder, als Arbeiter, dazu auch ihren Leib hingeben müssen. In diesem Akt der Hingabe aber produzieren sie selbst die Macht, die sie beherrscht, ohne sich dessen bewusst zu sein. Die herrschende Instanz aber, das Kapital, manifestiert sich als eine blinde Macht, die nur von *einem* Zweck getrieben wird: Wachstum um jeden Preis, ohne Sinn und Verstand. Diesem blinden Zweck leihen die Menschen ihre Rationalität und ihre Leibeskräfte – und glauben dabei oft noch, mit Sinn und Verstand ihren eigenen Nutzen zu maximieren. Dabei werden zwar nützliche Güter vermehrt, aber das Leben, das solcher Vermehrung gewidmet ist, ist eines Menschen nicht würdig.

Kapitalismus und Ethik

Vergeblichkeit einer ethischen Kritik am Kapitalismus

Marx' Position deckt sich in mehr als einer Hinsicht mit solchen, die man heute *radikal marktliberal* oder *neoliberal* nennt. Der Kapitalismus kann, wenn man Marx glaubt, innerhalb seines Rahmens nicht wirklich verbessert werden, daher überlässt man ihn am besten seinem eigenen Lauf. Gegen seine Dynamik soziale Gerechtigkeit einzuklagen, ist vergeblich. Aber Marx' »Marktliberalismus« geht weiter. Während »normale« Liberale dafür plädieren, dass der Wettbewerb auf den Märkten »fair« ablaufen soll und andernfalls für staatliche Regelungen eintreten, ändert für Marx auch ein sogenannter *fairer Wettbewerb* nichts an der umfassenden Unfairness des Systems. In einer im Ganzen unfairen Struktur den Versuch zu machen, zwischen *fair* und *unfair* zu unterscheiden, wäre für seine Theorie nur Haarspalterei. Auch die Rede von einem *fairen Preis* oder einem *fairen Handel* fände bei Marx kaum einen Anwalt; das alles wäre für ihn Kosmetik, die den durch und durch kranken Gesellschaftsorganismus allenfalls nach außen etwas besser aussehen lässt, aber zur Heilung nichts beiträgt.

Gegenüber der Wirtschaft vertritt Marx somit einen eigenartigen Immoralismus. Wenn Homann in unserer Zeit davor warnt, die *moralischen Intuitionen der meisten Menschen* zum Maßstab einer Bewertung des Kapitalismus zu machen, so würde sich Marx dieser Warnung gewiss anschließen, aber er würde noch viel weiter gehen. Wo unsere Intuition Empörung nahelegt, etwa anlässlich von Gier, Spekulation auf Kosten der Ärmsten, Preisdrückerei, Niedrigstlöhnen, Betrug, Korruption, würde Marx sagen: Alles das gehört zum System. Kapitalismus ohne derartige Übel ist nicht denkbar. Aber an der Unmenschlichkeit des Kapitalismus würde sich für Marx auch dann nichts ändern, wenn man alle empörenden Auswüchse abschaffen könnte. Selbst ohne böse Absichten und Taten Einzelner wird es, Marx zufolge, solange der Kapitalismus besteht, die Ausbeutung vieler und – tendenziell – die Instrumentalisierung aller geben.

Die hier dargestellte theoretische Einstellung hat Folgen für Marx' Verständnis von *Freiheit*. Die Freiheit des Menschen, auf je eigene Weise sein Glück zu suchen, wie sie der Liberalismus fordert, kann im Denken von Marx nicht gewürdigt werden; ihre Grundlagen, Privateigentum und Individualrechte, scheinen ihm unheilbar verstrickt in die Ordnung des Kapitalismus. Denn es ist, wie er glaubt, diese Freiheit, die dazu führt, dass sich Menschen auf Märkten statt als Personen nur in der Rolle von Warenbesitzern begegnen, es ist diese Freiheit, die die Ausbeutung des Menschen durch den Menschen mit der Hülle der Rechtlichkeit umgibt. Solange das automatische Subjekt des sich verwertenden Wertes menschliche Motivationen und Intentionen überformt, kann man, Marx zufolge, nicht von einer Autonomie der moralischen Person im Sinne Kants sprechen.

Exkurs zu Max Weber

Die Frage der menschlichen Beziehungen in der modernen Wirtschaft ist eine der zentralen Fragen von Marx. Entscheidend für ihn ist die wechselseitige Instrumentalisierung der Menschen einerseits und aller Menschen durch das Kapital andererseits. Eine bedenkenswerte Weiterführung und Modifikation derartiger Gedanken findet sich bei Max Weber.

Webers Herangehensweise an die Beziehungen der Menschen in unterschiedlichen Gesellschaftsformen ist, Wilhelm Hennis zufolge, von einem ethischen Interesse motiviert: »Immer wieder [...] wiederholt er den Gedanken, daß an jede persönliche Beziehung, und sei sie eine Gewaltbeziehung, wenn sie nur eine *persönliche* sei, ethische Forderungen gestellt werden können.«[464] Diese Herangehensweise aber stößt im Kapitalismus gleichsam auf eine Wand. Wenn für den ethischen Blick auf menschliche Verhältnisse das Dasein *persönlicher Beziehungen* unverzichtbar ist, dann versagt dieser Blick auf dem Feld des Marktes, wo »der unpersönliche, ökonomisch rationale, eben deshalb aber ethisch irrationale, Charakter rein geschäftlicher Beziehungen als solcher«[465] dominiert. Marktteilnehmer begegnen einander nicht als konkrete Personen, sondern in ihrer *Unpersönlichkeit*. Denn gerade die Rationalität der Marktvorgänge wie sie Max Weber interpretiert, schließt persönliche Rücksichten der Akteure aus. Das aber hat Folgen für die ethische Beurteilung der Wirtschaft: »Jede rein persönliche Beziehung von Mensch zu Mensch, wie immer sie sei, einschließlich der völligsten Versklavung, kann ethisch reglementiert, an sie können ethische Postulate gestellt werden, da ihre Gestaltung von dem individuellen Willen der Beteiligten abhängt, also der Entfaltung karitativer Tugend Raum gibt. Nicht so aber geschäftlich rationale Beziehungen, und zwar je rational differenzierter sie sind, desto weniger. Die Beziehung eines Pfandbriefbesitzers zu dem Hypothekenschuldner einer Hypothekenbank, eines Staatsschuldinhabers zum Staatssteuerzahler, eines Aktionärs zum Arbeiter einer Fabrik, eines Tabakimporteurs zum fremden Plantagenarbeiter, eines industriellen Rohstoffverbrauchers zum Bergarbeiter sind nicht nur faktisch, sondern prinzipiell nicht karitativ reglemen-

[464] Hennis (1987: 106).
[465] Max Weber (1976: 353).

tierbar. Die Versachlichung der Wirtschaft auf der Basis der Marktvergesellschaftung folgt durchweg ihren eigenen sachlichen Gesetzlichkeiten, deren Nichtbeachtung die Folge des ökonomischen Mißerfolgs, auf die Dauer des ökonomischen Untergangs nach sich zieht. Rationale ökonomische Vergesellschaftung ist immer Versachlichung in diesem Sinn, und einen Kosmos sachlich-rationalen Gesellschaftshandelns kann man nicht durch karitative Anforderungen an konkrete Personen beherrschen. Der versachlichte Kosmos des Kapitalismus vollends bietet dafür keine Stätte. An ihm scheitern die Anforderungen der religiösen Karitas nicht nur, wie überall im Einzelnen, an der Widerspenstigkeit und Unzulänglichkeit konkreter Personen, sondern sie verlieren ihren Sinn überhaupt. Es tritt der religiösen Ethik eine Welt interpersonaler Beziehungen entgegen, die sich ihren urwüchsigen Normen grundsätzlich gar nicht fügen *kann*.«[466]

Ähnlich wie Karl Homann[467] ist Weber davon überzeugt, dass sich *moralische Intuitionen* (die hier auf die Ansprüche der *religiösen Karitas* fokussiert werden) an den Gesetzen des Kapitalismus brechen. Anders aber als Homann hat Weber darin zeit seines Lebens ein Skandalon gesehen, anders als Marx allerdings hatte Weber »für geschichtsphilosophische Hoffnungen und revolutionäre Verheißungen jeder Art, auch den Mythos des Proletariats, keinen Sinn.«[468]

Der Kapitalismus ist, Weber zufolge, *immun* gegen ethische Anfragen. Für Max Weber ist diese Immunisierung gegen alles Persönliche und damit gegen die Ethik Signatur einer Welt, die, ausgehend von der Wirtschaft, alle menschlichen Ordnungen, insbesondere auch Politik und Verwaltung, umgreift. »›Ohne Ansehen der Person‹, ›sine ira et studio‹, ohne Haß und deshalb ohne Liebe, ohne Willkür und deshalb ohne Gnade, als sachliche Berufspflicht und nicht kraft konkreter persönlicher Beziehung erledigt der homo politicus ganz ebenso wie der homo oeconomicus heute seine Aufgabe gerade dann, wenn er sie im idealsten Maße im Sinn der rationalen Regeln der modernen Gewaltordnung vollzieht.‹«[469] Hennis bemerkt dazu: »Kein Zweifel, daß Weber die Verunpersönlichung der modernen Welt, auf die jede rationalisierende Versachlichung hinausläuft, an der ›schicksalvollsten Macht unseres modernen Lebens‹, am Kapita-

---

466 Ibd.
467 Homann (2002), s. o.
468 Hennis (1987: 107).
469 Weber (1976: 461).

lismus aufgegangen ist. Nichts ist abwegiger als die immer noch verbreiteten Entgegensetzungen von Weber und Marx.«[470]

Max Weber geht jedoch einen Schritt über Marx hinaus. Während die Instrumentalisierung, wie sie Marx eindringlich beschreibt, immerhin noch den anderen braucht, sei es auch nur in der Form des *beseelten Werkzeugs*, modern gesprochen als *Humankapital*, kann die *Versachlichung* den anderen auf einen Fall, eine abstrakte Größe, eine Nummer, auf ein zu lösendes Problem der Verwaltung von Akten reduzieren. In der *Unpersönlichkeit* verschwindet der Mensch, zurück bleibt nur ein System, ein Apparat, eine Registratur, eine Datei.

Es liegt nahe, hier eine weitere Konsequenz zu bedenken. Die *Verunpersönlichung* der Menschen macht nicht halt vor dem Verhältnis einer Person zu sich selbst. Dann ist der Mensch auch für sich selbst in seiner Innenperspektive nur *Rad im Getriebe*. Wenn man, ausgehend vom Konzept des Homo oeconomicus, die Beziehungsmuster betrachtet, wie sie Marx oder Max Weber darstellen, verwandelt sich der egoistische rationale Nutzenmaximierer Schritt für Schritt in die ichlose, a-personale Funktion durchrationalisierter Strukturen, die als Selbstzweck undurchlässig sind für jede Kritik.[471]

Dennoch bleibt auch für Weber wahr, was bereits Marx hervorzuheben nicht müde wird: Die Verhältnisse, über die Menschen ihr Selbstsein definieren, sind Resultat menschlicher Handlungen. Ohne Menschen, die bereit sind, mit ihrem Tun die *Verunpersönlichung der modernen Welt* zu ermöglichen und zu vollstrecken, könnten die *rationalen Regeln der modernen Gewaltordnung* nicht vollzogen werden. Auch für ein Wesen, das sich als *Rad im Getriebe* versteht, gilt, dass man es daraufhin befragen kann, warum und wozu es die Wahl getroffen hat, sich als Rad im Getriebe zu verstehen. Die Ausführung dieses Gedankens wird man allerdings eher bei liberalen Denkern und existenzialistischen Philosophen als bei Weber oder Marx finden, deren Akzent darauf liegt, dass, was zuvor von Menschen eingerichtet wurde, im Lauf der Zeit dem Bereich ihrer Handlungsmacht entrückt wird und schließlich als fremde Macht ihr Handeln bestimmt. Diese Struktur hat Marx mit dem Begriff des Kapitals zu fassen versucht.

---

470 Hennis (1987: 106 f.).

471 S. u. Kapitel 18.

Rechtfertigung des Kapitalismus bei Marx – die kommende Revolution

Die Macht des Kapitals ist nicht von Dauer – so die Überzeugung von Marx. Nur auf der Basis dieser Überzeugung war er imstande, die Übel des Kapitalismus radikal zu kritisieren. Wenn Marx an der kapitalistischen Wirtschaft nicht etwa nur dieses oder jenes Bonum und Malum sah, sondern ihre Triebkräfte als solche mit dem Malum identifizierte, so war dies für ihn untrennbar mit dem Glauben verbunden, dieses Malum sei unter universalgeschichtlichen Gesichtspunkten notwendig, um die Grundlagen für ein kommendes allumfassendes Bonum zu bereiten, den Sozialismus oder Kommunismus.[472]

Dieser Glaube speist sich aus einer bestimmten Geschichtsauffassung: Die kapitalistische Wirtschaft ist eine Art Natur, die Gesetzen untersteht – diese Annahme teilt Marx mit der liberalen Ökonomik. *Natur* aber ist, und darin grenzt er sich gegenüber der liberalen Ökonomik ab, *dynamisch*, ihre Gesetze sind *Bewegungsgesetze*. Sie manifestieren sich in einer Wirtschaft, die als Naturprozess auf ein *außerhalb ihrer liegendes letztes Ziel* ausgerichtet ist – ein Ziel, das den Teilhabern dieses Prozesses innerhalb des Kapitalismus unbekannt ist. Im Gegensatz zu seinen liberalen Kollegen, die das *System der natürlichen Freiheit* für die dem Menschen gemäße und unüberbietbare Erscheinungsweise der Wirtschaft halten, ordnet Marx den Kapitalismus einem bestimmten Durchgangsstadium der Weltgeschichte zu. Der historische Prozess wird durch dieses Stadium hindurch mit Notwendigkeit darüber hinaus zum Ziel der vollendeten Verwirklichung des Potenzials der Menschheit führen. Aufgrund einer Unsichtbaren Hand, die sich in den Gesetzen des Geschichtsverlaufes verbirgt (*List der Vernunft* heißt sie bei Hegel) entwickelt die Menschheit ihre produktiven Fähigkeiten auf stets höheren Ebenen, bis sie nach verschiedenen Durchgangsstadien, deren letztes der Kapitalismus ist, zu einem Zustand gelangt, der alles bietet, was man von einer guten Wirtschaft und einer guten Gesellschaft zu erwarten hat. Im reifen *Kommunismus*, einem Gesellschaftszustand, in dem jeder Mensch als freies, selbstbestimmtes Wesen in einem »Reich der Freiheit«[473] lebt, gilt die Regel: »Jedem nach seinen Bedürfnissen,

[472] Zur Marx'schen Geschichtsphilosophie und ihrer Herkunft aus dem Denken Hegels vgl. Petersen, Faber (2015: 41–55).
[473] Marx (1894/1983: 828).

jeder nach seinen Fähigkeiten.«[474] In einer Welt, in der Produktion und Distribution der Güter nach dieser Regel geordnet sind, in einer Welt, in der es keinen Anlass für Konflikte zwischen den Menschen mehr gibt, kann ein Malum oeconomicum nicht einmal gedacht werden, das Problem der Gerechtigkeit ist verschwunden.

Insofern alle bisherigen Wirtschaftsformen Durchgangsstadien auf dem Weg zum Reich der Freiheit sind, müssen sie zumindest in *der* Hinsicht als *gut* angesehen werden, dass sie *notwendige* Voraussetzungen für das gute Ende sind. Auch eine bessere Welt wird auf die Leistungen des Kapitalismus, vor auf allem technischen Fortschritt und effiziente Organisation von Produktionsprozessen, keinesfalls verzichten. Der Kapitalismus als das letzte Stadium der »Vorgeschichte der menschlichen Gesellschaft«[475] bringt sogar in der Gestalt des Proletariers den Menschen hervor, der dazu bestimmt ist, ihn abzuschaffen.[476] So ist alles, was der Vorbereitung des endgültigen Glücks der Menschheit dient, im Hinblick darauf gut, aber gut ist es wiederum nicht für sich selbst, sondern *nur* als Bedingung der guten Zukunft. Ohne Bezug auf das Kommende wäre der Kapitalismus, den Marx vor Augen hat, trostlos und heillos.

Marx Sicht auf den Kapitalismus – eine Zwischenbilanz

Von Marx aus gesehen ist der Kapitalismus weit mehr als die Organisationsform einer bestimmten Wirtschaft: Er ist ein sich selbst organisierendes System von Lebenszusammenhängen, mit der Tendenz, sich zu totalisieren, alle Abläufe in Gesellschaft und Natur in sich einzusaugen und alles Leben zu überformen. Öffnen kann sich dieses System aus sich heraus nicht und Korrekturen hier und dort sind überflüssig. Denn wenn es sich ändert, kann das nur in der Weise geschehen, dass es durch seine eigene Dynamik, wie Marx sagt, »gesprengt« wird. Diejenigen, die sich in unserer Zeit um Verbesserungen bemühen, sei es um die Einschränkung von Finanztransaktionen, eine gerechtere Verteilung von Einkommen und Vermögen oder eine entschiedenere Bekämpfung von Korruption, fänden bei Marx keine

[474] Marx (1875/1973: 21).
[475] Marx (1859/1971: 8).
[476] S. u. Kap. 15.

Stütze: Für ihn bliebe alles das Kosmetik, die das Übel im Grunde nicht berührt.

Marx' Sicht ist aufschlussreich für bestimmte Aspekte moderner Wirtschaften, aber sie ist zugleich einseitig und vereinfachend. An einigen Themen werden wir beispielhaft zeigen, welche Folgen sich daraus ergeben.

Krisen

Marx' Sicht auf die Krisen im Kapitalismus stellte nicht nur für seine Zeit einen wesentlichen Erkenntnisfortschritt dar; bis heute ist es in den Wirtschaftswissenschaften keineswegs selbstverständlich, dass ihre Theorien *Zeit* und *Veränderung* angemessen berücksichtigen.[477] Das System ist dynamisch, und zu seiner Dynamik gehört, dass Märkte keineswegs immer zum Gleichgewicht tendieren, ja, dass sie, wie die Krisen zeigen, »verrückt« spielen können. Dass dieses Malum – mit Folgen wie Inflation oder Deflation, Massenarbeitslosigkeit oder gesellschaftliche Instabilität – sich innerhalb des Kapitalismus nicht abschaffen lässt, gehört zu den Einsichten, die Marx dem Nachdenken über die Wirtschaft mit auf den Weg gegeben hat. Verbunden mit seinen Auswirkungen auf menschliche Interaktion (s. u.) ist der Kapitalismus ein System, das wesenhaft Züge der Instabilität trägt – und das, obwohl es in normalen Zeiten in seinen entwickelten Ökonomien einen hohen Standard an Güterversorgung für viele Wirtschaftssubjekte bietet.

Allerdings wird man sich kaum noch den hoffnungsvollen Blick von Marx zu eigen machen, der beinahe jede neue Krise in der Erwartung begrüßte, diesmal könne es sich um die finale Krise des Kapitalismus handeln, dessen Zusammenbruch den Weg frei machen würde für die Einrichtung einer besseren Welt. Aus heutiger Sicht muss man eher befürchten, dass mit der Wirtschaft zugleich auch Gesellschaft und Politik mit in die Krise geraten könnten – mit ungewissem Ausgang. Mögen Krisen aus systemimmanenten Gründen nicht zu vermeiden sein – das Faktum, dass es eine Krise war, nämlich die Weltwirtschaftskrise von 1929, die entscheidend zum Aufstieg des Nationalsozialismus in Deutschland beigetragen hat, gibt Anlass, jede neue Krise mit Sorge zu betrachten.

---

[477] Vgl. Faber (1986), Faber/Proops (1998).

Klassengegensatz

Mit den Analysefiguren von Kapitalist und Arbeiter und ihrer Zuordnung zu zwei Klassen nimmt Marx vergröbernde, wenn nicht verzerrende Vereinfachungen vor, die der Vielfalt und Heterogenität von sozialen, ökonomischen und politischen Rollen in der bürgerlichen Wirtschaftsgesellschaft nicht gerecht werden. Die Managementebene moderner Wirtschaftsbetriebe konnte Marx nicht kennen, aber Typen wie den *kreativen Unternehmer*, den Josef Schumpeter[478] als unabdingbar für die Dynamik des Kapitalismus ansah, übersieht er aus systematischen Gründen. Ein solcher Typus passt nicht in das einfache Klassenschema, weshalb seine Kreativität von Marx sozusagen entpersonalisiert und dem System als solchem zugeschrieben wird. Wenn man Marx genauer liest, sieht man zwar: Er kann wohl zwischen einem Familienbetrieb und einer Aktiengesellschaft unterscheiden, und natürlich weiß er, dass ein Philosoph oder eine Dichterin, ein vom Parlament beauftragter Fabrikinspektor oder ein Abgeordneter des Unterhauses angemessen weder als Angehörige der Kapitalisten- noch der Arbeiterklasse beschrieben werden können. Eben so wenig verwechselt Marx Typen wie den sozialistischen, human eingestellten Fabrikanten Robert Owen (1771–1858) mit den keineswegs seltenen Leuteschindern in den Industriebetrieben seiner Zeit. Und wenn man heute, zumindest in Westeuropa, in den Beschäftigten der Industrie kaum noch etwas von dem wiedererkennt, was Marx Proletariat nannte, hätte er wohl auch diese Tatsache eingesehen. Aber seine Theorie ist so angelegt, dass es für solche Einsichten schon aus terminologischen Gründen keinen systematischen Ort gibt; sie braucht um ihrer Kohärenz willen den simplifizierenden Klassengegensatz.

Ausbeutung

Das Unrecht schlechthin ist für Marx die *Ausbeutung des Menschen durch den Menschen*. Gegen seine systematische These, dass alle Menschen von der blinden Dynamik des Kapitals beherrscht werden, neigt Marx gelegentlich (und die ihm folgenden Marxisten sehr oft) dazu, die Verhältnisse des Kapitalismus in ein simples Täter/Opfer-

---

478 Schumpeter (1911/2006).

Schema einzuzeichnen. Das System bringt, Marx zufolge, den einen Vorteile – den Kapitalisten – und macht die anderen zu Opfern – die Proletarier. Dass aus der Ausbeutung der Proletarier, wie Marx annimmt, die eigentliche Produktivität des Systems hervorgeht, ist eine Pointe, die am Opferstatus der Proletarier nichts ändert. Abgesehen von der irreführenden Vereinfachung, die das Schema zweier Klassen darstellt (vgl. den vorigen Abschnitt), ist zu beachten, dass die Rede von der *Ausbeutung*, angewandt auf reale Wirtschaften, nicht das Elend all derer trifft, die von der *Teilhabe am Wirtschaftsleben ausgeschlossen* sind. Denn es gibt, das ist gegen Marx zu betonen, nichtakzeptable wirtschaftliche Zustände, die gerade durch die *Abwesenheit von Ausbeutung* gekennzeichnet sind. Arbeitslos oder arbeitsunfähig zu sein bedeutet: nicht ausgebeutet zu werden, im Sinne von: nicht gebraucht zu werden, von niemandem (sei es selbst ein Leuteschinder) zu irgendeiner Tätigkeit herangezogen zu werden. Das stellt für viele Menschen schon als solches ein Malum dar. Kommt aber dazu, dass man, weil man nicht arbeitet, auch keinerlei Einkommen erhält, dass man in Hunger, Krankheit, Armut und Elend lebt, so dass sich für die Gesünderen allenfalls Kriminalität als Perspektive eines tätigen Lebens nahelegt, dann zeigt sich gerade darin ein echtes Übel. Dass Menschen überflüssig erscheinen, schlecht leben und ihre Fähigkeiten brachliegen – das ist keine Ausbeutung und dennoch ein Übel für die Gesellschaft. Auf Seiten derer, die solche Zustände zulassen, ist das Übel hier die Gleichgültigkeit gegenüber dem Elend anderer.

Allerdings kann die Verlagerung irgendeiner Produktion aus einem reichen Land mit Vollbeschäftigung in ein Land, wo derartige Verhältnisse vorliegen, auf Seiten der Betroffenen von dem Übel des Überflüssig-Seins durchaus zu dem Übel der Ausbeutung führen, ja, solche Verhältnisse begünstigen Ausbeutung im elementarsten Sinn, wie Marx es nahelegt: den Einsatz von Menschen, die um einen geringen Lohn, der ihnen kaum mehr als das Überleben ermöglicht (und manchmal nicht einmal das) praktisch ihre ganze Lebenskraft hingegeben, um Dinge herzustellen, aus deren Nützlichkeit sie kaum einen Vorteil ziehen. Ausbeutung in dieser Form ist wohl von Anbeginn an in und mit dem Kapitalismus aufgetreten und tritt auch heute auf. Allerdings bekommt Marx damit noch nicht Recht: Man kann bezweifeln, ob Ausbeutung *notwendig* zu einem kapitalistischen System gehört, es ist zudem fraglich, ob man, wo Ausbeutung stattfindet, stets, wie Marx es tut, von einer Ausbeutung der Mehrheit durch die Minderheit auszugehen hat. Sicher ist nur: Ausbeutung *kann* im Kapitalismus stattfinden, und es *kann* sich innerhalb einer bestimmten Wirtschaftsgesellschaft auch um Ausbeutung der Mehrheit durch eine Minderheit handeln, aber damit ist der Beweis dafür, dass Ausbeutung stattfinden *muss*, und dass, wenn sie stattfindet, dafür *der Kapitalismus* oder *das Kapital* die einzige oder auch nur die entscheidende Ursache ist, keineswegs erbracht.

So bleibt von der suggestiv vorgetragenen These einer mit dem Kapitalismus untrennbar verbundenen Ausbeutung nicht mehr als eine allerdings immer noch radikale Anfrage: Wo immer man feststellt, dass Wirtschaft und Gesellschaft eines modernen entwickelten Landes der Ausbeutung, der Armut und dem Elend vieler Menschen tatenlos zusehen, muss man zu dem Verdacht gelangen, dass Wesentliches »schief läuft«: Wenn die materiellen Lebensgrundlagen für die Bedürfnisbefriedigung aller ausreichen, wie kann es sein, dass viele nicht genug haben und der Reichtum in den Händen weniger konzentriert ist? Das Unerträgliche daran kann allerdings durch die Sicht Marx' geradezu verdeckt werden. Denn wenn Ausbeutung ein *schlechthin notwendiges Moment des Kapitalismus* ist, kann man sie nur beseitigen, wenn man den Kapitalismus selbst beseitigt. Den Kapitalismus beseitigen kann, Marx zufolge, nur eine proletarische Revolution. Gelangt man zu dem Schluss, dass die Revolution nicht möglich ist, dann legt die Marx'sche Theorie Resignation und Verzweiflung nahe.[479]

Staat

Die Frage nach der Gerechtigkeit im Hinblick auf eine Marktwirtschaft ist *auch* die Frage nach den Möglichkeiten von Gesellschaft und Staat, korrigierend einzugreifen. Marx hat hier entschieden Position bezogen, er glaubt nicht, das sich innerhalb des Kapitalismus vom Staat etwas Gutes erwarten lässt. Den radikal liberalen Ökonomen gleich, die Staatseingriffe ablehnen, da sie das Wirken der *Unsichtbaren Hand* stören, plädiert auch Marx dafür, den Lauf der wirtschaftlichen Dinge sich selbst zu überlassen – sofern man ihn nicht durch revolutionäre Tätigkeit (für die ethische Empörung allenfalls ein strategisches Mittel wäre) beschleunigen kann. Da Verbes-

[479] S. u. Kap. 17.

serungen innerhalb des Kapitalismus an seinem Charakter nichts ändern können, werden insbesondere Staatseingriffe, seien sie auch noch so gut gemeint, nur das Grundübel des Systems verlängern.[480] Marx hält es für undenkbar, den Staat für die Wirtschaft in die Verantwortung zu nehmen, denn er traut ihm weit weniger zu als etwa die heutigen Anhänger einer Sozialen Marktwirtschaft. Da Marx überall das Kapital am Werk sieht, kann er sich nicht einmal in Ansätzen einen Staat als unabhängiges, unparteiisches und wohlinformiertes Gegenüber der Wirtschaft vorstellen, dem es möglich wäre, aus Gesichtspunkten des Gemeinwohls tätig zu werden. Wie in der Neuen Politischen Ökonomie werden auch bei Marx *Gemeinwohl* und der *Staat* selbst durch die Interessen des gewinnmaximierenden Homo oeconomicus usurpiert, des Kapitalisten, der selbst wiederum der Dynamik des Kapitals folgt: Letztlich gibt es also keine Möglichkeit für eine eigenständige Politik, wirtschaftliche Entwicklungen zu steuern, denn im Kapitalismus ist *alles Wirtschaft oder von der Wirtschaft abhängig*.

Mit einer solchen Sicht trifft Marx einen Zug an der Wirklichkeit: die oft verhängnisvolle Verquickung von wirtschaftlichen Partikularinteressen und staatlichem Handeln. Von den Einsichten Hobbes' aber findet sich bei Marx keine Spur.[481] Er scheint keinen wesentlichen Unterschied zwischen dem Klassenkampf der Bourgeoisie und des Proletariats im Rahmen des liberalen Rechtsstaates und dem Krieg aller gegen alle im Naturzustand zu erkennen. Dass der Staat auch in einer bürgerlichen Welt mehr sein könnte als das Instrument der herrschenden Klasse, liegt außerhalb der Vorstellungswelt eines Denkers, der den Staat noch in den Jahren seiner Reife als »diese übernatürliche Fehlgeburt der Gesellschaft [...], diese abscheuliche Maschine der Klassenherrschaft« bezeichnet.[482] Was der Staat unabhängig von der Wirtschaft ist und leisten kann, erfährt man von Marx nicht. Innerhalb seines Theorierahmens wird man blind gegenüber allen innerhalb des Kapitalismus gegebenen Mög-

---

480 »Indeed if it came to a choice between whether the market or the state should rule the economy, modern libertarians would be as shocked as modern socialists (social democrats et al.) to find Marx on the side of the market.« Desai (2002: 3) Allerdings wertet Marx bestimmte Staatseingriffe in den Kapiteln über den Arbeitstag (8) oder über die Maschinerie (13), die die erzählenden Passagen in Band I des *Kapital* darstellen, weitaus positiver, als es die große Linie seiner Theorie erwarten lässt.

481 S. o. Kap. 7.

482 Marx (1871/1973: 541).

lichkeiten der Politik, auf die Wirtschaft einzuwirken. Erst recht irreführend sind Marx' Äußerungen über die Aufgabe, die der Staat nach Überwindung des Kapitalismus zu übernehmen hätte. Zwar soll die ideale Gesellschaft des Kommunismus im Reich der Freiheit ganz ohne einen Staat auskommen, da dieser auf dem Weg zu ihr *abstirbt*, aber der erste Schritt dorthin wird darin bestehen, die Herrschaft der Bourgeoisie durch eine Struktur zu ersetzen, die Marx *Diktatur des Proletariats* nennt.[483] Aus liberaler Sicht wäre das nichts anderes als die Tyrannei der Mehrheit, die im Namen der Gewissheit, den Lauf der Geschichte auf ihrer Seite zu haben, Andersdenkenden das Recht auf abweichende Meinungen, wenn nicht sogar das Recht auf physische Existenz, verweigert.

Verantwortung

Es wurde bereits gesagt, dass die Konzeption des *Systems der natürlichen Freiheit* in den liberalen Theorien dazu führt, dass wesentliche Folgen wirtschaftlichen Handelns außerhalb des Horizontes der Akteure liegen. Damit können diese auch keine Verantwortung dafür übernehmen. Was die Unsichtbare Hand tut, kann allenfalls im Rahmen politischer Willensbildung in den Bereich der Entscheidungsfindung gerückt werden, fällt aber nicht in die Zuständigkeit der individuellen Akteure. Bei Marx mutiert die *Unsichtbare Hand* zum *Verlauf der Geschichte*, der sich in seinem Wesen weder von individuellen noch von politischen Entscheidungen beeinflussen lässt. Dieser Verlauf der Geschichte wirkt verborgen unter der Herrschaft des Kapitals, deren Triumph und deren immanente Selbstzerstörung ebenfalls von individuellen und politischen Entscheidungen unberührt ist.

Marx stellt die Möglichkeit von verantwortlichem Handeln im Kapitalismus prinzipiell infrage. Als Individuum ist der Mensch, so denkt man normalerweise, angesichts des Bösen aufgerufen, gemäß seiner Möglichkeiten Verantwortung zu übernehmen, als politisches Wesen aber sollte sich eine Person im Rahmen ihrer staatsbürgerlichen Pflichten dafür einsetzen, dass, um dem Unrecht und der Ungerechtigkeit entgegenzutreten, durch den Staat ein gerechtes Recht geschaffen und durchgesetzt wird. Marx hingegen ist davon über-

483 Vgl. Marx (1875/1973: 28).

zeugt, dass die Macht des Kapitals es dem Einzelnen als Einzelnen unmöglich macht, Verantwortung wahrzunehmen. In dieser Logik ist sogar der Ausbeuter in gewisser Weise »unschuldig«. Daher kann Marx sagen: »Weniger als jeder andere kann mein Standpunkt, der die Entwicklung der ökonomischen Gesellschaftsformation als einen naturgeschichtlichen Prozeß auffaßt, den einzelnen verantwortlich machen für Verhältnisse, deren Geschöpf er sozial bleibt, sosehr er sich auch subjektiv über sie erheben mag.«[484] Als Substitut eines Trägers von Verantwortung bleibt nur die revolutionäre Rolle des Proletariats, das, ohne dafür einer ethischen Einsicht zu bedürfen, als soziale »Kraft« mit naturgesetzlicher Notwendigkeit tun wird, was Marx seinen *Beruf* nennt: den Kapitalismus abschaffen (vgl. das folgende Kapitel).[485]

Es gehört zur Eigenart des Kapitalismus in Marx'scher Sicht, dass er innerhalb seines Rahmens die Wahrnehmung echter Verantwortlichkeit unmöglich macht, ja, die Kategorie der *Verantwortung* verliert in ihm jeden Gehalt. Aus diesem Verständnis von Verantwortung ergibt sich, dass auch diejenigen, die *gegen* den Kapitalismus kämpfen – sei es im Einklang mit dem Geschichtsverlauf, wie das Proletariat, sei es in hilfloser ethisch getönter Empörung – für ihre Taten nicht verantwortlich gemacht werden können, denn auch sie sind nicht frei handelnde Subjekte, sondern Funktionen gesellschaftlicher Kräfte.

Marx legt nahe, dass der Kapitalismus daran schuld ist, dass die Idee der Verantwortung keinen Gehalt besitzt. Daran mag etwas Richtiges sein. In Wahrheit aber ist es die Anlage seiner eigenen Theorie, die personale Verantwortung prinzipiell ausschließt – so sehr, dass kaum zu sehen ist, wie man mit Marx' Denkmitteln selbst in einer nicht-kapitalistischen Gesellschaft personale Verantwortung konzipieren könnte. Denn das Individuum ist für ihn nicht nur *Material der alles instrumentalisierenden Bewegung des Kapitalismus* innerhalb der gegenwärtigen Epoche, es ist vielmehr ebenso *Material der Kräfte, die die Bewegung der Geschichte* bestimmen, und aufgrund einer solchen Sicht kann es prinzipiell nicht als freie und verantwortungsfähige Person gedacht werden.

Aus ethischer Perspektive ist eine solche Auffassung verheerend: Es wäre der Sieg all dessen, was Marx bekämpfte, wenn Men-

---

484 *Kapital* 15.
485 Vgl. *Kapital* 22.

schen aufhören würden, sich als verantwortliche Wesen anzusehen. Die bei Marx angedeutete Denklinie, Menschen als Funktion von Kräften aufzufassen, ist in bestimmten marxistischen Ideologien des 20. Jahrhunderts dominant geworden und mündete in den totalitären Systemen unter Stalin und Mao Zedong in der planmäßigen millionenfachen Vernichtung von angeblichen Abweichlern und Konterrevolutionären – immer im Namen der besseren Welt, des Kommunismus.

Als Karl Popper seine Studie *Die offene Gesellschaft und ihre Feinde* abfasste, sah er in Karl Marx einen höchst gefährlichen Feind. Gefährlich schien ihm Marx, weil die Verführungskraft seines Denkens lange nach seinem Tod unvermindert fortwirkte; auch Popper selbst hatte sich ihr in seiner Jugend nicht entziehen können. Verführerisch sind, wie mir scheint, weniger Marx' Kapitalanalyse oder seine Geschichtsbetrachtung – Gebiete, die er auf eine damals neuartige, bis heute äußerst fruchtbare Weise in den Blick nahm und mit originellen Theorienansätzen zugänglich machte. Verführerisch ist vielmehr das Angebot, das Ganze von Wirtschaft, Gesellschaft und Geschichte mit einer Legierung aus ökonomischen, gesellschaftlichen, geschichtsphilosophischen, ethischen und religiösen Denkfiguren zu erfassen. Es ist – vorgetragen in einem Stil, der virtuos zwischen analytischen, narrativen, polemischen und zuweilen prophetischen Ausdrucksformen hin- und hergeht – dieses Angebot, das die Anziehungskraft und anhaltende Wirkung der großen Texte Marx' ausmacht. Das wird Gegenstand des folgenden Kapitels sein, das sich mit der Marx'schen Ethik und Anthropologie im Rahmen seiner Sozialutopie auseinandersetzt. Dort werden wir versuchen, die eben genannte »Legierung« aufzulösen und ihre Elemente voneinander zu scheiden. Damit wollen wir, über Marx hinaus, ethische und religiöse Motive sowie utopische Momente freilegen, die bis heute der Sicht ernstzunehmender Kritiker der modernen Wirtschaft zugrundeliegen.

15. Alter Mensch und neuer Mensch, oder: Kritik der politischen Ökonomie aus dem Geist der Utopie

Als das radikal Böse ist Ausbeutung weit mehr als ein ökonomisches Faktum.
Karl Löwith in seinem Kommentar zu Marx

Wissenschaft oder utopisches Denken?

Die Marx'sche Theorie ist als praktisch wirksamer Impuls für die Veränderung der sozialen Wirklichkeit angelegt. Sie will gesellschaftlichen »Kräften«, deren »geschichtlicher Beruf«[486] es ist, den Sozialismus vorzubereiten, wissenschaftlich fundierte Vorstellungen über ihre soziale Stellung, ihr Handlungsfeld und ihre Bestimmung vermitteln. Mit den Mitteln einer kohärenten und an der Empirie überprüften Theorie von Gesellschaft und Geschichte soll das Bewusstsein der Menschen, die an progressiven Bewegungen teilhaben, auf die Höhe der Zeit gehoben werden. Marx stützt seine Position gegenüber den Mächten seiner Gegenwart auf die Gewissheit, dass die Kräfte von morgen diese Mächte ablösen und eine bessere Welt stiften werden.

Der wissenschaftliche Anspruch, den Marx stellt, bringt sein Denken zunehmend in Distanz zu aller Moral und Ethik. Moralische Kritik am Kapitalismus und seinen Erscheinungsformen gilt dem reifen Marx als wirklichkeitsfremd. Mit ohnmächtigen Klagen über die Schlechtigkeit der Welt will seine Einsicht in den Kapitalismus nichts zu tun haben. Für Ideen, die die Wirklichkeit transzendieren, sieht die Marx'sche Theorie, wie sie sich im *Kapital* präsentiert, keinen Raum vor. Der Analytiker des Kapitals glaubte, alles Visionäre hinter sich gelassen zu haben. Aber unter der analytischen Oberfläche finden sich in allen Werken Marx' bis in die letzten Lebensjahre die Züge einer Vision. Gegen Marx' Selbstverständnis und Anspruch enthält

[486] *Kapital* 22.

seine Geschichtsphilosophie ein inneres Zentrum, das allein aus der wissenschaftlichen Untersuchung einer gegebenen Wirklichkeit nie erschlossen werden kann. Es ist die Idee eines anderen, nicht von der schlechten Wirtschaft korrumpierbaren Zustands des Menschen, eines Zustands, wie ihn die Welt bisher nicht gesehen hat. Den visionären Kern seines Denkens hat der reife Marx auch vor sich selbst zu verbergen versucht. In seinen frühen Schriften aber treten ohne wissenschaftliche Absicherung die Bilder einer besseren Welt ungeschützt zutage: als *Utopie*. Gerade dieser utopische Wesenszug seiner Theorie hat in unserer Zeit eine eigene, wenn auch problematische Aktualität. Bis heute scheint jede grundsätzliche und radikale Kritik an der Wirtschaft auf ein Moment des Utopischen angewiesen zu sein. Dafür kann das Werk des jungen Marx als Zeugnis dienen.

Mit der Untersuchung der utopischen Züge des Marx'schen Denkens gelangen wir zu einer Frage, die weit über Marx hinausgeht: Wie kann es sein, dass den meisten Standardökonomen von Adam Smith bis heute die Marktwirtschaft als Zustand von Mensch und Gesellschaft normal und insgesamt wünschenswert erscheint, während kritische Denker wie Marx und seine Nachfolger den Kapitalismus als Zustand von Mensch und Gesellschaft für unerträglich halten, oder anders gefragt: Wie kann es sein, dass, was die eine Seite für ein überwältigendes Bonum erklärt, der anderen Seite als ungeheuerliches Malum gilt? Der Ausdruck *Utopie* hilft zur Klärung dieser Frage: Ein Nicht-Ort, ein U-topos (griechisch: ου-τοπος) ist Platzhalter für eine in der Wirklichkeit nirgends auffindbare Stelle. Ein solcher Ort ist keineswegs schlechterdings unwirklich. Denn eben seine Abwesenheit kann als Zug dieser Wirklichkeit erscheinen – allerdings nur für diejenigen, die dort diesen Ort suchen und nicht finden. Wenn an einer Wirklichkeit, die zuvor vollständig, abgeschlossen und selbstgenügsam schien, die Abwesenheit eines solchen Nicht-Ortes auffällt, ist sie eine andere geworden, denn nun *fehlt* ihr etwas, vielleicht sogar das Entscheidende, sie erscheint unvollständig und mangelhaft.

Für liberale Ökonomen, die die Marktwirtschaft für die beste Wirtschaftsordnung halten, ist ein solcher Nicht-Ort nicht des Nachdenkens wert, denn sie vermissen ihn nicht. Bei Marx jedoch hat es den Anschein, als sei gerade dieser in der Wirklichkeit abwesende Nicht-Ort, diese fehlende Stätte, für seine Theorie zentral. Dieser Nicht-Ort nimmt bei ihm eine zweifache Funktion ein: Er wird einerseits als Mangel an der Wirklichkeit aufgewiesen, während er andererseits für das kritische Bewusstsein diejenige Stelle darstellen soll, von der aus das Urteil über Wirtschaft und Gesellschaft im Kapitalismus gefällt wird. Denn von dort her erstreckt sich das Gesichtsfeld, mit dem seine Theorie die moderne Wirtschaft und Gesellschaft umfassen und über ihren Horizont hinaus gelangen will. Marx scheint über den Nicht-Ort souverän zu verfügen wie über etwas, das sich in Besitz nehmen lässt wie der Gegenstand eines *Habens*. Durch die Geste der souveränen Verfügung aber verschleiert Marx, dass es sich um eine Utopie handelt.

Wenn wir uns über Wesen und Bedeutung dieses Nicht-Ortes Rechenschaft geben, geht es dabei um nichts weniger als die Herkunft jeder grundsätzlichen Kritik an der modernen Wirtschaft. Diejenigen, die sich besonders heftig über die moderne Wirtschaft empören, fragen sich nur selten, aus welcher Quelle ihre Empörung entspringt. Anhand der Probleme, die das Werk des jungen Marx aufwirft, lässt sich paradigmatisch zeigen, dass religiöse (genauer gesagt: jüdische und christliche) Motive hier eine ausschlaggebende Rolle spielen.

Die Kritik am Egoismus in der Schrift *Zur Judenfrage*

Die Besonderheit des utopischen Blicks, mit dem Marx Mensch, Gesellschaft und Welt seiner Zeit betrachtet, ist in der frühen Schrift *Zur Judenfrage* voll ausgebildet.

In *Zur Judenfrage* konstatiert Marx: Die Beziehungen zwischen den Menschen sind aller *Würde* beraubt. Empörend ist für ihn des Menschen »Leben in der bürgerlichen Gesellschaft, worin er als Privatmensch tätig ist, *die andern Menschen als Mittel betrachtet, sich selbst zum Mittel herabwürdigt* und zum Spielball fremder Mächte wird«.[487] In dieser Kurzformel ist für Marx *das* Problem schlechthin angesprochen: Es ist das Problem, dass jeder Mensch für jeden Menschen zum Mittel wird, das Problem der *Instrumentalisierung*. Als *Herabwürdigung* raubt die Instrumentalisierung dem Menschen tendenziell alle Würde.

Bereits in der *Judenfrage* erscheint Instrumentalisierung nicht als Sache der persönlichen Einstellung Einzelner. Vielmehr drückt

---

487 Marx (1843/1976: 355), im Folgenden abgekürzt: *Judenfrage*. Hervorhebung vom Vf.

sich in ihr eine sozial vorgegebene Lebensweise aus, ein immer schon vorgefundener, unbewusst übernommener Weltzugang. Diejenige Gesellschaft, in der der Mensch sich nur *als Privatmensch* seiner selbst bewusst wird, ist die bürgerliche Gesellschaft. In ihr, und nur in ihr, nimmt sich der Mensch unmittelbar als isoliertes Individuum gänzlich *unabhängig von der Gesellschaft* wahr und überträgt diese Wahrnehmung auch auf seine Mitmenschen. Indem er alles Allgemein-Menschliche und alles Gemeinschaftliche aus dem Blick verloren hat, *würdigt* der Mensch sich, wie Marx sagt, *herab*, sowohl in der eigenen Person als in der Person des anderen. Dass es in Wahrheit aber, so Marx, gerade die Gesellschaft ist, die durch die Kooperation vieler Menschen und die wechselseitige Ergänzung ihrer unterschiedlichen Fähigkeiten die Bedingungen schafft für einen Lebensentwurf, dessen einziger Inhalt darin besteht, sein Glück im Privaten und seine Selbstverwirklichung im Verfolgen des eigenen Nutzens zu finden, diese Paradoxie ist dem *Privatmenschen* nicht bewusst. »Das einzige Band, das sie [die Menschen in der bürgerlichere Gesellschaft, d. V.] zusammenhält, ist die Naturnotwendigkeit, das Bedürfnis und das Privatinteresse, die Konservation ihres Eigentums und ihrer egoistischen Person.«[488] Der andere Mensch erscheint, sofern man ihn nicht braucht, nur als Störfaktor: Die bürgerliche Gesellschaft »läßt jeden Menschen im andern Menschen nicht die Verwirklichung, sondern vielmehr die Schranke seiner Freiheit finden.«[489]

Eine Freiheit, die nicht den anderen in seinem Menschsein einschließt, ist, Marx zufolge, keine echte Freiheit. Das Leben, das dieser scheinhaften Freiheit entspricht, ist aus den Fugen geraten: »Die Freiheit des egoistischen Menschen und die Anerkennung dieser Freiheit ist aber vielmehr die Anerkennung der zügellosen Bewegung der geistigen und materiellen Elemente, welche seinen Lebensinhalt bilden.«[490] Gerade weil der Mensch nur um das Seine bekümmert ist, wird er unsensibel für sein Selbst-Sein, *würdigt* er auch *sich selbst zum Mittel herab*. Das Leben, das er führt, offenbart sich nicht als Verwirklichung seiner Freiheit, sondern macht ihn zum *Spielball fremder Mächte*. Wenn man mit Platon *Gerechtigkeit* als *Tun des Eigenen* versteht, dann folgt aus der Argumentation des jungen

488 *Judenfrage* 366.
489 *Judenfrage* 364.
490 *Judenfrage* 369.

Marx, dass die moderne bürgerliche Gesellschaft von Grund auf *ungerecht* ist. In der Linie seines Gedankens ist es das Elend ihres Prototyps, des rationalen Egoisten, dass er, weil er nicht zur Menschlichkeit des anderen gelangt, auch nie zum eigenen Menschsein gelangen kann. Was er für das Eigene hält, das Haften am privaten Bedürfnis und Eigentum, ist das seinem eigentlichen Menschsein Fremde. In seiner Unterwerfung unter dieses Fremde ist er von Mächten getrieben, deren Treiben er nicht wahrnimmt.

Was Marx hier liefert, ist auf den ersten Blick eine Kritik am Homo oeconomicus, die ethisch motiviert scheint. Als ihr Kriterium könnte man eine Idee des guten Lebens ansehen, an der gemessen die Lebensführung des Homo oeconomicus ziellos wirkt. Während die Standardökonomik kein Problem darin sieht, sich Menschen vorzustellen, die sich nur um ihren eigenen Nutzen kümmern und den anderen gegenüber gleichgültig sind, ist diese Vorstellung für Marx, dem es um ein gutes Leben auf der Basis menschlicher Gemeinschaftlichkeit geht, geradezu unerträglich.

Marx und die Menschenrechte

Marx übergeht in diesem frühen Text allerdings, dass die von ihm geschmähte *Freiheit des egoistischen Menschen* Bildung und Entfaltung der individuellen Persönlichkeit ermöglicht hat, wie sie keine Gesellschaft vor der bürgerlichen, keine Wirtschaft vor der marktwirtschaftlich organisierten gesehen hat. Mit der Einseitigkeit der Sicht hängt zusammen, dass die Schrift *Zur Judenfrage* den *Menschenrechten,* wie sie zu Beginn der Französischen Revolution formuliert wurden, kaum etwas Positives abgewinnen kann, Marx sieht in ihnen nur den Niederschlag der Ideologie der bürgerlichen Gesellschaft. Die Menschenrechte sind, historisch gesehen, in der Tat parallel zur Herausbildung der bürgerlichen Gesellschaft auf die Agenda der (zunächst westlichen) Menschheit gelangt. Sie haben sich jedoch nie darin erschöpft, den Interessen des *egoistischen Privatmenschen* entgegenzukommen, wie Marx annimmt. Wenn sie den Homo oeconomicus nicht verhindern, so heißt das nicht, dass sie ausschließlich seinetwegen da sind. Dass sie der Privatheit des Individuums Raum geben und sie vor den besitzergreifenden Ansprüchen eines Staates schützen, kann auch bedeuten, dass sie einen vor den Zugriffen von Staat und Gesellschaft sicheren Freiraum für die gewaltlose Suche nach einem guten Leben abgeben, das besser wäre als das Leben des typischen Homo oeconomicus. Was Marx und viele von denen, die in seinen Spuren wandelten, nicht sahen: Die Welt des Homo oeconomicus, für wie schlecht man sie immer halten mag, hat keinen Bestand, ohne dass in ihr eine Idee von Freiheit wirksam wird, die über sie hinausweist.

Damit aber stellt sich eine Frage, auf die wir bereits zuvor hinwiesen: Was bringt Marx dazu, einen Zustand von Mensch und Gesellschaft, der für liberale Theoretiker so gut ist, wie man es in dieser gebrechlichen Welt bestenfalls erwarten darf, insgesamt zu verwerfen? Die Erklärung, Marx sei in ethischer Hinsicht weitaus sensibler als seine liberalen Zeitgenossen, trifft nicht zu. Wäre Marx ein Ethiker, so hätte er mit seiner Kritik entweder moralisch argumentierend beim Einzelnen oder politisch argumentierend bei dem System der rechtlichen und politischen Organisation von Staat, Gesellschaft und Wirtschaft, ansetzen müssen – so wie es sein älterer Zeitgenosse John Stuart Mill als Liberaler mit zunehmend sozialistischen Neigungen getan hat. Aber das lag Marx fern. Er hatte etwas anderes im Blick. Dass die Menschen ein nicht menschenwürdiges Leben führen, dass sie nur instrumentelle Beziehungen kennen, dass außerhalb solcher Beziehungen die anderen für sie buchstäblich »nichts« sind, das verweist in seinen Augen nicht auf einzelne Fehler und Mängel der Menschen oder der Gesellschaft, die man kritisieren und beheben könnte. Das Problem für Marx ist vielmehr, dass die bürgerliche Gesellschaft sich in ihrer Verkehrtheit als *die Welt schlechthin präsentiert* und, wenn man in ihren Wahrnehmungs- und Denkweisen verharrt, auch *die Welt schlechthin ist:* So, wie sie scheint und wie sie sich gibt, kann es keine andere geben, lässt sie keine andere zu. Es ist der abgeschlossene und selbstgenügsame Zustand der gesellschaftlichen Welt des Bürgertums und der Zustand des ihr entsprechenden menschlichen Bewusstseins, den der junge Marx radikal und im Ganzen ändern will. Dieser Impetus kann jedoch nicht aus derjenigen Welt stammen, die im Ganzen verworfen wird. Woher aber kommt er dann?

Kritik und Überbietung der Religion

Die Veränderung einer Gesellschaft, die sich als ein Raum für die Entfaltung des Homo oeconomicus definiert, ist, so denkt Marx 1844, eine Angelegenheit der ganzen *Menschheit*. Sache der Menschheit ist es, eine verkehrte Gesellschaft *umzuwerfen* – das gebietet gemäß den Worten von Marx ein *kategorischer Imperativ*. Gewonnen wird dieser Imperativ allerdings nicht aus einer Theorie der Gesellschaft oder einer ihr zugeordneten Ethik, sondern aus Auseinandersetzungen, die auf einem ganz anderen Gebiet geführt werden, dem Gebiet der Religion. So schreibt Marx 1844 in seiner *Einleitung zur Kritik der Hegelschen Rechtsphilosophie:* »Die Kritik der Religion endet mit der Lehre, daß der Mensch das höchste Wesen für den Menschen sei, also mit dem *kategorischen Imperativ*, alle Verhältnisse umzuwerfen, in denen der Mensch ein erniedrigtes, ein geknechtetes, ein verlassenes, ein verächtliches Wesen ist.«[491]

Die *Lehre, daß der Mensch das höchste Wesen für den Menschen sei*, beschäftigt sich mit einem Gegenstand, der nach gängiger Auffassung in die Religion gehört: dem *höchsten Wesen*.[492] Diese *Lehre*, die Marx hier formuliert, soll die Religion *aufheben* – im dreifachen Sinn: sie *überbieten*, sie *beseitigen* und dabei doch ihr Bestes *bewahren*, das heißt, sie soll auf einer höheren, sozusagen transreligiösen Stufe die in der Religion verschütteten humanen Intentionen zur Geltung bringen.

Es ist diese *Lehre* vom Menschen als dem höchsten Wesen für den Menschen, an deren Maßstab Marx sein Leben lang Wirtschaft und Gesellschaft seiner Zeit gemessen und verurteilt hat. Wenn er die Aufhebung der Religion als ihre Basis postuliert, so ist damit vor allem das Christentum gemeint. In ihm sind, Marx zufolge, die Menschen einem Göttlichen verpflichtet, das nicht von dieser Welt ist. Solange aber die Menschen so denken, schwankt ihr Bewusstsein zwischen zwei Reichen: Das eine ist die diesseitige Welt, der Ort des mühsamen und oft elenden Lebens zwischen Geburt und Tod, das andere das illusionäre Jenseits, das Himmelreich, das ewige Leben

---

491 Marx (1844/1976: 385), im Folgenden zitiert als: Einleitung. Hervorhebung vom Vf.

492 Marx mag auch an das *être suprême* gedacht haben, dessen Kult Robespierre in der Französischen Revolution eingerichtet hatte – eine säkularisierte, vom *Mysterium faszinosum* und *tremendum* abgelöste Ersatzform dessen, was die Juden, Christen und Muslime Gott nennen.

nach dem Tod, das Trost verspricht für alle Vergeblichkeit des Lebens im Diesseits. Als »Opium des Volks«[493], vermittels der Droge ihrer Heilsversprechen, ist es der christlichen Religion lange Zeit gelungen, die Menschen an die menschenfeindliche Ordnung des Diesseits zu gewöhnen und sie zur Unterwerfung unter die jeweils Herrschenden anzuhalten.

Mit der Entstehung der bürgerlichen Gesellschaft jedoch – die Marx im späteren Werk als die Welt der Herrschaft des Kapitals ansehen wird – hat dieses *Opium* nach und nach seine Wirkung verloren. Das Jenseits, das Himmelreich, wird als Illusion durchschaut, und es bleibt nur noch *ein* Reich übrig: das Diesseits. Als Raum des Homo oeconomicus ist diese von den Illusionen der Religion entleerte Welt allerdings ganz und gar trostlos. Bleibt sie so, wie sie ist, fehlt ihr alles Wesentliche: Das höchste Wesen in ihr ist nicht mehr eine transzendente Instanz im Jenseits, aber es ist auch nicht der Mensch für den Menschen. In der bürgerlichen Gesellschaft bleibt das Höchste für jeden der leere *Eigennutz*[494]. In einer solchen Welt sind die Menschen fast schlimmer dran als jemals zuvor: Denn mit den Illusionen der Religion ist auch jede Hoffnung auf eine Welt, die besser wäre als die alltägliche Misere, verschwunden: Das Leben wird sinnlos.

Marx, der Kritiker der Religion, der alle Transzendenz verwirft, erfährt die Welt im Ganzen als einen Ort der Trostlosigkeit. Er fokussiert den Blick auf Abwesendes, nirgends Aufzufindendes, nach dessen Gegenwart er sich sehnt. Das, wonach er sich sehnt, ist in den Worten des Johannesevangeliums, »nicht von dieser Welt«[495]: Einen Ort, wo der Mensch den Menschen würdigen und feiern kann als *das höchste Wesen für den Menschen*, findet man in den Verhältnissen, die Marx vor Augen hat, nirgends vor. Seine Sehnsucht erinnert an die Sehnsucht des religiösen Menschen nach Erlösung und Heil. Marx aber will keine Erlösung im religiösen Sinn, denn die Erfüllung seiner Sehnsucht soll nicht aus einer transzendenten Quelle geschehen, sondern Werk der bewusst handelnden Menschen sein. Das unverfügbare Göttliche soll das machbare Menschliche werden, was Utopie ist, wird umformuliert zu einer ethischen Aufgabe, was nicht von dieser Welt ist, soll durch verändernde Praxis in dieser Welt verwirklicht und zum Wesen der neuen Welt werden. Daher formuliert

---

493 *Einleitung* 378.
494 *Judenfrage* 364.
495 *Johannes* 18, 36.

Marx, worum es ihm geht, in der Form eines Gebotes. Dessen *ethischer Charakter* wird durch die Benennung *kategorischer Imperativ* ausdrücklich hervorgehoben.

Der *kategorische Imperativ, Verhältnisse umzuwerfen, in denen der Mensch ein erniedrigtes, ein geknechtetes, ein verlassenes, ein verächtliches Wesen ist,* lässt sich jedoch kaum im Rahmen einer philosophischen Ethik verständlich machen. Wollte man ihn anschlussfähig machen an eine Ethik wie die Immanuel Kants, müsste man die ihn tragende Argumentation etwa so formulieren: Der Mensch ist verpflichtet, die Würde des anderen Menschen zu achten, so wie er auch verpflichtet ist, die Menschenwürde in seiner eigenen Person zu achten. Aus einem solchen Imperativ könnte man folgern: In Verhältnissen, in denen die Würde vieler Menschen systematisch verletzt wird, reicht privates Bemühen, in einigen besonderen Fällen einzelnen Menschen gerecht zu werden, nicht mehr hin. Solche Verhältnisse sollten strukturell geändert werden – dazu könnte die einzelne Person etwa durch öffentliche Meinungsäußerung oder Zusammenschluss mit Gleichgesinnten und politisches Engagement beitragen. Eine so argumentierende Ethik müsste jedoch zugleich auch die Begrenztheit von Handlungsmöglichkeiten berücksichtigen, um ihre Adressaten nicht zu überfordern. Denn in der Tradition zwischen Aristoteles und Kant ist nicht einmal gewiss, ob ein Mensch sich selbst in eigener Person »verbessern« oder durch andere »verbessert« werden kann. Ist es da überhaupt denkbar, dass der Mensch andere Personen oder gar die Verhältnisse im Ganzen in den Griff bekommen könnte?

Die Verhältnisse im Ganzen aber sind genau das, worum es Marx geht. Nicht etwas *an* der Welt, sondern die Welt selbst muss verändert werden. Gemäß der Marx'schen Fassung des kategorischen Imperativs reicht es also nicht aus, dieses oder jenes an den Verhältnissen zu verbessern, es gilt vielmehr, wie Marx sagt, sie insgesamt *umzuwerfen*. Das darf wörtlich verstanden werden: Was oben ist, was herrscht und die Menschen nötigt, aufzublicken, soll umgestürzt werden, Neues, ganz Anderes soll stattdessen ans Licht treten und selbst Licht geben.

Dass nichts bleiben darf, wie es war, dass *alles* anders und damit wahrhaft gut werden soll, ist eine Vorstellung, deren Ursprung nicht in der Ethik, sondern in der religiösen Überlieferung liegt. Sehnsucht und Hoffnung der Menschen im Christentum findet ihren Anker in der Verheißung Gottes, der im Neuen Testament durch den Mund des

Sehers Johannes spricht: »Siehe, ich mache alles neu!«[496] Diese Vorstellung ist religiös, insofern sie impliziert, dass die entscheidende, alles verwandelnde Veränderung das Maß menschlichen Könnens überschreitet; nur durch *Gnade*, als Geschenk aus einer dem Menschen unverfügbaren Quelle, kann sie geschehen. Selbst wenn man, wie Paulus, dem Menschen zuspricht, *Mitwirker Gottes*[497] zu sein, ist das Entscheidende nicht in menschlicher Verfügungsmacht. Dem Menschen bleibt das Handeln in seinem begrenzten Lebenskreis, darüber hinaus reicht nur das Vertrauen auf Gott und das Bereitsein in Geduld: Wie und wann der *Tag des Herrn* kommt, kann er nicht wissen.[498]

Gegen den religiösen Charakter der Stiftung einer neuen Welt, insbesondere gegen das entscheidende Moment der Gnade, revoltiert der junge Marx. Es ist ihm zuwider, die Ankunft dessen, was der Mensch, wenn er wahrhaft Mensch ist, zuinnerst ersehnt, auf unbestimmte Zeit zu vertagen und seine Herkunft ins Jenseits zu verlegen. Jetzt und hier soll es sein, und der Mensch selbst muss durch seine Tat bewirken, dass es jetzt und hier sein wird. Demgemäß zieht Marx das religiöse Problem scheinbar in die Sphäre der Ethik, indem er einen *kategorischen Imperativ* formuliert, d.h. eine Aufforderung zur bewussten Fundierung und Orientierung allen Handelns. Diese Auffassung, das ist das Ethische an ihr, will immer gelten und daher in jeder Gegenwart. Sie wird, ethisch verstanden, an handelnde Wesen adressiert, an freie Menschen, die die Wahl haben, dem Imperativ zu folgen oder nicht.

Marx aber scheint – und hier wird eine nicht reflektierte Wendung seiner Gedanken sichtbar – bei seiner Formulierung eines kategorischen Imperativs gerade nicht an Adressaten zu denken, die für ethische Argumente ansprechbar sind. Die Geltung, die dieser *kategorische Imperativ* in der von Marx so radikal kritisierten Welt erlangen soll, hat nichts mit der Geltung ethischer Postulate zu tun: Der Imperativ soll nicht wie das Gebot wirken, auf das die Adressaten hören, sondern wie der Blitz, dessen Einschlag das brennbare Material entzündet.[499] Denn es gibt, wie Marx annimmt, Menschen, die

496 *Offenbarung* 21, 5.
497 1 *Korinther* 3,9.
498 Vgl. 1 *Thess.* 5, 2f.
499 Vgl. *Einleitung* 391: »Wie die Philosophie im Proletariat ihre *materiellen*, so findet das Proletariat in der Philosophie seine *geistigen* Waffen, und sobald der Blitz des

zwar vermutlich nicht einmal wissen, was ein kategorischer Imperativ ist, die aber, wenn sie von seiner Botschaft getroffen werden, ohne an Moral und Ethik zu denken, ihr gemäß agieren werden, weil ihre Sehnsucht, ohne es zu wissen, nur darauf gewartet hat, dem Ruf zu folgen, *alle Verhältnisse umzuwerfen, in denen der Mensch ein erniedrigtes, ein geknechtetes, ein verlassenes, ein verächtliches Wesen ist.*

Diese Menschen müssten außerhalb der Ordnung des Homo oeconomicus stehen, der ja kaum anders kann, als auf seine Weise zur Erniedrigung, Knechtung und Verachtung des Menschen beizutragen. Wer aber sind diese anderen Menschen? Auch wenn mit ihnen nicht der Typus des Homo oeconomicus gemeint ist, so ist es doch, wie Marx glaubt, gerade *seine* Gesellschaftsordnung, die ihr Auftreten ermöglicht. Denn es ist eine Leistung dieser Ordnung, dass sie, wie noch das *Kommunistische Manifest* rühmt, »alles Heilige […] entweiht« und die Menschen zwingt, »ihre Lebensstellung, ihre gegenseitigen Beziehungen mit nüchternen Augen anzusehen.«[500] Somit ist es der Homo oeconomicus als Bourgeois, der, indem er die Macht der Religion durch den Kult des Eigennutzes ersetzt hat, allen denen, die sich mit seiner Welt nicht arrangieren können, die Illusion genommen hat, für das erniedrigende Diesseits nach dem Tode in einem Jenseits entschädigt zu werden. Marx glaubt nun, dass die ehemals religiösen Energien, nachdem sie nicht mehr durch die Heilsversprechen der Religion kanalisiert und von der Wirklichkeit abgeleitet werden, ungehindert zur Verwandlung des Diesseits eingesetzt werden können – dann nämlich, wenn sie auf Menschen einwirken, die nicht von der Ordnung des Diesseits korrumpiert sind.

Die Menschen aber, die dem Marx'schen kategorischen Imperativ gemäß handeln, existieren seiner Ansicht nach bereits: Es sind die Proletarier. Sie sind diejenigen, die das, was Marx theoretisch erschließt, jeden Tag praktisch erleben: die Unerträglichkeit und Trostlosigkeit der gegebenen Verhältnisse. Daher werden sie, wie Marx annimmt, gar nicht anders können als mit allen Mitteln danach zu streben, diese Verhältnisse *umzuwerfen.* Marx setzt alle Hoffnung auf die revolutionäre Tat einer »Klasse mit radikalen Ketten«, an der »das Unrecht schlechthin […] verübt wird«, um zu dem Schluss zu

---

Gedankens gründlich in diesen naiven Volksboden eingeschlagen ist, wird sich die Emanzipation der *Deutschen* zu *Menschen* vollziehn.«

[500] *Manifest* 465.

gelangen: »Wenn das Proletariat die Auflösung der bisherigen Weltordnung verkündet, so spricht es nur das Geheimnis seines eigenen Daseins aus, denn es ist die faktische Auflösung dieser Weltordnung.«[501] Im *Proletarier* glaubt der junge Marx, denjenigen Typus des Menschen gefunden zu haben, der nicht nur selbst frei ist von der Motivation des Homo oeconomicus, sondern auch stark genug ist, dessen menschenfeindliche Welt im Ganzen umzuwälzen. Dieser Typ Mensch wird den *Auferstehungstag* herbeiführen.[502] An dieser Überzeugung hält Marx, auch wenn er sein Anliegen später nicht mehr mit religiös geladenen Begriffen wie *Auferstehung* zur Sprache bringen wird, zeit seines Lebens fest, so dass er noch im Nachwort zur zweiten Auflage des ersten Bandes des *Kapital* das Proletariat als die Klasse bezeichnet, »deren geschichtlicher Beruf die Umwälzung der kapitalistischen Produktionsweise und die schließliche Abschaffung der Klassen ist.«[503]

Den revolutionären Übergang von Verhältnissen, in denen der Mensch alles und sogar sich selbst instrumentalisiert, zu solchen Verhältnissen, in denen der Mensch für den Menschen das höchste Wesen ist, sollen und werden die Proletarier leisten. Was also in der Religion Gottes Wirken vorbehalten bleibt – *alles neu zu machen* und in *Gerechtigkeit* einen *Frieden ohne Unterlass* herbeizuführen –, wird laut Marx von Menschen vollbracht werden. Es sind aber nicht die Mächtigen der bestehenden Welt, sondern es ist der Mensch als *ein erniedrigtes, ein geknechtetes, ein verlassenes, ein verächtliches Wesen*, der dazu ausersehen ist, die neue Welt zu schaffen.

Während der reife Marx, als er das *Kapital* konzipierte, mit seiner Arbeitswertlehre der These vom *geschichtlichen Beruf* des Proletariats eine wissenschaftliche Grundlage zu geben suchte, ist in der Argumentation des jungen Marx das utopische Moment mit seiner Mischung aus ethischen und religiösen Motiven noch unverhüllt sichtbar. Es geht um Gerechtigkeit schlechthin, nicht um etwas mehr Gerechtigkeit innerhalb dieser Weltordnung, denn die *Auflösung dieser Weltordnung* selbst ist das Programm, das von denen vollstreckt werden soll, an denen *das Unrecht schlechthin* verübt wird.

---

501 *Einleitung* 390.

502 *Einleitung* 391. Dort heißt dieser »Tag« der *deutsche Auferstehungstag*, weil, so die Überzeugung Marx', die wahre Emanzipation des Menschen von Deutschland ausgehen wird. Jedoch ist sich Marx sicher, dass dies ein Ereignis für die ganze Menschheit sein wird.

503 *Kapital* 22.

Dieses Programm ist buchstäblich utopisch: Es hat keinen Ort in *dieser Weltordnung*, denn was es einklagt, die Abschaffung des *Unrechts schlechthin*, ist mehr, als was man innerhalb der, wie Heinrich von Kleist sie nannte, *gebrechlichen Einrichtung* dieser Welt verlangen kann.[504] Das wollte Marx allerdings anders sehen, wenn er sein Programm nicht als Utopie verstand, sondern als Vorwegnahme dessen, was in dieser Welt bald Wirklichkeit werden musste. Deswegen amalgamierte er in seiner Theorie so Unvereinbares wie die Arbeiterbewegung seiner Zeit und den Traum von einer besseren Welt.

Der neue Mensch – Heilsgeschichte bei Marx

Karl Löwith hat gezeigt, dass Marx' Bild vom Proletariat eingezeichnet ist in die Idee einer *Heilsgeschichte*. In dieser geht dem Heil, das am Ende der Geschichte erscheint, ein heilloser, unheilvoller Zustand voraus, in welchem die Sehnsucht nach dem Heil spürbar wird und sich artikulieren kann. Aus christlicher Sicht ist es die Erbsünde, die Schuld des ersten Menschen, die – auch wenn sie für den Christen durch die Taufe bereits getilgt ist – mit ihren Folgen auf der Menschheit bis zum Ende der Zeiten lastet. Eine analoge Vorstellung, so Löwith, sei für Marx' Kritik am Kapitalismus entscheidend, insbesondere für seine Auffassung von der Ausbeutung, in der sich das Malum der Wirtschaft verdichtet:

»Mag Marx auch die Tatsache der Ausbeutung durch seine Mehrwert-Theorie ›wissenschaftlich erklären‹, so bleibt ›Ausbeutung‹ nichtsdestoweniger ein moralisches Urteil: sie ist, wenn an einer bestimmten Idee von Gerechtigkeit bemessen, ein absolutes Unrecht. In Marx' Darstellung der Weltgeschichte ist sie nichts Geringeres als das radikal Böse oder biblisch gesprochen, die Erbsünde dieses Äon. Und wie die Erbsünde korrumpiert sie nicht nur die moralischen, sondern auch die geistigen Fähigkeiten des Menschen. […] Als das radikal Böse ist Ausbeutung weit mehr als ein ökonomisches Faktum.«[505]

Die Diagnose, dass Ausbeutung *ein absolutes Unrecht* sei, ist allerdings, wie man gegen Löwith einwenden könnte, nicht nur *weit mehr als ein ökonomisches Faktum*, sie ist auch weit mehr als ein

---

504 Vgl. Kleist, *Michael Kohlhaas* (Kleist 1970: 15).
505 Löwith (1953: 47).

moralisches Urteil. Löwith selbst macht deutlich, dass es sich um ein Urteil handelt, durch das die Welt insgesamt *gerichtet* ist. Die Begründung eines solchen Urteils überschreitet jedoch die Möglichkeiten jeder philosophisch begründeten Ethik.

Löwith zufolge sieht Marx in der Ausbeutung nicht nur *das radikal Böse*, sondern sogar *die Erbsünde dieses Äon*. Damit stellt Löwith Marx in den Rahmen einer – säkularisierten – Heilsgeschichte: Folgt in der christlich gedeuteten Heilsgeschichte auf eine Zeit im Zeichen der Schuld Adams, des alten Menschen, mit der Ankunft Christi die Zeit des neuen Menschen[506], so folgt für Marx auf die alte Welt, die Bourgeoisie-Epoche, das Reich der Freiheit, die neue Welt, die anbricht mit der proletarischen Revolution.

Löwith erkennt nun, dass Marx mit den Figuren des *alten Menschen* und des *neuen Menschen* operiert. Wer für Marx der *alte Mensch* ist, der alte Adam, lässt sich ohne Schwierigkeiten sagen: es ist der Bourgeois. In seiner Welt sind *alle moralischen und geistigen Fähigkeiten des Menschen korrumpiert*. Eine Schwierigkeit für einen nicht religiös argumentierenden Denker wie Marx ist allerdings die Herkunft des *neuen Menschen*. Im Christentum ist sein Ursprung transzendent: Der Sohn Gottes, der Christus, wird vom Vater in die Welt gesandt. In der Person des Jesus von Nazareth offenbart er sich als Urbild des neuen Menschen und wird durch die Gnade des Heiligen Geistes den alten Menschen, der seine Botschaft annimmt, in den neuen verwandeln. Einen solchen Ursprung will Marx nicht in Anspruch nehmen. Wie seine eigene Lösung für dieses Problem aussieht, ist einem Text zu entnehmen, der, für seine Theorie eher marginal, offen anspricht, was die »großen« Werke allenfalls andeuten. In seiner Grußadresse zum Jahrestag des *People's Paper* (1856) führt Marx aus:

»Wir sehen, daß die Maschinerie, die mit der wundervollen Kraft begabt ist, die menschliche Arbeit zu verringern und fruchtbarer zu machen, sie verkümmern läßt und bis zur Erschöpfung auszehrt. Die neuen Quellen des Reichtums verwandeln sich durch einen seltsamen

---

506 Bei Paulus ist *expressis verbis* vom *neuen Menschen* die Rede: Vgl. Eph. 4, 24: »Und zieht den neuen Menschen an, der nach Gott geschaffen ist in wahrer Gerechtigkeit und Heiligkeit.« Siehe auch 2. Kor. 5, 17: »Darum: Ist jemand in Christus, so ist er eine neue Kreatur; das Alte ist vergangen, siehe, Neues ist geworden.«

Zauberbann zu Quellen der Not. […] All unser Erfinden und unser ganzer Fortschritt scheinen darauf hinauszulaufen, daß sie materielle Kräfte mit geistigem Leben ausstatten und das menschliche Leben zu einer materiellen Kraft verdummen.« Man könne darüber klagen, sagt Marx weiter, oder man könne sich die Vergangenheit zurückwünschen. Er aber sieht eine andere Lösung. Es habe durchaus sein Gutes, wenn derartige grelle Gegensätze hervortreten, denn: »Wir wissen, daß die neuen Kräfte der Gesellschaft, um richtig zur Wirkung zu kommen, nur neuer Menschen bedürfen, die ihrer Meister werden […].«[507]

Neue Menschen sind nötig, die frei sind von der Haltung des Homo oeconomicus, der in der Suche nach dem Privatvorteil der Dynamik des sich selbst verwertenden Wertes anheimfällt. »Wir wissen«, sagt Marx, dass wir »nur neue Menschen brauchen«.[508] Mit Löwith (dem ich den Hinweis auf die eben zitierte Stelle verdanke) kann man über diesen Gedanken erschrecken, nicht zuletzt über die Partikel *nur* (im Original: *only*), mit der Marx zu sagen scheint, dass es nicht eben schwierig sein dürfte, diese neuen Menschen zu finden. Mit Löwith mag man sich auch fragen, »ob Marx sich jemals die menschlichen, moralischen und religiösen Voraussetzungen seiner Forderung: durch die Umschaffung des Menschen eine neue Welt zu schaffen, klar gemacht hat.«[509] Denn *Umschaffung des Menschen:* das war das Programm von Bewegungen, die sich auf Marx beriefen, es wurde im Namen des Kommunismus realisiert von Massenmördern wie Stalin, Mao Zedong oder Pol Pot, die Millionen Menschen dafür in den Tod schickten, dass diese angeblich der falschen Klasse angehörten oder ein falsches Bewusstsein hatten. Die Opfer waren die Angehörigen des Typus *alter Mensch*, die nach Ansicht derer, die sie auslöschten, nicht begreifen konnten, dass sie eine Existenzberechtigung nur bekommen würden, wenn sie bereit wären, *den*

---

507 Marx (1856/1961: 3 f.).

508 Im englischen Original heißt es vorsichtiger: »We know that to work well the newfangled forces of society, they only want to be mastered by newfangled men […].« (Marx 1856/1969). Das Wort *newfangled,* heute nur noch pejorativ im Sinne von *neumodisch* vorkommend, scheint Marx mit der Bedeutung *neuartig* gebraucht zu haben, vielleicht mit dem Unterton, dass die technologischen Neuheiten *(newfangled forces of society)* die Erneuerung der Menschheit fast automatisch nach sich ziehen würden.

509 Löwith (1973: 41).

neuen Menschen anzuziehen (wie es Paulus im vierten Kapitel des Epheserbriefes sagt).[510]

Wenn man sich des neuen Menschen und des Heils, das er darstellt, so gewiss ist – warum darf man die alten Menschen, die Repräsentanten und Bewahrer des Unheils, nicht vernichten, wenn man sie anders nicht los wird? Muss man es nicht sogar? Wie sonst sollte der neue Mensch eine Chance bekommen, seine Welt menschenwürdig zu gestalten – im Namen der ganzen Menschheit? Dieser *ungeheuren Logik von Schrecken*, die Nietzsche mit dem Tod Gottes heraufziehen sah[511], hat Marx objektiv Vorschub geleistet. Allerdings ist eine planmäßige *Umschaffung des Menschen* in seiner Theorie nirgends vorgesehen. Er glaubte vielmehr, dass eine solche Neuschöpfung verborgen bereits im Kapitalismus ganz von selbst stattfinde. Die eben zitierte Stelle: »Wir wissen, daß die neuen Kräfte der Gesellschaft, um richtig zur Wirkung zu kommen, nur neuer Menschen bedürfen, die ihrer Meister werden«, endet nämlich so: »[...] das sind die Arbeiter *(working men)*.«[512] Löwith sagt dazu: »Der Keim dieses neuen Menschen ist nach Marx das elendeste Geschöpf der kapitalistischen Gesellschaft, der Proletarier [...].«[513]

Löwiths Deutung hilft zu verstehen, warum Marx seine Zeit so ganz anders wahrnimmt als die zeitgenössischen liberalen Ökonomen. Er sieht ihre Wirtschaft als die Vollendung der Heilsferne des Menschen. Die Marktwirtschaft ist für Marx nicht etwa die gegenwärtig normale Wirtschaftsweise, die, auch wenn sie in vieler Hinsicht besser sein könnte, mit ihrem Ausmaß an Güterproduktion und individuellen Entfaltungsmöglichkeiten allen ihr vorausgehenden Wirtschaften und Gesellschaften überlegen ist. Die Marktwirtschaft ist vielmehr die Hülle oder der Schleier der kapitalistischen Produktion. Diese hat zwar die Potenzen für ein menschenwürdiges Leben im höchsten Maße entwickelt, zugleich aber diese Potenzen missbraucht, um die Mehrheit der Menschen zu einem ganz und gar

---

[510] Diejenigen, die dazu bereit waren, waren allerdings beispielsweise unter Stalin keineswegs davor sicher, ermordet zu werden. Denn in den Säuberungsaktionen in der Sowjetunion im Verlauf des großen Terrors von 1936–1938 ging es oft darum, von Stalin für verdächtig gehaltene Funktionäre, die meinten, Kommunisten zu sein, davon zu überzeugen – oft durch Folter und Gehirnwäsche –, dass sie objektiv die Sache des Kommunismus verraten hatten und dafür den Tod verdienten.

[511] Nietzsche, *Die fröhliche Wissenschaft* V, 343 (Nietzsche 1966b: 205).

[512] Marx (1856/1961: 3 f.).

[513] Löwith (1973: 41).

unwürdigen Leben zu nötigen. So beraubt der Kapitalismus fast alle, die an ihm teilhaben, bis in die Tiefen ihres Bewusstseins hinein der Möglichkeit, sich ein Leben, das den Namen *menschlich* verdient, auch nur vorzustellen. Das Gegenbild dazu, die Gestalt eines geheilten menschlichen Lebens, hat Marx zwar nie ausgeführt, aber die Abwesenheit dieses Lebens ist es, die seine Theorie im Bild des Kapitalismus entfaltet. Dass das Abwesende aber einmal anwesend und gegenwärtig werde, diese Hoffnung ist der utopisch-religiöse Kern seiner Lehre.

Dadurch aber, dass Marx meinte, dieses Kerns im *Säkularen*, in dieser Welt habhaft werden zu können, kam es zu den größten Fehlern seiner Theorie. Das wird uns im nächsten Abschnitt anlässlich des quasi-religiösen Gehaltes seiner Lehre vom Proletariat beschäftigen.

Der neue Mensch bei Marx und der arme Mensch der Bibel

Marx wird bis heute bei manchen christlichen Theologen hoch in Ehren gehalten. So sagte der Befreiungstheologe Leonardo Boff in einem Interview über Josef Ratzinger, den ehemaligen Papst Benedikt XVI.: »Wenn er ein bisschen Marx und weniger Augustinus und Bonaventura gelesen hätte, dann hätte er die Unterdrückung der Armen und die Theologie der Befreiung besser verstanden, denn sie hat den Schrei des Unterdrückten und den Schrei der Erde gehört.«[514] Zwar dürfte Marx in seinen reifen Jahren, als er *Das Kapital* veröffentlichen ließ, auf ein Ohr für *den Schrei der Unterdrückten* kaum Wert gelegt haben, denn er verstand sich als wissenschaftlicher Wegbereiter der Taten, die er von den Unterdrückten erwartete, damit sie, statt in vergebliche Schreie auszubrechen, ihrer Unterdrückung ein Ende machen würden. Dennoch könnte sich Boff nicht ganz zu Unrecht auf den jungen Marx berufen. Wir haben gesehen, dass laut Marx *das elendeste Geschöpf der kapitalistischen Gesellschaft, der Proletarier,* imstande sein soll, diese Gesellschaft im Ganzen aufzulösen. Die Frage liegt nahe: Warum ausgerechnet die Proletarier? Woher nehmen gerade sie das *Bewusstsein ihrer Aufgabe,* woher nehmen gerade sie die *Macht,* eine wahrhaft menschenwürdige Ge-

---

[514] Boff (2010). Allerdings behauptet Boff in demselben Interview: »Seit dem Fall der Berliner Mauer spricht niemand mehr vom Marxismus in der Befreiungstheologie.«

sellschaft zu stiften? Warum sollen gerade sie den Weg für den neuen Menschen bereiten? Unabhängig davon, wie Marx diese Fragen beantwortet, gibt es in der Bibel Parallelen zu seinen Ideen – nämlich in der neutestamentlichen Rede von den *Armen*.

Im Lukasevangelium nennt Jesus von Nazareth die Armen *selig*, »denn euer ist das Reich Gottes«. Selig genannt werden dort auch die, die es jetzt hungert, »denn ihr werdet gesättigt werden«. Und auch diejenigen, die erleben müssen, dass die Menschen sie *hassen, ausstoßen* und *schmähen,* werden *selig* gepriesen.[515] Im Evangelium nach Matthäus sind es diejenigen, *die hungern und dürsten nach Gerechtigkeit,* denen zugesagt wird, dass sie *satt werden*. Darum heißen sie, während sie noch hungern und dürsten, schon *selig*.[516] In den Gerichtsreden Jesu bei Matthäus wird überdies deutlich, dass man dem lebendigen Christus gerade im armen und entrechteten Menschen begegnen wird.[517]

Der Arme, wie ihn die Bibel sieht, erscheint als der Mensch, in dem sich die Ankunft des *neuen Menschen* ankündigt. Er partizipiert nicht an dem Schuldzusammenhang, der sich aus der Jagd nach *Schätzen, die Rost und Motte zerfressen*[518], unablässig reproduziert, und er wird in dieser heillosen Welt in seinem Dasein gehalten nur durch die Hoffnung auf eine ganz andere. Der arme Mensch ist Anfang und Aufgang des neuen Menschen, der sich im auferstandenen Christus als verwandelt erfährt in eine *neue Kreatur*. Für den mittelalterlichen Philosophen, Theologen und Mystiker Meister Eckhart (1260–1328) ist die Armut, von der die Evangelien sprechen, nicht durch den Mangel an Mitteln für das Leben gekennzeichnet. Vielmehr stellt sie eine geistige Einstellung dar, die den Menschen öffnet für die Fülle des Lebens. Der *arme Mensch* hat sein Herz nicht an äußeren und inneren Besitz gehängt, weder an Güter noch an Macht noch an Wissen noch an erhebende religiöse Gefühle, er achtet nicht auf das Seine, und die Seligkeit anderer Menschen beglückt ihn nicht weniger als die eigene. Nur der Mensch, der »nichts weiß, nichts will und nichts hat«[519], ist wahrhaft frei. Die innere Freiheit des armen

515 *Lukas* 6, 20–22.
516 *Matthäus* 5, 6.
517 *Matthäus* 25, 31–46.
518 *Matthäus* 6, 19.
519 Meister Eckhart (1979: 301).

Menschen bewirkt, dass er für keine Form von Verführung ansprechbar und durch nichts korrumpierbar ist.

Wie insbesondere Erich Fromm[520] gezeigt hat, ist dieser arme Mensch der Mystik ganz und gar dem Menschentyp entgegengesetzt, den der Homo oeconomicus repräsentiert. Gehört zu dessen Gegenwart das Haben und Festhalten, während seine Zukunftsaussichten, angeleitet durch das Mehr-Haben-Wollen, vom Verlangen nach Steuerung alles Kommenden bestimmt sind, so lebt der arme Mensch ganz im Genügen an der Gegenwart, während er die Zukunft in die Hand Gottes gibt. Menschen, die ihr Leben an einer solchen inneren Armut orientieren, statt sich um diesen oder jenen Sondervorteil zu bemühen, sind bereit – so könnte man mit Marx sagen –, sich für die *Wiedergewinnung des Menschen* als solchen einzusetzen, oder in den Worten Meister Eckharts: Sie stellen nicht die Aneignung ihrer Person und die Steigerung ihrer privaten Lebensmöglichkeiten in die Mitte ihres Strebens, sondern allein die *Menschheit*.[521]

Einige dieser Motive scheinen im Proletarier Marx'scher Prägung wiederzukehren. Ist der, der *nichts zu verlieren hat als seine Ketten* und daher nicht durch die Verlockungen der bürgerlichen Gesellschaft korrumpiert werden kann, nicht der moderne Bruder des armen Menschen der mittelalterlichen Mystik? Dieser ideale Proletarier wartet allerdings weder auf Lohn im Jenseits noch auf die Verwandlung in Christus durch die Gnade Gottes, und an der Gegenwart lässt er es sich keineswegs genügen. Vielmehr *macht* er (idealerweise) seine Geschichte selbst und nimmt bereits hier im Diesseits sein Geschick und die Geschicke der Menschheit planmäßig in die eigene Hand. Wenn auch selbst in Armut lebend, immer in der Gefahr, elend, gehasst, ausgestoßen und geschmäht zu sein, wird er doch alles, was er kann und was er hat (einschließlich aller ihm zur Verfügung stehenden Waffen und Gewaltmittel), dafür einsetzen, dass es nie mehr Verhältnisse geben wird, in denen Menschen arm, elend, gehasst, ausgestoßen und geschmäht sind.

Dieses Bild ist aber nichts anderes als soziale Romantik. Sofern Marx eine derartige Verwandlung der religiös verstandenen Armen

520 Fromm (2010).

521 »Ich sage: ›Menschheit‹ ist im ärmsten und verachtetsten Menschen ebenso vollkommen wie im Papste oder im Kaiser; denn ›Menschheit‹ in sich selbst ist mir lieber als der Mensch, den ich an mir trage.« (Meister Eckhart 1979: 339; vgl. Manstetten 1993: 443 ff.).

in klassenbewusste, zur revolutionären Tätigkeit bereite Proletarier vornimmt, unterliegt sein Denken einem Kurzschluss. Um zu leisten, was Marx von ihnen erwartet, müssten die Proletarier drei Bedingungen erfüllen: Ausgestattet (i) mit der *Macht*, zum geeigneten Zeitpunkt den Kapitalismus durch eine freie und gerechte Gesellschaft zu ersetzen, müssten sie (ii) die *Einsicht* und (iii) den *Willen* zur Veränderung, haben. Dieser Wille impliziert aber, dass sie, wie der *arme Mensch* bei Meister Eckhart, innerlich ganz frei sein sind von allen Dispositionen, die sie verführbar und korrumpierbar machen könnten – d.h. sie dürften weder aufgrund der Verlockungen des Kapitalismus rückfällig werden noch den Versuchungen der Machtausübung erliegen.[522] Dass eine Klasse von Menschen als solche nicht verführbar und korrumpierbar wäre, ist indes unwahrscheinlich. Warum sollte allein der Mangel an äußerem Besitz ihre Vertreter automatisch dazu befähigen, vom Besitzdenken so frei zu werden, dass sie den Wunsch, innerhalb der gegebenen Weltordnung etwas für sich zu erreichen, gänzlich von sich weisen würden? Nicht wenige unter denen, die angeblich *nicht mehr zu verlieren haben als ihre Ketten*, haben sehr wohl noch etwas zu verlieren, was sie eher ungerne aufgeben würden: den Wunsch, innerhalb der Welt des Homo oeconomicus selbst wenigstens ansatzweise ebenfalls das Leben eines solchen führen zu können. Wenn sie auch nur eine geringe Aussicht haben, diesen Wunsch zu erfüllen, werden sich viele Proletarier vermutlich gerne der Aufgabe entledigen, ihr Leben dafür einzusetzen, dass es diese Welt nicht mehr gibt, mit noch ungewisseren Aussichten für die Zukunft.[523]

Insgesamt ist es erschreckend zu sehen, dass zu den großen Linien der Marx'schen Theorie auch ein Bild des Proletariats gehört, das

---

[522] Beide Bedingungen meinte der reife Marx befriedigend geklärt zu haben. Hinsichtlich (i) glaubte er, die Proletarier müssten *nur* erkennen, dass die Kapitalmacht, die ihnen fremd entgegentritt, von ihnen selbst durch ihre tägliche Arbeit produziert und reproduziert wird, so dass sie sich ihr Produkt *nur* selbst aneignen müssten. Was (ii) und (iii) angeht, so setzte Marx auf die Bildung eines beständigen Klassenbewusstseins bei den Proletariern, das für die gebrechlichen Dispositionen Einzelner nicht anfällig sein sollte. Gleichwohl haben diese Ideen in der Wirklichkeit kaum Bestätigung gefunden.

[523] Georg Büchner, der klarer als Marx sah, schrieb an Gutzkow: »Mästen Sie die Bauern, und die Revolution bekommt die Apoplexie. Ein Huhn im Topf eines jedes Bauern macht den gallischen Hahn verenden.« (Büchner 1835/1972: 441). Ersetzt man den *Bauern* Büchners durch den Proletarier, dann sieht man die Brüchigkeit der Argumentation von Marx bezüglich der revolutionären Rolle des Proletariats.

in sich inkonsistent sowie empirisch von Anfang an falsch ist. Aber jenseits dieses Bildes zeigt sich noch ein weiterer Defekt der Theorie: Mit dem Anspruch, es sei Aufgabe des Menschen, alle unmenschlichen, unwürdigen Verhältnisse umzuwerfen, kann sich eine *unkontrollierbare Selbstermächtigung* des Menschen verbinden: Der Mensch will wie Gott sein, Herr über Gut und Böse. Im Kampf gegen das Böse ist alles erlaubt und jedes Mittel recht – so könnte der Mensch argumentieren, der im Namen des kategorischen Imperativs Marx'scher Prägung der schlechten Verhältnisse Herr zu werden sucht.[524]

Marx und die Transzendenz

Die Position heutiger Fundamentalkritik am Kapitalismus hat mit der Marx'schen Kritik ein ihr meist unbewusst bleibendes *religiöses Moment* gemeinsam. Denn die Forderung, die Verhältnisse müssten ganz anders werden, setzt Transzendenz voraus. Es ist die Größe von Marx, dass er fähig war, diese Transzendenz für die Analyse des Kapitalismus fruchtbar zu machen, es ist seine Schwäche, die er mit vielen seiner Nachfolger teilt, dass er den Ursprung und die Bedeutung der Transzendenz für sein Denken nicht wahrhaben wollte und alle Spuren von Transzendenz im Laufe der Entwicklung seiner Theorie mehr und mehr zu tilgen versuchte.

Der Kapitalismus ist eine Welt ohne Transzendenz. In seiner unverhüllten Instrumentalisierung aller menschlichen Fähigkeiten zeigt er einen Zug, den man die Befangenheit in der *Weltlichkeit dieser Welt* nennen könnte. Die Welt will sich selbst genügen als das All dessen, was ist und sein kann: Mehr und anderes als eine Gesamtheit von vergänglichen Wesen, die, mit vergänglichen Wünschen und Ängsten ausgestattet, ihr Leben zwischen Geburt und Tod durchleben, darf und kann es nicht geben. Sind diese Wesen mit Rationalität ausgestattet, so sind sie fixiert auf wenige Bestrebungen, die allesamt egozentrisch orientiert sind, auf Selbsterhaltung, Selbstgenuss und Selbststeigerung. In einer Welt solcher Art sind alle Beziehungen

524 Dass Hans Jonas (1979) vehement gegen das *Prinzip Hoffnung* von Ernst Bloch polemisiert, das emphatisch den »Wärmestrom« aus dem Denken des jungen Marx aufnimmt, liegt insbesondere daran, dass er die Gefährlichkeit und potenzielle Unmenschlichkeit dieses Denkens so klar erkannte.

zwischen rationalen Wesen nur auf dieses eine Ziel gerichtet. Jedes dieser Wesen ist gleichsam in seinem selbstischen Streben gefangen, keines kann oder will über sich hinaus.

Um in und an einer solchen Welt fundamental zu leiden, muss man die Welt aus einer Dimension heraus erleben, die nichts mit ihr gemein hat. Dies ist die Dimension der Transzendenz. Zwar leiden auch in einer Welt reiner Immanenz die Lebewesen auf vielfache Weise, sie leiden an der eigenen Stumpfheit, Gier und Aggressivität und an der Stumpfheit, Gier und Aggressivität der anderen, an Mangel, Krankheit, Angst und Sterbenmüssen. Jedoch leiden sie nicht (jedenfalls nicht bewusst) an der Welt als solcher. Ein solches Leiden aber erlebt der junge Marx angesichts einer Wirtschafts- und Gesellschaftsordnung, die sich anmaßt, die Welt schlechthin zu sein. Er hält es für nicht eines Menschen würdig, sich mit einer solchen Welt abzufinden. Daher begnügt er sich nicht mit Klagen, er will vielmehr eine Welt herstellen, die dem Wesen dieser Welt nichts gemein hat. In dieser anderen Welt, dem Kommunismus, wird der Mensch das Attribut Gottes tragen, da jeder Mensch für sich selbst und jeder Mensch für jeden anderen Menschen *das höchste Wesen* sein wird. Mit dem menschlichen Wesen wird in dieser Welt auch die Natur zu sich selbst finden, denn sie ist »die wahre Wesenseinheit des Menschen mit der Natur, die wahre Resurrektion der Natur, der durchgeführte Naturalismus des Menschen und der durchgeführte Naturalismus der Natur.«[525]

An der Idee, den Kommunismus herzustellen, zeigt sich, dass für Marx nicht nur die Immanenz der sich abschließenden Welt des Homo oeconomicus unerträglich ist. Unerträglich erscheint ihm auch, dass das Transzendente als solches transzendent und damit, wie er annimmt, *unwirklich* ist und bleiben wird. Stattdessen soll das von heute aus Transzendente die Immanenz von morgen sein: Was nicht wirklich *ist*, soll mit Bewusstsein und Willen verwirklicht *werden*. Diese Idee ist allerdings mit einem Moment der Gewalt angereichert. Das wird von Marx direkt ausgesprochen: »Die Waffe der Kritik kann allerdings die Kritik der Waffen nicht ersetzen, die materielle Gewalt muß gestürzt werden durch materielle Gewalt, allein auch die Theorie wird zur materiellen Gewalt, sobald sie die Massen ergreift.«[526] Bei Marx handelt es sich nicht um eine begrenzte Gewalt, wie sie –

---

525 Marx (1844/1968: 538).
526 *Einleitung* 385.

problematisch genug – gegenüber diesem und jenem Übelstand der Welt in Anwendung gelangen könnte. Denn die Gewalt, die vom Proletariat ausgehen soll, richtet sich gegen *das Unrecht schlechthin*. Derartige Theorien laufen Gefahr, in die Falle des *Alles oder nichts* zu gehen, in die Alternative: *totale Gewalt* oder *völlige Resignation*.

Da Marx blind war für die religiöse Seite seines Denkens, konnte er nicht erkennen, dass das Diesseits heillos überfordert wird, wenn es mit den Attributen des Jenseits versehen wird. Aber die Frage, ob nicht eine Welt, in der der Typ des egoistischen rationalen Nutzenmaximierers zum herrschenden wird, eine Welt, in der das ökonomische Verhältnis gewohnheitsmäßig alle anderen möglichen Verhältnisse überformt, eine Welt, die alles Gute als Nutzen und alles Schlechte als Kosten verbucht, eine Welt, die alles Zwischenmenschliche und alle Beziehung zur Natur auf Instrumentalisierung oder Gleichgültigkeit zu reduzieren droht – ob nicht eine solche Welt auf den Anspruch, eine *menschliche Welt* zu sein, Verzicht getan hat, ob sich also nicht im Lauf dieser Welt, soweit er von ökonomischen Kräften angetrieben wird, insgesamt etwas grundsätzlich Verkehrtes zeigt, diese Frage hat Marx an das ihm folgende Denken über die Wirtschaft weitergegeben.

VII. Moderne Fundamentalkritik und die Antwort der Ethik: von Martin Heidegger zu Amartya Sen und den Kommunitaristen

16. Herausgeforderte Natur, vergessener Mensch und Technik als Selbstzweck bei Martin Heidegger

> *Lange Zeit war der Mensch etwas anderes; und es ist noch nicht sehr lange her, seit er eine Maschine geworden ist – und gar eine Rechenmaschine.*
> Marcel Mauss

> *So komm! daß wir das Offene schauen,*
> *Daß ein Eigenes wir suchen, so weit es auch ist.*
> Friedrich Hölderlin

William Wordsworth schrieb 1814: »Erfindungsreich hat eine Zeit,/ Zwar ohne Schnelle der Magie, jedoch/ Befremdlichstes aus sich hervorgehen lassen./ Friedlichen Landes Müh' sah ich entwachsen eine Schöpfung,/ Neu, nicht vorhergesehen,/ Die ihre mächtige Maschinerie ins Werk setzt/ Zum Prägen und zur Produktion, mit kräftigem Appetit,/ Dem Appetit des Kriegs vergleichbar, der nicht ruht bei Tag noch Nacht,/ Mit Eifer auf Zerstörung aus!«[527]. Mit diesen Worten schilderte Wordsworth das heraufziehende Industriezeitalter, in dessen Verlauf sich mit einem an die *Schnelle der Magie* gemahnenden Tempo Städte, Verkehrswege, Industrieanlagen, Bergwerke und Halden in die Landschaften Mittelenglands fraßen. Der *kräftige Appetit*, der diese Schöpfung aus menschlicher Erfindung hervorbrachte, drohte zu verschlingen, was immer Menschen einmal als natürlich empfunden hatten.

Die Maschinerie, die *auf Zerstörung aus* ist, ist Manifestation der Dynamik, die Marx mit dem Ausdruck *Kapital* nannte, einer entfesselten Bewegung, die sich anscheinend von allen vernünftigen

---

[527] Wordsworth (1814/1936: VIII 87–94; nach der Übersetzung in: C. Becker u. K. Hertel. Vgl. Becker/Faber/Hertel/Manstetten (2005). Eine ausführliche und tiefgehende Untersuchung zu Wordsworth und seiner Einsichten bezüglich der modernen Wirtschaft findet sich in Becker (2003).

Zwecken abgelöst hat. Für Marx allerdings lag die Frage, was die Dynamik des Kapitals mit der Natur anrichtet und wie sie die Naturerfahrung der Menschen beeinflusst, außerhalb seines Interesses. Dagegen ist es in den Gedanken Martin Heideggers, die er 1962 unter dem Titel *Die Technik und die Kehre*[528] veröffentlichte, vor allem der Umgang mit der Natur, woran deutlich wird, was diese Dynamik ausmacht und was in ihr mit den Menschen geschieht. Was bei Marx unter dem Titel *Kapital* als Malum der bürgerlichen Wirtschaft und Gesellschaft angesehen wird, erweist sich bei Heidegger als *Wesen der Technik*, als die Signatur neuzeitlichen Menschseins in allen seinen Dimensionen. Unter Verzicht auf wirtschafts- und gesellschaftstheoretische Begriffe, Theoreme und Problemstellungen ist Heidegger bemüht, etwas freizulegen, was selbst eine Kritik der Politischen Ökonomie nach Art der Marx'schen verdeckt, da sie die Gebundenheit an die Ansätze der Politischen Ökonomie nicht abstreifen kann. Heideggers Untersuchungen, die wir im Folgenden betrachten, stellen die Idee umfassender Kontrolle und Steuerung, wie sie nicht nur der modernen Wirtschaft und Technik, sondern auch vielen Alternativen im Rahmen des Konzepts der nachhaltigen Entwicklung zugrunde liegt, von Grund auf infrage. Heidegger sieht in Wirtschaft und Technik ein beständiges Herausfordern am Werk, einen universellen Stress, den der Mensch sowohl der Natur als auch sich selbst auferlegt. Eine Kritik am gegenwärtigen Zustand von Wirtschaft und Gesellschaft, die sich über das Ausmaß, die Herkunft und die Bedeutung dieses Stresses nicht Rechenschaft ablegt, würde systematisch zu kurz greifen.[529]

---

[528] Heidegger (1962), im Folgenden zitiert als: *Technik*.

[529] Wir beschränken unsere Überlegungen auf Heideggers Sicht der Technik. Eine Gesamtwürdigung Heideggers findet sich etwa bei Figal (1988, 2007). Zur Frage nach der Verstrickung Heideggers in den Nationalsozialismus, die außerhalb des Rahmens der hier vorgelegten Überlegungen liegt, erscheint mir, trotz vieler neuerer Arbeiten und jüngst veröffentlichter Dokumente, die erstmals 1953 veröffentlichte Studie von Löwith »Heidegger – Denker in dürftiger Zeit« (Löwith 1984) von besonderer Aktualität.

Lässt sich die Technik in den Griff kriegen?

Mittel und Zwecke

Noch 1931 erschien einem Denker wie Keynes die Technik als Königsweg zur Verbesserung der menschlichen Lebensverhältnisse, die Wirtschaft aber war dazu da, diesen Weg freizuhalten und zu verbreitern. Aber dass die Technik ungeheure Potenziale an Destruktivität freizusetzen vermag, war schon damals erkennbar und wurde in der Folgezeit erst recht deutlich. Wenn Heidegger wenige Jahrzehnte nach *The Economy of our Grandchildren*[530] behauptet, dass *die Technik der Herrschaft des Menschen zu entgleiten droht*[531], ist daran zu erinnern, dass zur Zeit der Abfassung seiner Schrift zur Technik der von Deutschland ausgehende maschinenmäßig betriebene Völkermord, der Holocaust, sowie die Atomschläge auf Hiroshima und Nagasaki nur wenige Jahre zurücklagen. Die Menschheit war mit technischen Anwendungen konfrontiert, deren Vernichtungspotenzial außerhalb jedes normalen Vorstellungsvermögens schien, und zugleich stand die Gefahr eines Atomkrieges vor Augen, der menschliches Leben insgesamt auslöschen konnte. Schienen nach 1950 die Möglichkeiten der Technik nahezu grenzenlos, so schienen – angesichts der ideologisch bornierten, panischen oder bösartigen Phantasie der Mächtigen, die im Rahmen des Ost-West-Konfliktes an den Schaltstellen in den Supermächten USA und Sowjetunion den Einsatz von Technik forcierten – auch die davon ausgehenden Gefährdungen grenzenlos.[532]

Die Frage, ob sich die entfesselte Technik unter Einschluss aller ihrer Möglichkeiten und Gefahren zurückholen und einbetten ließe in eine Praxis, die ihr keine andere Rolle zuweisen würde als die, Mittel für ein menschenwürdiges Leben zu bieten, ist seither nicht

---

530 S. o. Kap 12.

531 *Technik* 7.

532 Bereits 1918 bemerkte der Satiriker Karl Kraus: »Denn wenn man die menschliche Stimme, also auch das Kommando, auf Entfernungen wie Berlin-Wien übertragen kann, warum sollte es der Technik, die das Wunder von heute zur Kommodität von morgen macht, nicht möglich sein, einen Apparat zu erfinden, durch den es mittelst einer Druck-, Umschalte- oder Kurbelvorrichtung einem Militäruntauglichen gelingen könnte, von einem Berliner Schreibtisch aus London in die Luft zu sprengen und vice versa?« (Kraus 1918: 43).

aus der öffentlichen Diskussion verschwunden.[533] In diesem Zusammenhang aber bezieht Heidegger eine ungewöhnliche Position. Die Diskussion über Pro und Contra der Technik basiert in seiner Deutung auf einer irreführenden Annahme: dass der Technik insgesamt der Charakter eines *Mittels* zukomme. Das werde gleichermaßen von Befürwortern wie Kritikern der Technik unterstellt, so dass der Streit nur noch darüber gehe, ob und, wenn ja, wie sicherzustellen wäre, dass die als Mittel verstandene Technik ausschließlich zu guten Zwecken eingesetzt würde. Jedoch verbirgt, Heidegger zufolge, die Auffassung, Technik sei *Mittel für Zwecke* und als solches ein *Tun des Menschen*, gerade das, was *Technik* in ihrem Wesen ausmacht.[534] Denn fasst man Technik als Inbegriff von Mitteln, die von Menschen zu selbstgewählten Zwecken verwendet werden, so unterstellt man, dass »die Technik als Mittel in der gemäßen Weise zu handhaben [ist]. […] Man will sie meistern. Das Meistern-wollen wird um so dringlicher, je mehr die Technik der Herrschaft des Menschen zu entgleiten droht.«[535] Dass die Technik *der Herrschaft des Menschen zu entgleiten droht*, ist jedoch nach Heidegger kein Zufall, keine Abweichung vom Gang des menschlichen Fortschritts, die sich mit Geschick und Glück wieder korrigieren ließe, sondern hängt mit dem *Wesen der Technik* selbst zusammen. Dieses liegt außerhalb der Logik von Mittel und Zweck sowie der damit verbundenen Konzepte Interesse, Planung, Kontrolle und Steuerung. Mittel und Zweck sind, Heidegger zufolge, Kategorien, die erst gleichsam nachträglich hinzutreten zu dem, was Technik ausmacht.

Schöpferisches Hervorbringen und gewalttätiges Herausfordern

Hervorbringen

Dass Technik normalerweise in der Logik von Mittel und Zweck betrachtet wird, liegt nahe, denn Herstellung, Erwerb und Anwendung der technischen Geräte, mit denen wir es heute zu tun haben, finden in der Regel statt, *um* etwas mit ihnen *zu* bewirken. Alles Technische,

[533] Das zeigt sich u. a. in der Gründung von zahlreichen Instituten der Technikfolgenabschätzung (TA), unter denen z. B. das ITAS in Karlsruhe zu nennen ist.
[534] *Technik* 6.
[535] *Technik* 7.

vom einfachen Werkzeug bis zur komplexen Maschine, erscheint, in den Worten Heideggers, *instrumental*. Ein *Instrumentum*, ein *Werkmittel*, existiert nie um seiner selbst willen, sondern nur als Mittel, d.h. es verdankt sein Dasein einem Interesse oder Zweck, der außerhalb seiner liegt, einem *Um … zu*. So existiert ein Fahrrad, *um* eine bestimmte Art der Fortbewegung *zu* ermöglichen, und erbringt es diese Leistung nicht mehr, hat es gewissermaßen sein Daseinsrecht verloren.

Dass der Ursprung der Technik jedoch keineswegs im Bereich des Instrumentalen liegt[536], will Heidegger in einer Analyse des Ausdrucks *Hervorbringen* aufzeigen. *Hervorbringen* ist Heideggers Rückübersetzung des Terminus *Produzieren*. *Produzieren* und *Instrumentales* sind im alltäglichen Verständnis eng verbunden, denn Werkmittel werden von Menschen *produziert*, um etwas mit ihnen zu verrichten, und das Produzieren selbst findet kaum ohne den Einsatz von Werkmitteln statt. In der Wirtschaft scheint nun alle Produktion instrumental: Es wird produziert, *um* Bedürfnisse *zu* befriedigen, *um* des Gewinns und des Nutzens *willen*, den man sich von den Produkten verspricht. Dieses alltägliche Verständnis des Hervorbringens aber stellt, von Heidegger aus gesehen, einen Reduktionismus dar, der das Verständnis von Technik im Ganzen verstellt. Denn Hervorbringen als solches ist keineswegs instrumental, ja, es gibt Bereiche und Weisen des Hervorbringens, die ganz außerhalb von Mittel, Zweck, Interesse, Plan, Kontrolle und Steuerung liegen.

Nicht-instrumental denkt bereits Platon das Wesen der Produktion, wenn er *Hervorbringen* so definiert, dass jeder Hinweis auf Mittel und Zwecke unterbleibt: »Jede Veranlassung für das, was immer aus dem Nicht-Anwesenden über- und vorgeht in das Anwesen, ist ποιησις, Hervor-bringen.«[537] Hervorbringen wäre demgemäß jedes schöpferische Geschehen im Übergang von Nicht-Anwesenheit zu Anwesenheit, von Verborgen-Sein zu Offenbar-Sein. Was vorher nicht war, ist, wenn der Prozess seines Hervorbringens abgeschlossen ist, da – als wirkliches Ding, als geformte Gestalt. Hervorbringen ist etwa das Aufbrechen der Knospe aus dem Zweig, der Blüte aus der

---

536 *Technik* 7.

537 Platon (Symposion 203b), hier in der Übersetzung Heideggers wiedergegeben (Technik 11). Aus Gründen der Vereinfachung in der Darstellung werde ich statt von *Hervor-bringen* die geläufige Schreibweise Hervorbringen (also ohne Bindestrich) verwenden.

Knospe, der Frucht aus der Blüte. Hervorbringen ist die Geburt eines Lebewesens, Hervorbringen ist im Verlauf der biologischen Evolution das Auftreten einer neuen Gestalt, einer Art, eines Organs, wie es ein Auge oder ein Flügel darstellt, Hervorbringen ist schließlich auch der Prozess, der zur Anfertigung eines Kunstwerkes führt. Hervorbringen findet also nicht erst dann statt, wenn Menschen im Rahmen ihrer Interessen und Bedürfnisse etwas herstellen. Hervorbringend ist vielmehr die ganze Natur als Quelle immer neuer Formen und Gestalten, und hervorbringend innerhalb der Natur ist in besonderer Weise der Mensch.

Versteht man Hervorbringen als ein kreatives Geschehen, so tritt die Logik von Mittel und Zweck in den Hintergrund. Beim Menschen zeigt sich diese kreative Seite, so Heidegger, besonders rein im künstlerischen Akt, *im höchsten Sinne* aber manifestiert sie die Natur, die selber im Ganzen als *ein Hervorbringen* ohne Um … zu erscheint. Denn für das, was in der Natur hervorgebracht wird, das *Aufbrechen der Blüte ins Erblühte*[538], das Ausschlüpfen eines Schmetterlings aus der Puppenhülle oder die Auffaltung eines Gebirgszuges, lässt sich kein Zweck angeben. Für alles natürlich Hervorgebrachte gilt vielmehr, was Angelus Silesius von der Rose sagt: »Die Ros ist ohn warum: sie blühet, weil sie blühet,/ Sie acht' nicht ihrer selbst, fragt nicht, ob man sie siehet.«[539] Etwas davon hat auch gut gemachtes Handwerk, denn, »soll das Werk den Meister loben«[540], z.B. eine Truhe, knüpft sich das Lob nie ausschließlich an seinen Charakter als *Instrumentum*, seine Funktion und Verwendung, sondern auch an sein Dasein und seine gelungene Gestalt.

Alles menschliche Hervorbringen setzt voraus, dass die Natur im Voraus schöpferisch tätig gewesen ist. Denn sie hat als Vorgabe seine Grundlagen hervorgebracht – Luft zum Atmen, Boden, Nahrung, Materialien, die Gestalten von Pflanzen und Tieren einschließlich der Person des Hervorbringenden selbst, die als konkretes leibseelisches Dasein nicht von Menschen hergestellt worden ist. Die produzierende Tätigkeit des Menschen aber gibt zu dem, was die Natur geschaffen hat, *Können* und *Wissen* hinzu. Können und Wissen im Hervorbringen: Das ist die ursprüngliche Bedeutung des Ausdrucks

538 *Technik* 11.
539 Angelus Silesius, Cherubinischer Wandersmann I, 289.
540 Schiller, *Lied von der Glocke*, Vers 7.

Technik (vom griechischen τεχνη). Alles, was mit Technik hervorgebracht ist, wird, so Heidegger, im Wissen des Produzierenden bereits *im Voraus* als *vollendet erschaut.*[541] Nach dem Maß dieser Voraus-Schau und gemäß dem Können des Produzierenden bestimmt sich Art, Gestalt und Qualität des Hervorgebrachten.[542] Technik in diesem Sinne zeigt sich vor allem an den Werken der Kunst, da in ihnen das Hervorbringen weitgehend frei von alltäglichen Bedürfnissen, Interessen und Sorgen geschieht.[543]

Als Resultat des Hervorbringens wird etwas wirklich, das vorher nicht da war. Dieses Wirklichwerden wird von Heidegger mit dem Kunstwort *Entbergen* angesprochen: Entbergen bezeichnet den Übergang zwischen der Phase des Nicht-Daseins und der Phase, da das, was nicht da war, *zur Erscheinung gelangt. Das Erscheinende war zuvor verborgen, am Ende des Vorgangs der Entbergung* tritt es sichtbar, hörbar, fühlbar und gegenständlich in die, wie Heidegger sagt, *Unverborgenheit.* So lässt sich zum Beispiel sagen: Im Prozess des Gebärens und Geboren-Werdens wird ein Mensch *entborgen* aus der Verborgenheit des Mutterleibs ins Unverborgene, als fassbare, lebendige Gestalt, wobei die Technik, die Geburtshilfe als Wissen und Können, das der Hebamme oder der Ärztin eigen ist, einen eigenständigen Beitrag leisten kann.

Indem Heidegger bei der Deutung der Produktion im Horizont von *Entbergung* alle Bedürfnisse und Interessen, damit auch alles Wirtschaftliche außer Betracht lässt, gerät etwas in den Blick, das die Bezugnahme auf Bedürfnisse und Interessen verdeckt. Denn löst man das Hervorbringen von aller Beziehung auf Absichten und Ziele eines Hervorbringenden, so bleibt das reine Sich-Zeigen der Hervorgebrachten übrig, das wiederum auf das Vermögen des Hervorbringenden verweist. Demgemäß kann man Entbergung im Sinne Heideggers als ein Offenbarungsgeschehen verstehen: *Offenbar-Werden des Hervor-gebrachten* in eins mit der *Offenbarung dessen, was die hervorbringende Instanz vermag.* Im außermenschlichen Hervorbringen zeigt sich das Potenzial der Natur, in allem mit Technik, d. h. mit Können und Wissen verbundenen Hervorbringen zeigt sich, was der Mensch vermag. Hervorbringend offenbaren Natur und Mensch

---

541 *Technik* 15.

542 Vgl. *Technik* 13.

543 Zum Zusammenhang von Technik und Kunst vgl. Figal (1988: 400).

sich jeweils als schöpferisch. Dieses Schöpferische – mag es auch im Bereich des Menschlichen oft durch Bedürfnisse und Interessen im Rahmen einer Mittel-Zweck-Logik stimuliert sein – hat einen Selbstwert jenseits des Instrumentalen.

Menschliches Hervorbringen ist auf natürliches Hervorbringen angewiesen, denn schöpferisch können Menschen nie allein aus eigenem Vermögen heraus sein, sondern nur in der Teilhabe an einem vorgängigen schöpferischen Geschehen, wie es die Evolution und das Leben der Natur darstellt.[544] Die Quelle jedes Schöpfungs- und Offenbarungsgeschehens liegt also *vor* dem Menschen. Wenn dieser mit seinem Können das Seine dazu tut, ändert dies nichts daran, dass die Basis für sein Tun, die Natur, nicht sein Werk noch Eigentum ist, er hat sie nicht gemacht, er kann sie im Ganzen nicht in seine Verfügungsgewalt bringen, und er braucht es auch nicht. Auch sein eigenes schöpferisches Vermögen gehört ihm nicht eigentlich, denn mag ein Künstler auch über Wissen und Können verfügen, so verfügt er nicht über seine Eingebungen, aus deren Quelle es ihm möglich wird, Neues, auch für ihn selbst Unvorhersehbares zu schaffen, weshalb Kant das Genie als »angeborne Gemütsanlage« bestimmte, »*durch* welche die Natur der Kunst die Regel gibt.«[545] Der Mensch kann daher nicht im eigentlichen Sinne »Subjekt« seines Hervorbringens sein, sondern die ihm gemäße »Subjektivität« wäre das Sich-Einlassen, Sich-Bewusstwerden und Sich-Zurücknehmen im Hinblick auf die ihm zugewiesene Teilhabe an einem ihm vorgängigen Hervorbringungs- und Offenbarungsgeschehen, das er mit seinem Wissen und Können vollendet. Versteht der Mensch sich in dieser Weise, so wird sein Hervorbringen in einer Haltung der *Dankbarkeit* stattfinden.

---

[544] So stellt Paulus das Hervorbringen einer neuen Gemeinde dar: »Ich habe gepflanzt, Apollos hat begossen, aber Gott hat das Gedeihen gegeben. So ist nun weder der da pflanzt noch der da begießt etwas, sondern Gott, der das Gedeihen gibt« (1 *Kor.* 3, 7).

[545] Kant (1970/1974: 241 f.; KdU B 181). Kant macht allerdings deutlich, dass das Genie, obgleich »ein Günstling der Natur«, dennoch zum »freien Gebrauche seiner Erkenntnisvermögen« herangebildet werden muss (ibd. 255; KdU B 201).

Herausfordern

Wie erscheint in dieser Sicht die moderne Technik? Ihre Prozesse stellen sich für Heidegger als besondere Weisen des Hervorbringens dar. Auch in der modernen Produktion offenbart sich das Potenzial von Mensch und Natur, ja es zeigt sich sogar in ungeheurem, zuvor ungeahntem Ausmaß. Aber von der Herkunft seiner Produktion aus einem unverfügbaren schöpferischen Grund will der moderne Mensch nichts wissen, er hat seine Wirtschaft darauf angelegt, aus den Waren, den Produkten der Technik, wie sie sich auf dem Markt zeigen, alle Spuren dieser Angewiesenheit zu tilgen. Moderne technische Produktion, ihrem Selbstverständnis nach ausschließlich auf menschliche Interessen und Bedürfnisse bezogen, verdeckt den Grund ihrer Produktivität, der vor allem Technischen und vor allem Interesse liegt. Daher ist die Produktion in der modernen Welt für Heidegger kein *Hervorbringen* im eigentlichen Sinne, sondern ein solches Hervorbringen, das systematisch seine Bedingungen und sein Wesen verdeckt und vergessen macht. An die Stelle der Erfahrung von Angewiesenheit auf Vorgaben *vor* allem Wollen und Wissen tritt, so Heidegger, ein *Heraus-fordern:* Der Natur wird nicht erlaubt, dem Menschen das Ihre zu gewähren, damit er das Seine hervorbringen kann, sondern ihr wird gewaltsam etwas *abgefordert* – bloßes Material, bloßer Rohstoff –, dem dann durch die moderne Maschinentechnik die Form des Fertigprodukts aufgezwungen wird. Der Zug des Von-sich-selbst-her-Kommens, wie er natürlichen Hervorbringungen, aber auch den Gestalten der Kunst oder des handwerklichen Tuns archaischer Kulturen eigen ist, verschwindet also in derjenigen Produktion, wie sie moderner Technik und Wirtschaft entspricht.

Für Heidegger erscheint die moderne Technik, jenseits aller Zweckdienlichkeit, als eine grundsätzliche Heraus-Forderung an die Natur. Im Herausfordern verliert die herausgeforderte Seite jede Selbständigkeit und jedes Eigenrecht, so dass die herausfordernde Seite auch keinen Grund zur Dankbarkeit finden kann, sondern zu gewalttätiger Aktivität berechtigt erscheint. Denn was sie sich herausnimmt, sieht sie als ihr zustehend an, gleichsam als ob sie einen Rechtsanspruch darauf hätte. Von einem derartigen Heraus-Fordern sagt Heidegger, dass es »an die Natur das Ansinnen stellt, Energie zu liefern, die als solche herausgefördert und gespeichert werden kann. [...] Ein Landstrich wird [...] in die Förderung von Kohle und Erzen herausgefordert. Das Erdreich entbirgt sich jetzt als Kohlenrevier, der

Boden als Erzlagerstätte. [...] Inzwischen ist auch die Feldbestellung in den Sog eines andersartigen Bestellens geraten, das die Natur stellt. Es stellt sie im Sinne der Herausforderung. Ackerbau ist jetzt motorisierte Ernährungsindustrie.«[546] Die Herausforderung durch den Menschen drängt der Natur als den letzten Zweck ihres Daseins ein Müssen auf: Sie *muss* unablässig Rohstoffe und Energie hergeben, denn andernfalls würde, vom Menschen aus gesehen, der Verlust der Grundlagen aller Produktion und damit das Ende der Technik und vielleicht sogar das Ende alles menschlichen Lebens drohen.

Während es immer eine Streitfrage sein kann, ob die moderne Technik eher zu einem guten oder eher zu einem schlechten Leben der Menschen beiträgt, ist kaum bestreitbar, dass ihre Anwendung weltweit wesentlich durch die Struktur eines gewalttätigen Herausforderns geprägt ist. Dieses Herausfordern, der Technik entsprungen, macht sich in reinster Form in ihrem eigenen Bereich geltend. Das *Muss* alles Technischen ist, dass es widerstandslos zu *funktionieren* hat: Wer einen Lichtschalter anknipst, fordert, dass es hell wird, wer einen Bahnhof betritt, fordert, dass sein Zug gemäß dem Fahrplan fährt, wer nach einem akustischen Signal sein Handy auf Empfang stellt, fordert, die SMS zu sehen oder die Stimme des Anrufers zu vernehmen – oft rein instinktiv, vor aller Reflexion auf eigene Bedürfnisse und Interessen. Das Herausfordern hat seinen Ursprungsort in der Welt der Technik selbst, aber die Forderung des Funktionieren-Müssens wird unmittelbar auf Mensch und Natur übertragen. Von einer funktionierenden Landwirtschaft wird gefordert, dass sie aus den Böden eine gewünschte Menge an Nahrungsmitteln und nachwachsenden Rohstoffen zieht, von Menschen in Arbeitsverhältnissen wird gefordert, dass sie eine bereits im Vorhinein festgeschriebene Leistung erbringen.

Technik ist, im Rahmen des Herausforderns verstanden, einerseits durchaus instrumental, denn sie kann zu einer Vielzahl von Zwecken dienlich sein. Das Muss aber, das sie in Bewegung setzt, scheint andererseits eine Art Selbstzweck zu sein. Denn das Herausfordern ist nicht etwas, das Menschen zuweilen praktizieren und zuweilen unterlassen können, sondern gerinnt zu einer Einstellung, die das ganze Leben des Menschen, sein Verhältnis zur Natur, sein Verhältnis zu allem, was er gemacht hat, sein Verhältnis zu seinesgleichen und sein Verhältnis zu sich selbst durchdringt. In einer Welt,

---

[546] *Technik* 14.

deren Dynamik durch dieses Herausfordern geprägt ist, stellt sich, was den Menschen begegnet, mehr und mehr als von ihnen Herauszuforderndes oder als an sie ergehende Herausforderung dar. Dass ein solches Leben fortwährenden Druck auf andere und anderes ausübt und selbst dem Stress unterworfen ist, geht mit Notwendigkeit aus dieser Einstellung hervor.

Stellen

Der Haltung des Herausforderns entspricht eine bestimmte Ausprägung der Haltung, mit der sich Handeln vollzieht: Heidegger nennt sie das *Stellen.* Etwas, das in Bewegung ist, etwas, das ein eigenes Leben hat oder Teil eines selbständiges Lebenszusammenhanges ist, wird auf eine bestimmte Weise *fest-gestellt,* fixiert und damit aus seiner eigenen Daseinsweise herausgenommen; nicht immer derart, dass seine faktische Bewegung angehalten würde, sondern oft auch im Sinne der geistigen Fixierung, die es gleichsam bannt und erstarren lässt oder ihm eine fremde Daseinsweise statt der eigenen aufzwingt: durch eine Funktionsbeschreibung, ein Bild, einen Begriff, eine wissenschaftliche Formel, ein wirtschaftliches Interesse und/oder eine technische Inanspruchnahme. So wird auf dem Markt beispielsweise ein Ding als Ware aus*gestellt,* als Tauschwert, der alle Beziehung zur konkreten Lebenswelt abgestreift hat und u. U. nur als Mittel zur Gewinnerzielung gilt. *Stellen* bedeutet immer eine Reduktion: Von einem Ding oder Ereignis bleibt übrig, was das jeweilige Interesse, der jeweilige Zweck, der jeweilige technische Ablauf oder die jeweiligen wirtschaftlichen Verhältnisse von ihm fordern, alles Übrige wird als überflüssig, als nicht beachtenswert und gleichsam nicht existent angesehen. Was in dieser Weise *gestellt* ist, kann dann, je nach wechselndem Interesse und Bedürfnis, *bestellt* oder auch *abbestellt* werden.

Gegenüber dem Schöpfungs- und Offenbarungsgeschehen des Hervorbringens erweisen sich Herausfordern, Stellen und Bestellen als Vorgänge, worin aller Eigenwert eines Dings verschwindet, aber zugleich neue Kontexte generiert werden: Das jeweilige Ding wird in die Komplexität der modernen Wirtschaft und Gesellschaft gestellt, erst innerhalb dieses Vorgangs wird es zum *Instrumentum,* zum Werkmittel, dessen Bedeutung sich aus dem ergibt, was Menschen damit anstellen.

Herausfordern, Stellen und Bestellen selbst sind aber keineswegs rein instrumentell zu verstehen, es sind Haltungen, die oft keinem *Um ... zu* unterliegen. Man kann sie gleichsam als Verfallsformen des ursprünglichen Hervorbringens auffassen. Denn gleich dem, was die Natur absichtslos, ohne Zweck aus sich hervorbringt, ist auch der Prozess des Herausforderns eine tendenziell selbständige Struktur, die die moderne Technik in Bewegung hält und unablässig Neues hervorbringt. Heidegger gibt ein Beispiel: »Das Wasserkraftwerk ist in den Rheinstrom gestellt. Es stellt ihn auf seinen Wasserdruck, der die Turbinen daraufhin stellt, sich zu drehen, welche Drehung diejenige Maschine umtreibt, deren Getriebe den elektrischen Strom herstellt, für den die Überlandzentrale und ihr Stromnetz zur Stromförderung bestellt sind. Im Bereich dieser ineinandergreifenden Folgen der Bestellung elektrischer Energie erscheint auch der Rheinstrom als etwas Bestelltes. Das Wasserwerk ist nicht in den Rheinstrom gebaut wie die alte Holzbrücke, die seit Jahrhunderten Ufer mit Ufer verbindet. Vielmehr ist der Strom in das Kraftwerk verbaut. Er ist, was er jetzt als Strom ist, nämlich Wasserdrucklieferant, aus dem Wesen des Kraftwerks. [...] Aber der Rhein bleibt doch, wird man entgegnen, Strom der Landschaft. Mag sein, aber wie? Nicht anders denn als bestellbares Objekt der Besichtigung durch eine Reisegesellschaft, die eine Urlaubsindustrie dorthin bestellt hat.«[547] Unendlich weit ist, so Heidegger, der Rhein als *Objekt der Bestellung* in einem Kraftwerk entfernt von dem Strom, der »Der Rhein« heißt, »gesagt aus dem Kunstwerk der gleichnamigen Hymne von Hölderlin.«[548]

Das Wasserkraftwerk tritt in Erscheinung im Rahmen von Wahrnehmungs- und Handlungsmustern, die Heidegger folgendermaßen charakterisiert: Es wird »die in der Natur verborgene Energie aufgeschlossen, das Erschlossene umgeformt, das Umgeformte gespeichert, das Gespeicherte wieder verteilt und das Verteilte erneut umgeschaltet. Erschließen, umformen, speichern, verteilen, umschalten sind Weisen des Entbergens.«[549] Regiert von einer Einstellung, die auf *Steuerung und Sicherung* ausgeht, verdecken diese Wahrnehmungsmuster, dass auch das Geschehen der Energieherstellung schöpferisch ist und Potenziale von Natur und Mensch offenbart.

547 *Technik* 15 f.
548 *Technik* 15.
549 *Technik* 16.

Man könnte Heideggers Beschreibung, gegen seine Intention, durchaus so lesen, als ob in der modernen Technik alles instrumental werde, einem *Um ... zu* dienstbar. Ist nicht das Problem der modernen Technik, dass sie alles, was ist, als Mittel erscheinen lässt? Denn die Energie aus dem Rheinwasser wird gewonnen, um menschliche Lebensvollzüge zu ermöglichen, z. B. Strom zu liefern für die Schreibtischlampe, in deren Schein Heidegger *Die Technik und die Kehre* abfasst. Muss man nicht von daher die These, Technik sei in ihrem Wesen nichts Instrumentales und werde nicht getroffen, wenn sie als Tun des Menschen bezeichnet werde, kritisch befragen? In der Tat gehören auch Zwecke zu den Abläufen des Herausforderns, Stellens und Bestellens, denn ohne Zwecke würden sie zum Stillstand kommen. Aber die konkreten Zwecke, für die die Technik *Instrumentum* ist, können bald so, bald anders sein. Statt dass sie diese Abläufe regieren, so dass eine vernünftige Zwecksetzung auch einen vernünftigen, konkretes menschliches Leben fördernden Einsatz von Technik befördern könnte, erscheinen sie im Blick Heideggers, auch in ihren vernünftig scheinenden Formen, als Teilmomente dieser Abläufe, gleichsam als ihr Treibstoff. Sie scheinen nur dazu da, sie in Gang zu halten und dabei ihren Zugriff auf Mensch und Natur ständig zu verstärken. Im Ganzen erhalten sie sich im Kommen und Gehen der aus ihnen hervortretenden konkreten Zwecke als ein beständiger Selbstzweck. So ist, wenn wir Heidegger folgen, stetige Selbststabilisierung und Selbstverstärkung, mit anderen Worten: *Erhaltung und Steigerung* ihrer selbst und ihrer Existenzbedingungen, höchster Zweck aller Prozesse im Zeichen der modernen Technik.

Bestand

Was aus den Prozessen des Herausforderns und Stellens durch die Technik hervorgebracht wird, sind, in Heideggers Deutung, nicht *Dinge* noch *Gegenstände* im eigentlichen Sinn. Vielmehr zeigt sich das Hervorgebrachte als *Bestand*. Als Bestand ist, was *da ist*, »schlechthin unselbständig«, denn es hat sein Bestehen nur darin, das »Bestellen von Bestellbarem« zu ermöglichen.[550] Zum Verständnis dieser Gedanken hilft ein Blick auf den alltäglichen Sprachgebrauch.[551] Einer

---

[550] *Technik* 17.

[551] Eine andere, von der Sicht Heideggers abweichende Auffassung des Bestandskon-

Bestandsaufnahme geht es darum, wahrzunehmen, was ist. Aber wenn das, was ist, als *Bestand aufgenommen* wird, bedeutet dies in der Regel eine durch ein bestimmtes Interesse eingeschränkte und fokussierte Weise der Wahrnehmung. Wer – etwa als Betriebswirt in der Lagerhaltung eines Produktionsunternehmens – von Beständen spricht, der registriert *Mengen* von etwas, das in einer bestimmten Anzahl zu einem bestimmten Zeitpunkt vorhanden ist. Darunter sind solche Mengen, die immer wieder *auf Bestellung* zufließen und abfließen, Rohstoffe, Zwischenprodukte und Fertigprodukte, die weiterverarbeitet oder veräußert werden, so dass jeweils der Bestand an ihnen ergänzt und aufgefüllt oder aber geräumt werden muss. Zu einem Bestand gehören daher die *Flüsse*, die Zu- und Abgänge. Weiterhin können – wenn wir in der betriebswirtschaftlichen Sicht bleiben – als Bestände auch Mengen gerechnet werden, die nicht in das alltägliche Bestellen einfließen: Kapitalbestände wie Gebäude, Maschinen und Anlagen werden im Produktionsprozess eingesetzt, aber dauern über seine Zeit hinaus fort. Dann gibt es wiederum Bestände an unterschiedlich qualifizierten Mitarbeitern, und schließlich gibt es Bestände an Finanztiteln, Forderungen und an Verpflichtungen, die für die Unternehmensbilanz aufgerechnet werden müssen.

Es wäre aus dieser Sicht nicht unangemessen, als das Gesamt derartiger Bestände die Wirtschaft zu bezeichnen – nicht die Wirtschaft im Sinne der Marktwirtschaft, als Summe von Tauschakten, als Gesamtheit der Bewegung von Gütern und Werten, sondern die gleichsam *stillgestellte,* auf registrierbare, zu einem bestimmten Zeitpunkt feststellbare Zahlen reduzierte Wirtschaft, wie sie in Statistiken dargestellt wird. Diese Bestände ermöglichen den Wirtschafts*prozess* als eine durch Bestellungen und Bestellt-Werden charakterisierbare selbstlaufende Bewegung, die weder Anfang, noch Ende hat. Was in dieser unaufhörlichen Bewegung, diesem beständigen Zu- und Abfließen, überall buchstäblich *festgestellt* werden kann, das ist der zu einem bestimmten Zeitpunkt angehaltene, in Zahlen fixierte Bestand an diesem und jenem. So ist das Wasserkraftwerk im Rhein ein Bestand, zu dessen *Bestandteilen* auch und gerade der Rhein als bewegtes Wasser selbst gehört. Was aber das Wasserkraftwerk in der Welt ist, für die es von seinen Herstellern bestimmt

---

zeptes bieten Klauer/Manstetten/Petersen/Schiller (2013), denen es um Beiträge zur Grundlegung einer vernünftigen Politik im Umgang mit den natürlichen Lebensgrundlagen geht.

ist, das Wesen des Wasserkraftwerkes also, lässt sich ablesen an allen Beständen, die anzeigen, wofür es bestellt ist und was dieses Werk benötigt: am Wasserdruck pro Zeiteinheit, an den Kilo- oder Megawattstunden seiner Energieleistung bzw. an den finanziellen Erträgen, die mit ihm erwirtschaftet werden.

Betrachten wir weitere Beispiele: Ein landwirtschaftlicher Betrieb von heute ist für den Agrarunternehmer ein Gesamt von Flächenbeständen sowie von Beständen an Gebäuden, Maschinen, Nutztieren und Mitarbeitern. Dazu kommen Bestände an Futtermitteln, Saatgut etc. Alle diese Bestände werden darauf angesehen, dass sich das Gesamt *rechnet*. Eine Klinik muss ihren Bestand an Gebäuden, Geräten und Betten, an Ärzten, Verwaltungsmitarbeitern, Pflegepersonal etc. registrieren, zugleich aber muss sie diese Bestände auch unter der Rubrik Sachkosten und Personalkosten (pro Quartal, pro Jahr) auflisten. Dann muss sie den Gesamtbestand der Patienten und den Gesamtbestand der dokumentierten Leistungen, die für die Patienten innerhalb bestimmter Zeiträume erbracht wurden, als Posten eintragen, sofern sie nicht gleich die jeweilige Wertberechnung in monetären Größen an ihre Stelle setzen kann. In der Regel werden alle derartige Bestandsrechnungen im Rahmen normierter Verfahren für unterschiedliche Zwecke vorgenommen werden. Für die Patienten wiederum steht der Gesamtbestand der Klinik unter der Herausforderung, ihre Gesundheit, d. h. ihren Zustand vor der Wahrnehmung eines klinischen Behandlungsbedarfs, wiederherzustellen. Nur innerhalb dieser Herausforderung und auf sie hin existiert die Klinik, nur dazu ist sie – aus Sicht der Patienten und der Gesellschaft – bestellt. Patienten und Kliniken sind wiederum Teilbestände des Gesundheitssystems, zu dem etwa die Pharmaindustrie sowie die Versicherungsunternehmen der Krankenversicherer als weitere Bestände zu zählen sind.

Stellt sich Wirklichkeit als Bestand dar, werden Gestalt, Lebenszusammenhänge und Selbständigkeit von Dingen und Personen zum Nebensächlichen, ja, Vernachlässigbaren. Nur dieser eine Faktor, Moment eines, wie Heidegger es nennt, *herausfordernden Bestellens* zu sein, macht an einem Bestand dasjenige aus, *was zählt*, d. h., was denen, die mit ihm oder innerhalb seiner operieren, als wirklich gilt.

Innerhalb solcher Bestände spielt die Natur eine besondere Rolle. Wusste sich die bäuerliche Welt vormoderner Gesellschaften *angewiesen* auf die Natur, auf die Gunst der Witterung für das Gedeihen der Früchte von Garten und Feld, so ist die moderne Welt zwar ebenfalls auf Natur angewiesen, nur erfährt sie es in der Regel nicht und lässt es für sich kaum noch erfahrbar werden. Natur ist nicht nur, wie Heidegger sagt, als *Hauptspeicher des Energiebestandes*[552] ständig *herausgefordert*, Energie fließen zu lassen, sondern ihr werden alle Ressourcen abgefordert, die in materielle Bestände eingehen, und sie muss alle Schadstoffe aufnehmen, die die Wirtschaft als die Welt der Bestellung von Beständen in ungeheurer Menge abgibt. Natur ist, so gesehen, das Gesamt aller Bestände an Rohstoffen und an Schadstoffaufnahmekapazitäten – zu nichts anderem ist sie bestellt.

Bagger 255, die Vilvenicher St.-Helena-Kapelle und das Ge-stell

Ge-stell

Gehört nicht auch, so fragt Heidegger, der Mensch selbst »in den Bestand? Die umlaufende Rede vom Menschenmaterial, vom Krankenmaterial einer Klinik spricht dafür.«[553] Nicht nur die Natur und die Produkte des Menschen, auch Menschen selbst erscheinen als Elemente von Beständen und nehmen sich als solche wahr. Allerdings sind Menschen nicht nur als Objekte in den Listen von Beständen zu finden, sondern es sind ebenfalls Menschen, die als Subjekte das *Bestellen* von Beständen aktiv vollziehen. Für die Teilhabe an der Struktur des Bestellens und Bestellt-Seins haben sich Menschen jedoch kaum je bewusst entschieden – etwa aufgrund bestimmter Interessen und Bedürfnisse –, und ebenso wenig steht es ihnen frei, nach Belieben daraus herauszutreten. Vielmehr sind die Menschen von ihr umgeben und durchdrungen wie von einer zweiten Natur. Der Mensch von heute findet sich immer schon, sobald er sich und seine Welt wahrnimmt, herausfordernd und herausgefordert, und er kann sich nur schwer dagegen verschließen, dass ihm alles, was da ist, als Bestand begegnet, und noch weniger ist es ihm möglich, sich aus den Bestandsrechnungen derer, die seine Lebenskräfte nutzen, herauszunehmen. Sein Leben, reduziert auf Informationen und Zahlen, hin-

---

552 *Technik* 21.
553 *Technik* 17.

terlässt mannigfache Spuren in der unüberschaubaren Fülle von Datensätzen, die über ihn angelegt werden.

Wenn das *herausfordernde Stellen*, Heidegger zufolge, stets Tun des Menschen ist, so darf daraus keineswegs geschlossen werden, dass der Mensch als autonomes Subjekt des Stellens zu verstehen wäre, als Instanz, die mit klarem Bewusstsein und freiem Wollen »jenes Herausfordern [bewirkt], das den Menschen stellt, das Wirkliche als Bestand zu bestellen.«[554] Aber wer oder was, wenn nicht der Mensch, ist sein Urheber? Es wäre für Heidegger ein Irrtum, hinter diesen Strukturen insgeheim wirkende Kräfte, Mächte, Instanzen, Organisationen oder Personen aufzusuchen, um in ihnen ihre Ursachen oder gar ihr Wesen zu sehen. Erkenntnis gewinnen wir nur, wenn wir »jenes Herausfordern [...] so nehmen, wie es sich zeigt«, d. h. ohne Mutmaßungen über das, was sich angeblich dahinter verbirgt.[555] Es zeigt sich aber, wie Heidegger mit einem Kunstwort ausdrückt, als das *Ge-stell*:[556] »Das Ge-stell ist das Versammelnde jenes Stellens, das den Menschen stellt, das Wirkliche in der Weise des Bestellens als Bestand zu entbergen.«[557] Was Heidegger Ge-stell nennt, umfasst Aspekte, die gewöhnlich unterschieden werden: Außenweltliche Strukturen einerseits, innere Dispositionen des Menschen andererseits. Somit ist Ge-stell einerseits die Manifestation des Technischen in allen Werkzeugen, Gerätschaften, Apparaturen und Systemen, mit denen Menschen operieren, und andererseits der Inbegriff aller Einstellungen, die diese Operationen veranlassen. Was Heidegger Ge-stell nennt, bezeichnet zwar etwas von Menschen Gemachtes, insofern es dem Menschen ermöglicht, als Subjekt eines beständigen Herausforderns und Bestellens von Natur sowie von technischen und institutionellen Angelegenheiten zu agieren, aber zugleich erlebt sich der Mensch als Objekt des Ge-stells, ausgeliefert einer Macht von Sachzwängen, die ihn einem beständigen Herausgefordert-Sein und Be-

---

554 *Technik* 18 f.

555 *Technik* 19.

556 Wir werden im Folgenden Heideggers Schreibweise *Ge-stell* (mit dem Bindestrich nach der ersten Silbe) beibehalten, um sein Kunstwort von dem gewöhnlichen Ausdruck *Gestell* zu unterscheiden.

557 *Technik* 23. *Ge-stell* ist vom Verb *Stellen* in der Weise abgeleitet, wie *Ge-schiebe* von *Schieben, Ge-habe* von *Haben, Ge-mache* von *Machen*, oder *Ge-tue* von *Tun*. Die Substantivierung bewahrt etwas vom dynamischen und aktiven Charakter des Verbs. So meint der Ausdruck *Ge-stell*, mit dem Ohr Heideggers gehört, nicht ein Ding oder einen Gegenstand, sondern ein Prinzip allen Verhaltens, aller Verhältnisse oder Verhaltensmuster, die mit *Stellen* zusammenhängen.

stellt-Werden unterwerfen. Diese letztere Seite hebt Heidegger besonders hervor: »Als der so Herausgeforderte steht der Mensch im Wesensbereich des Ge-stells. Er kann gar nicht erst nachträglich eine Beziehung zu ihm aufnehmen. Darum kommt die Frage, wie wir in eine Beziehung zum Wesen der Technik gelangen können, in dieser Form jederzeit zu spät. Aber nie zu spät kommt die Frage, ob wir uns eigens als diejenigen erfahren, deren Tun und Lassen überall, bald offenkundig, bald versteckt, vom Ge-stell herausgefordert ist.«[558]

Exkurs: Das Ge-stell und die Förderung der Braunkohle

Heideggers Rede vom Ge-stell ist streckenweise dunkel und, analytisch betrachtet, durchaus nicht immer klar. Sie scheint mir indes äußerst fruchtbar, um Zusammenhänge anzusprechen, die sich begrifflich schwer fassen lassen. Der folgende Abschnitt ist der Versuch, in einer illustrativen Weise zu verdeutlichen, worin die Fruchtbarkeit der Rede vom Ge-stell liegt.[559]

In die fünfziger Jahre des 20. Jahrhunderts, d. h. in die Zeit von Heideggers Überlegungen zur Technik, fällt die Herstellung von Bagger 255. 1954 gebaut, wurde er ab 1955 zum Abbau von Braunkohle eingesetzt und ist bis heute im Einsatz, gegenwärtig im Tagebau *Inden* im Rheinland. Bagger 255, der älteste noch in Betrieb befindliche Schaufelradbagger der Welt, kann täglich bis zu 110.000 m^3 Erdreich bewegen. (Moderne Schaufelradbagger im Rheinischen Braunkohlerevier bewegen über 240.000 m^3). Das Erscheinungsbild eines Schaufelradbaggers mit seiner Konstruktion aus verstrebtem Stahl lässt sich als eine Art überdimensionales *Gestell* (im landläufigen Verständnis) charakterisieren. Bagger 255 hat ein Dienstgewicht von 5900 t, eine Länge von 210 m und eine Höhe von 66 m.

Ge-stell ist jedoch nicht nur die Maschinerie, sondern alles, was zu ihrem Einsatz gehört. Das genehmigte Abbaufeld von Bagger 255, der Tagebau Inden, gelegen im Rheinischen Braunkohlrevier zwischen Eschweiler und Jülich, umfasst gemäß dem Braunkohlenplan 45 km^2, die aktuelle Betriebsfläche stellt ein gewaltiges Loch von

[558] *Technik* 24.

[559] Abgesehen von eigens genannten Internet-Quellen sind folgende Wikipedia-Artikel verwendet worden: Braunkohle (Entstehung), Schaufelradbagger, Bagger 255, Tagebau Inden, Kraftwerk Weisweiler, St.-Helena-Kapelle (Vilvenich).

14 km² dar. Die Kohleflöze, bis zu 45 Meter mächtig, sind vor ca. 30–5 Mio. Jahren entstanden und enthalten das organische Material abgestorbener Bäume, Sträucher und Gräser. Bei ihrem Abbau fällt pro Jahr eine Abraummenge von 80–85 Mio. Tonnen an, während die Kohleförderung sich auf 20–25 Mio. Tonnen beläuft.

Im Zusammenhang mit der Inbetriebnahme des Tagebaus wurden bisher 7400 Menschen umgesiedelt. Die Ortschaften und Siedlungen Inden, Altdorf, Pattern, Geuenich, Pier, Pommenich, Haus Verken und Vilvenich sind entweder bereits verschwunden oder zur baldigen Beseitigung vorgesehen. Verschwunden ist dabei auch die Vilvenicher St. Helena-Kapelle aus dem 12. Jahrhundert, von der nur das Portal, das Weihwasserbecken, die Steinquader der romanischen Fenster und die Konsolen des gotischen Gewölbes geborgen wurden.

In der Sprache Heideggers können wir sagen: Im Tagebau Inden wird der Bagger 255 eingesetzt, um den Abbau der Braunkohle zu *bestellen*. Die Braunkohle ist wiederum für den Betrieb des Kraftwerks Weisweiler *bestellt*, das schon für sich genommen als ungeheures Ge-stell angesehen werden kann.[560] Mit seinen Blöcken, seinen Kesseln und Kühltürmen sowie den oft zu Wolkengebirgen sich türmenden Wasserdampf-Schwaden lagert dieses Kraftwerk breit über der umgebenden Landschaft, mächtiger als jede große Kathedrale.

Das Kraftwerk hat eine installierte Netto-Gesamtleistung von 2.590 MW. Über die Jahre 2004 bis 2006 gemittelt, erzeugte das Kraftwerk im Jahresschnitt insgesamt 17.520.000.000 Wh Strom, wofür pro Jahr 21.750.000 Tonnen Braunkohle verfeuert werden mussten. Dabei wurden pro Jahr jeweils fast 20.000.000 Tonnen CO_2 emittiert. Zudem gelangten im Jahr 2012 »1.181.000 Tonnen Normalasche, 192.000 Tonnen REA-Gips und 86–000 Tonnen MVA-Asche in die Deponie.«[561]

Diese ungeheuren Bewegungen von Materie aber haben einen Zweck, auf den der Energiekonzern Vattenfall in seiner Öffentlichkeitsarbeit hinweist: »Strom ist für uns alle so selbstverständlich, dass wir kaum über ihn nachdenken: Das Licht brennt, Computer und

560 Der Kessel eines 600-MW-Blocks hat einen Querschnitt von 20 mal 20 Metern, eine Höhe von 125 Metern. Seine Wände bestehen aus dicht an dicht verschweißten, kilometerlangen Rohren. Alles in allem sind die Rohre 850 Kilometer lang. Die größten Kühltürme des Kraftwerks Weisweiler sind 128 Meter hoch.

561 Aachener Zeitung (2014). Weitere Informationen finden sich unter BUND (2015).

Drucker sind eingeschaltet, im Hintergrund spielt ein Radio und das schnurlose Telefon steht einsatzbereit in der Ladestation. Der Alltag einer Großstadt ist ohne zuverlässige Energieversorgung undenkbar.«[562] Um der zuverlässigen Energieversorgung willen stellen Energiekonzerne Strom aus Braunkohle her, in Abstimmung mit den Verwaltungen von Bund, Ländern und Gemeinden, die sich mit der Genehmigung des Braunkohleabbaus und dem Betrieb der entsprechenden Kraftwerke beschäftigen, legitimiert durch Beschlüsse der Parlamente in Berlin und den Landeshauptstädten – für den Tagebau Inden etwa ist das Land Nordrhein-Westfalen zuständig. Zum Komplex der Energieversorgung durch Braunkohle zu rechnen sind indirekt auch Gewerkschaften wie die *IG Bergbau, Chemie, Energie,* die sich für den Erhalt von Arbeitsplätzen im rheinischen Braunkohlerevier einsetzen. Alle diese Apparaturen und Organisationen, alle daraus hervorgehenden Handlungen und Prozesse mit allen ihren Folgen beziehen ihre *Legitimität* aus dem Ziel der zuverlässigen Energieversorgung. Man kann aber dieses Ziel wiederum als nur *ein* Moment eines sich verselbständigenden Ablaufs verstehen, als welcher sich Braunkohleverstromung insgesamt darstellt. Dass dieser Ablauf trotz jahrzehntelanger Kritik an der Stromgewinnung aus Braunkohle bisher bestehen blieb und wohl noch etliche Jahre fortbestehen wird, liegt an den Beständen von Apparaten, Organisationen und Menschen, die allein durch ihr schieres Ausmaß dem System der Braunkohlverstromung eine ungeheure Trägheit verleihen. Schon weil es da ist, tendiert es dazu, lange da zu bleiben. In diesem Ge-stell ist das Profitstreben von Akteuren ein nicht zu unterschätzendes, aber keineswegs das ausschlaggebende Moment.[563]

Was Heidegger Ge-stell nennt, kann dazu verhelfen, eine Struktur in ihrer Dynamik zu erfassen, die sich unter dem Titel *zuverlässige Energieversorgung* verbirgt. Dazu gehören Bagger 255, der Tagebau Inden, das Kraftwerk Weisweiler ebenso wie 192.000 Tonnen REA-Gips und 86.000 Tonnen MVA-Asche pro Jahr, dazu gehören das Schicksal der umgesiedelten Menschen, die Namen des aus-

---

[562] Vattenfall (2015).

[563] In diesem Zusammenhang ist zu bedenken, dass es in der staatssozialistischen Planwirtschaft der DDR sowohl Braunkohletagebau mit Maschinen von der Art des Bagger 255 als auch entsprechende Kraftwerke mit den dazu gehörigen Bürokratien gab, auch in der DDR fanden groß angelegte Umsiedlungsaktionen statt, und die mit dem Abbau und der Verfeuerung von Braunkohle verbundenen Umweltschäden waren verheerend.

gelöschten Ortes Vilvenich und der untergegangenen St-Helena-Kapelle etc. Diese Dynamik, zugleich in der Außenwelt und im Bewusstsein der Menschen am Werk, macht auf weite Strecken unser Leben aus, sie ist eine Art Medium, worin wir gleichsam atmen, ohne dass uns in unserem Alltag der Zusammenhang zwischen den Ansprüchen unserer Lebensführung und dem Verschwinden der St.-Helena-Kapelle bewusst wird.

Die Verhältnisse, die Heidegger als Ge-stell bezeichnet, umfassen die Vorgaben der Natur und das Zusammenwirken vieler menschlicher Personen. Stoffe und Energien, die sich in der Natur in Jahrtausenden und Jahrmillionen aufgebaut haben, Erfindungen, Innovationen und Arbeiten, die vor Jahren, Jahrzehnten oder gar Jahrhunderten stattgefunden haben, sind eingegangen in die technischen Geräte und Systeme von heute. Diesen aber sieht man ihre Herkunft und ihre Geschichte nicht an. Das Ge-stell ist deswegen jedoch nicht schlechterdings unnatürlich und unpersönlich, sondern es kann sich nur erhalten, indem es stets neu Natur und Personen in sich einsaugt, um sie ins Unpersönliche, Sachliche und Dingliche zu verwandeln. Sachen und Dinge aber verflüchtigen sich ihrerseits im Bewusstsein der im Ge-stell Tätigen zu Abstraktionen: Informationen, Bildern, Zahlen, Formeln, Algorithmen.

Man mag darüber streiten, ob die Prägung *Ge-stell* ganz trifft, was Heidegger damit ausdrücken möchte, es scheint durchaus statthaft zu fragen, ob man nicht geläufigere Ausdrücke verwenden sollte, etwas *System*, *Struktur* oder *Verhältnis*.[564] Aber Heideggers Darstellung wird durch solche Einwände nicht entwertet. In jedem Fall ergeht aus der Welt von Technik und Wirtschaft eine Art permanenter Herausforderung, der die Menschen so lange ausgeliefert sind, als sie, kaum wissend, was sie tun, die Möglichkeit der Distanznahme oder gar des Widerstands erst gar nicht in Betracht ziehen. Sie finden sich

[564] Zu erwägen wäre, ob, was Heidegger Ge-stell nennt, nicht eher als eine Art umfassender *Institution* vor und über allen konkreten Institutionen zu verstehen ist. Wenn jede Institution als geordneter Vollzug angesehen werden kann, der menschliche Verhältnisse reguliert, sei es das Verhältnis eines Individuums zu sich selbst, zu seinen Mitmenschen, zur Natur oder zu den Göttern, dann könnte man das *Wesen der Technik*, wie Heidegger es darstellt, als eine Art Über-Institution auffassen, als einen vorgängigen Vollzug mit einer eigenen Logik, der in unserer Zeit allen besonderen Institutionen, d.h. allen konkreten Regelungen menschlicher Verhältnisse vorausgeht. Zu dem hier zugrundegelegten Verständnis von Institution vgl. Klauer/Manstetten/Schiller/Petersen (2013: 87–108).

herausfordernd und herausgefordert, ohne einer Instanz zu begegnen, von der die Herausforderung ausgeht: Denn sie sind es selber, und sie sind es doch nicht. In diesem Prozess ist alle Bewegung und Persönlichkeit gleichsam erstarrt im *Ge-stell*.

Der Betrieb

Heideggers Rede von Bestand und Ge-stell ist zu ergänzen durch einen in seiner Technikbetrachtung ausgesparten Begriff, der in die Sphäre der Wirtschaft gehört: den Begriff des *Betriebs*. Denn die Einheiten, die den Fortgang des Ge-stells betreiben, erscheinen in der Regel nicht unmittelbar als menschliche Personen, sondern treten als Betriebe auf, ausgestattet mit der künstlichen Personalität der Rechtsperson.[565] Mit dem Blick auf den Betrieb lässt sich die von Heidegger nicht angesprochene Dimension der Wirtschaft ausdrücklich ins Spiel bringen. Der Betrieb ist die rechnende Einheit, die gestellt ist zwischen die Bestellungen, die er selbst vornimmt und die ihm als Aufwendungen Kosten verursachen, und die Bestellungen, denen er Folge leistet und für deren Abschluss er Einnahmen verbuchen kann.

Jeder Betrieb, sei es ein Wirtschaftsunternehmen, eine Armee, eine Universität, ein Altenheim, ein Ministerium oder auch eine mafiöse Organisation, muss sich die zu verwaltenden Aufgaben und auch sein Dasein in Form von Beständen – in Heideggers Sprache – *vor-stellen*.[566] Es *zählen* dabei unmittelbar weder konkrete Personen noch sinnlich fassbare Lebensvollzüge. Existenzberechtigung und Entwicklungspotenzial des Betriebes werden in der Wahrnehmung derer, die ihn führen und bewerten, verdünnt zu einer Liste von Beständen, Bestandsänderungen und Szenarien. Der Betrieb von heute nimmt seine Leistungen heute kaum anders wahr als in der Arbeit an allerorts in Gang zu setzenden Rechnern und Bildschirmen, auf denen Informationen abgerufen werden, die zum Bestellen weiterer Informationen anregen, und er bewahrt diese Leistungen in *Dateien*

---

[565] Vgl. Kap. 7 in diesem Buch.

[566] Die folgenden Überlegungen gelten vor allem für große Betriebe in Wirtschaft und Verwaltung. In Familienbetrieben sowie kleinen und mittelständischen Unternehmen spielt das Persönliche eine zuweilen ausschlaggebende Rolle. Das schließt aber nicht aus, dass auch sie zum Teil Wesenszüge des Ge-stells ausprägen.

und anderen Formen von *Datenbeständen*. Dies ist die Form, in der ein Betrieb sich seiner selbst vergewissern kann. Auf den Führungsebenen stellt sich sein wirkliches Leben somit als Verwaltung und Bearbeitung von Beständen an Informationen dar – hinter denen sich als dunkler, fast unwirklich scheinender Grund konkrete Ereignisse, Vorgänge und Leistungen ahnen lassen, die man als *wirklich* bezeichnen könnte.

Diese auf Bestände und Bestandsänderungen fixierte Einstellung prägt aber nicht nur die Führungsebenen der großen Betriebe, sondern findet sich oft noch in nächster Nähe zu konkreten Handlungsfeldern: Der Agrarunternehmer führt seine Arbeit mehr und mehr in seinem Büro und vor seinen Schaltpulten aus, auf denen die Informationen aus Stallung und Feld zusammenlaufen und mit den Signalen des Agrarmarktes und der ihn subventionierenden Institutionen zusammengeführt werden können. Nicht nur die Verwaltung, sondern auch die Ärzte und das Pflegepersonal einer Klinik verbringen einen Teil ihrer Arbeitszeit an ihren Rechnern mit der Eingabe von Daten. Geleistete Dienste werden mit detaillierten Angaben einzelner Schritte in Tabellen eingetragen: Es ist am Ende dieser dokumentierte Bestand an Leistungen, der in die Rechnungen eingeht, die auf den höheren Verwaltungsebenen zur Kenntnis genommen und, in pekuniäre Forderungen übersetzt, an die Versicherungen der Patienten oder an diese selbst weitergegeben werden.

Präsentiert sich ein Betrieb auf den Märkten einer Marktwirtschaft, so korrespondiert jeder Forderung und Bestellung eine gegenläufige Bewegung, d.h. eine Bestellung in der Gegenrichtung oder eine Gegenforderung, wie es in seiner einfachsten Struktur der einfache Warentausch zeigt. Sofern sich die Forderung auf Mengeneinheiten bezieht, wird die Gegenforderung in Geldeinheiten gerechnet. In Geldeinheiten wird zudem das Gesamtvermögen des Betriebes gemessen: als ein *Wertbestand*. Dem kapitalistischen Betrieb muss es in seiner Zielsetzung letztlich um die Erhaltung und Steigerung seines Wertes gehen. Daher liegt seine Aufmerksamkeit nicht primär auf den unterschiedlichen Dingen und Leistungen in seinem Handlungsfeld, sondern auf den ihnen entsprechenden Wertgrößen, in denen er sich auf dem Markt darstellt: Personen, Dinge und Leistungen sind dem Betrieb wichtig nur im Zusammenhang mit seiner Werterhaltung und Wertsteigerung. Wenn es um Leistungsfähigkeit und Wert eines Betriebes geht, rechnet man daher nicht mit den unterschiedlichen und heterogenen Sach- und Humankapitalien, sondern mit deren Aggregation zu einer in Wertgrößen ausgedrückten abstrakten Gesamtgröße.

Die Repräsentation von Gegenständen in Geld ist derjenige Teil der Selbstwahrnehmung und Außendarstellung eines Betriebes, der als der wirtschaftlich entscheidende gilt: Statt mit Mengen von Dingen, Zu- und Abflüssen, hat man es nur noch mit Vermögen, Krediten, Umsätzen, Ausgaben, Einnahmen, Kosten, Erträgen, Gewinnen und Verlusten und ihren Veränderungen zu tun. Diese Veränderungen auf der Wertseite sind die für die Bewertung eines Betriebes durch seine Inhaber und Anteilseigner und für die Entscheidungen der Strategen auf der Führungsebene maßgeblichen. Schließlich bilanzieren auch ganze Staaten in der *volkswirtschaftlichen Gesamtrechnung* die in ihnen stattfindenden wirtschaftlichen Abläufe als Bestände und Bestandsänderungen in Form von Wertgrößen: Die wirtschaftliche Leistung eines modernen Staates wird, unter Namen wie Brutto-Sozial-Produkt oder Brutto-Inland-Produkt eines Jahres, statistisch in monetären Werten erfasst, das Wachstum oder der Rückgang dieser Leistung bezieht sich ebenfalls auf reine Wertgrößen.

Heideggers Überlegungen zum Wesen der Technik lassen sich verstehen als Warnung vor einer *Entwirklichung* von Welt und Mensch[567]. Wenn er sagt, dass *das Wirkliche,* indem es *sich als Bestand entberge,* in seiner Wirklichkeit bedroht sei, so könnten wir ergänzen: In der Wahrnehmung als Element eines Betriebes wird alles Wirkliche ersetzt durch seine Repräsentation als im Bestand gemessene Menge oder als Bestand an Geldwert. Nur in dieser Abstraktion findet Wirkliches den Weg auf die Bildschirme der Rechner. Die reale, konkrete personen- und sachbezogene Seite des herausfordernden Stellens ist zwar keineswegs nichts, aber sie wird in den Abläufen des Ge-stells überdeckt von den Zahlen der Sach- und Wertbestände. So kann es geschehen, dass auf der einen Seite weltweit die Natur heute in einer nie dagewesenen Weise herausgefordert und verunstaltet ist und Menschen vielerorts in unwürdiger Weise ausgebeutet werden, dass aber auf der anderen Seite diejenigen, die sich in die Bewegungen der Bestände an ihren Rechnern einloggen, kaum etwas davon mitbekommen.

---

567 Der Ausdruck *Entwirklichung* findet sich bereits bei Marx, der die »*Entwirklichung* des Arbeiters« als eine Folge der kapitalistischen Produktionsweise ansieht (vgl. Marx 1844/1968: 512).

Wenn es heute Eingaben auf Tastaturen oder Touch-Screens in den Betrieben sind, die den Impuls geben für das Wirken dessen, was Heidegger das Ge-stell nennt, Eingaben, die wiederum Reaktionen sind auf Informationen, die durch die Kommunikationsnetze zu den Nutzern der Rechner gelangen, sind heute Rechner, Tablets oder Smartphones die Orte, wo die unaufhörlich durch die Netze kreisenden Bewegung des Ge-stells ihrerseits *fest-gestellt* wird – hier wird das Ge-stell so gesehen, wie es gesehen werden möchte: in Form von Zahlen, Diagrammen und Bildern. Die Dynamik der Finanzmärkte und das Treiben ihrer Akteure erscheinen nur als die verdünnteste Daseinsweise einer Welt sich potenzierender Abstraktionen, deren wirkliche Ereignisse nur noch im Schatten der Veränderungen von Zahlenwerten stattzufinden scheinen.

Entwirklichung der Welt und Entmenschlichung des Menschen

»Sobald das Unverborgene nicht einmal mehr als Gegenstand, sondern ausschließlich als Bestand den Menschen angeht und der Mensch innerhalb des Gegenstandslosen nur noch der Besteller des Bestandes ist, – geht der Mensch am Rande des äußersten Absturzes, dorthin nämlich, wo er selbst nur noch als Bestand genommen werden soll. Indessen spreizt sich gerade der so bedrohte Mensch in die Gestalt des Herrn der Erde auf. Dadurch macht sich der Anschein breit, alles was begegne, bestehe nur, insofern es ein Gemächte des Menschen sei.«[568] Dieser Anschein hat seither Dimensionen erreicht, die zur Zeit Heideggers wohl kaum vorausgesehen wurden. Inzwischen erscheint nicht wenigen Menschen selbst das eigene Dasein, die Gestalt ihres Körpers, die Stimmungen ihrer Seele, Anfang, Weitergabe und Ende des menschlichen Lebens zusehends als Resultat technischer Manipulationen, die sie nach eigenem Belieben vornehmen können. Zugleich aber verbreitet sich, oft bei denselben Menschen, die Tendenz, sich das eigene Verhalten von intelligenten technischen Geräte diktieren zu lassen, die besser als man selbst wissen, wie man sein Leben zu führen hat.

In einem solchen Zustand sieht Heidegger *die Gefahr schlechthin:* Gefährdung des Menschseins selbst und seiner Grundlagen. Was Max Weber *praktisch-rationale Lebensführung* nennt, was sich für

[568] *Technik* 26.

die moderne Ökonomik als *rationale Nutzenmaximierung* darstellt, bringt einen Menschentyp hervor, der, wenn wir Heidegger folgen, alle Züge des Menschlichen zu verlieren droht, während die Welt, in der dieser Menschentyp existiert, alle Züge des Natürlichen ablegen wird. Wenn wir mit Platon Gerechtigkeit darin sehen, dass Menschen aus dem Tun des Eigenen heraus, wie es ihrem Wesen entspricht, die Gemeinschaft so gestalten, dass darin jeder nach Möglichkeit in Übereinstimmung mit sich selbst und den Mitmenschen leben kann, dann wäre es die größte denkbare Ungerechtigkeit, wenn die Menschen nicht nur, wie die Marx'schen Proletarier, systematisch vom Genuss *des Eigenen* ferngehalten werden, wenn sie nicht nur, wie der Bourgeois des jungen Marx, in der zügellosen Bewegung des Gewinnen-Wollens ihr Eigenes verkennen (das sie immerhin noch erstreben, wenngleich auf verkehrte Weise), sondern ganz und gar unfähig würden, auch nur den Gedanken zu denken, es wäre der Mühe wert, jenseits des Betriebs ihrer Geräte (zu denen dann auch der eigene Leib gehört) ein Eigenes zu suchen.

Heideggers Betrachtungen zur Technik machen auf Strukturen aufmerksam, die bis in die tiefsten Schichten menschlicher Existenz hinab reichen, wie sie durch eine fachwissenschaftliche Analyse von Wirtschaft und Gesellschaft kaum berührt werden können. Durchaus aufklärerisch ist seine Intention, uns in ein »freies Verhältnis zu dem [zu versetzen], was uns aus seinem Wesen her angeht.«[569] Zu einer solchen Freiheit kann man jedoch nur gelangen, wenn man sich an einer entscheidenden Stelle von der Redeweise Heideggers und ihren Wirkungen distanziert. Lässt man sich auf den Sog seiner Darstellung ein, so entsteht fast zwangsläufig der Schein, die von ihm dargestellten Strukturen seien allumfassend und unausweichlich. Ein *freies Verhältnis zu dem, was uns aus seinem Wesen her angeht*, ist jedoch nur möglich, wenn man sich von diesem Schein nicht blenden lässt.

[569] *Technik* 7.

17. Globaler Kapitalismus als totale Herrschaft?

Anliegen und Selbstaufhebung der Fundamentalkritik in zeitgenössischen Ansätzen von Marcuse bis Rosa

> *Die Menschen werden durch Abstraktionen ersetzt, durch wirtschaftliche Entitäten, durch Profite und Geld. Die Menschen werden mathematisch, informatisch, statistisch behandelt, wie Tiere gezählt, aber viel weniger zählend.*
> Michel Henry

Innerhalb der gegenwärtigen Fundamentalkritik an der Wirtschaft lassen sich grob zwei Orientierungen feststellen, die unterschiedliche Akzente setzen.

(i) Auf der Basis empirischer Erkenntnisse, wie sie theoretisch fundiert etwa von Thomas Piketty präsentiert werden, lasten Autoren wie Wolfgang Streeck (2013), Zygmunt Bauman (2013) oder Stefan Lessenich (2016) der gegenwärtigen Weltwirtschaft eine *Tendenz zu wachsender Ungleichheit* an. Die Dynamik des globalen Kapitalismus verschärfe die Gegensätze zwischen Arm und Reich, zwischen hoch entwickelten Metropolregionen und Elendsgebieten an der Peripherie bis zur Unversöhnbarkeit. Das System werde zunehmend instabil und drohe zu kollabieren.

(ii) Herbert Marcuse (1970), Hartmut Rosa (2013) und Byung-Chul Han (2014) konstatieren hingegen im gegenwärtigen Wirtschaftssystem *universale Egalisierungstendenzen* auf der Ebene des menschlichen Bewusstseins. Die Menschen erkennen nicht, dass die Verheißung autonomer Lebensgestaltung in modernen Gesellschaften nur Fassade für die Logik des Kapitalismus ist, die ihnen ein fremdbestimmtes Leben aufzwingt. Die Entfremdung ergreift, wenn man diesen Autoren folgt, gleichermaßen Arm und Reich, innen wie außen, von ihr betroffen sind die Profiteure des Kapitalismus nicht weniger als seine Opfer. Ihre Folgen steigern sich zu einem *Malum totale.*

Ich werde auf die erste Art der Kritik weiter unten eingehen, wenn wir uns mit den Gedanken von Amartya Sen auseinandersetzen. In diesem Kapitel geht es dagegen um eine Kritik am Kapitalismus, die seine Auswirkungen auf das menschlichen Innenleben und Bewusstsein thematisiert. Die Intentionen dieser Kritik, die m. E. in ihrer Anlage viel mit Heideggers Technikkritik gemeinsam hat, werden herausgearbeitet, und es wird gezeigt, warum einige der Kritiker den heutigen Kapitalismus als System einer totalen Herrschaft auffassen. Aus den abschließenden Überlegungen soll allerdings deutlich werden, warum diese Auffassung irreführend ist und die berechtigten Anliegen einer Fundamentalkritik am Kapitalismus eher verdunkelt.

Falsches Bewusstsein, totale Herrschaft

Die Menschen werden systematisch dazu gebracht, *falschen Bedürfnissen*[570] zu folgen – das behauptet Herbert Marcuse in seiner Studie *Der eindimensionale Mensch*. Die moderne Wirtschaft fordere den Menschen bloßes Funktionieren innerhalb einer rein technischen Rationalität ab. Das allmähliche »Absterben der geistigen Organe« führe zur »Vorherrschaft« des *Glücklichen Bewusstseins*,[571] eines Zustands, worin die Menschen so sehr mit der verkehrten Welt eins geworden seien, dass sie unter dieser Verkehrtheit selbst nicht mehr leiden und erst recht kein Mitleid mit anderen Leidenden empfinden könnten.[572]

Eine wesentliche Ursache für derartige *Deformationen im menschlichen Bewusstsein* sieht Hartmut Rosa in einer alle Lebensbereiche durchdringenden *Beschleunigung*. In ihrer Folge wandle sich das Zeitbewusstsein derart, dass die Menschen »eine anhaltende Schrumpfung der Gegenwart erfahren«.[573] Daraus folgt ein Verlust

570 Marcuse (1970: 25 ff.).

571 Marcuse (1970: 98).

572 In seiner »Philosophie des Christentums« gelangt Michel Henry zu einer ähnlichen Einschätzung. Aus dem Zusammenspiel »eines reinen und harten Kapitalismus, der den Menschen gegenüber gleichgültig ist«, mit der »Überentwicklung der modernen Technik« (Henry 1997: 378) sieht er einen Menschentyp hervorgehen, der »nichts mehr davon weiß, was ihm erlaubt, ein Mensch zu sein.« (Henry 1997: 210). »Die erniedrigten, gedemütigten und verachteten Menschen verachten sich selbst; von der Schule an abgerichtet, sich selbst zu verachten, sich für nichts zu halten: für Teilchen und Moleküle. […] Die Menschen sind auf Trugbilder, auf Götzen reduziert, die nichts empfinden, auf Automaten, so wie sie durch diese ersetzt werden – durch Computer, durch Roboter.« (Henry 1997: 383). Eine ausführliche Darstellung und Kritik der Positionen Henrys findet sich bei Enders (2010: 147–184).

573 Rosa (2013: 23).

innerer Stabilität, wie Rosa im Rückgriff auf Hermann Lübbe deutlich machen will. Dieser definiert »die Vergangenheit [...] als all das, was nicht mehr gilt, während die Zukunft dasjenige erfasst, was noch nicht gilt. Die Gegenwart lässt sich dann definieren als ein Zeitraum, für den [...] Erfahrungsraum und Erwartungshorizont zusammenfallen. Nur innerhalb dieser Zeiträume relativer Stabilität können wir uns auf gemachte Erfahrungen beziehen, um uns in unsrem Handeln zu orientieren und aus der Vergangenheit Schlüsse für die Zukunft zu ziehen. Nur innerhalb dieser Zeiträume finden wir eine relative Orientierungs-, Bewertungs- und Erwartungssicherheit.«[574] Die Ausdehnung der Gegenwart, verstanden als ein *Zeitraum relativer Stabilität*, werde jedoch immer kürzer. Die Ursache für diese Veränderung, die die Lebenswelt und das Innenleben der Menschen erfasst, sieht Rosa in der »Logik des Wettbewerbs«.[575] Diese bewirke, dass immer mehr Menschen zu Gejagten eines ständig schneller werdenden Wandels würden. »Der sozialen Wettbewerbslogik gemäß müssen die Konkurrenten mehr und mehr Energie in die Erhaltung ihrer Wettbewerbsfähigkeit investieren, bis zu dem Punkt, an dem diese Erhaltung nicht länger ein Mittel zu einem autonomen Leben gemäß selbstbestimmter Ziele ist, sondern zum einzigen übergreifenden Ziel sowohl des gesellschaftlichen als auch des individuellen Lebens wird.«[576] Diese Logik treibe nicht nur die Dynamik der modernen Wirtschaft und den technischen Fortschritt an, sondern führe auch zu sich steigernden *kulturellen und gesellschaftlichen Innovationsraten*. Während liberale und neoliberale Denker als Folge des Wettbewerbs einen Zugewinn an Freiheit und Wahlmöglichkeiten konstatieren, diagnostiziert Rosa im Gegenteil eine Gefährdung des Zentrums der Persönlichkeit, also dessen, was Richard Sennett *Charakter* nennt: »Der Charakter konzentriert sich insbesondere auf den langfristigen Aspekt unserer emotionalen Erfahrung. Charakter drückt sich durch Treue und gegenseitige Verpflichtung aus oder durch die Verfolgung langfristiger Ziele und den Aufschub von Befriedigung um zukünftiger Zwecke willen. Aus der wirren Vielfalt von Empfindungen, mit denen wir alle uns jederzeit herumzuschlagen haben, wählen wir einige aus und versuchen sie aufrechtzuerhalten. Diese nachhaltigen Züge werden zum Charakter, es sind Merk-

574 Rosa (2013: 23).
575 Rosa (2013: 37).
576 Rosa (2013:38).

male, die wir an uns selbst schätzen und für die wir den Beifall und die Zustimmung der anderen suchen. Wie aber können langfristige Ziele verfolgt werden, wenn man im Rahmen einer ganz auf das Kurzfristige ausgerichteten Ökonomie lebt? Wie können Loyalitäten und Verpflichtungen in Institutionen aufrechterhalten werden, die ständig zerbrechen oder immer wieder umstrukturiert werden? Wie bestimmen wir, was in uns von bleibendem Wert ist, wenn wir in einer ungeduldigen Gesellschaft leben, die sich nur auf den unmittelbaren Moment konzentriert? Das sind die Fragen zum menschlichen Charakter, die der neue flexible Kapitalismus stellt.«[577]

Diagnosen dieser Art, deren Reichweite und Grenzen empirisch nur schwer überprüfbar sind, veranlassen manche Kritiker dazu, im gegenwärtigen Kapitalismus Strukturen einer *totalen Herrschaft* aufzudecken. *Total* ist, Rosa zufolge, eine Herrschaft, »wenn sie (a) Druck auf den Willen und die Handlungen der Subjekte ausübt, wenn es (b) unmöglich ist, ihr auszuweichen, so daß in der einen oder anderen Form alle Subjekte von ihr betroffen sind, wenn sie (c) alle Lebensbereiche durchdringt und nicht auf die eine oder andere Gesellschaftssphäre beschränkt ist, und wenn es (d) schwierig oder nahezu unmöglich ist, sie zu kritisieren und zu bekämpfen.«[578] Alle diese Kriterien sieht Rosa in den von ihm analysierten Verhältnissen erfüllt. Bereits Herbert Marcuse spricht in diesem Zusammenhang von einer *totalitären Gesellschaftsverfassung*, von der auch rechtsstaatliche Demokratien nicht ausgenommen seien: »Denn ›totalitär‹ ist nicht nur eine terroristische politische Gleichschaltung der Gesellschaft, sondern auch eine nicht-terroristische ökonomische Gleichschaltung, die sich in der Manipulation von Bedürfnissen durch althergebrachte Interessen geltend macht. Sie beugt so dem Aufkommen einer wirksamen Opposition gegen das Ganze vor. Nicht nur eine besondere Regierungsform oder Parteiherrschaft bewirkt Totalitarismus, sondern auch ein besonderes Produktions- und Verteilungssystem, das sich mit einem ›Pluralismus‹ von Parteien, Zeitungen, ›ausgleichenden Mächten‹ etc. durchaus verträgt.«[579] Spezifisch für diese Art Herrschaft sei, dass die Unterworfenen sie nicht wahrnähmen, sondern sich für frei hielten, behauptet Byung-Chul Han: »Das neoliberale Herrschaftssystem« etabliert eine »systemerhalten-

---

577 Sennett (1998: 11 f.).

578 Rosa (2013: 89).

579 Marcuse (1970: 23).

de Macht«, die »nicht mehr repressiv [ist], sondern seduktiv, das heißt verführend. Sie ist nicht mehr sichtbar, es gibt kein konkretes Gegenüber mehr, keinen Feind, der die Freiheit unterdrückt und gegen den ein Widerstand möglich wäre. […] Ineffizient ist jede disziplinarische Macht, die mit einem großen Kraftaufwand Menschen gewaltsam in ein Korsett von Geboten und Verboten einzwängt. Wesentlich effizienter ist die Machtausübung, die dafür sorgt, dass sich Menschen von sich aus dem Herrschaftszusammenhang unterordnen. Statt Menschen gefügig zu machen, versucht sie, sie abhängig zu machen. […] Die systemerhaltende Macht nimmt heute eine smarte, freundliche Form an und macht sich dadurch unsichtbar und unangreifbar. […] Das neoliberale Regime ist deshalb so stabil, immunisiert sich gegen jeden Widerstand, weil es von der Freiheit Gebrauch macht, statt sie zu unterdrücken.«[580]

Denkt man dies weiter, kann man sogar die Idee, einen solchen Zustand zu ändern, als stabilisierendes und perpetuierendes Moment eben dieses Zustands ansehen. Denn das Malum sitzt für Marcuse oder Byung-Chul Han viel zu tief, als dass es durch begrenzte praktische Eingriffe auch nur berührt werden könnte, ja, die Idee, durch steuernde Maßnahmen innerhalb der bestehenden Verhältnisse etwas Entscheidendes zum Guten zu wenden, wäre selbst Ausdruck des Malum. Die Leistungen von Wissenschaft und Technik, die Institutionen des Rechtes und der Politik ebenso wie die Marktwirtschaft – kurz, alle Verhältnisse, worin die Menschen der Gegenwart ihre Lebensverhältnisse zu *machen* oder zu *verbessern* suchen, wären samt und sonders als Daseinsweisen eines Betriebs zu deuten, der, gleichgültig gegenüber allem Natürlichen und Menschlichen, stets neu seine *Erhaltungs- und Steigerungsbedingungen*[581] reproduziert. Wenn man so denkt, wird man alle Freiräume für die Entfaltung und Entwicklung der eigenen Persönlichkeit, wie sie liberale Gesellschaften verheißen, als illusionär ansehen. So könnte man zu dem Resultat gelangen, wahrhaft eingreifendes und veränderndes Handeln wäre

580 Han (2014). Johan Galtung hat die Vorstellung einer Herrschaft, von der Gewalt ausgeht, ohne dass letztinstanzlich Personen oder Organisationen dafür zuständig wären, mit seinem Konzept der *strukturellen Gewalt* auf den Begriff zu bringen versucht (Galtung 1982). Den Grund sieht er in einem System wirtschaftlicher, politischer und gesellschaftlicher Verhältnisse, das unbestimmt, ungreifbar und zugleich allgegenwärtig ist. Diese Gewalt betrifft nicht nur äußere Lebensumstände, sondern durchdringt das Innenleben der Menschen, sie wird gleichsam ein Teil ihrer Seele.

581 Diese Formulierung Nietzsches wird zitiert bei Heidegger (1972: 210).

unmöglich, da sich alles menschliche Tun, ob man will oder nicht, im Zeichen der gegebenen Strukturen vollzieht. Somit ließe sich äußerlich kein Unterschied mehr feststellen zwischen denen, die widerstandslos die Vorgaben des Betriebs erfüllen, weil sie sich nichts anderes vorstellen können oder wollen, und denen, die ohnmächtig seine Allmacht beklagen. Die aber, die versuchen dagegen anzukämpfen, stünden von vornherein auf verlorenem Posten. Träfe dies zu, so wären für die Lebensführung nur zwei Möglichkeiten denkbar: Entweder das eigene Leben unbewusst oder bewusst auf das bloße Mit-Machen zu beschränken oder aber zu resignieren und zynisch zu werden, wenn man nicht ganz und gar verzweifelt.

Eine Stärke dieser Sicht liegt darin, dass sie all denen entgegentritt, die allzu schnell mit Lösungen zur Hand sind. Der Glaube, die großen Fragen der Welt seien durch neue Formen des Rechnens, durch Pläne, Programme und Aktionen auflösbar – soweit sie nicht durch technischen und sozialen Fortschritt von selbst verschwinden –, erscheint vor diesem Hintergrund eher als Teil des Problems als Anstoß zu seiner Lösung.

Kritik an der Verblendung oder verblendete Kritik?

Allerdings sägen Autoren wie Marcuse, Han und Rosa gleichsam an dem Ast, auf dem sie den Sitz ihrer Kritik eingerichtet haben. Wenn Rosa behauptet, die totale Herrschaft mache es unmöglich, sie zu kritisieren und zu bekämpfen, dann gerät er in einen *performativen Widerspruch*, d.h. er sagt, es sei unmöglich, das zu tun, was er doch selbst praktiziert: Kritik zu formulieren.[582]

Derartige Fundamentalkritik tendiert oft zu der fatalistischen Einstellung, dass man, außer die Verhältnisse zu beklagen, »sowieso nichts machen könne«. Wenn man, wie Marcuse, in den Abläufen der modernen Wirtschaft und Gesellschaft nichts anderes als ein System der *totalitären ökonomischen Gleichschaltung*[583] am Werk sieht,

---

[582] Es gehört zu den Stärken des Ansatzes von Boltanski/Chiapello (2003), der viele Berührungspunkte mit Rosa aufweist, dass er einen Raum für Kritik auch unter den Bedingungen des *neuen Kapitalismus* offen hält. Denn obwohl Boltanski/Chiapello zeigen, dass auch dezidiert antikapitalistische Kritik am Kapitalismus zu einem Motor seiner weiteren Entwicklung werden kann, weisen sie den Fatalismus, den die Totalitarismus-Diagnose nahelegt, ausdrücklich zurück.

[583] Vgl. Marcuse (1970: 23).

wenn man, wie Byung-Chul Han, die *systemerhaltende Macht* des Neoliberalismus für *unangreifbar* hält[584], ist ein solcher Fatalismus nicht fern. Seine Basis liegt in der Auffassung, dass dieses System das Ganze und außerhalb seiner nichts sei. In dieser Auffassung begegnen sich die hier dargestellten Fundamentalkritiken an der modernen Wirtschaft und Gesellschaft auf merkwürdige Weise mit neoliberalen Sichtweisen. Auf den ersten Blick zwar scheint beides einander entgegengesetzt: Während neoliberale Ideologien dazu neigen, im idealen System der natürlichen Freiheit jegliches Malum oeconomicum verschwinden zu lassen, erscheint ein ökonomisch geprägtes Malum bei Marcuse, Rosa oder Han als universale Struktur aller menschlichen Verhältnisse. Es ist zwar ein nicht geringer Unterschied, ob man die Welt der Wirtschaft als idealen Freiraum für die Selbstverwirklichung des Homo oeconomicus anpreist oder ob man sie als ein System der vollendeten Selbstentfremdung des Menschen verwirft. Da aber sowohl der neoliberalen Ideologie als auch der Fundamentalkritik an der modernen Wirtschaft entscheidende Differenzierungen fehlen, konvergieren ihre anscheinend gegensätzlichen Positionen. Sie begegnen sich in der Überzeugung, dass eine ihrem Treiben überlassene Marktwirtschaft mit angeblich freien Akteuren, eingebettet in die Apparate eines Rechtsstaats, bewegt von der Energie des Mehr-Haben-Wollens und dem Automatismus des naturwissenschaftlichen-technischen Fortschritts, das Ganze sei: Totalität eines Kapitalismus, außerhalb dessen und über den hinaus nichts sein könnte. Beide Positionen laufen darauf hinaus, dass man nur die Wahl hat, sich entweder mit den Verhältnissen im Ganzen zu arrangieren oder im Ganzen an ihnen zu verzweifeln.

Aber die Prämissen, die hier angenommen werden, sind auf gefährliche Weise unpräzise. Denn die Unterstellung einer unentrinnbaren Totalität bei Marcuse oder Rosa verdeckt Möglichkeiten für eine verändernde Praxis. Was immer die moderne Welt im Ganzen sein mag: In ihr leben Menschen, die kritisch über sie nachdenken und nach Formen des Gegenlebens suchen, neben anderen, die widerspruchslos mitmachen; es werden Techniken eingesetzt, die Menschen von Krankheiten heilen, und andere, die Menschen töten; es werden ressourcenschonende Weisen der Produktion neben anderen angewandt, die exzessiven Ressourcenverbrauch fördern. Wirtschaftsunternehmen, die sich um die Qualität ihrer Produkte und

[584] Vgl. Han (2014).

das Wohl ihrer Mitarbeiter sorgen, sollten nicht mit denjenigen gleichgesetzt werden, die um eines zusätzlichen Gewinnes oder der Vergrößerung ihrer Marktmacht willen »über Leichen« zu gehen bereit sind. Dass auch Menschen, die sich ernsthaft um das Gute bemühen, Schlechtes tun, dass auch die »besseren« Techniken und Unternehmen blinde Flecken aufweisen, rechtfertigt keineswegs eine Sicht, die alle Unterschiede einebnet. Das Bessere, wenn es auch nur ein wenig besser ist, muss als das Bessere wahrgenommen und im Ernstfall gegen das Schlechtere erkämpft oder verteidigt werden.

Wie aber unterscheidet man das Bessere vom Schlechteren, wie entkommt man der Tendenz, in der Welt, die man als schlecht erkannt hat, letztlich *alles gleich schlecht* zu finden? Die Antwort ist einfach: Hinter jeder seriösen Kritik an Verhältnissen innerhalb des Kapitalismus oder am Kapitalismus insgesamt steht eine bestimmte Vorstellung von *Gerechtigkeit*.

18. Liberales Intermezzo: Gerechtigkeit als Tun des Eigenen bei Amartya Sen

Die Welt geht unter, wenn einige essen, andere nur zuschauen.
Türkisches Sprichwort

Karl Löwith warnte 1953: »Heute hat Heidegger es fertiggebracht, einer Generation von Studierenden neue Maßstäbe zu geben und sie zu überreden, daß [...] Ethik, Kultur und Humanität, die wir ohnedies schon seit langem nur noch in Anführungszeichen schreiben, keine ernsten Anliegen sind.«[585] Jenseits der polemischen Zuspitzung trifft dies einen Wesenszug nicht nur der Technikkritik Heideggers, sondern auch der Kapitalismuskritik von Marx über Marcuse bis hin zu Streeck und Byung-Chul Han. Ihre Theorien bieten keinen systematischen Ort für ethische Überlegungen. Stattdessen nähren sie, manchmal wohl gegen die Absicht ihrer Urheber, bei ihren Lesern diffuse Gefühle der Empörung über die schlechte Welt.

Soll Kritik aber zum Handeln führen, dürfen ethische Argumente nicht durch Empörung substituiert werden. Denn die Kritiker müssen sich fragen lassen: »Was wollt ihr, aus welchen Gründen, mit welchem Recht wollt ihr es, und mit welchen Mitteln glaubt ihr es zu erreichen?« Empörung, die zur Tat drängt, steht unter einer *Begründungspflicht:* Man muss *Kriterien für gerecht und ungerecht* nennen, um die Verwerflichkeit oder Wertschätzung von Zuständen und Handlungen nachvollziehbar zu machen. Gründliche *ethische Überlegungen* sind somit für jede Fundamentalkritik am Kapitalismus ebenso wie für alle Versuche der Veränderung unerlässlich. Zwar erscheinen aus einer Sicht, die auf das Große und Ganze geht, ethische Prinzipienreflexionen ebenso wie die Beurteilung konkreter Umstände unter ethischen Gesichtspunkten leicht kleinlich. Denn an die Stelle pauschaler Thesen treten vorsichtige Abwägungen, und an der Stelle einer insgesamt finsteren Welt erscheinen Dunkles und Helles

[585] Löwith (1984: 135).

nebeneinander oder mischen sich derart, dass ein letztes Wort darüber kaum möglich ist. Um zu einem fundierten Urteil über ungerecht oder gerecht zu gelangen, bedarf es also einerseits einer Prinzipiendiskussion, andererseits hinreichender Informationen über die jeweiligen Umstände und die Handlungsmöglichkeiten, die sich in ihr bieten. Für diese Aufgaben ist eine geschulte *Urteilskraft* unerlässlich.

Amartya Sens und Martha Nussbaums sogenannter Capability-Ansatz, der im Zentrum der folgenden Überlegungen steht, berücksichtigt beide Aspekte. Nach einigen Anmerkungen zu Nozick und Rawls wird mit diesem Ansatz ein Konzept von Gerechtigkeit präsentiert, das liberal ist, insofern seine Basis die Freiheit des Individuums ist, während es zugleich kapitalismuskritische Einwände aufnimmt, insofern es der materiellen und institutionellen Basis der Freiheit entscheidende Bedeutung zumisst.

Gerechtigkeit: Prinzipien bei Robert Nozick und John Rawls

Neoliberale Entwürfe von Wirtschaft und Politik enthalten – was ihren Kritikern oft entgeht – durchaus artikulierte Vorstellungen zum Thema Gerechtigkeit. In ihrer Tendenz decken sie sich weitgehend mit libertären Ideen, wie sie prominent von Robert Nozick entwickelt wurden:[586] Als grundlegende Prinzipien gelten individuelle Freiheit, Unverletzlichkeit des privaten Eigentums, Freiwilligkeit aller Handlungen und Verzicht auf jede Art von Zwang außer zum Schutz von Freiheit und Eigentum. Das heißt, jede Verteilung von Einkommen und Vermögen, die durch freiwillige Handlungen zustande gekommen ist, gilt als gerecht, und jeder Mensch sollte das Recht haben, auf seine Weise sein Glück zu suchen. Was also das gute Leben ist, darf jeder für sich entscheiden. Umverteilungen sind nur mit Zustimmung aller Beteiligten und Betroffenen als gerecht anzusehen. Solidarität mit Unterprivilegierten ist zwar wünschenswert, es kommt aber darauf an, wie sie realisiert wird: »Es liegen […] Welten zwischen zwei verschiedenen Arten staatlicher Unterstützung, die sich oberflächlich zu gleichen scheinen. Die erste Version heißt: 90 % aus unserer Mitte sind einverstanden, Steuern zu zahlen, um den unteren 10 % zu helfen. Die zweite Version: 80 % aus unserer

[586] Nozick (2011).

Mitte entscheiden, daß die oberen 10 % Steuern zahlen müssen, um den unteren 10 % zu helfen.«[587] Nur die erste Version ist mit dem libertären Ideal kompatibel, während die zweite als *Tyrannei der Mehrheit über die Minderheit* als verwerflich gilt: »Eine Gesellschaft, die Gleichheit [...] vor die Freiheit setzt, wird letztlich weder Gleichheit noch Freiheit haben. Wenn man Gewalt anwendet, um die Gleichheit zu erreichen, wird die Freiheit zerstört, und die Gewalt, die man ursprünglich für einen guten Zweck benutzte, wird in den Händen von Menschen landen, die sie missbrauchen. [...] Eine Gesellschaft, die die Freiheit auf ihre Fahnen heftet, [wird] als glückliches Nebenprodukt mehr Freiheit und mehr Gleichheit erreichen.«[588]

Die letztere Überlegung resultiert aus einer Idee, die für sich genommen kein Gerechtigkeitsprinzip ist, aber aus Debatten darüber nicht ausgeschlossen werden kann: Neoliberale Theoretiker (wie auch viele andere Ökonomen) glauben, dass das Gesamtvermögen einer Gesellschaft (oder auch der ganzen Menschheit) am vielfältigsten und größten wird, wenn man den wirtschaftlichen Akteuren die maximal mögliche Freiheit lässt. Man akzeptiert zwar die Verteilung so, wie sie sich von selbst ergibt, aber man sorgt dafür, dass es möglichst viel zu verteilen gibt. Plakativ gesagt: Man lässt den Märkten freien Lauf, damit der Kuchen so groß wird, wie es nur geht, und nimmt in Kauf, dass die einzelnen Kuchenesser Stücke von sehr unterschiedlicher Größe und Qualität erhalten, sofern sie überhaupt etwas abbekommen. Wäre das nicht besser als ein Zustand, in dem alle gleichviel von einem Kuchen abbekommen, der so klein ist, dass niemand satt werden kann? Der große Kuchen böte demgegenüber die Chance, dass wohlwollende Menschen freiwillig etwas von ihren Anteilen abgeben.

Dagegen drängt sich allerdings ein Einwand auf. Wenn jeder sich für ein gutes Leben nach seinen Vorstellungen entscheiden kann, da ja individuelle Freiheit der oberste Wert ist, welche Antwort gibt man den Menschen, denen die Mittel zum Überleben und erst recht für das, was sie für ein gutes Leben halten, fehlen? Dieser Einwand legt nahe, libertäre Prinzipien um weitere Gesichtspunkte zu *ergänzen:* Dass insbesondere Fragen der Verteilung ausdrücklich zu berücksichtigen sind, ist eine Position, wie sie heute von vielen Gerechtigkeits-

---

[587] Friedman/Friedman (1980: 157).

[588] Friedman/Friedman (1980: 166).

theoretikern vertreten wird. Ihre Basis findet sich vor allem im Werk von John Rawls.[589]

Rawls gibt Kriterien an, die von *Institutionen einer gerechten Gesellschaft* erfüllt werden müssen. Mit Liberalen und Neoliberalen teilt er die Überzeugung, dass individuelle Freiheit ein überragendes Gut ist. »Daher läßt es die Gerechtigkeit nicht zu, daß der Verlust der Freiheit bei einigen durch ein größeres Wohl für andere wettgemacht wird.«[590] Dies drückt der erste vom ihm aufgestellte Grundsatz aus:

(i) *»Jedermann soll gleiches Recht auf das umfangreiche System gleicher Grundfreiheiten haben, das mit dem gleichen System für alle anderen verträglich ist.«*[591] Die erste Aufgabe bei der Einrichtung einer gerechten Gesellschaft wäre demgemäß, Normen, Gesetze, Verfahren, aber auch administrative Abläufe in Behörden etc. so zuzuschneiden, dass die Anforderungen des ersten Grundsatzes für jedes Mitglied einer Gesellschaft erfüllt sind.

Aber mit einer weiteren prinzipiellen Entscheidung, die wegweisend für die gesamte folgende Diskussion geworden ist, entfernt sich Rawls vom libertären Denken. Sein zweiter Grundsatz der Gerechtigkeit lässt Ungleichheit nur dann zu, wenn sie zu Auswirkungen führt, die nachweislich den am meisten Benachteiligten zugutekommen:

(ii) *»Soziale und wirtschaftliche Ungleichheiten sind so zu regeln, daß sie sowohl (a) den am wenigsten Begünstigten die bestmöglichen Aussichten bringen als auch (b) sie mit Ämtern und Positionen verbunden sind, die allen gemäß der fairen Chancengleichheit offen stehen«* (Unterschieds- oder Differenzprinzip).[592] Das Differenzprinzip bietet eine Legitimitätsbasis für Umverteilungen. Das Prinzip der Freiheit ist also zu ergänzen durch institutionell abgesicherte Formen der *Solidarität.*

Mit diesen Grundsätzen gewinnt man ein Fundament für eine Diskussion darüber, ob und inwieweit wirtschaftliche und gesellschaftliche Verhältnisse der Gegenwart akzeptabel oder verwerflich sind. Liest man Rawls allerdings mit einem an Rosa oder Byung-Chul Han geschulten Blick, mag man fragen, ob es nicht sinnlos sei, Freiheit zu fordern für Menschen, deren Bewusstsein bis ins Innerste von der Logik des globalen Kapitalismus durchdrungen ist. Rawls ver-

---

[589] Eine andere Art der Grundlegung bietet die Diskursethik von Jürgen Habermas.

[590] Rawls (1979: 19 f.)

[591] Rawls (1979: 81).

[592] Rawls (1979: 104).

sucht, solchen Einwänden mit seinem *Gedankenexperiment des Urzustandes* zu begegnen (s. u.). Wenigstens als Denkmöglichkeit gelingt es ihm, eine Stelle offenzuhalten, die man sowohl als *Raum eines nicht pervertierten öffentlichen Diskurses* als auch als *Innenraum eines nicht manipulierten Bewusstseins* auffassen kann.[593]

Gerechtigkeit als Ermöglichung positiver Freiheit

Rawls hat der Diskussion über Gerechtigkeit entscheidende Impulse gegeben. Seine Prinzipien sind indes nicht hinreichend, wenn es darum geht, konkrete gegebene Zustände in unterschiedlichen Regionen der Erde im Lichte der Frage zu untersuchen, inwieweit sie gerecht sind. Dazu stellen insbesondere die Untersuchungen des wirtschaftswissenschaftlichen Nobelpreisträgers Amartya Sen einen bedeutenden Beitrag dar.

Sens sogenannter Capability-Ansatz[594] lässt sich als eine Heuristik verstehen, die zur Beschreibung der Lebensverhältnisse von Menschen unter dem Gesichtspunkt der Gerechtigkeit dient und nach Möglichkeit zu deren Verbesserung beitragen soll. Seine Basis ist ein *positives Verständnis von Freiheit:* Freiheit ist immer *Freiheit zu etwas*. Die Möglichkeit, ein Leben zu führen, wie man es aus guten Gründen führen möchte, ist abhängig von persönlichen und gesellschaftlichen Bedingungen. Freiheit hat daher einen substanziellen Aspekt, sie kann nicht bestehen ohne eine materielle und institutionelle Basis: »Zu den substanziellen Freiheiten zählen die elementaren Fähigkeiten. Z. B. die Möglichkeit, Hunger, Unterernährung, heilbare Krankheiten und vorzeitigen Tod zu vermeiden, wie auch jene Freiheiten, die darin bestehen, lesen und schreiben zu können, am politischen Geschehen zu partizipieren, seine Meinung unzensiert zu äußern usw.«[595] Die Herstellung, Bewahrung und Erweiterung der substanziellen Freiheit, der Basis für das gute Leben der Individuen, ist eine Aufgabe, die nur von einer politisch verfassten Gesellschaft im Ganzen angegangen werden kann, letztlich aber betrifft sie die

---

593 Vgl. Rawls (1979: 140–174). S. u. Kapitel 23.

594 Der Capability-Ansatz ist bis heute eher ein offenes Projekt als eine in sich abgeschlossene Theorie (vgl. etwa Gasper 2007). Die folgende Darstellung basiert auf diversen Veröffentlichungen von Sen und Nussbaum, enthält aber Akzente, die von mir eigenständig gesetzt wurden.

595 Sen (2002: 50).

ganze Menschheit. Inwieweit Verhältnisse mehr oder weniger gerecht genannt werden können, hängt entscheidend davon ab, in welchem Maß sie für alle Menschen eine solche Basis der Freiheit ermöglichen.

Nicht nur die Basis, sondern auch konkrete Inhalte der Freiheit eines Individuums lassen sich unter Gesichtspunkten der Gerechtigkeit beurteilen: Sen bietet *allgemeine Kriterien an, mit denen sich klären lässt,* ob und inwieweit Individuen ein ihnen gemäßes Leben führen können. Zwar muss man nicht festlegen, was das gute Leben für die einzelne Person ist – dies bleibt der individuellen Wahl vorbehalten. Wohl aber muss man sich auf die Frage einlassen, was ein jeweiliges Individuum darunter versteht, *sein Leben* führen zu können. Damit muss man auch klären, inwieweit persönliche Lebensumstände und wirtschaftliche, politische, soziokulturelle und ökologische Bedingungen günstig oder ungünstig dafür sind, dass Individuen sich *ihr* Leben wählen können?

Functionings und Capabilities

Um diese Fragen angehen zu können, bedient sich Sen der Terminologie von *Functionings* und *Capabilities.* Der Ausdruck *Functionings* bezeichnet *realisierte Lebensweisen* – Zustände oder Tätigkeiten – während der Ausdruck *Capabilities* die *Möglichkeiten* anspricht, diese Lebensweisen tatsächlich zu realisieren: Menschen sollen dazu befähigt werden, *ihr* Leben zu führen. *Capabilities* wird oft mit *Verwirklichungschancen* übersetzt, während man Sens Terminus *Capability approach* auch mit *Befähigungsansatz* übersetzt.

Sens Ansatz liegt folgende Idee zugrunde: Individuen haben persönliche, in der Regel soziokulturell vermittelte Vorstellungen von einem Leben, das sie führen möchten. Dazu gehören *Tätigkeiten,* die sie verrichten, und *Zustände,* in denen sie sich befinden wollen. Überdies können sie unterscheiden zwischen erwünschten und weniger erwünschten Tätigkeiten und Zuständen. Diese Tätigkeiten und Zustände nennt Sen *Functionings:* Von den tatsächlich realisierten *Functionings* in ihrer Gesamtheit hängt ab, inwieweit eine Person ihr Leben im Rückblick als gelungen und geglückt ansehen kann. Ob es aber in diesem Leben gerechter oder ungerechter zugeht, kann man nur beurteilen, wenn man weiß, a) welche Tätigkeiten und Zustände *(Functionings)* eine Person aus guten Gründen erstrebt und b) welche

Chancen sie hat, die erstrebten Tätigkeiten und Zustände zu *verwirklichen*. Diese *Verwirklichungschancen* nennt Sen *Capabilities.*

Welche Capabilities sind beispielsweise nötig, damit eine Person eine gute Cellistin sein kann (*Functioning:* gut Cello spielen)? Abgesehen davon, dass Nahrung, Kleidung und Wohnung sowie Hilfe im Krankheitsfall gewährleistet sein muss (Grundgüter), damit man ernsthaft an die Tätigkeit *gut Cello spielen* denken kann, bedarf es der Verfügung über ein ordentliches Cello, eines guten Instrumentalunterrichtes sowie einer Lebensgestaltung, die Muße zum Üben und Spielen gewährt. Dazu kommen Verwirklichungschancen, die in der Person liegen und partiell durch Erziehung gefördert werden: Interesse am Cellospielen, musikalische Begabung, Eifer und Ausdauer beim Üben etc.

Sens Idee von Gerechtigkeit zielt darauf ab, der jeweiligen Person mit ihren privaten Vorlieben und Abneigungen, mit ihren Interessen an gesellschaftlichen Problemen und ihren weltanschaulichen Orientierungen vor dem Hintergrund ihrer Lebenswelt gerecht zu werden. Diese Idee ist die liberale Version der Vorstellung Platons, es gehe um das *Tun des Eigenen*. Ging Platon davon aus, dass das Tun des Eigenen die Realisierung der objektiv feststellbaren Natur einer Person im Rahmen der Vorgaben der Polis sei (auch wenn die Person davon vielleicht nicht das Geringste weiß), so kommt es Sen darauf an, dass das Leben, das ein Mensch führt, nach Möglichkeit das Leben sein sollte, das dieser Mensch als Individuum führen *möchte*. Ausschlaggebend ist also die selbständige und bewusste Wahl der eigenen Lebensweise.

Entgegen dem Anschein geht es dabei nicht um rein private, bloß subjektive und damit letztlich beliebige Vorstellungen eines guten Lebens. Solchen Vorstellungen wohnt vielmehr ein wesentliches Moment von Allgemeinheit inne. Vor allem Martha Nussbaum macht plausibel, dass erstrebte Zustände und Tätigkeiten *(Functionings)* unter der Perspektive der Gerechtigkeit erstrebens*wert* sein müssen.[596] Daher sind sie nie völlig privat. Nur wenn vernünftige Menschen bestimmte Tätigkeiten oder Zustände in Bezug auf ein Individuum *anerkennen*, d.h. tolerieren, billigen oder sogar wertschätzen können, sind sie erstrebenswert. Damit geraten die persönlichen Bestrebungen in den Horizont allgemeiner Gesichtspunkte. Sen setzt

[596] Vgl. etwa Nussbaum (1998). In Zusammenarbeit mit Sen war Nussbaum entscheidend an der Formulierung des Capability-Ansatzes mitbeteiligt.

auf *den öffentlichen Vernunftgebrauch* als einen Filter für die Bestrebungen eines Individuums.[597] Daher gehört Teilhabe am öffentlichen Diskurs zu den wichtigsten Tätigkeiten, die jedem Individuum zugänglich sein sollten. Was die öffentliche Vernunft als Resultat eines freien Diskurses *akzeptieren kann, darf erstrebt* werden. Damit ist in einer Gesellschaft gewährleistet, dass Individuen *in ihren Anliegen einander wechselseitig respektieren.*

Das erscheint – wenigstens theoretisch – nicht schwierig, soweit es um die Befriedigung elementarer Lebensbedürfnisse geht. Was aber darüber hinausgeht, mag strittig sein. Ein strikt universalistischer Ansatz wird als erstrebenswert nur ansehen, was in allen Kulturen und Epochen anerkannt werden kann, während man sich auch vorstellen kann, dass es dem Diskurs einer jeweiligen Gemeinschaft überlassen bleibt, festzulegen, welche Tätigkeiten und Zustände Wertschätzung verdienen. Sen setzt auf eine Art Wechseldurchdringung heterogener Anerkennungsverhältnisse in der globalisierten Welt: Lokale, regionale, kultur- und epochengebundene Vorstellungen interagieren und kommen in Berührung mit anderen, mehr universal ausgerichteten Vorstellungen und Lebensweisen. So ist es zwar denkbar, dass in einer abgeschlossenen Gemeinschaft Sklaverei oder Unterdrückung von Frauen allen Mitgliedern, sogar den Betroffenen, als selbstverständlich, notwendig oder richtig gilt, aber es erscheint nahezu undenkbar, dass Menschen, die einmal anderswo unter sonst ähnlichen Lebensumständen ein Leben ohne Sklaverei und Unterdrückung kennenlernen durften, sich freiwillig in den Zustand der Sklaverei oder Unterdrückung zurückbegeben. Bei aller Offenheit für kulturelle Differenzen postuliert Sen universale, vernünftig überprüfbare Rahmenbedingungen dafür, dass Tätigkeiten und Zustände Wertschätzung und Achtung genießen können. Empirisch versucht er überdies zu zeigen, dass die Gemeinsamkeiten zwischen den Kulturen weltweit viel größer sind als die Unterschiede.[598] Bestimmte universale, kultur- und epochenunabhängige Annahmen über ein gutes Leben, etwa die Überzeugung, dass dazu die Gewährung elementarer Menschenrechte gehört, beanspruchen laut Sen allerdings auch dann Geltung, wenn sie außerhalb des Gesichtskreises der Individuen einer konkreten Gesellschaft liegen.[599]

---

[597] Sen (2010).

[598] Vgl. etwa Sen (2010: 50).

[599] Darauf hat insbesondere Martha Nussbaum (1998) aufmerksam gemacht.

Beurteilung konkreter Lebensumstände

Sens Ansatz macht es möglich, über Armut und Reichtum, Benachteiligung und Gleichbehandlung, Partizipation und Ausgrenzung vergleichsweise präzise Aussagen zu machen: Wie arm oder reich ein Mensch ist, wie weit ihm Teilhabe am Leben seiner Gesellschaft und am gemeinsamen Reichtum seiner Kultur oder der ganzen Menschheit ermöglicht oder nicht ermöglicht wird, kann man mithilfe folgender Frage beantworten: Welche Chancen bestehen, dass dieser Mensch von ihm persönlich wertgeschätzte, von anderen prinzipiell anerkannte Tätigkeiten und Zustände tatsächlich realisieren kann? Hat er überhaupt die Möglichkeit, sich jenseits der Situation, in der er sich befindet, alternative Tätigkeiten und Zustände vorzustellen, die ihm erstrebenswert erscheinen könnten? Diese Chancen und Möglichkeiten machen das aus, was man im eigentlichen Sinn das *Vermögen* eines Menschen nennen kann. Dazu gehören auch Geld und materielle Güter als Mittel für ein Leben, wie man es führen möchte. Aber dasjenige Vermögen, das wahren Reichtum ausmacht, umfasst weit mehr. Menschen, deren Bewegungsfreiheit durch natürliche Behinderung oder soziale Restriktionen eingeschränkt wird, Menschen, die verschmutze, krankmachende Luft atmen müssen, Menschen, die keinen Zugang zu Wissen oder zu bestimmten Ämtern erhalten, Menschen, die gezwungen werden, sich zu einer bestimmten Religion zu bekennen, haben gemeinsam, dass ihre *Capabilities* – selbst wenn sie großen materiellen Reichtum besitzen sollten – geringer einzuschätzen sind als die von anderen, die von solchen Beschränkungen frei sind. Dass neben der Grundversorgung mit dem Lebensnotwendigen, Gesundheit und Sozialfürsorge für Sen die *Bildung* Priorität besitzt, ergibt sich stringent aus seinem Ansatz. Bildung macht einem Menschen bewusst, welche Möglichkeiten für ein Leben jenseits der Schranken des unmittelbar Gegebenen bestehen, Bildung lässt erreichbare Wege zur Gestaltung dieses Lebens in den Blick rücken, und die Teilhabe an Bildung kann schon an sich geschätzt werden. Denn Wissen zu erlangen, Fertigkeiten zu besitzen, die Welt und den Menschen besser zu verstehen etc. ist Teil eines guten Lebens.

Versteht Platon Gerechtigkeit als Tun des Eigenen, so will Sen unter den *Bedingungen einer modernen, auf individueller Freiheit basierenden Gesellschaft* klären, inwieweit Menschen dazu gelangen können, ihr Eigenes zu suchen, zu finden und es sich im Leben praktisch zu eigen zu *machen*. Was aber ihr Eigenes ist, sollen sie in *eigener Wahl* selbst entscheiden. Zu dieser Entscheidung gehört allerdings als notwendige Basis eine freiheitliche, partizipative und solidarische Gesellschaft mit den entsprechenden Institutionen und die konstitutive Beziehung auf die Idee einer allgemeinen Vernunft. Wer also im Sinn von Sen das Eigene wählt, muss zugleich die Idee einer allgemeinen Vernunft annehmen und sich für die Institutionen einer freien Gesellschaft einsetzen. Damit glaubt Sen einen Maßstab zu gewinnen, mit dem man konkrete Verhältnisse überall auf der Welt beurteilen kann.

Dieser Maßstab muss jeweils an regionale und kulturelle Bedingungen angepasst werden. Deshalb hält Sen ausdrücklich Distanz zu der Idee einer für alle gleichen globalen Gerechtigkeit.[600] Zwar sind bestimmte Grundprinzipien seines Ansatzes universalisierbar, aber Sen geht es vor allem um das wirkliche Leben der Menschen in seiner Vielfalt. Functionings und Capabilities sind leere Begriffe, wenn sie nicht gefüllt und konkretisiert werden mit *Informationen über die allgemeinen politischen, wirtschaftlichen und sozialen Lebensbedingungen sowie über die wirklichen Bestrebungen und die erreichbaren Lebensmöglichkeiten der Individuen in konkreten Kulturen und Regionen*. So lässt sich auf die Frage, ob man etwa Verwirklichungschancen, Zustände und Tätigkeiten in einem Slum von Mumbai mit denen auf dem Campus der Harvard Universität vergleichen kann, eine differenzierte Antwort geben: Wenn man sich an Sen orientiert, wird man sensibel für Blockaden von Lebenschancen auch bei denen, die auf der angeblichen Sonnenseite des Lebens stehen, sowie für Lebensmöglichkeiten, die auch in äußerlich menschenfeindlich erscheinenden Milieus entfaltet werden können. Slumbewohner haben oft konkrete Konzepte eines für sie guten Lebens und können durchaus findig sein, wenn es um deren Verwirklichung geht, während scheiternde Lebensentwürfe, etwa aufgrund von Isolation, Depression, Stress und Drogensucht auch und vielleicht gerade da auftreten, wo die materielle und kulturelle Basis für ein gutes Leben selbstverständlich gegeben scheint.

---

600 Vgl. Sen (2010: 53–55).

Sens Ansatz, auf ein historisches Beispiel angewendet

Wenn man mit Sen darauf hinweist, dass ein anderer Zustand als der gegebene ein Mehr an Gerechtigkeit bedeuten würde, steht man oft vor dem Problem des Unwissens. Woher nimmt man die Zuversicht, dass der gerechtere Zustand praktisch möglich, d.h. realisierbar ist? Wie Sen dazu steht, zeigt folgendes Beispiel: Als England 1816 von einer gewaltigen Dürre heimgesucht wurde, erwarteten zwei bis heute geachtete Wissenschaftler, der Philosoph James Mill und der Ökonom David Ricardo, den Hungertod von etwa einem Drittel der Bevölkerung. Das bevorstehende massenhafte Sterben war für sie die unabwendbare Folge einer unvermeidlichen Naturkatastrophe. Ihre größte Sorge war, dass soziale Agitatoren unter diesen Umständen »Unzufriedenheit mit der bestehenden Ordnung säen wollten, indem sie den Menschen weismachten, dass die Regierung ihnen helfen könnte.«[601] Was jedoch Ricardo und Mill als Naturereignis fatalistisch hinnahmen, galt den von ihnen geschmähten Agitatoren als Fall krasser, von menschlichen Versäumnissen verursachter Ungerechtigkeit. Sen neigt der Ansicht der Agitatoren zu und fährt fort: »Einem Gefühl von Ungerechtigkeit muss man nachgehen, selbst wenn sich herausstellt, dass es auf einem Irrtum beruht, und wenn es sich als begründet erweist, muss es natürlich besonders genau untersucht werden. Und ohne Nachforschung können wir nicht sicher wissen, ob dieses Gefühl begründet oder abwegig ist.«[602]

Folgt man Sen, so wäre es damals durchaus möglich gewesen, Nahrung in ausreichendem Maße bereitzustellen, nur gelangte sie aufgrund institutioneller und ökonomischer Blockaden nicht zu denen, die ihrer bedurften. Zwar ließe sich dagegen einwenden, es wäre naiv zu glauben, dass man ohne massive Eingriffe in die Ordnung des damaligen Frühkapitalismus alle Hungernden in England hätte versorgen können. Solche Eingriffe aber wären damals, ganz wie Ricardo und Mill annahmen, ohne größere soziale Verwerfungen, die im Endeffekt auch den Hungernden geschadet hätten, nicht möglich gewesen. Aus Sicht Sens ist es jedoch stets hier und jetzt vernünftig zu fordern, es müsse gehandelt werden, auch wenn man im Vorhinein nicht weiß, was machbar ist und was nicht. Denn unter solchen Um-

[601] Sen (2010: 415).
[602] Sen (2010: 415).

ständen dürfe man zumindest hoffen, der Versuch, das Rechte zu tun, werde nicht vergeblich sein. Unterbleibe ein solcher Versuch, bestehe Anlass zu legitimer Empörung.

Mag solche Empörung an Ort und Stelle oft wirkungslos verpuffen, so setzt Sen auf Langfristigkeit: Wo immer Menschen sich bemühen, erfolgreich oder auch vergeblich Not und Elend zu bekämpfen, wird Erfahrung und Wissen generiert, das spätere Generationen nutzbringend einsetzen können: Natürliche Abläufe werden besser verstanden, neue Technologien entwickelt und insbesondere werden wirtschaftliche und politische Strukturen, die das Notwendige fördern oder verhindern, besser durchschaut.

Sen geht es nicht um eine stringente Theorie der Gerechtigkeit. Sein Zugang zum Thema Gerechtigkeit zielt eher auf eine *Heuristik*, die komparativ vorgeht und pragmatisch zu handhaben ist. Was Gerechtigkeit konkret bedeutet, muss von Akteuren und Beobachtern jeweils neu inhaltlich bestimmt werden. Ihre Wirkmacht entfalten Sens Ideen am besten da, wo sich ein klarer und nüchterner Blick auf gegebene Verhältnisse mit dem Glauben verbindet, dass sich auch in den schlechtesten Umständen Potenziale zum Besseren finden lassen, sofern man sie nur sucht. Kommt dazu die Hoffnung, dass es Chancen gibt, das Bessere zu realisieren, und das Vertrauen, dass das Streben nach Besserem nie umsonst ist, dann leistet Sens Idee der Gerechtigkeit das, was ihr Urheber damit beabsichtigt hat.

Anfragen an den Capability-Ansatz

Den folgenden Anfragen an Sen geht es weniger um eventuelle Defizite des Ansatzes als vielmehr um eine gewisse Behutsamkeit bei seiner Anwendung auf konkrete Verhältnisse und Personen.

(i) Denkt man einseitig in den Kategorien Veränderung und Verbesserung, so verliert man häufig die *Stabilität* einer Gesellschaft aus den Augen. Die bloße Abschaffung des Schlechten führt nicht automatisch zum Besseren, sondern kann auch das Eintreten des Schlimmeren befördern. Wer Verhältnisse verbessern will, muss darauf achten, dass dabei nicht die institutionelle Basis dieser Verbesserungen zerstört wird. Auch in einer Gesellschaft, die nach Maßstäben Sens nur wenig Gerechtigkeit bietet, darf es nicht geschehen, dass Veränderungen den gesetzlichen Zustand insgesamt aufheben und einen

Hobbes'schen Naturzustand herbeiführen.[603] Da der Krieg Aller gegen Alle die schlechteste aller denkbaren Lebensformen ist, müssen selbst offensichtlich unzulängliche Gesetze und ungerechte Institutionen so lange beibehalten werden, bis man in der Lage ist, bessere an ihre Stelle zu setzen.

(ii) Für den Aufbau von Capabilities werden in der Regel besondere institutionelle Arrangements erforderlich sein, es müssen organisatorische Strukturen mit den dazugehörigen Apparaten und bürokratischen Abläufen geschaffen werden. Die Eigendynamik solcher Strukturen, die in der Regel keineswegs zu Freiheit und Gerechtigkeit tendiert, und die Schwierigkeiten, ihr zu begegnen, müssten gründlich erwogen werden, wollte man Sens Anregungen in die Tat umsetzen.

(iii) Eine nicht immer genügend beachtete Grenze für Veränderungen und Verbesserungen stellt die Pflicht dar, natürliche Lebensgrundlagen schonend zu nutzen. Naturzerstörung, die das Dasein der Menschen auf der Erde gefährdet, wäre in jedem Fall ungerecht, auch wenn sie im Namen des Aufbaus von Capabilities stattfinden würde.[604]

(iv) Mit liberalen und neoliberalen Ideen teilt Sen die Vorstellung, dass der Mensch ein Wesen ist, das sein Leben selbst wählen möchte und das seinen Reichtum in der Fülle von Wahlmöglichkeiten, d.h. in der Qualität und Quantität verfügbarer Handlungsalternativen bzw. zugänglicher Lebensformen sieht. In dieser Vorstellung liegt eine gewisse Einseitigkeit. Zwar ist nicht wählen *dürfen* ein Anzeichen von Repression, zumindest zeitweise nicht wählen *müssen* kann dagegen als intensive Freiheit erlebt werden.[605] Entlastet von dem Zwang, seine Lebenszeit darauf zu verwenden, ungelebtes Leben zu imaginieren, zukünftige Lebensmöglichkeiten abzuschätzen und Entscheidungen im Kopf hin und her zu wälzen, kann man sich dem Leben selbst in seiner Gegenwärtigkeit widmen.

---

[603] S.o. Kap. 7.

[604] Vgl. Becker/Ewringmann/Faber/Petersen/Zahrnt (2012) u. Ewringmann/Faber/Petersen/Zahrnt (2012).

[605] Lionel Robbins, dem die Wirtschaftstheorie eine bis heute einflussreiche Grundlegung verdankt, sah im Zwang zu wählen ein Anzeichen dafür, dass die Menschheit aus dem Paradies vertrieben wurde (Robbins 1932: 15; vgl. Manstetten 2000: 79ff.). Arnold Gehlen hat auf der anderen Seite die besondere Leistung von Institutionen darin gesehen, dass sie eine Entlastung von der Nötigung zu wählen darstellen (Gehlen 2004, vgl. Klauer/Manstetten/Petersen/Schiller 2013: 119–137).

(v) Sen geht davon aus, dass die Menschennatur im Prinzip gut und friedfertig ist und die ihr eigene Entfaltung in rein innerweltlicher Bedürfnisbefriedigung findet. Dabei unterschätzt er nicht nur das Böse im Menschen, sondern auch die Tiefe und Abgründigkeit des menschlichen Verlangens nach Heil. Aus fehlgeleiteten Heilsvorstellungen können Gesellschaftsentwürfe entspringen, die gegenüber innerweltlicher Freiheit und Gerechtigkeit, wie sie der Capability-Ansatz herstellen will, gleichgültig oder gar feindselig eingestellt sind. Beispiele dafür bieten religiöse Fundamentalismen und totalitäre Ideologien.

19. »Alle Menschen Schwestern und Brüder«? Die Menschheit als Gemeinschaft und die partikularen Gemeinschaften des Kommunitarismus

> *[...] so dass er dem Menschen, der jenseits des Meeres ist, den er nie von Angesicht erblickt hat, ebensosehr Gutes gönnt als dem, der bei ihm ist und sein trauter Freund ist. Solange du deiner Person mehr Gutes gönnst als dem Menschen, den du nie gesehen, solange bist du wahrlich im Unrecht.*
> *[...] dann ist es dazu nötig, daß, so wie es in menschlicher Natur nichts Fremdes noch Ferneres noch Näheres gibt, du in der menschlichen Gesellschaft gleich stehest, dir selbst nicht näher als einem andern. Du sollst alle Menschen gleich wie dich lieben und gleich achten und halten; was einem andern geschieht, sei's bös oder gut, das soll für dich so sein, als ob es dir geschehe.*
> Meister Eckhart

Der Capability-Ansatz versteht sich nicht eigentlich als eine Theorie, sondern als Ausformulierung einer Aufgabe: auf der ganzen Erde Gerechtigkeit herzustellen – nicht mit einem Mal, sondern Schritt für Schritt in unendlicher Annäherung an ein sei es auch unerreichbares Ziel. Diese Aufgabe ist an die Menschheit gerichtet. *Kooperation* und *Solidarität* weltweit werden verlangt, damit Menschen überall auf der Erde in die Lage versetzt werden, ein Leben zu führen, das sie als das ihre ansehen können.

Ich möchte hier zwei Wege vorstellen, auf denen die Menschheit auf globaler Ebene den Aufbau von Capabilities in Angriff nehmen könnte.[606] Den einen Weg nenne ich den Weg der Kooperations- und Solidarsysteme, den anderen den Weg der Gemeinschaftlichkeit. Denker wie Ronald Dworkins stehen für den ersten, Denker wie Alasdair MacIntyre für den zweiten Weg.

---

[606] Auf einen dritten Weg, den Weg einer Revolution, der manchen Fundamentalkritikern des Kapitalismus als der einzig mögliche erscheint, werde ich im abschließenden Kapitel 23 eingehen.

Kooperations- und Solidarsysteme

Ich betrachte zunächst den ersten Weg. Kooperation und Solidarität sind hier von wirtschaftlichen, politischen und gesellschaftlichen Systemen und Organisationen zu leisten, in denen sich kollektives Handeln formiert. Unter den Verhältnissen unserer Zeit kann man sich den systemischen Weg als ein Zusammenwirken von rechtsstaatlich verfasster Demokratie, marktwirtschaftlicher Wirtschaftsorganisation, freier öffentlicher Meinungsbildung und transparenten, für alle offenen Verfahren der politischen Partizipation vorstellen.

Das System globaler Märkte bewirkt bereits heute globale Kooperation im großen Stil. Was Adam Smith für die Schere des Schäfers geltend machte: dass sie das Resultat des Zusammenwirkens vieler Menschen sei, die einander nie gesehen haben, gilt heute im Weltmaßstab für fast alle Güter. Über den Weltmarkt werden unterschiedlichste Tätigkeiten überall in der Welt koordiniert. Was auf der Erde insgesamt produziert wird, verdankt sich einerseits der Natur, der die Rohstoffe entnommen und in die die Schadstoffe aus Produktion und Konsum abgegeben werden, ist aber andererseits ein Produkt der Kooperation von Menschen, die im Zuge der internationalen Arbeitsteilung ebenso gut in Johannesburg, Mumbai, Seoul oder Mexiko City leben können wie in Mailand, Seattle oder Tokio.

Allerdings ist die Kooperation, die der Weltmarkt ermöglicht, weitgehend anonym. Diejenigen, aus deren Zusammenwirken die Früchte der Wirtschaft hervorgehen, wissen nichts voneinander und sind nicht dazu angehalten, sich füreinander zu interessieren oder sich wechselseitig zu engagieren. Dass die Kooperation von Wirtschaftsunternehmen häufig von global agierenden Konzernen organisiert wird, führt dazu, dass partikulare Interessen von Anteilseignern und Managern an Gewinn- und Nutzenmaximierung vorherrschen, während der Beitrag zum Gesamtprodukt der Menschheit eher als Nebenprodukt erscheint. Kooperation hat unter Bedingungen des globalen Kapitalismus keinen Selbstwert.

Auch Solidarität kann, wenigstens theoretisch, im Kontext einer globalen Marktwirtschaft konzipiert werden. Sie wäre möglich, wenn die Politik in die Lage versetzt würde, die Verteilung der Früchte der Wirtschaft angemessen zu organisieren. Wenn das Gesamtprodukt der Wirtschaft auf der Erde Gabe der Natur und Ergebnis der Kooperation der ganzen Menschheit ist, ist es folgerichtig zu fordern, dass die Natur geschont werde und die Früchte allen Menschen zugutekommen sollten, d.h. es müsste eine *systematische Umverteilung* stattfinden. Einige müssten abgeben oder verzichten zugunsten derer, denen es nottut. Dazu bedarf es der *Solidarität*. Solidarität muss nicht notwendig als Eigenschaft einzelner, altruistisch gesonnener Menschen ausgebildet sein, sondern kann an Systeme delegiert werden, die man als *Solidarsysteme* bezeichnen kann. Kranken- und Altersversicherungen etc. sind solche in manchen Teilen der Erde bereits vorhandenen Solidarsysteme, die auf dem jeweiligen Gebiet durch Umverteilung dafür sorgen, dass Leistungsfähige die Lasten derer mittragen, die der Leistungen bedürftig sind. Ronald Dworkin hat vorgeschlagen, in analoger Weise Ausgleichsmaßnahmen bei ungleicher Ressourcenverteilung als ein *System mehrstufiger Versicherungen* zu konzipieren.[607] Praktisch liefe sein Verfahren innerstaatlich auf Besteuerungsmaßnahmen hinaus, die größere Einkommen und Vermögen systematisch zur Unterstützung der Schlechtergestellten heranziehen würden. Im Maßstab der Weltgesellschaft müsste eine globale Regulierungsinstanz Zugriff auf Gesamteinkommen prosperierender Regionen haben, um gemäß bestimmter Regeln Abgaben zu erheben, die den ärmeren Ländern zugeführt würden. Die Vermittlung der konkreten Leistungen zwischen Gebern und Empfängern müssten durch Apparate erbracht werden, die man sich teils nach Art von Finanzämtern, teils nach Art von Sozialämtern vorzustellen hätte.

In der reinen Theorie ließe sich globaler Kapitalismus so mit der Idee globaler Gerechtigkeit versöhnen. Aber die unter solchen Verhältnissen denkbare Solidarität erweist sich, sofern man ihre mögliche Realisierung in den Blick nimmt, als problematisch. Soweit sie nicht Menschen betrifft, die zu einem selbständigen Leben prinzipiell nicht in der Lage sind, sollte ihre Ausübung dazu beitragen, Ungleichheit und Machtasymmetrien im Laufe der Zeit wirksam zu verringern. Umverteilung im Namen der Solidarität sollte Personen, die dadurch Mittel zum Leben empfangen, dazu befähigen, aus der Abhängigkeit herauszutreten und ein selbständiges, eigenverantwortliches Leben zu führen. Allerdings bewirkt Solidarität, die durch Systeme geleistet wird, nicht selten den gegenteiligen Effekt. Das hat strukturelle Gründe. Die Pflicht zum Handeln liegt zunächst beim Staat, der seinerseits die Reichen nötigt, von ihrem Einkommen und Vermögen Abgaben zu leisten, die den Armen und Ausgegrenzten

607 Vgl. Dworkin (2002).

zugutekommen. Die Armen und Ausgegrenzten werden genötigt, nachzuweisen, dass sie für ihr Leben nicht selbst aufkommen können. Wird diese Struktur zum Dauerzustand, kann es sein, dass die Bedürftigen sich daran gewöhnen, sich als abhängig und unselbständig zu definieren, wohingegen die Geber darüber murren, dass sie ohne Ende zur Kasse gebeten werden. In solchen Beziehungsmustern verfestigen sich asymmetrische Machtstrukturen von Hierarchie und Unterordnung, Herrschaft und Unterwerfung. Aus der so beschaffenen Solidarität erwächst ein Umverteilungsapparat, der den Gebern raffgierig, den Empfängern aber kalt und seelenlos erscheinen kann, während sich beide Seiten oft einig sind in der Klage über die Willkür seiner Funktionäre. Unter solchen Bedingungen werden Solidarsysteme langfristig in ihrem Bestand gefährdet – sei es, dass sie sich aufblähen zu trägen, korrupten und ineffizienten Bürokratien, sei es, dass neoliberale Revolutionen ihre Leistungsfähigkeit drastisch beschneiden auf Kosten derer, die auf sie angewiesen sind.

Der Weg der Gemeinschaftlichkeit: Kooperation und Solidarität als Tugenden

Was Sen vorschwebt, ist eine Art *kosmopolitische Gemeinschaft*, eine Menschheit, deren Zusammenhalt sich darin manifestiert, dass sie auch und gerade an den geringsten und verachtetsten ihrer Glieder Anteil nimmt, bis alle Arten von Benachteiligung aufgehoben sind. Dass eine solche Gemeinschaft ohne das Wirken von Systemen und Organisationen funktionieren könnte, ist undenkbar, dass sie allein von Systemen und Organisationen getragen werden könnte, nicht vorstellbar. Wirtschaftsunternehmen und staatliche Bürokratien sind kaum ideale Anwälte für globale Gerechtigkeit. Selbst gut funktionierende Systeme und Organisationen werden nur dann zu mehr Gerechtigkeit beitragen, wenn in ihnen Menschen wirken, denen Gerechtigkeit ein persönliches Anliegen ist. *Personen*, die vernünftig urteilen können, müssen sich für eine gerechtere Gesellschaft einsetzen, wenn Entwürfe wie die von Rawls oder Sen nicht bloße Utopien bleiben sollen.

Wie Rawls geht auch Sen bei der Vorstellung, wie solche Menschen beschaffen sind, von der Tradition des Liberalismus aus: Das autonome Individuum ist das Ideal. Die Denker des sogenannten *Kommunitarismus* heben dagegen die entscheidende Bedeutung von zwischenmenschlichen Beziehungsfeldern hervor, in denen Menschen überhaupt erst die Fähigkeit erwerben, konkrete und realistische Vorstellungen von Gerechtigkeit zu entwickeln. *Wessen Gerechtigkeit, welche Vernunft (whose justice, which rationality?)* fragt einer seiner Hauptvertreter, Alasdair McIntyre, im Titel einer Abhandlung.[608] Die Dispositionen, die der Einsatz für Gerechtigkeit erfordert – Empathie, Kooperationsfähigkeit, Solidarität, Engagement für andere, Verantwortlichkeit und Urteilsvermögen – kann man aus kommunitaristischer Sicht nicht einem Nutzenmaximierer zusätzlich zu seiner Suche nach Privatvorteilen aufpfropfen. Es sind vielmehr Konstituenten des Menschseins, die Menschen nur *in Gemeinschaft mit anderen* entwickeln können.

Was liberale Denker als Basis für die Einrichtung einer gerechten Gesellschaft ansehen, öffentlicher Vernunftgebrauch und Engagement für Gerechtigkeit in einer Verfassung der Freiheit, ist für kommunitaristische Denker bodenlos, wenn diese Basis nicht einen Grundbestand von Orientierungen und Haltungen umfasst, die alle Mitglieder einer Gemeinschaft miteinander teilen. Ohne dieses Minimum an Gemeinsamkeit gibt es keinen sozialen Zusammenhalt. Die Idee der Gerechtigkeit erweist, so gesehen, ihre Lebendigkeit darin, dass sich in ihr eine gelebte Praxis des menschlichen Zusammenlebens verdichtet. Nicht abstrakte Konzepte, Prinzipien, Normen und Postulate, sondern im gemeinschaftlichen Umgang erprobte und bewährte *Fähigkeiten des Streits und der Einigung* im öffentlichen Diskurs, des *Miteinander-Handelns* und des *Füreinander-Einstehens* sind die Basis dafür, dass Menschen in Zuständen leben können, die man gerecht nennen kann. Derartige Fähigkeiten bezeichnet MacIntyre mit Aristoteles als *Tugenden.*

Tugenden sind zwar Eigenschaften einer jeweils besonderen Person, aber sie lassen sich nicht vom isolierten Individuum aus verstehen. Denn sowohl der Boden ihrer Entstehung als auch der Raum ihrer Entfaltung ist die Gemeinschaft. Die Grundlage für die Fähigkeiten, mit denen eine Person jeweils auf eigene Weise ihr gutes Leben führen und zum guten Leben anderer beitragen kann, bilden gemeinschaftlich geteilte Lebensformen, Narrative, Mythen, Rituale und Institutionen, in die das Individuum in seiner *Bildung* hineinwächst. Die Gemeinschaftsfähigkeit eines Menschen bewährt sich in einem Sinn für die eigene und einer Offenheit für fremde Tradition.

---

[608] MacIntyre (1988).

»Das adäquate Gefühl für die Traditionen zu haben, denen man angehört oder die einem gegenübertreten,«[609] gehört für MacIntyre zum Kern einer reifen Persönlichkeit: »Ich bin der Sohn oder die Tochter von jemandem, der Vetter oder der Onkel von irgendwem; ich bin ein Bürger dieser oder jener Stadt, ein Mitglied dieser oder jener Zunft oder Berufsgruppe; ich gehöre zu dieser Sippe, jenem Stamm, dieser Nation. Was also gut für mich ist, muß gut für jemanden sein, der diese Rollen innehat. Als solcher erbe ich aus der Vergangenheit meiner Familie, meiner Stadt, meines Stammes, meiner Nation eine Vielzahl von Schulden, Erbschaften, berechtigten Erwartungen und Verpflichtungen. Sie konstituieren das Gegebene meines Lebens, meinen moralischen Ausgangspunkt.«[610] Nur wer sich seiner Herkunft bewusst ist, wer sich aus einer persönlichen und gemeinschaftlichen Geschichte heraus verstehen kann und seine Stellung in der Gemeinschaft kennt, vermag, MacIntyre zufolge, *Verantwortung* zu übernehmen für sich selbst, für seine Mitmenschen sowie für die Aufgaben, mit denen die Gemeinschaft konfrontiert ist. Eine Tradition, die achtsam gepflegt wird, ist gleichsam die selbstbewusste Individualität einer Gemeinschaft. Was sie ausmacht, ist u.a. dieses besondere Klima, dieser spezifische Naturraum, diese je eigenen Vorfahren mit ihren Taten und ihrem Schicksal, diese besondere Weise der Hinwendung zum Göttlichen, diese besondere Sprache, diese Musik, Malerei, Dichtung, diese besonderen Festzeiten, diese besonderen Lebensgewohnheiten etwa bei gemeinsamen Mahlzeiten etc. Solche Erfahrungen, vor allem in vormodernen Kulturen durch Mythen und Riten im Rahmen der Religion dankbar und zuweilen auch kritisch vergegenwärtigt, schaffen Zusammengehörigkeit, die nicht nur ein Gefühl ist, sondern gelebte Praxis.

Gemeinschaften, in denen Menschen sich in einer solchen Weise verstehen, sind nicht nach Belieben aus zufällig zusammengeführten Individuen herstellbar – etwa als planbares Resultat institutioneller Arrangements. Eine lebendige Gemeinschaft, wie sie sich die Kommunitaristen vorstellen, ist *vor* dem Wollen der Einzelnen da. Man findet sich in ihr seit dem Erwachen des kindlichen Bewusstseins vor und bildet in ihrem Rahmen nach und nach die jeweils persönlichen Orientierungen und Interessen aus. Die Gemeinschaft ist der adäquate Ort, um Empathie füreinander zu entwickeln, Kooperation ein-

[609] MacIntyre (1987: 297).
[610] MacIntyre (1987: 293).

zuüben und Solidarität zu praktizieren. Sollen diese Fähigkeiten wirksam werden, so können sie nicht von außen als moralische Postulate an die Mitglieder herangetragen werden; durch die Erfordernisse des alltäglichen Zusammenlebens bilden sie sich vielmehr wie von selber. Wollte man die Menschen in die Lage versetzen, die ihnen wesensgemäßen Capabilities zu entfalten, so müsste man, wenn man MacIntyre folgt, zunächst, bevor man auf die Wahl der Individuen in ihrer Besonderheit achtet, die gemeinschaftliche Basis ihres Zusammenlebens, ihre Beschaffenheit, ihre Defizite und Entwicklungspotenziale sorgfältig sondieren.

Die Anerkennung der Abhängigkeit

Die Dynamik der modernen Wirtschaft stützt Lebensentwürfe, in denen die Abhängigkeit von der Natur, von der Tradition, von der Geschichte und von allem Herkommen – Familie, Nation, Kultur – eher negativ konnotiert ist. Bindungen werden oft als Fesseln erlebt und abgeworfen, wenn ihnen kein unmittelbar erkennbarer Nutzen entspringt. MacIntyre schlägt demgegenüber vor, in Abhängigkeiten ein humanes Potenzial aufzusuchen. Die *Abhängigkeit von der Natur, von den Vorfahren und von den Mitmenschen ist für ihn Basis aller menschlichen Freiheit*. Basis sowohl im Sinne des Tragenden als auch im Sinne dessen, wovon man sich gegebenenfalls abzustoßen hat.[611] Menschen einer Gemeinschaft sind idealerweise verbunden durch die gemeinsame Erfahrung konkreter Abhängigkeiten und durch das Vertrauen, gemeinschaftlich damit umgehen zu können. Eine gemeinsame Tradition, in der Menschen beispielsweise ihre Abhängigkeit von der Natur in Festzeiten für Aussaat und Ernte zelebrieren, kann dazu beitragen, diese Abhängigkeit positiv wahrzunehmen. Die Bewährungsproben einer Gemeinschaft stellen jedoch Zeiten der Krise dar: In Missernten, Naturkatastrophen, Krankheiten, Kriegen und wirtschaftlichen Krisen zeigt sich, wie stark der Zusammenhalt einer Gemeinschaft ist, wie sehr die Menschen darin geübt sind, füreinander einzustehen. Als Beispiel lässt sich Sennetts Hinweis auf die *guanxi-Netze* in China, Netzwerke wechselseitiger Hilfe, anführen. Seiner Darstellung nach »schämen sich die Menschen innerhalb eines *guanxi*-Netzwerkes nicht für ihre Abhängigkeit. […] Die Familie ist

[611] MacIntyre (2001).

in China wie traditionell auch in anderen Gesellschaften ein Ort, an dem Abhängigkeit keinen Grund zur Scham darstellt.« Dagegen gilt in der modernen Familie westlicher Prägung »Abhängigkeit von andern [...] als Zeichen von Schwäche, als Charaktermangel. Bei der Kindererziehung und in der Arbeit versuchen unsere Institutionen Autonomie und Eigenständigkeit zu fördern. Das autonome Individuum erscheint als frei. Doch aus der Sicht anderer Kulturen erscheint ein Mensch, der stolz darauf ist, andere nicht um Hilfe zu bitten, als eine zutiefst geschädigte Person, weil Angst vor sozialer Einbindung sein Leben beherrscht.«[612]

Gemeinschaft als Gefahr für die Entfaltung der Individualität

Die berechtigten Anliegen des Kommunitarismus lassen sich erst formulieren, wenn man sich von seinen Kurzschlüssen nicht in die Irre führen lässt. So muss man sich zunächst vor der Beschwörung des Glanzes vergangener Epochen hüten. Die Vorstellung, dass die Menschen sich in einer besseren Vergangenheit, eingebettet in lebendige Traditionen, als Teilhaber kollektiver Riten und Mythen im Ringen um die höchsten Güter gemeinschaftlich zusammenfanden, gehört eher der Dichtung an, als dass sie die Realität trifft. Zwar mag es an manchen Stellen der Erde Gemeinschaften gegeben haben, in denen die Menschen ihre Verbundenheit stärker wahrnahmen und entschiedener füreinander einstanden als ein Großteil der heutigen Menschen in weiten Teilen Westeuropas oder der USA. Aber mit der Geborgenheit in der eigenen Gruppe und der Einbettung in die eigene Überlieferung sind oft andere Aspekte verbunden gewesen: (i) Repression nach innen gegenüber Abweichlern sowie Abgrenzung nach außen gegenüber allem Fremden und allen Fremden und (ii) Befangenheit in den vorherrschenden Narrativen und Unverständnis gegenüber denen der anderen.[613]

Zu (i): Solidarität, die Tugend, die in besonderer Weise Qualitäten des Gemeinschaftslebens ausdrückt, enthält in der Regel auch ein negatives Moment. Denn sie kommt schwerlich ohne die *Unterscheidung wir/die anderen* aus. Man beschränkt die Zuwendung auf die

---

[612] Sennett (2012: 185).

[613] Holmes (1995: 306–321) diagnostiziert in diesem Zusammenhang eine »Gemeinschaftsfalle«.

Personen mit vertrauten Gesichtern, vertrauten Einstellungen, Wertvorstellungen und Lebensentwürfen und schließt allenfalls diejenigen anderen mit ein, die man als ihnen ähnlich oder verwandt definiert, um daraus die *Identität der eigenen Gemeinschaft* zu konstruieren. So wird Solidarität zwar praktikabel und konkret – aber zugleich ausgrenzend. Für die Vorstellung der eigenen Identität kann die Ausgrenzung bestimmter anderer geradezu konstitutiv sein: »Wir sind, was wir sind, nur, weil wir nicht so sind wie die anderen, die nicht dazugehören und auch nicht dazugehören dürfen, denn sie sind nicht so wie wir.« Das, was die anderen kennzeichnet, kann dabei unterschiedliche Merkmale umfassen – andere Sprache, Nationalität, Religion, Hautfarbe, Bildung, soziale Position etc. Ebenso »natürlich«, wie Solidarität in einer lebendigen Gemeinschaft gedeiht, werden »in einer Welt, in der Regionalismus und Fremdenfeindlichkeit erneut aufbrechen, […] die negativen Seiten der Solidarität immer deutlicher.«[614]

Zu (ii): Irreführend kann auch das unbefangene Lob der Tradition wirken. Wenn MacIntyre behauptet, ein gutes Leben könne nur gelingen, wo ein Mensch gelernt habe, sich *aus der Vergangenheit seiner Familie, seiner Stadt, seines Stammes, seiner Nation* zu verstehen, so ist hinzuzufügen, dass man oft auch die Einseitigkeit, Beschränktheit, wenn nicht gar Verkehrtheit der Narrative, in denen diese Vergangenheit oft vergegenwärtigt wird, einsehen muss. Die Herauslösung aus einer Tradition und der Eintritt in die angebliche Wurzellosigkeit und Geschichtslosigkeit der westlichen Gesellschaft kann für wache Menschen geradezu entlastend wirken. In einer liberalen Verfassung können sie, frei von allen vorgeschriebenen Narrativen, selbständig ein Verhältnis zu ihrer Vergangenheit entwickeln. Hier gilt es, liberale Gesellschaften gegen autoritäre und fundamentalistische Organisationen zu verteidigen, die unter Berufung auf angeblich uralte Überlieferung Traditionen neu konstruieren, um Macht- und Herrschaftsansprüche zu legitimieren und unliebsame Argumente, Überzeugungen und Narrative zu beseitigen. Ob im Namen einer Religion, einer Ideologie oder eines Staates: an vielen Stellen der Welt werden heute Fundamente, die es so nie gegeben hat, präsentiert, um einer Gemeinschaft das Wort zu reden, deren einziger Wert darin gesehen wird, für die Stabilisierung der bestehenden Herrschaft ein ideologisches Fundament abzugeben.

---

614 Holmes (1995: 452).

Von der kleinen Gemeinschaft zur großen Menschheitsgemeinschaft

Wenn man die Intention liberaler Gerechtigkeitstheorien teilt, muss man die Anliegen des Kommunitarismus ernst nehmen. Auch Theorien wie die von Sen zielen auf Gemeinschaft: »Keinesfalls gemeinschaftsfeindlich eingestellt, strebten sie [die Liberalen, d. V.] eine spezifische Form von Gemeinschaft an, in der die Bürger jene Kooperation, Interaktion und wechselseitige Anerkennung genießen konnten, die ein System von für alle gleichermaßen gültigen Persönlichkeitsrechten erst ermöglichte.«[615] Als solche Gemeinschaften sollten sich alle Gesellschaften der Erde formieren. Denn die Krise der natürlichen Lebensgrundlagen, globale Ungerechtigkeit und die Gefahr kriegerischer Auseinandersetzungen von nie dagewesenem Ausmaß sind Probleme, die die ganze Menschheit betreffen und nur von *einer* Menschheitsgemeinschaft solidarisch und kooperativ anzugehen sind. Diese Menschheitsgemeinschaft wäre nicht, wie jede Gemeinschaft sonst, durch den Gegensatz *wir/die anderen* geprägt. Ob für den Zusammenhalt der Menschheitsgemeinschaft *ein System von für alle gleichermaßen gültigen Persönlichkeitsrechten* genügt, wie im obigen Zitat suggeriert wird, scheint mir jedoch fraglich. Auch wenn die Ansprüche an Gemeinschaftlichkeit für mehr als sieben Milliarden Menschen keinesfalls so hoch sein dürfen wie in einer überschaubaren Gemeinschaft oder einem mittelgroßen Staat, bedarf gerade die große Menschheitsgemeinschaft bestimmter Tugenden: der *Fähigkeiten zum gemeinschaftlichen Zusammenwirken*, d. h. der Empathie, der Kooperation, der Urteilskraft und der Solidarität. Wenn diese Fähigkeiten nicht in überschaubaren »normalen« Gemeinschaften eingeübt worden sind, kann man sich kaum vorstellen, dass sie plötzlich da erscheinen, wo, wie es in Zeiten internationaler Arbeitsteilung und globaler Migrationsbewegungen immer häufiger geschieht, Menschen, die durch Herkunft und Tradition keinerlei Gefühl der Zusammengehörigkeit entwickeln konnten, aufeinander treffen und aufeinander angewiesen sind. Daher ist die Entwicklung von Fähigkeiten der Gemeinschaftlichkeit gerade für eine Weltgemeinschaft ein Schlüsselthema.

In der Begegnung von Menschen unterschiedlicher Herkunft und Prägung schließen Anerkennung und Relativierung von Tradi-

---

[615] Holmes (1995: 435).

tionen einander nicht aus. Beides aber ist nur möglich, wo nicht die Auslöschung von jeglichem Sinn für Überlieferung und die Auflösung aller Formen von Zusammengehörigkeit solchen Begegnungen den Boden wegnehmen. Solche Auslöschung und Auflösung droht weltweit mit dem Eindringen westlicher Lebensstile, besonders aber in abgelegenen Regionen Asiens, Australiens, Afrikas und Lateinamerikas, wo indigene Kulturen, soweit sie nicht bereits zerstört wurden, in ihrer Existenz gefährdet sind, weil die Interessen großer Wirtschaftsunternehmen oder Staaten, unterstützt von willigen Helfern in Politik und Militär, ihren Lebensraum beanspruchen. Selbst wenn es in traditionalen Gemeinschaften zu weltanschaulicher Enge, Hierarchiebildung, Konformismus und Ausgrenzung kommen mag, heißt das keineswegs, dass es gut ist, wenn sie sich unter Druck von außen auflösen oder gewaltsam zerstört werden. Mit Recht fordern Kommunitaristen daher, bedrohte Gemeinschaften und Minderheiten vor fremder Gewalt zu schützen, nicht nur vor der Gewalt religiöser Fanatiker, sondern auch und gerade vor der Gewalt, die aus den scheinbar zwangsläufigen Gesetzen der Wirtschaft hervorgeht. Die Erinnerung an die Bedeutung der Gemeinschaft kann demgegenüber als Anregung dienen, humane Qualitäten in (noch) bestehenden traditionalen Gemeinschaften außerhalb des westlichen Lebensstils hervorzuheben, die nicht nur dieser besonderen Gemeinschaft, sondern der ganzen Menschheit dienlich sein können.

Eine dieser Qualitäten ist die *Harmonie*, die etwa in den neokonfuzianisch geprägten Kulturen Ostasiens eine überragende Bedeutung besitzt. Aus liberaler Sicht steht Harmonie allerdings unter einem Generalverdacht. MacIntyre wurde vorgehalten, dass er an Gemeinschaften insbesondere die Harmonie hervorhebe, aber für deren repressive Seiten, Zudeckung von Konflikten und Ausgrenzung Andersdenkender oder Abweichler, kein Sensorium habe. MacIntyre selbst macht jedoch deutlich, dass die Harmonie einer Gemeinschaft nur Wert hat, wenn diese Gemeinschaft zugleich »Gerechtigkeit, Wahrheitsliebe, Tapferkeit, Urteilsvermögen« fördert.[616] Aber vor allem gilt, dass eine Gesellschaft, für deren Mitglieder Harmonie im Zusammenleben und in der Zusammenarbeit einen hohen, in der Praxis bewährten Stellenwert besitzt, auch in den Stürmen des gegenwärtigen Wirtschaftslebens weitaus besser bestehen wird als eine von Konflikten zerrissene.

---

[616] MacIntyre (1987: 297).

Ob und wie sich liberale Prinzipien und die heterogenen Werte unterschiedlicher traditionaler Gemeinschaften in einer zukünftigen Menschheitsgemeinschaft ergänzen könnten, ist eine bis heute offene Frage. Die Menschheitsgemeinschaft ist eine Vision, deren Verwirklichung in weiter Ferne liegt. Im zwischenmenschlichen Bereich aber sind die Probleme dieser Menschheitsgemeinschaft bereits jetzt dringlich. Jede partikulare Gemeinschaft, ob in den USA, Deutschland, Ungarn, Saudi-Arabien oder Indien, wird nicht umhinkommen, sich einer Aufgabe zu stellen, die die gegenwärtige Welt- und Wirtschaftslage ihr aufnötigt: »Menschen zusammenzubringen, die unterschiedliche oder gegensätzliche Interessen verfolgen, die kein gutes Bild voneinander haben oder einander einfach nicht verstehen. Die Herausforderung besteht darin, auf andere Menschen nach deren eigenen Bedingungen einzugehen.«[617]

[617] Sennett (2012: 18).

VIII. Heilsvisionen, Illusionen und Schulden

20. Vom letzten Zweck des Wirtschaftens

Säkulares Heil, imaginäre Bedürfnisse und Geld ohne Ende

»Ihre Stimme ist voller Geld,« sagte er plötzlich. Das war es, was ich nie zuvor begriffen hatte. Sie war voller Geld – das war der unergründliche Zauber, der darin aufstieg und versank, ihr Geklimper, ihr Zimbelgesang. […] Hoch im weißen Schloss die Königstochter, das goldene Kind.
Scott Fitzgerald, Der große Gatsby

Es sind nicht nur Ideologien einer bestimmten Färbung, die in der Wirtschaft den Bereich der Suche nach dem Glück sehen, es sind wirkliche Bewegungen der Wirtschaft selbst, die bei allem zwanghaft Scheinenden immer auch etwas von der Sehnsucht und dem Verlangen der menschlichen Seele nach einem besseren Leben ausdrücken. Die Welt der Wirtschaft könnte nicht bestehen ohne die Verheißung eines guten Lebens für Menschen, die sich in ihr abmühen.

Das Streben der Menschen hat jedoch eine Tendenz, über das Lebensnotwendige, ja sogar über die Bilder des kleinen Glücks im mäßigen Wohlstand weit hinauszulangen, es bescheidet sich keineswegs, wie uns liberale Ökonomen von Smith über Keynes bis Sen glauben machen wollen, bei dem Ziel eines *economic bliss.* Zwar hat es den Anschein, als ob eine Gesellschaft, die im Sinne Sens auf Freiheit und Gerechtigkeit ausgerichtet ist, ihren Mitgliedern das größtmögliche Wohlergehen und Glück gewähren würde. Käme es dahin, dass alle Staaten der Erde sich in ihren Verfassungen auf den Capability-Ansatz verpflichten und ihr Handeln ausschließlich an dieser Verpflichtung orientieren würden, so hätte die Menschheit, wie es scheint, einen Zustand erreicht, über den hinaus kein besserer gedacht werden könnte. Dieses Bild setzt jedoch voraus, dass die Menschen ihr Genügen darin finden, dass sie in Frieden und Freiheit ihr Fähigkeiten entfalten können und dass jeder dem andern das das gleiche Maß an Entfaltung gönnt. Gier, Neid, Streitsucht, Lust an Zerstörung oder der Drang, sich anderen überlegen zu fühlen bzw. andere zu demütigen, kommen in diesem Bild nicht vor. Noch weniger wird thematisiert, dass viele Menschen bewusst oder unbewusst von einem Heilsverlangen getrieben werden, das sie selbst im Schlaraffenland zutiefst unzufrieden zurücklassen würde. Aus einem solchen Heilsverlangen entspringen ebenso die höchsten Gestalten der Religion wie die mannigfachen Spielarten des Fanatismus.

Das Verlangen nach Heil kann sich, wie sich bei den Betrachtungen zu Marx zeigte, vom Boden der Religion ablösen. Dass auch die Wirtschaft eine Sphäre ist, die entscheidende Antriebe aus einem ins Säkulare gewendeten Verlangen nach Heil bezieht, ist Gegenstand der nun folgenden Betrachtungen.

Materielles Wohlergehen statt Seelenheil

Mächtige Impulse beziehen die Abläufe der Wirtschaft aus den Tiefen der Seele, aus Hoffnungen und Ängsten, die sich an Bilder des Heils und – in ihrem Schatten – Gegenbilder des Unheils knüpfen. Apologeten und Fundamentalkritiker des globalen Kapitalismus verfehlen etwas Entscheidendes an der Wirtschaft, so die These dieses Kapitels, wenn sie sich nicht mit den *Heilsvorstellungen* auseinandersetzen, die für die Dynamik der Wirtschaft essenziell sind.

Heilssuche in der Wirtschaft kann sich zu einer eigenen Ausprägung des Malum oeconomicum auswachsen. Nicht, dass Menschen nach dem Heil suchen, ist ein Malum; ein Malum nimmt vielmehr da seinen Anfang, wo Heilserwartungen säkularisiert werden und sich – nach den hellsichtigen Worten von Karl Löwith – an *materielles Schaffen und Wohlergehen* heften. In den Horizont des Malum oeconomicum gehören vor allem Entwicklungstendenzen, die dazu führen, dass das Wachstum der Wirtschaft sich ablöst von aller Beziehung auf die Verbesserung von Lebensbedingungen, so dass als Endzweck der Wirtschaft nichts anderes übrig bleibt als eine Expansion von Bedürfnissen, die als imaginär zu bezeichnen sind, begleitet von der Vermehrung von Geld um ihrer selbst willen. Die Verknüpfung von Heilserwartungen mit Vorstellungen vom besseren Leben, Wirtschaftswachstum, imaginären Bedürfnissen und Geldvermehrung ist Thema der Ausführungen dieses Kapitels.

Bevor wir uns der Bedeutung des Heils innerhalb des Bereiches der Wirtschaft zuwenden, scheinen einige sprachliche Beobachtungen zu dem Ausdruck *Heil* angebracht. Ausdrücke, die die Stammsilbe *heil* enthalten, finden sich in zwei unterschiedlichen Bedeutungsfeldern. Das eine von ihnen ist *medizinisch* oder *therapeutisch,* das andere *religiös* konnotiert. Für den medizinisch-therapeutischen Bereich lautet das entsprechende Substantiv *Heilung* (i), für den religiösen Bereich dagegen *Heil* (ii).[618]

Zu (i): Der Begriff *Heilung* bezeichnet die Wiederherstellung der Gesundheit eines Lebewesens, er bezieht sich auf Krankheiten des Leibes oder der Seele. Was auf Heilung hinwirkt, ist *heilsam,* ist ein *Heilmittel,* etwa eine bestimmte Medizin, die heilsam wirkt. Einen direkten Gegenbegriff zu *Heilung* gibt es nicht. Statt einer Heilung oder Genesung kann jedoch eine *Verschlimmerung* eintreten, oder der Zustand einer kranken Person bleibt unverändert, eine Heilung bleibt aus.

Zu (ii): *Heil* bezieht sich auf den innersten Kern, die eigentliche Substanz des Menschen. Was im Menschen des Heils bedürftig und für das Heil empfänglich ist, wird in der christlichen Tradition als die *Seele* angesehen.[619] Der Ausdruck *Heil* bedeutet Rettung oder Erlösung aus einem vorausgegangenen Zustand des Elends, der Verderbnis, der *Heillosigkeit* oder des *Unheils.* Heil, obwohl als endgültig und ewig gedacht, hat daher einen Bezug zur Zeit – es geschieht oder offenbart sich zu einem bestimmten ausgezeichneten Zeitpunkt.[620] Diejenige Person, die dieses Heil bringt, heißt *Heiland.* Heil ist nie abzulösen von *Transzendenz.* Die Rettung aus einer dem Untergang und dem Tode preisgegebenen Welt der *Immanenz* entspringt aus einer Dimension, die der Vergänglichkeit dieser Welt nicht preisgegeben ist.

Heil und Heilung scheinen klar geschieden, denn die Grenze zwischen ihren Bedeutungsbereichen wird durch den Tod markiert: Heilung macht das Leben vor dem Tod erträglicher, Heil aber wird in seiner Bedeutung erst nach dem Tod vollends offenbar. Die Scheidung der Sphären ist indes keineswegs immer deutlich. So scheinen von dem, was Heil im Sinne der Transzendenz verspricht, heilende Wirkungen schon im Diesseits auszugehen, während andererseits außer-

---

618 Das isolierte Adjektiv *heil* lässt sich nicht auf die genannten Bereiche beschränken, es ist in seiner Bedeutung heute verblasst, so dass es kaum mehr als *unbeschädigt* meint, umgangssprachlich *nicht kaputt.*

619 Das bedeutet nicht notwendig, dass dabei ein Leib-Seele-Dualismus impliziert ist, im Gegenteil: In christlichen wie in jüdischen Vorstellungen wird in das vollendete Seelenheil ausdrücklich auch die Dimension des Leiblichen (*Auferstehung des Fleisches* heißt es im Apostolischen Glaubensbekenntnis der Christen) mit einbezogen.

620 Dieser Augenblick des Heils wird im Griechischen der *Kairos* genannt.

gewöhnlich erscheinende Heilungen mit Konnotationen des transzendenten Heils versehen werden. Schließlich gehört die Verschränkung von Heil und Heilung auch in die Urgeschichte großer Religionen. So gilt der Stifter des Christentums, Jesus von Nazareth, nicht nur als Heiland, der die Welt überwindet und dem Tod seinen Stachel nimmt, sondern er wirkt bereits innerhalb der Ordnungen dieser Welt, indem er Kranke und von Dämonen Besessene heilt. Gleichwohl sind die Heilungen Jesu noch nicht das vollendete Heil selbst, denn sie weisen über diese Welt hinaus auf die noch ausstehende Fülle des transzendenten Heils.

Eine Umkehrung oder Verkehrung dessen, was Jesus tut, geschieht, wenn wie in der europäischen Neuzeit Heil *säkular*, genauer gesagt, *ökonomisch konnotiert wird:* Heilung und Heil werden dabei in einer dem Tun des Jesus von Nazareth entgegenlaufenden Weise verschränkt. Das »Heil«, auf das die Wirtschaft zielt, erfordert nicht, wie die Transzendenz, eine Überwindung der Welt, sondern seine Bedeutung erschöpft sich darin, dass innerweltliche Ziele, die Wiederherstellung und Vermehrung von Gesundheit, das Erlangen von Wohlbefinden, Wohlstand, Reichtum und Macht, zum Selbstzweck geworden sind und mit Heilsbedeutungen aufgeladen werden, so dass das Relative und Vergängliche den Schein eines Absoluten, Nicht-Relativierbaren annimmt.

Dass Heil säkular oder gar ökonomisch konnotiert werden kann, erscheint auf den ersten Blick widersinnig. Aber auf eben diese Wendung in der Vorstellung des Heils hat Karl Löwith in seinem Buch *Weltgeschichte und Heilsgeschehen* als einen für die europäische Neuzeit entscheidenden Vorgang hingewiesen: In »einer ›christlichen Welt‹, die ihre Hoffnung auf eine ›bessere Welt‹ auf materielles Schaffen und Wohlergehen setzt«, sei an die Stelle der ewigen Seligkeit, die Christen früherer Zeiten nach dem Tode erhofften, die Erwartung wirtschaftlicher Glückseligkeit innerhalb der Zeit getreten.[621]

Was nach Löwith im Verlauf der europäischen Neuzeit stattgefunden hat, wäre nichts Geringeres als die Umleitung religiöser Heilserwartungen vom Jenseits auf die Dinge dieser Welt: die letzten und obersten Gesichtspunkte, unter denen Menschen ihr Leben verstehen, wären, wie schon der junge Marx erhoffte, vom Himmel herab auf die Erde geholt worden, die stärkste Sehnsucht eines Lebens,

[621] Löwith (1953: 184).

das sich sein Bestes vom Erwerb und Genuss der Dinge dieser Welt verspricht, würde sich auf jenen Zustand richten, den Keynes als *economic bliss* ansprach. Parallel zu dieser Bewegung im Geistigen seien, so Löwith, zugleich *die zwei großen Triebkräfte der neueren Geschichte* von den Fesseln befreit worden, in denen vormoderne Wertvorstellungen und hierarchisch verfasste Gesellschaftsordnungen sie zu halten versuchten: »das Streben nach Gewinn und der Wille zur Macht. Beide sind an sich unersättlich, umso mehr, als sie von der eschatologischen Hoffnung auf eine letzte Erfüllung genährt werden.«[622] Der Glaube, dass diese *unersättlichen* Triebkräfte friedlich *materielles Schaffen und Wohlergehen* befördern könnten, wird, abgesehen von dem ihn fundierenden Vertrauen in den freiheitlichen und demokratischen Rechtsstaat, vor allem von dem Glauben an einen unbegrenzten Fortschritt und von der Idee der liberalen Marktwirtschaft genährt. Jedoch werden diese materiellen und innerweltlichen Ziele aufgeladen mit der Intensität einer Orientierung, die auf Transzendenz verweist, mit der *eschatologischen Hoffnung auf eine letzte Erfüllung*. Diese Vermengung von Unvereinbarem, von Immanenz und Transzendenz, macht für Löwith die unlösbare Spannung der Moderne aus.

Die Hinwendung von religiösen Heilserwartungen auf das diesseitige Leben ist ein ungeheures, bis heute nicht abgeschlossenes epochales Geschehen.[623] Nicht nur die Leistungen der modernen Technik und Wirtschaft, sondern auch die Verblendungszusammenhänge und der unmenschliche Druck von Verhältnissen, die bei Marx *Kapital* oder bei Heidegger *Ge-stell* heißen, sowie die Ausbeutung und Zerstörung der Natur heute speisen sich nicht zuletzt aus der Intensität von verweltlichten Heilserwartungen. Dieser Gedanke wird in den folgenden Überlegungen ausgeführt.

---

622 Löwith (1953: 184).

623 Dabei ist die Verortung des Heils im Feld der Wirtschaft nur *eine* Möglichkeit, Seligkeit im Diesseits zu suchen. Eine Alternative dazu ist beispielsweise der quasireligiöse Eifer nationalistischer Bewegungen, die das säkulare Heil an die Vorherrschaft des eigenen Landes, der eigenen Ethnie, Ideologie, Sprache oder Kultur knüpfen.

Heil und technischer Fortschritt – Das Projekt Francis Bacons

In mittelalterlichen Monatsbildern in Europa wird die zyklische Wirtschaftsweise einer agrarischen Welt vor Augen gestellt: Holzsammeln, Jagen und Schlachten im Winter, Rebenschnitt und Heumahd im Frühjahr, Ernten und Dreschen im Sommer, Obsternte, Weinlese, Kelter und Aussaat des Wintergetreides im Herbst. Dieses Wirtschaften stellt sich als natürliche, scheinbar ewig wiederkehrende Ordnung dar – Ausdruck des Ringens mit der stets drohenden Misere, die in der Gestalt des Todes jeden ereilen wird und aller vorausgegangenen Mühe ein Ende setzt. In diese Ordnungen bricht, wie Chronisten überliefern, punktuell immer wieder das Einmalig-Geschichtliche ein: Naturkatastrophen, Seuchen, Kriege u. ä. Sowohl Zyklisches als auch Einmaliges werden jedoch überwölbt vom Walten des göttlichen Willens, dessen Stellvertretung die Kirche übernommen hat. Sie ist für das Heil zuständig, wie es angesichts der unbesiegbaren Misere die zyklische Natur, die regelmäßigen Abläufe des Wirtschaftens und die säkularen Ordnungen der Feudalwelt einschließlich der Macht der Herrscher nicht gewähren können. Erscheint das Heil dereinst in seiner Fülle, werden schließlich alle anderen Ordnungen einschließlich des Scheins ihrer ewigen Fortdauer endgültig aufgehoben.

Diese mittelalterliche Lebenswelt wird allerdings seit der Mitte des 13. Jahrhunderts von zunehmender Unruhe durchzogen. Katastrophen wie die große Pest, der Hundertjährige Krieg zwischen England und Frankreich oder die Bauernaufstände überall in West- und Mitteleuropa werden nicht mehr als Ausschläge eines zur Mittelstellung strebenden Pendels empfunden, sondern als nie dagewesene Ereignisse und Vorzeichen des kommenden Endgerichts. Der Weltlauf erscheint nicht mehr als Wiederholung der immer gleichen Misere, sondern scheint auf eine entscheidende Wende hinzusteuern, die in der endgültigen Rettung oder endgültigen Verwerfung eines jeden Einzelnen mündet. Damit aber gewinnt die (religiöse) Frage nach dem Heil eine neue Dringlichkeit und eine neue Offenheit, aus der nicht nur schwärmerische Bewegungen aller Art, sondern auch die Formen der Reformation durch Luther, Zwingli und Calvin entspringen.

Es waren vor allem Dichter, die in dieser Welt eine neue Heilsbedürftigkeit spürten, die sich nicht in die vorhandenen religiösen Vorstellungen integrieren ließ. Die Sehnsucht nach dem Heil wollte nicht mehr warten – auf den Zustand der Seligen nach dem Tod, auf den Tag des Herrn, auf das Letzte Gericht. Gestalten wie Don Quijote und Hamlet antworten auf die Not der Zeit, indem sie sich selbst zu Heilsbringern schon in diesem Leben berufen sehen. Hamlets Worte »Die Zeit ist aus den Fugen; Fluch der Pein,/ Muß ich, sie herzustelln, geboren sein!«[624] drücken den ungeheuren Anspruch aus, unter dem er steht: Die Welt darf keinesfalls in ihrem Zustand belassen werden. Allerdings scheitern die vermeintlichen Erlöser: Don Quijotes Einsatz für eine Reinigung der Welt von allem Unwesen bleibt lebenslang so illusionär wie sein Kampf gegen die Windmühlen, während Hamlet allenfalls als Katalysator in den Fäulnisprozessen seiner Lebenswelt fungiert: Denen, die ihm zu nahe kommen, seien sie gut oder böse, bringt er Verderben.

Mit Hamlet und Don Quijote wird der Aufgang einer neuen Epoche sichtbar, einer Epoche, in der diese Welt sich als alleiniger Schauplatz für die Entscheidung über Heil und Unheil darstellt und die Last dieser Entscheidung ausschließlich dem Menschen zufällt. Die Dichter aber, denen wir diese Figuren verdanken, ahnen zugleich, dass die Aufgabe, Heil herzustellen oder wiederherzustellen, für den Menschen eine Überforderung sein könnte.

Aber vielleicht ist der Fehler von Gestalten wie Hamlet und Don Quijote nicht etwa, *dass* sie das Heil säkularisieren, sondern *wie* sie es anstellen? Ihre Ungeduld will Heil mit wenigen großen Taten oder gar mit einem Schlag herbeizwingen. Das aber wird der falsche Weg sein – so mag Francis Bacon gedacht haben, der im Namen einer Reform der damaligen Wissenschaften die bis heute folgenreichste säkulare Heilserwartung artikulierte. Lothar Schäfer fasst Bacons Projekt folgendermaßen zusammen:

»Die wahren Ziele der Wissenschaft erstreben wir zum Wohle und Nutzen für das Leben. Es geht um die ›Verbesserung des Zustandes und der Gemeinschaft der Menschen‹, um die ›Hoheit und Macht des Menschen, die er im Urzustande der Schöpfung hatte, wiederherzustellen und ihm größtenteils wiederzugeben‹. Durch die Entwicklung der Wissenschaften wird sich der Mensch, wie Bacon meint, wieder in einen Zustand versetzen, wie er ihn vor der Vertreibung aus dem Paradies innehatte. Man darf annehmen, dass Bacon hier an den Zustand der Bedürfnislosigkeit denkt: Im paradiesischen Zustand fehlte es dem Menschen an nichts, während er im gefallenen Zustand

---

[624] Shakespeare, *Hamlet*, Akt I., Szene 5, in der Übersetzung von A. W. Schlegel.

hungern, darben und Not leiden muß.«[625] Demgemäß sind Bacons wichtigste Ziele »die Beseitigung von materieller Not, von Hunger, Krankheit und allen mit der Leiblichkeit des Menschen verbundenen Nöten«.[626]

Wie Don Quijote und Hamlet will auch Bacon die Welt nicht so lassen, wie er sie vorfindet. Aber er sieht die Wiederherstellung des paradiesischen Zustandes nicht als einmalige Tat an, die in ein endgültiges Ergebnis mündet, sondern als eine unabsehbare Abfolge von Handlungen über viele Generationen hinweg. Bacons Ideal, die *Verbesserung des Zustandes und der Gemeinschaft der Menschen,* ist Motor einer unaufhörlichen Dynamik, die bewirken soll, dass der Reichtum der Menschheit beständig wächst und ihre Glückseligkeit unaufhörlich zunimmt. »Die auf die Wissenschaft gestützte Technik erzeugt mit ihren Erfindungen ›Glück und Wohlergehen‹, ohne jemandem Unrecht zu tun.«[627]

Bacons innerweltliche Heilsvision betraf Wissenschaft und Technik, er formulierte ein Programm naturwissenschaftlicher Forschung, das die technische Nutzbarkeit der Ergebnisse in den Mittelpunkt stellte. Dass aber die eigentliche Energie für die intendierte »Verklammerung von Wissenschaft, Technologie und dem Allgemeinwohl«[628] die Wachstumsdynamik einer Marktwirtschaft war, sah er nicht – und hätte er angesichts seines eher kommunistischen Gesellschaftsideals auch kaum sehen können. Diese Lücke in Bacons Programm füllte Adam Smith aus, indem er ein System konzipierte, worin die privaten Bestrebungen der Einzelnen, ihre Lebensbedingungen zu verbessern, dazu führen, dass wissenschaftlicher und technologischer Fortschritt stimuliert und das Allgemeinwohl gesteigert wird. Dass man durch den Wettbewerb die Menschen dazu motivieren kann, aus freien Stücken, wenngleich ohne ihr Wissen, zum Erfolg von Bacons Projekt beizutragen, das ist die epochale Einsicht von Denkern wie Adam Smith.

Die Konnotationen von Heil und Unheil in Bezug auf die Idee der liberalen Marktwirtschaft treten erst dann völlig hervor, wenn man diese Wirtschaftsform in den Rahmen von Bacons Projekt einzeichnet. Dann erweist diese Wirtschaft sich als der bisher einzige

[625] Schäfer (1993: 102).
[626] Schäfer (1993, 105 f.).
[627] Schäfer (1993: 106).
[628] Schäfer (1993: 96).

Mechanismus, der sich dafür anbietet, mit dem, wenn man so sagen darf, vorhandenen Personal an Menschen, einschließlich der normalen menschlichen Schlechtigkeit, Bacons Ideal des dauerhaften Sieges über alle materielle Not eine wirklichkeitstaugliche Gestalt zu geben, und dies einfach durch die Dynamik des Wirtschaftswachstums.

Wenn man innerhalb von Bacons Projekt die Marktwirtschaft gleichsam als *den Mechanismus der Verwirklichung des säkularen Heils* auffassen kann, so bedeutet das jedoch, dass man auch ihre abgründigen und gefährlichen Seiten von diesem Heilsprojekt her verstehen kann. Insofern sind die folgenden Gedanken von Hans Jonas (in der Wiedergabe Schäfers) durchaus als Fundamentalkritik an der gegenwärtigen Wirtschaftsweise zu deuten: »Hans Jonas hat in seinem Buch *Das Prinzip Verantwortung* die Unheilsdrohung des Bacon'schen Ideals beschworen und die absehbare ökologische Katastrophe direkt auf das Übermaß des Erfolges des Bacon'schen Ideales zurückgeführt. Er verlangt deshalb, dass wir dieses Ideal aufgeben, ja dass wir uns überhaupt von dem utopischen Vorgriff auf bessere Verhältnisse verabschieden, um uns auf ein verantwortungsvolles Bewahren der Natur einzustellen.«[629]

Der *utopische Vorgriff auf bessere Verhältnisse* – damit sind nicht nur der von Jonas kritisierte Ernst Bloch und, indirekt, Karl Marx angesprochen, sondern es sind damit auch Adam Smith und John Maynard Keynes und mit ihnen eine Grundintention der ganzen abendländischen Neuzeit getroffen. Wenn Schäfer gegen Jonas postuliert, dass wir »das Bacon'sche Ideal nicht aufgeben sollten, wenn wir vom Ideengut der europäischen Aufklärung auch nur einen guten Gedanken festhalten wollen«,[630] so bedeutet das im Umkehrschluss, dass, *wenn* wir entgegen Schäfers Mahnung das Bacon'sche Ideal infrage stellen, auch die *guten Gedanken* selbst, nämlich die Heilsversprechen der europäischen Aufklärung, auf den Prüfstand stellen müssen. Während Schäfer meint, *solange noch Hunger, Krankheit und materielle Not die Menschheit oder den großen Teil von ihr peinigen*, müssten wir uns, bei aller Distanz in Details, weiterhin dem Ideal verpflichtet sehen,[631] ist Jonas sich darin mit Malthus einig, in dieser *Verpflichtung* gerade denjenigen Impuls zu se-

[629] Schäfer (1993: 95).
[630] Schäfer (1993: 96).
[631] Schäfer (1993: 96).

hen, der die Menschheit aktiv auf ihren Untergang hinarbeiten lässt: Die Überschätzung dessen, was Menschen erreichen können, insbesondere der Glaube, durch menschliches Handeln auf der Basis des technischen Fortschritts könnte Leid nicht nur gelindert, sondern ganz abgeschafft werden, bewirkt, vermittelt über ein unkontrolliertes Wirtschaftswachstum, einen Druck auf Mensch und Natur, der die Grundlagen menschlichen Daseins zerstört. Bacons Ideal allgemeiner Glückseligkeit auf der Basis von Wissenschaft und Technik kann, von Jonas her gedeutet, als die verführerische Hülle von Verhältnissen interpretiert werden, deren gefährliches Wesen Heidegger mit seinen Gedanken zur Technik zu treffen versuchte.

Bevor wir diese Überlegungen weiterverfolgen, ist eine Klärung angebracht. Dass die Lebensbedingungen einer begrenzten Anzahl von Leidenden an einem bestimmten Ort zu einer bestimmten Zeit verbessert werden sollten, wenn man weiß, worin eine wirkliche Verbesserung besteht und praktisch in der Lage ist, diese herbeizuführen, wäre vermutlich zwischen Jonas und Schäfer kein strittiger Punkt. Strittig ist vielmehr, ob man die Menschheit insgesamt auf den obersten Zweck der Verbesserung der Lebensbedingungen verpflichten sollte, und strittig ist, welche Implikationen und welche Bedeutung eine solche Verpflichtung hätte, welche Folgen sich daraus ergäben und welche Schlussfolgerungen aufgrund der Implikationen und der zu erwartenden Folgen vorzunehmen wären. Diesen Implikationen wenden wir uns nun zu, zunächst von der Seite der menschlichen Bedürfnisse her.

Imaginäre Bedürfnisse und imaginäre Waren

Denker wie Bacon und Smith sahen in der Verbesserung der Lebensbedingungen die Bestimmung der Menschheit in dieser Welt. Was Verbesserung der Lebensbedingungen bedeutet, schien ihnen ganz und gar unzweideutig. Sie gingen davon aus, dass es vor allem *natürliche Bedürfnisse* sind, um deren immer bessere Befriedigung es den Menschen geht. Die Darstellung der Fischersfrau im Märchen *Von dem Fischer un syner Fru* vermittelt dagegen ein anderes Bild.[632] Zwar scheint nichts natürlicher als ihr anfänglicher Wunsch, nicht

[632] Brüder Grimm (1975: 135–142). Alle Zitate in diesem Abschnitt finden sich an der angegebenen Stelle.

»jümmer in'n Pißputt zo waanen, dat stinkt un is so eeklig.« Dieser Wunsch findet Erfüllung: Dank der magischen Fähigkeiten eines in einen Butt verzauberten Prinzen, dem der Fischer die Wünsche seiner Frau vorträgt, darf sie bald in einer sauberen Hütte Wohnung nehmen, umgeben von einem Höfchen mit allerlei Kleinvieh. Was aber geschieht? Schon nach kurzer Zeit ist ihr die Hütte zu klein, zu klein ist bald auch das Schloss, das die Hütte ersetzt, zu gering sind alle Würden und Reichtümer, zu denen sie nach und nach aufsteigt, König, Kaiser, ja Papst zu sein, stellt sie keineswegs zufrieden, denn, wie sie eines Morgens plötzlich erkennt, damit sie Ruhe finden kann, muss sie »warden as de lewe Gott«. Wenn der Butt dem Fischer auf diesen letzten Wunsch seiner Frau antwortet: »Ga man hin, se sitt all weder in'n Pißputt,« wird er der Fischersfrau vielleicht eher gerecht als mit der Gewährung all dessen, was zuvor ihr Leben besser scheinen ließ. Denn ihr unstillbares Verlangen nach Unendlichkeit und Allmacht kann sie im letzten Loch ebenso gut pflegen wie in der Fülle des Reichtums und auf den Thronen der Macht.

Dem menschlichen Streben ist, so suggeriert das Märchen *Von dem Fischer un syner Fru*, ein Zug ins Unendliche und Grenzenlose eingeschrieben, der es bei keiner Bedürfnisbefriedigung anhalten lässt. Jede Verbesserung der Lebensbedingungen weckt neue Bedürfnisse, schafft Unzufriedenheit mit Verhältnissen, die zuvor genügend erscheinen mochten, und fordert weitere Verbesserungen. Damit aber erweist sich das Ideal der Verbesserung der Lebensbedingungen als zweideutig: Was als Suche nach einem erträglichem Leben innerhalb der gebrechlichen Einrichtung dieser Welt beginnt, erweist sich als Anstoß für die Entfesselung immer neuer Begierden. Den Zug ins Grenzenlose hatte bereits Platon seiner Konzeption der üppigen Stadt zugrunde gelegt, Aristoteles hatte ihn registriert, als er anmerkte, »dass die meisten Menschen nur um das Leben und nicht um das vollkommene Leben sorgen, und da nun die Lust zum Leben ins Endlose geht, so trachten sie auch, die Mittel zum Leben bis ins Endlose anzuhäufen«.[633] Adam Smith erkannte: »[D]as Bedürfnis nach Annehmlichkeiten und Verzierungen von Gebäuden, nach Kleidung und Hausrat scheint grenzenlos zu sein. […] Was nicht für begrenzte Bedürfnisse benötigt wird, wird für solche Bedürfnisse ausgegeben, die nicht befriedigt werden können, sondern insgesamt endlos er-

[633] *Politik* 1257 b 40 ff.

scheinen.«[634] Aber für die Konstruktion von Smiths *System der natürlichen Freiheit* bleibt die Grenzenlosigkeit von Bedürfnissen folgenlos.[635]

Vor diesem Hintergrund sind einige Überlegungen von Johann Georg Schlosser beachtenswert. 1784 schrieb er in einem ökonomischen Traktat: »Die Produktion ist das, was den Menschen am wenigsten beschäftigt; die Phantasie treibt mehr als zwei Drittel an dem großen Rad.«[636] Schlosser sah die eigentliche Triebkraft der Wirtschaft in zivilisierten Gesellschaften nicht im *natürlichen* menschlichen *Bedarf* (für ihn Anlass aller *Produktion* im ursprünglichen Sinne), sondern in der *Phantasie*. Phantasie, menschliche Einbildungskraft ist für ihn eine eigenständige Quelle von Bedürfnissen. Diese Bedürfnisse der Phantasie stimulieren, indem sie Wege zu ihrer Befriedigung suchen, wirtschaftliche Aktivitäten.

Schlosser ist sich bewusst, wie befremdlich diese These für das ökonomische Denken seiner Zeit ist, sofern dieses annimmt: »Bei aller ihrer Verschiedenheit haben doch alle Menschen einerlei Bedürfniß im Ganzen.«[637] Dieser Annahme hält er entgegen: »Wohl einerlei Bedürfniß der Natur, aber nicht einerlei Bedürfniß der Phantasie.«[638] Zwar kann man Grundbedürfnisse wie die nach Nahrung, Kleidung, Wärmeschutz, Bewahrung der Gesundheit u. ä. trotz kultureller Unterschiede für *einerlei* bei allen Menschen halten, da sie aus der biologischen Natur des Menschen hervorgehen. Aber das Meiste von dem, was in der Wirtschaft geschieht, lässt sich keineswegs, so Schlosser, aus derlei Bedürfnissen erklären. Denn die *große Thätig-*

---

[634] Vgl. *Wealth* 143; die Übersetzung der deutschen Ausgabe wurde nach dem Originaltext modifiziert.

[635] Nur scheinbar hat die sogenannte ökonomische Neoklassik daran etwas Wesentliches geändert. Trotz ihrer *Betonung der Nachfrageseite* wird in ihr die Eigenart und die Dynamik von Bedürfnissen nicht thematisiert, wenn man von Ausnahmen wie Thorstein Veblen (vgl. Veblen: 1899/1997) absieht. Noch bei Amartya Sen werden zwar kulturelle und geistige Bedürfnisse thematisiert, nicht aber ihr imaginärer Aspekt.

[636] Schlosser (1784/2000: 84). In der Schrift *Xenocrates*, auf die hier Bezug genommen wird, stellt Schlosser seine Argumente zur Wirtschaft in Form eines fiktiven Dialogs vor, der um 400 v. Chr. zwischen dem Athener Demetrius und einem in Athen ansässigen Fremden, Xenocrates, geführt wird. Die Zuweisung der Gedanken an den einen oder anderen Dialogpartner wird im Folgenden nicht berücksichtigt.

[637] Ibd. 82. Diese Annahme findet sich bis heute vor allem in Modellen der Makroökonomik, die mit einem *repräsentativen Individuum* operieren.

[638] Ibd. 83. Vermutlich hat Schlosser entscheidende Anregungen von Rousseaus zweitem Discours erfahren, dem ökonomische Intentionen allerdings eher fernliegen.

keit und Geschäftigkeit, die sich bereits zu seinen Zeiten zeigt, wäre nie möglich geworden, »wenn nicht 1000 und 1000 phantastische Bedürfnisse unter uns entstanden wären.«[639] Dass »seine Einbildungskraft und Phantasie ihm [dem Menschen, d. V.] Bedürfnisse gegeben hat, die ganz außer dem Weg der Natur liegen«, setzt »Thätigkeit und Betriebsamkeit« der Menschen in Gang und stimuliert das Wachstum ihrer Wirtschaft.[640] Die Güter, die in Folge dieses Wachstums hergestellt werden, ermuntern wiederum die Phantasie, wie Schlosser es formuliert, immer neue Bedürfnisse hervorzubringen.

Wie Smith sah auch Schlosser in der Wirtschaft seiner Zeit das Potenzial für eine ökonomische Globalisierung, durch die *die ganze Welt von Menschen miteinander verbunden werden sollte*, aber zugleich ahnte er etwas von der Zweideutigkeit, die in der explosionsartigen Entfaltung der, wie er sie nennt, *imaginären Bedürfnisse* liegt. Manifest wird sie in dem Auftreten von *imaginären Waren*,[641] d. h. Dingen und Leistungen, die nur für die Einbildung von Wert sind. Allerdings stellt die Phantasie keineswegs nur dem »Wollüstling« seine »tausend und tausend Bedürfnisse« vor,[642] sondern sie kann auch die Bildung des Menschengeschlechtes fördern, indem sie den feineren Gemütern Bedürfnisse eingibt, »die sie glücklich machen, weil sie ihnen wahre Genüße« geben, vor allem »Liebe [...] und mit der Liebe Dichtkunst, Musik, und den Tanz, und die Freude des Lebens«[643].

Die Ausdrücke *imaginäre Bedürfnisse* und *imaginäre Waren* bedürfen der Erläuterung. Imaginäre Bedürfnisse werden primär durch eine *Imago*, eine bildliche Vorstellung, geformt, nicht durch einen Antrieb der biologischen Natur. Ihr Bereich ist dort, wo die Vorstellungskraft des Menschen nicht von biologischen Antrieben, sondern von Bildern, die in ihr auftauchen, in Tätigkeit gesetzt wird. *Imaginäre Waren* sind in Schlossers Verständnis Dinge und Leistungen, die als Mittel der Befriedigung zu dem jeweiligen imaginären Bedürfnis das Gegenstück in der Realität darstellen. *Imaginär* ist ihr Nutzen und Wert, insofern er einzig aus Zuschreibungen hervorgeht, die der menschlichen Phantasie entspringen – in Schlossers Terminologie

639 Ibd. 84.
640 Ibd. 79.
641 Schlosser (1777: 43), hier zitiert nach Binswanger (2000: 162).
642 Schlosser (1784: 70).
643 Ibd. 81.

aus *imaginären Bedürfnissen*. Ein *objektiver*, d.h. für Schlosser ein der natürlichen leib-seelischen Ausstattung des Menschen korrespondierender Nutzen muss mit ihrer Befriedigung keineswegs verbunden sein.

Es ist der Phantasie eigen, dass sie sich Abwesendes und sogar nie Dagewesenes vorstellen kann. Ihr Weg über alles Anwesende hinaus in einen Raum von Bildern jenseits des Gegebenen mag in die bloße Illusion hineinführen oder aber zu Aktivitäten gelangen, die die Umgestaltung von schlechten Verhältnissen in bessere bewirken. Als Impuls für imaginäre Bedürfnisse kann vieles angesehen werden: das Versinken in den Bilderwelten der Medien, der Konsum von Drogen, die Beschäftigung mit Vorstellungen der Religion von einem jenseitigen Reich Gottes, aber auch die Vision einer grundsätzlichen Verbesserung der elenden Lebensbedingungen, die man vor sich hat. Zum artikulierten Bedürfnis werden solche Impulse jedoch erst, wenn sie zur Nachfrage nach Waren und Leistungen führen.

Die kräftigste Quelle wirtschaftlicher Aktivität ist also für Schlosser nicht die natürliche Bedürftigkeit des Menschen, sondern seine Einbildungskraft: »Die Einbildung entwirft gleichsam immer neue Bilder *(imagines)* der Bedürfnisbefriedigung. Zugleich gibt es aber kreative Menschen, Künstler, Wissenschaftler, Handwerker, Techniker und Unternehmer, denen es gelingt, diesen Bildern der Einbildung eine Entsprechung in realen Gestalten, nämlich den Gütern zur Befriedigung der von Bildern gelenkten Bedürfnisse, zur Seite zu stellen […]. Mit seiner Theorie der imaginären Bedürfnisse sieht Schlosser nicht die Natur, sondern die menschliche Kreativität als entscheidend für die Entwicklung einer Wirtschaft an. […] In der Tat sind die Erzeugnisse der Kunst der reinste Ausdruck der Imaginationskraft und der imaginären Bedürfnisse der Menschen.«[644]

Schlosser teilt zwar mit der Aufklärung des 18. Jahrhunderts prinzipiell das Programm der Verbesserung der Lebensbedingungen, unterminiert es jedoch zugleich mit seinen Einsichten. Denn wenn der eigentliche Stimulus wirtschaftlicher Aktivität die Einbildungskraft ist, wenn materielle Produktion und materieller Wohlstand nicht im Zentrum des Wirtschaftsprozesses liegen, sondern gleichsam nur Begleiterscheinungen seines phantastischen Treibens sind, dann verliert die Idee der Verbesserung der Lebensbedingungen den Charakter eines selbstverständlichen und unbezweifelbaren Ziels:

---

644 Faber/Manstetten (2003: 185 f.)

Indem »die Einbildungskraft [...], einmal in Bewegung gesetzt [...] neue Bedürfniße aus Bedürfnißen«[645] schafft, schweift sie ins Ziellose, Grenzenlose, Unendliche und zieht die Wirtschaft hinter sich her: Jede Verbesserung wird neuen Mangel spürbar machen, alles Erreichte den Blick in zuvor unbekannte Gefilde des Unerreichten lenken. In einer solchen Wirtschaft kann die natürliche Bedürftigkeit des Menschen und seine Abhängigkeit von natürlichen Ressourcen vergessen werden, weder biologische noch vernünftige Schranken, aus denen ein Maß gesetzt werden könnte, scheinen von Bestand zu sein, es gibt im Imaginären nichts Un-natürliches oder Wider-natürliches. Überlässt man diese Wirtschaft sich selber, so ist nicht zu erwarten, dass sie sich auf vernünftige Zwecke, gar auf einen guten Endzweck hin entwickelt, denn in den Bilderfluten, die in dieser Wirtschaft ihr Unwesen treiben, scheint alles möglich. Selbst das Ideal der *Verbesserung der Lebensbedingungen* erscheint dann nur *eine* unter unendlich vielen Quellen imaginärer Bedürfnisse.

Angesichts der kleinen und großen Bildschirme, die viele Menschen heute auch während ihrer Freizeit vor sich haben, angesichts der Tatsache, dass sie sich widerstandslos der Überflutung durch die Werbung überlassen und dass der reale Kontakt mit Personen und Dingen zusehends durch eine über Apparate und Bilder vermittelte Kommunikation ersetzt wird, kann man fragen, ob man nicht bei vielen Menschen jenseits der imaginären Bedürfnisse ein Bedürfnis nach imaginären Welten, vereinfacht gesagt, ein *Bedürfnis nach dem Imaginären* als solchem annehmen muss. Die Bereitschaft so vieler Menschen, ihre Lebenszeit über weite Strecken in Bilderwelten zu verbringen, könnte dafür ein Indiz sein. In jedem Fall sind virtuelle Universen einschließlich der Instanzen, die wie Google für ihre Vermittlung zuständig sind, ein bedeutender Wirtschaftsfaktor geworden.

Schlosser hat diese De-naturalisierung des Wirtschaftsprozesses nicht von vornherein negativ bewerten wollen, sah er doch gerade im Un-natürlichen auch eigenständige Manifestationen des Menschlichen: Alles Geistige, alle Religion, Kunst und Wissenschaft manifestiert sich in der Welt nur über die Vermittlung der Phantasie. Aber Schlosser sah zugleich, dass der Wirtschaftsprozess blind ist und blind macht für die Differenz zwischen solchen imaginären Bedürfnissen, die die Menschlichkeit des Menschen fördern, und solchen,

[645] Schlosser (1784/2000: 69).

die einzig menschlicher Trägheit, Gier, Eitelkeit, Neugier und Aggression entspringen. Der Markt unterscheidet nicht zwischen vernünftigen und unvernünftigen Bedürfnissen, und er kennt keine anderen Werte als die Preise. So wird Schlosser, der überzeugt ist, dass »nichts als Arbeit und Notdurft ohne Überfluss die Menschen auf dem ächten Gang der Natur erhalten kann, daß jedes Bedürfnis über die Natur sie Meilen von ihr entfernt; daß Reichtum die Quelle allen Elends sei […]«[646] von der Ahnung bedrängt, dass *zunehmende Naturferne* die Menschheit zusehends unmenschlich machen könnte.

Geld als »Substanz gewordenes Können«

Der »Geldüberhang« in der modernen Wirtschaft

Auf den ersten Blick scheint Schlossers Lehre von den imaginären Bedürfnissen kaum mehr als eine begriffliche Präzisierung von Platons Bild der *üppigen Stadt*. Anders als Platon betrachtet Schlosser jedoch diese Stadt als eine *Ökonomie*, die sich als eine eigenständige Ordnung erhalten und entwickeln kann. Dabei beschäftigt er sich insbesondere mit dem Übergang von imaginären Bedürfnissen in die Wirklichkeit: Wodurch gewinnen sie die *Macht*, Wirklichkeit so zu verändern, dass diese ihnen Mittel zu ihrer Befriedigung bietet? Denn damit Vorstellungen als Bedürfnis artikuliert werden, damit sie auf Märkten in Erscheinung treten und produktive Tätigkeiten in Gang setzen können, müssen Antriebsenergien aktiviert werden, wie sie erst in modernen Ökonomien manifest werden. Als eine der entscheidenden sieht Schlosser das *Geld* an, genauer gesagt: eine Wirtschaftsweise, in der Geld eine (partiell) selbständige Größe im Wirtschaftsgeschehen ist. Es ist, so Schlosser, die Wechselwirkung zwischen imaginären Bedürfnissen und einem »Überhang an Geld«, die eine Wirtschaft in eine unabsehbare Dynamik des Wachstums versetzen kann.[647]

---

646 Schlosser, zitiert bei Priddat (2000: 139).

647 »Das ›Reich‹ der imaginären Bedürfnisse fing nach Schlosser zu bestehen an, als einstmals die Masse des Geldes die ›Balanz‹ [gemeint ist die Balance, d. V.] zu den ›Produkten‹ des Ackerbodens überstiegen habe. Notgedrungen mussten mit diesem Geldüberhang imaginäre Bedürfnisse durch imaginäre Waren befriedigt werden können. Wären solche Waren mit ihren imaginären Wertbestandteilen nicht produziert

Schlosser hat keine Theorie des Geldes vorgelegt. Er sah jedoch, dass das Wachstum imaginärer Bedürfnisse und das Wachstum der Geldmenge in einer inneren Verbindung stehen und dass beides nicht nur für die Entwicklung einer Wirtschaft bedeutsam ist, sondern auch für die Lebensführung der Menschen innerhalb einer Gesellschaft. Diese Einsicht wird im Folgenden als ein Impuls aufgenommen, sich dem Thema Geld gründlicher zuzuwenden, wobei wir den von Schlosser gesetzten Rahmen verlassen werden.[648] Was bedeutet Geld, welche Vorstellungen sind mit seinem Dasein verbunden, wie beeinflusst das Verlangen nach Geld oder die Angst, es zu verlieren, menschliches Denken, Streben und Handeln?

Geld als Mittel

Geld kann prinzipiell als Mittel zur Erreichung bestimmter Zwecke angesehen werden. Georg Simmel hat in seiner erstmals um 1900 veröffentlichten Untersuchung *Philosophie des Geldes* die Nähe des Geldes zur Technik thematisiert. Wie die Mittel der Technik sonst erweitert auch Geld den Spielraum menschlichen Handelns, wie der Erwerb von Mitteln sonst zieht auch der Erwerb von Geld Zwecke, die zuvor unerreichbar erschienen, in den Bereich des Möglichen.

Der Einsatz von Geld ist jedoch, anders als der Gebrauch von Werkzeugen und Maschinen, nicht auf spezifische Verwendungen beschränkt. In der Regel wird man mit einem Hammer, nur Zwecke realisieren, zu deren Verwirklichung Hämmern sinnvoll erscheint. Geld dagegen steht grundsätzlich in »Distanz von jedem besonderen Zweckinhalt.«[649] Gerade diese Distanz macht seine spezifische Zweckmäßigkeit aus. Denn die besondere Leistung des Geldes entstammt »seiner völligen Beziehungslosigkeit zu allen Besonderungen von Dingen und Zeitmomenten, der völligen Ablehnung jedes eigenen Zweckes, der Abstraktheit seines Mittelcharakters [...].«[650] Geld, ob-

---

und verkauft worden, wäre der geldliche Überfluss ohne Nutzen, ja schädlich gewesen [...].« (Schlosser, wiedergegeben nach Mahl 1982: 228).

648 Funktion und Bedeutung des Geldes für die Wirtschaft im Sinne des Gegenstandes der Wirtschaftswissenschaften bleiben dagegen außerhalb unserer Betrachtung, ebenso wie die Kritik daran. Nicht eingegangen wird auch auf die immer wieder geäußerte Kritik an den Mechanismen des Zinses bzw. des Zinseszinses.

649 Simmel (1958: 208).

650 Simmel (1958: 210).

wohl ohne eigenen spezifischen Zweck, ist deswegen jedoch keineswegs zwecklos, im Gegenteil: »Indem das Geld überhaupt keine Beziehung zu irgendeinem einzelnen Zweck hat, gewinnt es eine solche zu der Gesamtheit der Zwecke.«[651] Die *Gesamtheit der Zwecke,* die im Geld potenziell erreichbar sind, umfasst neben dem natürlichen Bedarf alles, was Schlosser als imaginäre Bedürfnisse und imaginäre Waren anspricht, alles, was sich Menschen in ihrer Phantasie als realisierbaren Zweck vorstellen und durch Einsatz von natürlichen Ressourcen sowie Arbeit und Kapital herstellen können. Allerdings ist die *Gesamtheit der Zwecke,* die durch Geld erreichbar sind, eben dadurch beschränkt, dass sie nur die Zwecke umfasst, die durch Geld erreichbar sind. Es gehört zu den mit Geld verbundenen Illusionen, dass es schlechthin alles zugänglich zu machen verspricht, während in Wahrheit das All, das es umgreift, nichts weiter ist als das All des Käuflichen.

Geld und Vertrauen

Die Wirkungsweise des Geldes ist von anderer Art als die eines Mittels der Technik. Denn dem Geld, insbesondere in seinen modernen, vom Edelmetall abgekoppelten Daseinsweisen, geht jegliche physische Verwendungsmöglichkeit ab. Wirkmächtig wird Geld nur als ein Symbol oder Zeichen, d.h. wenn die Botschaft der Zahlen auf den Münzen und Scheinen verstanden und im Zusammenhang des Gebens und Nehmens angenommen wird. Vergleichbar allem, was zum Bereich der Sprache gehört, ist Geld ein gewissermaßen gewaltloses Mittel, insofern sein bestimmungsgemäßer Einsatz die Möglichkeit unmittelbarer körperlicher Gewalt und direkten Zwanges ausschließt.[652]

Die Leistungen des Geldes beruhen auf seiner *Akzeptanz* im zwischenmenschlichen Verkehr. Wo Geld akzeptiert wird, finden Akte des *Vertrauens,* des *Glaubens* statt. Vertrauen spielt bereits in einer Wirtschaft, in der Metallgeld kursiert, eine wichtige Rolle. Bereits dort tritt oft der Fall ein, dass der aufgeprägte angenommene Wert nicht mit dem Materialwert des jeweiligen Metallstücks überein-

---

[651] Simmel (1958: 208).

[652] Das schließt allerdings keineswegs aus, dass Geld, ebenso wie Sprachhandeln, unter bestimmten Umständen alle, auch und gerade die ungeheuerlichsten Arten von Gewalttätigkeit und Krieg veranlassen oder fördern kann.

stimmt, etwa aufgrund von Schwankungen im Wert der Metalle oder aufgrund absichtlich herbeigeführter Münzverschlechterung durch die ausgebenden staatlichen Instanzen. Wenn von Anfang an der angenommene Wert des Geldes immer wieder die Tendenz hat, sich von seiner materiellen Basis zu entfernen, so zeigt erst das Papiergeld – und erst recht das virtuelle Geld heutiger Finanzströme – diesen Ablösungsprozess in Vollendung. Alle Wertgeltung beruht hier nur auf dem Vertrauen in die ausgebenden Instanzen und dem Vertrauen in den Wirtschaftskreislauf insgesamt.

Für den Nutzen des Geldes ist also das Moment des Glaubens unverzichtbar. Simmel spricht von einem »Vertrauen auf die Allgemeinheit, daß sie uns für die symbolischen Zeichen, für die wir die Produkte unserer Arbeit hingegeben haben, die konkreten Gegenwerte gewähren wird [...]. Ohne ihn [diesen Glauben] würde der Geldverkehr zusammenbrechen.«[653] Wer Geld ausgeben möchte, um damit etwas zu erwerben, vertraut darauf, dass der vorgesehene Empfänger das Geld akzeptiert und bereit ist, dafür einen entsprechenden Gegenwert zu geben; wer andererseits für eine Ware oder Leistung einen Geldbetrag annimmt, vertraut darauf, dass auch er für eben diesen Geldbetrag wiederum einen entsprechenden Gegenwert realisieren kann: »Es muß aber [...] der Glaube vorhanden sein, daß das Geld, das man jetzt einnimmt, auch zu dem gleichen Wert wieder auszugeben ist. [...] Hier ist das Unentbehrliche und Entscheidende: non aes sed fides[654] – das Vertrauen zu dem Wirtschaftskreise, daß er uns das fortgegebene Wertquantum für den dafür erhaltenen Interimswert [...] ohne Schaden wieder ersetzen werde.«[655]

Das Vertrauen in eine Gemeinschaft – die abstrakte Gemeinschaft all derer, die an einer jeweiligen Geldwirtschaft teilhaben, einschließlich ihrer wirtschaftlichen und politischen Institutionen bis hin zur Zentralbank – ist *Basis* aller Macht und Wirksamkeit, die

---

653 Simmel (1958: 165). Glaube spielt darüber hinaus eine entscheidende Rolle auch für das Verleihen von Geld: Ein *Kredit* (von lateinisch *creditum*, das Anvertraute) wird gewährt im Vertrauen darauf, dass der Kreditnehmer das Anvertraute (und oft einen nicht unbedeutenden Geldbetrag darüber hinaus, den Zins) zurückerstatten wird.

654 Diese Formulierung, zu Deutsch: »Nicht Metall, sondern Glauben«, war, wie Simmel (1958: 164) erwähnt, den Malteser Münzen aufgeprägt. Eine Abbildung einer solchen Münze, die der 68. Großmeister des Malteserordens, Emmanuel Pinto (im Amt zwischen 1741–1773) ausgeben ließ, findet man beispielsweise auf der Website Deamoneta (Emmanuel Pinto).

655 Simmel (1958: 164).

vom Geldbesitz ausgeht. Allerdings bleibt dieses Moment des »übertheoretischen Glaubens«[656] in der Regel unsichtbar und unerkannt. Denn sein Fundament, das Funktionieren der politischen und wirtschaftlichen Institutionen innerhalb eines rechtsstaatlich gesicherten Wirtschaftsraumes, erscheint im normalen Geldverkehr so selbstverständlich, dass kaum ein Gedanke darauf verschwendet wird. Die folgende Bemerkung von Simmel muss daher ergänzt werden. Simmel schreibt: »Das Gefühl der persönlichen Sicherheit, das der Geldbesitz gewährt, ist vielleicht die konzentrierteste und zugespitzteste Form des Vertrauens auf die staatlich-gesellschaftliche Organisation und Ordnung.«[657] Gerade dieser Zusammenhang zwischen der *persönlichen Sicherheit des Geldbesitzes* und der *staatlich-gesellschaftlichen Organisation und Ordnung* wird jedoch von den Geldbesitzern oft ausgeblendet. Was Geld für sie ist, nehmen sie unabhängig von den Verhältnissen wahr, denen es seine Leistung verdankt. Würde man sich diesen Zusammenhang ernsthaft bewusst machen, so verlöre der Umgang mit Geld den Schein seiner Selbstverständlichkeit: Jeder Geldbesitzer müsste nach den sozialen und politischen Verhältnissen fragen, die ihm seinen Besitz garantieren. Statt, wo es geht, Steuern zu sparen oder zu hinterziehen, müsste er unter Umständen einen höheren Beitrag leisten, um den Fortbestand der staatlichen Ordnung zu sichern. Denn obwohl diese, in den Worten Simmels, *die Sicherheit des Geldbesitzes* ausmacht, ist deren Stabilität keineswegs von selbst gewährleistet.

So werden *Wert, Wirksamkeit und Macht des Geldes als etwas Objektives in einem von Gesellschaft und Politik freien Raum angesehen, vergleichbar einer naturwissenschaftlich messbaren Konstante.* Der Wert des Geldes erscheint im Bewusstsein der meisten Menschen als etwas Gegebenes und Gültiges. Wenn das Vertrauen in die Stabilität des Geldes verloren geht, so ist dies Zeichen einer tiefen gesellschaftlichen und wirtschaftlichen Krise.

Ein weiterer Gesichtspunkt ist hier zu nennen: Da *dem Geld nicht anzusehen ist, dass es von einem Grund der Gemeinschaftlichkeit getragen wird,* erscheint die Macht, die mit ihm assoziiert wird, als Macht von jeweils Einzelnen, die über es verfügen. Sie ist gleichsam aufgesplittert auf die Vielzahl der Individuen der jeweiligen Wirtschaftsgemeinschaft. Jeder Geldbesitz eines Individuums oder

---

[656] Simmel (1958: 165).
[657] Simmel (1958: 165).

einer Organisation tritt als eigenständiges, unabhängiges, sich selbst tragendes Machtzentrum auf. Obwohl Geld in einer Wirtschaft *das* Verbindungsmittel schlechthin ist, obwohl seine Leistungsfähigkeit immer die Leistung der Gesamtwirtschaft und das Funktionieren der politischen Institutionen voraussetzt, ist es in besonderer Weise Zeichen der Trennung der Menschen voneinander, indem jeder die Macht über das jeweils eigene Geld nur für sich ausüben kann, während jeweils alle anderen davon ausgeschlossen sind.[658]

Das Wollen, das Geld und die Möglichkeiten des Lebens

Bilder von Reichtum und Wohlstand werden fast immer mit der Verfügung über Geld assoziiert. Ein Mensch gilt nur dann als wohlhabend oder reich, wenn er bei Bedarf jederzeit in der Lage zu sein scheint, bedeutende Geldmittel zu mobilisieren. Denn nur dadurch eröffnet sich ihm die Möglichkeit, überall im Raum jener *Gesamtheit der Zwecke*, von der oben die Rede war, eine Wahl vorzunehmen. So wird mit der Vorstellung, über Geld verfügen zu können, Freiheit und Handlungsmacht assoziiert. Ein Indiz dafür ist, »daß die Sprache erheblichere Geldmittel als ›Vermögen‹ – d. h. als Können, das Imstandesein schlechthin – bezeichnet.«[659] Was sein *könnte, kann* für den, der über das entsprechende Geld verfügt, *tatsächlich sein – wenn er will.* Das »Können [ist …] im Gelde gleichsam geronnen und Substanz geworden […].«[660]

In diesem Sinn bedeutet Geld stets zugleich vorgestellte und wirkliche Macht, so dass es einleuchtet, wenn die Gnomen in Goethes Faust II die Schöpfung des Papiergeldes mit den Worten kommentieren: »Nun entdecken wir hieneben/ Eine Quelle wunderbar/ Die bequem verspricht zu geben,/ Was kaum zu erreichen war.«[661] Da Geld eine Überfülle von möglichen Zwecken umgreift, stellt es das Individuum, das Geld hat, immer wieder vor die Frage, welche davon es sich zu eigen machen will und welche nicht. Dabei geht es um die Führung des eigenen Lebens mit seinen Wünschen, Hoffnungen und Chancen,

---

[658] Dass es bis vor wenigen Jahren selbst unter Freunden nicht üblich war, persönliche pekuniäre Verhältnisse zu thematisieren, ist ein Indiz dafür, wie sehr Geld als anscheinende Privatsache alle Bedeutung von Gemeinschaftlichkeit abstreifen kann.
[659] Simmel (1958: 216).
[660] Simmel (1958: 248).
[661] Goethe, *Faust II*, V. 5906–5909.

Versäumnissen und Sorgen, Befürchtungen und Ängsten: »Und darin, daß es als solches die praktische Stellung des Menschen [...] zu seinen Willensinhalten, seine Macht und Ohnmacht ihnen gegenüber verkörpert, aufgipfelt, sublimiert – darin liegt die ungeheure Bedeutung des Geldes für das Verständnis der Grundmotive des Lebens.«[662]

Wie ein Mensch sich, seine Existenz und seine Welt vorstellt, was für Ziele er für wesentlich hält, wie er praktisch mit der Frage, wer er ist, als was er sich verstehen, was er erreichen und wer er sein will, umgeht – das sind *Grundmotive des Lebens*. Die Bedeutung des Geldes für das eigene Leben, soweit man es vor sich hat oder zu haben meint, kann kaum überschätzt werden. In modernen Zivilisationen sind, so Simmel, der »Gesamtaspekt des Lebens, die Beziehungen der Menschen untereinander, die objektive Kultur durch das Geldinteresse gefärbt.«[663]

Wahl und Verzicht

Die Verfügung über Geld legt nahe, Dinge, die erlangt, Situationen, die erlebt, Lebensinhalte, die gelebt werden *könnten*, als wirklich vorhanden vorzustellen. *Ungelebtes Leben wird in unterschiedlichen Bildern als das kommende, potenziell eigene Leben angesehen.* Das Geld, obwohl selbst bildlos, eröffnet damit den weitesten Raum für imaginäre Bedürfnisse mit ihren Wunschbildern. Wer genügend Geld hat, der kann sich überlegen, wofür es ausgegeben wird: »Paläste, Gärten, Brüstlein, rote Wangen«[664] oder etwas ganz anderes. Die Realisierung solcher Wünsche reduziert jedoch die zuvor fast unbegrenzt scheinenden Lebensmöglichkeiten erheblich. Wer sich fragt, welchen Wunsch er sich als Bedürfnis zu eigen machen könnte, muss eine *Wahl* treffen. Mit der definitiven Wahl *einer* Lebensmöglichkeit werden andere Lebensmöglichkeiten tendenziell abgeschnitten oder zumindest vertagt. Somit ist jede realisierte Geldausgabe immer auch Verzicht.[665]

---

662 Simmel (1958: 206).
663 Simmel (1968: 240).
664 *Faust II*, V. 4968.
665 Dieser Sachverhalt spiegelt sich in dem in den Wirtschaftswissenschaften geläufigen Konzept der Opportunitätskosten.

Geld und das Malum oeconomicum

Geld als solches ist kein Malum. Sollen Dinge und Leistungen dahin gelangen, wo sie gebraucht werden, kann das im Großen und Ganzen der globalen Wirtschaft nur über das Medium des Geldes vermittelt werden. Aber wenn auch Geld als solches kein Malum ist, so ist es doch keineswegs neutral oder gar harmlos. Denn abgesehen davon, dass es kaum ein Malum oeconomicum gibt, bei dem nicht Geld eine Rolle spielt, hat bereits der häufige und intensive Umgang mit Geld selbst eine Tendenz, den Sinn für ein menschliches Maß zu zerstören. Ein Leben, das wesentlich durch den Umgang mit Geld bestimmt ist, tendiert dazu, dass bestimmte Züge dominant werden oder sich verselbständigen, die durchaus als Mala zu bezeichnen sind.

Die Scheidung von Reich und Arm

Am Geld werden die Scheidelinien manifest, die die Gesellschaft durchziehen, vor allem die auffälligste unter ihnen: die Grenze zwischen Arm und Reich. Denn wenn Geld Macht repräsentiert, so erscheint diese Macht positiv nur als Vermögen der Reichen, während sie bei den Armen vorwiegend negativ wahrgenommen wird: als auf ihnen lastender Zwang, als Anlass zur Empörung oder als abwesender Gegenstand des Verlangens. Nur bei denen, die viel *haben*, zeigt sich, was ein *Vermögen* in Wirklichkeit *vermag:* Ein großes Vermögen stellt mehr dar, als sein nomineller Gegenwert in Waren und Dienstleistungen ausdrückt. Was es bei anderen Menschen an Leistungsbereitschaft und Respekt auszulösen vermag, übersteigt bei weitem seinen auf dem Markt realisierbaren Wert: Bei den Reichen »wird das Vermögen von einem Umkreis zahlloser Verwendungsmöglichkeiten umgeben, wie von einem Astralleib, der sich über seinen konkreten Umfang hinausstreckt […]. Alle diese Möglichkeiten von denen freilich nur ein ganz geringer Teil Wirklichkeit werden kann, werden dennoch psychologisch saldiert, sie gerinnen zu dem Eindruck einer nicht bestimmbaren, jede Festlegung ihres erreichbaren Erfolges ablehnenden Macht.«[666] Wird das Leben der Reichen oft als unlimitierte Möglichkeitsfülle wahrgenommen, so ist der Arme ganz auf seine begrenzte Wirklichkeit verwiesen. Denn für ihn gibt es

[666] Simmel (1958: 216).

kaum Alternativen, zwischen denen er wählen kann. Sein Geldeinkommen, sofern er eines hat, »ist, weil es nur für die Notdurft des Lebens ausreicht, von vorn herein determiniert und läßt der Auswahl unter seinen Verwendungsmöglichkeiten nur einen verschwindend kleinen Spielraum.«[667]

Der Gegensatz zwischen Arm und Reich wird paradoxerweise durch eine Art Konsens zwischen beiden Gruppen in besonderer Schärfe deutlich. Gemeinsam finden sich bei Arm und Reich bestimmte Vorstellungen über die Bedeutung des Geldes und über seine Stellung im Leben. Die Reichen *sind* bzw. *erscheinen* so, wie viele unter den Armen gerne *sein möchten und sein würden, wenn sie könnten*. Daher kommt es, dass sozial Schwache sich gerne durch die Lektüre von Illustrierten und das Anschauen von Soaps in das Leben der Mächtigen, Vermögenden und Strahlenden vertiefen, so dass sie in ihrer Imagination zeitweilig zu stillen Teilhabern des Reichtums werden können. Das ist ein Indiz dafür, dass in einer Gesellschaft der Konsens über die Bedeutung des Geldes in der Regel maßgeblich durch die (wirklichen oder angeblichen) Vorstellungen der Reichen bestimmt wird.[668] Insbesondere besteht zwischen Arm und Reich weitgehend Einigkeit darüber, dass es gut wäre, Geld zu haben, und dass man besser dran wäre, hätte man mehr Geld. Es ist aber gerade dieser Konsens, an dem sich auch die Spannungen zwischen Arm und Reich entladen. Denn die Reichen scheinen zu haben, was die Armen zwar gerne hätten, aber nicht haben. Daraus ergibt sich ein gleichsam dreistufiges Malum. Die erste, offensichtliche Stufe ist die Ungerechtigkeit, die darin besteht, dass die einen Habende sind, die andere Nicht-Habende. Die weniger offensichtliche Stufe des Malums besteht in von Arm und Reich geteilten illusionären Vorstellungen über die Bedeutung und den Wert des Geldes für ein gutes Leben. Daraus wiederum resultiert eine dritte Stufe des Malums, die typisch ist für die, die weniger haben, aber auch für manche, die mit größerem Vermögen und Einkommen ausgestattet sind: Um mit dem, was sie haben, möglichst viel erreichen zu können, wollen sie alles, was sie erwerben, *so billig wie möglich* bekommen. Billiges Fleisch wird gekauft, auch wenn die Schlachttiere unter unerträglichen Bedingungen gehalten werden, Kleidung, die fast nichts kostet, wird getragen,

---

667 Simmel (1958: 216).

668 Diese Einsicht hat insbesondere Veblen für seine Theorie von Wirtschaft und Gesellschaft (vgl. Veblen 1899/1997) fruchtbar gemacht.

auch wenn sie in den ärmsten Ländern der Welt und unter unmenschlichen Arbeitsbedingungen hergestellt wird.

Haben und Mehrhaben

Im Besitz von Geld verkörpert sich ein menschliches Grundverhältnis in besonderer Reinheit: das Verhältnis des *Habens.*[669] Auch Dinge sind Gegenstand des Habens, aber anders als der Geldbesitz erfordert das Haben von konkreten Dingen eine gewisse Sorge für sie. Es genügt nicht, Dinge zu haben, vielmehr muss man – entweder in eigener Person oder durch Vertreter – die Dinge gebrauchen und pflegen, man muss sich um sie kümmern, damit sie ihren Wert nicht verlieren. Zum Haben von Dingen gehört, dass sie über das Gehabt-Werden hinaus immer auch eine Bedeutung für das Leben dessen, der sie hat, annehmen können. Diese Bedeutung wird allerdings umso blasser, je weniger es dem Besitzenden um die konkreten Dinge geht und je mehr der Geldwert, den sie repräsentieren, in den Vordergrund tritt. Wer schließlich Dinge nur im Sinne der Geldanlage »hat«, nimmt ihnen jeden Bezug zu seinem Leben, denn er wird die Sorge um sie häufig an bezahlte Agenten abtreten, denen wiederum die Dinge weniger wichtig sind als ihre Bezahlung. Abstrakter noch sind Wertpapiere. Aktien z. B. sind Anteilscheine, die sich auf das konkrete Leben aller Personen eines Wirtschaftsunternehmens beziehen, aber wer sie, wie der typische Aktionär, nur als Geldanlage hält, schließt sich ab gegen Freud und Leid der Menschen, die in diesem Unternehmen arbeiten, ebenso wie gegen den Nutzen und Nachteil von dessen Produkten und Leistungen. Alles Geldartige (wie Aktien etc.), vor allem aber das Geld selbst bedarf überhaupt keiner Pflege jenseits des bloßen Habens. Man gebraucht es und kümmert sich darum nur, insofern man es hat und mehr davon haben möchte. Die Pflege eines Geldvermögens besteht also einzig im Haben selbst: dass man es entweder behält oder aber veräußert, um zu konsumieren oder nach Möglichkeit mehr davon zu haben.

Es scheint eine tief verwurzelte Neigung des menschlichen Bewusstseins, die Verfügung über eine große Menge an Geld mit einem guten und den Erwerb von zusätzlichem Geld mit einem besseren Leben gleichzusetzen. Jedes Mehr-Haben von Geld scheint für den

[669] Vgl. hierzu insbesondere Fromm (2010).

Einzelnen, wofern alles Übrige gleichbleibt, eine Verbesserung seiner Lebensbedingungen darzustellen, wie bereits Adam Smith feststellte: »Die meisten Menschen sehen in der Vergrößerung ihres Vermögens einen Weg, ihr Los zu verbessern [...] Es wird demnach immer unser Hauptanliegen sein, Geld zu bekommen. Hat man es, so kann man ohne weiteres alles dafür kaufen. [...] Reich werden heißt Geld erwerben, weshalb auch in der Umgangssprache die Wörter Reichtum und Geld stets synonym gebraucht werden.«[670]

Wo Geld sich derart ins Zentrum der Lebensführung drängt, entwickelt sich fast zwangsläufig die Einstellung des Mehrhabenwollens bzw. die Habsucht. Dass eine solche Einstellung verwerflich sei, war nicht nur für Platon und Aristoteles offensichtlich, sondern auch Überzeugung der Autoren des Neuen Testamentes: »Denn eine Wurzel alles Bösen ist die Geldliebe«, heißt es in einem Paulus zugeschriebenen Text.[671] Indes kann man die Motivation der Habgierigen auch freundlicher bewerten, vor allem dann, wenn man wie Thomas Hobbes annimmt, dass sie in der Conditio humana selbst angelegt ist. Die europäische Aufklärung pries die *ruhige Leidenschaft des Gelderwerbs*[672] als eine prinzipiell lobenswerte Einstellung, da das Verlangen nach Geld, verglichen mit unmittelbar destruktiven Energien, wie sie in Gewalt und Krieg hervorbrechen, vergleichsweise harmlos wirkt. Denn es kann, sofern es sich im Rahmen des Rechtes hält, seine Erfüllung nur finden, wenn es keinen direkten Zwang auf den jeweils anderen ausübt. Aber abgesehen davon, dass dieses Verlangen die Grenzen des Rechtes durchaus auch missachten und dann sehr wohl zu Korruption, Gewalttat und Krieg führen kann, abgesehen davon, dass es auch innerhalb dieser Grenzen zur Verschärfung des Gegensatzes zwischen Arm und Reich beiträgt, kann der *verfluchte Hunger nach Geld*[673] auch da, wo seine schädlichen Folgen nicht unmittelbar zutage treten, im Leben einer Gesellschaft massive Deformationen des Bewusstseins und der Handlungsorientierungen bewirken. Mit einigen dieser Deformationen wollen wir

---

670 Smith, *Wealth* 282 u. 347. Smith distanziert sich allerdings deutlich von dieser Auffassung des Reichtums.

671 1. *Timotheus*, 6, 10.

672 Hirschman (1987: 72 ff.)

673 Vergil, *Aeneis* 3, 56 f., schreibt: »Quid non mortalia pectora cogis,/auri sacra fames.« (Wozu treibst du nicht die Herzen der Sterblichen,/Verfluchter [man könnte auch übersetzen: heiliger] Hunger nach Gold).

uns im Folgenden beschäftigen. Es geht uns dabei vor allem um die Welt- und Selbstwahrnehmung der Menschen.

Geldillusion

Dass Geld bei einer Vielzahl von Wirtschaftssubjekten regelmäßig Illusionen bewirkt, war manchen Ökonomen aus der ersten Hälfte des 20. Jahrhunderts, etwa Keynes und Irving Fisher, intuitiv klar. Sie sahen in solchen Illusionen einen nicht unbedeutenden Faktor wirtschaftlicher Dynamik. Allerdings hat diese Einsicht bis heute kaum Eingang in die ökonomischen Standardmodelle gefunden. Dort taucht sie allenfalls in Form einer Verneinung auf: Der vollkommen rationale Homo oeconomicus der konventionellen Theorien ist frei von *Geldillusion* oder *Geldwertillusion*.[674]

Wir nehmen den Ausdruck *Geldillusion* nun weitaus allgemeiner und unbestimmter als die Standardökonomie, indem wir sagen: Geldillusion liegt vor, wenn ein Mensch Wert und Bedeutung des Geldes, das er hat, haben möchte oder verlieren könnte, prinzipiell *überschätzt*. Diese Überschätzung kann aus einer verzerrten Wahrnehmung der Wirklichkeit entspringen. Wahrscheinlich aber gilt eher das Umgekehrte: Es ist wohl die Überschätzung der Bedeutung des Geldes für das eigene Leben, die eine verzerrte Wahrnehmung der Wirklichkeit hervorruft, bis hin zum Verlust all dessen, was an dieser Wirklichkeit wirklich ist. Unsere Betrachtungen zum Geld führen uns also in gewisser Weise zu einem Bewusstseinszustand, den wir bereits als Entwirklichung der Welt ansprachen.[675] Wir zeigen dies im Folgenden am Beispiel des Umgangs mit Zeit.

Die Zeit des Lebens wird uns prinzipiell bewusst in den drei

---

[674] Geldillusion liegt gemäß der ökonomischen Theorie vor, wenn Menschen Nominales und Reales in ihrem wirtschaftlichen Verhalten faktisch nicht unterscheiden. Nominale Änderungen von Preisen und Einkommen werden folglich für real gehalten, so dass beispielsweise jemand, dessen Einkommen sich nominal um 2 % erhöht hat, subjektiv selbst dann einen realen Einkommenszuwachs erlebt, wenn die allgemeine Inflationsrate ebenfalls bei 2 % liegt. Während die ökonomischen Standardtheorien per definitionem das Auftreten von Geldillusion ausschließen, behaupten neurobiologisch basierte Studien, dass das menschliche Gehirn für die Geldillusion gleichsam prädestiniert sei (vgl. Weber/Rangel/Wibral/Falk 2009). Dass Geldillusion in globalen Finanzmärkten eine bedeutende Rolle spielt und selbst das Handeln von Zentralbanken beeinflussen kann, macht Erber (2010) plausibel.

[675] S. o. Kap. 17.

Zeitformen der Vergangenheit, Gegenwart und Zukunft. Menschliches Leben gründet dabei in einer freien Beziehung zu seiner Herkunft und Geschichte (Vergangenheit), es entwickelt stets neu die Beziehung zu sich selbst und zum Leben der anderen in der gelebten und erlebten Gegenwart, und es entwirft sich im Hinblick auf das, was es vor sich hat und was es vorhat (Zukunft). Die Zukunft schließt als je persönliche die Gewissheit des eigenen Todes ein, der allem Vorhaben eine Grenze setzt.

Geld aber ist ein Bewusstseinsinhalt, der, wofern er die Wahrnehmung beherrscht, die Zeit des Lebens in ganz anderen Gestalten erscheinen lässt: Die Vergangenheit und damit die Herkunft des Gegenwärtigen wird ins Vergessen versenkt, das Gewesene scheint, wenn man auf das Geld blickt, nicht stattgefunden zu haben. Denn in jedem verfügbaren Geldvermögen ist die Spur seiner Entstehung und seines Erwerbs ausgelöscht. An dem Geld, das man hat, lässt sich nicht ablesen, woher es ist: Bemerkbar ist weder die Mühe dessen, der hart dafür gearbeitet hat, noch die Trägheit des Rentners, der im bloßen Zuwarten regelmäßiger Zahlungen lebt, noch die Mühelosigkeit des Erben, dem eine Habe ungesucht zufiel, noch die Gewissenlosigkeit des Betrügers oder Verbrechers, der sein Vermögen anderen abgelistet, abgepresst oder geraubt hat. *Pecunia non olet*, Geld stinkt nicht, sagte der Kaiser Domitian, als man ihm die buchstäblich anrüchige Quelle der von ihm erhobenen Latrinensteuer vorhielt.[676] Es ist aber nicht allein die vorübergegangene Vergangenheit, die im Geld verschwindet, sondern zum Verschwinden gebracht wird vor allem die in die Gegenwart fortwährende Vergangenheit – sei es das Leid der Arbeitenden in vielen Ländern Afrikas, Asiens und Amerikas, seien es die Ströme des Drogenhandels vom Anbau bis zum Endverbraucher, seien es Entstehung und Weg der Waffen, die aus High-Tech Fabriken in den fortgeschrittensten Ländern in den Besitz von gewaltbereiten Diktatoren,

[676] *Pecunia non olet*, so scheint auch die Handlungsdevise der Müllmafia zu lauten, die seit Jahrzehnten einen der vielleicht schönsten Natur- und Kulturräume dieser Erde, die Landschaft um Neapel, als Lagerstätte für Gift- und Sondermüll gebraucht, zu ihrem eigenen Gewinn und im Interesse ihrer Kunden, die für eine ökologisch vertretbare Entsorgung ihrer Abfälle ein Vielfaches von dem zahlen müssten, was ihnen die Mafia abverlangt. Während den Bewohnern der Landschaft verseuchte Böden und Gewässer, schadstoffbelastete Nahrungsmittel und eine gegenüber dem Durchschnitt deutlich verringerte Lebenserwartung bleiben, kann die Mafia mit dem eingenommenen Geld auf den großen Finanzplätzen dieser Erde aktiv werden. Eine eindrucksvolle Darstellung dieser Verhältnisse bietet Saviano (2007).

Kriminellen und Terroristen gelangen, seien es die Schadstoffe aus vergangener Produktion und vergangenem Konsum, die noch über Jahrhunderte oder Jahrtausende Probleme bereiten werden, seien es die Arten von Tieren und Pflanzen, deren Schwund unfassbare Ausmaße angenommen hat. Aber die Zerstörung der Natur erscheint nicht auf den Geldscheinen, die durch sie erworben wurden. Die Aussichten, die das Geld eröffnet, setzen immer ein Nicht-Sehen, ein Nicht-Sehen-Wollen oder ein Nicht-Sehen-Können voraus. Es ist dabei nicht das Geld als solches, es ist die Fixierung auf seine Gegenwart und auf die Erwartungen, die damit verbunden sind, woraus Blindheit und Verblendung gegenüber der Vergangenheit entspringen. Auf der anderen Seite aber tun sich scheinbar unendliche Aussichten auf, die sich auf die Zukunft beziehen als den Raum des guten Lebens, das man führen möchte. Als gegenwärtiger Wahrnehmungsinhalt aber depotenziert Geld jede andere Gegenwart zur bloßen Schwelle des Eintritts in die bessere Zukunft.

Die Zukunft aber wird in einer auf Geld fixierten Wahrnehmung eigentümlich ausgeweitet und gewinnt, von allen Hinweisen auf Endlichkeit und Tod gereinigt, den Anschein des Grenzenlosen. Zukünftige Wirklichkeit existiert prinzipiell nur in der Imagination. In der Hoffnung eröffnet sie sich als Raum für Imaginäres, das Anspruch auf Verwirklichung oder auf die Möglichkeit von Verwirklichung stellt. Während aber diese Aussage für alle Menschen gilt, gibt ihr bedeutender Geldbesitz eine besondere Färbung: Je größer der Reichtum, über den man verfügt, desto ausgebreiteter erscheint der Raum des Imaginären, das verwirklicht werden könnte, bis schließlich alle möglichen Grenzen in unbestimmter Ferne verschwimmen. Die Gewissheit, über bedeutenden Reichtum zu verfügen, stellt den Menschen gleichsam auf eine Höhe, von der aus er eine Unendlichkeit von Möglichkeiten überblicken kann, in die hinein er die Wege seines Lebens nach Belieben anlegen und ausgestalten kann. Alles, was vor ihm liegt, könnte sein Eigen sein. Geld ist damit sozusagen die Möglichkeit aller Möglichkeiten. Diesen Gedanken legt Goethe seiner Figur Faust in den Mund, der anlässlich der Erfindung des Papiergeldes ausruft: »Der weiteste Gedanke/ Ist solchen Reichtums kümmerlichste Schranke./ Die Phantasie in ihrem höchsten Flug,/ Sie strengt sich an und tut sich nie genug./ Doch fassen Geister, würdig, tief zu schauen,/ Zum Grenzenlosen grenzenlos Vertrauen.«[677]

[677] *Faust II*, V. 6113–6118.

An dieses Bild unbegrenzter Möglichkeiten heftet sich ein Verständnis von Freiheit, das seit jeher eine Art Volksvorurteil ist: *Freiheit bedeutet, immer und überall tun zu können, was man gerade möchte;* frei ist, wer Grenzen nach Belieben jederzeit überschreiten kann. Während aber für die meisten Menschen diese Vorstellung in Schranken gehalten wird sowohl durch die Furcht vor den Verboten des Rechts als auch durch die Begrenztheit des eigenen Vermögens, stellt Reichtum die Möglichkeit dar, sich über beide Schranken hinwegzusetzen. Der Reiche scheint frei zu tun, was er möchte, zu erreichen, was er haben möchte, und zu genießen, was er genießen möchte, ohne dass Vorschriften irgendeiner Instanz ihn letztlich daran hindern könnten. Denn lassen sich nicht sogar die Instanzen der Staaten vielerorts die Einhaltung ihrer Prinzipien und Vorschriften abkaufen, wenn man ihnen nur genügend Geld anbietet? Ist der Reichtum nur genügend groß, stellt selbst das Recht keine unüberwindbare Schranke dar.

Exorbitante Geldausgaben, für sich genommen, wären allerdings Verschwendung. Die ungebremste Befriedigung imaginärer Bedürfnisse würde früher oder später zu Verausgabung selbst größter Vermögen führen. Aber in der Regel finden Neigungen in diese Richtung ihr Widerlager in einem gegenläufigen imaginären Bedürfnis, das sich auf den Geldbesitz selbst richtet. Auf jener Höhe zu stehen, vor der sich ein Panorama der unbegrenzten Lebensmöglichkeiten ausbreitet, kann eine ungeheure Befriedigung gewähren. So kann es dem Reichen sinnvoll erscheinen, sich stets in der Nähe dieser Höhe aufzuhalten und auf allen Wegen und Abwegen seiner Bedürfnisbefriedigung darauf zu achten, dass er ohne allzu große Mühe wieder nach oben gelangen kann. Diese Sicherheit aber gewährt nur Erhaltung und Steigerung des Geldbesitzes.

Verausgabung des Geldes für alles, was man möchte, einerseits, Bewahrung und Steigerung des Geldbesitzes andererseits – das Zusammenspiel wie die Spannung dieser Gegensätze macht das widerspruchsvolle Bild des guten Lebens aus, wie es sich an den Reichtum knüpft. Simmel erkennt darin die Wunschvorstellung eines Lebens, das die Grenzen der Menschheit abgestreift hat und gottgleich erscheint: »Das Geld, als das absolute Mittel und dadurch als der Einheitspunkt unzähliger Zweckreihen [hat] in seiner psychologischen Form bedeutsame Beziehungen gerade zu der Gottesvorstellung. […] Der Gottesgedanke hat sein tieferes Wesen darin, dass alle Mannigfaltigkeiten und Gegensätze der Welt in ihm zur Einheit gelangen, daß er nach dem schönen Worte des Nikolaus von Kues die Coincidentia oppositorum ist. Aus dieser Idee, daß alle Fremdheiten und Unversöhnlichkeiten des Seins in ihm ihre Einheit und Ausgleichung finden, stammt der Friede, die Sicherheit, der allumfassende Reichtum des Gefühls, das mit der Vorstellung Gottes und daß wir ihn haben, mitschwebt. Unzweifelhaft haben die Empfindungen, die das Geld erregt, auf ihrem Gebiete eine psychologische Ähnlichkeit mit diesen. Indem das Geld immer mehr zum absolut zureichenden Ausdruck und Äquivalent aller Werte wird, erhebt es sich in abstrakter Höhe über die ganze weite Mannigfaltigkeit der Objekte, es wird zu dem Zentrum, in dem die entgegengesetztesten, fremdesten, fernen Dinge ihr Gemeinsames finden und sich berühren; damit gewährt tatsächlich auch das Geld jene Erhebung über das Einzelne, jenes Zutrauen in seine Allmacht wie in die eines höchsten Prinzips, uns dieses Einzelne und Niedrigere in jedem Augenblick gewähren, sich gleichsam wieder in dieses umsetzen zu können.«[678]

Wo Geld dem Menschen *jenes Zutrauen in seine Allmacht wie in die eines höchsten Prinzips* gewährt, von dem Simmel spricht, sollte man statt von *Geldillusion* vielleicht angemessener von einem *Geldwahn* sprechen. Wer von diesem Wahn ergriffen wird, will Allmacht als Inbegriff aller nur denkbaren Lebensmöglichkeiten erlangen. Das aber scheint nur zu gelingen, wenn man auf dem Weg dahin keine Skrupel kennt. Um über alle Fähigkeiten zu verfügen, die man sich vorstellen kann, muss man zu allem bereit sein. Dass es Menschen gibt, die, wenn es um Geld geht, »zu allem fähig sind«, selbst zu den ungeheuerlichsten Verbrechen, hat in diesem Wahn seinen Ursprung. Die Anfälligkeit dafür scheint mit der Menge des erworbenen Geldes zu wachsen. Als Marx seine Gedanken über den Kapitalismus bei dem *mystischen Schleier, der über die Warenwelt gebreitet liegt,* anheben ließ, um in ihrer weiteren Entfaltung zur *Idee des absoluten Mehrwerts*[679] zu gelangen, den er als das Bewegungsprinzis der kapitalistischen Wirtschaft ansah, versuchte er dem hier angesprochenen Wahn Ausdruck zu verleihen. An die Stelle einer konkreten, inhaltlich gefüllten Idee eines guten Lebens tritt das bloße Mehr, begleitet von der Illusion einer unendlichen Fülle von Lebensmöglichkeiten, die es zu gewähren scheint.

---

[678] Simmel (1958: 240).
[679] S.o. Kap. 14.

Geldwirtschaft und Goldmacherei: Fortsetzung der Alchemie mit anderen Mitteln

Es wäre ein Missverständnis, die soeben dargestellten Bilder eines vermeintlich guten Lebens nur mit der Lebensführung weniger Reicher zu assoziieren. Denn in ihnen drückt sich eine Archetypik des Bewusstseins aus, die in fast allen Mitgliedern einer kapitalistischen Gesellschaft mehr oder weniger stark ausgeprägt ist. Im Gefolge der seit der Aufklärung für Politik und Gesellschaft grundlegenden Auffassung, alle Menschen seien gleich, hat die Vorstellung eines Reichtums, der unbegrenzte Freiheit und schrankenlose Bedürfnisbefriedigung verspricht, auch diejenigen erfasst, die wenig oder nichts besitzen. Sie sehen die eigentliche Bedeutung von Gerechtigkeit darin, dass ein Leben, wie es heute nur die Reichen führen können, von allen Menschen geführt werden könnte. Phantasien vom Schlaraffenland vermischen sich hier mit einem modernen egalitaristischen Bild von Gerechtigkeit: *Gerechtigkeit bestünde demgemäß in unbegrenzter Befriedigung beliebiger Bedürfnisse für alle Menschen, aufbauend auf einem Vermögensstock, der unerschöpflich erscheint.* Damit wäre, so mag es scheinen, das Ziel aller Programme zur Verbesserung der Lebensbedingungen erreicht.

Dass dieses Ideal schon wegen der Begrenztheit natürlicher Ressourcen illusorisch ist, wurde bereits weiter oben angesprochen.[680] Aber illusorisch bliebe es auch, wenn man den Aspekt der Natur außer Acht lassen könnte. Denn im Schatten dieses Ideals schlägt die Ausrichtung der Wirtschaft auf Wachstum, auf ein ständiges Mehr an Gütern und Leistungen, um in etwas anderes. Da der Wert des Wachstums in Geldeinheiten gemessen wird, wird das Geld, das ihn repräsentiert, leicht zum Substitut für diesen Wert. Es geht, wie es scheint, den einzelnen Menschen, den Regionen, Staaten und sogar der Menschheit insgesamt besser, wenn mehr Geld zur Verfügung steht. Dass in den Augen vieler Menschen der Endzweck der Wirtschaft in der Vermehrung von Geld besteht, hat Hans Christoph Binswanger, Spuren folgend, die Goethe in seinem Faustdrama mit Anspielungen auf alchimistische Formeln und Bräuche gelegt hat, auf eine ungewöhnliche Weise zu deuten versucht.[681] Binswanger be-

---

680 S. o. Kap. 12.

681 Binswanger (1985).

schreibt die moderne Wirtschaft als einen Prozess, der Analogien zum Programm der mittelalterlichen Alchemie aufweist.

Alchemie erscheint zunächst als Goldmacherei, als der Versuch, auf künstlichem Weg aus unedlen Metallen und anderen Stoffen Gold zu gewinnen. Das Mittel dazu ist der *Stein der Weisen*, der »nicht etwa das Material [ist], aus dem Gold gemacht wird, er ist vielmehr die wesentliche Beigabe, das Ferment, der Katalysator, welcher die Transmutation […]. bewirkt.«[682] Schon im Mittelalter wurden die Versuche der Goldherstellung, die auf der materiellen Ebene nicht zu befriedigenden Ergebnisse führten, spirituell gedeutet als Analogien innerseelischer Prozesse. In Entsprechungen im Bereich der Materie sollte Geistiges zur Darstellung gebracht werden, um die Menschen zu einer Läuterung des Körperlichen und Sinnlichen anzuhalten. So kann man in der Alchemie ein Streben nach Heilung und Heil am Werk sehen, das sich in chemischen Umwandlungs- und Läuterungsprozessen symbolisch darstellt.[683]

Binswanger sieht nun die moderne Wirtschaft gleichfalls als einen Prozess der Läuterung und Verwandlung, der allerdings auf eigentümliche Weise immaterielle und materielle Ziele vermengt: Es geht anscheinend um die Verbesserung der Lebensbedingungen, also, wie oben gesagt, *im materiellen Sinne um Gesundheit und Reichtum*. Worum es aber den Wirtschaftsakteuren tatsächlich geht, ist, so Binswanger, etwas quasi Immaterielles. Ihr Streben richtet sich auf Zahlenwerte, die auf Papier aufgedruckt sind, auf Papiergeld, dessen Besitz *unvergängliche Glückseligkeit* verspricht. Am Beginn des Wirtschaftens steht ungenutzte Natur und ungenutzte menschliche Arbeitsfähigkeit, am Ende vielfältiger Transformationsprozesse das Papiergeld, das grenzenloses Glück verheißt. *Fortsetzung der Alchimie mit anderen Mitteln*[684] nennt Binswanger diesen Prozess. In ihm erscheint Geld – in der entmaterialisierten Form des Papiergeldes – als künstliches Gold und als Stein der Weisen in einem.[685] Wie der

[682] Binswanger (1985: 12).

[683] Vgl. Binswanger (1985: 13 f.). Vgl. Jung (1972).

[684] Binswanger (1985: 61).

[685] Binswanger knüpft dabei an Goethes Faust II, 1. Akt, an, worin die Erfindung des Papiergeldes durch Mephisto die in Schulden erstarrte Welt des Kaiserhofes mit dem Versprechen unbegrenzten Reichtums in hektische Bewegung versetzt. Goethe stellt diese Erfindung als einen alchemistischen Prozess dar, dessen Resultat indes nicht Gold ist, sondern *gestempelte Zettel*, von denen der Schatzmeister sagen kann: »In diesem Zeichen wird nun jeder selig.« (*Faust II*, V. 6082).

Stein der Weisen wirkt Geld, indem es Menschen zur Tätigkeit stimuliert, als Katalysator in einem Prozess, der Nutzloses, Brachliegendes und Unfertiges immerfort in Nützliches, Fruchtbares und Vollendetes verwandelt. Alles Nützliche, Fruchtbare und Vollendete aber wird durch den Markttausch am Ende wiederum in Geld verwandelt. »War es die ursprüngliche Aufgabe der Alchemie, in den unedlen Metallen den ›Samen des Goldes‹ wachsen zu lassen und es schließlich dazu zu bringen, daß sie sich in Gold verwandeln, handelt es sich bei der modernen Alchemie bzw. der Fortsetzung der Alchemie mit anderen Mitteln darum, den Geld-Wert aller Dinge so zu fördern, bis alle Dinge in Geldwerte verwandelt sind.«[686] Zusammenfassend kommentiert Binswanger diese Art von Wirtschaft folgendermaßen: »Die Erwerbswirtschaft [...] zielt auf die imaginären Bedürfnisse, die durch die Phantasie des Menschen stets ausgeweitet werden können, sie sind unersättlich. Der Erwerbswirtschaft wohnt daher ein unendliches Streben inne. Sie folgt aus dem Geldstreben, weil das Geld durch die Geldschöpfung (Papiergeld) schneller und leichter vermehrbar ist als die Güter, die mühsam aus dem Material der Welt gewonnen werden müssen. [...] Die Vision einer immer besseren – immer noch besseren – Zukunft ist ein notwendiger Bestandteil der Geld- und Erwerbswirtschaft. Alles, was sie daran hindert, was Begrenzung vermuten lässt, muß beseitigt werden. Durch die Beseitigung dieser inneren Grenzen des Wirtschaftens nimmt die Wirtschaft immer mehr überhand und schlägt die ganze Welt in ihren Bann.«[687]

Gegen Binswanger ließe sich zwar einwenden, dass Geld eher Symptom als Ursache der Übel sei, die Welt und Seele in der modernen Wirtschaft heimsuchen. Aber so wie, Heidegger zufolge, die Technik nicht nur Mittel ist, ist auch Geld mehr als ein bloßes Betriebsmittel für die Wirtschaft: Geld zeigt sich in der Welt draußen wie auch im Innenraum des menschlichen Bewusstseins als eine eigenständige Quelle von Motivationen, Impulsen und Zielsetzungen. In seiner Deutung der modernen Wirtschaft trifft Binswanger eine weit verbreitete Kollektivillusion, die darauf hinausläuft, dass nicht nur die Menge des Geldes, sondern auch der reale Wert, den sie verheißt, unendlich vermehrbar sein könnte. Diese Illusion reicht tief in das Bewusstsein von Managern, Unternehmern, Anlegern, Politikern und Zentralbankern hinein. Wenngleich die Vermehrung

---

686 Binswanger (1985: 81).
687 Binswanger (1985: 135).

der Menge des Geldes sich auf Dauer nicht von der Begrenztheit der Ressourcen und Produktionsmöglichkeiten abkoppeln kann, ist diese Illusion wirkmächtig. Sie vermag es immer wieder, Menschen in Tätigkeit zu versetzen. Damit erhält sie sich als Element einer sich in sich selbst zurückwendenden und sich aus sich selbst stets neu erzeugenden Bewegung.

Fassen wir diese Bewegung zusammen, so ergibt sich: Die Suche nach dem Heil wandelt sich zu einem Streben nach Verbesserung der Lebensbedingungen, dieses Streben setzt die Vielzahl der imaginären Bedürfnisse in Gang, diese Vielzahl schafft ein beständiges Verlangen nach einem Mehr an Geld, dieses Mehr setzt sich als letzter Zweck und besetzt die Stelle des Heils. Aber ausgestattet mit der Kraft der Heilssuche taucht das Geld wieder ein in den Wirtschaftskreislauf, um immer wieder neue Versuche zur Verbesserung der Lebensbedingungen in Gang zu setzen. Dem sich selbst erhaltenden und steigernden Ablauf des Ge-stells im Sinne Heideggers ist dieser Kreislauf der Vorstellungen im Bewusstsein des Menschen zur Seite zu stellen. Es sind nicht zwei verschiedene Bewegungen, sondern zwei verschiedene Ansichten *einer* Bewegung, die vom Menschen ausgeht und zu ihm zurückkehrt. Er erlebt sie als etwas, das er wollend oder nicht wollend mit sich und der Welt geschehen lässt, ohne dass er sich als ihr freier Urheber wahrnehmen kann.

21. Aischylos und Anaximander

Vergeblichkeit des Hoffens unter der Herrschaft der Zeit

Es macht mich glücklich, zu sehen, dass die Menschen den Gedanken an den Tod durchaus nicht denken wollen!
Friedrich Nietzsche

Die Zeit wird Herr
Mephisto, in: Goethe, *Faust II.*

Nachdem das Malum oeconomicum zuletzt im Horizont moderner Wirtschafts- und Lebensweisen betrachtet wurde, wird es nun unter einen Blick gestellt, der es gleichsam aus größter Distanz zu umfassen sucht. Aischylos und Anaximander, Figuren aus der Früh- und Hochzeit des antiken Denkens, erscheinen von unserer Zeit weiter noch entfernt als Platon und Aristoteles. Aber ihre Sicht auf die Fragwürdigkeit und Gebrechlichkeit des Menschseins innerhalb des Kosmos eröffnet einen durchaus aktuellen Zugang zum Malum oeconomicum. Im *Prometheus* des Aischylos formuliert der Protagonist den Gedanken, dass der Mensch nur durch illusionäre Hoffnungen zu wirtschaftlichen Aktivitäten motiviert werde. Anaximander lehrt, dass Leben überhaupt und Menschsein im Besonderen einer Verschuldung unterworfen ist, deren Ausgleich nur durch den Tod möglich sei. Kombiniert man beide Positionen, dann folgt daraus, dass das Malum oeconomicum eine allgemeine, aus der Verfasstheit des Kosmos hervorgehende Misere ausdrückt, der das Menschsein nicht entgehen kann. Von dieser Deutung her erscheint jeder Versuch, die Welt zu verändern und die menschlichen Lebensverhältnisse zu verbessern, zum Scheitern verurteilt. Dass damit jedoch nicht das letzte Wort über das Malum oeconomicum gesprochen ist, wird durch die Überlegungen des abschließenden Kapitels 22 deutlich.

Blinde Hoffnungen als Anfang der Wirtschaft – der Prometheus des Aischylos

Prometheus und das Bacon-Projekt

Warum halten so viele Menschen nicht da inne, wo sie normale Lebensbedürfnisse befriedigen, unschuldige Annehmlichkeiten genießen, einen ihren Anlagen entsprechenden Bildungsgrad erreichen und nach ihren Fähigkeiten und Neigungen am kulturellen und politischen Leben der Gesellschaft teilhaben können? Warum jagen sie stattdessen der Erfüllung imaginärer Bedürfnisse nach und verlangen nach Geld und immer mehr Geld? – Die letzten Kapitel haben gezeigt, dass fundamentalen Antrieben der Wirtschaft ein Zug ins Maß- und Haltlose innewohnt. Diesen Zug thematisiert der Dichter Aischylos in seiner Tragödie »Der gefesselte Prometheus«.[688] Das Illusionäre, wie es sich am wirtschaftlichen Handeln beobachten lässt, entspringt in seiner tragischen Sicht unvermeidlich aus der *Conditio humana* selbst. Seit Menschen versuchen, ihr Leben selbst in die Hand zu nehmen, geben sie Illusionen entscheidenden Einfluss auf die Orientierung ihres Handelns.[689] Um diesen Gedanken verständlich zu machen, wollen wir uns einige Züge der Tragödienhandlung vergegenwärtigen.

Prometheus steht im antiken Mythos als Außenseiter am Rande der herrschenden kosmischen Ordnung, wie sie durch Zeus und die anderen olympischen Götter gesetzt worden ist. Prometheus selbst gehört zu den Titanen, einer den Göttern vorausgehenden Generation kosmischer Mächte, die mit der Herrschaftsübernahme durch Zeus und seine Götter in den Tartaros verbannt wurde, den Abgrund

---

688 Die Zuschreibung der Prometheustragödie an Aischylos ist nicht unumstritten. Nach Lesky (1984: 118 ff.) »wollen die Zweifel an ihrer Echtheit nicht verstummen. […] Immer deutlicher konzentriert sich das Problem auf die Frage, ob sich der Gehalt des Stückes in das Werk des Aischylos einordnen lässt.« Lesky selbst tritt indes entschieden für die Autorenschaft des Aischylos ein (Lesky 1984: 120).

689 Was Aischylos und Anaximander als *Conditio humana* vor Augen haben, darf nicht von den Verhältnissen ihrer Zeit abgelöst werden: Ihre Aussagen über das Menschsein basieren auf den Erfahrungen aristokratisch geprägter Denker im Rahmen der hochentwickelten Wirtschaften der griechischen Poliswelt. Die Expansion imaginärer Bedürfnisse, die Aischylos und Anaximander voraussetzen, ist weder in einer Jäger- und Sammlergesellschaft noch in den Slums moderner Megacities vorstellbar.

des aus dem Gegenwartsbewusstsein Verbannten. Im Gegensatz zu den anderen Titanen hat Prometheus sich zunächst behaupten können, indem er sich mit den neuen Mächten arrangierte. Aber er verstößt gegen deren Ordnung und wird schließlich gemäß dem Willen des Zeus mit unzerreißbaren Banden an einen Felsen im Kaukasus geschmiedet. Anlass für diese Strafe, die durch Hephaistos, den Gott der Metallurgie, vollzogen wird, ist, dass Prometheus diesem Gott einen Funken »wunderkünstlichen Feuers«[690] entwendet und ihn den sterblichen Menschen zum Gebrauch überlassen hat. Aischylos lässt den Zuschauer zu Beginn der Tragödie am Akt der Fesselung teilhaben, die Hephaistos so kommentiert: »*Den* Dank gewann dir deine Menschenfreundlichkeit,/ Der, Gott du, vor dem Zorn der Götter ohne Scheu,/ Den Menschen Ehre über Recht hinaus gegönnt.«[691] Was Prometheus selbst unter *Menschenfreundlichkeit* versteht, drückt er in folgenden Worten aus: »Aber hört von den Leiden der Sterblichen/ und wie ich sie, die zuvor Sprachlosen/ Des Geistes mächtig und bewusst ich werden ließ./ […] Ohne Ordnung, ohne Zweck/ War, was sie taten; bis ich ihnen deutete/ Der Sterne Aufgang und verhüllten Niedergang/ […] Der Schrift Gebrauch sie lehrte, die Erinnerung,/ Die sagenkundige Amme aller Musenkunst./ Dann spannt' ins Zugjoch ich zum erstenmal den Ur,/ Dem Pflug zu fronden […]/ Und schirrt' das zügelstolze Roß dem Wagen vor./ […] Das Größte war's, dass, wenn sie Krankheit niederwarf,/ Kein Mittel da war, […] bis sie dann von mir,/ Gelernt die Mischung segensreicher Arzenei./ […] Die tief im Erdenschoß/ Verborgnen Schätze, Helfer vielem Menschenwerk,/ Das Eisen, Erz, Gold, Silber, wer mag sagen, dass/ Er diese vor mir aufgefunden und benutzt?/ […] Ja, kurzgefasst in einem Wort,/ Alle Kunst für Sterbliche kommt von Prometheus.«[692]

Die eigentliche Gabe des Prometheus an die Menschen ist nicht das Feuer als solches. Der Feuersfunke, den er dem kunstfertigen Gott

[690] *Prometheus,* V. 7. Die Tragödie *Der gefesselte Prometheus* (im Folgenden abgekürzt *Prometheus* mit Angabe der Versziffern) wird im allgemeinen zitiert nach der revidierten Übersetzung von J. G. Droysen (Aischylos 1958). An einigen Stellen habe ich jedoch auf die schöne Übertragung von Peter Handke (Aischylos: 1986) zurückgegriffen.

[691] *Prometheus,* V. 28–30.

[692] *Prometheus,* V. 442–444, 456–463, 465, 478–482, 500–503, 505 f.

Hephaistos stahl, ist als *Lehrer aller Kunst*[693] vielmehr Zeichen für die *Aktivierung aller schöpferischen Kräfte des Menschen und für die Verwandlung aller brauchbaren Ressourcen der Erde*. Prometheus selbst bezeichnet den Inbegriff seiner Gaben als *alle Kunst (pasai technai)*. Die Künste, die *technai*, umfassen alles Können, das man benötigt, um Mittel zu finden, die dienlich sind, vorgesetzte Zwecke zu erreichen. Durch sie werden aus den Menschen, die auf sich gestellt Wesen *ohne Ordnung, ohne Zweck* geblieben wären, freie Akteure, die *des Geistes mächtig und bewusst* sind: Ihr Selbstbewusstsein aber gründet sich nicht auf Theorie, auf Weltbetrachtung und Selbsterkenntnis, sondern auf eine Praxis, die die Welt und ihr Leben verändert: Dank Prometheus erleben sich die Menschen als Herstellende und Handelnde, die Welt tut sich vor ihnen auf als ein Raum erreichbarer Zwecke, ihr Leben aber erscheint als ein Feld von Möglichkeiten, die durch ihren Willen Wirklichkeit werden können. *Menschenfreundlich* ist Prometheus, indem er die Menschen lehrt, durch eigenes Bemühen und eigene Leistung ihr Leben erträglich und lebenswert zu machen. Nicht aufgrund der Gunst einer Gottheit, sondern durch eigene Tat kann der Mensch sich zu dem bilden, der er sein kann und sein will – und vielleicht bedarf es eines übermenschlichen Wesens wie Göttersprosses Prometheus, damit diese frohe Botschaft zu den Menschen gelangen kann. Der junge Karl Marx erwies ihm seine Reverenz, als er in seiner Dissertation schrieb: »Prometheus ist der vornehmste Heilige und Märtyrer im Philosophischen Kalender.« Denn Prometheus empöre sich »gegen alle himmlischen und irdischen Götter, die das menschliche Selbstbewußtsein nicht als die oberste Gottheit anerkennen. Es soll keiner neben ihm sein.«[694]

Die Verfehlung des Prometheus

Aber die Menschenfreundlichkeit des Prometheus hat einen Preis, der das Menschliche des Menschen selbst betrifft. Es ist fraglich, ob die Menschen etwas von diesem Preis wissen, während Prometheus selbst ihn offen benennt. Als ihn der Chor der Okeaniden, der zu Mitleid gestimmten Töchter des Meergottes Okeanos, nach dem

693 *Prometheus*, V. 110.
694 Marx (1841/1968: 262 f.)

Grund für seine Strafe fragt, entgegnet Prometheus: »Doch was ihr fraget, welcher Ursach' wegen er [Zeus]/ Mich so hinausstieß, will ich euch erklären. [...] Auf die armen Menschenkinder nahm/ Er keine Rücksicht; ganz zu vertilgen ihr Geschlecht,/ Ein andres dann zu schaffen war sein Plan./ Da trat dann niemand dem entgegen außer mir;/ Ich aber wagt es, ich errang den Sterblichen,/ Dass nicht zerschmettert sie des Hades Macht verschlang./ Darum belastet ward ich so mit dieser Qual.«[695] Die Chorführerin (C) bohrt nach: »Du bist doch weiter nicht gegangen, als du sagst?«[696] Erst jetzt spricht Prometheus (P) einen sonst verschwiegenen Aspekt seiner Tat aus: »P: Ich brachte die *Sterblichen* davon ab, ihr Los vorauszusehen./ C: Was für ein Heilmittel fandst du für diese Krankheit?/ P: Ich gab ihnen *blinde Hoffnungen zur Heimat.* C: Ein nützliches Geschenk beschertest du den Sterblichen. P: Dazu schickte ich ihnen als Wegbegleiter das Feuer. C: Die Eintagskinder kennen jetzt der Flamme Licht? P: Das vielfache Kunst sie lehren wird.«[697]

Die Reihenfolge, in der Prometheus von seinen Taten berichtet, ist bemerkenswert: Der Raub des Feuers wird erst an zweiter Stelle genannt, als wäre er sekundär gegenüber seiner eigentlichen Gabe an die Menschen: *den blinden Erwartungen* oder *Hoffnungen,* denen er im Inneren der Menschen Raum schuf. Dieses Bewusstseinsphänomen kannten die Menschen zuvor nicht, konnten sie nicht kennen aufgrund einer in sie scheinbar unausrottbar eingepflanzten Voraussicht, die sie für Hoffnung und Erwartung unempfänglich machte: Sie, *die Sterblichen, sahen ihr Los voraus,* sie wussten um ihr Sterbenmüssen und den Tod. Gedrückt von der Last dieses Wissens waren sie nicht imstande, aus ihrem Leben *etwas zu machen.* An anderer Stelle sagt er von den Menschen, die seine Gaben noch nicht empfangen hatten: »[M]it offnen Augen sehend sahn sie nichts,/ Es hörte nichts ihr Hören, ähnlich eines Traums/ Gestalten mischten und verwirrten sie alles fort und fort/ Sie alles blindlings [...].«[698] Diese Weltlosigkeit ist Folge der Fähigkeit, *ihr Los vorherzusehen.* Überwältigt von der Gewissheit des Todes sind sie unfähig, Leben wahrzunehmen und zu gestalten. Die Bewusstseinslage, die Prometheus

---

695 *Prometheus,* V. 226, 227, 231–237.
696 *Prometheus,* V. 247.
697 *Prometheus,* V. 248–254. Für die Übersetzung dieser Verse habe ich mich vor allem an Peter Handkes Übertragung (Aischylos 1986: 21 f.) orientiert.
698 *Prometheus,* V. 447–450.

hier den Menschen zuschreibt, bevor er sich ihnen zuwandte, wird in der Psychologie der *Angst* zugeordnet: Die Wahrnehmung der Realität erstarrt zu einem Blick, der dem Blick des Kaninchens auf die Schlange gleicht. Während aber die Schlange sichtbar ist, verliert sich der Blick der Angst im Unsichtbaren, der vorweggenommenen Gegenwart des Todes. Diese nimmt die Menschen so sehr in Anspruch, dass sie nicht nur unfähig sind wahrzunehmen, was sie vor Augen haben, sondern sie werden sich nie dazu aufraffen, irgendein konkretes Leben zu *führen*, da ihnen die Vorstellung abgeht, irgendetwas könnte *ihr* Leben werden.

Bevor er den *Eintagskindern* das Feuer übergab, musste Prometheus ihnen daher die Gewissheit des Todes nehmen, denn was hätten sie mit dem Feuer anfangen können, solange sie Leben nur als leere Wartezeit vor dem sicheren Ende erfuhren? Von dieser Sicht hat er sie befreit. Er hat ihnen nicht nur die Möglichkeit gegeben, konkrete Erwartungen in ihr Leben vor dem Tode zu setzen, sondern auch die Fähigkeit, mit *vielfacher Kunst* diese Erwartungen in die Tat umzusetzen. Dass damit jedoch etwas Ungeheures geschehen ist, spricht die Chorführerin direkt aus: »Siehst du nicht,/ Daß du *gefehlt* hast? Wie du gefehlt hast, das zu sagen ist/ Mir keine Freude, und dir ist es Schmerz […].«[699] Prometheus erkennt an, dass es sich um eine Verfehlung handelt, empfindet jedoch keine Reue: »Ich habe gern gefehlet, gern – ich leugn' es nicht/ Zum Heil der Menschen dieses Leid mir selbst erzeugt.«[700]

Das *Heil* der Menschen aber ist trügerisch. Was Prometheus den Menschen übergab, sind *Hoffnungen* oder *Erwartungen*. Der mit *Hoffnung* oder *Erwartung* übersetzte griechische Ausdruck *elpis* hat anderswo einen von jeder Zweideutigkeit freien Sinn: Im Christentum gilt Hoffnung *(elpis)* neben Glaube und Liebe als eine der drei göttlichen Tugenden. Allerdings heftet sich diese Hoffnung nicht an die Gegenstände wechselhafter menschlicher Zwecksetzungen im Leben zwischen Geburt und Tod. Prometheus aber weiß nichts von einer Hoffnung, die über dieses vergängliche Leben hinausgreift.[701] Prometheus sieht am Ausgang aller Hoffnungen nur, dass sie sich in

---

699 *Prometheus*, V. 259–261.

700 *Prometheus*, V. 266 f.

701 Der Ausdruck *elpis*, den Prometheus verwendet, ist in seiner Bedeutung umstritten, denn es ist für die Dichtung zur Zeit des Aischylos »durchaus nicht klar, inwieweit das Wort […] überhaupt Hoffnung meint.« (Theunissen 2000: 310).

Nichts auflösen und allenfalls Ernüchterung oder Enttäuschung hinterlassen werden. Wenn er die Menschen, wie er sagt, mit Hoffnungen begabt, dann glaubt er keineswegs an eine letzte Erfüllung. Für ihn bedeutet dies allerdings nichts Schlechtes; Hoffnungen, auch wenn sie nur Illusionen sind, können die Menschen zum Herstellen und Handeln stimulieren. Umgekehrt bedeutet dies allerdings auch, dass alle Resultate dieses Herstellens und Handelns sich letztlich als illusionär erweisen könnten.

Prometheus und der Chor sind sich darüber einig, dass dieses Tun ein Verstoß gegen die kosmische Ordnung ist (*hamartia* bedeutet *Verfehlung*, oder, im biblischen Sprachgebrauch, *Sünde*). Worin aber besteht die Verfehlung des Prometheus? Aischylos deutet es mit dem Attribut *blind* an, das er den *Hoffnungen* zugesellt. Indem Prometheus die Menschen in Tätigkeit versetzt, macht er sie zugleich blind für das, was sie sind: *Eintagswesen*, dem Tod anheimgegeben. Prometheus hat die Menschen mit seinen Gaben geblendet. Sie werden in die Illusion versetzt, ihr Leben sei endlos. Ihr Leben wird damit scheinhaft, während der Tod, den sie nicht mehr voraussehen, ihr Los bleiben wird.

Die Wirtschaft als prometheisches Projekt

Was Prometheus hier sagt, lässt sich für eine Deutung des Wirtschaftsprozesses fruchtbar machen. Denn es sind Hoffnungen und Erwartungen, die Menschen zum Wirtschaften ermuntern. Geschicktes Wirtschaften kann durchaus, wenn es unter günstigen Umständen abläuft, die Frist des Lebens verlängern und innerhalb dieser Frist Widerfahrnisse erträglich oder gar erfreulich erscheinen lassen. Aber die Hoffnungen, die die Menschen an die Wirtschaft knüpfen, zielen oft auf weitaus mehr als ein kleines Glück innerhalb einer begrenzten Lebenszeit. Sie erstrecken sich auf ein endgültiges Gelingen und Erreichen, auf einen Zustand, der Sorgen für immer verschwinden lässt. Von dort her beziehen sie ihre motivierende Kraft. Diese Motivation setzt jedoch voraus, dass Tod und Sterbenmüssen aus dem Blickfeld entfernt ist.

Mehr als jede andere scheint die heutige Wirtschaft dem *Heil*, das Prometheus sich für die Menschen ausgedacht hat, entgegenzukommen. Sie erscheint als fortgeschrittenes Entwicklungsstadium einer Welt, die den *vielfachen* von Prometheus geschenkten *Künsten* millionenfach neue, von den alten Griechen ungeahnte Künste zur Seite gestellt hat. Zugleich ist sie durch ihr Wachstum ein Prozess, worin immer neue Erwartungen und Hoffnungen und immer neue Technologien einander bedingen: *Pleonexia* ist seine Energie, mehr und mehr muss man erreichen, in steter Annäherung an einen Zustand, in dem alle Hoffnung an ihr Ziel gelangt scheint: Ein Leben, in dem kein Tod mehr erlebt wird und erlebt werden muss. Das Streben und Verlangen, einen solchen Zustand zu erreichen und in ihm zu verharren, könnte als die eigentliche Antriebskraft angesehen werden, die alle Erscheinungsformen des Mehrhabenwollens generiert.

Prometheus aber behauptet, wie wir sahen, dass diese Dynamik nur deswegen in Gang gesetzt werden konnte, weil gleichsam hinter ihrem Rücken ein merkwürdiger Tausch stattgefunden habe, der stets neu immer wieder stattfindet: Die Menschen, die sich von ihrem Wirtschaften im Laufe der Zeit immer mehr erhoffen, tauschen ihr Wissen um die Begrenztheit der eigenen Existenz gegen ein Bündel illusionärer Erwartungen ein. Jedem Tausch innerhalb der Wirtschaft ist, Prometheus zufolge, dieser primäre Tausch vorausgegangen. An die Stelle der lähmenden Einsicht in das Ende des eigenen Daseins setzt er die stimulierende Illusion, Leben sei als beständiges Absehen und Abstand-Halten vom Tod möglich. Die Menschen dazu zu befähigen, das sieht Prometheus als seine große Tat zu ihrem Heil. Denn damit hat er ihnen Lust am Leben eingepflanzt, und mit dem Feuer und der Technik hat er in ihnen zugleich Potenziale freigesetzt, etwas für ihre Lust am Leben und ihr Glück zu unternehmen, statt untätig in Angst und traurigen Träumen zu verharren.

Die Pointe des Prometheus ist, dass er im Wissen um die Wahrheit über das Leben Schein und Illusion entschieden bejaht. Er weiß, dass er sich gegen die Ordnung des Kosmos verfehlt, dass er mit seinen Gaben die Menschen systematisch zur Übernahme dieser Verfehlung ermuntert, und er sagt dennoch: »Ich habe gern gefehlt.« Er hält es für gut, wenn die Menschen nicht auf ihr Ende blicken und ihre Sterblichkeit vergessen – um ihrer selbst und ihres Lebens willen.

Die Welt kann und braucht nicht verbessert zu werden

Mit Prometheus scheint Friedrich Nietzsche sich zu identifizieren, wenn er in *Die fröhliche Wissenschaft* unter dem Titel »Der Gedanke an den Tod« schreibt: »Es macht mir ein melancholisches Glück, mitten in diesem Gewirr der Gässchen, der Bedürfnisse, der Stimmen zu leben: wieviel Genießen, Ungeduld, Begehren, wieviel durstiges Leben und Trunkenheit des Lebens kommt da jeden Augenblick an den Tag! Und doch wird es für alle diese Lärmenden, Lebenden, Lebensdurstigen bald so stille sein! Wie steht hinter jedem sein Schatten, sein dunkler Weggefährte! Es ist immer wie im letzten Augenblicke vor der Abfahrt eines Auswandererschiffes: man hat einander mehr zu sagen als je, die Stunde drängt, der Ozean und sein ödes Schweigen wartet ungeduldig hinter alle dem Lärme – so begierig, so sicher seiner Beute. Und Alle, Alle meinen, das Bisher sei Nichts oder Wenig, die nahe Zukunft sei Alles: und daher diese Hast, dies Geschrei, dieses Sich-Übertäuben und Sich-Übervorteilen! Jeder will der Erste in dieser Zukunft sein, – und doch ist Tod und Totenstille das einzig Sichere und das Allen Gemeinsame dieser Zukunft! Wie seltsam, dass diese einzige Sicherheit und Gemeinsamkeit fast gar Nichts über die Menschen vermag und dass sie *am Weitesten* davon entfernt sind, sich als die Brüderschaft des Todes zu fühlen! Es macht mich glücklich, zu sehen, dass die Menschen den Gedanken an den Tod durchaus nicht denken wollen! Ich möchte gern Etwas dazu tun, ihnen den Gedanken an das Leben noch hundertmal *denkenswerter* zu machen.«[702]

Für Nietzsche wie für Prometheus ist Illusion die Daseinsbedingung, der sich alle in der Wirtschaft wirksamen Antriebe verdanken. Es wäre das Ende jeder Wirtschaft, wenn die erkannte und gefühlte Nähe des Todes die Bewegungen ihrer Akteure erstarren ließe. Wenn es aber in der Wirtschat primär um Illusionen geht, ist Wirtschaften ein wesenhaft bodenloses Spiel. So lässt sich Wirtschaft als eine Sphäre deuten, die dem Menschen eine Lebensform für die Flucht vor der Wahrheit seines Lebens bietet. Keine Macht der Welt und keine Vernunft kann und wird daran etwas ändern. Den Utopien einer besseren Wirtschaft entzieht eine solche Sicht die Basis, den Boden. Zugleich verschwindet ein besonderes Malum oeconomicum, das von anderen Übeln unterschieden werden könnte und einer besonderen Therapie bedürfte, in der ewigen und unverbesserlichen *Conditio humana*. Gegen sie die Idee eines zugleich menschenwürdigen und von Selbsttäuschung freien Lebens einzuklagen, wäre für Prometheus und seine Nachfolger illusionär.

[702] Nietzsche, *Die Fröhliche Wissenschaft*, 278 (Nietzsche 1966b: 162).

Die Wahrheit des Lebens

Hinter der Botschaft des Prometheus steht die Auffassung, dass das Leben für die Menschen unerträglich würde, wenn sie mit seiner unverkürzten Wahrheit konfrontiert wären, während sie zugleich untergründig eine solche Konfrontation ängstlich erwarten.[703] Dieser Auffassung entspricht ein antiker Mythos, den Nietzsche in seiner *Geburt der Tragödie* folgendermaßen wiedergibt: »Es geht die alte Sage, dass König Midas lange Zeit nach dem weisen Silen, dem Begleiter des Dionysus, im Walde gejagt habe, ohne ihn zu fangen. Als er ihm endlich in die Hände gefallen ist, fragt der König, was für den Menschen das Allerbeste und Allervorzüglichste sei. Starr und unbeweglich schweigt der Dämon; bis er, durch den König gezwungen, endlich unter gellem Lachen in diese Worte ausbricht: ›Elendes Eintagsgeschlecht, des Zufalls Kinder und der Mühsal, was zwingst du mich dir zu sagen, was nicht zu hören für dich das Ersprießlichste ist? Das Allerbeste ist für dich gänzlich unerreichbar: nicht geboren zu sein, nicht zu sein, nichts zu sein. Das Zweitbeste aber ist für dich – bald zu sterben.‹«[704] Diese Lehre des Silen spricht auch aus den Worten des Chores im letzten Werk des Sophokles, dem *Ödipus auf Kolonos:* »Nicht geboren sein übersteigt,/ Jeden Begriff. Doch wenn du *da* bist,/ Dorthin zu gehen, auf schnellstem Wege,/ Woher du gekommen, ist bei weitem/ Das Zweitbeste.«[705]

Schulden und Ausgleich als Weltgesetz – der Satz des Anaximander

Vergehen nach der Schuldigkeit

Das Wissen um ihr Sterbenmüssen und ihren Tod ist für die Menschen besonders niederdrückend, weil es keinen Einspruch zuzulas-

---

703 »Die aischyleische Tragödie setzt den Glauben an eine große, gerechte Ordnung der Welt voraus und ist ohne diesen überhaupt undenkbar. Der Mensch geht seinen schweren und oft genug grauenhaften Weg durch Schuld und Leid, aber es ist ein Weg, den Gott bestimmt, um ihn in die Erkenntnis seines Gesetzes münden zu lassen.« (Lesky 1984: 124).

704 Nietzsche (1966a: 29).

705 Sophokles, *Ödipus auf Kolonos,* V. 1224ff., eigene Übersetzung. Vgl. Sophokles (2007: 625).

sen scheint – so jedenfalls kann man den Satz des Anaximander (610–547 v. Chr.) verstehen, der nahezu hundert Jahre vor der Aufführung des *Gefesselten Prometheus* formuliert wurde. Im Untergang alles Seienden und im Sterben aller Lebewesen manifestiert sich für den Einsichtigen das gerechte Gesetz des Ausgleichs, das den ganzen Kosmos durchwaltet. Nicht genug, dass alles, was ist, untergeht, und alles, was lebt, sterben wird, vielmehr gilt: Alles, was ist, *muss* untergehen, alles was lebt, *muss* sterben. Gibt es nun ein Wesen, dem sein bevorstehendes Sterben zu Bewusstsein kommt, wird es zugleich anerkennen müssen, dass ihm *Recht geschieht*. Denn sein Leben stellt, wie alles Leben insgesamt, ein fortwährendes Unrecht dar, das nur durch den Tod abgegolten werden kann. Innerhalb des Daseins gibt es, so gesehen, nicht etwa dieses oder jenes Malum, das man gerade zu richten, in Ordnung zu bringen und zum Guten zu wenden versuchen könnte. Vielmehr ist das Dasein eines jeden Wesens in gewisser Weise schon als solches ein Malum. Nur durch seinen Untergang kann ein Wesen seine Ur-Schuld einlösen, die Bestand hat, solange es da ist. Anaximander lehrt:

»Woraus aber das Werden ist den seienden Dingen, in das hinein geschieht auch ihr Vergehen nach der Schuldigkeit, denn sie zahlen einander gerechte Strafe und Buße für ihre Ungerechtigkeit nach der Zeit Anordnung.«[706]

Alle seienden Dinge sind der Zeit unterworfen. Anaximander sieht die Zeit aber nicht als eine leere Form, sondern oberste Instanz alles Seienden, die über dessen Dasein verfügt. Zeit reguliert das Werden und Vergehen der seienden Dinge gemäß einer Gesetzmäßigkeit, die Anaximander als gerecht beurteilt, insofern sie Ausgleich stiftet.

[706] Die hier wiedergegebene Übersetzung von Diels/Kranz (1951: 89) akzentuiert rechtlich-ökonomische Konnotationen des Satzes stärker als das Original. Eine möglichst wörtliche Übersetzung wäre: »(Woraus aber das Entstehen ist den seienden Dingen, in das hinein geschieht auch ihr Vergehen), wie es in der Notwendigkeit (der Sache) liegt. Denn sie geben einander Gerechtigkeit und Buße (wegen) der Ungerechtigkeit gemäß der Ordnung der Zeit [oder: Denn sie bieten einander Recht dar und Buße für die Ungerechtigkeit gemäß der Ordnung der Zeit].« Bei Buchheim (1994: 62) lautet der Satz: »[Werden und Vergehen der Dinge sind verknüpft] gemäß dem unerlässlichen Muss: Denn sie gewähren einander gebührendes Recht und Vergeltung für das Unrecht in der Ordnung der Zeit.« Rapp (1997: 45) übersetzt: »(Woraus aber für die Seienden das Entstehen ist, dahinein erfolgt auch ihr Vergehen) gemäß der Notwendigkeit; denn sie schaffen einander Ausgleich und zahlen Buße für ihre Ungerechtigkeit nach der Ordnung der Zeit.« Die jeweils eingeklammerten Teile sind möglicherweise spätere Hinzufügungen.

Für die individuell seienden Dinge bedeutet diese Gesetzmäßigkeit jedoch, dass, obgleich Werden und Vergehen mit gleichem Gewicht zum Kosmos gehören, das Vergehen immer das letzte Wort behalten wird. Darin liegt etwas Anstößiges, das im griechischen Wortlaut deutlicher als in der deutschen Übersetzung hervortritt. Das griechische Wort *phthora*, oben mit *Vergehen* übersetzt, bedeutet *Ruin, Verderben*, gelegentlich auch *Verführung*, die ins Verderben führt, im Lateinischen wäre *corruptio* eine angemessene Wiedergabe dessen, worum es geht. Was aus kosmischer Perspektive als Ausgleich von Werden und Vergehen erscheint, heißt für alles Gewordene, dass es selbst und seine Wirklichkeit mit allem, was ihm wichtig ist, von der Vergänglichkeit gleichsam wie von einem Rost angefressen ist.

Gerecht aber ist dies, da für Anaximander die Dinge bereits durch ihr Gewordensein und Dasein als für sich seiende Entitäten unter einer *Schuldigkeit* stehen, genauer gesagt: unter dem *Sachzwang*, aufgrund ihrer *Ungerechtigkeit*, für die sie *gerechte Strafe* und *Buße* zahlen müssen, unterzugehen.[707]

Anaximander sagt nicht, worin die *Ungerechtigkeit* der *seienden Dinge* besteht, die ihr Unterworfensein unter das Verderben rechtfertigen könnte.[708] Die folgenden zwei Interpretationswege beanspruchen nicht, seinen Satz so zu verstehen, wie er im 6. Jahrhundert v. Chr. verstanden wurde, sondern fassen ihn im Lichte der Fragestellung dieses Buches auf, im Hinblick auf das Malum oeconomicum auf. Ansätze für diese Deutungen sind indes bei Anaximander selbst angelegt.

Schuld des Lebewesens gegenüber allen anderen

Eine erste Interpretation stellt *Ungerechtigkeit* und *Schuld* als ursprüngliche negative Momente dar, die zu allen *Beziehungen zwischen den Wesen* gehören. Alles, was ins Dasein tritt, nimmt Raum in Anspruch. Dieser Raum, den ein Wesen ausfüllt, wird jedem ande-

[707] Die von Anaximander gewählten Ausdrücke setzen voraus, dass die Sphären des Rechts und der Wirtschaft nicht geschieden sind. Man zahlt Ausgleich für eine Rechtsverletzung, die man begangen, ebenso wie für ein Gut, das man erhalten hat.

[708] Anaximander scheint eher eine Kosmologie als eine Anthropologie konzipiert zu haben (vgl. Buchheim 1994). Indes dürften ihm die Konsequenzen seines Satzes für das Selbstverständnis des Menschen und für die Deutung seiner Stellung im Kosmos nicht verborgen geblieben sein.

ren Wesen entzogen. Ist ein Wesen lebendig, muss es sich außerdem Ressourcen einverleiben, es muss, um die eigene Gestalt des Lebens zu erhalten und zu entfalten, andere Formen von Dasein verletzen oder zerstören. Je differenzierter Seiendes ist, umso vielfältiger und ausgreifender sind seine Ansprüche auf Raum und Ressourcen. Alles, was existiert, macht sich also breit, buchstäblich und im übertragenen Sinne; es begrenzt, behindert, verdrängt oder zerstört anderes.

Aus einer solchen Sicht kann man behaupten, dass jedes individuelle Dasein, allein weil es da ist, sich tendenziell an allem anderen individuellen Dasein schuldig macht, auf das es trifft. Dass es einem blinden, *vor* allem bewussten Wollen wirksamen Trieb folgt, sein Dasein zu erhalten und womöglich zu steigern, einem, mit Nietzsche zu sprechen, »Willen zur Macht« – darin verdichtet sich die Ungerechtigkeit des Seienden. Ein Ausgleich kann nur hergestellt werden, wenn dieser Trieb ausgelöscht wird. Dieses Verlöschen kann, Anaximander zufolge, nicht durch bewusstes Handeln oder bewusstes Sich-Zurücknehmen bewirkt werden, sondern einzig durch den Untergang des Trägers, des Triebwesens selbst. Indem es verdirbt, kommt sein Trieb zu seinem *gerechten* Ende. Diese gesetzmäßige Verfassung von Welt und Leben ist wohl *tragisch* zu nennen. Denn wenn ein Wesen darauf verzichten würde, seinem Willen zur Macht zu folgen, lüde es in seiner Wehrlosigkeit die anderen zu seiner Verletzung oder Vernichtung ein und beschleunigte so seinen Untergang. Für die Teilhabe an dieser Verfassung aber *zahlen die Wesen einander gerechte Strafe,* indem sie alle gleichermaßen dem Tod ausgeliefert sind.

Als die Spitze eines Triebes, der allem Lebendigen mitgegeben ist, kann man seine Erscheinungsweise im Menschen ansehen. Unvergleichlich intensiver und umfassender als alle anderen Wesen beansprucht der *imperiale* Zugriff des Menschen Räume und Ressourcen dieser Erde. Wenn alles Sterben gerecht ist, muss erst recht das Sterbenmüssen der Menschen als gerecht angesehen werden.

Schuld des Lebewesens gegenüber seinem Ursprung – das vergebliche Opfer

Eine zweite Interpretation geht davon aus, dass das Dasein für jedes individuelle Wesen die erste und ursprünglichste Gabe ist, die es erhalten hat und in jedem Augenblick neu empfängt. Unterstellt man im Kosmos eine Ordnung, in der jede Gabe eine gleichwertige Gegengabe erfordert, so wäre damit jedes Wesen verpflichtet, seine Existenz durch eine entsprechende Rückerstattung zu begleichen. Ob die Instanz, der für das Verleihen von Existenz ein Gegenwert zusteht, ein Reigen von Göttern, ein Hochgott, das Schicksal oder die Natur ist – in jedem Fall stünde, was existiert, allein weil es existiert, in der Schuld derjenigen Mächte, denen es seine Existenz verdankt. Zum Problem kann diese Schuld jedoch erst werden, wenn ein Wesen sich ihrer bewusst wird. Das aber ist die Situation des Menschen, der sich in dieser Schuldigkeit erlebt. Spuren derartigen Erlebens finden sich in vielen Zivilisationen, in denen Kultstätten eingerichtet und Opferriten abgehalten werden. Denn die *Opfer*[709] könnte man deuten als den Versuch des Menschen, einen Ausgang aus seiner ursprünglichen Verschuldung zu finden, indem durch einen Ausgleich Gerechtigkeit wiederhergestellt wird. So heißt es im *Sathapatha Brahmana*, einem vermutlich zwischen 800 und 500 v. Chr. in Indien entstandenen Text: »Ein Mensch ist, wenn er geboren wird, eine Schuld; durch sein eigenes Selbst wird er zum Tod geboren, und nur wenn er opfert, erlöst er sich vom Tod.«[710]

Opferkulturen finden sich sowohl unter den eurasischen Hochkulturen der Antike als auch unter den präkolumbianischen Zivilisationen in Mittel- und Südamerika. Im Leben dieser Kulturen, die wirtschaftliche Ressourcen, Kreativität und Produktivität zu einem nicht geringen Teil auf den Bau von Altären, Tempeln verwenden und in oft verschwenderischen Festlichkeiten verausgaben, spielt die Darbringung von Gaben eine zentrale Rolle. Es sind Gaben, die – dem menschlichen Gebrauch entzogen – von den Göttern verzehrt werden.[711] Idealerweise gelingt es mit dem Opfer, eine Schuldigkeit zu begleichen und damit die Mächte, die das Opfer empfangen, ihrerseits zu verpflichten, Segen und Gelingen zu gewähren.

Die Frage aber, welche Art von Opfer ein Äquivalent für den Empfang und die Erhaltung des Daseins darstellen könnte, kann eine Zivilisation bis in ihren Kern betreffen. Das zeigt sich insbesondere an der Institution der *Menschenopfer*. In manchen alten Gesellschaf-

---

709 Vgl. Borgaud (2003) und Gestrich (2003).

710 *Sathapatha Brahmana* 3.6,2,16, zitiert bei Graeber (2012: 639).

711 Das schließt allerdings nicht aus, dass an vielen Kultstätten der Brauch gepflegt wird, einen großen Teil des Geopferten den Priestern zugutekommen zu lassen, die, stellvertretend für die Götter, Opfergaben gebrauchen und konsumieren können.

ten mussten nicht nur die Erstlinge von Getreide, Obst und Vieh, sondern auch die männliche Erstgeburt geopfert werden, wenn die Himmelsmächte Segen spenden sollten. Nicht selten richtete sich der Hunger der Götter auch auf die oberste Instanz, den König. Das Opfer – meist ein Stellvertreter, etwa ein vornehmer Kriegsgefangener oder eine ganze Schar ausgewählter Menschen – wurde in prächtige Gewänder gehüllt und mit kostbarem Schmuck angetan, um den Göttern zu zeigen, dass um ihretwillen Menschen von königlichem Wert ihr Leben dahingeben mussten. Anderswo sind Tiere, etwa festlich bekränzte Opferstiere, an die Stelle solcher Menschen getreten.

Im Opfer zeigt sich eine Geisteshaltung, ohne die Anaximander seinen Satz kaum hätte formulieren können: Der Empfang und die Erhaltung speziell des menschlichen Daseins verlangt nach einer gleichwertigen Gegengabe. In dieser Vorstellung ist das *Prinzip des Tausches* allgegenwärtig. Zwar scheint diese Geisteshaltung einer aus heutiger Sicht vergangenen menschlichen Bewusstseinsstufe anzugehören, aber die Idee, Dasein müsse entgolten werden, lässt sich in verwandelter Form heute noch auffinden – gerade in einer Wirtschaftsordnung wie der marktwirtschaftlichen, die alle Beziehungen unter das Prinzip des Tausches stellt. *There is no such thing as a free lunch* – das ist der Titel eines Buches von Milton Friedman[712], der auf eine Kernbotschaft des Marktliberalismus aufmerksam macht: Man kann nicht nehmen, ohne dass jemand dafür zahlen muss, und wo immer ein Nehmen ohne Geben möglich *scheint*, wird sich das langfristig als *Täuschung* herausstellen. Am Ende steht immer ein Zahltag.

Würde der Mensch von heute diese Botschaft jedoch auf sein Dasein im Ganzen anwenden, müsste ihm auffallen, dass er die Grundlagen seines Lebens wie einen Freitisch verzehrt. Scheinbar kostenlos erscheint ihm der Konsum von Wasser, Luft, Erde, kostenlos nimmt er Naturkräfte und Ressourcen in Anspruch, die er nicht selbst gemacht hat, kostenlos nutzt er Vorleistungen und Kapitalien seiner Gesellschaft, die ihm Vorfahren und Zeitgenossen hinterlassen haben, kostenlos nimmt er Raum in Anspruch, ohne den er nicht sein kann. Aber kann er ernsthaft annehmen, er könne sich dauerhaft umsonst und ohne Maß aus den Quellen seines Lebens bedienen? Für Menschen, die wie der Homo oeconomicus ihr Leben als *Rechnung* betrachten, könnte die Einsicht, dass sie ihre Lebensgrundlagen insgesamt wie einen Freitisch aufzehren, Anlass zur Sorge sein: Was

712 Vgl. Friedman (1975).

wäre, wenn sich die andere Seite – sei es die *Natur*, seien es die *Ahnen* – für das, was sie gab und gibt, das Ihre holen würde? Wo die Opferhandlung in alten Kulturen mühsam einen Gegenwert aufzubringen versuchte, hat sich der aufgeklärte Mensch der Neuzeit des Problems zwar scheinbar entledigt, indem er die Götter leugnete, die Ahnen vergaß und der Natur alle Selbständigkeit und alles Recht absprach, aber belehren könnte ihn ein Blick auf das entstellte Angesicht der Erde, wie es ihn als entgötterte Welt ansieht, oder ein Blick in die Ängste auf dem Grund seiner Seele. Die Frage, ob die Menschen ungestraft, ohne jeden Ausgleich alles, an sich nehmen und aneignen dürfen, was sie ohne die Verletzung der Eigentumsrechte anderer als ihr Eigen deklarieren und zu beliebigen Zwecken verwenden können, hat in einem rationalen Weltbild keinen Platz und wird doch nie verstummen.

Mit solchen Überlegungen nähern wir uns gedanklich der Stelle, an der der Satz des Anaximander einsetzt. Dieser berührt sich in seinem Gehalt sowohl mit den antiken Opferkulturen als auch mit der aufgeklärten Weltauffassung und setzt sich zugleich doch entschieden von beidem ab. Den Opferkulturen hält er die Vergeblichkeit aller Bemühungen vor, etwas kompensieren zu wollen, was strukturell durch keine Leistung und Gabe kompensiert werden kann: Kein Wesen ist imstande, die Schuld seines Lebens durch eine stellvertretende Gabe zu begleichen – es sei denn, dass es sein Leben hingäbe. Dem Weltbild der Aufklärung aber könnte Anaximander entgegenhalten, dass das Vertrauen auf die stetige Verbesserung der Lebensverhältnisse nur eine Flucht darstellt vor einer ausgleichenden Gerechtigkeit, der sich seine Träger, die menschlichen Individuen, dennoch auf Dauer nicht entziehen können. Am Ende steht nicht das ökonomische Heil, das Keynes vor Augen hatte, sondern der verdiente Untergang.

Schulden

Der Satz des Anaximander bezieht sich nicht nur auf das Lebensende, sondern auf das Leben im Ganzen. Für ihn steht es nicht unter der Herrschaft von Mächten, die, wie die Götter der Alten, Opfer als Bezahlung akzeptieren, es konstituiert sich aber auch nicht auf der Basis moderner Prinzipien wie Selbsterhaltung und Nutzenmaximierung, die den Menschen frei von aller Schuldigkeit als Schmied seines

Glückes erscheinen lassen. Vielmehr erscheint bei Anaximander alles Leben, in besonderer Weise aber das Leben der Menschen, eingewoben in eine Ordnung, die von einem abstrakten Gesetz durchwaltet wird.

In der konkreten Ordnung menschlicher Gesellschaften lässt sich ein diesem Gesetz analoges Prinzip im *Prinzip der Schuld und der Schulden* erkennen. Man kann Hinweise auf dieses Prinzip bereits aus Anaximanders Satz selbst herauslesen: Dass die seienden Dinge »einander gerechte Strafe und Buße für ihre Ungerechtigkeit (zahlen) nach der Zeit Anordnung«, bezieht sich nicht nur auf das Ende der Dinge, sondern auch auf die gesamte Frist, innerhalb derer sie existieren. Das gilt für alle Dinge. Die Last der Einsicht jedoch, dass jedes Wesen über die ganze Zeit seines Daseins seiner *Ungerechtigkeit wegen zur Zahlung von Buße und Strafe* genötigt ist, hat unter allen Wesen allein der Mensch zu tragen – als dasjenige Wesen, das sich der Bedingungen seiner Existenz bewusst wird. Ein solches Wesen wird sein Dasein, Anaximander zufolge, unter der Last von Forderungen wahrnehmen, die es erfüllen *muss*, da sie *gerecht* sind, und *nicht* erfüllen *kann*, weil ihre völlige Erfüllung aufgrund der *ungerechten* Verfasstheit dieses Daseins unmöglich ist. Dieses Dilemma kann das ganze Lebensgefühl eines Menschen durchdringen und ihn zur Verzweiflung bringen – sofern es ihm nicht gelingt, es nach Art der Menschen des Prometheus oder im Stil des Kallikles bei Platon (s. u.) mit blinden Hoffnungen zuzudecken.[713]

---

[713] David Graeber (2012: 49–79) bietet reiches Material, um die Vorstellung zu illustrieren, es bestehe eine ursprüngliche Schuld gegenüber den Mächten des Kosmos. Zugleich aber behauptet er (2012: 75), diese Vorstellung sei absurd: »Wenn man mit den Göttern keine Geschäfte machen kann, weil sie bereits alles haben, dann kann man erst recht keine Geschäfte mit dem Universum machen, weil das Universum alles *ist* – und das schließt notwendigerweise einen selbst mit ein. […] Denn man ist am Anfang nicht wirklich getrennt, und deshalb ist die Vorstellung, die Schuld zu tilgen und eine getrennte, autonome Existenz zu beginnen, von Anfang an lächerlich. […] Unsere Schuld hängt nicht damit zusammen, dass wir unsere Schulden gegenüber dem Universum nicht zurückzahlen könnten. Unsere Schuld besteht darin, uns selbst als etwas zu betrachten, das ein Äquivalent zu allem anderen ist, das existiert oder jemals existiert hat, damit wir in der Lage sind, uns eine solche Schuld überhaupt vorzustellen.« Seine Einwände treffen indes nicht den Satz des Anaximander, den er nicht anführt. Denn für Anaximander besteht die tragische Situation des Menschen darin, dass sich diesem, eben weil er mit dem Universum keine Geschäfte machen kann, überhaupt keine Möglichkeit einer adäquaten Antwort auf die Erfahrung ursprünglicher Verschuldung zu bieten scheint. Diese Erfahrung will Graeber, dessen Religionskritik derjenigen von Marx verwandt ist, nicht zulassen. Er bedenkt nicht,

Zu dieser Einstellung gibt es in den Wirtschaften hochentwickelter Zivilisationen eine institutionalisierte Entsprechung: *das Prinzip der Schulden*. Während David Graeber hofft, dass die *ersten 5000 Jahre*, in denen die Menschheit sich diesem Prinzip hat unterwerfen lassen, ab jetzt unwiderruflich zu Ende gehen könnten, wäre aus Anaximanders Satz eher zu folgern, dass sich keine Gesellschaft der Welt diesem Prinzip entziehen kann, da es eine Analogie zu der überall im Kosmos wirksamen Gerechtigkeit darstellt. Empirisch ist an dieser Stelle zu konstatieren, dass gerade die prometheischen Zivilisationen, in denen die Menschheit ihre alten Lasten abzuschütteln meint, bis auf den heutigen Tag auch diejenigen sind, in denen die Beziehungen der Menschen untereinander immer noch wesentlich vom Prinzip der Schulden bestimmt werden.

Dem gedanklichen Übergang von der Idee einer kosmischen Verschuldung, wie sie Anaximander präsentiert, zu den konkreten Beziehungen innerhalb einer Ökonomie haftet allerdings etwas Spekulatives an. Dies gilt besonders, wenn dadurch basale Institutionen von Wirtschaft und Gesellschaft erklärt werden sollen.[714] Die folgenden Überlegungen wollen jedoch nicht Erklärungen bieten, sondern, angeregt vom Satz des Anaximander, auf Verhältnisse hinweisen, die im Zusammenhang mit *Schulden* insbesondere für komplexe Wirtschaftsordnungen wie die moderne Marktwirtschaft typisch sind.

---

dass die abstrakte Vorstellung eines allumschließenden Universums dem Menschen keineswegs die Erfahrung von Getrenntheit und die Angst vor dem Tod nimmt. Dem Lebenden, der sein Sterbenmüssen erkennt, ist es nicht notwendig ein Trost, dass das Universum ihn sowohl vor wie nach dem Tod *mit einschließt*.

714 So leitet Bruno Theret den Ursprung des Geldes aus einer metaphysischen Urschuld her: »Am Ursprung des Geldes finden wir eine ›Vorstellungsrelation‹ des Todes als eine unsichtbare Welt, vor dem Leben und jenseits davon – eine Vorstellung, die Produkt der symbolischen Funktion der menschlichen Spezies ist und die Geburt als eine Urschuld ansieht, die alle Menschen tragen, eine Schuld gegenüber den kosmischen Mächten, aus denen die Menschheit hervorgegangen ist. Die Rückzahlung dieser Schuld, die im Übrigen auf Erden nie beglichen werden kann – weil ihre volle Erstattung ausgeschlossen ist – nimmt die Form von Opfern an, die, indem sie den Kredit des Lebenden wieder auffüllen, das Leben verlängern können und in manchen Fällen sogar ermöglichen, durch Einkehr zu den Göttern die Ewigkeit zu erlangen. Aber dieser ursprüngliche Glaube oder die Behauptung geht mit dem Auftauchen souveräner Mächte einher, deren Legitimität auf ihren Fähigkeiten beruht, den gesamten ursprünglichen Kosmos zu repräsentieren. Und eben diese Mächte haben das Geld erfunden als ein Mittel, Schulden zu regeln – ein Mittel, dessen Abstraktion es erlaubt, das Paradox der Opferung zu lösen.« (Theret 1999: 60f., zitiert bei Graeber 2012: 54).

Aus wirtschaftswissenschaftlicher Sicht sind Schulden eine Institution, die aus denjenigen Tauschbeziehungen hervorgeht, in denen Leistung und Gegenleistung zeitlich auseinanderfallen.[715] Diese zeitliche Differenz zwischen Leistung und Gegenleistung ist nicht selten intendiert und der Umgang mit ihr wird oft rechtlich geregelt: Im Anschluss an eine wechselseitige vertragliche Vereinbarung empfängt der Schuldner in der Regel einen Gegenstand oder eine Leistung mit einem bestimmten Geldwert bzw. eine bestimmte Summe Geldes. Er verpflichtet sich in der Regel, das Erhaltene – vermehrt um den vereinbarten Zins – portionsweise über einen bestimmten Zeitraum oder aber im Ganzen am Ende einer Frist zurückzuerstatten. Der Gläubiger verzichtet während dieses Zeitraumes auf das, was er dem Schuldner überlassen hat.

Schulden sind ein wichtiger Bestandteil des Wirtschaftskreislaufes. Für die Investitionstätigkeit innerhalb einer marktwirtschaftlich organisierten Wirtschaft ist ein funktionierendes Kreditsystem geradezu unverzichtbar. Ein solches setzt aber bei allen Beteiligten ein grundsätzliches *Vertrauen* voraus. Der Kredit (von *creditum*, das Anvertraute) drückt nicht nur das Vertrauen des Gebers aus, dass der Schuldner seinen Pflichten nachkommen werde, sondern auch die Zuversicht des Kreditnehmers, er werde dazu in der Lage sein. Schuldner und Gläubiger sind in diesem Vertrauensverhältnis aufeinander angewiesen und voneinander abhängig, zusätzlich ist der erstere in seiner Handlungsfreiheit eingeschränkt durch die Pflicht, seine Schulden zu bedienen.

Eine ideale Marktwirtschaft kann man in wirtschaftswissenschaftlichen Standardmodellen so modellieren, dass es völlig unproblematisch erscheint, wenn zwischen Leistung und Gegenleistung Zeit verstreicht. Vielfach unterstellt man allen Marktteilnehmern perfekte Voraussicht und nimmt somit einfach an, dass ein Ausgleich auf alle Fälle stattfindet. In wirklichen Wirtschaften aber bringt die reale Zeit für die Beteiligten ein Moment der *Unsicherheit* hinein: Bis – am Ende der bestimmten Frist – ein Ausgleich tatsächlich stattgefunden hat, gibt es keine Sicherheit, ob es in der Tat dazu kommen wird. Denn das Vertrauensverhältnis zwischen Gläubiger und Schuldner enthält die Möglichkeit des Scheiterns. Werden Schulden nicht

---

715 Nach deutschem Recht spricht man von Schulden bei »jeder Art einer vertraglich zugesicherten Leistung«, sofern die Leistung ganz oder teilweise aussteht (vgl. Wikipedia: Schulden).

beglichen, kann dies jedoch für den Schuldner fatale Folgen haben, da er die (vielfach drastischen) Sanktionen tragen muss, die die Gesellschaft für deren Nichtbegleichung vorgesehen hat – die bis heute gängige Rede vom *Ruin* deutet an, dass der Schuldner in seiner ganzen Existenz betroffen ist.

Schulden stellen auch für eine Gesamtwirtschaft einen Unsicherheitsfaktor dar. Dessen Bedeutung wird dann manifest, wenn Zahlungsausfälle in so großem Umfang auftreten, dass sie den Wirtschaftskreislauf insgesamt betreffen. Wenn größere Stockungen in den Zahlungsflüssen Wirtschaftskrisen auslösen, zeigt sich, wie schnell Reichtümer, weitgespannte Erwartungen und scheinbare Sicherheiten in Nichts verfliegen können, und wie unvermittelt Ärmere, zuweilen auch große Teile des Mittelstandes in eine Situation geraten können, worin nicht einmal mehr die Befriedigung elementarster Bedürfnisse möglich ist. Krisen sind als Drohung in der globalen Weltwirtschaft stets präsent, und das Prinzip Schulden ist die institutionalisierte Form, in der diese Drohung stets aufrechterhalten wird.

Schulden greifen über die individuelle Person hinaus, indem sie ein Individuum in Haftung nehmen können für Ereignisse aus einer Vorgeschichte, an der es weder durch Tun noch durch Unterlassen beteiligt ist. Üblich ist dies im Familienkreis – etwa wenn man für in Not geratene Angehörige herangezogen wird. In anderen Fällen reicht die Haftung weiter: Wer ein Stück Land erwirbt, ohne zu wissen, dass sich dort umweltschädliche Ablagerungen befinden, kann, wenn diese entdeckt werden, zu deren Entsorgung verpflichtet werden; wer Bürger eines hochverschuldeten Staates ist, muss sich häufig, auch wenn er nichts zur Entstehung der Staatsschuld beigetragen hat, dennoch die Lasten der Tilgung – etwa in Form von Rentenkürzungen, Steuererhöhungen oder Eingriffen ins Gesundheitssystem – gemeinsam mit allen anderen aufbürden lassen. Die Logik der Schulden kann auch die Sicht auf das Verhältnis von Ökonomie und Ökologie prägen. Zerstörung und Ausbeutung der Natur wird vielfach als eine in der Vergangenheit akkumulierte Schuld wahrgenommen, deren Begleichung von den jetzt und in Zukunft Lebenden eingefordert wird, auch wenn sie für die Genese der Forderungen nicht verantwortlich gemacht werden können.

Sieht man die Wirtschaft im Lichte der Schulden, scheinen Aspekte auf, die von den Erwartungen und Hoffnungen, die ihr Wachstum antreiben, zugedeckt werden. Der Aussicht, dass in Zukunft alles immer besser werden könnte, stehen die Schulden als gegenläufiges Prinzip entgegen: In den Rollen von Gläubigern und Schuldnern erleben sich Menschen als *unfrei*. Sie sind gefangen in den Positionen von Fordernden und Geforderten, der Macht einer Vergangenheit unterstellt, die ein *Recht* auf ihre Handlungsweise in der Gegenwart beansprucht.

In einer Wirtschaft, in der es Schulden gibt, ist eine *Vorgeschichte* wirksam und präsent, die die Beteiligten nie zur Ruhe kommen lässt. Denn unter den Hoffnungen und Erwartungen, die die Wirtschaft in die Zukunft treiben, ist als Gegenbewegung die stetige und unaufhörliche Unruhe der Schulden am Werk, die ihre Akteure an ihre Vergangenheit fesseln. Ein von Fordern, Gefordertsein und Überfordertsein durchsetztes Lebensgefühl, prägend für den modernen Kapitalismus, scheint schon in den ältesten hochentwickelten Zivilisationen eine gewisse Rolle gespielt zu haben. Wo immer die Beziehungen der Menschen untereinander und zu ihrem Ursprung von diesem Lebensgefühl durchsetzt sind, kann eine Institution wie die der Schulden über alles Ökonomische und Rechtliche hinaus oft mit stärksten moralischen und religiösen Sanktionen besetzt werden.

Denn wo immer Forderungen bestehen, besteht zugleich, wie wir sahen, die Möglichkeit, dass sie *nicht* erfüllt werden. Aber die Möglichkeit, dass in Schulden festgeschriebene und vertraglich abgesicherte Forderungen nicht erfüllt werden, darf – aus der Perspektive der »normalen« Wirtschaftsabläufe – unter keinen Umständen eintreten. Denn geschieht dies auch nur in einem einzelnen für sich irrelevant erscheinenden Fall, so gemahnt ein solches Ereignis an die Möglichkeit, dass prinzipiell *alle* Forderungen nichtig werden könnten. Diese Möglichkeit bedroht das Ganze von Forderungen geprägte Geflecht von Beziehungen, das den Namen Wirtschaft trägt. Daher gilt: Wenn das drohende Versagen, das von allen Wirtschaftsteilnehmern nach Kräften vermieden wird, dennoch in der Zahlungsunfähigkeit auch nur einer Person Wirklichkeit annimmt, dann muss diese gleichsam stellvertretend für alle *büßen*. Sie ist, was jeder zu sein befürchtet und keiner sein will, sie repräsentiert eine Möglichkeit des Lebens, die niemals Wirklichkeit werden darf. Der Zahlungsunfähige, der diese Möglichkeit dennoch zur Wirklichkeit kommen lässt, stellt durch seine bloße Existenz eine Provokation dar für alle, die sich nach Kräften abmühen, Zahlungsunfähigkeit zu vermeiden. Daher trifft ihn eine Härte, die zu den Dimensionen seines persönlichen Falls in gar keinem nachvollziehbaren Verhältnis steht. Er ist es, an dem die Gesellschaft sichtbar macht, was sie darunter versteht, jemanden *gerechte Strafe und Buße für seine Ungerechtigkeit zahlen* zu lassen. Obwohl es hier nicht um kosmische Ordnungen, sondern um kontingente gesellschaftliche Sanktionsmechanismen geht, ist es bemerkenswert, dass Gläubiger, Schuldner und ihr gesellschaftliches Umfeld sich diesen Mechanismen immer wieder in einer Weise unterwerfen, als hätten diese göttliche Autorität. Daher kommt es, dass Erklärungen, die diese Mechanismen nur aus ihrer *Funktionalität* für ein bestimmtes Gesellschafts- und Wirtschaftssystem auffassen wollen, wenig befriedigend erscheinen. Die *Macht*, die die Vorstellung der Schulden über die Menschen besitzt, speist sich nie alleine aus der Leistung der Schulden als einer wirtschaftlichen und rechtlichen Institution.

Leben ohne Hoffnung

Im Prinzip der Schulden verbirgt sich die Angst der Menschen vor dem Kommenden: Lässt sie sich, sofern das Spiel von Kreditgewähren, Schuldenmachen und Schuldenbegleichen erwartungsgemäß abläuft, durchaus überspielen, so ist sie untergründig doch stets bereit hervorzubrechen, zuweilen ohne jeden fasslichen Anlass. Hat die Angst einmal die Menschen ergriffen, so gehen sie der normalen Fähigkeiten der Wirtschaftsakteure verlustig. Von der Angst beherrscht hören die Homines oeconomici auf, rationale Nutzenmaximierer zu sein. Denn den in der Angst gefangenen Menschen entgleitet alle Intentionalität, sie geraten in den von Prometheus beschriebenen anfänglichen Zustand, worin, wie er sagt, ihr Leben »sonder Ordnung, sonder Zweck verlaufen« sei, »mit offnen Augen sehend sahn sie nichts,/ Es hörte nichts ihr Hören.« Die Angst speist sich aus der Vorwegnahme von Untergang, Vernichtung und Tod, eine Vorwegnahme, die als unverstandenes Widerfahrnis die Menschen plötzlich überkommt und dann ganz und gar besetzt. Ihre volle Gewalt über die Menschen gewinnt sie jedoch erst, wenn die Vorwegnahme des Unvermeidlichen begleitet wird von dem Gefühl, Einspruch und Protest sei unmöglich, und erst recht sei kein Ausweg zur Hand. In seinem Kern ist, was den angstbesetzten Menschen sprachlos überwältigt, keineswegs irrational: die Ahnung der Unentrinnbarkeit des Todes. Anaximander verleiht dieser Ahnung mit seinem Satz Ausdruck und transformiert sie in eine Behauptung, die beansprucht,

Einsicht zu geben und die Möglichkeit zu einer freien Stellungnahme zu bieten. Wer die Einsicht, dass in allem Untergang Gerechtigkeit geschieht, im Sinne des Anaximander ganz nachvollziehen kann, wird der andrängenden Angst mit einer resignativen Tapferkeit Herr zu werden versuchen. Voraussetzung für diese Tapferkeit aber ist der *völlige Verzicht auf Hoffnung*. Die Hoffnung, es könne anders werden, wird von Anaximander ausgeschlossen, jede Idee von Veränderung erscheint sinnlos angesichts seines »Pessimismus jenseits von Gut und Böse«.[716]

Prometheus distanziert sich von Anaximander, denn er weiß um die Macht der Hoffnung und um ihr Potenzial, ihren Träger aus der Angst herauszuwinden – darum gibt er sie den Menschen ein. Erst durch Hoffnung wird der Mensch, wie ihn Prometheus sieht, menschlich. Die Hoffnung, die er den Menschen verleiht, besteht aus wechselnden Erwartungen, die sich auf Ziele innerhalb des Feldes richten, auf dem die Menschen wirtschaften. Wer Ziele verfolgt, hat, solange er nach ihnen streben oder an ihnen festhalten kann, keine wirkliche Angst oder zumindest die Möglichkeit, Angst niederzuhalten. Wir sahen jedoch, dass die Überwindung der Angst für Prometheus scheinhaft ist, denn die Hoffnung bleibt *blind*, sie wird auf Dauer nicht tragen. Dass es eine *sehende Hoffnung* geben könnte, dass Menschen mit freiem Blick ihr Leben einschließlich seines Endes betrachten könnten, ohne sich in der Angst zu verlieren oder am Leben zu verzweifeln, erscheint für Prometheus ausgeschlossen.

Prometheus und Anaximander ergänzen einander in ihren Aussagen über den Menschen und über die Aussichten für sein Tun. Folgt man ihren Lehren, so scheint die Dringlichkeit der Frage nach dem Malum oeconomicum zu verblassen. Mag es Gutes und weniger Gutes in allen Bereichen und so auch in der Wirtschaft geben, so wird sich doch selbst das, was als das Beste erscheinen könnte, früher oder später als ein *Haschen nach Wind*[717] erweisen. Denn da alles Verhalten und Handeln der Menschen unter der Herrschaft der Zeit steht, kann es eine *wirkliche Wende* im Geschick der Einzelnen und im Geschick der menschlichen Gemeinschaften nicht geben.[718] Keine Aus-

---

[716] Nietzsche (1966a: 14).

[717] Vgl. das biblische Buch *Der Prediger Salomo*, 1,14 u.17 sowie 2, 26.

[718] »Sofern der Wechsel einem jeden verwehrt, auf Dauer zu herrschen, verbürgt er in der Tat so etwas wie ein Gleichgewicht. Entmachtet er damit die Zeit? Er sichert ihr im Gegenteil die Herrschaft. […] Zeit herrscht als Vollstreckerin des Gesetzes, das die Welt im Gleichgewicht hält.« (Theunissen 2000: 925).

sicht auf eine grundlegende Veränderung der Welt und ein gutes Leben hat Bestand, wo Untergang und Tod sich als Ausweis einer allumfassenden Gerechtigkeit geltend machen. Wenn unsere Epoche sich um die nachhaltige Entwicklung von Wirtschaft und Gesellschaft bemüht, dann könnte man ihr mit Anaximander entgegenhalten: Was immer ihr erreichen werdet, es wird ihm keine Dauer beschieden sein.

Korruption als Lebenseinstellung

Vor dem Hintergrund der bisherigen Überlegungen dieses Kapitels gewinnt eine Lebenseinstellung an Attraktivität, für die im Kapitel 4 dieses Buches der Name Kallikles stand. Kallikles, eine Figur aus Platons Dialog *Gorgias*, vertritt, wie wir sahen, die Einstellung, der Mensch müsse seine Begierden groß werden lassen und nach Möglichkeit ausleben, *Pleonexia*, Mehrhabenwollen, sei der natürliche Antrieb aller Menschen von Format.

Sokrates macht ihn darauf aufmerksam, dass seine Einstellung ihn korrumpierbar in öffentlichen und verführbar in privaten Angelegenheiten macht. Wenn Kallikles als Politiker vor dem Volk erscheint, tritt er, wie Sokrates deutlich macht, nicht für eine *Sache* ein, die den Einsatz lohnt, sondern er gehorcht *Stimmungen*, die er sich zunutze machen will: »Denn in der Gemeinde, wenn du etwas gesagt hast, und das Volk der Athener meint nicht, daß es sich so verhalte, so wendest du wieder um und sprichst, wie jenes will«, aber auch im Privaten bemerkt Sokrates an Kallikles, »daß, was immer dein Liebling behaupte und wie er behaupte, daß sich etwas verhalte, du ihm niemals widersprechen kannst, sondern umwendest bald so, bald so.«[719] *Korruption* und *Verführung* sind notwendige Begleiter eines Lebens, dem es um Macht und immer mehr Macht geht. Sokrates' Folgerung, dass Kallikles niemals mit sich selbst übereinstimmen, sondern sich selbst »misstönen werde das ganze Leben hindurch«[720], scheint jedoch den Kallikles überhaupt nicht zu berühren. Denn die Treue des Menschen zu dem als wahr und gut Erkannten, die Sokrates einfordert, setzt *Beständigkeit des menschlichen Charakters* voraus – eine Voraussetzung, die Kallikles nicht zu akzeptieren scheint.

---

[719] Platon, *Gorgias*, 481 d, e.
[720] Platon, *Gorgias*, 482 b.

Kallikles ist keineswegs naiv. Wenn er im Namen der Natur das maßlose Ausleben von Begierden propagiert, geht es ihm nicht um das Durchbrechen von sozialen Konventionen zugunsten einer Rückkehr zu elementarer Natürlichkeit. Vielmehr könnte man seine Lebenseinstellung als eine praktische Antwort auf die durch den Satz des Anaximander formulierten Bedingungen verstehen. Warum sollte ein Mensch sein Leben unter die Vorzeichen von Gesetz, Gerechtigkeit und Schuld stellen, wenn er doch weiß, dass diese Sicht sein ganzes Dasein als eine unbezahlte und unbezahlbare Rechnung erscheinen lässt, die erst mit dem Tod aufgelöst wird?

Von Kallikles aus gesehen liegt eine andere Auffassung von Leben nahe, die mit dem Satz des Anaximander durchaus nicht in Widerspruch steht. Wenn alles, was entstanden ist, dem Prinzip der Korruption im Sinne seines Vergehens unterworfen ist, wenn es sogar *gerecht* ist, dass am Ende alles verdirbt, warum sollten menschliche Überzeugungen und Einsichten von diesem Prinzip ausgenommen sein? Warum sollte ein Mensch sich auf den fruchtlosen Versuch einlassen, prinzipienfest zu sein, warum sollte er Überzeugungen gleich welcher Art treu bleiben, da er doch weiß, dass Überzeugungen nur Meinungen sind, schnell verderblich wie Nahrungsmittel, die nicht rechtzeitig verzehrt wurden? Von Anaximander aus gesehen könnte ein Mensch, der bereit ist, alles, auch seine Prinzipien, Werte und Überzeugungen, preiszugeben, sich selbst als einen Mikrokosmos wahrnehmen, der den Gesetzen des großen Kosmos folgt: Nichts an ihm und in ihm gibt es, das nicht verderben wird – warum nicht dieses Gesetz, da es doch gerecht ist, willig und aktiv nachvollziehen und sehenden Auges im Tod seiner Vollstreckung verfallen, statt sich ihm mit der Vorstellung eines beständigen Guten, Gerechten und Wahren fruchtlos entgegenzustellen? Wer so denkt, wird alle Regeln, mit denen Menschen ihre Beziehungen auf Dauer stellen wollen, vom einfachen Versprechen bis zur komplexen Verfassung eines Staates, mit innerer Distanz und ohne Respekt betrachten. Schlechthin bindende Gesetze und Institutionen gibt es in keinem Fall, da es schlechthin Bindendes prinzipiell nicht geben kann.

Kallikles scheint die Fesseln der Schulden, in denen die Menschen gefangen sind, entschlossen zu sprengen; für ihn existieren keine Forderungen, die ihn lange beschweren könnten, da jede neue Stimmung, der er sich hingibt, alte Ansprüche in nichts auflöst. Verführbar und korrumpierbar zu sein, ist für ihn kein Defekt, sondern ein Zeichen von Stärke und Freiheit im Sinne der Ungebundenheit.

Grund dieser Freiheit aber ist die Einwilligung in die *Herrschaft der Zeit*. Wer sich mit dieser Herrschaft durch vollständige Unterwerfung identifiziert, kann sich in ihrem Namen über Gut und Böse erheben und wähnen, selbst Herrscher über das Leben zu sein. Den ewigen Wechsel von Entstehen und Verderben bejahend, kann er, je nach Stimmung oder zufälligem Interesse, Leben fördern oder Leben verderben, ohne eine Instanz anzuerkennen, die über den Wert seines Tuns befinden könnte. Von dieser Einstellung des Kallikles ist es nicht weit zur Selbstcharakterisierung des Mephisto in Goethes Faust: »Denn alles, was entsteht,/ Ist wert, daß es zugrunde geht;/ Drum besser wär's, daß nichts entstünde./ So ist denn alles, was ihr Sünde,/ Zerstörung, kurz das Böse nennt,/ Mein eigentliches Element.«[721] In Platons Darstellung erscheint Kallikles zwar als Prototyp derjenigen attischen Politiker, die mit ihrer Maßlosigkeit und Selbstsucht den Untergang der glanzvollen Stadt Athen heraufbeschworen haben.[722] Kallikles könnte jedoch geltend machen, dass Platons Konzeption eines Gemeinwesens, das sich dauerhaft in einem guten Zustand befindet, eine Illusion sei. Politiker wie er spielen mit im großen Spiel des Werdens und Vergehens, unbekümmert um alles Gute und Schlimme, das sich aus ihren Handlungen langfristig ergeben mag. Wenn sie danach trachten, auf jede Weise Genuss, Reichtum und Macht zu erlangen, selbst auf Kosten der Existenz des ganzen Gemeinwesens, dann werden sie getrieben von der Überzeugung, dass sich in einem Leben, dessen einziger Sinn darin liegt, dass der Tod alles ausgleicht, mehr als kurzfristige Erfolge nicht erreichen lassen. Warum sollte man auf sie Verzicht leisten?

Nachtrag

Walter Benjamin hat aus dem *ausgesprochenen* tragischen Pessimismus der Griechen einen *unausgesprochenen* Einspruch herausgehört. Bereits Nietzsche hatte in der *Geburt der Tragödie* bemerkt, der Zuschauer, der dem Geschehen auf der Bühne folge, könne mehr *sehen*

---

[721] Goethe, *Faust I*, V. 1338 ff.

[722] Dafür spricht insbesondere, dass Kallikles von Platon in enger Verbindung mit Alkibiades (451–404 v. Chr.) genannt wird, dem wohl begabtesten Politiker Athens nach 420. Alkibiades, eine ehrgeizige, im Verhalten unstete Persönlichkeit, war einer der Hauptantreiber bei der sogenannten Sizilienexpedition (415–413), einem Flottenunternehmen Athens gegen Syrakus, das mit einer vernichtenden Niederlage endete.

als die Figuren *sagen*, denn die Tragödie offenbare »eine tiefere Weisheit, als der Dichter selbst in Worte und Begriffe fassen kann.«[723] Benjamin knüpft daran folgende Überlegung: »Je weiter das tragische Wort hinter der Situation zurückbleibt, [...] desto mehr ist der Held den alten Satzungen entronnen, denen er, wo sie am Ende ihn ereilen, nur den stummen Schatten seines Wesens [...] als Opfer hinwirft, während die Seele ins Wort einer fernen Gemeinschaft hinübergerettet ist. [...] In der Tragödie besinnt sich der heidnische Mensch, daß er besser ist als seine Götter, aber diese Erkenntnis verschlägt ihm die Sprache, sie bleibt dumpf.«[724] Zwar kann die Hoffnung, sofern Prometheus recht hat, wenn er sie blind nennt, nicht in den Raum der Wahrheit eintreten. Wenn wir jedoch Benjamin folgen, mag Hoffnungslosigkeit wohl überall da, wo die Menschheit in Verschuldung befangen ist, das letzte Wort haben, aber es könnte sein, dass – jenseits der Worte und der ausformulierten Satzungen – Anaximander, Prometheus und die Menschen, die in ihrer Welt leben, auf eine Hoffnung warten, die nicht mehr blind wäre, sondern sehend genannt werden dürfte.

Wenn wir bisher den Satz des Anaximander ebenso wie die Reden des Prometheus als Aussagen interpretiert haben, die eine definitive Wahrheit über die Welt und den Menschen mitteilen wollen, so ist es – im Lichte der Gedanken Benjamins – denkbar, dass diese Interpretation fehlgeht. Man wird diesen Aussagen vielleicht eher gerecht, wenn man aus dem, was sie mit anscheinender Gewissheit behaupten, ein Fragen heraushört, das veranlasst ist von der scheuen Sehnsucht nach einer Wahrheit, die anders wäre. Andernorts und zu anderen Zeiten ist diese Sehnsucht zur Sprache gekommen. Bereits im altgriechischen Denkraum verweisen die *Ideen* Platons und der *Nous* des Aristoteles auf geistige Dimensionen, die unberührt bleiben von der Herrschaft der Zeit. Anderswo aber, in China und Indien, im iranischen Hochland oder in Palästina, sind in der Epoche des Anaximander geistige Bewegungen aufgetreten, die dem angeblich letzten Wort des Todes ein entschiedenes Gegenwort entgegensetzten. Die klassischen Weisheitslehren und Religionen Chinas, Indiens, Persiens und Israels haben gemeinsam, dass sie das Dasein aller Wesen von einer Gerechtigkeit geleitet sehen, die nicht auf ihren endgültigen Tod oder auf eine heillos unaufhörliche Verkettung von Wiederge-

[723] Nietzsche, zitiert bei Benjamin (1972: 111).
[724] Benjamin (1972: 111, 113).

burten zielt, sondern auf eine vollständige Befreiung oder Erlösung. Das *Dao* im chinesischen Denken, das unzerstörbare *Atman* der vedischen Philosophie, der *Buddha*, der alle Lebewesen ins *Nirwana* geleiten will, der *Gott Abrahams*, Isaaks und Jakobs, der ein Gott der Lebenden und nicht der Toten ist, *Jesus von Nazareth*, der als der Christus die Herrschaft des Todes überwunden hat – diese Namen erinnern daran, dass auf den Satz des Anaximander Antworten gefunden wurden, die seinen Bannkreis verlassen. Wenngleich diese Antworten über den Rahmen des Malum oeconomicum hinausführen, so liegt *eine* Frage, die mit ihnen zusammenhängt, ganz und gar innerhalb des Bereichs unserer Untersuchung: Haben Vorstellungen von einer Überwindung der Herrschaft der Zeit *auch* einen Ort innerhalb der Zeit und innerhalb des Lebens zwischen Geburt und Tod? Könnten aus ihnen Kräfte entspringen, dem Malum oeconomicum so entgegenzutreten, dass eine *entscheidende Wende* in der Entwicklung von Wirtschaft und Gesellschaft möglich würde?

IX. Wo man vom Malum nichts weiß …

22. Das reine Herz und die Politik

Revolutionäre Weltveränderung oder Anderssein in der Welt?

> *Oder wollt ihr wirklich nicht sehen, welche Einschränkung auf allem Denken läge, wenn wir fürchten müßten, unsere Phantasien könnten in die wirklichen Verhältnisse Eingang finden. Um Himmels willen, nein: Daß man die Philosophie nicht beim Wort nehmen, das Leben am Ideal nicht messen soll – das ist Gesetz. Wer dagegen aufsteht, muß zum Verbrecher werden. Oder zum Wahnsinnigen.*
> Friedrich Carl von Savigny in den Mund gelegt in: Christa Wolf, *Kein Ort. Nirgends*

> *Und fast will/ Mir es scheinen, es sei, als in der bleiernen Zeit./ Dennoch gelinget der Wunsch, Rechtglaubige zweifeln an Einer/ Stunde nicht [...]. Denn nicht Mächtiges ists, zum Leben aber gehört es,/ Was wir wollen.*
> Friedrich Hölderlin

»Empört euch!« fordert Stéphane Hessel.[725] Das Engagement der kritischen Intellektuellen und die gerechte Empörung der Massen soll eine *entscheidende Wende* in Wirtschaft und Gesellschaft in Gang setzen. Die Idee der *Revolution,* die vielen Menschen als konstitutiv für eine solche Wende gilt, wird im Folgenden einer grundsätzlichen Kritik unterzogen. Anschließend fragen wir nach einem vom Malum oeconomicum nicht korrumpierbaren Standpunkt im Innern der Menschen, von dem aus eine entscheidende Wende ihren Ausgang nehmen könnte. Ist ein solcher Standpunkt denkbar, wenn ja, was macht ihn aus, was bedeutet es, ihn einzunehmen, was für eine Art Wende ist es, die von ihm aus ihren Ursprung nehmen könnte? Einem Wink von John Rawls folgend werden wir das *reine Herz* thematisieren und Modelle eines Wirtschaftens betrachten, das vom reinen Herzen auszugehen beansprucht. Anschließend wird dieses reine Herz als Basis einer politischen Vernunft dargestellt, die für die Prin-

---

[725] S. o. Kap. 1.

zipien einer gerechten Gesellschaft zuständig ist. Ein reines Herz und eine unbeirrbare politische Vernunft können jedoch, für sich genommen, zwar die Motivationen der Akteure bestimmen, aber für den Erfolg des Handelns in der Welt sind Fähigkeiten ausschlaggebend, die mit Herzensreinheit und Prinzipienfestigkeit in keinem unmittelbaren Zusammenhang stehen: realistische Einschätzung von Situationen, Instinkt für Macht, Flexibilität und Kompromissbereitschaft sowie ein Gespür für den rechten Zeitpunkt des Handelns. Die damit verbundenen Probleme werden anhand von Max Webers Traktat *Politik als Beruf* aufgezeigt. Das Ergebnis dieser Betrachtungen ist zwiespältig. Von Max Weber lässt sich lernen, dass zur Politik unvermeidlich eine Dimension gehört, die dem reinen Herzen und der Vernunft wesensfremd ist: das Dämonische. Weder kann das Dämonische das Reine vernichten, noch kann das reine Herz aus eigener Macht das Dämonische aus der Welt schaffen. So kann die Wirtschaft des reinen Herzens in einer *Welt von Dämonen* wohl ein Zeichen dessen sein, was möglich wäre, aber es ist kaum denkbar, dass sie im Großen und Ganzen einer solchen Welt verwirklicht werden könnte – jedenfalls nicht aus menschlichem Vermögen. Für die Veränderung der wirklichen Wirtschaft bleibt daher nur das Bemühen derer, die – wie die großen Ökonomen seit Smith – für ihre Verbesserungsvorschläge in Rechnung stellen, dass der Mensch aus einem *krummen Holz* geschnitzt ist, das auch die besten Absichten auf Dauer nicht *gerade* machen können. Ob man deswegen zugleich akzeptieren muss, dass, wie Malthus annimmt, massenhaftes Elend bis zu den letzten Tagen der Menschheit unvermeidliche Begleiterscheinung jeder Art von Wirtschaft bleiben wird, oder ob man mit Keynes oder Sen hoffen darf, dass sich einmal jedem Menschen, der auf diese Erde kommt, ein halbwegs erträgliches Leben oder sogar mehr als dies eröffnen könnte, muss offen bleiben.

Veränderung und Revolution

»Die Philosophen haben die Welt nur verschieden *interpretiert*, es kömmt drauf an, sie zu *verändern*,« forderte Marx 1845 in seinen *Thesen über Feuerbach*.[726] Die Veränderung der Welt sollte auch die Einstellungen und Überzeugungen erfassen, die ihre Abläufe auf-

[726] *Thesen über Feuerbach*, 11. These (Marx 1845/1969: 7).

rechterhalten. Man dürfe nicht vergessen, »daß die Umstände von den Menschen verändert und der Erzieher selbst erzogen werden muß. […]. Das Zusammenfallen des Ändern[s] der Umstände und der menschlichen Tätigkeit oder Selbstveränderung kann nur als *revolutionäre Praxis* gefaßt und rationell verstanden werden.«[727] Mit den Verhältnissen in der Welt müssten zugleich die Verhältnisse in den Köpfen verändert werden. Marx glaubte, dass diese außen und innen bestehende verkehrte Welt durch menschliches Handeln in der Tat verändert werden *könnte*.

Heute verbindet sich der Ruf nach einer Revolution mit dem Ziel, denen, die jetzt auf der Erde leben, und den Generationen, die ihnen folgen, ein lebenswertes, menschenwürdiges Leben zu ermöglichen.[728] Aber lassen die gegenwärtigen Verhältnisse Revolutionen überhaupt zu? Byung-Chul Han hat eine negative Antwort formuliert: »Das unterworfene Subjekt ist sich hier nicht einmal seiner Unterworfenheit bewusst. Es wähnt sich in Freiheit. […] Das neoliberale Regime ist deshalb so stabil, immunisiert sich gegen jeden Widerstand, weil es von der Freiheit Gebrauch macht, statt sie zu unterdrücken. […] Heute gibt es keine kooperierende, vernetzte Multitude, die sich zu einer globalen Protest- und Revolutionsmasse erheben würde. […] Heute konkurriert jeder mit jedem, auch innerhalb eines Unternehmens. Diese absolute Konkurrenz erhöht zwar die Produktivität enorm, aber sie zerstört Solidarität und Gemeinsinn. Aus erschöpften, depressiven, vereinzelten Individuen lässt sich keine Revolutionsmasse formen.«[729]

Aus diesen Worten spricht enttäuschter Glaube. Angesichts der Zerstörung von *Solidarität und Gemeinsinn* wäre eine Revolution vonnöten, um eine entscheidende Wende herbeizuführen – aber sie wird nicht kommen, da die *Revolutionsmasse* fehlt. Wenn jedoch die Möglichkeit der Revolution entfällt, bleibt nur Resignation. Prinzipiell kann man jedoch fragen, ob das Auftreten einer solchen Revolutionsmasse überhaupt wünschenswert wäre, ob Veränderung an sich einen Wert darstellen sollte. Bereits Marx ist nicht entgangen, dass zu seiner Zeit die größten Veränderungen *innerhalb* jener Ordnung stattfanden, die er als eine verkehrte Welt bekämpfte. Im *Kommunis-*

---

[727] Ibd. 3. *These* (Marx 1845/1969: 5 f.).

[728] In diesem Sinn spricht beispielsweise Edwards (2005) von einer *Sustainability Revolution*.

[729] Han (2014).

tischen Manifest sah er im Kapitalismus eine wahrhaft revolutionäre Epoche, gekennzeichnet durch gewaltigen technischen Fortschritt, radikale institutionelle Umgestaltungen und ungeheure soziale Verwerfungen. Während Marx jedoch hoffte, die proletarische Revolution könnte die entscheidende Wende dadurch herbeiführen, dass sie die Veränderungsdynamik des Kapitalismus überbieten würde, stellen, kaum ein Jahrhundert nach den *Thesen über Feuerbach*, Walter Benjamins *Thesen über den Begriff der Geschichte* aus dem Jahre 1940 diese Hoffnung infrage: »Marx sagt, die Revolutionen sind die Lokomotive der Weltgeschichte. Aber vielleicht ist dem gänzlich anders. Vielleicht sind die Revolutionen der Griff des in diesem Zuge reisenden Menschengeschlechts nach der Notbremse.«[730] Eine wahrhafte Revolution wäre ein Innehalten, eine Stillstellung, ein Atemholen für eine Menschheit, die erst nach dem Ausstieg aus dem Zug der Veränderung ihr Leben finden würde.

Woher aber die Einsicht und die Kraft zu einem solchen Ausstieg kommen könnte, hat Friedrich Hölderlin bereits 1797 angesprochen: »Ich glaube an eine künftige Revolution der Gesinnungen und Vorstellungsarten, die alles bisherige schamrot machen wird.«[731] Wenn Hölderlin hoffte, dass aus dem *menschlichen Chaos*, aus *Gärung und Auflösung*, aus *unserer Verwesung* doch *die Jugend unserer Welt wiederkehren* müsse,[732] dann sah er den Anhaltspunkt in einem Ort im menschlichen Inneren, da, wo sich *Gesinnungen und Vorstellungsarten* bilden. Der Frage, was diesen Ort ausmacht, wollen wir uns nun zuwenden.

Das reine Herz

Menschen neigen oft dazu, private Bedürfnisse und Interessen, Zwänge der Verhältnisse sowie Vorurteile und Denkschemata des eigenen Lebensumfeldes oder der eigenen Kultur als quasi natürliche, unabänderliche Gegebenheiten hinzunehmen. So können sie sich kaum eine andere als die gegebene Ordnung der Dinge vorstellen, geschweige, dass sie sich für eine entscheidende Wende engagieren könnten. Dass es Menschen möglich ist, sich aus einer derartigen Be-

---

730 Benjamin (1980: 1232).
731 Brief an J. G. Ebel, 10.1.1797 (Hölderlin 1969: 864).
732 Ibd. (Hölderlin 1969: 863 f.).

fangenheit zu befreien, ist die Überzeugung von John Rawls: »[U]nd doch kann man unparteiisch sein, sogar gegenüber Menschen, die keine Zeitgenossen sind, sondern ganz anderen Generationen angehören. Unsere Stellung in der Gesellschaft unter diesem Blickwinkel sehen heißt also sie sub specie aeternitatis zu sehen: Es bedeutet, daß die Situation des Menschen nicht nur unter allen gesellschaftlichen Gesichtspunkten, sondern von allen Zeiten her gesehen wird. Der Blickwinkel der Ewigkeit ist nicht der eines bestimmten Ortes außerhalb der Welt, auch nicht der eines transzendenten Wesens; vielmehr ist er eine bestimmte Form des Denkens und Empfindens, die sich vernunftgeleitete Menschen in der Welt zu eigen machen können.«[733]

Wenn Menschen den *Blickwinkel der Ewigkeit* einnehmen, gewinnen sie einen, so Rawls, *archimedischen Punkt zur Beurteilung eines Gesellschaftssystems*[734]. In der Wirklichkeit kann dieser Standpunkt zwar nur unzulänglich hervortreten, da er dort »bestehenden Bedürfnissen und Interessen [...] ausgeliefert ist.«[735] In der Theorie aber kann man, was diesen Standpunkt ausmacht, präzise angeben: Die Menschen müssen laut Rawls frei von allen Beschränkungen und Zwängen sein, die aus privaten Nutzenerwägungen oder soziokulturell geprägten Vorurteilen und Ideologien hervorgehen. Das ist möglich im Rahmen eines von Rawls *hypothetisch erschlossenen Zustandes,* den er als den *Urzustand* bezeichnet. Es wäre dies eine Art Nullpunkt, wie er dem jungen Marx vorschwebte, als er zur Veränderung der Welt aufrief. Im Urzustand beschließen Menschen Regeln für die menschliche Gesellschaft unter der Annahme, dass jedes Leben, das an irgendeinem Ort und zu irgendeiner Zeit einmal von einem Menschen geführt wird, ihr Leben sein könnte. Denjenigen, die diese Regeln festlegen, darf man, so Rawls, dann Unparteilichkeit unterstellen, wenn man annimmt, dass sie kein Wissen darüber besitzen, welcher Epoche und Kultur sie angehören, *wer* sie sein, in welchen Umständen sie aufwachsen, welche Ziele sie verfolgen, welche Abneigungen und Vorlieben sie hegen, welche wirtschaftliche Ausstattung sie besitzen und welchen gesellschaftlichen Status sie einnehmen werden.[736]

Rawls glaubt, dass es nicht nur im hypothetischen Urzustand,

733 Rawls (1979: 637 f.).
734 Rawls (1979: 294).
735 Rawls (1979: 294).
736 Vgl. Rawls (1979: 160).

sondern auch in der Realität dieser Welt Menschen gibt, die sich – wenigstens ansatzweise – »den Blickwinkel der Ewigkeit zu eigen machen können«[737]. Diesen Blickwinkel einzunehmen bedeutet, dass sie sich freiwillig und sehenden Auges von allem, was sie an ihre eigene Person, ihr Umfeld, ihre soziale Schicht und ihre Kultur fesselt, distanzieren, um eine über alle Räume und Zeiten hinausführende Offenheit zu gewinnen. Es ist diese Fähigkeit zu rückhaltloser Distanzierung, die Rawls *Reinheit des Herzens* nennt. »Reinheit des Herzens, wenn sie jemand erreichen könnte, hieße: von diesem Standpunkt aus klar sehen und mit Anmut und Souveränität handeln«.[738] *Herz* bezeichnet hier die Lebensmitte des Menschen, den Ausgangspunkt und den Rückzugsort für alles Trachten und Handeln; *Reinheit* aber besagt, dass dieses Herz durch nichts korrumpierbar ist. Als Instanz außerhalb aller Einflüsse von persönlichen Neigungen, Wirtschaft und Gesellschaft muss das reine Herz in einem Zustand gedacht werden, den mittelalterliche Mystiker als das *Vergessen seiner Selbst und aller Dinge* bezeichnet haben – in buddhistischen Traditionen spricht man von *Ichlosigkeit* oder *Selbstlosigkeit (an-atman)*.

Vom Wesen des reinen Herzens

Vom reinen Herzen ist vor allem in der religiösen Sphäre die Rede. Jesus von Nazareth lehrt: »Selig sind, die reinen Herzens sind, denn sie werden Gott schauen.«[739] Mohammed erzählt in einem legendären Bericht, wie er als Kind von drei Engeln auf den Gipfel eines Berges gebracht worden sei. Der zweite »nahte sich mir und senkte seine Hand in meine Leibeshöhle und zog mein Herz heraus und spaltete es und zog einen schwarzen Punkt daraus hervor, der mit Blut gefüllt war. Den warf er fort und sagt: ›Das ist der Anteil des Satans an dir, o Geliebter Gottes.‹ Dann füllte er es mit etwas, das er bei sich hatte, und legte es an seinen Platz zurück; dann siegelte er es mit einem Siegel aus Licht zu.«[740] Nach dem Zeugnis solcher Texte

[737] Rawls (1979: 638).
[738] Rawls (1979: 638). Man könnte in diesem Zusammenhang auch von *Lauterkeit der Motivation* sprechen.
[739] *Matthäus* 5, 8.
[740] Wiedergabe nach Schimmel (1981: 51 f.)

lässt sich das reine Herz nicht verstehen ohne ein grenzenloses Vertrauen, das seinen Grund in einer Dimension findet, die im Judentum, Christentum und Islam *Gott* genannt wird, während Großmeister Sengcans *Meißelschrift vom vertrauenden Herzen,* eine chanbuddhistische Schrift aus dem China des 7. u. 8. Jahrhunderts n. Chr., vom *verborgenen Weiser* spricht: »Ist einer nicht kundig des verborgenen Weisers,/ Vergeblich plagt er sich ab, durch Anrufungen das Herz zu reinigen.«[741]

Das andere Leben

Jesus von Nazareth mahnt in der Bergpredigt, dass ein reines Herz sich nur in vollständiger Distanz zu allen der Wirtschaftssphäre zugehörigen Einstellungen, Überzeugungen und Lebensgewohnheiten entfalten könne: »Niemand kann zwei Herren dienen. [...] Ihr könnt nicht Gott dienen und dem Mammon.«[742] *Mammon* ist der Inbegriff der Mittel des Lebens. Das Streben nach Vermehrung dieser Mittel, die *Pleonexia,* das Mehrhabenwollen, ist Dienst am Mammon, ist Anerkennung der Herrschaft der Mittel des Lebens über den Menschen, Anerkennung der Logik von Forderung, Schuld und Strafe. Dieses Streben führt zu einem Leben der Knechtschaft.[743] Jesus von Nazareth lehrt dagegen ein neues Leben der Freiheit im Verzicht auf alles Mehrhabenwollen. Forderung, Schuld und Strafe werden in der Dimension der *Vergebung* aufgelöst. Vergebung aber kann nur vom reinen Herzen ausgehen, denn seinem Wesen nach *rechnet* es nicht, weder für sich noch für andere. So erfährt es sein Dasein und das der anderen nicht als Schuld, sondern als Geschenk, das man weder zurückzahlen kann noch zurückzahlen muss.

Im Zeichen des reinen Herzens werden zwischen den Menschen Leistungen, Schulden und Verfehlungen nicht mehr aufgerechnet.

---

741 Sengcan (2009: 3. Strophe, vereinfachte Wiedergabe). Ich verdanke diese Formulierung der bisher leider nicht publizierten Übersetzung von H. J. Röllicke. Die auf dem Markt erhältlichen Übersetzungen bieten statt des *verborgenen Weisers* unbestimmtere Formulierungen wie *das subtile Prinzip* oder *die tiefe Wahrheit.*

742 *Matthäus* 6, 24.

743 Im Talmud wird ein Spruch von Hillel dem Älteren (etwa 100 v. – 9 n. Chr.) überliefert: »Wer Fleisch mehrt – Gewürm mehrt; wer Güter mehrt – Sorge mehrt; [...] wer Knechte mehrt – Diebstahl mehrt.« (Mischna Awot II, zitiert bei Mayer 1980: 368).

Auf die Frage des Petrus: »Herr, wie oft darf mein Bruder gegen mich sündigen, und ich soll ihm vergeben – bis siebenmal?« antwortet Jesus: »Ich sage dir: Nicht siebenmal, sondern bis siebzigmal siebenmal«[744] – d. h. ungezählte Male. So wird die Gerechtigkeit, die für jede Schuld Ausgleich fordert, aufgehoben durch die Barmherzigkeit: »Seid barmherzig, wie euer Vater barmherzig ist.«[745]

Damit beginnt eine neue Erfahrung von Vergangenheit und Zukunft. Im neuen Leben hat die Vergangenheit weder durch Leistung, Lohn und Verdienst noch durch Buße, Schuld, Strafe und Sühne Ansprüche an die Gegenwart des reinen Herzens. Die Zukunft des neuen Lebens aber entlässt die Gegenwart aus dem Zwang der *Sorgen*. Von dem Hang, Kommendes kontrollieren und steuern zu müssen, ist das reine Herz frei; es nimmt sich, der Weisung Jesu entsprechend, die *Vögel des Himmels* zum Vorbild: Sie sorgen sich nicht um ihren Unterhalt, »und dennoch ernährt sie der himmlische Vater. […] Darum sage ich Euch: Sorget nicht für den morgigen Tag, denn der morgige Tag wird für sich selber sorgen. Jeder Tag hat genug an seiner eigene Plage.«[746] Diese Freiheit macht das Wesen des *neuen Menschen* aus: »Legt von euch ab den alten Menschen mit seinem früheren Wandel, der sich durch trügerische Begierden zugrunde richtet. Erneuert euch aber in eurem Geist und Sinn und zieht den neuen Menschen an, der nach Gott geschaffen ist in wahrer Gerechtigkeit und Heiligkeit.«[747]

Gemeinschaften des Andersseins

Im Bild des neuen Menschen erscheint das reine Herz als Lebensmitte nicht nur von individuellen Personen, sondern auch von Gemeinschaften. Von der Gemeinschaft der ersten Christen berichtet die Apostelgeschichte: »Alle aber, die gläubig geworden waren, waren beieinander und hatten alle Dinge gemeinsam. Sie verkauften Güter und Habe und teilten sie aus unter alle, je nachdem es einer nötig hatte. […] Die Menge der Gläubigen aber war ein Herz und eine Seele; auch nicht einer sagte von seinen Gütern, dass sie sein wären, sondern es war ihnen alles gemeinsam. […] Es war auch keiner unter

---

[744] *Matthäus* 18, 21.
[745] *Lukas* 6, 36.
[746] *Matthäus* 6, 34.
[747] *Brief an die Epheser* 4, 22–24; 31 f.

ihnen, der Mangel hatte; denn wer von ihnen Äcker oder Häuser besaß, verkaufte sie und brachte das Geld für das Verkaufte und legte es den Aposteln zu Füßen; und man gab einem jeden, was er nötig hatte.«[748]

Mit dem Anspruch auf privates Eigentum müssen zugleich alle Partikularismen, alle Vorbehalte, alle Rivalitäten und Schranken aufgehoben sein, damit die Gemeinschaft vieler Personen als *ein Herz und eine Seele* erscheint. Ist das Bild der Urgemeinde auch eine Utopie, so zeigt es doch an dem Umgang mit Eigentum, mit Kauf und Verkauf, wie ein neues Leben inmitten einer von Gier, Schuld und Sorge bewegten, in Arm und Reich, Herrschaft und Knechtschaft gespaltenen Gesellschaft Gestalt annehmen könnte. In den christlichen Kirchen sind immer wieder Gemeinschaften hervorgetreten, die sich am Ideal der Urgemeinde orientierten. Zu nennen sind hier insbesondere die Orden, deren Mitglieder, Nonnen und Mönche, auf allen privaten Besitz Verzicht leisten. Sie suchen das gute Leben für sich und andere im Wechsel von Beten und Arbeiten, von Gottesdienst und Menschendienst.[749] Anders als Aristoteles, der körperliche Arbeit als hinderlich für die Verwirklichung wahrhaft menschlicher Fähigkeiten ansah, wollte der Begründer des abendländischen Mönchtums, Benedikt von Nursia, »das Gebet und das Studium mit der manuellen Arbeit verbinden […]. Diese Einführung der manuellen Arbeit, die von geistlichem Sinn erfüllt ist, erwies sich als revolutionär. Man lernte, die Reife und Heiligung in der wechselseitigen Durchdringung von Sammlung und Arbeit zu suchen.«[750] Seit der Reformation haben Erweckungsbewegungen wie die Quäker, die Amischen etc. in den protestantischen Kirchen versucht, entsprechend dem Ideal der Urgemeinde neue Lebensformen zu entwickeln. Vergleichbares ist von den Kibbuzim in Israel sowie von klösterlichen Gemeinschaften in Hinterindien und Ostasien überliefert. Das Werk des großen japanischen Zenlehrers Dogen-Zenji (1200–1253) beispielsweise kann als der Versuch angesehen werden, innerhalb des geschützten Raumes seines Klosters *Eihei-Ji* eine Lebenspraxis zu realisieren, die Praxis des reinen Herzens genannt werden kann. Davon sind nicht ein-

---

[748] *Apostelgeschichte* 2, 44 f.; 4, 32–35.

[749] Dass es sich dabei freilich um ein Ideal handelt, dem oft nicht entsprochen wurde und wird, dass es in den Klöstern zu allen Zeiten oft sehr weltlich zugegangen ist, muss kaum eigens hervorgehoben werden.

[750] Papst Franziskus, *Enzyklika Laudato si*, 126 (Papst Franziskus 2015: 47).

mal die Tätigkeiten des Kochs und seiner Helfer ausgenommen, denen Dogen einen eigenen Traktat gewidmet hat.[751]

Die Wirtschaft einer Gemeinschaft des reinen Herzens ist ihrem Ideal nach ein Feld, auf dem die Bewegungen des Markttausches sich verwandeln in die *Bewegungen von Gaben*. Es gibt wohl Geben und Empfangen, Bitten und Danken, aber es gelten keine Ansprüche, keine Forderungen, keine Schuld wird eingeklagt. So wie das reine Herz selbst seit Anbeginn sein Leben und dessen Grundlagen empfangen hat, ohne dem Schöpfer je etwas davon erstatten zu können, so lässt es andere, die dessen bedürftig sind, empfangen, was es aus seinem Tun und Vermögen geben kann, ohne Gegenleistung zu erwarten. In Abwesenheit von aller Rechnung, Berechnung und Aufrechnung *frei geben* und *frei empfangen ohne Scham und Schuld* – das ist das Gesetz des Austauschs in einer Wirtschaft des reinen Herzens. In einer solchen Wirtschaft wird Gerechtigkeit – d.h. ein Ausgleich zwischen Geben und Empfangen, den Gegenständen des Bittens und des Dankens – keineswegs fehlen, aber es ist nicht die äußere Gerechtigkeit, die Forderungen und Schulden, Soll und Haben in ihren Rechenoperationen in Äquivalenz bringt, sondern es ist eine von innen her wirksame Haltung. Wo es gebraucht wird, gibt jeder das Seine und vertraut darauf, dass er, wo er es braucht, das Seine empfängt. Die an einer solchen Wirtschaft teilhaben, zeigen wechselseitig eine Einstellung, die das talmudische Judentum *chessed (Liebe, Barmherzigkeit, Mitleid)* nennt. Worin *chessed* besteht, wird an folgender Typologie deutlich: »›Vier Arten (finden sich) beim Menschen. Derjenige, der sagt, meines ist meines und deines ist deines. Das ist (die) durchschnittliche Art – es gibt aber (welche, die) sagten: Dies ist die Art von Sodom.‹ Anschließend wird die zweite Art vorgestellt: ›Meines ist deines, und deines ist meines. (So spricht der) Ungebildete [denn das bedeutet Chaos, d. V.].‹ Schließlich folgt die Aufzählung der dritten Art: ›Meines ist deines, deines ist deines. (So spricht der) *chassid*.‹ [...] Die vierte Art lautet: ›Deines ist meines, und meines ist meines. (So spricht der) Böse.‹ [...] Die Kategorie von *chessed* [wird] im rabbinischen Judentum in dem Paradigma erfasst: Besitz aufgeben ohne die geringste Hoffnung, etwas davon zurückzuerhalten. [...] Auch Jesus von Nazareth war davon überzeugt, dass jeglicher Besitzanspruch aufzugeben sei, um ihm selbst folgen zu können. [...] In

751 Vgl. Glassman/Fields (1997).

diesem Sinne vertritt er eine Überzeugung der Mischna der chassidim: »Meines ist deines und deines ist deines.«[752]

Zeiten des Andersseins: Leben im Zeichen des Schabbat

Wenn eine Gemeinschaft nach Art der Urgemeinde der Christen das ganze Leben ausnahmslos unter das Zeichen des Andersseins zu stellen versucht, ist von den Mitgliedern ein Äußerstes gefordert, wie es vielleicht nur wenige Menschen ansatzweise zu leisten vermögen. So besteht immer die Gefahr, dass diejenigen, die mit dem neuen Leben Ernst zu machen meinen, sich für die Besseren, die Reinen, die Erleuchteten, die Erlösten halten, erhaben über die Schlechten, Unreinen, Unerleuchteten und Verworfenen in der Welt draußen. Die Barmherzigkeit des reinen Herzens degeneriert zur Selbstgerechtigkeit, die Gemeinschaft des neuen Lebens wird zur falschen Elite, zur Sekte.

Diese Gefahr ist geringer, wenn mitten in einem Alltagsleben, dessen Motivationen von den gewöhnlichen Zwängen und Sorgen geprägt sein mögen, dem reinen Herzen zu regelmäßig wiederkehrenden Zeiten eine ihm gemäße Lebensform zugeordnet wird. Beispielhaft kann dies am jüdischen Schabbat verdeutlicht werden. Für den Schabbat, den siebten Tag der Woche, ist Innehalten geboten von allem, was einem die Sorge um das eigene Leben eingibt: »Sechs Tage sollst du arbeiten und alle deine Werke tun. Aber am siebenten Tag ist der Sabbat des HERRN, deines Gottes. Da sollst du keine Arbeit tun, auch nicht dein Sohn, deine Tochter, dein Knecht, deine Magd, dein Rind, dein Esel, all dein Vieh, auch nicht dein Fremdling, der in deiner Stadt lebt, auf dass dein Knecht und deine Magd ruhen gleichwie du.«[753]

Vom Beginn des Schabbats an wird während seiner ganzen Dauer nichts produziert, nichts geleistet, nichts Versäumtes nachgeholt, keine Schuld beglichen, keine Forderung eingetrieben, kein Problem gelöst. »Mit dem Eintritt dieses für Gott ausgesonderten Tages hört jede Werktätigkeit auf. Frei von aller Last fühlt sich jeder so, als ob

---

752 Aus dem Traktat *Avot,* hier wiedergegeben mit den Kommentierungen von Agus (2001: 96–98).

753 5. *Mose* 5, 12–15.

alle seine Werke vollbracht seien.«[754] Im Schabbat sind Hierarchien und Herrschaftsverhältnisse aufgehoben, denn seine Ruhe umhüllt und durchdringt alle in gleicher Weise: Knechte und Mägde, Fremdlinge und Andersgläubige. Sogar die Nutztiere werden nicht ausgenommen.

Schabbat ist ein gemeinschaftliches Ereignis. Denn da niemand die Ruhe stört, schenken sich alle wechselseitig Ruhe; auch die Welt der alltäglichen Verrichtungen schweigt, Haus, Garten und nähere Umgebung, Gebrauchsdinge und Haustiere werden in den verwandelten Zustand der Ruhe eingetaucht. »Der Sabbat ist die Vorwegnahme der messianischen Zeit nicht durch ein magisches Ritual, sondern durch praktisches Verhalten, das den Menschen in eine reale Situation der Harmonie und des Friedens versetzt. Die andere Lebenspraxis verändert den Menschen.«[755]

Vom Schabbat her lassen sich weitere Institutionen des jüdischen Lebens verstehen, die periodisch das Leben in das Anderssein des reinen Herzens entrücken. Dazu gehört der einmal im Jahr begangene Versöhnungstag *(Jom Kippur)*, der die Macht der persönlichen Verfehlungen zu brechen bestimmt ist. An diesem Tag bekunden die Menschen, indem sie von allen alltäglichen Bedürfnissen zurücktreten, die Bereitschaft zur Reue, Vergebung und Umkehr. Sie sind aufgerufen, ihre Beziehungen zu reinigen, alles, was sich zwischen sie stellt als Vorwurf oder Schuld, zu *besänftigen*[756]. Demgemäß ist es Sitte, am Vorabend des Versöhnungstages Streitigkeiten beizulegen. Im sogenannten Erlassjahr *(schemitta)* wird das Anderssein sogar auf den Umgang mit der Natur ausgedehnt: »Das Erlassjahr [ist] ein Akt des Erlassens […] der alle sieben Jahre wiederkehrt und sich […] auf die Brache des Ackers, den Schuldenerlass, die Hilfe für die Armen und die Freilassung der hebräischen Sklaven bezieht.«[757] Dieses Erlassjahr bedeutet zunächst, dass, mit ausdrücklichem Hinweis auf den Schabbat, die Nutzung der Natur und der Arbeitskraft einer Einschränkung unterworfen wird: »Sechs Jahre sollst du dein Land besäen und seine Früchte einsammeln. Aber im siebenten Jahr sollst du es ruhen und liegen lassen, dass die Armen unter deinem Volk davon essen; und was übrig bleibt, mag das Wild

[754] Mayer (1980: 476).
[755] Fromm (2008:159 ff.); ähnlich zuvor schon in Fromm (1979: 57 f.).
[756] Vgl. Mischna Joma VIII, 8 f., zitiert nach Mayer (1980: 598).
[757] Cardellini (1999: 1423).

auf dem Felde fressen. Ebenso sollst du es halten mit deinem Weinberg und deinen Ölbäumen.«[758] Im Erlassjahr wird die Natur entlastet von allem Fordern der Menschen. Entlastet werden aber auch die Menschen von den Forderungen, unter denen sie bisher standen, denn zugleich werden alle Schulden erlassen.[759] Für jedes siebte dieser sogenannten Erlassjahre gelten weitergehende Bestimmungen. Nach neunundvierzig Jahren »sollst du die Posaune blasen lassen durch euer ganzes Land am zehnten Tage des siebenten Monats, am Versöhnungstag. Und ihr sollt das fünfzigste Jahr heiligen und sollt eine Freilassung ausrufen im Lande für alle, die darin wohnen; es soll ein Erlassjahr für euch sein. […] Das ist das Erlassjahr, da jedermann wieder zu dem Seinen kommen soll.«[760] Im diesem sogenannten *Jobeljahr* – das allerdings oft als »rein literarische Fiktion« angesehen wird[761] – ist alle Schuldsklaverei aufgehoben, und es werden alle Immobilien- und Landverkäufe rückgängig gemacht, so dass man zweimal in jedem Jahrhundert zum Zustand der ursprünglichen Verteilung zurückkehrt.

Die Welt aus der Sicht des reinen Herzens: Schöpfung

Die Welt begegnet dem reinen Herzen anders, als sie dem gewöhnlichen Bewusstsein erscheint. Wer sie mit *den erleuchteten Augen des Herzens*[762] betrachtet, dem erstrahlt in ihr durch alle Entstellungen hindurch die ursprüngliche Lauterkeit der Schöpfung, von der es an-

---

[758] *Exodus* 23, 10 f.

[759] Allerdings weiß schon die Hebräische Bibel, dass beim Heranrücken des Erlassjahres von Jahr zu Jahr die Bereitschaft der Menschen, Kredit zu gewähren, verringert wird, denn das Misstrauen des Homo oeconomicus macht sich bemerkbar. Dagegen ergeht die Mahnung: »Hüte dich, dass nicht in deinem Herzen ein arglistiger Gedanke aufsteige, dass du sprichst: Es naht das siebente Jahr, das Erlassjahr –, und dass du deinen armen Bruder nicht unfreundlich ansiehst und ihm nichts gibst; sonst wird er wider dich zu dem HERRN rufen und bei dir wird Sünde sein.« (5. Mose 15, 9). Da diese Worte oft nicht fruchteten, wurde bereits durch Hillel den Älteren (etwa 110 v. – 9 n. Chr.) der sogenannte *Prosbul* eingeführt, eine Regelung, die unter genau festgelegten Bedingungen verhinderte, dass bestehende Forderungen im Erlassjahr aufgehoben wurden. Dadurch gab es einen Anreiz, auch noch unmittelbar vor der Ausrufung des Erlassjahres Darlehen zu geben.

[760] 3. *Mose* 25, 8–13.

[761] Cardellini (1999: 1424).

[762] Vgl. *Epheser* 1,18: »Und er gebe euch erleuchtete Augen des Herzens, damit ihr erkennt, zu welcher Hoffnung ihr von ihm berufen seid.«

lässlich ihrer Vollendung am sechsten Schöpfungstag heißt: »Und Gott sah alles, was er gemacht hatte, und siehe, es war sehr gut.«[763] Das reine Herz erfährt diese Schöpfung als »Lebenshaus für alle Lebendigen.«[764] Es ist eine, wenn man so sagen darf, sabbatliche Einstellung, die den Raum für diese Erfahrung öffnet: »Weil die Welt Schöpfung Gottes ist, können und sollen die Lebewesen die Welt als Ort des Festes und des Ruhens erfahren – nach dem Vorbild des Schöpfergottes selbst.«[765]

Da wo die alltägliche Sorge stets ein *Zu wenig*, einen Mangel registriert, den sie mit unaufhörlichem Mehrhabenwollen vergeblich zu beheben sucht, offenbart sich für das reine Herz eine verwandelte Wirklichkeit: die Schöpfung als »der gedeckte Tisch für alle Lebewesen [...], ein Tisch, den die Erde immer zu decken in der Lage sein soll.«[766] Darin zeigt sich etwas, das für alle Menschen gilt, aber den meisten verborgen bleibt: Alle Sorge und Mühe der Menschen wäre vergeblich, wenn in diesem Lebenshaus nicht für alle Wesen ohne ihr Zutun bereits vorgesorgt wäre. Luft, Wasser, Boden, Feuer, Pflanzen und Tiere, aber auch die Anlagen des Menschseins selbst sind da vor aller menschlichen Leistung, vor aller Technik, vor aller Planung, und auf ihr Dasein bleiben die Menschen angewiesen, was immer sie durch ihr eigenes Können und Wollen dem Lebenshaus hinzufügen mögen.[767] Dem Menschen als einem handelnden Wesen kommt in diesem Lebenshaus eine besondere Rolle zu: Geschaffen als Bild Gottes ist er »sozusagen der Ort, von dem aus die Gottheit wirkt.«[768] Diese Würde »kommt in der biblischen Schöpfungserzählung allen Menschen unterschiedslos zu [...]. Nicht aufgrund besonderer Leistungen oder Aufgaben, sondern als Menschen sind sie königliche Bilder Gottes.«[769]

Als *königliches Bild Gottes* wird der Mensch sich seiner selbst

---

763 *Gen.* 1, 21.

764 Löning/Zenger (1997: 142).

765 Löning/Zenger (1997: 160).

766 Löning/Zenger (1997: 144).

767 Etwas von einer solchen Sicht schwingt noch im Begriff »Ökologie« mit, so wie er im 19. Jahrhundert von Haeckel geprägt wurde: »Der Begriff *Oikos* [...] erinnert uns nämlich daran, dass wir als menschliche Lebewesen nur zusammen mit Tieren und Pflanzen im gemeinschaftlichen Haus der Erde wohnen können. [...] Die Menschen sind, wie alle Lebewesen, Gäste an den Tischen des Lebens.« (Faber/Manstetten 2003: 40–42).

768 Löning/Zenger (1997: 147).

769 Löning/Zenger (1997: 1489.

nur bewusst, wenn er sich, seine Mitmenschen und die gesamte Schöpfung in der Reinheit des Herzens wahrnimmt. Eingefangen von seinen Bedürfnissen, Sorgen und Ängsten und verstrickt in den Lauf der Welt vergisst er jedoch, wer er ist und in welchem Lebenshaus er Wohnung gefunden hat. Das aber ist die Situation nach dem Sündenfall, dessen Spuren, biblisch gesprochen, an allen Ausprägungen des Übels, auch am Malum oeconomicum, zu erkennen sind. Die Welt nach dem Sündenfall scheint geradezu darauf angelegt, jeden Glauben an die Reinheit des Herzens und die Reinheit der guten Schöpfung zum Verschwinden zu bringen. Es ist allerdings gerade diese Welt nach dem Sündenfall und nicht etwa die ursprüngliche Schöpfung im Licht des reinen Herzens, es ist die Welt von Schuld und Sorge, in der sich menschlicher Alltag vollzieht. In dieser Welt ist man dem Malum oeconomicum ausgesetzt, in dieser Welt stellt sich die Frage nach einer entscheidenden Wende von Wirtschaft und Gesellschaft. Kann das reine Herz in dieser Welt irgendetwas oder gar etwas Entscheidendes zu einer solchen Wende beitragen?

Das reine Herz und die Politik

Anderssein statt Andersmachen

Das reine Herz ist in gewisser Weise unpolitisch oder a-politisch: Der Wille zu Sieg und Erfolg in den Arenen von Politik und Wirtschaft, der Instinkt für Macht, das Eingehen von Kompromissen – Dispositionen, die zu jedem gelingenden politischen Handeln gehören –, alles dies ist ihm wesensfremd. Dabei ist es durchaus nicht tatenlos: Es mahnt jeden Menschen, der auch nur einen Herzschlag lang seine Gegenwart spürt, sich nach innen zu wenden und sich in beständiger Reinigung seiner Triebe, Bedürfnisse, Gewohnheiten, Interessen und Orientierungen zu üben, und es drängt nach außen zu Werken der Barmherzigkeit und Mitmenschlichkeit. Aber die Taten des reinen Herzens haben keine politische Intention, denn das reine Herz hat zur mehr oder weniger schlechten Welt, in der die Politik sich abmüht, kein Verhältnis. Es versteht nicht die Regeln, Gesetze und Denkformen, die in ihr gelten, weil es in sich selbst nichts ihnen Entsprechendes vorfindet. In gewisser Weise muss man wohl sagen, dass das reine Herz, insofern es die Schlechtigkeit dieser Welt hinter sich lässt im Blick auf die daraus leuchtende gute Schöpfung, das Böse nicht kennt. Damit steht es im Gegensatz zu den Normalmenschen, die mit dem Bösen umzugehen gelernt haben. »Denn die Kinder dieser Welt sind unter ihresgleichen klüger als die Kinder des Lichts.«[770]

Politische Maßnahmen zur Veränderung der Welt sind vom reinen Herzen daher nicht zu erwarten. Nur durch sein Dasein und sein Wirken bezeugt das reine Herz die Möglichkeit eines *Andersseins in der Welt*. Dieses Zeugnis jedoch kann Menschen, die Augen haben es zu sehen, durchaus bewegen – nicht zuletzt auch zu eingreifendem politischen Handeln. Das Bezeugen des reinen Herzens ist ein gewaltloses Tun. Im Gegensatz zum Überreden oder Überzeugen verzichtet es darauf, jemandem eine Ansicht aufzudrängen, im Gegensatz zu veränderndem Handeln verzichtet es darauf, bestimmte Zwecke zu erreichen, bestimmte Wirkungen hervorrufen zu wollen. Die einzige Intention, von der sein Zeugnis getragen wird, ist es, *wahrgenommen* zu werden von seinesgleichen: von reinen Herzen, wie sie in anderen Menschen schlagen, auch wenn diese vielleicht nichts davon wissen. Darum gehört sein Tun in den Bereich der *Zeichenhandlungen*. Ihr Sinn besteht nicht darin, etwas zu bewirken oder etwas zu leisten, sondern einzig darin, auf etwas zu verweisen. Alles, was das reine Herz tut, ist *Zeichen für die Präsenz eines Andersseins*, niemals aber *Beitrag zu einem erfolgreichen Andersmachen*. Vom reinen Herzen aus und für das reine Herz kann und muss die entscheidende Wende nicht geleistet werden, denn in seinem Schauen und in seinem Licht ist, worum es in dieser Wende geht, bereits jetzt in diesem Augenblick wirklich. Damit diese Botschaft angenommen werden kann, bedarf es allerdings einer gänzlichen Umkehr in der Wahrnehmungs- und Handlungsweise der Menschen – in den Worten Hölderlins: *einer Revolution der Gesinnungen und Vorstellungsarten*.

Die Zeichenhandlungen des reinen Herzens stellen immer eine Herausforderung dar für eine Welt, in der, was wesenhaft anders ist als ihre Abläufe, nicht vorgesehen ist. Wer, wenn er auf die rechte Backe geschlagen wird, auch die andere darbietet,[771] wird Unverständnis, Befremden oder Zurückweisung provozieren. Im Vergleich zu jemandem, der zurückschlägt und damit in den Schranken des Gewöhnlichen verbleibt, kann jedoch eine Person, die gelassen den Schlag auf die andere Backe empfängt, eindringlichere Spuren hinterlassen. Solche Spuren hinterlässt gleichfalls, wer *nicht siebenmal,*

---

[770] *Lukas* 16,8.

[771] Vgl. *Matthäus* 5, 39.

sondern siebzigmal siebenmal[772] vergibt oder wer frei von dem Seinen gibt, ohne auf Gegengaben zu rechnen. Ja, selbst im politischen Handeln hat dieses Zeugnis einen eigenen Wert. Denn insofern es etwas zeigt, was nichts mit den angestrebten politischen Zielen zu tun hat, stellt es die Fixierung auf Erfolg infrage. Vielleicht fängt die entscheidende Wende da an, wo sie außerhalb der Logik von Erfolg und Misserfolg, Gelingen und Scheitern aufgesucht wird. Der Zen-Meister Robert Aitken rät demgemäß denen, die sich als politische Akteure für den Frieden unter den Menschen und die Versöhnung mit der Natur einsetzen, in ihren Aktionen innerliche Freiheit von diesen Zielen zu bekunden. Das können sie, indem sie ihr Ziel als bereits gegenwärtige Wirklichkeit manifestieren. Wer Frieden erreichen will, sollte ihn für sich bereits erreicht haben und dies in der *innigsten Gemeinschaft mit den Friedensfeinden zum Vorschein* bringen: »Vergegenwärtigen wir uns noch einmal das Diamant-Sutra. Dort heißt es: ›Verweile im Nirgendwo und bezeuge diesen Geist.‹ Dieses ›Nirgendwo‹ ist der Nullpunkt der reinsten Erfahrung, und es erschließt sich uns innerlich als Empfindung des Friedens und der Ruhe. ›Bezeugen‹ bedeutet hier, daß wir unbeirrbar fest dastehen und offen sind für die unendliche Vielzahl der Dinge. Für Menschen, die sich in der Friedensarbeit und für den Umweltschutz engagieren, würde diese Passage des Diamant-Sutra etwa bedeuten: Von dem ›Ort‹ dieses grundlegenden Friedens herkommend, erweise dich als ein Mensch, der sogar in der innigsten Gemeinschaft mit den Friedensfeinden den Frieden zum Vorschein bringt.«[773]

Reines Herz und politische Vernunft

Politisch werden kann das reine Herz nie unmittelbar, sondern nur vermittels einer politischen Vernunft. Diese entwirft Prinzipien der Gerechtigkeit und leitet daraus Kriterien für die Beurteilung konkreter Verhältnisse in Wirtschaft und Gesellschaft ab.[774] Der politischen Vernunft geht es im Gegensatz zum reinen Herzen um ein *Andersmachen*. Gemessen an ihren Prinzipien fordern ungerechte Verhält-

---

[772] *Matthäus* 18, 22.

[773] Aitken (1989: 229).

[774] Um eine solche Vernunft geht es u.a. John Rawls, Amartya Sen und den Kommunitaristen. S.o. Kap. 18 und 19.

nisse überall in dieser Welt zum Handeln auf: »Es müssen noch so gut funktionierende und wohlabgestimmte Gesetze und Institutionen abgeändert oder abgeschafft werden, wenn sie ungerecht sind.«[775]

Sowohl im Innern einer Person als auch innerhalb einer Gemeinschaft oder Gesellschaft können politische Vernunft und reines Herz einander ergänzen. Aber ihr Zusammenwirken ist nur selten konfliktfrei, am wenigsten da, wo es um eine entscheidende Wende von Wirtschaft und Gesellschaft geht. Für das reine Herz *ist* Gerechtigkeit in gewisser Weise schon wirklich als ein Sein, denn es ist selbst bereits in ihr. Sofern aber Gerechtigkeit in der Welt noch aussteht, liegt es nicht in seinem Vermögen, sie herbeizuführen, denn das reine Herz versteht diese Welt nicht. Für die Vernunft dagegen ist Gerechtigkeit ein Sollen. Damit ist sie Gegenstand einer Erkenntnis, die über alles Gegebene hinauslangt – als gegenwärtiges Sein ist die Gerechtigkeit für sie abwesend. Daher muss der Vernunft, anders als dem reinen Herzen, daran gelegen sein, dass ihre Erkenntnis politisch wird, dass ihre Vorstellungen zu einem Handeln führen, das sich messen lässt an öffentlich sichtbaren, gesellschaftlich wirksamen Handlungsfolgen.

Max Webers Warnung

Die *Konstellation* aus reinem Herzen und politischer Vernunft birgt Gefahren, wie sie bereits Max Weber klarsichtig beschrieben hat. Diese Gefahren werden virulent überall da, wo *die Reinheit des Herzens in einem politischen Sinn missverstanden wird* – sei es, weil jemand sie für sich in Anspruch nimmt, dessen Herz keineswegs rein ist, sei es, weil ein wahrhaft herzensreiner Mensch sich mit allzu großer Naivität in das Feld der komplexen Angelegenheiten dieser Welt begibt. In beiden Fällen kann in der Welt ein Zerrbild des reinen Herzens in Erscheinung treten. Als ein solches ist die Figur des von Weber so genannten *Gesinnungsethikers* zu betrachten. Dieser handelt unter der »Maxime […] – religiös geredet: ›Der Christ tut recht und stellt den Erfolg Gott anheim‹ […]. Wenn die Folgen einer aus reiner Gesinnung fließenden Handlung üble sind, so gilt ihm [sc. dem Gesinnungsethiker] nicht der Handelnde, sondern die Welt dafür verantwortlich, die Dummheit der anderen Menschen oder – der Wille

[775] Rawls (1979: 19 f.).

des Gottes, der sie so schuf. […] ›Verantwortlich‹ fühlt sich der Gesinnungsethiker nur dafür, dass die Flamme der reinen Gesinnung, die Flamme z. B. des Protestes gegen die Ungerechtigkeit der sozialen Ordnung, nicht erlischt. Sie stets neu anzufachen, ist der Zweck seiner, vom möglichen Erfolg her beurteilt, ganz irrationalen Taten, die nur exemplarischen Wert haben können und sollen.«[776]

In solchen Taten erscheint das wirklich oder angeblich reine Herz mit bestimmten abstrakten Prinzipien der politischen Vernunft amalgamiert, die keinerlei Rücksicht auf die konkreten Handlungssituationen zulassen, in denen sie doch Geltung beanspruchen: An die Stelle von vernünftiger Abwägungen tritt *Prinzipienreiterei*. Prinzipienreiterei aber ist nicht etwa Ausdruck eines reinen Herzens, sondern einer menschlichen Schwäche, nämlich der Unfähigkeit, für die Folgen seines Tuns einzustehen. Wer behauptet, für üble Folgen seines Tuns sei *die Welt verantwortlich, die Dummheit der anderen Menschen oder – der Wille des Gottes, der sie so schuf,*[777] versteht nichts vom Zeugnis des reinen Herzens.

Weber stellt den *Gesinnungspolitikern,* »die nicht real fühlen, was sie auf sich nehmen, sondern sich an romantischen Sensationen berauschen«,[778] den Typus des *Verantwortungsethikers* gegenüber, den man als den *Homo politicus* bezeichnen kann. Dieser verkörpert eine politisch wache und nüchterne Vernunft. Er »rechnet mit eben jenen durchschnittlichen Defekten der Menschen, – er hat, wie Fichte richtig gesagt hat, gar kein Recht, ihre Güte und Vollkommenheit vorauszusetzen.«[779] Politisch Handelnde, soweit sie vernünftig agieren und nach Gerechtigkeit streben, sind für Weber keineswegs Menschen, denen das reine Herz fehlt, im Gegenteil: Ohne eine im tiefsten lautere Motivation würde ein Politiker niemals etwas Gutes bewirken. Aber zur Politik gehört mehr, und dieses Mehr beinhaltet nicht etwa nur die Vernunft, die der lauteren Motivation des Herzens vernünftige Prinzipien der Gerechtigkeit an die Hand gibt. Denn lautere Motivation und vernünftige Prinzipien alleine erreichen nicht für die komplexe und trübe Wirklichkeit, in der die Menschen sich abmühen. Um dorthin zu gelangen, bedarf politisches Handeln zunächst der *Urteilskraft,* das heißt der Fähigkeit, lauteren Motivatio-

776 Weber (1994: 79 f.).
777 Weber (1994: 79 f.).
778 Weber (1994: 86).
779 Weber (1994: 80).

nen und vernünftigen Prinzipien in konkreten Verhältnissen Bedeutung zu verleihen. Dazu muss man die Prinzipien den Umständen gemäß oft modifizieren, so dass sie erfolgversprechendes Handeln nicht von vornherein verhindern. Sodann aber verlangt die Politik ihren Akteuren die Bereitschaft ab, sich auf Handlungszusammenhänge einzulassen, in deren Verworrenheit, Trübheit und Finsternis die Reinheit des Herzens und die Prinzipien der Vernunft kaum Orientierung bieten können. Für Weber kann es sogar notwendig sein, alle Vorstellungen von persönlicher Herzensreinheit preiszugeben um der Sache willen, um die es geht. Zur Arena des Politischen gehören in der Tat Züge, die dem reinen Herzen geradezu zuwider sind: sowohl das *Streben nach Macht* als auch die Bereitschaft, mit der eigenen Person *möglichst sichtbar in den Vordergrund zu treten.*[780] Zu diesen beiden Vorbedingungen tritt als Drittes eine Beziehung auf *das für die Politik entscheidende Mittel: die Gewaltsamkeit.*[781]

Weder das Streben nach Macht noch die Bereitschaft, sichtbar in den Vordergrund zu treten, noch das Sicheinlassen auf Gewaltsamkeit sind für Weber gut, im Gegenteil: Angesichts von *diabolischen Mächten* […]*, die in jeder Gewaltsamkeit lauern,*[782] mag man sich fragen, ob nicht Menschen reinen Herzens, die von Wirtschaft und Politik gleichermaßen Abstand halten, mit einem konsequenten Verzicht auf Handeln in diesen Arenen Besseres bewirken könnten als diejenigen, die durch Politik eine entscheidende Wende herbeiführen wollen. Weber warnt: »Auch die alten Christen wussten sehr genau, dass die Welt von Dämonen regiert sei, und dass, wer mit der Politik, das heißt: mit Macht und Gewaltsamkeit als Mitteln, sich einlässt, mit diabolischen Mächten einen Pakt schließt, und dass für sein Handeln es nicht wahr ist: dass aus Gutem nur Gutes, aus Bösem nur Böses kommen könne, sondern oft das Gegenteil. Wer das nicht sieht, ist in der Tat politisch ein Kind.«[783]

Wer sich auf die Politik einlässt, um etwas zu erreichen, muss sich darüber im Klaren sein, dass er in einem Feld operiert, worin die Verwendung der Mittel, die Erfordernisse des öffentlichen Auftretens und generell die Korrumpierbarkeit der Akteure jederzeit auch die eigene Integrität gefährden. Dagegen schützen, so Weber, nur Quali-

---

780 Weber (1994: 75).
781 Weber (1994: 80).
782 Weber (1994: 85).
783 Weber (1994: 82).

täten, wie sie oben dem reinen Herzen zugesprochen wurden: Der Politiker bedarf »der Fähigkeit, die Realitäten mit innerer Sammlung und Ruhe auf sich wirken zu lassen, also: der Distanz zu den Dingen und Menschen.«[784] Politik muss so tief in die Niederungen des Lebens herabsteigen, dass sie nahezu schutzlos der Gefährdung durch die dort herrschenden Übel ausgesetzt ist, und zugleich muss sie die größte Distanz dazu wahren. Unter dieser fast unerträglichen Spannung steht nach Weber die Figur des guten Politikers.

Webers Überlegungen lassen der Hoffnung, Politik könne eine entscheidende Wende zum Guten herbeiführen, so gut wie keinen Raum: »Es ist durchaus wahr und eine – jetzt hier nicht näher zu begründende – Grundtatsache aller Geschichte, dass das schließliche Resultat politischen Handelns oft, nein: geradezu regelmäßig, in völlig unadäquatem, oft in geradezu paradoxem Verhältnis zu seinem ursprünglichen Sinn steht. [...] Wer die absolute Gerechtigkeit auf Erden mit Gewalt herstellen will, der bedarf dazu der Gefolgschaft: des menschlichen ›Apparates‹. [...] Was er unter solchen Bedingungen seines Wirkens tatsächlich erreicht, steht daher nicht in seiner Hand, sondern ist ihm vorgeschrieben durch jene ethisch überwiegend gemeinen Motive des Handelns seiner Gefolgschaft, die nur im Zaume gehalten werden, solange ehrlicher Glaube an seine Person und seine Sache wenigstens einen Teil der Genossenschaft: wohl nie auf Erden auch nur die Mehrzahl, beseelt.«[785] Politik darf und soll das Bestmögliche versuchen, aber diejenigen, die in ihr das eigene Leben einsetzen, werden sich bescheiden müssen: Das Entscheidende, so darf man Weber verstehen, ist nicht Gegenstand eines *Machens*. Den archimedischen Punkt für die Änderung von Wirtschaft und Gesellschaft, an den Rawls glaubt, gibt es für Weber nicht. Auch ein verantwortungsethisch motivierter Homo politicus wird sich im letzten einem gesinnungsethischen Prinzip unterwerfen müssen, wie es oben bereits angeführt wurde: »Dieser handelt unter der »Maxime [...] – religiös geredet: ›Der Christ tut recht und stellt den Erfolg Gott anheim.‹«[786] Auch wenn ein Homo politicus, anders als der Christ, nicht an einen Gott glauben sollte, muss er einsehen, dass der Erfolg letztlich nicht in seiner Hand liegt, selbst wenn er alles getan haben sollte, was ihm möglich ist.

---

[784] Weber (1994: 74).

[785] Weber (1994: 75 f. u. 84).

[786] Weber (1994: 79). S. o. in diesem Kapitel.

Schlussbemerkung

Es ist ein Unglück, dass das Feld der Wirtschaft immer wieder in den Sog von Heilsvisionen geraten ist. Einer Wirtschaft und Technik, deren immer neue Hervorbringungen das Leben in immer schnellerem Takt umwälzen, kann man nicht mit der Idee einer Revolution beikommen, die diese Umwälzungen noch übertrumpfen müsste. Zwar sind die Perspektiven, die die gegenwärtige globale Wirtschaft eröffnet, eher düster. Durchaus möglich ist, dass sie, wenn sie ungehindert in ihrem Lauf belassen wird, ihrem Untergang entgegentreibt, mit unabsehbaren Katastrophen für alle Menschen im Gefolge. Es ist andererseits nicht unmöglich, dass sich im Großen und Ganzen der globalen Welt Einsicht, Wille und Macht zu kollektivem Handeln formieren, um das anscheinend Unaufhaltsame doch noch zu wenden. Wo immer Aussicht dafür besteht, sollten sich Individuen, Gemeinschaften und Verbände für eine Politik einsetzen, die ihre Zuständigkeit nicht auf die Herstellung und Bewahrung individueller Freiheitsrechte begrenzt, wie sie der Liberalismus fordert, sondern ihr Handeln an den Ideen der Gerechtigkeit für alle Menschen und eines maßvollen Umgangs mit der außermenschlichen Natur orientiert.

Aber ob die Möglichkeit des Untergangs oder aber die Möglichkeiten der Rettung wirklich werden, liegt im Feld menschlichen Unwissens. Wissen aber besteht darüber, dass es das Malum oeconomicum gibt und dass es daneben auch das Malum politicum und weitere Übelstände in den Bereichen der Gesellschaft gibt, die oft ineinander verstrickt sind. Dass es diese Übel gibt, muss man anerkennen, damit muss man rechnen, dazu muss man sich verhalten können, wenn Gerechtigkeit, Frieden und Bewahrung der Schöpfung nicht bloße Parolen bleiben sollen.

Solche Gedanken legen eine gewisses Skepsis nahe gegenüber den Versuchen, in einer entscheidenden Wende das Große und Ganze dieser Welt, wenn man so sagen dürfte, durch ein »Größeres und Gänzeres« zu ersetzen. Der Wille, der ernsthaft und realistisch in gegebenen Umständen Verbesserungen erreichen will, mag zwar aus Quellen in der Tiefe des reinen Herzens entspringen. Was ihn aber im Besonderen auszeichnet, ist der Respekt vor der Oberfläche des Lebens, die Rücksichtnahme auf die Schwäche des Menschen und das Rechnen mit seiner Boshaftigkeit. Der echte Homo politicus weiß das Vergängliche zu würdigen. Auch wenn er sich bewusst ist, dass aus dem Streben, menschliche Lebensverhältnisse zu verbessern, bestenfalls eine kurze Frist leidlichen Wohlergehens hervorgeht, wird er die Menschen in diesem Streben unterstützen und das Seinige dazu beitragen, dass es sich in Maßen hält und gute Früchte aus sich entlässt. Vielleicht gedeiht kräftige und ausdauernde Hoffnung auf Veränderung nur da, wo man akzeptiert, dass ein nachhaltiger Erfolg aller Bemühungen um eine gute Wirtschaft weniger im Großen und Ganzen zu erwarten ist als eher, in den Worten von Erich Fried, *im kleinen/ und im zerbrochenen.*[787]

[787] Erich Fried, Beim Lesen von H. M. Enzensbergers ›zweifel‹, in: Fried (1976: 75).

Literaturverzeichnis

Monographien und Artikel aus wissenschaftlichen Zeitschriften und Sammelbänden

Agus, A. R. E. (2001) *Das Judentum in seiner Entstehung. Grundzüge rabbinisch-biblischer Religiosität.* Kohlhammer, Stuttgart.

Aitken, R. (1989) *Ethik des Zen*, Ch. Quatmann (Üs.). Eugen Diederichs, München.

Aischylos (1958, o. J.) *Der gefesselte Prometheus*, in: *Tragödien*, J. G. Droysen (Üs.), Textrevision S. Müller. Vollmer Verlag, Wiesbaden/Berlin: S. 47–87.

Aischylos (1986) *Prometheus gefesselt*, übertragen von P. Handke. Suhrkamp, Frankfurt a. M.

Anikin (1974) *Ökonomen aus drei Jahrhunderten. Das Leben und Wirken der Ökonomen vor Marx und Engels*, G. Wermusch (Üs.). Marxistische Blätter, Frankfurt a. M.

Arendt, H. (1981) *Vita activa oder Vom tätigen Leben.* Piper, München.

Arendt, H. (1989) *Nach Auschwitz. Essays und Kommentare*, E. Geisel (Üs.). Bittermann, Berlin.

Aristoteles (1972) *Die Nikomachische Ethik*, O. Gigon (Üs). Dtv, München.

Aristoteles (1994) *Politik*, F. Susemihl (Üs.) u. W. Kullmann (Üs. u. Hg.). Rowohlts Enzyklopädie, Reinbek b. Hamburg.

Bauman, Z. (2013) *Retten uns die Reichen?*, A. Korsmeiner (Üs.). Herder, Freiburg, Basel, Wien.

Baumanns, P. (2007) *Die Seele-Staat-Analogie im Blick auf Platon, Kant und Schiller.* Königshausen & Neumann, Würzburg.

Baumgärtner, S./Faber, M./Schiller, J. (2006) *Joint Production and Responsibility in Ecological Economics. On the Foundations of Environmental Policy.* Edward Elgar, Cheltenham (UK) u. a.

Becker, C. (2003) *Ökonomie und Natur in der Romantik. Das Denken von Novalis, Wordsworth und Thoreau als Grundlegung der Ökologischen Ökonomik.* Metropolis, Marburg.

Becker, C. (2012) *Sustainability Ethics and Sustainability Research.* Springer, New York.

Becker, C./Ewringmann, D./Faber, M./Petersen, Th./Zahrnt, A. (2012) *Endangering the natural basis of life is unjust. On the status and future of the sustainability discourse*. University of Heidelberg, Department of Economics, Discussion Paper Series No. 527.

Becker, C./Faber, M./Hertel, K./Manstetten, R. (2005) *Malthus vs, Wordsworth: Perspectives of humankind, nature and economy. A contribution to the history and foundations of ecological economics*. Ecological Economics 53: 299–310, ins Deutsche üs. in Faber/Manstetten (2014): 382–406.

Becker, G. S. (1976) *The Economic Approach to Human Behavior*. University of Chicago Press, Chicago and London (Deutsch: *Der ökonomische Ansatz menschlichen Verhaltens*. Mohr Siebeck, Tübingen 1982).

Becker-Schmidt, R. (2004) *Doppelte Vergesellschaftung von Frauen: Divergenzen und Brückenschläge zwischen Privat- und Erwerbsleben*, in: Becker, R. u. Kordendiek, B. (Hg.) *Handbuch Frauen- und Geschlechterforschung: Theorie, Methoden, Empirie*. VS Verlag für Sozialwissenschaften, Wiesbaden: 62–71.

Benjamin, W. (1972) *Ursprung des deutschen Trauerspiels*. Suhrkamp, Frankfurt a. M.

Benjamin, W. (1980) *Über den Begriff der Geschichte*, in: Benjamin, W.: *Gesammelte Werke*. Hg. H. Schweppenhäuser und R. Tiedemann. Band I/2, Suhrkamp, Frankfurt am Main: 691–704; Anmerkungen in Bd. I/3: 1223–1276.

Binswanger, H. C. (1985) *Geld und Magie. Deutung und Kritik der modernen Wirtschaft anhand von Goethes Faust*. Mit einem Nachwort von Iring Fetscher. Edition Weitbrecht, Stuttgart.

Binswanger, H. C. (2000) *Wachstum durch Imagination. J. G. Schlossers Theorie der imaginären Bedürfnisse*, in: Schlosser (1784/2000: 147–170).

Boltanski, L./Chiapello, E. (2003) *Der neue Geist des Kapitalismus*, M. Tillmann (Üs.). UVK, Konstanz.

Borgeaud, Ph. (2003) *Opfer, I. Religionswissenschaftlich, in: Religion in Geschichte und Gegenwart, Handwörterbuch für Theologie und Religionswissenschaft (RGG)*, Bd. 6. N-Q, H. D. Betz, D. S. Browning, B. Janowski, E. Jüngel (Hg.). Mohr Siebeck, Tübingen: 570–572.

Braudel, F. (1986) *Sozialgeschichte des 15.–18. Jahrhunderts*, Bd. 3: Aufbruch zur Weltwirtschaft., S. Summerer, G. Kurz (Üs.). Kindler, München.

Brüder Grimm (1975) *Kinder und Hausmärchen*. Winkler, München.

Brunner, O. (1949) *Adeliges Landleben und europäischer Geist. Leben und Werk Wolf Helmhards von Hohberg 1612–1688*. Otto Mueller, Salzburg.

Buchanan, James (1999), *Logical Formulations of Constitutional Liberty*, Vol. 1, Indianapolis, Liberty Fund, 1999.

Buchheim, Th. (1994) *Die Vorsokratiker. Ein philosophisches Porträt*. Beck, München.

Büchner, G. (1835/1972) *Dantons Tod*, in: Büchner, G: *Sämtliche Werke und Briefe*. Hamburger Ausgabe in vier Bänden, Band 1 Dichtungen und Übersetzungen, W. R. Lehmann (Hg.). WBG, Darmstadt: 7–75.

Büchner, G. (1835/1972) *Brief an Gutzkow, Anfang September 1835,*. in Büchner, G: *Sämtliche Werke und Briefe*. Hamburger Ausgabe in vier Bänden, Band 2 Vermischte Schriften und Briefe. WBG, Darmstadt.

Cantoni (2009). *The Economic Effects of the Protestant Reformation: Testing the Weber Hypothesis in the German Lands.* Job Market Paper, Harvard University, 10. November 2009.

Cardellini, I. (1999) *Erlaßjahr/Jobeljahr*, in: *Religion in Geschichte und Gegenwart (RGG)*, Handwörterbuch für Theologie und Religionswissenschaft, 4. Auflage, Bd. 2. C–E, H. D. Betz, D. S. Browning, B. Janowski, E. Jüngel (Hg.). Mohr Siebeck, Tübingen: 1423 f.

Coase, R. (1937) »*The Nature of the Firm*«, Economica, 4: 368–405.

Coase, R. (1960) »*The Problem of Social Cost*«, Journal of Law and Economics, 3: 1–44.

Colli-Staude, Ch. (2006) *Worte und Taten. Politische Motive bei Platon und Thukydides*, in: G. Fitzi (2006) *Platon im Diskurs. Beiträge des Istituto Italiano per gli Studi Filosofici*. Universitätsverlag Winter, Heidelberg: 111–143.

Costanza, R. (ed.) (1991) *Ecological Economcis. The Science and Management of Sustainability.* Columbia University Press, New York.

Culbert, T. P. (1994) *Der Zusammenbruch einer Kultur*, in: Eggebrecht, E./Eggebrecht, A./Grube, N. (Hg.) *Die Welt der Maya*. Philipp von Zabern, Mainz: 239–256.

Dalferth, I. (2008) *Malum. Theologische Hermeneutik des Bösen.* Mohr und Siebeck, Tübingen.

Desai, M. (2002) *Marx's Revenge. The Resurgence of Capitalism and the Death of Socialism*. Verso, London/New York.

Diels, H./Kranz, W. (1951) *Die Fragmente der Vorsokratiker*, griechisch und deutsch, 6. Auflage. Weidmann, Dublin/Zürich.

Dinzelbacher, P. (2008) (Hg.) *Europäische Mentalitätsgeschichte. Hauptthemen in Einzeldarstellungen*. 2. Auflage. Kröner, Stuttgart.

Dorfman, Robert (1979) »*A Formula for the Gini Coefficient*«. The Review of Economics and Statistics (The MIT Press) 61 (1): 146–149.

Duden (1999) *Das große Wörterbuch der deutschen Sprache: in zehn Bänden*, Wiss. Rat der Dudenredaktion (Hg.). Brockhaus, Mannheim.

Dülmen, R. van (1982) *Entstehung des frühneuzeitlichen Europa 1550–1648*, in: Fischer Weltgeschichte. Bd. 24, Fischer, Frankfurt a. M.

Dworkin, R. (2002) *Sovereign Virtue. The Theory and Practice of Equality.* Cambridge University Press, Cambridge/Mass.

Dworkin, R. (2011) *Was ist Gleichheit*, Ch. Schmidt-Petri (Üs.) Suhrkamp, Berlin.

Eagleton, T. (2011) *Das Böse*. H. Kober (Üs.). Ullstein, Berlin.

Eckstein, W. (1985) »*Einleitung des Herausgebers*«, in: Smith, A. (1985): XI–LXXXIII.

Edwards, A. R. (2005) *The Sustainability Revolution: Portrait of a Paradigm Shift*. New Society Publishers, Gabriola Island (Canada).

Ehrlich, P. (1968) *The Population Bomb.* Ballantine, New York.

Enders, M. (2010) *Postmoderne, Christentum und Neue Religiosität. Studien zum Verhältnis zwischen postmodernem, christlichen und neureligiösen Denken*. Verlag Dr. Kovač, Hamburg.

Engels, Friedrich, (1844/1972) *Die Lage der arbeitenden Klasse in England. Nach eigner Anschauung und authentischen Quellen*, in: *Karl Marx – Friedrich Engels – Werke*, Band 2, S. 225–506, Dietz Verlag, Berlin/DDR.

Erber, G. (2010) *The Problem of Money Illusion*. Journal of Applied Economic Sciences, Vol. V/3(13): 196–216

Faber (1999) »*Was ist Wirtschaft? Was ist die Wissenschaft von der Wirtschaft?*« in: *Dialektik – Enzyklopädische Zeitschrift für Philosophie und Wissenschaften* 3: 13–41, überarbeitet wiederabgedruckt in: Faber/Manstetten 2014: 2–49.

Faber, M. (Hg.) (1986) *Studies in Austrian Capital Theory, Investment, and Time*. Springer, Berlin, Heidelberg, New York.

Faber, M./Manstetten, R. (2003 a) *Die Geschichte der Soda Chlorchemie. Wirtschaftsphilosophische Überlegungen*, in: *Wider die Natur. Vorträge des Studium Generale der Ruprecht-Karl-Universität Heidelberg WS 2001/02*. Heidelberg: 93–108, wiederabgedruckt in: Faber/Manstetten (2014): 240–255.

Faber, M./Manstetten, R. (2014) *Was ist Wirtschaft? Von der Politischen Ökonomie zur Ökologischen Ökonomie*. 2. Auflage. Alber, Freiburg.

Faber, M./Manstetten, R./Proops, J. (1996) *Ecological Economics*. Edward Elgar, Cheltenham/New York.

Faber, M./Niemes, H./Stephan, G. (1985) *Entropie, Umweltschutz und Rohstoffverbrauch: eine naturwissenschaftlich- ökonomische Untersuchung*. Springer, Berlin, Heidelberg, New York.

Faber, M./Petersen, Th. (2008) *Gerechtigkeit und Marktwirtschaft – das Problem der Arbeitslosigkeit*, in: *Perspektiven der Wirtschaftspolitik*, 9: 405–423.

Faber, M./Proops, J. L. R. (1998) *Evolution, Time, Production and the Environment*. Springer, Berlin, Heidelberg, New York.

Faber, M./Manstetten, R./Petersen, Th. (1997) *Homo oeconomicus and Homo politicus. Political Economy, Constitutional Interest and Ecological Interest*, in: *Kyklos* 5, Heft 4: 457–483, ins Deutsche übers. und bearbeitet in: Faber/Manstetten (2014): 113–146.

Federici, S. (2015) *Aufstand aus der Küche*, M. Henninger (Üs.). Edition assemblage, Münster.

Fetscher, I. (1976) *Einleitung*, in: Hobbes (1976: IX-LXIV).

Finley, M. (1977) *Die antike Wirtschaft*. Dtv, München.

Firebaugh, Glenn (1999) »*Empirics of World Income Inequality*«. American Journal of Sociology 104 (6): 1597–1630.

Folkers, H. (1985) *Die Neutralität gesellschaftlicher Gewalt und die Wahrheit der Unterscheidung: Zur Geschichte der Differenzierung von Moralität und Legalität bei Kant und zum Ursprung gesellschaftlicher Differenzierung bei Hegel*, in: Luhmann, N. (Hg) (1985) *Soziale Differenzierung: zur Geschichte einer Idee*. Westdeutscher Verlag, Wiesbaden: 42–67.

Francione, G. L. (2014) *Empfindungsfähigkeit, ernstgenommen*, in: Schmitz (2014): 153–175.

Fried, E. (1976) *Unter Nebenfeinden*, in: *Die Beine der größeren Lügen/Unter Nebenfeinden/Gegengift. Drei Gedichtsammlungen.* Wagenbach, Berlin: 61–108.

Friedman, M. (1975) *There's no Such Thing as a Free Lunch. Essays on Public Policy.* Open Court, Chicago.

Friedman, M./Friedman, R.(1980) *Chancen, die ich meine: ein persönliches Bekenntnis*, I. Mühlfenzl (Üs.). Ullstein, Berlin/Frankfurt a. M./Wien.

Fromm, E. (1979) *Haben oder Sein. Die seelischen Grundlagen einer neuen Gesellschaft.* Dtv, München.

Fromm, E. (2008) *Ihr werdet sein wie Gott: Eine radikale Interpretation des Alten Testaments und seiner Tradition.* (1. Auflage 1980). Dtv, München.

Galtung, J. (1982) *Strukturelle Gewalt. Beiträge zur Friedens- und Konfliktforschung.* Rororo, Reinbek.

Gasper, D. (2007). *What is the Capability Approach? Its Core, Rationale, Partners and Dangers.* Journal of Socio-economics, *36* (3): 335–359.

Gehlen (2009) *Der Mensch. Seine Natur und seine Stellung in der Welt* (1. Auflage 1940). Aula Verlag, Wiebelsheim.

Gehlen, A. (1957) *Die Seele im technischen Zeitalter. Sozialpsychologische Probleme in der industriellen Gesellschaft.* Rowohlt, Reinbek.

Gehlen, A. (2004) *Urmensch und Spätkultur. Philosophische Ergebnisse und Aussagen.* Klostermann, Frankfurt a. M.

Georgescu-Roegen, N. (1971) *The Entropy Law and the Economic Processs.* Harvard University Press, Cambridge.

Gestrich, Ch. (2003) *Opfer, III. Religionsphilosophisch*, in: *Religion in Geschichte und Gegenwart (RGG)*, Handwörterbuch für Theologie und Religionswissenschaft, 4. Auflage, Bd. 6. N-Q, H. D. Betz, D. S. Browning, B. Janowski, E. Jüngel (Hg.). Mohr Siebeck, Tübingen: 583–585.

Gini, Corrado (1912/1955) *»Variabilità e mutabilità«*. Wiederabgedruckt in: *Memorie di metodologica statistica* (Ed. Pizetti E., Salvemini, T.). Libreria Eredi Virgilio Veschi, Roma.

Gini, Corrado (1921) *»Measurement of Inequality of Incomes«*. The Economic Journal, Blackwell Publishing 31 (121): 124–126.

Glassman, B./Fields, R. (1997) *Anweisungen für den Koch. Lebensentwurf eines Zen-Meisters*, Th Kierdorf/H. Höhr (Üs.). Hoffmann und Campe, Hamburg.

Godwin (1793/2011) *An Enquiry Concerning Political Justice and its Influence on General Virtue and Happiness.* Nabu Press, Charleston.

Goldgar, A (2007) *Tulipmania. Money, Honor, and Knowledge in the Dutch Golden Age.* University of Chicago Press, Chicago, London.

Gosepath, S. (2004) *Gleiche Gerechtigkeit. Grundlagen eines liberalen Egalitarismus.* Suhrkamp, Frankfurt/M.

Graeber, D. (2012) *Schulden. Die ersten 5000 Jahre.* U. Schäfer, H. Freundl, S. Gebauer (Üs.) Klett-Cotta, Stuttgart.

Grube, N. (2016) *Die Apokalypse der Maya.Könige. Der Zusammenbruch der klassischen Maya-Städte*, in: A. Schubert (Hg.): *Maya. Das Rätsel der Königsstädte.* Hirmer, München: 269–275.

Grunwald, A./Kopfmüller, J. (2012): *Nachhaltigkeit.* Campus, Frankfurt a. M./ New York.

Habermas, J. (1992): *Faktizität und Geltung. Beiträge zur Diskurstheorie des Rechts und des demokratischen Rechtsstaates,* Frankfurt a. M. 1992.

Hannon, B. (1985) *World Shogun.* Journal of Social and Biological Structures vol. 8, issue 4: 329–331. u. 338–341.

Harcourt, G. C. 81972) *Some Cambridge Controversies in the Theory of Capital.* Cambridge University Press, Cambridge, U.K.

Hargroves, K./Smith, E./von Weizsäcker, E. U. (2010) *Faktor Fünf. Die Formel für nachhaltiges Wachstum.* Droemer, München.

Harrod, R. (1939), *An Essay in Dynamic Theory,* in: *The Economic Journal,* Vol. 49. Deutsch in: H. König (Hg.) (1968) *Wachstum und Entwicklung der Wirtschaft.* Kiepenheuer & Witsch, Köln/Berlin: 35–54.

Hauff, V. (Hg.) (1987): *Unsere gemeinsame Zukunft: Der Brundtland-Bericht der Weltkommission für Umwelt und Entwicklung.* (Deutsche Übersetzung von WCED 1987), Greven.

Hayek, F. v. (1991) *Die Verfassung der Freiheit.* Übersetzt von Ruth Temper, Dietrich Schaffmeister und Ilse Bieling, Mohr-Siebeck, Tübingen.

Hegel, G. W. F. (1970) *Grundlinien der Philosophie des Rechts oder Naturrecht und Staatswissenschaft im Grundriss.* Suhrkamp, Frankfurt a. M.

Heidegger (1962) *Die Technik und die Kehre.* Neske, Pfullingen.

Heidegger, M. (1972) *Nietzsches Wort Gott ist tot,* in: *Holzwege.* Vittorio Klostermann, Frankfurt a. M.: 193–247.

Hennis, W. (1987) *Max Webers Fragestellung.* Studien zur Biographie des Werks. Mohr, Tübingen.

Hennis, W. (2003) *Die ›Protestantische Ethik‹ – ein ›überdeterminierter‹ Text,* in: *Max Weber und Thukydides.* Nachträge zur Biographie des Werks. Mohr und Siebeck, Tübingen: 113–129.

Henry, Michel (1997) *»Ich bin die Wahrheit«: für eine Philosophie des Christentums,* R. Kühn (Üs.). Vorwort R. Bernet. Alber, Freiburg.

Herzog, L./Honneth, A. (Hg.) (2014) *Der Wert des Marktes – Ein ökonomisch-philosophischer Diskurs vom 18. Jahrhundert bis zur Gegenwart.* Suhrkamp Verlag, Berlin.

Hessel (2011) *Empört Euch!* M. Kogon Üs.). Ullstein, Berlin.

Hicks, J. (1950), *A Contribution to the Theory of the Trade Cycle.* Clarendon Press, Oxford.

Hildenbrand, W./Kirman A. P. u. a. (1976) *Introduction to Equilibrium Analysis.* Elsvier, North Holland.

Hirschman, A. O. (1987) *Leidenschaften und Interessen. Politische Begründungen des Kapitalismus vor seinem Sieg,* S. Offe (Üs.). Suhrkamp, Frankfurt a. M.

Hobbes (1976) *Leviathan oder Stoff, Form und Gewalt eines bürgerlichen und kirchlichen Staates,* W. Euchner (Üs), I. Fetscher (Hg.). Ullstein, Berlin.

Höffe, O. (2003) *Politische Gerechtigkeit. Grundlegung einer kritischen Philosophie von Recht und Staat* (4. Aufl.). Suhrkamp, Frankfurt.

Höffe, O. (2011) *Platon. Politeia.* Akademie Verlag, Berlin.

Hölderlin, F. (1969) *Werke und Briefe*, F. Beißner und J. Schmidt (Hg.) Bd. 2. Insel, Frankfurt a. M.

Holmes, S. (1995) *Die Anatomie des Antiliberalismus*, A. Vonderstein (Üs.). Rotbuch, Hamburg.

Homann, K. (2002) *Wirtschaft und Moral – eine Neubestimmung ihres Verhältnisses*, in: Fonari, A./Nacke, St. (Hg.), *Wirtschaftsethik im Diskurs. Eine kritische Auseinandersetzung mit Karl Homann*. LIT, Münster: 1–18.

Homann, K. (2008) *Was bringt die Wirtschaftsethik für die Ethik?* (Wittenberg-Zentrum für Globale Ethik, Diskussionspapier Nr. 2008–4. Wittenberg-Zentrum für Globale Ethik e. V.

Hoppe, H. (2002) *Feministische Ökonomik, Gender in Wirtschaftstheorien und ihre Methoden*. Edition sigma, Berlin.

Hottinger, O. (1998) *Eigeninteresse und individuelles Nutzenkalkül in der Theorie der Gesellschaft und Ökonomie von Adam Smith, Jeremy Bentham und John Stuart Mill. Metropolis*, Marburg.

Hotze, A. (2008) *Menschenbild und Ordnung der Sozialen Marktwirtschaft. A. Rüstow, W. Röpke, A. Müller-Armack und ihre Konzeption einer Wirtschafts- und Gesellschaftsordnung nach dem »Maße des Menschen«*. Dr. Kovač, Hamburg.

Hume, D. (2003) *Untersuchungen über die Prinzipien der Moral*, Üs. C. Winckler. Felix Meiner, Hamburg.

Jahoda, M./Lazarsfeld, P. F./Zeisel, H. (1933/1975) *Die Arbeitslosen von Marienthal. Ein soziographischer Versuch über die Wirkungen langandauernder Arbeitslosigkeit*. (Erstausgabe Leipzig 1933). Suhrkamp, Frankfurt am Main.

Janouch, G. (1981) *Gespräche mit Kafka. Aufzeichnungen und Erinnerungen*, erweiterte Neuausgabe. Fischer Taschenbuch, Frankfurt a. M.

Jevons, W. St. (1865). *The Coal Question; An Inquiry Concerning the Progress of the Nation, and the Probable Exhaustion of Our Coal Mines* (1 ed.). Macmillan & Co, London & Cambridge.

Jonas, F. (1966) *Die Institutionenlehre Arnold Gehlens*. Mohr (Siebeck), Tübingen.

Jonas, H. (1979) *Das Prinzip Verantwortung. Versuch einer Ethik für die technologische Zivilisation*. Suhrkamp, Frankfurt a. M.

Jöst, F. (2002) *Bevölkerungswachstum und Umweltnutzung: eine ökonomische Analyse*. Physica Verlag, Heidelberg.

Jung, C. G. (1972) *Psychologie und Alchemie*. Walter, Olten (CH.).

Kant (1964) *Zum ewigen Frieden. Ein philosophischer Entwurf*, in: *Schriften zur Anthropologie, Geschichtsphilosophie und Pädagogik*, Werke Bd. VI, W. Weischedel (Hg.). Wissenschaftliche Buchgesellschaft, Darmstadt: 195–251.

Kant (1974 a) *Grundlegung zur Metaphysik der Sitten*, in: *Werkausgabe Bd. VII*, W. Weischedel (Hg.). Suhrkamp, Frankfurt a. M.

Kant I. (1974b) *Kritik der Urteilskraft*, W. Weischedel (Hg). Suhrkamp, Frankfurt a. M.

Kant (1974c) *Kritik der praktischen Vernunft*, in: *Werkausgabe Bd. VII*, W. Weischedel (Hg.). Suhrkamp Verlag, Frankfurt a. M.

Kersting, W. (1999) *Platons ›Staat‹*. Wissenschaftliche Buchgesellschaft, Darmstadt.

Keynes, J. M. (1931) *Economic Possibilities for our Grandchildren*, in: Essays in Persuasion. Macmillan, London: 358–373.

Keynes, J. M. (1931) *Thomas Robert Malthus*, in: *Essays in Biography*. Macmillan, London: 71–108.

Kierkegaard, S. (1976) *Der Begriff der Angst*, R. Lögstrup (Üs.), in: *S. Kierkegaard, Die Krankheit zum Tod und anderes*, H. Diem u. W. Rest (Hg.). Dtv, München: 445–640.

Kindleberger (1978) *Manias, Panics, and Crashes. A History of Financial Crises*. Basic Books, New York.

Klages, L. (1972) *Der Geist als Widersacher der Seele*. Bouvier, Bonn.

Klauer, B./Manstetten, R./Petersen, Th./Schiller, J. (2013) *Die Kunst, langfristig zu denken. Wege zur Nachhaltigkeit* (mit B. Fischer, F. Jöst, Mi-Yong Lee und Konrad Ott). Nomos, Baden-Baden.

Kleist, H. (1970) *Michael Kohlhaas*, in: *Heinrich von Kleist, Sämtliche Werke und Briefe*, Bd. II, H. Sembdner (Hg.). Hanser, München: 9–103.

Krebs A. (Hg.) (2002): *Gerechtigkeit oder Gleichheit. Texte der neuen Egalitarismuskritik*. Suhrkamp, Frankfurt am Main.

Kristof, Nicholas D./WuDunn, Sheryl (2010) *Die Hälfte des Himmels. Wie Frauen weltweit für eine bessere Zukunft kämpfen*, K. H. Siber (Üs). Beck Verlag, München.

Kyd, Stewart. (1978) *A treatise on the law of corporations* (Reprint der Ausgabe v. 1793/94). Garland Publishers, New York.

Leininger W. (1996) »*Mikroökonomik*«, in: *Springer's* Handbuch *der Volkswirtschaftslehre*. V. J. Hagen/A. Börsch-Supan/P. Welfens (Hg.). Springer, New York: 1–42.

Lepore, J. (2010) *The Whites of Their Eyes. The Tea Party's Revolution and the Battle over American History*. Princeton University Press, Princeton and Oxford.

Lesky, A. (1984) *Die griechische Tragödie*, 5. Auflage. Alfred Kröner, Stuttgart.

Lessenich, St. (2016) *Neben uns die Sintflut. Die Externalisierungsgesellschaft und ihr Preis*. Hanser, Berlin.

Liebersohn, H. (2010) *The return of the gift. European history of a global idea*. Cambridge University Press, New York.

Löwith, K. (1953) *Weltgeschichte und Heilsgeschehen. Die theologischen Voraussetzungen der Geschichtsphilosophie*. Kohlhammer, Stuttgart.

Löning, K./Zenger, E. (1997) *Als Anfang schuf Gott. Biblische Schöpfungstheologien*. Patmos, Düsseldorf.

MacIntyre (1988) *Whose Justice? Which Rationality?*, Duckworth,London.

MacIntyre (2001) *Die Anerkennung der Abhängigkeit. Über menschliche Tugenden*, Ch. Goldmann (Üs.). Rotbuch, Hamburg.

MacIntyre, A. (1987) *Der Verlust der Tugend*, W. Riehl (Üs.). Campus, Frankfurt/New York.

Macpherson, C. B. (1973) *Die politische Theorie des Besitzindividualismus*, A. Wittekind (Üs.). Suhrkamp, Frankfurt a. M.

Mahl, B. (1982) *Goethes ökonomisches Wissen: Grundlagen zum Verständnis der ökonomischen Passagen im dichterischen Gesamtwerk und in den »Amtlichen Schriften«*. Lang, Frankfurt a. M. u. Bern.

Malinvaud, E. (1985) *Lectures on Microeconomic Theory*, 2nd edition. North Holland, Amsterdam and London.

Malthus, T. R. (1798/1999) *An essay on the principle of population*. G. Gilbert. (Ed). Oxford Univ. Press, Oxford.

Mandeville, B. (1968) *Die Bienenfabel oder Private Laster, öffentliche Vorteile*, W. Euchner (Üs.). Suhrkamp, Frankfurt a. M.

Mann, Th. (1967) *Buddenbrooks, Verfall einer Familie*. Fischer Verlag, Frankfurt a. M.

Manstetten, R. (1993) *Esse est Deus. Meister Eckharts christologische Versöhnung von Philosophie und Religion und ihre Ursprünge in der Tradition des Abendlandes*. Alber Verlag, Freiburg und München.

Manstetten, R. (2000) *Das Menschenbild der Ökonomie. Der homo oeconomicus und die Anthropologie von Adam Smith*. Alber, Freiburg u. München.

Manstetten, R. (2005) *Freiheit, Heil und Politik. Von Aristoteles über Las Casas zur Idee der Menschenrechte*, in: G. Sivers, u. U. Diehl (Hg.) (2006) *Wege zur Politischen Philosophie*. Festschrift für Martin Sattler. Königshausen und Neumann, Würzburg: 101–118.

Manstetten, R. (2006) *»›Frage ihn, wer er ist‹. Macht der Begründung und grundlose Existenz in Platons Dialog ›Gorgias‹«*, in: G. Fitzi (Hg.) (2006) *Platon im Diskurs*. Universitätsverlag C. Winter, Heidelberg: 199–220.

Manstetten, R./Hottinger, O./Faber, M. (1999) *»Zur Aktualität von Adam Smith: Homo oeconomicus und ganzheitliches Menschenbild«*. Homo oeconomicus XV, 1999, S. 127–168.

Marcuse, H. (1970) *Der eindimensionale Mensch. Studien zur Ideologie der fortgeschrittenen Industriegesellschaft*. Luchterhand, Neuwied und Berlin.

Marquard, O. (1980) *Malum*, I. Artikel in: *Historisches Wörterbuch der Philosophie*. Hg. J. Ritter u. K. Gründer, Bd. 5. Wissenschaftliche Buchgesellschaft, Darmstadt: 652–656.

Marx, K. (1841/1968) *Differenz der demokritischen und epikureischen Naturphilosophie*, in: *Marx/Engels, Werke (MEW)*, Ergänzungsband I. Dietz Verlag, Berlin: 257–373.

Marx, K. (1843/1976) *Zur Judenfrage*, in: *Marx/Engels, Werke (MEW)*, Band 1. Dietz Verlag, Berlin.: 347–377.

Marx, K. (1844/1968) *Ökonomisch-philosophische Manuskripte*, in: *Marx/Engels, Werke (MEW)*, Ergänzungsband, 1. Teil. Dietz Verlag, Berlin (DDR): 465–588.

Marx, K. (1844/1976) *Zur Kritik der Hegelschen Rechtsphilosophie. Einleitung*, in: *Marx/Engels, Werke (MEW)*, Band 1. Dietz Verlag, Berlin (DDR): 378–391.

Marx, K. (1845/1969) *Thesen über Feuerbach*, in: *Marx/Engels, Werke (MEW)*, Band 3. Dietz Verlag, Berlin (DDR): 533–535.

Marx, K. (1856/1961) *Rede auf der Jahresfeier des »People's Paper« am 14. April 1856 in London*, aus dem Englischen. In: *MEW*, 12: 3 f.

Marx, K. (1856/1969) *Speech at anniversary of the People's Paper*, in: *Marx/Engels, Selected Works*, Volume One. Progress Publishers, Moscow, USSR: 100.

Marx, K. (1859/1971) *Zur Kritik der Politischen Ökonomie, Vorwort*, in: *MEW*, 13: 7–11.

Marx, K. (1867/1972) *Das Kapital. Kritik der politischen Ökonomie. Erster Band*, in: *MEW* 23.

Marx, K. (1871/1973) *Erster Entwurf zum »Bürgerkrieg in Frankreich«*, in: *MEW*, 17: 493–571.

Marx, K. (1875/1973) *Kritik des Gothaer Programms*, in: *MEW*, 19: 13–32.

Marx, K. (1894//1983) *Das Kapital. Kritik der politischen Ökonomie. Dritter Band. Der Gesamtprozeß der kapitalistischen Produktion*, F. Engels (Hg.). *MEW* 25.

Marx, K./Engels, F. (1848/1972) *Manifest der Kommunistischen Partei*, in: *MEW*, 4: 459–493.

Mauss, M. (1990) *Die Gabe. Die Form und Funktion des Austauschs in archaischen Gesellschaften*, E. Moldenhauer (Üs.) Suhrkamp, Frankfurt am Main.

Mayer, R. (Hg.) (1980) *Der babylonische Talmud (Auswahl)*. Goldmann, München.

Mayntz, R. (2009) *Über Governance*. Campus, Frankfurt a. M.

Meadows, D. H., Meadows, D. L., Randers, J., Behrens, W. W. H. (1972a) *Die Grenzen des Wachstums. Bericht des Club of Rome zur Lage der Menschheit*, aus dem Amerikanischen übersetzt von H.-D. Heck. Stuttgart.

Meier, Ch. (1983) *Die Entstehung des Politischen bei den Griechen*. Suhrkamp, Frankfurt a. M.

Meister Eckhart (1979) *Deutsche Predigten und Traktate*, J. Quint (Üs.). Diogenes, München.

Meister Eckhart (1965) *Liber parabolorum Genesis*, in: *Die Lateinischen Werke (LW)*, Bd. I, K. Weiss (Hg.). Kohlhammer, Stuttgart: 447–702.

Merz, f. (2008) *Mehr Kapitalismus wagen: Wege zu einer gerechten Gesellschaft*. Piper, München.

Neiman, S. (2004) *Das Böse denken: Eine andere Geschichte der Philosophie*, Ch. Goldmann (Üs.). Suhrkamp, Frankfurt am Main.

Nida-Rümelin, J. (2011) *Die Optimierungsfalle. Philosophie einer humanen Ökonomie*. Irisiana, München.

Nietzsche (1966b) *Die fröhliche Wissenschaft*, in: *Werke in drei Bänden*, K. Schlechta (Hg.), Band 2. Hanser, München: 7–274.

Nietzsche, F. (1966a) *Die Geburt der Tragödie aus dem Geiste der Musik*, in: *Werke in drei Bänden*, K. Schlechta, Hg., Bd. 1. Hanser, München: 19–134.

Nozick, R. (2011) *Anarchie, Staat, Utopia*, H. Vetter (Üs.). Olzog, München.

Nussbaum, M. (1998) *Gerechtigkeit oder das gute Leben*, I. Utz (Üs.). Suhrkamp Verlag, Frankfurt am Main.

Nutzinger, H. G. (1991) *Das System der natürlichen Freiheit bei Adam Smith und seine ethischen Grundlagen*, in: *Jahrbuch Ökonomie und Gesellschaft* 9, Frankfurt/New York: 79–100.

Nutzinger, H. G. (2007) *Vier Beiträge zur gegenwärtigen deutschsprachigen Rezeption von »Nachhaltigkeit«*. In: *Jahrbuch Ökologische Ökonomik*, Band 5, Soziale Nachhaltigkeit, Marburg: 301–322.

Oncken, A. (1898) *Das Adam Smith-Problem*, in: *Zeitschrift für Socialwissenschaft* 1, S. 15–33; 101–108; 276–287.

Ott, K. (2010) *Umweltethik zur Einführung*. Junius, Hamburg

Ott, K., Döring R. (2004) *Theorie und Praxis starker Nachhaltigkeit*. Marburg.

Overhoff, J. (2005) *Adam Smiths Menschenbild und Wirtschaftstheorie. Ist das Adam-Smith-Problem wirklich gelöst?*, in: *Jahrbuch für Wirtschaftsgeschichte*, 2005, 1: 181–191.

Petersen, Th. (1992) *Subjektivität und Politik. Hegels ›Grundlinien der Philosophie des Rechts‹ als Reformulierung des ›Contrat Social‹ Rousseaus*. Hain, Frankfurt a. M.

Petersen, Th. (1996) *Individuelle Freiheit und allgemeiner Wille. James Buchanans politische Ökonomie und die politische Philosophie*. Mohr Siebeck, Tübingen.

Petersen, Th./Faber, M. (2015) Karl Marx und die Philosophie der Wirtschaft. Bestandsaufnahme – Überprüfung – Neubewertung., 3. Auflage. Alber, Freiburg.

Petersen, Th./Klauer, B./Manstetten, R. (2009) *The Environment as a Challenge for Governmental Responsibility. The Case of the European Water Framework Directive*. Ecological Economics 68, 2058–2065.

Piketty Thomas (2016) *Das Kapital im 21. Jahrhundert*, Ilse Utz und Stefan Lorenzer (Üs.). C. H. Beck, München.

Piketty, Th. (2014) *Das Kapital im 21. Jahrhundert*, I. Utz und S. Lorenzer (Üs.). Beck Verlag, München.

Platon (1971a) *Politeia*, F. Schleiermacher (Üs.), in: *Platon, Werke in acht Bänden*, griechisch und deutsch, Bd. IV. Wissenschaftliche Buchgesellschaf, Darmstadt.

Platon (1971b) *Gorgias*, F. Schleiermacher (Üs.) in: *Platon, Werke in acht Bänden*, griechisch und deutsch, Bd. II. Wissenschaftliche Buchgesellschaf, Darmstadt: 269–503.

Polanyi, K (1957) *The Great Transformation*. Beacon Press, Boston.

Popper, K. R. (1957) *Die offene Gesellschaft und ihre Feinde. Der Zauber Platons*, P. K. Feyerabend (Üs.).Francke, München.

Priddat (2000) *Johann Georg Schlosser: Ein deutscher Antiphysiokrat*, in: *Schlosser* (1784/2000: 113–146).

Prien, H. J. (2012) *Luthers Wirtschaftsethik*. Mabase, Nürnberg.

Pullen, J. (1981) *Malthus Theological Ideas and Their Influence on His Principle of Poppulation*. History of Political Economy 13, No. 1 (spring): 39–54.

Rapp, Ch. (1997) *Vorsokratiker*. Beck'sche Reihe Denker. Beck, München.

Rawls, J. (1979) *Eine Theorie der Gerechtigkeit*, (H. Vetter, Üs.). Suhrkamp, Frankfurt a. M.

Riesenhuber (1980) *Malum*, V, Artikel in: *Historisches Wörterbuch der Philosophie*. Hg. J. Ritter u. K. Gründer, Bd. 5. Wissenschaftliche Buchgesellschaft, Darmstadt: 670–682.

Robbins, L. (1932) *On the Nature and Significance of Economic Science*, 1. ed. Macmillan, London.
Rosa, H. (2013) *Beschleunigung und Entfremdung*. Suhrkamp, Berlin.
Rousseau, J. J. (1971) *Abhandlung über den Ursprung und die Grundlagen der Ungleichheiten unter den Menschen*, K. Weigand (Üs.) in. *J. J. Rousseau, Schriften zur Kulturkritik* (Die zwei Diskurse von 1750 u. 1755). Felix Meiner Verlag, Hamburg.
Safranski, R. (1997) *Das Böse oder Das Drama der Freiheit*. Hanser Verlag, München.
Samuelson, P. (1939) *Interactions between the Multiplier Analysis and the Principle of Acceleration*, in: *Review of Economics and Statistics*, Vol. 21, S. 75–78. Deutsch in: W. Weber (Hg.) (1969) *Konjunktur und Beschäftigungstheorie*, 2. Auflage. Kiepenheuer & Witsch, Köln/Berlin: 235–241.
Samuelson, P. (1961) *Economics. An Introductory Analysis*, 5. Auflage. McGraw Hill, New York.
Saviano, R. (2007) *Gomorrha*, F. Hausmann u. R. Seuß (Üs.). Hanser, München.
Schäfer, L. (1993) *Das Bacon-Projekt*. Suhrkamp, Frankfurt a. M.
Schama, S (1988) *Überfluss und schöner Schein: zur Kultur der Niederlande im Goldenen Zeitalter*, E. Nowak (Üs.). Kindler, München.
Schefold, B. (2001) *Ökonomische Bewertung der Natur aus dogmengeschichtlicher Perspektive – eine Skizze*, in: F. Beckenbach (Hg.), *Ökonomische Naturbewertung*. Jahrbuch Ökologische Ökonomik, Bd. 2, Marburg: 17–61.
Schelling, F. W. J. (1997) *Philosophische Untersuchungen über das Wesen der menschlichen Freiheit und die damit zusammenhängenden Gegenstände*, Th. Buchheim (Hg.). Felix Meiner, Hamburg.
Scherer (1995) *Seele*, V. Artikel in: *Historisches Wörterbuch der Philosophie*, Band 9. Hg. J. Ritter u. K. Gründer. Wissenschaftliche Buchgesellschaft, Darmstadt: 53–89.
Schiller, F. (1966) *Über naive und sentimentalische Dichtung*, in: *Werke in drei Bänden*, H. G. Göpfert u. G. Fricke (Hg.), Hanser, München, Bd. II: 540–606.
Schimmel, A. (1994) *Und Muhamed ist Sein Prophet. Die Verehrung des Propheten in der islamischen Frömmigkeit*. Eugen Diederichs, Düsseldorf/Köln.
Schlosser, J. G. (1777) *Politische Fragmente*. Weygand, Leipzig.
Schlosser, J. G. (1784/2000) *Xenocrates oder Ueber die Abgaben*, R. Klump (Hg.). Mit Kommentaren v. H. C. Binswanger, R. Klump, B. Priddat. Metropolis, Marburg.
Schmitz, F. (Hg.) (2014) *Tierethik. Grundlagentexte*. Suhrkamp, Berlin.
Schumpeter, J (1997) *Theorie der wirtschaftlichen Entwicklung: Eine Untersuchung über Unternehmergewinn, Kapital, Kredit, Zins und den Konjunkturzyklus*. Dunker und Humblot, Berlin.
Schumpeter, J. (1911/2006) *Theorie der wirtschaftlichen Entwicklung*, Neuausgabe J. Röpke und O. Stiller (Hg.). Duncker & Humblot, Berlin.
Schumpeter, J. (1950) *Kapitalismus, Sozialismus und Demokratie*. S. Preiswerk (Üs.), 2. Auflage. Francke, Bern.

Sedláček, T. (2012) *Die Ökonomie von Gut und Böse.* Üs. I. Proß-Gill. Hanser Verlag, München.
Sen, A. (1992) *Ökonomische Ungleichheit.* H. G. Nutzinger (Üs. u. Einl.) Campus-Verlag, Frankfurt, a. M. (amerik. Original: On Economic Inequality, 1973).
Sen, A. (1997) *On Economic Inequality* (Erweiterte Ausgabe mit einem Anhang »On Economic Inequality« after a Quarter Century mit James Foster). Clarendon Press, Oxford.
Sen, A. (2002) *Ökonomie für den Menschen. Wege zu Gerechtigkeit und Solidarität in der Marktwirtschaft,* Ch. Goldmann (Üs.) Dtv, München (amerik. Original: Development as Freedom. 1999).
Sen, A. (2010) *Die Idee der Gerechtigkeit,* Ch. Krüger (Üs.), Beck Verlag, München.
Sengcan (2009) *Xinxin Ming. Großemeister Sengcans Meißelschrift vom vertrauenden Herzen,* H. J. Röllicke (Üs.). Unveröffentlichtes Manuskript. – Vgl. Seng-Ts'an (1991) Shinjinme (Hsin-Hsin-Ming). Meißelschrift vom Glauben an den Geist, U. Jarand (Üs.) Otto Wilhelm Barth, München.
Sennett, Richard (1998) *Der flexible Mensch. Die Kultur des neuen Kapitalismus,* Martin Richter (Üs.). Berlin Verlag, Berlin.
Sennett, Richard (2005) *Die Kultur des neuen Kapitalismus,* Michael Bischoff (Üs.). Berlin Verlag, Berlin.
Sennett, Richard (2012) *Zusammenarbeit,* Michael Bischoff (Üs.). Hanser, Berlin.
Simmel, G. (1958) *Die Philosophie des Geldes,* 6. Auflage. Duncker & Humblot, Berlin.
Smith, A. (1985) *Theorie der ethischen Gefühle,* W. Eckstein (Hg. und Üs.). Meiner, Hamburg.
Smith, A. (1978) *Der Wohlstand der Nationen.* H. Recktenwald (Hg. u. Üs.). Dtv, München.
Smith, A. (1982) *History of Astronomy,* in: *Essays on Philosophical Subjects,* hrsg. von W. P. D. Wightman/J. C. Bryce, S. 31–105. Indianapolis.
Sophokles (1974) *Antigone.* Üs. W. Schadewaldt. Insel Verlag, Frankfurt a. M.
Sophokles (2007) *Dramen, griechisch und deutsch.* W. Willige (Üs.), 5. Aufl. Reihe: *Sammlung Tusculum,* Artemis u. Winkler, Düsseldorf: 547–658.
Stiglitz, J. (2002) *Die Schatten der Globalisierung.* Üs. Th. Schmidt. Siedler, München.
Stiglitz, J. (2006) *Die Chancen der Globalisierung.* Üs. Th. Schmidt. Siedler, München.
Streeck, W. (2013) *Gekaufte Zeit: Die vertagte Krise des demokratischen Kapitalismus.* Suhrkamp, Berlin.
Taylor, F. W./Wallichs, A. (2007) *Die Betriebsleitung insbesondere der Werkstätten.* Springer, Berlin (Es handelt sich um Wallichs' erstmalig 1914 veröffentlichte Übersetzung und Bearbeitung der Arbeit Taylors von 1903: Shop Management. In: *Transactions, American Society of Mechanical engineers,* Bd. XXVIII [1903], S. 1337–1480).
Théret, B (1999) *The Socio-Political Dimensions of the Curreny: Implications of the Transitition to the Euro.* Journal of Consumer Policy 22, 51–79.

Theunissen, M. (2000) *Pindar. Menschenlos und Wende der Zeit.* C. H. Beck, München.
Todorov, T. (1985) *Die Eroberung Amerikas. Das Problem des Anderen*, W. Böhringer (Üs.). Suhrkamp, Frankfurt a. M.
Tugendhat, E. (1993) *Vorlesungen über Ethik.* Suhrkamp, Frankfurt a. M.
Veblen, Th. (1899/1997) *Theorie der feinen Leute. Eine ökonomische Untersuchung der Institutionen*, S. Heintz u. P. v. Haselberg (Üs.). Fischer, Frankfurt a. M.
Walzer, M. (1992) *Sphären der Gerechtigkeit. Plädoyer für Pluralität und Gleichheit*, M. Thaler (Üs.). Campus Verlag, Frankfurt, New York.
Weber, B., Rangel, A., Wibral, M., & Falk, A. (2009) *The medial prefrontal cortex exhibits money illusion.* Proceedings of the National Academy of Sciences USA, 106(13): 5025–5028
Weber, Max (1973) *Der Sinn der »Wertfreiheit« der soziologischen und ökonomischen Wissenschaften*, in: *Gesammelte Aufsätze zur Wissenschaftslehre* 489–540.
Weber, M. (1976) *Wirtschaft und Gesellschaft. Grundriss der verstehenden Soziologie*, 5. Auflage. J. Winckelmann (Hg.). Mohr (Siebeck), Tübingen.
Weber, M. (1994) *Politik als Beruf*, in: *Wissenschaft als Beruf* 1917/1919 Politik als beruf 1919, W. J. Mommsen/W. Schluchter/B. Morgenbrod (Hg.). Mohr, Tübingen: 35–88.
Weber, M. (2010[3]) *Die protestantische Ethik und der Geist des Kapitalismus*, V. D. Kaesler (Hg.). Verlag C. H. Beck, München.
Wieland, W. (1982) *Platon und die Formen des Wissens.* Vandenhoek & Rupprecht, Göttingen.
Wohlfeil, R. (1966) *Ritter – Söldnerführer – Offizier. Versuch eines Vergleiches*, in: *Festschrift Johannes Bärmann*, Teil 1, Wiesbaden 1966 (= Geschichtlicher Landeskunde, Bd. 3/I): 45–70. – Wiederabdruck in: A. Borst (Hg.) (1976) Das Rittertum im Mittelalter. Wissenschaftliche Buchgesellschaft, Darmstadt (Wege der Forschung, Bd. 349): 317–348.
Wordsworth, W. (1814/1936) *The Excursion; The Recluse*, Part I, Book I. E. de Selincourt and H. Darbishire (Ed.). Oxford University Press, Oxford.
Žižek, Slavoj (2015) *Der neue Klassenkampf. Die wahren Gründe für Flucht und Terror*, Regina Schneider (Üs.). Berlin, Ullstein.

Zeitungsartikel und Internetquellen

Aachener Zeitung (2014) *Über eine Million Tonnen Asche pro Jahr*, Ausgabe 05. 01. 2014. http://www.aachener-zeitung.de/lokales/eschweiler/uber-eine-million-tonnen-asche-pro-jahr-1.581714
Attac (2016) *Was ist attac?* http://www.attac.de/was-ist-attac/, abgerufen 19. 08. 2016.
Ewringmann, D./Faber, M./Petersen, Th./Zahrnt, A. (2012) *Schluss mit der Harmonie! Warum das Nachhaltigkeitskonzept zur Umweltgefahr ge-*

worden ist. ZEIT online, 25.01.2012 http://www.zeit.de/2012/05/Umwelt-Nachhaltigkeit, abgerufen 08.10.2017.

Berger. Th. (2011) *Regeln für Schrottplatz.* www.ag-friedensforschung.de/regionen/Bangladesch/schiffe3.html, abgerufen 22.09.2016.

BKA (2016) *Pressemitteilung 28–04–2016. Drogenbeauftragte der Bundesregierung und BKA-Präsident stellen die Rauschgiftlage und die Zahlen der Drogentoten 2015 vor.* ps://www.bka.de/DE/Presse/Listenseite_Pressemitteilungen/2016/Presse2016/160428_Rauschgiftlage.html. Abgerufen 21.09.2016.

Boff, L. (2010) *Kritik am Papst. »Es mangelt ihm an allem«*, Interview mit Leonardo Boff. SZ, 18.04.2010. http://www.sueddeutsche.de/politik/kritik-am-papst-es-mangelt-ihm-an-allem-1.21345. Abgerufen 06.10.2017.

BUND (2015) *Braunkohlenkraftwerke im Rheinland.* https://www.bund-nrw.de/themen/braunkohle/hintergruende-und-publikationen/braunkohlenkraftwerke/kraftwerksstandorte/. Abgerufen 05.10.2017

(1986, ohne Angabe der Verfasser) *Das Weltklima gerät aus den Fugen,* in: *DER SPIEGEL* 33,1986: 132–134.

Davis, James; LLuberas, Rodrigo, Shorrocks, Anthony (2012) *Measuring the Global Distribution of Wealth.* https://www.oecd.org/site/worldforumindia/Davies.pdf, abgerufen 01.04.2017.

Emmanuel Pinto 1741–1773. https://www.deamoneta.com/xnoy/view/13218. Abgerufen 09.10.2017.

Die Drogenbeauftragte der Bundesregierung (2016) *Drogenbericht 2016.* http://www.drogenbeauftragte.de/fileadmin/dateien-dba/Presse/Pressemitteilungen/Pressemitteilungen_2016/Drogenbericht_2016_web.pdf, abgerufen 21.09.2016.

Dogen Zenji (1237) Tenzo Kyōkun (ohne Angabe Üs.) http://www.pvzen.org/biblioteca/Textos/tenzokyokun-eng.pdf, abgerufen 24.11.2017.

Drechsler, W. (2010) *Simbabwe Nach den Farmen kommen die Firmen,* in: *Der Tagesspiegel,* 05.03.2010. http://www.tagesspiegel.de/politik/simbabwe-nach-den-farmen-kommen-die-firmen/1713030.html, abgerufen 22.09.2016.

Euronews (2016) *Europäer geben jährlich 24 Milliarden Euro für Drogen aus.* http://de.euronews.com/2016/04/05/europaeer-geben-jaehrlich-24-milliarden-euro-fuer-drogen-aus. Abgerufen 22.09.2016.

Ewringmann, D./Faber, M./Petersen, Th./Zahrnt, A. (2012) *Schluss mit der Harmonie! Warum das Nachhaltigkeitskonzept zur Umweltgefahr geworden ist.* ZEIT online, 25.01.2012 http://www.zeit.de/2012/05/Umwelt-Nachhaltigkeit. Abgerufen 08.10.2017.

Greiner, B.(2012) *Selbstblockade: Wie die USA ihre Zukunft verspielen* (Rezension des Buches v. A. Etges u. W. Fluck (Hg.) American Dream? Eine Weltmacht in der Krise. Campus Verlag, Frankfurt a. M.). SZ, 10. Juli 2012.

Han, Byung-Chul (2014) *Warum heute keine Revolution möglich ist.* SZ, 03.09.2014. http://www.sueddeutsche.de/politik/neoliberales-herrschaftssystem-warum-heute-keine-revolution-moeglich-ist-1.2110256, abgerufen 05.10.2017.

Herrmann, S. (2012) *Das Leid im Erbgut,* SZ, 7. Juli 2012.

Kleber, R. (2008) *Hässliche Fratze der Globalisierung. Ein Film über den Arbeiteralltag in den Abwrackwerften von Bangladesch.* http://www.weltsichten.org/artikel/4026/haessliche-fratze-der-globalisierung, abgerufen 22.09.2016.

Liebrich, S. (2012) *Schlachten im Millisekundentakt. 432000 Hähnchen am Tag.* SZ, 9. Juli 2012. http://www.sueddeutsche.de/wissen/massentierhaltung-huehnchen-am-tag-1.1404714, abgerufen 22.09.2016.

Liebrich, S. (2013) *Die Hungermacher.* SZ, 11.06.2013. http://sofies-verkehrte-welt.de/landraub-die-hungermacher/ abgerufen 22.09.2016.

Oeko-fair (2016) *Computer.* http://www.oeko-fair.de/wohnen-arbeiten/computer2/die-herstellung2/die-herstellung4?rec=1, abgerufen 10.09.2016.

Papst Franziskus (2015) *Enzyklika Laudato si'. Über die Sorge für das gemeinsame Haus.* http://w2.vatican.va/content/francesco/de/encyclicals/documents/papa-francesco_20150524_enciclica-laudato-si.html, abgerufen 24.11.2017.

Plumpe, W. (2017) *Wo Wirtschaft gedeiht, übergeht sie Grenzen.* SZ, 17.04.2017. http://www.sueddeutsche.de/kultur/globalisierung-am-ende-wo-wirtschaft-gedeiht-uebergeht-sie-grenzen-1.3466013, abgerufen 24.11.2017.

Reformierter Weltbund (2004) *Bund für wirtschaftliche und ökologische Gerechtigkeit,* Dokument 28-g 1, in: http://kairoseuropa.de/wp-content/uploads/2015/08/Accra-conf-dtsch-final-offiziell-GC-28-g1.pdf, abgerufen: 21.08.2016.

SIPRI (2016) *SIPRI Yearbook 2016. Armaments, Disarmament and International Security,* English Summary. https://www.sipri.org/sites/default/files/YB16-Summary-ENG.pdf, abgerufen: 22.09.2016.

Stolberg, E.-M. (2016) *Der Aralsee – Die Zerstörung eines orientalischen Märchens,* in: *Eurasisches Magazin.* http://www.eurasischesmagazin.de/artikel/Aralsee-Zerstoerung-eines-orientalischen-Maerchens/20040813, abgerufen 22.09.2016.

UNODC (2015) *World Drug Report 2015.* https://www.unodc.org/documents/wdr2015/World_Drug_Report_2015.pdf, abgerufen 22.09.2016.

Vattenfall (2015) *Moderner Alltag dank Energie.* http://corporate.vattenfall.de/uber-uns/geschaftsfelder/erzeugung/neubauprojekte/Moorburg/Moderner_Alltag_dank_Energie, abgerufen 05.01.2015.

WFP (World Food Programme) (2016) *Hunger weltweit – Zahlen und Fakten.* http://de.wfp.org/hunger/hunger-statistik, abgerufen 26.08.2016.

WBGU – Wissenschaftlicher Beirat der Bundesregierung Globale Umweltveränderungen – (2011) *Welt im Wandel: Gesellschaftsvertrag für eine Große Transformation. Hauptgutachten 2001,* Berlin. Insbesondere:

- Zusammenfassung: http://www.wbgu.de/fileadmin/user_upload/wbgu.de/templates/dateien/veroeffentlichungen/hauptgutachten/jg2011/wbgu_jg2011_ZfE.pdf, abgerufen 01.10.2017
- Factsheet 1: http://www.wbgu.de/fileadmin/user_upload/wbgu.de/templates/dateien/veroeffentlichungen/factsheets/fs2011-fs1/wbgu_fs1_2011.pdf, abgerufen 01.10.2017

– Factsheet 4: http://www.wbgu.de/fileadmin/user_upload/wbgu.de/templates/dateien/veroeffentlichungen/factsheets/fs2011-fs4/wbgu_fs4_2011.pdf, abgerufen 01. 10. 2017.

Wikipedia-Artikel

Braunkohle (Entstehung), abgerufen 05. 10. 2017.
Schaufelradbagger, abgerufen 05. 10. 2017.
Bagger 255, abgerufen 05. 10. 2017
Tagebau Inden, abgerufen 05. 10. 2017
Kraftwerk Weisweiler, abgerufen 05. 10. 2017
St.-Helena-Kapelle (Vilvenich), abgerufen 05. 10. 2017.
Landgrabbing, abgerufen 22. 09. 2016.
Organhandel, abgerufen 22. 09. 2016.
Niederländische Ostindien-Kompanie, abgerufen 22. 09. 2016.
Schulden, abgerufen 13. 6. 2015.

Personenregister

Sachregister

Kolibri 360 GmbH
Ferdinand-Jühlke-Straße 7
99095 Erfurt, Deutschland
produktsicherheit@kolibri360.de